DU SUICIDE

ET

DE LA FOLIE SUICIDE

OUVRAGES DU MÊME AUTEUR.

Des hallucinations, ou histoire raisonnée des apparitions, des visions, des songes, de l'extase, des rêves, du magnétisme et du somnambulisme, 3ᵉ édit., entièrement refondue. 1 vol. in-8, 1862.

De l'état des facultés dans les délires partiels ou monomanies. (*Annal. d'hyg. et de méd. lég.*, t. L, 1853, p. 399.)

De la monomanie dans ses rapports avec la médecine et la loi. (*Annal. d'hyg. et de méd. lég.*, 2ᵉ série, t. VII, p. 436.)

Recherches sur l'aliénation mentale des enfants et particulièrement des jeunes gens. (*Annal. d'hyg. et de méd. lég.*, 3ᵉ série, t. X, 1858, p. 363.)

Études médico-légales sur la perversion des facultés morales et affectives dans la période prodromique de la paralysie générale. (*Annal. d'hyg. et de méd. lég.*, 2ᵉ série, t. XIV, 1860, p. 40.)

Étude bibliographique et pratique sur la colonisation appliquée au traitement des aliénés. (*Annal. d'hyg. et de méd. lég.*, 3ᵉ série, t. XVII, 1862, p. 380.)

De quelques incapacités civiles et de la responsabilité partielle. (*Ibid.*, 2ᵉ série, t. XIX, 1863, p. 369.)

De la responsabilité légale des aliénés, 1° générale, 2° partielle. (*Ibid.*, 2ᵉ série, t. XX, 1863, p. 327.)

Responsabilité légale des médecins en Espagne. Rapport fait à la Société médico-psychologique sur le procès en détention arbitraire de dona Juana Sagrera (*Ann. méd.-psych.*, 1864).

Du délire aigu, travail récompensé par l'Académie des sciences. (*Mémoires de l'Académie royale de médecine*, t. XI, 1845.)

De l'emploi des bains prolongés et des irrigations continues dans les formes aiguës de la folie et en particulier de la manie. (*Mémoires de l'Académie de médecine*, t. XIII.)

Des maladies mentales, extrait de la *Bibliothèque des médecins praticiens*, t. IX, Paris, 1849, 1 vol. in-8.

Annales médico-psychologiques, par MM. Baillarger, Brierre de Boismont et Cerise. (2ᵉ série, 1849 à 1854.)

Anthropotomie, ou traité élémentaire d'anatomie, 1832.

De la menstruation, considérée dans ses rapports physiologiques et pathologiques (ouvrage couronné par l'Académie royale de médecine). En collaboration avec M. Marx, *Leçons orales de clinique chirurgicale*, faites à l'Hôtel-Dieu de Paris par Dupuytren, 2ᵉ édit., 6 vol., 1839.

Paris. — Imprimerie de E. Martinet, rue Mignon, 2.

Par arrêté du 30 avril 1906, M. le Ministre de l'instruction publique, des beaux-arts et des cultes, sur la proposition de la Commission chargée de rechercher et de publier les documents relatifs à la vie économique de la Révolution française, a ordonné la publication des **Cahiers de doléances du bailliage de Vic pour les États généraux de 1789,** *par M. Charles* Étienne.

M. Camille Bloch, *inspecteur général des Bibliothèques et des Archives, membre de la Commission, a suivi l'impression de cette publication en qualité de Commissaire responsable.*

Se trouve à Paris, à la librairie LEROUX, rue Bonaparte, 28

COLLECTION DE DOCUMENTS INÉDITS
SUR L'HISTOIRE ÉCONOMIQUE DE LA RÉVOLUTION FRANÇAISE
Publiés par le Ministère de l'Instruction publique

CAHIERS DE DOLÉANCES

DES

BAILLIAGES

DES

GÉNÉRALITÉS DE METZ ET DE NANCY

POUR LES ÉTATS GÉNÉRAUX DE 1789

PREMIÈRE SÉRIE

DÉPARTEMENT DE MEURTHE-ET-MOSELLE

TOME PREMIER

CAHIERS DU BAILLIAGE DE VIC

PUBLIÉS PAR

CHARLES ÉTIENNE

PROFESSEUR AU LYCÉE DE BOURG

NANCY
IMPRIMERIE BERGER-LEVRAULT ET Cie
18, RUE DES GLACIS, 18

1907

AVERTISSEMENT

Le présent volume renferme le texte des cahiers de doléances des communautés du bailliage de Vic pour les États généraux de 1789 (¹).

Le cahier de chaque communauté est précédé du procès-verbal d'élection des députés de la communauté. Ces procès-verbaux étant généralement la copie littérale ou l'analyse des modèles imprimés qu'avaient distribués les huissiers des bailliages avec les assignations à comparaître (²), nous nous sommes borné à en rapporter les principales indications, savoir : le titre *in extenso*, la date de l'assemblée électorale, la qualité et le nom de l'officier public qui l'a tenue, le nombre des feux de la communauté, le nom des députés et leurs fonction ou profession, enfin quelques signatures qui, rapportées aux mêmes signatures du cahier, aideront à garantir l'authenticité de ce dernier.

Tous les cahiers sont publiés *in extenso*, sauf dans le cas où ceux de deux ou de plusieurs communautés sont identiques : un seul est alors publié, celui de la communauté qui, étant le centre administratif, judiciaire ou religieux, a, selon toute vraisemblance, fourni le modèle pour la rédaction des autres cahiers. Ceux-ci sont alors mentionnés par leur titre intégral rapporté à la suite de

---

1. Les cahiers du Clergé, de la Noblesse et du Tiers état du bailliage de Vic ont été publiés dans les *Archives parlementaires*, t. I, pp. 16-22.
2. Cf. *Procès-verbal d'assemblée des villes, bourgs, villages et communautés pour la nomination des députés* (modèle) dans *Archives parlementaires*, t. I, p. 628.

tives devaient être déjouées, et avorter grâce à l'intervention de l'Empereur.

Telle était, au début du dix-septième siècle, la situation territoriale défectueuse du Temporel de l'Église de Metz, démembré et désarticulé sur toute son étendue par des nantissements et des cessions.

Et ce n'étaient pas seulement les droits domaniaux de ces Évêques qui étaient exposés sans défense à toutes les ambitions, mais aussi leurs droits politiques.

C'est que, en droit public, les terres dépendant de l'Évêché de Metz constituaient un État indépendant, lequel était fief immédiat de l'Empire d'Allemagne. A leur entrée en fonctions, les Évêques avaient été successivement investis par les Empereurs et Rois des Romains Maximilien Ier, Ferdinand Ier, Maximilien II, Rodolphe et Ferdinand II, en 1516, 1559, 1568, 1588 et 1618, des « régales, fiefs, temporalités, hommages, seigneuries, amphitéoses, honneurs, autorités, prérogatives, rentes, cens, profits, revenus, juridictions, appartenances et dépendances » de l'Évêché de Metz ([1]). Outre les droits fonciers et féodaux, ces prélats avaient eu les droits régaliens. Ils possédaient à Vic, capitale de leur territoire, la justice souveraine en un bailliage qui jugeait souverainement en matière civile jusqu'à 500 florins du Rhin, et dont les appels se portaient à la Chambre impériale de Spire ([2]).

Leur bailli, outre le Conseil épiscopal, sorte de Cour d'appel, présidait, pour les affaires de fiefs, une Cour d'assises composée d'au moins sept « pairs » ou « haults hommes » de l'Évêché, convoquait et consultait les États épiscopaux (no-

---

[1]. Voir : Arrêt de la Chambre royale établie à Metz pour la réunion des château, terre et seigneurie de Réchicourt, du 5 décembre 1680, dans : *Recueil des Arrêts de la Chambre royale établie à Metz pour la réunion des dépendances des trois Évêchés de Metz, Toul et Verdun, et autres endroits à l'obéissance du Roi, en conséquence des traités de paix de Munster, des Pyrénées et de Nimègue.* Paris, F. Léonard, 1681, in-4, 277 pages. (*Fonds lorrain*, n° 5793.) P. 197.

[2]. Cf. *Mémoire sur les Trois-Évêchés, Metz, Toul et Verdun*, par M. de SAINT-CONTESTE, intendant de Metz de 1701 à 1715. — Manuscrit du dix-huitième siècle, papier, de 196 pages. (*Cat. mss. bibl. publ., Départements*, t. IV, Nancy, n° 455 [49].) P. 83.

Ceux-ci, constamment avantagés de fondations et de présents royaux, possédaient dès le dixième siècle, lorsque les anciens comtés entrèrent en dissolution, des territoires déjà considérables, et qui, avec le temps, s'accrurent encore par suite de dons, cessions ou héritages.

Mais, à partir du treizième siècle, leur domaine ne cessa de décroître avec leur puissance : ils perdirent peu à peu la suzeraineté sur la Ville de Metz et le Pays messin, et, par suite, se virent obligés de transporter à Vic le siège de l'administration et de la juridiction de leurs possessions temporelles ; en même temps, pressés par les continuelles difficultés financières où se débattaient l'Évêché et le Chapitre de la cathédrale, ils durent céder de nombreux domaines et droits seigneuriaux, en particulier à la Lorraine, et emprunter sur hypothèque à la Ville de Metz ou à des bourgeois messins, sans pouvoir reconquérir les territoires cédés ou engagés ; tandis que, d'autre part, des héritages déjà anciens retournaient aux parties lésées sans que les Évêques pussent s'opposer en quelque façon à ce démembrement du Temporel de leur Église.

Du treizième au seizième siècle, l'Évêché de Metz alla ainsi s'effritant, perdant des domaines enlevés, au nord par le Luxembourg, à l'ouest par le Barrois, au sud et à l'est par la Lorraine. Les ducs de Lorraine voulurent même préparer l'annexion à leur principauté de tout l'Évêché de Metz : durant un siècle, ils eurent l'habileté d'imposer successivement au choix du Chapitre de Metz six membres de leur famille, qui, en manière de reconnaissance, ne leur ménagèrent pas les cessions de domaines, toutes désastreuses pour l'Évêché. Cependant, lorsque les Ducs tentèrent de s'approprier par contrat, en 1571, le Temporel entier de l'Évêché de Metz, leurs tenta-

---

bung. Strassburg, J. H. Ed. Heitz (Heitz u. Mündel), 1898, gr. in-8, xviii-335 p. (Voir en particulier le chapitre 14 : *Beiträge zur Landesgeschichte*, vom Freiherr Du Prel, Ministerialrath, pp. 250-335.) — Dritter Theil. *Ortsbeschreibung.* (*Passim.* Voir spécialement les articles *Metz, Bisthum* [*weltlicher Besitz*], pp. 675-677 ; et *Vic, Bailliage*, p. 1152.)

Dans la présente introduction, nous nous bornerons le plus souvent à résumer les données de ces ouvrages relatives à l'histoire du bailliage de Vic.

leur procès-verbal, avec les signes extérieurs de validation tels que date, signatures; quant au texte du cahier, ou aux articles isolés de quelque importance présentant identité, il en est fait renvoi au texte ou aux articles correspondants du cahier supposé être le prototype.

Nous n'avons pas reproduit les bizarreries graphiques de l'original, et nous avons adopté partout l'orthographe d'aujourd'hui, mais nous avons respecté les nombreuses incorrections de langage et de style.

La présente publication ne devant être, au sens propre du mot, qu'une publication pure et simple de documents, l'appareil des notes est intentionnellement réduit au strict minimum.

Un état des impositions serait, pour chaque communauté, un complément utile de l'indication du nombre des feux : comme les états des vingtièmes pour l'année 1790 et des impositions extraordinaires pour les six premiers mois de la même année des communautés de l'ancien département de la Meurthe ont été conservés aux Archives départementales de Meurthe-et-Moselle, nous avons placé en note, au bas du procès-verbal d'élection des députés, le tableau, d'après les documents précités, des impositions de chacune des communautés du bailliage de Vic qui ont fait partie du département de la Meurthe [1].

Les expressions et les termes spéciaux ou techniques propres à telle localité, ou particuliers à la région, ont été brièvement expliqués dans la mesure où nous avons pu en vérifier le sens [2].

---

1. Les Archives de la Lorraine à Metz (anciennement Archives départementales de la Moselle), ne possédant pas les états d'impositions du département de la Moselle pour les années 1789-1790, cet utile tableau fera défaut pour les quarante-huit communautés du bailliage de Vic situées dans l'ancienne circonscription départementale de la Moselle.

2. Pour plus de commodité, ces explications de termes seront placées à leur ordre alphabétique dans l'index qui terminera ce volume.

Relativement aux diverses questions morales, sociales, économiques et politiques dont les cahiers traitent d'une façon si complexe et variée, une annotation explicative juxtaposée au texte de ces cahiers, pour être suffisante, prendrait vite, malgré l'attention qu'on y pourrait prêter, l'allure d'une annotation critique déplacée certainement pour l'endroit et pour l'instant.

Aussi avons-nous, selon l'esprit, au reste, de la circulaire de M. le Ministre de l'Instruction publique aux présidents des Comités départementaux, en date du 5 avril 1905, préféré à ce genre d'annotations une liste de sources accessoires susceptibles de fournir des renseignements d'une valeur documentaire peut-être différente de celle des cahiers, et qui permettront d'établir d'utiles rapprochements, sinon de combler toutes les lacunes.

Le présent volume comprendra successivement une introduction très sommaire sur l'histoire du bailliage de Vic, dont le ressort territorial a été l'unité de convocation lors des élections aux États généraux de 1789; sur la convocation elle-même dans les communautés de ce bailliage; sur l'état actuel de la collection des cahiers de leurs doléances; — ensuite la liste de sources accessoires annoncée à l'alinéa précédent; — puis, immédiatement, le texte des cahiers classés par ordre alphabétique de communautés, et précédés chacun de son procès-verbal; — enfin un index des termes spéciaux.

Ch. Étienne.

ABRÉVIATIONS

Arch. Lorraine. — Archives de la Lorraine (*Bezirksarchiv von Lothringen*), à l'Hôtel de la Présidence, place du Gouvernement (*Regierungsplatz*), à Metz. — Ce sont les anciennes Archives départementales de la Moselle.
Arch. Meurthe-et-Moselle. — Archives départementales de Meurthe-et-Moselle.
Arch. nat. — Archives nationales.
Bibl. nat. — Bibliothèque nationale.
Cat. mss. bibl. publ. — *Catalogue général des manuscrits des bibliothèques publiques de France (Paris-départements)*. Paris, Plon, in-8, en cours de publication.
Cat. mss. Soc. arch. lorraine. — Favier (J.), *Catalogue des manuscrits de la Société d'archéologie lorraine*. Nancy, Wiener, 1887, in-8, 86 pages. (Extrait des *Mémoires de la Société d'archéologie lorraine* pour 1887.)
Fonds lorrain. — Favier (J.), *Catalogue des livres et documents imprimés du Fonds lorrain de la Bibliothèque municipale de Nancy*. Nancy, Crépin-Leblond, 1898, in-8, xv-794 pages.
Guyot. — Guyot (Charles), *Les Forêts lorraines jusqu'en 1789*. Nancy, Crépin-Leblond, 1886, in-8, xviii-410 pages.
Michel. — Michel (J.-F.) [ex-directeur du pensionnat établi près l'École centrale de la Meurthe], *Dictionnaire des expressions vicieuses usitées dans un grand nombre de départements, et notamment dans la ci-devant province de Lorraine*. Nancy, Vigneulle, Bontoux, etc., 1807, in-8, vii-205 pages.

INTRODUCTION

I — LE BAILLIAGE DE VIC

Le bailliage seigneurial de Vic[1], officiellement « bailliage de l'Évêché de Metz à Vic », tel qu'il existait en 1789, n'était plus qu'une ombre de l'ancienne principauté temporelle des évêques de Metz[2].

---

1. Relativement à la topographie ancienne de ce bailliage, voir STEMER, *Traité du département de Metz*. Metz, J. Collignon, 1756, in-4, VIII-478 pages. (*Fonds lorrain*, n° 11.)
   LEPAGE (Henri), *Dictionnaire topographique du département de la Meurthe*. Paris, Imprimerie impériale, 1862, in-4, XXVII-213 pages.
   BOUTEILLER (DE), *Dictionnaire topographique de l'ancien département de la Moselle*, comprenant les noms de lieux anciens et modernes, rédigé en 1868 sous les auspices de la Société d'archéologie et d'histoire de la Moselle. Paris, Imprimerie nationale, 1874, in-4, LV-316 pages.
   Das Reichsland Elsass-Lothringen, Landes- und Ortsbeschreibung, herausgegeben vom statistischen Bureau des Ministeriums für Elsass-Lothringen. — Dritter Theil. *Ortsbeschreibung*. Strassburg, J. H. Ed. Heitz (Heitz u. Mündel), 1903, gr. in-8, 1258 pages.

2. L'histoire du Temporel de l'Évêché de Metz, puis du bailliage seigneurial de Vic, n'a pas encore été écrite : les grandes lignes en sont cependant assez nettement indiquées dans quelques traités généraux ou dictionnaires parmi lesquels nous citerons :
   MEURISSE (Le R. P.), « de l'ordre de S. François, docteur et naguère professeur en théologie à Paris, évesque de Madaure et suffragan de la mesme Église », *Histoire des évêques de l'Église de Metz*. Metz, J. Anthoine, 1634, in-fol., 79-719 pages, 6 pl. (*Fonds lorrain*, n° 5758.)
   RAVOLD (J.-B.), *Histoire démocratique et anecdotique des pays de Lorraine et de Bar, et des Trois-Évêchés... depuis les temps les plus reculés jusqu'à la Révolution française*. Paris, Bayle, et Nancy, Sordoillet et Sidot, 1889-1890, in-8, 1403 pages (en 4 volumes : la pagination se continue d'un volume à l'autre).
   LEPAGE (Henri), *Le Département de la Meurthe, Statistique historique et administrative... avec une carte du département dressée par M. Guibal*. Nancy, Peiffer, 1843, 2 vol. in-8, VIII-361 et 725 pages. (Voir en particulier au tome II de cet ouvrage les pages 601 (col. 2) à 603 (col. 1), où il est fait mention d'un *Mémoire sur l'état et les prérogatives du bailliage de l'Évêché de Metz à Vic* (mars 1764), par M. BAUQUEL, lieutenant-général de ce bailliage, dont Lepage a omis d'indiquer la référence, et dont nous n'avons pu retrouver la trace.)
   Das Reichsland Elsass-Lothringen. — Erster Theil. *Allgemeine Landesbeschrei-*

blesse, clergé, tiers état), dirigeait en première ligne les opérations militaires et veillait à l'entretien des fortifications.

Bref, l'autorité des Évêques était de tous points celle de princes souverains : au demeurant, ils étaient, du fait de leur Église, princes d'Empire, et, comme tels, siégeaient et avaient voix à la Diète d'Empire et à l'assemblée de leur Cercle.

Lorsque, le 10 février 1552, le Roi de France se fut emparé de la place de Metz et du Pays messin, il traita assez doucement les terres de l'Évêché : en échange de la démission que l'Évêque avait faite au nom du Roi de sa souveraineté hypothétique sur la ville de Metz, Henri II l'avait pris, lui et son Évêché, en sa garde et protection particulière; ce qui n'empêcha pas, d'ailleurs, les troupes françaises de s'emparer des villes fortes de Marsal (1555) et d'Albestroff (1564), où elles établirent garnison ; pourtant, respectant les droits séculiers et le pouvoir politique du Prince de l'Empire germanique, l'Administration française laissa l'Évêque en jouissance du reste de ses possessions.

Toutefois, il était à prévoir qu'ici encore la vieille politique de la France, politique traditionnelle de conquête et d'annexion, en arriverait à ne plus tenir compte des droits précités, et essayerait un jour ou l'autre de réunir la principauté ecclésiastique de Metz à la France ([1]).

Le siège épiscopal de Metz ayant été occupé pendant plus d'un siècle par des membres de la famille ducale de Lorraine, tout dévoués à leur maison, la puissance française dans le Temporel de l'Évêché dépendait des sentiments plus ou moins hostiles ou amicaux des Ducs à l'égard de la France. Par suite, il importait à l'Administration royale de délier l'évêché

---

1. Relativement aux tentatives faites par la France pour s'attribuer la souveraineté du Temporel de l'Évêché de Metz, nous renvoyons aux articles suivants :

HAMMERSTEIN (Freiherr H. von), *Der Metzer Bischof Kardinal de Givry (1609-1612) und die französischen Annexionsabsichten auf das Fürst-Bisthum*. (*Jahrbuch der Gesellschaft für lothringische Geschichte und Altertumskunde*. Band 10, 1898, pp. 153-170.)

SAUERLAND (H. von), *Die Annexion des Fürstbisthums Metz an Frankreich im Jahre 1613-1614*. (*Id.*, Band 5, 1893, Zweite Hälfte, pp. 188-201.)

SAUERLAND (H. von), *Nachtrag zur Geschichte der « Annexion des Fürstbisthums Metz an Frankreich »*. (*Id.*, Band 6, 1894, pp. 281-283.)

de Metz de l'union qu'il avait en quelque sorte contractée avec la maison ducale ; et, à cet effet, d'empêcher la nomination d'évêques de souche lorraine, toujours suspects pour la France au point de vue politique, et de faire choisir à leur place par le Chapitre cathédral, et confirmer par le Saint-Siège des candidats de nationalité française, et dont le dévouement à la maison royale serait garanti par leur naissance et leur éducation. Ce fut ainsi qu'après la mort du cardinal Charles II de Lorraine, survenue le 24 novembre 1606, le Chapitre de Metz, cédant aux instances du duc d'Épernon, gouverneur au nom du Roi des villes et citadelles de Metz et Pays messin, Verdun, Toul et Marsal, dut présenter au Pape le fils naturel du roi Henri IV, Henry de Bourbon, marquis de Verneuil, quoique n'appartenant pas encore à la religion catholique, pour être nommé évêque.

Sur les résistances du Pape, motivées par l'extrême jeunesse du candidat, le bâtard royal reçut l'expectative de l'Évêché ; pour lors, Henri IV fit nommer évêque un vieillard maladif qui gérait à Rome les affaires de la Couronne de France, son ami intime et tout dévoué, Anna, comte d'Escars, cardinal de Givry, Français de naissance et en qui il espérait trouver un instrument souple de ses desseins politiques. Aussi, n'ayant plus à redouter de résistance de la part de l'Évêque, profitant de la situation embarrassée de l'Empire d'Allemagne, il rendit, le 22 juillet 1609, un décret aux termes duquel non seulement sur le territoire de la ville, mais dans tout l'Évêché de Metz, les divers magistrats ne pourraient occuper leurs charges et remplir leurs fonctions qu'au nom du Roi de France ([1]).

Les difficultés surgirent d'où on ne les attendait pas : reçu à Metz, par ordre supérieur, avec le respect requis par ses dignités et par ses mérites, mais sans les honneurs dus à un prince souverain, le cardinal de Givry se vit, dès le début, en butte aux multiples et pressantes instances du gouverneur, le

---

1. Cf. SAUERLAND, *Die Annexion...*, Urkunden : Lettres patentes de Henri IV touchant le gouvernement du Pays messin. De Paris, 22 juillet 1609 (texte *in extenso*), p. 196.

duc d'Épernon qui, au nom de la France, non seulement cherchait à s'approprier divers droits de souveraineté en la possession de l'Évêché, mais aussi voulait carrément forcer le prélat à reconnaître absolument la souveraineté française pour tout l'Évêché, et lui faire prêter au Roi le serment de foi et hommage.

Mais le vieil évêque, au fait de ses droits, était doué d'un caractère ferme et d'intentions droites, et, comme tel, bien décidé à faire primer la force par le droit : aussi, malgré son attachement personnel à sa patrie et à la maison royale, résista-t-il avec énergie et persévérance à toutes les tentatives dirigées sur lui ([1]); il fit défendre à la Cour les anciens privilèges de l'Évêché, sut ne pas se laisser fléchir par l'intervention personnelle de la Reine, enfin, pour se soustraire à la puissance du gouverneur royal, se retira dans la capitale de ses États, à Vic, en août 1610. Son attitude digne et courageuse déjoua provisoirement tout projet d'annexion de l'Évêché ; mais il devait être le dernier prince-évêque indépendant de Metz : le 19 avril 1612, sa mort remettait tout en question.

Son successeur, l'Évêque désigné, frère consanguin naturel du nouveau roi Louis XIII, n'étant âgé que de treize ans et demi, et, par conséquent, mineur, l'administration de l'Évêché fut confiée au Chapitre de la cathédrale jusqu'à la majorité du bâtard royal ; le Chapitre, à son tour, nomma dans son sein une commission de six membres, dont les cinq dignitaires du Chapitre, qui devait assurer l'administration temporelle de l'Évêché, et aurait sous ses ordres tous les fonctionnaires épiscopaux.

---

1. Dans sa résistance, le cardinal de Givry s'appuya sur un mémoire qui lui avait été envoyé à Rome, de Metz, sans doute sur la demande et par l'entremise de la France, et qui fut recueilli peu de temps après sa mort dans un manuscrit conservé à la bibliothèque de Metz (ms. n° 219). Ce curieux document est un traité de la situation politico-juridique de l'Évêché en 1607 ; il est intitulé : *Bref discours des droits, autorités et état de l'évêché et gouvernement de Metz envoyé à notre cardinal à Rome assez curieux et considérable pour être rapporté ici et faire voir la grandeur et noblesse*. Il est publié *in extenso* à la suite de l'article déjà cité du baron H. de HAMMERSTEIN, *Der Metzer Bischof Kardinal de Givry* (*loc. cit.*, pp. 160-164).

Cette commission, qui résidait à Metz, devait nécessairement subir la volonté du Gouverneur royal : il en fut ainsi.

Le duc d'Épernon, qui avait gagné Paris pour faire rendre par la régente Marie de Médicis, le 24 octobre 1613, un décret (¹) renouvelant celui du 22 janvier 1609 resté lettre morte, revint à Metz le 7 novembre de la même année, et s'installa à demeure au Palais épiscopal. Il y manda aussitôt les Administrateurs de l'Évêché : il leur confia, dans un langage aimable, qu'il était chargé par le Roi d'opérer l'annexion de l'Évêché, et qu'il devait le réunir à la Province que le Roi lui avait confiée ; puis, il les invita à donner leur assentiment à cette annexion, à prêter au Roi un serment dont il leur dicta la formule, et à remplacer partout les armes impériales par l'écusson royal.

Les Administrateurs d'être surpris et effrayés ; ils demandèrent à réfléchir ; leur terreur première passée, ils se récusèrent sur le serment de fidélité qu'ils avaient prêté à l'Empereur et à l'Empire. Le Gouverneur changea alors de ton ; il en vint aux menaces, parla de faire envahir par ses troupes les terres de l'Évêché, et d'y faire mettre tout à feu et à sang ; de faire fouetter le vice-président et le procureur général de l'Évêché, appelés à Metz par les Administrateurs ; aux Administrateurs eux-mêmes il déclara qu'il allait les faire attacher à la gueule de ses canons. De telles menaces rendirent les Administrateurs traitables : ils se savaient à Metz à la discrétion du Gouverneur ; le 10 janvier 1614, ils signaient la formule d'un serment par lequel ils s'engageaient, pour eux et tous les fonctionnaires et sujets de l'Évêché, à ne rien faire qui pût tourner au préjudice de l'État ou de la Couronne, à ne recevoir aucun ennemi dans les limites de l'Évêché, et à recourir au Roi lorsqu'ils auraient besoin d'une intervention armée ; enfin, lorsque le Roi serait en guerre avec un prince voisin, ils lui tiendraient les portes de leurs forteresses libres et ouvertes (¹).

---

1. Cf. SAUERLAND, *Die Annexion...*, Urkunden : Lettres patentes de Louis XIII touchant le gouvernement du Pays messin. De Fontainebleau, 24 octobre 1613 (texte *in extenso*), pp. 196-197.

Restait à accomplir l'annexion : à cet effet, d'Épernon résolut de se rendre avec une force armée dans la ville capitale de Vic. Les vassaux de l'Évêché s'alarment : l'un d'eux, le duc de Lorraine, intervient personnellement auprès de la Cour, et obtient une diversion de l'annexion jusqu'à la fin de l'année 1614. Ce répit est mis à profit : Vassaux et Administrateurs envoient des ambassades, qui à la Cour, qui au prince-évêque de l'Empire d'Allemagne le plus rapproché, l'évêque de Spire, qu'on prie de s'employer auprès de l'Empereur ([1]); tentatives vaines et qui devaient rester impuissantes : dès la fin de 1614, le gouverneur de Metz, Bernard de Nogaret, marquis de Lavalette, fils et successeur du duc d'Épernon, avait exécuté l'annexion.

Et cependant, contraint peut-être par les nécessités momentanées de la fortune des armes, l'Évêque de Metz, Henry de Bourbon, dut (probablement avec le consentement de la Cour de France au sein de laquelle il vivait) reconnaître la supériorité de l'Empire sur le Temporel de l'Église de Metz, et solliciter de l'Empereur une investiture qui lui fut accordée, avec les droits régaliens sur tous les sujets de son Évêché, par lettres du 13 mars 1626 ([2]). En réalité, le bâtard royal conservait encore l'attitude d'une prince indépendant : jusqu'en 1624 des monnaies furent frappées à son effigie ([3]); de sorte qu'il serait assez difficile de déterminer les limites qui séparaient alors la souveraineté ou protection royale et l'indépendance épiscopale.

La vérité semble toutefois ressortir de cette assertion de l'Intendant de Metz, de Saint-Conteste, « que, depuis la conquête du roi Henri II, aucun des évêques de Metz qui ont été français n'ont fait les foi et hommage à l'Empereur, et, toutes les fois qu'on les a appelés aux Diètes impériales, et qu'on

---

1. Cf. SAUERLAND, *Die Annexion...*, Urkunden : *Discours fait à l'évêque de Spire par un député des états de l'évêché de Metz au sujet des entreprises du duc d'Epernon sur ledit évêché, et du serment de fidélité qu'il avait exigé des officiers de cet état au préjudice des droits de l'Empire* (en latin, texte *in extenso*), pp. 198-201.
2. Cf. SAUERLAND, *Nachtrag...* (analyse), p. 281.
3. Cf. RAVOLD, *op. cit.*, vol. 3, p. 784.

les a voulu contraindre aux contributions, ils se sont excusés sur la protection du Roi, et n'ont fait aucune fonction de Princes de l'Empire (¹) ».

Quoi qu'il en fût, le Roi porta une sérieuse atteinte à leurs droits quand, par un édit d'août 1634, il créa un bailliage royal à Vic, permettant seulement à son Cousin l'Évêque de Metz « d'établir au lieu de Moyenvic une châtellenie particulière pour les villages qui dépendaient de la châtellenie particulière de Vic (²) ».

Cet édit ne fut vérifié au Parlement de Metz (³) que le 21 février 1644 : telles avaient été les représentations de tous les Ordres de l'Évêché (⁴).

Cependant, un an après cette date, sur deux requêtes de l'évêque Henry de Bourbon, l'une manuscrite du 4 septembre 1641, l'autre orale du 30 septembre même année, considérant que, par lettres patentes, l'Empereur Ferdinand II avait de nouveau conféré audit Évêque de Metz « tous et un chacun des droits régaliens, fiefs et biens temporels, honneurs et dignités, juridictions, qui lui sont dus et à sondit Évêché », le Roi, par arrêt du Conseil du 31 décembre 1642, supprima le bailliage créé par l'édit du mois d'août 1634, et ordonna que les juges de l'Évêque de Metz, et ceux qui pourraient être dans la suite pourvus par lui continueraient l'exercice de leurs charges, sauf ressort au parlement de Metz pour appel de leurs jugements (⁵).

Le traité de Munster devait trancher cette situation compliquée d'un fief à la fois immédiat de l'Empire et justiciable du Roi de France (⁶). Le 24 octobre 1648, l'Empereur cédait au

---

1. Cf. SAINT-CONTESTE (DE), *Mémoire sur les Trois-Évêchés*, pp. 85-86.
2. Cf. EMMERY, *Recueil des Édits, Déclarations, Lettres patentes et Arrêts du Conseil enregistrés au Parlement de Metz ; ensemble des Arrêts de règlements rendus par cette Cour*. Metz, P.-F. Marchal, Antoine, 1774-1788, 5 vol. in-4. (*Fonds lorrain*, n° 6392). T. I, pp. 229-242.
3. Le Parlement de Metz avait été créé par l'édit de janvier,1633. Cf. EMMERY, *op. cit.*, t. I, pp. 1-16.
4. Cf. EMMERY, *op. cit.*, t. I, p. 229, note a.
5. Cf. EMMERY, *op. cit.*, t. I, pp. 577-579.
6. Cf. VAST (Henri), *Les Grands traités du règne de Louis XIV* (*Collection des textes pour servir à l'enseignement de l'histoire*, fasc. n° 15) : traité de Munster, art. 72, p. 38, et art. 79, pp. 40-41.

Roi de France le suprême domaine, c'est-à-dire la souveraineté absolue, et tous ses autres droits sur les Évêchés de Metz, Toul et Verdun, sur ces trois villes, les dépendances (*districtus*) de leurs Évêchés, et nommément sur Moyenvic (1), sauf, au spirituel, le droit du métropolitain de Trèves (2).

Désormais l'évêque de Metz n'est plus rattaché à l'Empire que par ses titres de « Premier Baron chrétien » et de « Prince du Saint-Empire (3) », et par sa juridiction au spirituel sur des terres d'Empire (4).

Il semble qu'il ait eu à se louer de l'administration française : les arrêts de la Chambre royale (Chambre de réunion) de Metz, antérieurs au 1er août 1681, ne contribuèrent pas peu à ramener sous sa suzeraineté des vassaux récalcitrants (5). D'autre part, le Roi de France semble ne plus avoir empiété sur les prérogatives épiscopales.

Si l'on en excepte d'une part le transport fait le 21 janvier

---

1. Cf. VAST, *op. cit.* Acte original de la cession faite à la France des Trois-Évêchés de l'Alsace, de Brisack et de Pignerol, par l'Empereur et par l'Empire, p. 59 : *Cedimus et resignamus in regem Franciæ Dominum, Ludovicum XIV ejusque omnes et singulos in Regno Franciæ successores omni meliori modo et absque omni limitatione, restrictione aut reservatione, supremum et directum dominium, Juraque superioritatis Imperialis, aliaque omnia quæ Nobis et Imperio in Episcopatus Metensem, Tullensem et Virodunensem, horumque Episcopatuum districtus et nominatim Moyenvicum... ita, ut hæc omnia et singula jura imposterum eo modo quo hactenus ad nos et Romanum spectabant Imperium ad regem Christianissimum et Coronam Galliæ spectare eique incorporari debeant; horumque Episcopos, status et ordines... porro inter Status et ordines ac Vassallos subditosque Franciæ connumerare, ab iis homagia et fidelitatis juramenta recipere, præstationesque solitas exigere, omnemque supremam et regiam jurisdictionem, in eosdem exercere possit, et valeat citra nostrum et nostrorum in Imperio successorum, aut cujuscumque alterius impedimenta aut contradictionem.*

2. Cf. VAST, *op. cit.*, traité de Munster, art. 72, p. 38.

3. Cf. *Lettres d'investiture du Temporel de l'Évêché de Metz, accordées par le Roi à M. l'Évêque de Metz*, données à Fontainebleau, le 4 novembre 1765. S. l. n. d., in-fol., 3 pages (*Fonds lorrain*, n° 5760). P. 2.

4. Cf. BENOIT (A.), *Notes pour servir à la statistique religieuse du diocèse de Metz dans le cours du dix-huitième siècle. Les Terres d'Empire.* (*Mémoires de l'Académie de Metz*, t. LXVII, 1885-1886, pp. 275-308.)

5. Cf. *Recueil des Arrêts de la Chambre royale établie à Metz*, passim. (On a ajouté à ce *Recueil* un Arrêt de la même Chambre, commentaire assez arbitraire des termes de la cession des Évêchés et de leurs dépendances. Du 10 septembre 1683, 21 pages in-4.)

Cf. SAUER (Édouard), *Inventaire des aveux et dénombrements déposés aux Archives départementales à Metz, précédé d'une notice sur la création de la Chambre royale.* Metz, G. Scriba, 1894, in-8, XVIII-232 pages.

1718, à l'article XIII du traité de Paris, par le Roi de France au duc de Lorraine de ses droits de souveraineté, et, en même temps par conséquent des droits de juridiction supérieure de l'Évêque sur la châtellenie de Rambervillers (¹), d'autre part la vente qu'en 1784 le cardinal de Montmorency-Laval fit au Roi de 26 883 arpents de bois, situés surtout dans la châtellenie de Vic, pour l'usage des salines, contre une rente en argent, ce qui restait du Temporel de l'Évêché de Metz se maintint au dix-huitième siècle dans son intégrité.

Son territoire, démembré par les cessions et les nantissements d'antan, composait, sous le nom de « Bailliage de l'Évêché de Metz à Vic », un ensemble peu cohérent (²), qui ne comprenait pas moins de dix-huit tronçons séparés, d'étendue variable, très éloignés souvent de leur chef-lieu, Vic, mais dont la topographie nous est connue d'une manière très précise grâce au *Traité* de STEMER sur le *département de Metz* (³).

Le bailliage de Vic comprenait les villes, bourgs et villages dans lesquels, après 1648, les droits seigneuriaux moins la souveraineté avaient été laissés aux évêques de Metz. Il se composait de domaines, de fiefs et de bénéfices ecclésiastiques allodiaux.

Tous les fiefs et francs-alleux situés dans l'étendue du ressort de ce bailliage relevaient du Temporel de l'Évêché de Metz. Les détenteurs en devaient foi et hommage à l'Évêque, et étaient astreints à lui fournir leurs aveux et dénombrements ; sinon il était loisible à ce dernier de faire contre ses vassaux les poursuites nécessaires au bailliage de son Évêché (⁴), tenant lieu de Cour féodale (⁵).

---

1. « Sans préjudice néanmoins aux droits de propriété, domaines, revenus, justices et juridictions qui appartiennent dans lesdits lieux à l'Évêque de Metz, et aux autres vassaux, lesquels leur seront conservés en leur entier » (art. XIII).
2. Relativement aux limites de ce bailliage en 1789, Cf. BRETTE (Armand), *Atlas des bailliages ou juridictions assimilées ayant formé unité électorale en 1789*. Paris, Imprimerie nationale, 1904, in-fol., xxxv-16-1 pages, 33 planches (*Collection des documents inédits*). Carte n° 23 : Généralités de Nancy et de Metz. (Le bailliage de Vic est lavé en rouge et porte le n° 328.)
3. Cf. STEMER, *op. cit.*, pp. 131-138.
4. Cf. *Lettres d'investiture du Temporel de l'Évêché de Metz*, p. 1.
5. Les officiers de la Cour féodale étaient les mêmes que ceux du Bailliage. Cf. *Almanach des Trois-Évêchés pour 1789*, p. 303.

Quant aux domaines épiscopaux, ils étaient groupés en neuf châtellenies : Vic, Lagarde, Fribourg, Albestroff [1], Haboudange, Moyen [2], Baccarat, Rémilly, les Mairies du Val de Metz [3]. Le procureur-général-fiscal du bailliage y remplissait les fonctions d'intendant de l'Évêque.

Le bailliage seigneurial de l'Évêché de Metz avait son siège à Vic, et possédait la même juridiction que les bailliages royaux. Les appels s'en portaient nuement au parlement de Metz.

Il était régi par la coutume de l'Évêché de Metz, rédigée en 1601 [4].

Les officiers composant la juridiction bailliagère de Vic étaient à la nomination de l'Évêque de Metz; c'étaient : le bailli, le lieutenant-général civil et criminel, le procureur-général-fiscal, deux substituts, un greffier, un receveur des consignations, un tabellion-général, un garde-note et garde-scel, un huissier-audiencier, six autres huissiers, et cinq tabellions particuliers. A la suite du bailliage se trouvaient quatorze avocats qui faisaient en même temps les fonctions de procureurs [5].

Bref, le bailliage seigneurial de l'Évêché de Metz à Vic centralisait l'administration des droits féodaux, domaniaux et judiciaires que possédaient les Évêques de Metz au nom du

---

1. Cf. PROST (Aug.), *Albestroff, siège d'une châtellenie de l'Évêché de Metz*. Metz, Rousseau-Pallez, 1861, in-8, 104 pages.

2. Cf. SORLAT (E.), avocat à Lunéville, *Étude historique sur l'ancienne châtellenie de Moyen*. Ms. (1893), papier, 211 feuillets. (*Cat. mss. bibl. publ., Départements,* t. IV, Nancy, Supplément, n° 1375 [800].)

ID., *Deux documents historiques concernant l'ancienne châtellenie de Moyen* [en particulier le « Registre ou Papier terrier » dressé en l'an 1605, et contenant déclaration de tous les droits et biens appartenant à l'Évêque de Metz en sa châtellenie de Moyen, ban de Saint-Clément et villages en dépendant]. (*Mémoires de l'Académie de Stanislas*, CXLIVᵉ année [1893], 5ᵉ série, t. XI, pp. 340-380.)

3. La liste des communautés dépendant de ces châtellenies est donnée dans STEMER, *op. cit.*, pp. 131-134.

4. Cf. STEMER, *op. cit.*, p. 123.
La dernière édition en date de la Coutume de l'Évêché de Metz est la suivante : *Coutumes générales de l'Évêché de Metz, commentées par M. DILANGE, enrichies d'une table raisonnée des matières mise par ordre alphabétique*. La Haye, Compagnie des Libraires, 1772, petit in-8, 389 pages. (*Fonds lorrain*, n° 6360.)

5. Cf. STEMER, *op. cit.*, p. 123.

temporel de leur Église. Ils étaient confirmés dans ces droits par des lettres patentes royales d'investiture enregistrées au parlement de Metz et au siège de Vic. Le cardinal de Montmorency-Laval en avait été investi par lettres patentes du 4 novembre 1765 (¹) : il devait les conserver jusqu'au jour où l'Assemblée nationale, en supprimant les droits féodaux puis les anciennes juridictions, et en ordonnant la nationalisation des biens du Clergé, anéantit les derniers vestiges de la souveraineté temporelle des Évêques de Metz.

II — LES CAHIERS DES COMMUNAUTÉS DU BAILLIAGE DE VIC

Le 27 février 1789, en exécution de la lettre du Roi du 24 janvier 1789 pour la convocation des États généraux à Versailles le 27 avril de la même année (²), et du règlement y annexé pour l'exécution de la lettre de convocation, du 24 janvier 1789 (³), ainsi que du règlement concernant la convocation des Trois-Évêchés et du Clermontois, du 7 février 1789 (⁴), Claude-François Vignon, « président, lieutenant-général civil et criminel au bailliage de l'Évêché de Metz à Vic, tenant la Cour féodale dudit Évêché, maire et chef de police de Vic (⁵) », membre de l'Assemblée provinciale des Trois-Évêchés et du Clermontois, avait, en l'absence du bailli d'épée audit siège, rendu le 27 février 1789 une ordonnance pour la publication et l'enregistrement de la lettre de convocation et des règlements, en même temps que, par une autre ordonnance, il avait convoqué pour le 23 mars suivant les

---

1. Cf. *Lettres d'Investiture du Temporel de l'Évêché de Metz*.
2. Cf. BRETTE (Armand), *Recueil de documents relatifs à la convocation des États généraux de 1789*, t. I, n° XXXVIII ᴬ. Lettre du Roi... (texte *in extenso*), pp. 64-65.
3. Cf. BRETTE, *op. cit.*, t. I, n° XXXVIII ᴮ. Règlement fait par le Roi... (texte *in extenso*), pp. 66-87.
4. Cf. BRETTE, *op. cit.*, t. I, n° CXLIII ᴬ. Règlement... (analyse), p. 220.
5. C'est là le titre officiel du lieutenant-général du bailliage de Vic. Cf. Arch. Meurthe-et-Moselle, États généraux (fonds non classé) : *Procès-verbal de l'assemblée générale des trois États du bailliage de Vic, commencée le 23 mars 1789 et finie le 29 suivant à 11 heures et demie du soir*.

députés des villes et communautés à l'assemblée des trois États du bailliage, à l'effet d'y rédiger le cahier de doléances de leur ordre, et de choisir leurs députés aux États généraux (¹).

Ces lettres, règlements et ordonnances avaient, aux termes de l'article 27 du règlement général du 24 janvier 1789 (²), été notifiés par les huissiers du bailliage aux officiers municipaux des villes et communautés de campagne du ressort dudit bailliage, et dans l'étendue desquelles ce tribunal avait connaissance des cas royaux, avec sommation aux officiers municipaux desdites villes et communautés qu'ils eussent à « se conformer auxdites lettres, règlement et ordonnances en les faisant publier le dimanche suivant au prône de la messe de paroisse par le curé ou vicaire d'icelle (³), en les faisant pareillement lire, publier et afficher à l'issue de la messe de paroisse au devant de la porte principale de l'église et en convoquant au son de la cloche en la manière accoutumée l'assemblée des habitants nés Français, âgés de vingt-cinq ans, domiciliés et compris aux rôles des impositions, pour par lesdits habitants et communautés tenir leur assemblée, dresser leur cahier de doléances, plaintes et remontrances, et nommer leurs députés dans le nombre et à la manière prescrite par l'article XXXI du règlement du 24 janvier, savoir : dans les bourgs, villages et communautés, deux députés à raison de deux cents feux et au-dessous, trois au-dessus de deux cents feux, et ainsi de suite, et dans les villes non dénommées dans l'état annexé au règlement du 7 février, quatre députés (⁴); faire exécuter et exécuter chacun à leur égard, et de point en point, tout ce qui est prescrit et ordonné par lesdites lettres du Roi, règlement et ordonnances (⁵). »

---

1. Cf. Arch. Meurthe-et-Moselle, *Procès-verbal de l'assemblée générale des trois États du bailliage de Vic.*
2. Cf. BRETTE, *op. cit.*, t. I, p. 75.
3. Ces publications furent presque toutes faites le 15 mars.
4. Cf. BRETTE, *op. cit.*, t. I, n° CXLIII c, p. 222. — Aucune ville du bailliage de Vic ne se trouvant au nombre de celles renfermées en cet état, il ne devait y avoir dans le ressort du bailliage de Vic aucune des assemblées de corporations prévues à l'article 25 du règlement général du 24 janvier 1789 (Cf. BRETTE, *op. cit.*, t. I, p. 77); par conséquent, il n'y devait point être rédigé de cahiers de corporations.
5. Cf. Arch. Meurthe-et-Moselle, *loc. cit.*; *Procès-verbal de l'assemblée générale des trois États du bailliage de Vic.*

Pour répondre à ces assignations, presque toutes les communautés du bailliage s'assemblèrent entre le 14 et le 22 mars 1789, rédigèrent les cahiers de leurs doléances, et élurent les députés qui devaient les porter à l'assemblée des trois Ordres du bailliage, le 23 mars 1789, à Vic.

Rares furent donc les communautés qui n'envoyèrent pas de députation à cette assemblée : celle d'Aubécourt-la-Petite avait refusé l'assignation, qui lui avait été remise par l'huissier Sébastien Virion ([1]); les communautés de Châtel-Saint-Germain, Scy, Chazelles, Lessy, Longeville-les-Metz, en ce qui dépendait du Ban de l'Évêque ([2]), avaient reçu, elles aussi, des assignations; mais aucune de ces « Quatre Mairies du Val de Metz » n'y avait répondu : au demeurant, leur silence parut assez naturel et attira peu l'attention; témoin les lignes que lui consacra le rédacteur du procès-verbal de l'assemblée des trois Ordres du bailliage : « Dans chacune de ces quatre communautés, il y a un certain nombre de maisons formant le Ban de l'Évêque, qui dépendent du bailliage de Vic; le surplus fait partie du bailliage de Metz; ces communautés sont aux portes de cette ville, et sont éloignées de Vic d'onze et de douze lieues, en sorte que pour s'éviter le voyage de Vic, il est très probable que les habitants du Ban de l'Évêque se seront réunis aux habitants de chacun de ces villages, comme ne formant qu'une seule et même communauté, ayant les mêmes rôles d'impositions et les mêmes charges. S'ils ont été assignés à comparaître à l'assemblée de Vic, ç'a été principalement pour faire à leur égard acte de juridiction ([3]). »

Par contre, il fut donné défaut contre les communautés de Romécourt, Hellocourt, Remering, Moncheux-la-Petite et Aubécourt ([4]).

---

1. Cf. Arch. Meurthe-et-Moselle, *loc. cit.*; *Procès-verbal de l'assemblée générale des trois États du bailliage de Vic.*
2. Cf. STEMER, *op. cit.*, p. 134.
3. Cf. Arch. Meurthe-et-Moselle, *loc. cit.*; *Procès-verbal de l'assemblée générale des trois États du bailliage de Vic.*
4. Cf. Arch. Meurthe-et-Moselle, *loc. cit.*; *Procès-verbal de l'assemblée générale des trois États du bailliage de Vic.*

Celles qui députèrent (¹) avaient dû envoyer à l'assemblée, par l'intermédiaire de leurs députés, un des deux exemplaires du procès-verbal d'assemblée de la communauté, et du cahier des doléances. Ces communautés avaient été au nombre de 171 (²).

Or les cahiers remis aux vingt-quatre commissaires chargés du dépouillement des vœux et des doléances en vue de la rédaction du cahier du Tiers, état ne furent qu'au nombre de 166 (³), nombre inférieur à celui des communautés qui s'étaient fait représenter à l'assemblée. La raison de cette différence est que « plusieurs desdites communautés ont adhéré à celles [demandes, plaintes et doléances] des communautés voisines d'elles, ce qui les a dispensées de faire des cahiers séparés (⁴). » Ce fut le cas des communautés de : Kirwiller, qui s'est jointe à Hazembourg « pour former son cahier de doléances, de manière qu'il n'y a qu'un seul cahier pour les deux communautés (⁵) »; d'Audwiller, de Steinbach et de Schweix dont les cahiers sont les mêmes que celui de la communauté de Guéblange à laquelle elles se réunirent (⁶); de Béning dont le cahier « est le même que celui de Bérig auquel elle a adhéré par son procès-verbal de nomination des députés (⁷) »; de la communauté de Humbépaire qui « a adhéré au cahier des doléances de Baccarat (⁸) ».

Ces 166 (165) cahiers furent déposés aux archives du bailliage sur l'ordre du lieutenant-général (⁹); dès lors, ils en sui-

---

1. Cf. Arch. Meurthe-et-Moselle, *loc. cit.*; *État des communautés du bailliage qui ont envoyé des députés, avec le nombre de leurs feux, et de leurs députés* (certifié par Vignon, lieutenant-général).
2. Cf. Arch. Meurthe-et-Moselle, *loc. cit.*; *Procès-verbal de l'assemblée générale des trois États du bailliage de Vic*.
3. L'erreur que firent les commissaires en établissant le total des cahiers confiés à leurs soins apparaît nettement; 171 communautés ayant député à l'assemblée des trois Ordres à Vic, de ces 171 retranchons 6, nombre des communautés (Audwiller, Steinbach et Schweix, Béning, Humbépaire et Kirwiller) qui ne rédigèrent pas de cahier particulier, mais adhérèrent au cahier d'une autre communauté, restent 165, nombre des communautés qui fournirent en leur nom un cahier personnel.
4. Cf. Arch. Meurthe-et-Moselle, *loc. cit.*; *Procès-verbal des délibérations particulières de l'Ordre du Tiers état du bailliage de Vic*.
5 à 8. Arch. Meurthe-et-Moselle, *loc. cit.*; notes des commissaires.
9. Cf. Arch. Meurthe-et-Moselle, *loc. cit.*; *Procès-verbal des délibérations particulières de l'Ordre du Tiers état du bailliage de Vic*.

virent le sort à la suppression de cet office pour aboutir, avec la majeure partie des documents judiciaires de l'ancien régime, au greffe de la Cour d'appel de Nancy, d'où ils furent récemment transportés aux Archives départementales de Meurthe-et-Moselle.

La collection des cahiers des communautés du bailliage de Vic, telle qu'elle existe aujourd'hui aux Archives de Meurthe-et-Moselle, ne comprend plus que 161 cahiers : il y manque les cahiers de Niderhoff, de Lorquin, de Buriville, de Neuviller et de Fréménil, dont il nous a été impossible de retrouver trace.

Ces cahiers se présentent à nous avec toutes les garanties désirables d'authenticité : les procès-verbaux d'assemblées des communautés pour la nomination des députés leur sont toujours joints ([1]) : les uns et les autres portent les nombreuses signatures des habitants qui ont participé à l'assemblée pour l'élection des députés et la rédaction du cahier de doléances. Apportés par les députés au siège du bailliage de Vic lors de l'assemblée des trois Ordres de ce bailliage, ils y ont été groupés, puis partagés entre les différents bureaux des commissaires préposés à la réduction des cahiers des villes et communautés en un seul cahier du Tiers état. Pour ce partage, les commissaires avaient donné à chaque cahier un numéro d'ordre, et à son procès-verbal le numéro correspondant, inscrits à l'encre sur le recto du premier feuillet. Ces motifs, ainsi que le fait de la présence de ces documents parmi les archives du bailliage, nous garantissent suffisamment qu'il ne peut être émis aucun doute sur leur authenticité : ce sont bien là les cahiers remis par les communautés, et qui ont été la base de la rédaction du cahier de l'Ordre du Tiers état du bailliage de Vic.

---

1. Les procès-verbaux de chacune des 171 communautés du bailliage qui ont député à Vic existent aux Archives de Meurthe-et-Moselle, *loc. cit.*

III — SOURCES ACCESSOIRES (1)

a) TOPOGRAPHIE

Aux ouvrages signalés ci-dessus (2), nous ajouterons, en ce qui concerne la généralité de Nancy :

Durival (l'Aîné), *Description de la Lorraine et du Barrois*. Nancy, Veuve Leclerc et Leseure, 1779 à 1783, xxii-392 pages, avec une carte ; xii-395, 459, iv-247 pages, 4 vol. in-4 (en particulier le tome IV qui porte en sous-titre : *Table alphabétique et topographique des villes, bourgs, villages, abbayes et autres lieux*). (Fonds lorrain, n° 3.)

b) GÉNÉRALITÉS

Il n'existe aucun bon tableau d'ensemble des provinces de Lorraine et des Trois-Évêchés à la fin de l'Ancien régime. Faute de mieux, nous renvoyons sous toutes réserves aux ouvrages suivants :

Mathieu (L'Abbé D.), *L'Ancien Régime dans la province de Lorraine et Barrois, d'après des documents inédits (1698-1789)*. Paris, Hachette, 1879, in-8, xii-469 pages.
Ravold, *Histoire démocratique et anecdotique des pays de Lorraine et de Bar, et des Trois-Évêchés*.

Les Assemblées provinciales instituées en 1787 dans les provinces de Lorraine et Barrois, des Trois-Évêchés et du Clermontois, et leurs Commissions intermédiaires, les Assemblées de districts et leurs Bureaux intermédiaires, ont suscité des mémoires et rédigé des procès-verbaux très importants, qui attestent une grande habitude de toutes les questions adminis-

---

1. Par suite de l'enchevêtrement à l'infini du bailliage de Vic et de la Lorraine, il s'était produit, à la fin de l'ancien régime, une communauté d'intérêts économiques assez complète entre les justiciables du bailliage épiscopal et leurs voisins lorrains, communauté qui, d'une façon plus générale, existait d'ailleurs entre la province de Lorraine et Barrois (généralité de Nancy) et celle des Trois-Évêchés et du Clermontois (généralité de Metz). De plus, les cahiers évêchois touchent par accident à des questions lorraines ou alsaciennes. Nous rapporterons ici, avec les sources et travaux relatifs aux Trois-Évêchés, ceux qui traitent de questions communes aux deux provinces entremêlées, ou particulières à la Lorraine ou à l'Alsace.
2. Cf. p. ix, n. 1.

tratives, fiscales et économiques. Seuls les procès-verbaux des deux Assemblées provinciales ont été publiés :

Procès-verbal des séances de l'Assemblée provinciale des Trois-Évêchés et du Clermontois, tenue à Metz, dans les mois de novembre et décembre 1787. S. l. (Metz), Veuve Antoine et fils, 1787, in-4, 520 pages. (*Fonds lorrain,* n° 991.)

Procès-verbal des séances de l'Assemblée provinciale des duchés de Lorraine et de Bar, tenue à Nancy (août et novembre 1787). Nancy, H. Haener, 1787, 2 vol. in-4, 75 et 495 pages. (*Fonds lorrain,* n° 990.)

Les papiers des Assemblées et des Bureaux de district ont été répartis entre les Archives départementales de la Moselle, de la Meuse, de la Meurthe et des Vosges (série C). Les papiers des Assemblées provinciales et de leurs Commissions intermédiaires ont été conservés aux Archives de la Moselle à Metz, et aux Archives de la Meurthe, à Nancy (série C). Le détail en est donné par les Inventaires sommaires rédigés par les Archivistes départementaux. Nous nous bornerons à mentionner les procès-verbaux manuscrits des Commissions intermédiaires :

Registre servant à l'enregistrement des délibérations et autres actes de la Commission intermédiaire à Metz de l'Assemblée provinciale des Trois-Évêchés et du Clermontois (6 juillet 1789-25 mai 1790). Registre de 202 feuillets. (Arch. Lorraine, C. 820.)

Registre des procès-verbaux de la Commission intermédiaire de Lorraine, 1787-1790. (Arch. Meurthe-et-Moselle, C. 527 et 529.)

Rapport à la Commission intermédiaire de Lorraine et Barrois sur ses opérations pendant l'année 1788 (fait par les Syndics provinciaux et le Président du Montet). 1788. (Arch. Meurthe-et-Moselle, C. 531, registre.)

c) QUESTIONS ADMINISTRATIVES

L'Assemblée de Vizille avait eu sa répercussion dans les provinces de Lorraine et Barrois et des Trois-Évêchés. A Metz, à Nancy et à Bar-le-Duc, par esprit d'imitation, avec des droits historiques de valeur inégale, on réclama les anciens États des Trois-Évêchés sous le nom d'États généraux d'Austrasie, les anciens États de la Lorraine, et les anciens États particuliers du Barrois. Voir à ce sujet pour les *Trois-Évêchés :*

Procès-verbal de l'assemblée tenue à Metz par plusieurs de Messieurs du Clergé, de la Noblesse et du Tiers-État, dans la grand'salle de l'Aca-

démie, à *l'Hôtel de Ville, le jeudi 15 janvier 1789*. S. l., n. n., n. d., in-4, 19 pages. (*Fonds lorrain*, n° 1025.)

Mémoire pour l'assemblée patriotique tenue à Metz le 15 janvier 1789. Metz, Veuve Antoine et fils, 1789, in-4, 33 pages. (*Fonds lorrain*, n° 1021.)

Pour la *Lorraine* et le *Barrois*, il serait fastidieux d'énumérer ici les brochures, adresses, dissertations, plans, projets et lettres que suscita dans ces deux provinces la question du rétablissement des États particuliers : nous préférons renvoyer à la liste qu'en a dressée M. J. Favier, conservateur de la bibliothèque municipale de Nancy (Cf. *Fonds lorrain*, n°ˢ 993, 994, 995, 996, 1002, 1003, 1004, 1007 et 1016), à laquelle nous ajouterons les articles suivants :

Lettres d'un Citoyen [Joseph-François Coster] *à MM. les Députés de la Lorraine assemblés pour dresser un plan d'organisation pour les États de cette province*. S. l., n. n., n. d., in-8, pièce. (Bibl. nat., Lk²/1079.)

Mémoire adressé au Roi par les officiers municipaux, dits notables, et autres habitants formant le Tiers-État de la ville d'Épinal, au sujet du rétablissement des États particuliers de la province de Lorraine (27 novembre 1788). [Extrait des Archives municipales d'Épinal.] (*Documents rares ou inédits de l'histoire des Vosges*, t. II, pp. 281-284.)

Remontrances et supplications du Parlement de Nancy pour le rétablissement des États de la province de Lorraine, présentées en exécution de l'Arrêté de cette Cour du 22 décembre 1788. S. l., n. d., in-8, factum. (Bibl. nat., Fm 3256.)

d) QUESTIONS FISCALES

a) *Impôts royaux*

La nature et la proportion des diverses sortes d'impôts directs (subvention, accessoires de la subvention, capitation et accessoires de la capitation) payés au Roi par la généralité de Metz, et l'affectation des sommes y comprises nous sont indiquées par un document dont la valeur peut être considérée comme de premier ordre : c'est le *Rapport* fait au nom du Bureau de l'impôt à l'Assemblée provinciale des Trois-Évêchés, en la séance du 11 décembre 1787, *sur les impositions de la province des Trois-Évêchés pour 1788* (*Procès-verbal des séances de l'Assemblée provinciale des Trois-Évêchés et du Clermontois*, pp. 376-415).

Le même *Procès-verbal* renferme deux autres mémoires de

pareille importance : l'un est le *Rapport sur les vingtièmes,* fait, au nom du Bureau de l'impôt, par le Président de L'AUBRUSSEL, à la séance de l'Assemblée provinciale du 12 décembre 1787 (*Ibid.,* pp. 432-460); l'autre est le *Rapport sur l'établissement des jurés-priseurs,* fait, au nom du Bureau du bien public, par l'ÉVÊQUE DE TOUL, à la séance du 1er décembre 1787 (*Ibid.,* pp. 205-228).

Au sujet de l'impôt de la corvée, voir :

BOYÉ (Pierre), *Les Travaux publics et le régime des corvées en Lorraine au dix-huitième siècle.* (*Annales de l'Est,* 13e année, 1899, pp. 380-431 et 529-559.)

b) *Droits féodaux et seigneuriaux*

Relativement aux droits féodaux et seigneuriaux perçus dans les châtellenies d'Albestroff et de Vic, et dans les communautés de Bénestroff, Bisten-im-Loch, Boucheporn, Bourdonnay, Givrycourt, Hellering, Moyen, Niederwisse, Oberwisse, Ommerey, Porcelette, dans les communautés composant le comté de Réchicourt, et dans le ban de Vacqueville, voir aux Archives nationales, série D XIV, les cartons 6 et 7 du Comité des droits féodaux de l'Assemblée nationale (dossiers 53 et 56).

COSTÉ, président à la Cour royale de Nancy, *Dissertation sur le droit du tiers-denier en Lorraine.* Nancy, Grimblot, Raybois et Cie, 1840, in-8, 29 pages.

GRÉGOIRE (L'abbé, curé d'Emberménil). *Mémoire sur les droits du tiers-denier des biens communaux, et de troupeaux à part, usités dans la Lorraine, le Barrois et le Clermontois,* lu à la séance de l'Assemblée nationale du 5 mars 1790. S. l., n. n., n. d., in-8, 56 pages. (*Fonds lorrain,* n° 6474.)

e) QUESTIONS ÉCONOMIQUES

a) *Agriculture*

Voir le *Rapport sur l'agriculture et les haras de la province des Trois-Évêchés,* fait au nom du Bureau du bien public, à la séance de l'Assemblée provinciale des Trois-Évêchés du 4 décembre 1787, par le comte D'AMBLY. (*Loc. ct.,* pp. 245-268.)

Au dire du rapporteur, le nombre des cultivateurs de la province a considérablement diminué, et l'agriculture se trouve dans un état de dépérissement et de misère inquiétant. Cette situation critique est attribuée à l'édit de 1769 permettant le partage des biens communaux, et à celui de 1768 concernant les clôtures.

Sur l'application de ces édits, voir :

Arch. nat., H¹/1497². *Dossier sur le droit de parcours dans le Duché de Bar et les Trois-Évêchés.*
Ibid., H¹/1515. *Mémoire sur le droit de parcours et de vaine pâture dans les Trois-Évêchés.*
Observations sur l'édit de suppression du parcours et du partage des communes. Manuscrit, dix-huitième siècle, 22 feuillets. (*Cat. mss. bibl. publ., Départements*, t. IV, Nancy, n° 1218 [755].)

b) *Industrie*

Boyé (Pierre), *La Lorraine industrielle sous le règne nominal de Stanislas, 1737-1766.* [Extrait de l'*Annuaire de Lorraine*, années 1900 et 1901.] Nancy, Sidot frères, 1900, gr. in-8, 70 pages.

Dietrich, *Description des gîtes de minerai, forges, salines, verreries, tréfileries, fabriques de fer-blanc, porcelaine, faïence, etc., de la Lorraine méridionale.* Paris, imprimerie Didot jeune, an VIII, in-4, xxxiii-576 pages. (*Fonds lorrain*, n° 8348.)

Weyhmann (Dr Alfred), *Histoire de l'ancienne industrie du fer en Lorraine* (¹). Traduction française d'un travail paru dans le *Jahrbuch der Gesellschaft für lothringische Geschichte und Altertumskunde*, Band XVII, 1905, Strasbourg, imprimerie M. Dumont-Schauberg, 1905, in-4, 225 pages, 1 planche.

Boyé (Pierre), *Les Salines et le sel en Lorraine au dix-huitième siècle.* [Extrait de l'*Annuaire de Lorraine*, années 1903 et 1904.] Nancy, Crépin-Leblond, 1904, gr. in-8, 63 pages.

Fournier (A.), *Les Verreries vosgiennes aux dix-septième et dix-huitième siècles.* (*Annuaire général des Vosges*, 1902, t. XXXII, pp. 28-37).

Ces diverses forges, salines, verreries et autres usines à feu consommaient une quantité de bois énorme et qui allait s'ac-

---

1. D'une manière générale, il ne faut pas se méprendre sur le titre un peu prétentieux de cet ouvrage. En particulier, pour la période qui nous intéresse (fin de l'ancien régime), nous n'y trouvons, en ce qui concerne la Lorraine, qu'un résumé de Durival, de Boyé et de Dietrich ; en ce qui concerne les Trois-Évêchés, que l'analyse d'un *Mémoire* adressé en 1788 au Maréchal de Ségur par la Dame d'Hayange, propriétaire des forges de ce nom, au sujet des fournitures militaires. L'auteur s'excuse de ne pouvoir fournir aucun autre détail sur les forges des Trois-Évêchés en alléguant que Dietrich n'en parle pas. M. W..., qui a consulté les collections manuscrites de la Bibliothèque nationale, a oublié de visiter les Archives nationales où il eût trouvé, à la cote F¹²/680, un dossier très documenté et très soigné sur les forges, usines et manufactures à feu de la généralité de Metz en 1788, avec des renseignements sur la provenance du combustible et les moyens de transport.

croissant de jour en jour, si bien que le bois était devenu d'une rareté et d'une cherté extrêmes : en 1789, les forêts étaient dévastées dans l'étendue du champ d'exploitation des bouches à feu, et les deux provinces étaient menacées d'une pénurie complète de ce combustible.

Cf. Guyot (Charles), *Les Forêts lorraines jusqu'en 1789*. Nancy, Crépin-Leblond, 1886, in-8, xviii-410 pages.

c) Commerce

Les provinces des Trois-Évêchés et de Lorraine étaient, au point de vue douanier, classées comme provinces étrangères ou d'étranger effectif. Séparées du reste de la France par une ligne de lourdes traites, elles constituaient avec l'Alsace un coin presque homogène, avec un régime économique tout spécial. Les avantages de cette situation étaient la liberté de commerce entre elles et avec l'étranger (Empire, etc.); les inconvénients provenaient des barrières fiscales qui existaient entre ces provinces, et dont la manifestation était, suivant les conventions ou les dates d'annexion, une simple ou une double enceinte de péages. Entre la Lorraine et le bailliage de l'Évêché de Metz, il n'y avait qu'un seul cordon douanier, situé à la frontière lorraine, mais sur territoire lorrain.

Les bureaux échelonnés sur ce cordon percevaient des péages compris sous la dénomination générique de foraine. On en distinguait six espèces : droits de haut-conduit, d'entrée foraine, d'issue foraine, de traverse, impôts sur les toiles et droits d'acquits à caution.

Sur la nature et le mode de perception de ces droits, voir :

Boyé (Pierre), *La Lorraine commerçante sous le règne nominal de Stanislas (1737-1766)*. [Extrait de l'*Annuaire de Lorraine*, année 1899.] Nancy, Sidot frères, 1899, gr. in-8, de 30 pages.

Id., *Le Budget de la province de Lorraine et Barrois sous le règne nominal de Stanislas (1737-1766)*. Nancy, 1896, in-8, de 175 pages. (Thèse de droit.)

Pour plus de détails, voir en outre :

Recueil des édits, ordonnances, déclarations... sur le fait des droits de haut-conduit, entrée et issue foraine, traverse... Imprimés et manuscrits. Fol. A : Table chronologique. Page 639 : Arrangement avec le prince de Nassau-Sarrebruck. 1670. Dix-huitième siècle, 22 feuillets et 642 pages. [Du Pont de Romémont.] (*Cat. mss. Soc. arch. lorraine*, n° 79.)

Recueil d'édits, arrêts, déclarations, etc. (imprimés et manuscrits), concernant les droits de haut-conduit, d'entrée et d'issue foraine, etc., en Lorraine (*1597-1767*). Dix-huitième siècle, 575, 287, 141, 287 feuillets. (*Cat. mss. bibl. publ., Départements*, t. IV, Nancy, n°s 169-172 [386 ¹, ², ³, ⁴].)

Recueil des édits, ordonnances, déclarations, tarifs, traités, réglements et arrêts sur le fait des droits de haut conduit, entrée et issue-foraine, traverse, impôt sur les toiles, et acquits-à-caution de Lorraine et Barrois... Nancy, Veuve Lescure, 1757, in-4, 254 pages. (*Fonds lorrain*, n° 6441.)

La foraine fut la base sur laquelle à deux reprises on argumenta à tort et à travers dans les trois provinces d'étranger effectif : ce fut sur ses désavantages qu'insista le Gouvernement pour proposer la suppression des anciens péages interprovinciaux, et étendre à la France le bénéfice du tarif en reculant les barrières de douanes aux frontières du royaume. La question de la suppression ou du maintien de la foraine passionna l'opinion sous le nom de question du tarif : le reculement des barrières eut ses partisans et ses adversaires, les uns et les autres aussi partiaux qu'acharnés, en Lorraine principalement, où cette lutte signala la dernière manifestation des prétentions à l'autonomie des anciens duchés.

Sur la question du tarif de 1737 à 1762, nous renvoyons au chapitre très clair qu'à écrit sur cette question embrouillée M. P. Boyé (*La Lorraine commerçante*, chap. II, pp. 6-13) et aux traités suivants :

Delannoy, *Comité des Finances. Analyse des observations de M. Rœderer, conseiller au Parlement de Metz, pour servir de réponse aux questions proposées par la Commission intermédiaire de l'Assemblée provinciale de Lorraine, en 1787, sur le tarif, sur la foraine, sur les manufactures et usines à feu ; et si le reculement des barrières jusqu'aux frontières serait utile ou nuisible... Par un Citoyen de la province de Lorraine.* S. l., n. d., in-4, pièce. (Bibl. nat., Lf. 89/22.)

Rœderer [d'après Quérard], *Observations sur les intérêts des Trois-Évêchés et de la Lorraine relativement au reculement des barrières de traites.* S. l., n. d., in-8, pièce. (Bibl. nat., Lf. 89/11.)

Précis pour les Trois-États du pays messin, au sujet du reculement des barrières... (*9 février 1787*). Metz, imprimerie de Veuve Antoine et fils, s. d., in-4, pièce. (Bibl. nat., Lf. 28/12.)

Wahl (Adalbert), *Die wirtschaftlichen Beziehungen Elsass-Lothringens zu Frankreich und Deutschland vor der französischen Revolution.*

(*Zeitschrift für die Geschichte des Oberrheins*. Neue Folge, Band XVIII, 1902, pp. 153 sqq.) — (C'est la communication de quelques extraits des *Observations sommaires* présentées le 21 mars 1787 par Hocquart, premier président du Parlement de Metz, et par le baron de Spon, premier président du Conseil souverain d'Alsace. — Sur l'importance de ces extraits, voir *Annales de l'Est*, 1904, t. XVIII, p. 147.)

Ouvrages et brochures dont le détail est donné par le *Fonds lorrain*, aux nos 8023, 8025, 8033, 8035, 8036, 8037, 8038, 8039, 8040, 8041.

Mémoire pour la ville et cité de Toul, sur le reculement à la frontière des barrières de l'intérieur du Royaume. Novembre 1787. Ms., dix-huitième siècle [Thouvenin]. (*Cat. mss. Soc. arch. lorraine*, n° 173.)

Mémoires et observations pour et contre le reculement des barrières sur la frontière des Trois-Évêchés. Metz, imprimerie de C. Lamort, 1787, in-4. (Bibl. nat., Lf. 89/13.)

Rapport de l'Abbé de Dombasle, au nom du Bureau d'agriculture, à l'Assemblée provinciale de Lorraine. (*Procès-verbal des séances de l'Assemblée provinciale des Duchés de Lorraine et de Bar*, pp. 285-413.)

Des effets du transport des bureaux de traites aux frontières extrêmes, et autres vues politiques. Metz, Veuve Antoine et fils, décembre 1790, in-8, pièce. (Bibl. nat., Lf. 89/21.)

Po.ds et mesures. — Les mesures en usage dans le ressort du bailliage de Vic étaient nombreuses et assez variables : les hasards des cessions et des échanges territoriaux conclus entre les évêques de Metz et les princes voisins avaient eu leur contre-coup sur le type et la nature des diverses mesures linéaires, agraires ou cubiques : entre autres mesures de longueur, on y comptait les toises d'Évêché, de Lorraine et de Vergaville, les aunes de Vic, de Fénétrange, de Vergaville, de Sarrebourg et de Metz; de superficie, les jours ou arpents et les fauchées d'Évêché et de Lorraine, les arpents de Vergaville et de Réchicourt ; de capacité pour les graines sèches, les quartes de Vic, de Saint-Avold, de Fribourg, de Château-Salins et de Châteauvoué, les résaux combles ou ras, selon la nature des grains, de Nancy et de Lorquin ; pour les liquides, les mesures de Lorraine, de Fénétrange et de Bourgaltroff.

Les subdivisions de ces mesures et leur valeur par rapport aux mesures métriques sont indiquées dans les ouvrages suivants :

Rénard (J.-B.), contrôleur des contributions. *Traité des mesures géné-*

rales et de localités, ou manuel métrique, administratif et élémentaire de la contribution foncière comparée aux nouvelles mesures; à l'usage des départements et particulièrement de ceux de la Moselle, de la Meurthe, des Vosges, de la Meuse, etc..., contenant les tables de réduction, et les prix comparatifs des mesures, d'après le mètre et le kilogramme définitifs. Metz, Lamort et Devilly, an X, in-8, 880 et 72 pages. (*Fonds lorrain*, n° 8052.)

Tableau de réduction rendue facile des mesures anciennes en nouvelles, et des nouvelles en anciennes, usitées dans le département de la Meurthe, etc... Nancy, Haener, s. d., in-8, IV-59 pages. (*Fonds lorrain*, n° 8060.)

Morel (L.), géomètre du cadastre. *Tarif de réduction des mesures anciennes en nouvelles et des nouvelles en anciennes, employées dans le département de la Meurthe.* Lunéville, Creusat, 1830, in-12, 143 pages.

Guibal (C.-F.), juge de paix à Nancy. *Système métrique, et tarifs de comparaison des mesures locales des quatre départements de la Meurthe, de la Meuse, de la Moselle et des Vosges.* Nancy, George-Grimblot, 1837, in-12, 150 pages, 1 pl.

Lepage, *Le Département de la Meurthe. Statistique historique et administrative, j. cit.* : Tableau des anciennes mesures lorraines, vol. I, pp. 360-361.

Riocour (De), *Les Monnaies lorraines.* (*Mémoires de la Société d'archéologie lorraine et du Musée historique lorrain*; 3e série : XIe volume, 1883, pp. 1-106, et XIIe volume, 1884, pp. 1-43. Cette seconde partie contient une table des anciennes mesures en usage en Lorraine, pp. 16-43.)

Cependant en aucun de ces ouvrages on ne trouve de détails suffisants relativement à la répartition géographique de ces mesures ; cette répartition était très curieuse : à Saint-Jean-de-Bassel, on employait les mesures linéaires et agraires d'Évêché, pour les liquides la mesure de capacité de Lorraine, enfin l'aune de Sarrebourg ; à Albestroff, la toise était celle d'Évêché, la quarte celle de Saint-Avold (ancienne mesure), l'aune celle de Metz, la mesure de capacité pour les liquides celle de Nancy (ancienne mesure). Les communautés de Fribourg, Languimberg, Azoudange, Rhodes, Desseling et Millebert avaient des droits d'affouage dans les forêts appartenant anciennement à l'Évêché de Metz : le bois y était livré au pied d'Évêché ; mais lorsqu'elles revendaient ce bois, ou achetaient du bois d'autre provenance, la mesure usitée était le pied de Lorraine. Les mêmes communautés mesuraient les terres et prés à l'arpent d'Évêché, et les forêts à l'arpent de Lorraine.

Le système des mesures présentait encore une défectuosité plus grave que leur extrême diversité : quelques-unes, tout en gardant leur nom originaire, avaient subi des variations. Dans les communautés déjà citées de Fribourg, Languimberg, Azoudange, Rhodes, Desseling et Millebert, la livraison des terres et prés se faisait à la toise d'Évêché ; néanmoins, il était reconnu que la toise dont on s'y servait était d'un pouce huit lignes plus forte que celle appelée toise d'Évêché, quoiqu'elle eût la même dénomination.

Il existe une source de premier ordre qui permet de se rendre un compte assez exact de l'extension géographique de chaque type de mesure : les Administrateurs des districts du département de la Meurthe, pour répondre aux demandes formulées par l'Agence temporaire des poids et mesures, avaient convoqué par-devant eux au chef-lieu de chaque canton les maires et officiers ou délégués municipaux de chaque communauté à l'effet de leur fournir un tableau détaillé des poids et mesures en usage dans leurs localités. Le résultat de cette enquête a été consigné en de volumineux dossiers conservés aux Archives départementales de Meurthe-et-Moselle. Intéressant la partie du ressort territorial du Bailliage de Vic qui passa dans le département de la Meurthe ([1]), nous citerons les articles suivants appartenant au dépôt d'archives précité :

Arch. Meurthe-et-Moselle, L. 655 (District de Blâmont).
— L. 839 (District de Château-Salins).
— L. 1040 (District de Dieuze).
— L. 1280-1282 (District de Lunéville).
— L. 1560 (District de Nancy).
— L. 1869 (District de Pont-à-Mousson).
— L. 2170 (District de Sarrebourg).

Monnaies. — Pour ce qui concerne les diverses monnaies en usage dans le bailliage de Vic, voir :

Riocour (De), *Les Monnaies lorraines*, loc. cit.
Briey (T.-N.), *Réductions complettes de l'argent de Lorraine en argent de France ; et celles de l'argent de France en argent de Lorraine*, etc. Nancy, Thomas, s. d., in-12, 190 et 108 pages, deux parties en 1 vol. (*Fonds lorrain*, n° 8151.)
Tarif de la réduction des monnoyes de France et de Lorraine. Nancy, Charlot, 1764, in-32, 50 pages, (*Fonds lorrain*, n° 8154.)

---

1. Les Archives de la Lorraine, à Metz, ne renferment plus aucun document de cette nature qui soit relatif à l'ancien département de la Moselle.

Tarif pour la conversion des francs, gros et deniers barrois en argent de France, en conformité de l'Édit du mois de novembre 1771, qui fixe les 3 francs barrois à 20 sous de France, conséquemment le franc à 6 sous 8 deniers de France. [Inséré dans le *Recueil des édits, ordonnances, déclarations, tarifs, traités, règlement et arrêts sur le fait des droits de haut-conduit, entrée et issue-foraine, traverse, impôt sur les toiles et acquits-à-caution de Lorraine et Barrois...* Nancy, Veuve Leseure, 1757, in-4, 254 pages. (*Fonds lorrain*, n° 6441.)]

Tarif par lequel on peut, avec une grande facilité, faire toutes sortes de comptes, et tout faits..., par M. B***, arithméticien. Nouvelle édition revue, corrigée et augmentée d'une réduction des francs de Lorraine en livres, et des livres en francs. Nancy, J.-B.-H. Leclerc, s. d., in-12, 310 pages. (*Fonds lorrain*, n° 8055.)

THIÉBAUT (C.), *Tarif décimal, deuxième partie, ou comptes faits en francs et centimes, ou conversion de l'ancien barreme en barreme nouveau...* Nancy, Thiébaut, s. d., in-8, 84 pages. (*Fonds lorrain*, n° 8057.)

f) DIVERS

a) *Milice*

BOYÉ (Pierre), *La Milice en Lorraine au dix-huitième siècle.* (*Mémoires de l'Académie de Stanislas*, 6ᵉ série, t. I, 1901-1902, pp. 182-287.)

b) *Prêt à intérêt et question juive*

PETIT-DIDIER (Le R. P. J.-J., de la Compagnie de Jésus). *Dissertation théologique et canonique sur les prêts par obligation spéculative d'intérêts usités en Lorraine et Barrois.* Nancy, F. Midon, 1745, petit in-8, XIII-235 pages. (*Fonds lorrain*, n° 6422.)

FOISSAC (DE), capitaine au Corps royal du génie, commandant la garde nationale de la ville de Phalsbourg. *Plaidoyer contre l'usure des Juifs des Évéchés, de l'Alsace et de la Lorraine.* S. l., n. n., n. d., in-8, 109 pages. (*Fonds lorrain*, n° 6423.)

Id., *Observations sur un écrit en faveur des Juifs de l'Alsace.* S. l., n. n., n. d., in-8, 29 pages. (*Fonds lorrain*, n.° 6423.)

Coup d'œil sur la situation actuelle de l'Alsace, relativement aux Juifs. [1784]. Ms., s. n. (Arch. nat., H. 1641.)

Adresse présentée à l'Assemblée constituante le 31 août 1789 par les députés réunis des Juifs établis à Metz, dans les Trois-Évêchés, en Alsace et en Lorraine. S. l., n. n., n. d., pièce. (Bibliothèque municipale de Metz, DD. 177.)

GRÉGOIRE (L'abbé, curé d'Emberménil, député de Nancy). *Mémoire en faveur des Juifs, précédé d'une Notice historique sur les persécutions qu'ils viennent d'essuyer en divers lieux, notamment en Alsace, et sur l'admission de leurs députés à la barre de l'Assemblée nationale.* Paris, Belin, 1789, in-8, XVI-47 pages. (*Fonds lorrain*, n° 6239.)

CLÉMENT (Roger), *La Condition des Juifs de Metz dans l'ancien régime.* Paris, 1903, in-8, 296 pages. (Thèse de droit.)

LES

CAHIERS DE DOLÉANCES

DU BAILLIAGE DE VIC

ADAINCOURT(¹)

I⁴

Procès-verbal.
20 mars 1789,
« Sont comparus en la place ordinaire de ce lieu, par-devant nous, François Fagot, maire de justice à Adaincourt. »
Communauté de 44 feux.
Députés : François Damant,
    Claude Ravaine.
Signatures : François Collignon, *syndic;* François Fagot, *maire;* Claude Ravaine; Pierre Damant; F. Moncelle; Pierre Bastien.

I⁴

Plaintes et doléances de la communauté d'Adaincourt

Art. 1. — Les impositions sont si considérables que près du quart du revenu des biens est employé à les acquitter; il

---

1. Nous imprimons les noms de lieu selon l'orthographe française d'aujourd'hui et, à cet effet, nous nous servons du *Dictionnaire des postes* et des deux ouvrages suivants : Lepage, *Dictionnaire topographique du département de la Meurthe*, et de Bouteiller, *Dictionnaire topographique de l'ancien département de la Moselle*.

en résulte que les habitants d'Adaincourt s'appauvrissent tous les jours ; pour ramener l'abondance, le seul moyen serait de diminuer les subsides.

Art. 2. — Le Clergé, la Noblesse et les privilégiés jouissent d'exemptions qui augmentent la masse des impôts sur le peuple ; il paraîtrait plus juste d'imposer tous les biens proportionnellement à leur revenu.

Art. 3. — Les propriétaires étrangers ne payent pas autant que ceux résidant sur les lieux ; l'on désirerait que toutes les terres d'un ban fussent également imposées dans le lieu, sans égard à la résidence des propriétaires.

Art. 4. — Pour que la répartition des impôts se fasse d'une manière juste, on demande l'établissement d'États provinciaux, qui seront spécialement chargés de cette répartition et de l'administration des affaires communes.

Art. 5. — L'édit des clôtures est désastreux pour les campagnes : les seigneurs seuls jouissent du bénéfice qu'il peut produire, tandis que les simples particuliers, dont les propriétés sont éparses, ne peuvent en profiter. Les clos sont d'ailleurs très nuisibles en ce qu'ils diminuent la vaine pâture, ce qui, réuni aux défrichements, occasionne la rareté des bestiaux ; il serait donc du bien public de supprimer cet édit.

Art. 6. — L'entretien des grandes routes est très dispendieux pour les habitants des campagnes, à cause de la mauvaise répartition qui s'en fait ; il serait plus juste de le faire supporter aux propriétaires, au commerce, aux postes, etc., proportionnellement à l'utilité et à l'usage que chacune de ces parties en fait.

Art. 7. — Les chemins de communication de village à autre sont de la plus grande utilité et sont pour la plupart presque impraticables dans une grande partie de l'année, parce que les communautés n'ont pas assez de revenus pour subvenir aux frais de réparation des chemins et des ponts qui s'y trouvent ; il serait à désirer qu'on prélevât sur les impôts de la province les deniers nécessaires à ces dépenses.

Art. 8. — Le sel étant un objet de première nécessité et une production particulière de cette province, on se plaint que les habitants le payent plus cher que les étrangers ; on demande, en conséquence, qu'il soit permis à un chacun d'en vendre ou acheter à quel prix et où le jugera à propos, notamment aux habitants d'Adaincourt de prendre de l'eau salée que produit une partie de leur territoire.

Art. 9. — Les acquits auxquels on est assujetti en passant sur les terrains lorrains qui avoisinent et sont enclavés dans la France interceptent la circulation libre des productions; il serait bien important que ces acquits fussent supprimés et que le transport fût permis, sans obstacle, dans l'intérieur du royaume.

Art. 10. — Il existe sur la rivière de Nied un pont appelé le Pont-à-Domangeville, appartenant au seigneur de Pange; que les laboureurs d'Adaincourt y passent ou non, ils sont forcés, ainsi que plusieurs autres, de payer annuellement presque trois bichets de blé pour droit de péage. L'on demande d'être déchargé de cette servitude.

Art. 11. — La dîme autrefois était chargée de la réparation et réédification des églises et de ce qui y a rapport; aujourd'hui la communauté y est astreinte; elle s'en plaint parce qu'elle croit ne devoir pas les supporter; elle demande donc qu'elles soient de nouveau remises au compte des décimateurs.

Art. 12. — Quand la communauté obtient la coupe de ses bois qui sont en petite quantité, les frais de délivrance absorbent une forte partie de la valeur; pour remédier à cet abus, il conviendrait d'en permettre l'exploitation sur la surveillance de la municipalité du lieu, qui agirait sans rétribution et se conformerait à l'ordonnance.

Art. 13. — L'établissement des haras est nuisible à l'agriculture: l'intérêt des cultivateurs demanderait qu'il fût supprimé.

Art. 14. — La milice, qui se tire annuellement, occasionne aux habitants des campagnes beaucoup de dépenses, soit pour leurs voyages, soit pour faire tirer leurs billets; elle gêne ou précipite les établissements, et surcharge la communauté par les avantages que les miliciens tirent dans les bois communaux: on demande que les miliciens ne se tirent plus que dans les cas de nécessité.

Art. 15. — La différence des poids et des mesures occasionne souvent des erreurs ou des tromperies; elle donne ouverture aux abus et nuit à la liberté du commerce: il serait beaucoup plus simple et plus juste d'établir l'uniformité pour cet objet dans tout le royaume.

BAILLIAGE DE VIC

Art. 16. — L'exportation des grains occasionne ordinairement une augmentation de prix nuisible au peuple : on désire que désormais elle ne soit plus permise.

Fait et arrêté en pleine assemblée de communauté, à Adaincourt, le 20 mars 1789, le présent écrit sur quatre pages paraphées.

François Fagot, *maire ;* François Collignon, *syndic ;* Claude Ravaine ; Pierre Damant ; F. Moncelle ; Pierre Bastien.

Paraphé et coté et certifié sincère et véritable par nous, maire de justice, susdit, à Adaincourt, ledit jour.

François Fagot, *maire.*

ALBESTROFF

I^A

« Procès-verbal de nomination de deux députés pour Albestroff (¹). »
16 mars 1789,
« Sont comparus en la salle de la maison d'école de ce lieu, pardevant nous, Nicolas-Michel Riot, premier échevin de justice et syndic de la municipalité d'Albestroff. »
Village composé de 120 feux.
Députés : Hubert Bienfait, avocat et substitut de la châtellenie d'Albestroff,
Sébastien Janin, procureur en ladite châtellenie.
Signatures : Bienfait ; Janin ; Michel Riot ; Nicolas Toussaint ; Jean Houpert ; V. Lallemend ; M. Steinmetz ; Joseph Veingertner ; Michel Riot, *syndic.*

II^B

Cahier des doléances, plaintes et remontrances des habitants et communauté d'Albestroff pour être remis à leurs dépu-

---

1. *Impositions ordinaires* pour les *six* premiers *mois* de l'année *1790* :
Imposition principale. . . . . 505 # » s. » d.
Impositions accessoires. 1 005 16   6
Capitation 1 150   3 10
          Total . . . . 2 461# » s. 4 d.
Deux vingtièmes et quatre sous pour livre du premier pour *1790* :
Biens-fonds . . { 1er cahier . . . 1013 # 3 s. 9 d.
            { 2e cahier . . . 2593 3 3
          Total . . . . 3606 # 7 s. » d.
(Arch. Meurthe-et-Moselle, L. 308.)

tés, qui se rendront à l'assemblée du bailliage de l'Évêché de Metz à Vic, le vingt-trois mars présent mois, en exécution des lettres de Sa Majesté du sept février dernier, et de l'ordonnance de M. le président, lieutenant général audit bailliage, du vingt-sept dudit mois, et de l'assignation donnée en conséquence à ladite communauté le douze du courant

Art. 1. — Nous désirons qu'à l'avenir on ne puisse établir ni proroger aucun impôt que du consentement de la Nation.

Art. 2. — Nous demandons que notre province soit chargée de l'administration ci-devant confiée aux intendants. Il en résultera une économie à notre province. Nous avons à nous plaindre de vexations, singulièrement dans l'administration de la justice, car toutes les requêtes adressées à M. l'intendant, si elles n'étaient pas dressées par le secrétaire de son subdélégué, restaient sans réponses. D'ailleurs, si nous avons une seule administration provinciale, il n'y aura qu'une seule messagerie pour tous les objets d'administration, ce qui ménagera des frais énormes à toutes les communautés.

Art. 3. — Nous nous plaignons de la cherté et de la rareté du bois de chauffage ; cette denrée de première nécessité a été portée au prix excessif où il est actuellement par les salines : celle de Dieuze tournait sur sept poêles il y a environ trente ans : à présent, elle travaille sur trente-six poêles ; et ce qui achève de soustraire le bois à l'usage des citoyens et même de mettre la disette dans tout le canton à cet égard, c'est que les salines sont parvenues à se faire affecter les bois des gens de mainmorte qui étaient auparavant dans le commerce : nous en éprouvons ici le plus grand mal : il y a sur notre finage quatre forêts de la consistance de quatre mille trois cents arpents de bois, qui appartenaient au domaine de l'Évêché de Metz, et qui viennent d'être cédés au Roi et affectés à la saline de Dieuze : ces forêts pourvoyaient à l'approvisionnement de la contrée ; aujourd'hui qu'elles sont retirées du commerce des hommes, tout le canton n'a plus que des ressources éloignées et excessivement chères ; et même il est à la veille d'éprouver une disette absolue sur cet objet ; car déjà les charrons et autres ouvriers en bois sont forcés d'en aller chercher à l'étranger. Ainsi, il est du bien public et même d'une nécessité absolue de faire désaffecter des salines les quatre forêts qui sont sur notre ban, ainsi que tous les bois des gens de mainmorte. Cette observation tombe aussi sur toutes les autres usines à feu, qui ont singulièrement augmenté en activité progressive depuis environ trente ans et qui, de proche en proche, ont causé l'extrême cherté et la rareté du bois de chauffage qui est devenue si générale dans la province.

Art. 4. — Les bois sont dévastés dans notre canton et particulièrement sur notre ban. La cause en est que les officiers des Eaux et Forêts ne laissent pas une réserve suffisante, notamment pour la vieille écorce, les anciens et les modernes ; les bois de notre finage sont tombés dans la juridiction des officiers de la Réformation : ce tribunal est formidable aux citoyens, car il est absolu et ne relève d'aucun tribunal supérieur dans la province. Il juge en dernier ressort la plupart des matières, et la décision des causes importantes n'est sujette à l'appel qu'au Conseil. Il serait à désirer que l'administration des bois ne soit confiée qu'à des tribunaux sujets à correction. Nous avons conservé nos droits d'usage dans les quatre forêts situées sur notre finage ; ils ont été réduits par un règlement de la Réformation de 1746 et par un arrêt du Conseil de 1756 à deux cordes de bois et trois cents de fagots par laboureur, et à une corde de bois et un cent de fagots par manœuvre, à une portion de grasse et vaine pâture qui nous présente un très faible avantage, à cause que les meilleures parties de ces forêts se convertissent en jeunes taillis, par la multiplicité des coupes que la saline y fait faire.

Nous avons conservé aussi nos droits de marnage, qui ont été réduits aux seuls gros bois et pour le seul cas de réparations à nos maisons, bien constatées et prouvées nécessaires par des visites judiciaires, dont les frais en ont presque toujours absorbé la valeur. Nous observons que dans peu d'années nous nous trouverons entièrement privés de nos droits d'affouage, marnage et pâturage dans lesdits bois : le règlement fixait la coupe annuelle en usance à une quantité de cent vingt-quatre arpents, ce qui nous ramenait des coupes du même âge à la révolution. Mais aujourd'hui cet ordre est interverti au préjudice de nos droits, et la Réformation établit annuellement plusieurs coupes dans nos bois ; on en exploite tous les ans environ trois cents arpents, en sorte que dans peu d'années les quatre forêts seront en jeunes taillis, et que nous serons entièrement privés de pâture, d'affouage et de marnage, sans que dans les grandes coupes actuelles on nous délivre plus d'affouage que le comporte le règlement.

Art. 5. — La foraine est une entrave la plus grande au commerce et à tous les citoyens ; car il faut à chaque pas des acquits par les enclaves multipliées de notre province avec la Lorraine ; il nous en faut pour toutes les denrées que nous tirons des villages voisins, pour entretenir et faire sustenter nos ménages. La perception de cet impôt est faite, d'ailleurs, d'une manière si injuste qu'elle n'est pas la même dans tous les bureaux, car, dans l'un, les droits se perçoivent plus forts que dans l'autre, pour les mêmes objets ; et on ne trouve pas quatre buralistes dont la perception pour ces droits soit uniforme ; enfin cet impôt est d'un très faible rapport à l'État, car la plus grande partie du fonds en est absorbée par les frais énormes de régie.

Art. 6. — Nous sommes grevés par l'impôt sur les cuirs : c'est un impôt nouveau qui n'était pas connu ci-devant dans la province, et surtout à la campagne ; et il n'y a guère que quinze ou vingt ans qu'il y est introduit. Cet impôt tient dans l'assujettissement les tanneurs qui ne peuvent pas vendre un cuir qu'il ne soit timbré, et qui sont souvent bien longtemps à attendre après les commis ; ce qui préjudicie à l'activité du commerce et au service du public : d'ailleurs, cet impôt amène une cherté dans le cuir, qui est une denrée de première nécessité ; en effet, le cuir est augmenté au moins du tiers à cause dudit impôt, le fonds duquel rapporte néanmoins aussi très peu à l'État, à cause des grands frais de régie.

Art. 7. — Nous sommes grevés aussi par la marque des fers, et les raisons que nous avons déduites sur les deux articles précédents peuvent s'appliquer à celui-ci. Il en est de même du droit d'inspecteur aux boucheries, qui occasionne mille vexations, amène une cherté dans le prix des viandes et ne rapporte presque rien à l'État, surtout dans la campagne.

Art. 8. — Le prix du sel est exorbitant : nous le payons à huit sous de France la livre ; conséquemment, c'est un grand objet de dépense, surtout dans la maison d'un laboureur. Ce prix excessif est cause que nous ne pouvons faire que très peu de nourri de bestiaux ; il est cause encore de la plupart des maladies épidémiques qui règnent si souvent parmi le bétail. Si on parvenait à rendre le sel marchand, la province se multiplierait en bestiaux, et les maladies disparaîtraient ; d'ailleurs le prix extraordinaire du sel cause des horreurs parmi la basse classe du peuple, que l'indigence pousse à se hasarder d'en aller prendre à l'étranger qui nous avoisine, et où le prix n'est qu'à un sou de France la livre : la plupart de ces pauvres gens sont pris ou attaqués par les employés ; de là des batailles, des meurtres ou au moins la ruine de la basse classe. On remarque aussi que c'est le meilleur sel que nos salines font conduire à l'étranger, que les routes dont nous payons les réparations et les entretiens sont annuellement dégradées par les convois multipliés de sel à l'étranger, et que la grande quantité que l'on en fabrique aujourd'hui vis-à-vis des temps antérieurs est une des fortes causes de la cherté et de la disette de nos bois de chauffage. On a également à se plaindre des employés des Fermes qui retournent journellement les maisons des citoyens par des visites domiciliaires, et qui causent mille maux à la campagne.

Art. 9. — Nous désirons aussi que le tabac soit rendu marchand : car si le tabac et le sel ne sont plus prohibés, si la foraine, la marque des cuirs et celle des fers sont supprimées, on pourra congédier une armée de gardes qui rongent les finances de l'État et qui font la guerre au pauvre peuple.

Art. 10. — Les brasseries consomment une quantité prodigieuse d'orge et autres grains pour faire de la bière ; c'est ce qui rend la basse classe malheureuse et fait singulièrement hausser le prix du blé ; avec le grain qui se consume pour faire de la bière, le même peuple formerait son pain pour vivre ; ainsi il serait du bien public qu'il y ait une défense de brasser de la bière. Il serait aussi de la même importance que l'on prît des mesures efficaces pour empêcher le monopole des grains.

Art. 11. — Les Juifs, établis en grand nombre dans notre contrée, y occasionnent la ruine de bien des familles ; cette nation ne vit que de rapines et d'usures ; les individus qui la composent n'ont ni profession ni métier. Ils s'appliquent dès la jeunesse à connaître toutes les subtilités et les tours qui peuvent les conduire à faire impunément des commerces illicites. Il importe donc au bien public qu'il soit pris aussi des mesures efficaces pour empêcher l'usure et le mauvais commerce des Juifs, et les obliger à embrasser des métiers et professions utiles, qui les retiennent au travail, à peine d'être chassés des États.

Art. 12. — Il est à désirer que les prévarications des ministres et de tous les gens en place soient à l'avenir punies comme celles des gens du commun.

Art. 13. — L'étape que l'on a établie à Albestroff est préjudiciable au village et onéreuse à l'État. En effet, Albestroff n'est pas en état de loger un régiment complet, attendu que la moitié des maisons du village sont des baraques de pauvres gens. Et, à l'égard de l'État, il gagnerait un jour de marche sur la troupe en fixant l'étape dans les lieux situés sur les routes qui avoisinent: d'ailleurs la troupe y trouverait sa commodité pour la facilité de sa marche, et pour le fourrage et l'eau, tandis qu'à Albestroff il y a pénurie de ces objets, et sept lieues de mauvaise traverse.

Art. 14. — Nous payons :

	1 583ʰ	15 s.	9 d.	de subvention,
	960	14	6	de capitation,
	1 019	»	9	de vingtième,
et	424	2	»	pour le prix de réparation et entretien des routes,

soit en tout 3 987ʰ 15 s. » d.

Nous avons calculé nos revenus, nous les avons comparés à nos impôts ci-dessus détaillés, et nous avons trouvé clairement que nos revenus sont à nos impôts comme trois sont à un ; conséquemment, nous sommes surchargés excessivement ; et cette vérité peut facilement se vérifier en calculant les revenus de celui de nos contribuables qui ne fait pas de commerce. Il est conséquemment aisé d'en saisir le point fixe ; que l'on compare ensuite à ces revenus le montant de toutes ses tailles, et on trouvera notre assertion démontrée.

Au par delà nous payons encore les cens, rentes et prestations seigneuriales, et les débits de ville : c'est ce qui va être détaillé.

Nous payons à Mgr l'évêque de Metz, notre seigneur, un cens en chapons affecté sur des jardins ; la taille Saint-Remy ; une rente pour le droit au bois mort et mort-bois ; une autre rente d'une poule et d'une orange par habitant sans distinction des veuves ; une redevance de trente-quatre sous par habitant et de moitié pour les veuves pour abonnement du droit de four banal ; une autre de quarante sous par laboureur et de quinze sous par manœuvre pour abonnement de certaines corvées : nous sommes assujettis à des corvées en nature pour les réparations à trois étangs et aux bâtiments et autres usines, et pour faire et voiturer les foins du Breuil.

Nous payons la dîme de tout ce qui se sème dans la campagne au dixième du produit ; nous payons la même dîme de chanvre, lin, cochons de lait et agneaux.

Le seigneur a une grosse ferme, une marcairie, une bergerie sur notre ban ; il a quatre étangs, deux moulins, une tuilerie.

Il y a d'ailleurs treize autres fermes à Albestroff, dont les propriétaires sont des gens de mainmorte et des étrangers ; ainsi, les habitants du lieu n'ont pas en propriété un septième du finage.

Nos terres, l'une portant l'autre, sont de médiocre qualité ; il y a peu de bons prés sur notre finage, plus des trois quarts sont de médiocre et de mauvaise qualité.

Art. 15. — La plupart des habitants de notre village sont des pauvres gens. La pauvreté provient de la surcharge dans les tailles, de la cherté des vivres, de la nature du sol du finage, qui exige tous les trois ans des engrais, que les cultivateurs ne peuvent faire en suffisance faute de pouvoir élever et entretenir un bétail suffisant, etc., etc.

Art. 16. — Nous demandons la répartition égale de tous les impôts, sans considération de rang, qualités ni privilèges ; cette justice nous est due, d'autant plus qu'il est démontré évidemment que nous sommes excessivement surchargés. Les deux premiers Ordres de l'État, et les privilégiés de l'Ordre du Tiers l'ont reconnu, et ont consenti de supporter également les impôts avec nous, et nous en réclamons l'effet : cette répartition égale sur les deux premiers Ordres et les privilégiés remplira dans peu le vide dans les finances.

Art. 17. — Le prix des inventaires et des ventes est exorbitant depuis l'établissement des jurés-priseurs : les vacations de ceux-ci pèsent extraordinairement sur le peuple, notamment sur la veuve et l'orphelin et sur la classe la plus indigente ; car ce sont les indigents qui sont le plus exposés aux exécutions, et que les jurés-priseurs achèvent de ruiner par les frais exorbitants de leurs voyages, de leurs vacations et de leurs expéditions singulièrement rollés ; en un mot, on peut regarder les jurés-priseurs comme des héritiers dans toutes les successions. Quant à la police, les peines pécuniaires ne sont pas capables d'en imposer aux ravageurs de jardins et enclos, qui ordinairement sont des insolvables et qui trouvent leur impunité dans ce qu'on ne peut rien leur prendre ; et c'est ce qui rend le vol et le pillage si fréquents. Il serait à désirer, pour remédier à cet abus, que les officiers de police aient l'autorité, sur le simple rapport de deux bangards, ou d'un bangard avec un témoin, ou du propriétaire avec deux témoins, de faire mettre en prison, au pain et à l'eau, pendant huit jours, le délinquant, ou de le faire tourner publiquement une demi-heure dans un tourniquet, sans que cette peine puisse porter note d'infamie : elle était en usage anciennement, et les héritages étaient mieux respectés.

Art. 18. — Nous nous plaignons de l'impôt du vingtième sur nos maisons ; il n'y a pas quinze ans qu'il est inventé ; et, en effet, la plupart de nos maisons sont des baraques dont nous ne tirons nul revenu ; elles ne servent qu'à nos habitations ; elles sont en mauvais état, et la plupart des habitants ne peuvent les réparer. D'ailleurs l'impôt est inégal ; il a été fait d'après le jugé du ci-devant contrôleur des vingtièmes, qui ne connaissait rien à la valeur des maisons de la campagne.

Instruction et pouvoir aux députés qui se rendront à l'assemblée du bailliage de l'Évêché de Metz

1° De faire insérer dans le cahier général les principaux objets relatés dans leur cahier particulier.

2° De demander l'établissement des États de notre province et d'insister à ce qu'il ne soit consenti aucun impôt avant qu'on soit en mesure pour réformer les principaux abus et qu'on n'ait décidé et fixé le retour périodique des États généraux.

3° De procéder en leur âme et conscience, sans aucune vue particulière, à l'élection des députés qui devront se rendre au bailliage principal, pour aller de là aux États généraux du royaume.

A tout quoi lesdits députés se conformeront à peine de désaveu.

Fait et arrêté en assemblée de communauté en la salle de l'école à Albestroff, le seizième mars mil sept cent quatre-vingt-neuf, et remis aux deux députés choisis par la communauté d'Albestroff pour aller à l'assemblée du bailliage de l'Évêché de Metz à Vic, fixée au vingt-trois du courant.

Bienfait ; Janin ; Michel Riot ; V. Lallemend ; Nicolas Toussaint ; Jean Houpert ; M. Steinmetz ; Joseph Veingertner ; Michel Riot, *syndic.*

ALTWILLER

III^A

« Procès-verbal d'assemblée de la communauté d'Altwiller pour la nomination des députés. »

17 mars 1789,

« Sont comparus en l'auditoire de ce lieu, par-devant nous, Pierre Pierre, syndic. »

Communauté de 58 feux.

Députés : Michel Richert,
Nicolas Kinnel l'aîné, maréchal-ferrant.

Signatures : Hans Kieffer, *maire;* Franz Keller ; Pierre Hellringer ; Niclaus Kinnel ; Peter Thill ; Michel Richert ; J. Kinnel, *greffier.*

III^B

Communauté d'Altwiller

Cejourd'hui, seizième mars mil sept cent quatre-vingt-neuf, le Tiers état de la communauté convoqué au son de la cloche, en la manière accoutumée, sont comparus en la maison de Pierre Pierre, syndic, tous les habitants et notables de ladite communauté, tous nés Français, âgés de vingt-cinq ans, compris dans les rôles des impositions ; après avoir eu communication de la lettre du Roi pour la convocation des États généraux donnée à Versailles le sept février dernier, ainsi que du règlement y joint, ensemble de l'ordonnance de Monsieur de Vignon, président, lieutenant général du bailliage de Vic, du vingt-sept du même mois, qui nous ont été signifiés et notifiés le dix du courant, après une mûre délibération, ont unanimement arrêté et résolu de charger leurs députés à choisir ci-après, de faire valoir à l'assemblée du bailliage de Vic les représentations qui s'ensuivent.

Savoir :

1° Qu'il est à désirer qu'à l'avenir on ne puisse établir ni proroger aucun impôt que du consentement de la Nation ;

2° Que chaque province soit chargée de l'administration confiée jusqu'à présent aux intendants ;

3° Qu'il s'en faut de beaucoup que l'on ait à se louer de l'administration desdits intendants et de leurs subdélégués, par une multitude de raisons dont le détail serait trop long, et qui sont de notoriété publique ;

4° Qu'il n'est que trop vrai que le prix des bois augmente progressivement tous les jours par la raison qu'il subsiste particulièrement dans la Lorraine allemande trop d'usines à feu dont le village d'Altwiller est enclavé ;

5° Qu'il est à désirer que les Maîtrises soient dimi[nuées] ; et rendre aux communautés la liberté de faire le martelage par elles-mêmes, vu que les frais onéreux des officiers desdites maîtrises coûtent ; ce qu'il y a de plus, c'est qu'aucune personne n'ose aller chercher aucun mort-bois, qu'il ne soit en risque des vexations des forestiers qui font des rapports : de là résulte que ces messieurs deviennent juges et parties ;

6° Qu'ils n'ont pas autrement à se plaindre de l'administration de la justice ; mais que la confection des inventaires ne leur est que trop onéreuse, en ce qu'elle est exercée par un juge à la participation du procureur fiscal et d'un greffier ; ce droit appartenait autrefois au maire du lieu avec le greffier ; et ces inventaires ne se faisaient que quand ils convolaient en secondes noces ;

7° Qu'il n'est pas douteux que l'établissement des jurés-priseurs ne soit à charge et onéreux au public par rapport à la taxe excessive qui leur est attribuée, et que ci-devant cela était exercé par les particuliers intéressants ;

8° Que, sans contredit, la traite foraine est aussi nuisible qu'onéreuse, en ce que l'on est forcé de prendre les acquits arbitrairement, à propos de quoi les commis préposés à la perception de ces droits vexent impunément le public en faisant faire aux prétendus contrevenants des soumissions aussi fortes qu'ils peuvent ;

9° Qu'il y a longtemps que l'on se plaint du prix excessif du sel et du tabac ; et c'est là le sujet qui donne lieu aux contrebandes, qui arrache les bras à une multitude immense d'individus qui prennent goût à ce métier, malgré qu'ils soient quelquefois repris ; c'est aussi à ce sujet que les employés des Fermes commettent des excès, des violences et des exactions journalières qui opèrent la ruine des contrevenants ; et ce qu'il y a de plus désastreux encore à propos des reprises que font lesdits employés, c'est que l'on ajoute foi plénière à leurs procès-verbaux que l'on pourrait la plupart du temps impugner de faux ; en sorte qu'ils deviennent pour ainsi dire juges et parties. Au reste, le sel se cuit dans le pays, ce qui occasionne que l'on consomme une quantité immense de bois ; qu'au lieu, si l'on ne cuisait que le besoin de la province, cela ferait une grande épargne dans les bois ; et que l'on n'en laisse passer aucun à l'étranger pour un modique prix, au lieu que nous le payons 8 sols la livre, et [allons] le chercher au loin, au lieu qu'on le pourrait avoir à Saint-Avold, qui n'est qu'à une lieue ;

10° Que le Roi n'a fait un impôt sur les cuirs que dans la vue qu'il n'y en aurait que de bonne qualité ; mais les tanneurs, hors d'état de subvenir à une pareille charge, sont obligés, pour avoir de l'argent, de sortir leurs cuirs de leurs fosses avant qu'ils ne soient passés, pour achever de les fabriquer ; en sorte qu'ils ne peuvent avoir de bonne qualité ; donc que l'impôt est onéreux et nuisible, de même que ceux établis sur les droits réunis ;

11° Que la subvention et la capitation, y compris les frais de rôle, etc., se portent à la somme de 1 362^{tt} 13 s. 5 d. ; celle représentative des réparations et travaux des routes, à 239^{tt} 1 s. 3 d. ; celle des vingtièmes, 1 187^{tt} 3 s. 9 d. ; les dîmes à celle de 500^{tt}. Les représentants se plaignent amèrement de ce qu'ils sont obligés de payer les vingtièmes de leurs maisons, droit qui a été établi il n'y a qu'environ douze ou treize ans : outre le vingtième de leurs terres, ils payent au seigneur de chacun jour un fourral de blé froment et un fourral d'avoine ; de plus ils payent par fauchée de prés trois sols neuf deniers pour droit de chapon. En sorte que la proportion de ces différentes sommes et droits seigneuriaux excède pour ainsi dire le revenu de la plupart des individus ;

12° Qu'il est essentiel et très intéressant qu'à l'avenir on ne puisse arrêter personne qu'en vertu d'un décret du juge ;

13° Qu'enfin ils pensent ne devoir consentir à aucun impôt, même provisoire, que Sa Majesté n'ait auparavant assuré à la Nation l'exécution de sa parole sacrée en accordant avant tout les États de la province, et en réformant les abus nuisibles et les plus connus ;

14° Qu'il n'est pas moins intéressant d'abolir le droit de parcours, ainsi que la liberté des clôtures, parce qu'on ne peut plus entretenir à cause de la rareté des bois, et en faisant des fossés on perd le tiers du terrain ; et que l'on permette aux propriétaires des prés du second poil : par après, que le parcours soit libre pour la vaine pâture des bestiaux ;

15° Qu'il serait encore intéressant de demander la suppression des officiers à finances, et de rendre aux communautés le droit de choisir leurs officiers, comme ils étaient gouvernés anciennement que par le maire et gens de justice ;

16° Qu'il résulterait un bien infini de la réunion des abbayes, prieurés et autres bénéfices sujets à commende à la province, et de lui en attribuer les revenus annuels ou au Roi pour le soulagement de ses peuples jusqu'à l'entière extinction des dettes de l'État ;

17° Qu'il serait à désirer que le droit de colombier soit aboli, ou du moins régler combien de niches que les seigneurs seraient en droit de poser dans lesdits colombiers, et ce suivant la grandeur du ban ; vu que ces colombes font un dommage considérable sur le ban ; sujet qu'ils ne sont point à l'attache dans les temps défendus ;

18° Se plaignent amèrement la communauté de leur seigneur, en ce qu'il exige le tiers des regains qui se partagent dans la communauté, quoique l'on lui donne portion double dans les biens communaux, de même que dans les bois, quoiqu'il ait ses bois en particulier, dans lesquels la communauté a la grasse et vaine pâture, et le bois blanc, moyennant un cens annuel et perpétuel.

Quoiqu'il fait sa résidence à Sarrelouis, il exige en outre que la communauté n'ose rien faire sans son consentement, soit pour le partage des regains, soit pour les mettre en défense, etc., à moins qu'il n'en soit averti huit jours d'avance ; ce qui occasionne chaque fois une dépense pour faire cet avertissement, qui est de six livres; ce droit lui a été octroyé par sentence du parlement de Metz dans un procès que la communauté a soutenu contre lui au sujet de leurs droits, et qui a coûté une somme immense dont ils s'en ressentent encore et sont encore endettés ; à cause de ce droit d'avertissement, il en est résulté que voilà deux et trois ans qu'ils n'ont fait aucun profit de leur regain à cause du retardement à donner son consentement ; que le mauvais temps est survenu, qui a occasionné que les regains sont restés dehors ;

19° Ils ont à représenter qu'ils payent au vicaire résidant en ce lieu une somme de trente livres annuellement ; cette somme lui a été accordée par une sentence rendue en l'officialité de Trèves pour supplément de gages, n'ayant eu dans ce temps que 200 livres de Lorraine, au lieu qu'aujourd'hui il a 350 livres de France ; par conséquent, ses gages sont augmentés. La communauté espère être déchargée de ces trente livres de supplément, de même que du vingtième qu'elle paye pour lui de neuf fauchées de prés.

Se réservant au surplus les délibérants de faire valoir lors de la convocation de l'assemblée générale de la province, ou de celle des États, ses doléances, remontrances et observations locales et particulières, pour y être pourvu ainsi qu'il appartiendra.

Fait et arrêté audit Altwiller, les an, mois et jour avant dits, et ont tous les habitants présents sachant signer, signé avec les députés, et défaut contre les non-comparants.

Hans Kieffer ; Frantz Keller ; Pierre Hellringer ; Nicolas Kinnel ; Peter Thill ; Michel Richert ; J. Kinnel, *greffier*.

ANCERVILLE

IV*

Procès-verbal.
17 mars 1789,
« Sont comparus en l'auditoire de ce lieu, par-devant nous, George Houzelle. »
Communauté composée de 100 feux.

Députés : Claude Willaume,
Christophe Cor.

Signatures : George Houzelle; George Lespingal; Claude Willaume;
Christophe Cor; J. Dardar.

IV°

Remontrances, plaintes et doléances que les habitants de la communauté d'Ancerville demandent être présentées à la convocation des États généraux fixée au lundi 27 avril prochain, et qu'ils supplient Sa Majesté d'accueillir

1° Demandent lesdits habitants la liberté du sel, tabac, foraine, marques de fer, et de celle de cuirs, car c'est une injustice des plus criantes qu'ils payent présentement le sel sept sols neuf deniers la livre ;

2° Lesdits habitants sont attenus à moudre la denrée qui leur sert de nourriture dans le moulin de ce lieu situé sur la rivière de Nied, et auquel ils sont banaux ; ils demandent que le droit de banalité soit cassé et regardé comme non avenu, attendu que le droit de banalité devrait être de bien moudre ;

3° Les mêmes habitants sont chargés de l'entretien d'un grand pont sur la rivière de Nied, qui leur y coûte considérablement : ils n'ont aucuns bois communaux, ils demandent d'être considérés dans la répartition des tailles ;

4° Ils demandent la suppression des droits d'entrée de la marchandise dans les villes, telles que celle de Metz, droits qui sont préjudiciables aux pauvres gens de campagne : ces droits sont l'octroi pour les denrées, et la maltôte pour les autres marchandises ;

5° Ils demandent que le tiers des biens communaux desquels les seigneurs jouissent leurs y soit remis, ou bien que les seigneurs payent le tiers des débits de ville, et autres charges communes, n'étant pas juste qu'ils tirent le tiers sans rien payer ; car ils ne payent pas plus ici que la plus pauvre veuve du village ;

6° Ils demandent la suppression des clos qui sont permis, comme n'étant utiles qu'aux gros fermiers ; les pauvres gens étant privés de nourrir des bestiaux, faute de pâture par ces moyens ;

7° Ils demandent que chacun paye la subvention par égalité

et proportion qu'ils ont d'immeubles, attendu que les terres laissées à ferme ne payent que de moitié de ceux des propriétaires ;

8° Ils demandent que les travaux des routes soient faits par les communautés : en conséquence, marchandés par ces mêmes communautés à des manœuvres d'iceux sur la conduite d'un maire syndic qui sera soldé comme travailleur, et le tout supporté par les trois ordres ;

9° Ils demandent que la suppression des haras soit faite, comme étant inutiles dans le Pays messin ;

10° Ils demandent que les deniers royaux parviennent au trésor royal sans qu'il soit besoin d'enrichir des receveurs, ainsi qu'on est en usage ;

11° Ils demandent qu'il ne soit permis à personne de faire des amas de blé dans les années abondantes, pour le revendre dans les années de cherté à usure ; c'est cependant ce qui se pratique ;

12° Ils demandent la suppression des priseurs-jurés, commis nouvellement établis étant très onéreux aux peuples ;

13° Ils demandent que les deux tiers de la dîme levée par les Saint-Arnould de Metz en leur ban soient loués ou vendus annuellement pour le prix en provenant être employé à l'entretien de la nef, chœur de l'église, des cloches, cire, et à payer les gages du maître d'école, ou bien si on les adjuge au haut Clergé, tel qu'il les a, qu'il soit chargé et attenu à acquitter toutes les charges ci-dessus annuellement, et qu'il en paye les tailles ;

14° Ils demandent d'être déchargés des impôts du pont dit le Pont-à-Domangeville, situé sur la rivière de Nied ; ces impôts consistent à deux bichets de blé annuels par chaque laboureur, un bichet par chaque charretier, et des autres droits y attachés pour chaque marchand ;

15° Demandent lesdits habitants que les biens du haut Clergé et de la Noblesse soient sujets à payer les tailles comme ceux des roturiers ;

16° Ils demandent que la dîme se perçoive par égale quotité, attendu qu'il y en a qui dîment à l'onzième, d'autres à la seizième, d'autres à la vingtième, d'autres à la trentième ;

17° Ils demandent que leur portion soit exempte de dîme, en conformité de l'édit du Roi de 1769 qui leur alloue, attendu qu'ils n'en tirent parti que par des travaux pénibles, tels que la bêche et la pioche ;

18° Ils demandent que les colombiers des pigeons des seigneurs soient fermés depuis le premier du mois d'août jusqu'au premier du mois de novembre, attendu le temps des semailles ; et que lesdits seigneurs soient restreints à avoir un seul colombier.

George Houzelle ; George Lespingal ; Christophe Cor ; Claude Willaume ; J. Dardar.

ANCY-SUR-MOSELLE

V ᴬ

« Procès-verbal des députés au sujet des États généraux. »
15 mars 1789,
« Sont comparus en l'auditoire de ce lieu, par-devant nous, Nicolas Jenot, maire de la justice d'Ancy-sur-Moselle. »
Communauté composée de 209 feux.
Députés : Jean-Clément Courouve, syndic de la municipalité,
Louis-Gabriel Guépratte.
Signatures : N. Jenot, *maire;* J. C. Courouve, *député;* L. G. Guépratte, *député;* François Fournier ; Sébastien Batancourt ; Husson.

V ᴮ

Très humbles supplications, doléances et observations des habitants et communauté du village d'Ancy-sur-Moselle, l'une des quatre mairies du Val de Metz, bailliage de Vic, pour être présentées à l'assemblée des trois Ordres dudit bailliage

Les tailles qui sont la subvention, capitation, et l'extraordinaire, dite accessoire des deux premières, pèsent trop sur le vigneron.

Autrefois, cette extraordinaire était détaillée pour différents objets par les ordres des tailles envoyés à chaque village. Mais comme le détail donnait trop de connaissance aux gens de campagne sur l'inutilité des objets pour lesquels l'on exigeait des payements de sommes considérables, telles que pour les haras qui ne sont pas avantageux en cette province ; des pépinières onéreuses ; des renfermeries très peu utiles, eu égard à ce qu'il en coûte aux gens de campagne, et notamment à un article pour les ponts et chaussées, quoique ces ouvrages soient compris et font partie de ce qui se paye par les sommes levées, représentatives de la corvée, etc., etc. L'on se contente actuellement de porter les sommes de subvention, capitation et telle somme d'accessoires, sans doute pour cacher l'occasion des justes critiques des contribuants à la vue des sommes levées pour des objets l'un point et l'autre peu utile au public.

Le village d'Ancy-sur-Moselle composé de deux cent neuf feux.

Savoir :

1° Quarante-trois propriétaires cultivant leurs vignes pour en tirer leur subsistance : la plus forte partie desquels sont chargés de dettes ;

2° Quatre-vingt-cinq vignerons métayers cultivateurs à gages pour autrui, et en même temps propriétaires de quelques mouées de vignes, mais la plus grande partie misérables ;

3° Trente chétifs artisans, tailleurs d'habits, cordonniers, tisserands, le surplus sont des veuves et des mendiants ;

4° Le ban dudit Ancy contient deux mille sept cent quatre-vingt-quatorze mouées de vignes ou environ, faisant trois cent quarante-neuf jours à quatre cents verges l'un : la verge de dix pieds de roi.

De cette quantité de vignes, il y en a treize cent vingt-quatre mouées appartenant en propriété à des habitants de ce lieu, et quatorze cent soixante-dix appartenant en propriété à différents particuliers presque tous de la ville de Metz, et cultivées par des vignerons à gage ;

5° Les tailles imposées sur ladite communauté se portent à la somme grosse de 10 834^{lt} 11 sols, savoir :

Subvention	1 944^{lt}	14 s.
Capitation	3 393	»
Extraordinaire	3 949	15
Corvées	1 547	2

Cette somme de dix mille huit cent trente-quatre livres onze sols est totalement supportée par les habitants du lieu, indépendamment des vingtièmes qui se portent à la somme de 2 974^{lt} 9 s. pour le ban dudit Ancy ;

6° Les tailles ne sont pas réparties selon l'esprit et la volonté bienfaisante du Roi ; l'agriculture est trop chargée en raison des autres parties de la population ; et, dans l'agriculture, le vigneron l'est trop en raison du laboureur toujours plus assuré de ses récoltes que n'est le vigneron, qui trop souvent travaille infructueusement, soit par événement de grêles, des gelées et autres inconvénients dont les vignes ne sont que trop susceptibles : ce n'est que l'affaire d'un moment pour être privé en tout ou partie de récolte pour une ou plusieurs années : aussi il n'est pas rare de voir des individus parmi les laboureurs sortir de leur état, en parvenant à des emplois au-dessus de ceux de leur père, et souvent se ranger dans la classe des rentés, tandis que dans les vignobles, malgré les peines et travaux, il est très rare de rencontrer des aisés à même d'avancer leur fortune, n'étant pas pour l'ordinaire en état de fournir au nécessaire, ce qui empêche l'éducation des enfants ; et, dans le grand nombre, s'il s'y rencontre quelqu'un à leur aise, ils quittent leurs villages (en apparence) et se retirent dans les villes en s'y faisant seulement recevoir bourgeois pour se soustraire du payement des tailles ; et comme les bons propriétaires, dans les villages, payent au prorata de leurs propriétés, lorsqu'ils se retirent dans les villes, ce qu'ils payent retombe à plomb sur ceux qui restent dans le lieu, et leur devient accroissement de charges, puisqu'en perdant un bon propriétaire, la communauté n'est pas moins obligée de former le gros de sa contribution;

7° Qu'il soit permis d'observer que, pour parvenir à la répartition des charges de l'État dans l'équité, il est d'une nécessité indispensable que tous propriétaires d'immeubles, soit habitant les villes ou les campagnes, indistinctement soient cotisés pour la propriété de leurs biens ; celui qui habite la ville est un homme, celui de la campagne est un homme également : l'un et l'autre sont sujets au Roi et enfants de la Patrie. Cependant, quelle différence dans les contributions qu'ils fournissent à l'État ! Un chétif propriétaire vigneron dans ce lieu, qui cultive deux jours et demi de vignes pour en tirer sa subsistance, paye savoir :

Subvention	18 ♯	» s.
Capitation	31	10
Extraordinaire	36	18
Corvées	14	8

Et si ce particulier est logé dans sa maison, il paye environ vingt livres de vingtièmes : 20♯.

C'est donc cent vingt livres seize sols que paye ce simple paysan, tandis qu'un monsieur de la ville qui possède des biens considérables en est quitte pour les vingtièmes et une modique capitation ;

8° Le village d'Ancy ainsi que les autres ont été imposés aux tailles, sans doute, ou du moins a-t-on cru, proportionnellement à l'étendue des bans ; cependant, plus de la moitié des vignes du ban d'Ancy sont en propriété à des étrangers du lieu, et qui ne contribuent en rien personnellement au payement des tailles imposées sur le village : mais leurs vignerons payent moitié de ce que paye le propriétaire cultivateur. Il serait donc juste que le propriétaire soit tenu de payer l'autre moitié, et alors le maître payant moitié de l'impôt pour sa propriété, son vigneron à gages payant l'autre moitié comme il fait pour culture, les charges s'acquitteraient en l'équité : par ce moyen il serait possible d'alléger les charges du villageois et d'augmenter les revenus à l'État.

Pour parvenir équitablement à la répartition des charges de l'État, il est nécessaire de faire procéder à l'arpentage de tous les immeubles dans l'étendue du royaume. Ce sera d'après ces arpentages opérés par gens intègres, et constatés en bonne forme sous des peines sévères contre ceux qui frauduleusement voudraient soustraire quelque bien de la règle, que les répartitions d'impôts seraient dans leur juste proportion, eu égard au sol ; le Bureau des vingtièmes en aurait moins d'ouvrage ; les arpentages détermineraient la redevance d'un chacun ; et les propriétaires ne seraient plus le jouet de l'arbitrage des commis ;

9° Quant aux corvées, on regrette encore l'ancienne façon, qui était moins dispendieuse que l'actuelle, puisqu'elle coûte le double sur la communauté d'Ancy qu'elle ne coûtait précédemment, ainsi qu'aux autres lieux. Il serait plus avantageux que, lorsque les routes seraient une fois faites, il soit procédé à la fixation de l'étendue de chemin que chaque ville et village seraient tenus d'entretenir en bon état, eu égard aux peines et cherté des matériaux nécessaires, et toujours sous la direction de Messieurs les ingénieurs ;

10° La salaison mérite quelques considérations : le sel est d'une nécessité indispensable : les gens des campagnes vivent de pain et de gros légumes : à force de sueurs, les légumes font une consommation considérable de sel. Ils prennent le sel au grenier de cette espèce en payant chèrement ; mais très cher, attendu le mauvais mesurage qu'on leur en fait : il serait très nécessaire d'y mettre ordre, pour que chaque particulier reçoive la mesure de sel qu'il paye;

11° Un mal très considérable, et qui produira la ruine des vignerons du Pays messin, c'est la plantation de nouvelles vignes qui, depuis cinquante ans, se sont prodigieusement augmentées : et de ces plantations qui se continuent annuellement, il en résulte plusieurs inconvénients : 1° la privation des grains à faire le pain que produisaient les terres converties en vignes ; 2° le renchérissement des bois de chêne employés à fournir les échalas indispensables aux vignes ; 3° et singulièrement parce que la plus grande partie de ces nouveaux plants de vigne, ce sont d'une très mauvaise espèce de raisin dit *grosse race,* qui ne produit que de très mauvais vins, nuisibles à tous égards.

Les vins messins ne sont pas d'une qualité à commercer de loin ; mais le Val de Metz, dont l'ancien plant de vignes n'était que du petit noir et de la meilleure espèce, va être corrompu et avili par le mélange qui s'y fait de la grosse race qui s'y communique par l'appât de l'abondance qu'elle produit ; et qui fera tomber les vins du Val à mépris, et causera la ruine des habitants du canton dont une partie, d'une avidité imprudente pour la quantité sans qualité, courent à leur perte et de leurs enfants qui, à la suite, ne seront plus capables, avec beaucoup de mauvais vins, de fournir à leur subsistance ni au payement des impositions royales. Cette mauvaise façon de faire, par une partie des vignerons qui opèrent à leur ruine, n'entraîne pas moins celle de ceux qui ne cultivent que la vigne de bonnes espèces. Pour remédier à ces malheurs, s'il n'est pas ordonné l'arrachement des nouvelles vignes qui occupent les terres propres à produire des grains, du moins qu'il soit défendu de faire de nouveaux plants, et ordonné l'arrachement de toutes plantes dites *grosse race* dans un temps fixé, sous des peines irrémissibles ;

12° Les bois sont une des premières nécessités et sont devenus très chers. Le grand nombre des voleurs de cette espèce s'est considérablement multiplié. Il serait nécessaire que des peines sévères soient prononcées et exécutées strictement contre les voleurs, notamment contre ceux qui font commerce de bois usurpé, qui, non seulement volent le bois, mais en font périr l'espèce en le coupant irrégulièrement dans les temps contraires ;

13° Entre les moyens que l'on pourrait employer pour subvenir aux besoins des peuples, nous avons pensé que le premier serait de rétablir les curés dans leur droit en les faisant jouir de ce qui appartient à leur bénéfice : ce qui les mettrait en état de pourvoir aux malheureux ;

14° Que les procès fussent terminés avec plus d'activité dans les tribunaux, attendu que la lenteur ordinaire cause la ruine des uns et le dérangement des affaires des autres ;

15° L'on observe qu'il faudrait veiller exactement et punir ceux qui exercent le monopole dans le commerce des grains ;

16° Il serait d'équité que la taxe annuelle des vins après les vendanges pour le compte du vigneron se fît par des personnes non intéressées, et faisant même une taxe différente suivant la qualité des vins et des cantons ;

17° Telles sont les observations et doléances que présentent au bailliage de Vic les habitants et communauté d'Ancy-sur-Moselle qui ont signé le présent cahier comme contenant leurs vœux et désirs le dix-septième mars mil sept cent quatre-vingt-neuf.

J. C. Courouve ; L. G. Guépratte ; François Fournier ; Sébastien Batancourt ; Husson ; N. Jenot.

ANGOMONT

VI[A]

Procès-verbal.

« 19 mars 1789, par-devant nous, le Sr Nicolas Henry, laboureur, syndic actuel de la communauté d'Angomont([1]), village du bail-

---

1. *Impositions ordinaires et prestation des chemins* pour les *six* premiers *mois* de l'année *1790* :

Imposition principale.	37 ##	10 s.	» d.
Accessoires de l'imposition principale	74	13	10
Capitation et ses accessoires.	85	8	3
Taxations des collecteurs	2	16	7
Droit de quittance au receveur des finances.	2	1	4
Prestation des chemins.	28	8	5
TOTAL GÉNÉRAL		231 ##	8 s. 5 d.

(Arch. Meurthe-et-Moselle, L. 677.)

Deux vingtiemes et quatre sous pour livre du premier pour *1790* :
Biens-fonds, 1er cahier. . . . . 442 ## 2 s. 6 d.

(*Ibid.*, L. 308.)

liage, du district de Vic, sont comparus en notre domicile, tous les habitants composant le Tiers état dudit Angomont. »
50 feux.

« Lecture et publication devant être faite dimanche 15e du présent mois, en présence de tous les habitants, en notre dit domicile, où nous avons ordonné une assemblée à ce sujet. »

Députés : Clément Marchal, charpentier,
  Jean-François Zabé, maire.
Signatures : N. Poupardin; Marchal; J. F. Zabé; N. Henry, *syndic*.

VI°

Remontrances, plaintes, doléances et réclamations du Tiers état de la communauté d'Angomont, ban le Moine, village et seigneurie de dit seigneur le Maréchal prince de Beauvau, [en conformité] de l'ordre de Sa Majesté, porté par ses lettres données à Versailles, le 7 février 1789, [pour] la convocation des États généraux, et des dispositions, règlement y annexé, ainsi que l'ordonnance de M. le lieutenant général du bailliage royal de Vic, en l'absence de Monseigneur le bailli, le tout publié le 15 de mars

Remontrances que le village d'Angomont est situé dans les montagnes, entouré de bois, de mauvais chemin, dont nous sommes éloignés de la paroisse d'une lieue, des bois à traverser, ainsi de même que des ruisseaux, ce qui porte une grande gêne pour l'administration des sacrements.

La suppression des droits de foraine; que les passages soient libres au commerce en conséquence, vu le tort considérable qui résulte de cette instance.

Que le prix du sel, qui est actuellement excessif, soit remis à l'ancien taux dont nous le payons actuellement huit sols la livre. La consommation en deviendrait beaucoup plus considérable, dont l'on en donnerait aux bestiaux, ce qui bonifie l'agriculture.

L'on nous force à prendre du tabac fort cher à trois livres douze sols la livre : demandons qu'il soit permis d'en planter suivant l'usage.

La suppression des marques de fers et de cuirs qui sont plus [on]éreuses au public, surtout au laboureur qui paye très cher les ustensiles en fer qui leur sont nécessaires.

Nous demandons que le premier jugement soit rendu sur les lieux par des hommes choisis de la communauté, attendu que les voyages d'huissiers et de contrôles sont éloignés de deux et de quatre lieues, ce qui cause la ruine du peuple.

Nous demandons la suppression des huissiers-priseurs ; que les inventaires soient faits par un juré sur les lieux, comme nous demandons par l'article ci-devant, en présence des tuteurs et curateurs : ce qui ferait un ménagement aux mineurs.

Nous demandons l'usage du papier libre et la suppression du papier timbré.

Nous demandons que le cours de l'argent soit en Lorraine comme en France.

Nous demandons la suppression de la maîtrise des Eaux et Forêts; que les délivrances soient faites par des officiers de nos communautés pour éviter les frais, que les rapports soient faits au greffe de nos communautés, et jugés annuellement dans la forme ordinaire, c'est-à-dire à l'assistance du procureur choisi, y dira ses raisons, fait droit à l'instant à peu de frais.

Nous demandons que ceux qui ont droit de colombier qui soit ordonné de les retenir pendant les moissons et les semailles.

Nous payons en notre communauté pour les droits du seigneur : 7^{lt} 10 s. pour droits de taille, et par chaque habitant 13 s. 30 d., pour droits de poule et chapon, 9 d. par balance de trait, 3 d. par chaque vache, 9 d. par chaque feu.

Pour rétribution desdits droits que nous payons, qu'il soit ordonné audit Mgr de délivrer aux dits habitants des communautés le bois mort comme l'ancienne coutume ; qu'il soit défendu aux forges des provinces étrangères d'en faire des enchères, attendu que ces communautés en payent les droits, et en sont privées.

Nous demandons que les bois communaux soient coupés par pieds d'arbre, et non point broussaillés.

Nous demandons que les poids et mesures soient d'une égalité partout.

Nous donnons la dîme dans nos communautés la douzième gerbe, dont ledit S^{gr} prince de cinq gerbes deux, et le S^r curé trois.

La communauté est composée de 50 feux, y compris les veuves, dont il y a 7 laboureurs.

Nous demandons qu'il n'y ait qu'un seul impôt pour le besoin de l'État sus les subventions.

Fait et arrêté à l'assemblée municipale de la communauté d'Angomont ; fait audit lieu, le 19 mars 1789, et ont signé :
N. Poupardin ; Marchal ; J. F. Zabé ; N. Henry, *syndic*.

ARRAINCOURT

VIIᴬ

« Procès-verbal de l'assemblée de la communauté d'Arraincourt pour la nomination des députés. »
18 mars 1789,
« Sont comparus en l'auditoire ou hôtel de ville de ce lieu, par-devant nous, Nicolas Woirgard, syndic. »
Communauté de 67 feux.
Députés : Antoine-Petit Nicolas,
Jean-Nicolas Fournier.
Signatures : N. Woirgard, *syndic;* A. P. Nicolas ; J. N. Fournier ; Pierre Challoq ; Jean Butin ; Thomas Antoine.

VIIᴮ

Cahier de plaintes, doléances et remontrances des habitants composant la communauté d'Arraincourt, en exécution des lettres du Roi du vingt-quatre janvier dernier, du règlement y annexé, de l'ordonnance de Monsieur le président, lieutenant général au bailliage et siège de la ville de Vic, du 27 février aussi dernier, et de la signification, notification et sommation faite au syndic de la municipalité, à la requête de Monsieur le président dudit bailliage, par exploit du neuf du présent mois de mars

Art. 1. — Lesdits habitants et communauté demandent pour la ville de Vic et les Trois-Évêchés les États provinciaux.

Art. 2. — Se plaignent que les impositions sont trop fortes, eu égard au peu de rapport des terres de leur ban, malgré les peines et les soins que l'on prend pour les cultiver et pour les faire valoir ; une preuve, que la plus grande partie de la communauté sont à la mendicité.

Art. 3. — Qu'il y a vingt-quatre propriétaires de déforains étrangers qui viennent cultiver, recueillir et enlever tous les revenus de leurs biens, et ne payent aucune chose dont il faut que les habitants payent en leur place, ce qui n'est pas juste ; ce qui fait une grande différence, c'est qu'il n'y en a aucun de ce lieu qui aille cultiver ailleurs.

Art. 4. — Disant que les grandes et menues dîmes [sont] affermées à des étrangers, qui enlèvent toutes les pailles qui devraient servir aux engrais du ban et aux besoins de la communauté ; que les dîmes des laines soient supprimées, attendu que l'on paye la dîme des agneaux.

Art. 5. — De décharger les communautés des entretiens et reconstructions des nefs des églises, et d'en remettre comme du passé la charge au compte des décimateurs.

Art. 6. — Que le Clergé et la Noblesse, qui possèdent la plus forte partie des biens, ne payent rien ; s'ils étaient imposés, cela soulagerait les cultivateurs et les pauvres habitants qui supportent toutes les charges.

Art. 7. — Que les propriétaires résidant dans les villes payent comme ceux de la campagne.

Art. 8. — Qu'il y a deux colombiers dans le lieu : qu'il y en ait un de supprimé : que d'ancienneté il n'y en avait qu'un ; et qu'il soit obligé de les tenir enfermés dans les temps défendus.

Art. 9. — Demander la liberté du sel et du tabac, attendu que nous payons le moindre sel le plus cher, et que le bon sort pour les pays étrangers : ce qui cause une cherté dans les bois qu'il enlève de plus de sept lieues à la ronde, ce qui cause un grand préjudice ; et que si cela continue, on sera obligé de se chauffer avec de la paille, ce qui causera un grand préjudice pour les engrais : c'est pourquoi nous demandons la suppression des salines.

Art. 10. — De supprimer les clôtures, à cause de la cherté des bois ; et ce aussi qui est cause que les pauvres gens ne peuvent plus faire de nourri de bêtes ; demandent les habitants de la communauté la liberté de faire des regains comme ci-devant.

Art. 11. — De supprimer les acquits pour faciliter le commerce.

Art. 12. — De supprimer pareillement l'établissement des haras, plus nuisible aux cultivateurs que profitable.

Art. 13. — De rétablir les corvées comme du passé, en donnant des tâches aux communautés ; et, alors, les chemins seront tenus en bon état, et il en coûtera beaucoup moins qu'actuellement.

Art. 14. — De laisser aux officiers municipaux ou aux gruyers des seigneurs l'administration des bois communaux, pour éviter aux frais.

Art. 15. — Demander la suppression des priseurs, en laissant la liberté, comme du passé, aux propriétaires de disposer de leurs meubles.

Art. 16. — Que les tiers soient supprimés, attendu que tout le ban paye de fortes cens et rentes, dont il y a trois quartes de rentes par chaque dix jours à la raie, et que tous les prés, pâquis et biens communaux payent cens.

Art. 17. — De supprimer les marques de cuir et de fer, attendu que cela met une cherté dans le pays.

Fait et arrêté en l'assemblée de communauté, en exécution des ordres de Sa Majesté, et du règlement y annexé, à Arraincourt, le dix-huit mars mil sept cent quatre-vingt neuf.

N. Woirgard, *syndic;* J. N. Fournier ; A. P. Nicolas ; Pierre Challoq ; Jean Butin ; Thomas Antoine.

ARS-SUR-MOSELLE

VIII[A]

« Procès-verbal d'assemblée de la communauté d'Ars-sur-Moselle pour la nomination des députés. »
15 mars 1789,
« Sont comparus en l'auditoire de ce lieu, par-devant nous, Jean-Baptiste Joyeux, officier en la haute-justice de Monseigneur l'évêque de Metz. »
Communauté composée de 275 feux.
Députés : François Boulanger,
  Jean Boulanger,
  Gaspard Henry.

Signatures : J.-B. Joyeux, *de justice ;* Jean de Buzy; F. Boulanger, *syndic et député ;* J. Boulanger, *député ;* G. Henry, *greffier de l'assemblée et député.*

VIIIe

Cahier des observations, demandes, vœux, plaintes et doléances des habitants de la communauté d'Ars-sur-Moselle, l'une des quatre mairies du Val de Metz, dépendant du bailliage de l'Évêché dudit Metz à Vic, faites dans l'assemblée du quinze mars de la présente année, icelle convoquée dans l'auditoire dudit lieu ; ledit cahier remis aux députés nommés dans la même assemblée, ainsi que le procès-verbal ; le tout dressé en conséquence des ordres de Sa Majesté, pour être porté en l'assemblée générale convoquée par Monsieur le bailli en la salle de l'hôtel de ville de Vic

Art. 1. — *États provinciaux.* — Demandent lesdits habitants qu'il soit formé des États provinciaux en chacune des provinces, dont tous les membres quelconques, même les présidents, seront élus librement par chacun des habitants ayant domicile dans la province.

Art. 2. — *Devoirs des États provinciaux.* — Que les mêmes États provinciaux soient tenus de faire rendre compte chaque année à toutes administrations quelconques, même à celle des villes, pour lesdits comptes être imprimés, et affichés dans toutes les paroisses, pour justification de l'emploi des deniers levés sur le peuple.

Art. 3. — *Autres devoirs des États provinciaux.* — Que les mêmes États provinciaux seront obligés de présenter eux-mêmes, au bout de trois ans, l'état général de toutes les affaires de la province aux États généraux, qui seront nés juges dans cette partie.

Art. 4. — *Réélection des États provinciaux.* — Que les trois ans révolus, il sera réélu librement de nouveaux membres pour une formation nouvelle d'États provinciaux ; les anciens membres ne puissent être réélus que par une réclamation générale des députés de la province.

Art. 5. — *Verser les deniers à la caisse provinciale.* — Que toutes administrations paroissiales formées d'après l'institution des États provinciaux, soient tenues, par son syndic ou les collecteurs, de verser sans frais à la caisse provinciale tous les deniers royaux, et autres qui devront y être portés.

Art. 6. — *Devoirs de l'administration paroissiale.* — Que la police de tous villages soit confiée à l'administration paroissiale, qui sera tenue, en tous cas de délits, d'en dresser procès-verbal sans même qu'il y ait réquisition, pour être envoyé sur-le-champ par son greffier à M. le procureur du Roi; sans que ladite administration paroissiale puisse pousser plus loin ses perquisitions.

Art. 7. — *Suppression de la justice seigneuriale.* — Qu'en conséquence de l'article précédent, la justice seigneuriale n'ait plus lieu, n'entendant point pour cela déroger à ses droits honorifiques du pécuniaire.

Art. 8. — *Suppression des huissiers-priseurs.* — Que l'on supprime et abolisse absolument les charges d'huissiers-priseurs, créés sans frais pour le Roi, et au détriment de son peuple.

Art. 9. — *Suppression du droit de clos.* — Que l'on supprime également le droit de clos, et le partage de communes; puisque, dès l'instant qu'ils ont été en vigueur, le prix des viandes a augmenté d'un tiers; le même peuple n'ayant plus de ressource pour élever du bétail.

Art. 10. — *Formation d'un code de lois.* — Que les États généraux fassent former un code de lois pour toute la France, auquel ils donneront sanction, pour être publié par le Roi; qu'en conséquence, on supprimera toute cette multitude de coutumes qui, par leur obscurité et leur contradiction, forme tant de procès ruineux.

Art. 11. — *Réunion d'une seule loi.* — Que de même qu'il n'y aura plus qu'un seul code de lois pour toute la France, les États généraux feront aussi qu'il y ait même poids et même mesure.

Art. 12. — *Règlement du prix des blés et dénombrement d'iceux.* — Qu'il soit fait tous les ans un dénombrement de la quantité de mesures de blé que les récoltes auront fourni; que chaque cultivateur soit tenu de conduire au marché public le nombre de mesures qui lui sera fixé, de même que le prix, par le Gouvernement; et que seulement d'après les certificats qui lui auront été donnés par ceux à qui il appartiendra, il lui sera libre de vendre le surplus de ses denrées à qui il voudra et comme il voudra.

Art. 13. — *Liberté du commerce des sel et tabac.* — Que tous sels, tabacs et denrées mises en fermes ou régies, d'après la réserve des droits dus au Roi, deviennent d'un libre commerce.

Art. 14. — *Partage et divisions des routes à entretenir.* — Que les deniers absolument nécessaires pour la construction et reconstruction des chemins seront généralement levés sur toutes les propriétés, sans distinction de privilèges d'ecclésiastiques ou nobles; que les routes soient tellement partagées pour leur reconstruction que chaque communauté en aura une portion proportionnée à ses propriétés, qu'elle pourra faire rétablir suivant les plans et devis de l'ingénieur des États provinciaux.

Art. 15. — *Charges des décimateurs.* — Que tous les gros décimateurs seront tenus à la reconstruction et entretien des églises dans toute leur étendue, sans distinction de nef, chœur ou confesses, à l'exception des cloches et clochers; qu'ils soient tenus les mêmes décimateurs de fournir les ornements et vases nécessaires au service divin.

Art. 16. — *Remise à faire aux curés par les décimateurs.* — Que le tiers des dîmes, dans toute l'étendue du ban, sans distinction de terres seigneuriales ou biens d'ecclésiastiques, décimateurs ou moines, sera rendu au curé du lieu; si mieux ils n'aiment lui faire toucher sur les menues dîmes en nature une somme de quinze cents livres.

Art. 17. — *Règlement à faire pour la pension des vicaires.* — Que tout vicaire ou prêtre desservant d'une paroisse, autre que le curé, jouira d'une somme de six cents livres prise sur la grosse dîme du lieu.

Art. 18. — *Égalité des impositions à payer sans privilèges.* — Que tous les biens et héritages situés dans le ban et finage du lieu payeront aux rôles du même lieu les impositions des tailles, vingtièmes, corvées et autres impositions généralement quelconques, sans distinction de privilèges d'ecclésiastiques, de nobles, de moines, de religieuses; qu'enfin tous les biens du ban seront imposés dans une parfaite égalité.

Art. 19. — *Devoirs des États généraux au sujet des couvents mendiants.* — Que les États généraux prennent en considération l'impôt mis par la quête des religieux sur les campagnes, qui, quoique libre, devient dure et pesante; et comme, dans un gouvernement bien ordonné, un Ordre ne doit point être à charge gratuitement à l'autre, l'on examinera s'il ne serait pas possible de nourrir du superflu des moines rentés tous ceux qui n'ont point de fonds, ou en ordonner autrement.

Art. 20. — *Entretien des vieillards mendiants.* — Il sera fait des fonds dans chaque province pour l'entretien de tous les vieillards et autres incapables du travail, auxquels on ne connaît aucun moyen de secours.

Art. 21. — *Établissement des ateliers de charité.* — On prendra des moyens d'abolir la mendicité en ouvrant dans chaque province des ateliers de charité à tous les bras capables de quelque ouvrage.

Art. 22. — *Obligation des nouveaux habitants étrangers.* — Chaque individu de la paroisse étant étranger sera tenu de déclarer dans la huitaine à l'administration municipale les moyens et la ressource qu'il emploie pour vivre et faire vivre sa famille, afin d'éviter et détruire les duperies, les filoutages, les escroqueries et les vols; lesquelles déclarations seront envoyées aux États de la province, pour en juger ou y pourvoir en cas d'insuffisance. Les députés demanderont une milice nationale réduite autant que faire se pourra pour la défense du Royaume.

Art. 23. — *Règlement pour les propriétaires de biens.* — Que comme les vignerons cultivateurs ne payent que pour la culture, que leurs maîtres payent la propriété, sans distinction.

Art. 24. — *Arrachement des nouvelles vignes et grosses races.* — Que les vignes plantées dans les terres labourables depuis vingt ans soient arrachées, et notamment la grosse espèce.

Art. 25. — *Suppression des brasseries.* — Que les brasseries soient supprimées; ce qui met la cherté dans les marsages, et le bois, et qui est très nuisible au pays vignoble.

Art. 26. — *Rachat des cens.* — Qu'il soit permis de rembourser les cens seigneuriaux au denier vingt.

Art. 27. — *Remise des bois aux communautés.* — Que les bois qui sont situés sur le ban, possédés par des étrangers, moines ou autres, soient remis aux habitants des communautés respectives.

Art. 28. — *Taxe des vins pour les vignerons.* — Que la

taxe des vins du Pays messin sera faite par des personnes désintéressées.

Art. 29. — *Jugement des procès.* — Que les procès intentés ne soient pas traînés en longueur, et soient décidés et jugés dans l'an.

Art. 30. — *Suppression des Fermes générales et bureaux des finances.* — Que toutes Fermes générales, de même que toutes finances, ou bureaux de finances, soient supprimés, vu leur inutilité absolue; les États provinciaux étant dès lors chargés de tous les intérêts du Roi et de la Nation.

Art. 31. — *Arpentage général.* — Qu'il sera fait un arpentage général de tous les bans, et une estimation d'iceux, pour procéder plus sûrement à l'imposition territoriale.

Art. 32 et dernier. — *Suppression des jeux, etc.* — Qu'on interdise sous de grandes peines les danses, les jeux de hasard, les spectacles et les cabarets pour les gens du lieu les jours de dimanches et fêtes.

Telles sont nos demandes, plaintes, vœux et doléances. Nous les avons ainsi formées dans l'auditoire dudit Ars, étant légitimement assemblés, toute la paroisse à l'issue des vêpres, et nous prions ceux qu'il appartiendra de les passer selon leur forme et teneur sous les yeux de notre bon Roi pour y faire droit.

A Ars, les jour, mois et an ci-dessus, et avons signé :

Jean de Buzy; J. Boulanger; F. Boulanger; J.-B. Joyeux; G. Henry, *greffier de l'Assemblée.*

ASPACH

IXe

Procès-verbal.
18 mars 1789,
« Sont comparus en l'auditoire de ce lieu ([1]), par-devant nous, Nicolas Thirion, syndic, tenant l'assemblée. »

[1]. *Impositions ordinaires* pour les *six* premiers *mois* de l'année *1790 :*
Imposition principale. . . . . 42 ₶ 10 s. » d.
Impositions accessoires. 84   13   »
Capitation 96   16   »
　　　　　　Total . . . . 223 ₶ 19 s. » d.
Deux vingtièmes et quatre sous pour livre du premier pour *1790 :*
Biens-fonds. . { 1ᵉʳ cahier . . . 288 ₶ 1 s. 6 d.
　　　　　　　{ 2ᵉ cahier . . . 56   7   »
　　　　　　Total. . . . . 344 ₶ 8 s. 6 d.
(Arch. Meurthe-et-Moselle, L. 308.)

Communauté composée de 27 feux.
Députés : Nicolas Chirurgien,
　　　　　Quirin Calais.
Signatures : Nicolas Thirion; N. Chirurgien; Quirin Calais; Augustin Mouzain; André Churugien.

IX⁴

Doléances, plaintes et remontrances de la communauté d'Aspach

Art. 1. — Que toute la Noblesse, le Clergé et tous privilégiés, avec le Tiers état, aident à supporter tout et généralement les impositions quelconques qui seront jugées nécessaires par Sa Majesté.

Art. 2. — Que comme le pays est environné d'usines comme salines, forges, verreries et fayenceries, qui, après avoir consommé les bois qui leur sont affectés [pour] leur alimentation, viennent enlever ceux des communautés et seigneurs voisins, et constituent ainsi les habitants, riches et pauvres, dans la malheureuse obligation de payer les bois de chauffage à un prix excessif, ce qui les conduit à leur ruine.

Art. 3. — Elle observe que le pays ne produit aucuns bestiaux; que ce défaut entraîne la négligence involontaire dans la culture des terres, que tous ces effets ne proviennent que de la cherté des sels, que la province voit avec peine transporter chez l'étranger, et à un prix bien modique; tandis que, fabriqués dans son sein, et aux dépens de ses bois, elle se voit obligée de les payer à un prix excessif; que cette cherté est un moyen de réduire les familles dans la plus affreuse indigence par l'obligation où elles se voient d'aller les chercher chez l'étranger, ne pouvant s'en procurer chez elles; ce qui les constitue dans une contravention soit pécuniaire, soit corporelle, qui les ruine tout à fait; qu'il n'est pas de moment d'ailleurs où le riche ou le pauvre ne soit vexé par les recherches continuelles que font ceux qui sont commis par les Fermes.

Sa Majesté est suppliée de nous accorder ses sels au taux de la vente étrangère; ce qui ferait une plus grande consommation dans les provinces, où elle verrait une plus grande population de bestiaux que par la grande consommation qui s'en fait.

Sa Majesté ne se trouverait point dans le cas de le faire conduire à l'étranger : cela épargnerait les frais de conduite; les élèves qui se feraient par la nourriture salée dans la province subviendraient mieux au travail des laboureurs, ainsi que les engrais que l'on ferait et trouverait dans la province; et l'on ne serait pas obligé de faire passer l'argent du royaume, pour avoir des bêtes grasses.

Observe à Sa Majesté que s'il lui plaisait accorder les sels et le tabac marchands au prix de l'étranger, ils s'offrent de supporter, pour subvenir au besoin de l'État, qu'il leur soit imposé telle imposition qu'il lui plaira fixer, c'est-à-dire, comme de payer un taux par tête, depuis l'âge de douze ans et au-dessus, si mieux n'aime ce qu'il plaira à Sa Majesté lui ordonner.

Art. 4. — Observe à Sa Majesté qu'il se rencontre un défaut dans le commerce, relativement aux droits d'entrées et de sorties de Lorraine, et autres qu'on est obligé de payer; les bois, les linges, les denrées même comestibles ne se peuvent transporter d'une province voisine à l'autre sans payer de droits, ceux qui en sont voisins souffrent encore plus. On demande donc à Sa Majesté qu'il lui plaise supprimer ces droits, et laisser la liberté des transports d'une province à l'autre; et d'accorder le reculement des barrières aux frontières, ainsi qu'une diminution dans les droits de marque de fers et de cuirs.

Art. 5. — Qu'il soit accordé aux communautés d'asseoir elles-mêmes les vingtièmes, comme il leur est accordé d'asseoir les subvention et autres impositions. La raison en est toute claire : elles connaissent mieux la bonté des terrains; elles en connaissent la quantité mieux que les bureaux établis, où l'on est obligé de déclarer ses biens; elles ne seraient pas sujettes à être induites en erreur comme ces bureaux qui en sont éloignés, n'ont de connaissance que celle qu'il plaît aux propriétaires de leur donner.

Art. 6. — Elle demande qu'il soit libre à tous sujets de moudre dans tels moulins qu'ils jugeront à propos; la raison en est claire : la servitude est onéreuse aux peuples; les moulins ne satisfont point au peuple; les meuniers savent que les sujets banaux y sont attenus sous peine d'amende considérable, et que plusieurs villages [qui] en sont éloignés jusqu'à deux lieues n'osent et ne peuvent s'en dispenser d'y conduire leurs grains, sous peine d'amendes et saisie ; les meuniers de ces moulins servent les sujets qui y sont banaux, comme il s'avise, sans le plus souvent que les pauvres vassaux qui n'y trouvent pas leur compte puissent s'en absenter.

Art. 7. — Demande à Sa Majesté la suppression des priseurs-jurés, à charge à tout le peuple, et leurs vexations jurées.

Art. 8. — Qu'il soit permis à tout propriétaire de jouir du bénéfice de ses terrains, prés ou terres arables sans clôture, comme en Alsace ; par ce moyen on pourrait faire des plantations d'arbres fruitiers et autres, qui procureraient des fruits et du bois de chauffage.

Art. 9. — Observe à Sa Majesté qu'il y ait parcours dans lesdits terrains après la Saint-Remy dans les prés et non dans les terrains qu'on n'aurait pu faire des plantations.

Art. 10. — Demande à Sa Majesté que les corvées soient abolies et maintenues dans l'état actuel.

Art. 11. — Elle demande aussi que les justices subalternes et seigneuriales soient annulées, comme inutiles et ruineuses ; vu qu'on ne s'en tient jamais à leur conserver qu'une justice foncière pour l'exercice de leurs droits seigneuriaux seulement.

Art. 12. — L'État se trouve surchargé par le nombre des receveurs des finances chargés de recevoir les sommes provenant des impositions royales ; les communautés elles-mêmes en souffrent. Sa Majesté est donc suppliée d'accorder à ces communautés la liberté de porter elles-mêmes les sommes provenant des impositions dans tels coffres de ses trésors qu'il lui plaira fixer, ce qu'elle offre de faire sans frais ; du moins, elle se verra quitte de voir passer cet argent en trois bureaux différents, qui en tirent leur bonne part, les contraintes toujours exercées par l'assemblée du district.

Art. 13. — Elle observe à Sa Majesté que le finage de ce lieu est composé de trois dîmes différentes : la première est à dix, la seconde à onze, la troisième à treize ; cette dernière est pour la menue dîme ; ce qui donne journellement des contestations et des procès ; au surplus, les décimateurs se font un abus de ne vouloir laisser enlever aux propriétaires aucune gerbe qu'ils n'aient auparavant enlevé la leur, qui fait la clôture du trézeau de dix gerbes : il arrive que quand il se présente un orage, les pauliers découvrent ces trézeaux; ce qui cause un dommage considérable sur lesdits trézeaux qui ne sont plus couverts, et qui cause un grand préjudice au public; au lieu que celui qui dîme à l'onzième, la gerbe reste à côté du trézeau, et les trézeaux ne souffrent aucun dommage étant remplis. Les finages qui avoisinent sont sur le même pied, ce qui fait souvent des difficultés pour les champs qui abordent sur plusieurs finages, et même des procès après de très grandes contestations du différend qui se trouvent en des champs qui aboutissent sur deux finages, et du différend de la dime; Sa Majesté est donc suppliée de vouloir accorder que, comme il y a de trois sortes de dimages sur ledit finage, ordonne qu'elles soient toutes tirées à l'onzième, comme les voisins, pour la facilité et le bien public.

Art. 14. — Demande à Sa Majesté d'abroger les appointements dans les procès, autres sujets de remise bien clairs; on est obligé d'attendre des dix à quinze ans après une pièce d'écriture, autant pour y répondre; cela passe à des héritiers qui ne connaissent pas les moyens de leurs auteurs;

Sa Majesté est donc suppliée de détruire toute cette forme ruineuse de procéder; d'ordonner et établir une jurisprudence nouvelle et irrévocable, des lois claires et précises, que les juges puissent interpréter.

Art. 15. — Les droits de justice tarifés.

Art. 16. — Quant à ce qui regarde les affaires de moindre importance, comme celles d'injures, d'anticipations de terrain, vols de jardin, et police établie dans les lieux, accorder aux municipalités de pouvoir décider et punir les délinquants, et d'être mises sur papier libre.

Art. 17. — Demande à Sa Majesté qu'il soit ordonné aux abbé et moines de Haute-Seille d'apporter leurs titres de la dîme dudit lieu, tandis que la pauvre communauté est surchargée de l'entretien de l'église dudit lieu, et de celle de Landange; depuis que le village dudit lieu a été incendié, le curé de Landange desservait ledit lieu par bination; aujourd'hui, nous sommes obligés et forcés d'aller à Landange, dont nous avons été obligés il y a un an de faire une réfection à l'église dudit lieu d'Aspach de quinze cents livres, sans avoir aide desdits abbés, vu qu'ils perçoivent un tiers de la grosse dîme dudit lieu; depuis, les gens de Landange nous obligent de payer au sol la livre l'entretien de leur église, dont la pauvre communauté souffre beaucoup d'injustice.

A Aspach ce 20° mars 1789.

Nicolas Thirion; N. Chirurgien; Quirin Calais; Augustin Mouzain; André Churugien.

ATTILLONCOURT

X¹

Procès-verbal.

« 15 mars 1789, sont comparus en l'auditoire de ce lieu(1) d'Attilloncourt, par-devant nous, Christophe Lemoine, syndic de ladite communauté composée de 30 feux. »

Députés : Christophe Lemoine,
Jean-François Noirel.

Signatures : Michel Bailly; Christophe Humbert; J. F. Noirel; Christophe Lemoine, *syndic;* Nicolas Martin.

X²

Cahier contenant deux feuillets, cotés et paraphés par premier et dernier par moi Christophe Lemoine, syndic de l'assemblée de la communauté d'Attilloncourt, pour servir à l'enregistrement et rédaction des doléances, pétitions et remontrances de ladite communauté d'Attilloncourt, bailliage de Vic, le 15 mars 1789

Ladite communauté rend grâce au Roi de sa bonté paternelle qui permet à tous les sujets de son royaume de mettre

---

1. *Impositions ordinaires* pour les *six* premiers *mois* de l'année *1790 :*
Imposition principale. . . . . 115 ₶ 1 s. » d.
Impositions accessoires. 229   1   »
Capitation. 261   18   6
   Total . . . . 605 ₶ 19 s. 6 d.
Deux vingtièmes et quatre sous pour livre du premier pour *1790 :*
Biens-fonds. . { 1ᵉʳ cahier . . . 659 ₶ 4 s.
     { 2ᵉ cahier . . . 171   14
   Total . . . . 830 ₶ 18 s.
(Arch. Meurthe-et-Moselle, L. 308.)

sous ses yeux les abus qui les gravent et les besoins qui les pressent : en conséquence, ils supplient Sa Majesté :

1° De tirer les pauvres habitants de la campagne, qui fournissent à l'État de bons et fidèles soldats, de l'espèce d'esclavage dans lequel ils languissent depuis longtemps par l'exorbitance des impôts mal distribués, et plus encore par tous les Fermiers employés pour le recouvrement ; vu que notre communauté ne contenant que trente feux, elle est imposée pour tout recouvrement à la somme de deux mille nonante-sept livres dix-sept sols neuf deniers, sur l'étendue d'environ six cents jours de terre, nonante fauchées de prés, environ quatre cents jours de bois ; c'est cette imposition qui ne fournit que des plaintes et murmures et gémissements par les sujets du ressouvenir qu'ils ont par tradition, qu'en 1614, lors de la tenue des États généraux, ils n'étaient imposés que par une somme de huit cents livres, pour toute imposition royale ; en conséquence, ordonne que toute espèce d'impôts sera supportée proportionnellement par les gens d'Église et par les nobles, concurremment avec le peuple, et que tout soit versé directement au trésor royal, d'après la manière qu'il sera imaginé par les États provinciaux que Sa Majesté veut bien accorder à la province des Trois-Évêchés ;

2° Que le simple peuple, surtout celui de la campagne, ne soit plus à la merci des seigneurs pour les corvées, banalité et autres espèces de charges qui avilissent trop. En conséquence, que les corvées, quand elles seraient abolies par titre, soient converties modérément en argent ;

3° Que les dîmes à raison des charges imposées sur les biens-fonds soient diminuées de quotité, ou au moins que pour l'avenir elles soient déclarées chargées de la fourniture aux églises, de toute réparation et construction ; de manière que les habitants en soient entièrement déchargés de toutes ;

4° Qu'il plaise à Sa Majesté ordonner que tout seigneur non résidant sur les lieux de leur seigneurie, qu'ils ne possèdent aucun tiers des biens communaux ; attendu qu'il est délivré en outre audit seigneur une double portion ou à son admodiateur, résidant sur les lieux, en outre qu'il est payé audit seigneur les cens et rente de la communauté sur tous les sujets qui la composent : c'est cet objet qui ruine et écrase les pauvres malheureux des campagnes ;

5° Qu'il plaise à Sa Majesté abréger les frais de justice qui ruinent les campagnes, abréger aussi les degrés de juridiction, et ordonner que tout procès soit supprimé après un an ; et qu'alors les parties soient forcées de faire juger leurs procès par simple arbitrage, et irrévocablement leur difficulté ;

6° Qu'il plaise à Sa Majesté supprimer les salines qui absorbent par leur consommation tous les bois du pays, et en portent le prix à un taux si exorbitant que la campagne ne peut plus en acheter : en conséquence, rendre le sel marchand, et permettre l'usage des eaux salées qui se trouvent dans les sources éparses dans la campagne, pour la conservation des bestiaux, et la préparation des blés de semence ; rendre aussi le tabac marchand, pour éviter au sujet d'être exposé aux vexations continuelles des employés des Fermes qui sont enhardis par l'impunité ; sauf à Sa Majesté à laisser par préférence le bénéfice de ses grosses fermes aux États de la province ; c'est le seul objet qui ne produit dans le royaume qu'un nombre d'hommes qui se livrent à la contrebande, et qu'il n'en résulte de leur part qu'un esprit de révolte et de meurtres ; dont les prisons et les galères sont remplies de tels hommes, leurs femmes à la misère et leurs enfants à l'indigence.

Le moyen de porter remède serait d'imposer une somme de trente sols sur chaque sujet du royaume, et généralement quelconque des deux sexes de l'âge de vingt ans et au-dessus, afin que ces matières soient libres ;

7° Qu'il plaise à Sa Majesté supprimer les traites-foraines qui sont un droit exorbitant, et qui empêche la communication d'une province à l'autre ;

8° Affranchir les communautés d'habitants des frais excessifs d'arrêt du Conseil, visite, marque, de délivrance et autres opérations des Maîtrises, ce qui absorbe la plus forte partie du profit des biens communaux, et notamment lorsqu'il s'agit de la coupe des arbres épars dans les simples campagnes ;

9° Ordonner qu'il n'y ait plus à l'avenir dans le Royaume qu'une seule monnaie, un seul poids, une seule aune, une seule mesure, ou au moins que cela soit établi pour toute la province des Trois-Évêchés ;

10° Et attendu que le détail des abus locaux serait trop étendu pour les exposer tout dans le présent cahier, qu'il plaise à Sa Majesté autoriser les États promis à la province de les examiner, et de faire des règlements pour y remédier.

Déclarant au surplus lesdits habitants d'Attilloncourt qu'ils joignent leurs vœux et leur adhésion à tout ce qui sera le plus généralement demandé par tous les villes et villages composant le bailliage de Vic ; et qu'ils rendent grâce au Roi des bontés qu'il témoigne à son peuple, dont il se montre le père bienfaisant ; qu'ils le supplient de protéger de toute son autorité le bon ministre des finances que la Providence lui a envoyé.

Fait et arrêté en l'assemblée d'Attilloncourt le quinze mars 1789.

Christophe Lemoine, *syndic;* Michel Bailly ; Christophe Humbert ; J. F. Noirel ; Nicolas Martin.

AUDWILLER

XI^a

Procès-verbal.
18 mars 1789,
« Par-devant nous, Nicolas Boul, syndic de la communauté d'Audwiller. »
Communauté de 28 feux.
Députés : Nicolas Boul, syndic de ladite communauté,
  Jean Boul, laboureur.
Signatures : Nicolas Rechenmann ; Michel Ziegler ; Jean Bul ; Jean Encel ; P. Clas ; Nicolas Boul.

XI^b

« Le cahier des doléances de la communauté d'Audwiller est le même que celui de la communauté de Guéblange à laquelle elle s'est réunie. » (Note des commissaires.)

[Cf. ci-dessous, *cahier de Guéblange,* n° LXVI^a.]

AVRICOURT (partie France)

XII ᴬ

« Procès-verbal d'assemblée du village de la communauté (¹) pour la nomination des députés. »

« 15 mars 1789, sont comparus par-devant Joseph Benoît, syndic de ladite communauté, et tous les députés dudit lieu......, composé de 63 feux. »

Députés : Joseph Benoît,
Joseph Benard.

Signatures : J. Benoît, *syndic;* Joseph Benard ; P. Geoffroy ; P. Étienne.

XII ᴮ

Doléances et remontrances de la communauté de la partie de France d'Avricourt, au Roi et aux États généraux, 15 mars 1789

1° *Forêts.* — Remontrent très humblement les habitants de la communauté d'Avricourt disant : qu'étant environnés de forêts considérables, ils sont néanmoins obligés d'aller chercher leurs bois de chauffage et de bâtiment à trois, quatre et cinq lieues, parce que ces forêts sont réservées aux salines de Moyenvic ; ce qui leur coûte beaucoup de frais de voiture, et ce qui met les pauvres dans l'impossibilité d'en avoir ; ce qui empêche aussi plusieurs particuliers de rétablir leurs maisons qui tombent en ruines. Que la mesure du bois de chauffage étant par tout le pays de quatre pieds, et les salines leur faisant défense, sous de très grandes peines, d'en user de quatre

---

1. *Impositions ordinaires et prestation des chemins* pour les *six* premiers *mois* de l'année *1790* :

Imposition principale.	125 ₶	» s.	» d.
Accessoires de l'imposition principale. . . .	248	19	4
Capitation et ses accessoires.	283	14	»
Taxations des collecteurs.	9	8	2
Droit de quittance au receveur des finances.	2	1	4
Prestation des chemins.	95	11	8
Total général	764 ₶	14 s.	6 d.

(Arch. Meurthe-et-Moselle, L. 679.)

Deux vingtièmes et quatre sous pour livre du premier pour *1790* : 1397 ₶ 18 s. 3 d.

(*Ibid.*, L. 308.)

pieds, ils sont obligés d'en faire faire à leurs frais d'une lonqueur plus étendue : et s'il arrive par malheur que quelques bûches n'aient que quatre pieds, on leur fait payer des amendes exorbitantes.

Sel. — Que quoiqu'on leur enlève le bois qui est à leur proximité pour les salines, ils ne laissent pas de payer le sel trois fois plus cher que les provinces voisines. Que leur village étant composé de France et de Lorraine, et le sel de la partie de France étant de moindre valeur et néanmoins plus cher qu'en celle de Lorraine, plusieurs particuliers en envoient chercher en Lorraine, et même plusieurs pauvres qui n'ont pas moyen d'en avoir au dépôt en achètent de contrebande ; de sorte qu'il se fait tous les jours beaucoup de reprises : ce qui accable un grand nombre de particuliers.

Raisons communes. — Plusieurs de ces raisons leur sont communes avec une grande partie du pays de l'Évêché de Metz et de la Lorraine, c'est pourquoi ils supplient Sa Majesté de supprimer les salines, de rendre le sel marchand, et de leur procurer du sel de mer qui est, leur dit-on, bien meilleur que celui dont ils usent.

2° *Tabac.* — La cherté du tabac marchand, et les reprises multipliées du tabac défendu empêchent un grand nombre d'en user, quoiqu'il soit utile à plusieurs comme remède ; c'est pourquoi ils demandent que le tabac soit marchand.

3° *Nécessité de réprimer les acquits.* — Le pays des TroisÉvêchés étant mêlé et entrecoupé de villages lorrains, Avricourt étant même moitié français et moitié lorrain, la nécessité des acquits et passages les met dans une très grande gêne, et leur cause beaucoup de reprises et de frais. Il serait nécessaire que nous ne formions qu'un corps de communauté parce que le clocher et l'église est sur Lorraine.

Plaques. — Les plaques que tout voiturier est obligé d'avoir à sa voiture les mettent dans le même embarras. C'est pourquoi ils sollicitent la suppression des acquits et de tous droits qui les tiennent dans la servitude sous un si bon prince.

4° *Impôts.* — Les impôts sur le fer, sur les cuirs, etc., les gabelles pour le grain et pour le vin retombent sur le peuple qui est épuisé ; comment augmenter les autres impôts de la taille, etc. ?

5° *Troupeaux.* — Nos seigneurs de Lorraine ont un troupeau de moutons sur le finage qui est partie de France, partie de Lorraine ; le seigneur de France prétend avoir le même droit, et fait pâturer sur notre finage deux troupeaux à la fois, celui de Réchicourt et celui de Moussey : de sorte qu'il y en a ordinairement trois ; ce qui l'épuise et le ruine. Les plus grands dommages qu'ils nous causent, ce sont dans nos prés qui depuis 15 à 20 ans qu'ils sont ainsi surchargés ne produisent presque plus d'herbe, ce qui nous cause un tort considérable ; nous ne pouvons plus faire de nourris comme auparavant ; nous sommes par conséquent obligés d'acheter chevaux et vaches, etc. ; nous ne pouvons plus en avoir en assez grande quantité et les nourrir assez bien pour cultiver et engraisser nos terres qui, étant très souvent dévastées par les inondations, et dégradées par les arrachages de pierres que l'on fait continuellement pour les chaussées et bâtiments, le produit en est bien diminué.

Il faut observer qu'un seul troupeau de moutons dans nos prairies suffirait pour les ruiner, parce que, dans le temps de pluies et de dégel, ils arrachent jusqu'à la racine de l'herbe et empêchent la recrute.

Nous demandons donc qu'il soit défendu de faire pâturer en aucun temps les troupeaux de moutons dans les prés.

Mais comme les amendes appartiennent au seigneur, leurs fermiers ne gardent rien et ne craignent pas les reprises, étant assurés de n'en point payer ; il est donc de la justice d'appliquer leurs amendes à tous autres qu'aux seigneurs et à leurs fermiers ; nous les désirons moitié à l'Église, moitié aux communautés.

6° *Récoltes.* — Il serait à souhaiter que chaque particulier ait droit de faire deux récoltes dans ses prés, sans être obligé de faire des clôtures ; parce que les clôtures dessèchent et ruinent les prés, et diminuent considérablement la quantité du terrain qui est déjà en petites parties, étant partagées en différentes portions.

7° *Délits.* — Les plus grands délits et dommages se font de nuit, et les dimanches et fêtes pendant les offices de la paroisse ; c'est pourquoi il faut faire défense de pâturer depuis le soleil couché jusqu'à deux heures du matin, même dans ses prés ; et les dimanches et fêtes pendant les offices de la paroisse.

8° *Gens de justice.* — Les frais excessifs des gens de justice sont cause que l'on abandonne son bon droit plutôt que d'avoir recours à eux. Il faut passer par tant de tribunaux que l'on craint souvent de ne pas voir la fin des affaires. Souvent les justices subalternes traînent les affaires en longueur pour multiplier les frais, abus auxquels il faut remédier.

Nous voyons souvent des procureurs du bailliage solliciter les causes et animer les parties : principes de la ruine de plusieurs particuliers. Ne serait-il pas de l'utilité publique de remettre aux municipalités de chaque lieu le soin et la charge de terminer les petites et moindres affaires, avec droit d'appel au parlement ?

Les priseurs-jurés se font payer par vacation, et en même temps par journée ; il faut encore leur fournir la nourriture pour les exciter au travail. Tout le profit des ventes est pour eux : ils causent un si grand préjudice aux mineurs que souvent ils ne retirent rien de l'inventaire de leurs effets. Plusieurs même n'ont pas eu assez pour les payer, et ont été obligés d'ajouter d'ailleurs. Il faut les supprimer.

9° *Affouages.* — Nos ancêtres avaient leurs bois d'affouage dans les bois du comté de Réchicourt. On leur a ôté et donné en place les bois mort et mort-bois. Nous avons joui de ce droit pendant quelque temps ; on nous l'a ensuite ravi et cédé en place quelques branchages de fagots et les ételles des bois de salines. L'on vient de nous enlever les ételles. L'on nous fait payer bien des droits pour nous accorder ces branchages : encore nous menace-t-on de nous les enlever ; de sorte que nos droits se réduiront bientôt à rien. Néanmoins, le seigneur de la France ne laisse pas de nous faire faire quantité de corvées, soit pour cultiver ses terres, soit pour bâtir et entretenir ses bâtiments et chaussées d'étang. Les fermiers nous font aussi délivrer fort rigidement différents cens par feux, sans nous donner connaissance d'aucun titre.

L'on n'a dans notre village aucun droit de colombier ; cependant, notre finage est souvent couvert de pigeons du voisinage. Ils nous causent de très grands préjudices, surtout dans le temps des semailles et des récoltes. Chaque année, différents particuliers sont obligés d'ensemencer de nouveau quelques terrains, parce que les seigneurs voisins ne tiennent pas leurs colombiers fermés au temps de la semaille : injustices contre lesquelles nous réclamons la justice du Souverain et de la Nation. Nos plaintes ont été méprisées jusqu'à présent.

10° *Devis.* — Les frais que nous sommes obligés de faire pour les devis et enchères, tant pour les corvées royales, chemins et ponts du finage, que pour les autres ouvrages de la communauté, pourraient nous être épargnés en remettant ces devis, etc., à la municipalité, sauf à les faire vérifier.

11° Des États provinciaux qui seraient chargés de la distribution des impôts et de l'administration de la province, remédieraient à beaucoup d'abus.

12° *Communauté.* — Notre communauté est composée de 63 feux, dont 5 laboureurs qui ne font qu'une charrue chacun, tous fermiers possédant chacun trois à quatre jours ; 35 vivant du travail de leurs mains, et le reste mendiants.

13° Nous payons au Roi 1449# pour toutes impositions, excepté le vingtième qui est payé en partie par les habitants de la partie de Lorraine et autres. Nous payons le vingtième de nos maisons que nous occupons nous-mêmes.

14° Toutes ces différentes représentations n'empêchent pas que nous ne soyons disposés à faire tous nos efforts pour contribuer au besoin de l'État ; mais nous espérons que notre bon Roi, et les États généraux feront contribuer tous seigneurs, nobles, exempts du Tiers état, et ecclésiastiques possédant biens-fonds. Leurs fermes et gagnages sont augmentés d'un tiers depuis neuf à dix ans ; ce qui est cause que les fermiers ont peine à subsister, et ils sont obligés à vendre leur petit bien à leurs maîtres pour les payer.

La Noblesse, le Clergé et les exempts du Tiers usent plus les routes que le commun ; il convient donc qu'ils payent les réfections des routes comme le commun.

Fait et rédigé en la communauté d'Avricourt, assemblée en la manière ordinaire les jour, mois et an avant dits.

P. Geoffroy ; P. Étienne ; Joseph Benard ; J. Benoît, *syndic.*

AZOUDANGE

XIII*

Procès-verbal.
22 mars 1789,
« Par-devant nous, Christophe Delalevée, maire en la justice locale

d'Azoudange([1]), sont comparus en la maison où se tiennent ordinairement les assemblées. »

Village composé de 60 feux, y compris les veuves.

Députés : Jacques Laurent,
Jacques Boncourt.

Signatures : Laurent Condebas; J. Vautrin; Louis Thiébaut; Christophe Dieudonné; Jean-Christophe Girard; N. Gaudron.

XIII[a]

Cahier dressé par les habitants du village d'Azoudange, pour être présenté à l'assemblée des trois Ordres du bailliage de Vic, en se conformant aux intentions du Roi, exprimées en sa lettre pour la convocation des États généraux, datée de Versailles le 7 février 1789, et au règlement y annexé

Nous obéissons humblement en disant notre façon de penser sur le désordre dans les finances dont Sa Majesté se plaint, et en donnant nos doléances sur notre propre situation et nos souhaits pour un avenir plus heureux et les moyens d'y parvenir.

Nous croyons que les principales causes de ce désordre sont :
1° Le long temps sans tenir d'États généraux ; 2° l'autorité dont les ministres se sont emparés, et dont ils ont abusé ; leur conduite était entièrement opposée à celle du ministre qui dirige nos finances, qui a été un des plus ardents à demander et provoquer les États généraux.

Nous pensons que le meilleur moyen pour acquitter les dettes de l'État est de supprimer tous privilèges ou exemptions de payer les impôts, notamment ceux dont les ecclésiastiques et la noblesse ont joui par une injuste usurpation ; il est de droit naturel que tout citoyen contribue à supporter les charges publiques.

---

1. *Impositions ordinaires* pour les *six* premiers *mois* de l'année *1790* :
Imposition principale. . . . . 320 ℔ » s. » d.
Impositions accessoires. 637   7   4
Capitation 828 19   3
           TOTAL. . . . . 1 786 ℔ 6 s. 7 d.
Deux vingtièmes et quatre sous pour livre du premier pour *1790* :
Biens-fonds. . { 1er cahier . . . 1 083 ℔ 10 s. 3 d.
              2e cahier . . . 821   6   3
           TOTAL. . . . . 1 904 ℔ 16 s. 6 d.
(Arch. Meurthe-et-Moselle, L. 308.)

CAHIER D'AZOUDANGE 49

Quant à nous, bien loin de pouvoir supporter des augmentations d'impôts, nous sommes accablés sous le faix de ceux que nous payons; et nous avons tout lieu d'espérer la décharge de plusieurs et de la diminution des autres.

Nous sommes chargés comme les autres communautés de doubles vingtièmes, de sols pour livre, de subvention, capitation, travaux des routes, et, au par delà, de payer notre part d'une gratification accordée au maître de poste de ce lieu, tandis que sa résidence dans notre village nous occasionne une surcharge considérable comme nous allons l'expliquer.

Notre finage n'est pas fort étendu, et il est vérifié par un bon calcul que le maître de poste en cultive la cinquième partie; or le maître de poste ne contribue en rien aux impositions pour raison de ses cultures; donc il résulte que sa part est rejetée sur les autres habitants, ce qui leur produit une surcharge considérable.

Notre communauté se trouve dans un moment de crise, étant obligée de rebâtir son clocher qui est tombé en ruine, et la nef de l'église paroissiale qui est trop petite; elle n'a aucune ressource pour subvenir à ces dépens; et son embarras personnel est plus grand que celui où se trouveront les États généraux pour payer la dette nationale.

Par ces considérations importantes nous demandons et nous osons espérer une diminution des tailles ordinaires proportionnée à la surcharge occasionnée à notre communauté par la résidence du maître de poste et au besoin où nous [nous] trouvons.

Nous demanderons aussi unanimement avec toutes les communautés des environs la suppression des salines en partie, et la diminution du prix du sel; la suppression de la foraine, de la marque des cuirs, de la marque des fers; la diminution des droits de contrôle, avec des règlements simples et clairs pour leur perception, sauf néanmoins à rejeter sur d'autres impôts moins onéreux le déchet que la suppression ou la diminution des objets ci-dessus relatés pourraient apporter aux revenus de l'État.

Nous croyons que le bien public exige:

1° La réforme de notre ordonnance criminelle qui est entachée de plusieurs vices essentiels;

2° Nous n'avons jamais vu de lettre de cachet; mais, par

des comptes fidèles qu'on nous en a rendus, nous trouvons qu'elles ont beaucoup de rapport au fatal cordon que le grand sultan envoie dans ses États ; c'est pourquoi il nous semble qu'on doit abolir les lettres de cachet dans cette monarchie ;

3° Nous demandons des États provinciaux dont l'organisation soit combinée par les trois Ordres de la province, et aidée des conseils du ministre chargé de la direction des finances de ce royaume ;

4° Nous pensons que pour maintenir les chaussées royales en bon état, il faut charger les communautés de leur entretien en leur répartissant équitablement les sommes qui seront levées pour le prix et valeur dudit entretien ;

5° Que l'on pourrait supprimer le tirage de la milice, obligeant les communautés à fournir au besoin un certain nombre de miliciens proportionné à celui des garçons en état de servir qui se trouverait dans chaque communauté. Elles pourraient se procurer des miliciens à des prix raisonnables par des adjudications au rabais de leurs services ;

6° Il serait très avantageux à cette province d'y introduire les règlements qui sont en vigueur en Alsace à l'égard des Juifs, pour éviter leur tromperie et leurs usures énormes ;

7° Que par le même motif, et pour augmenter le commerce dans cette province où l'argent est très rare, il serait à propos d'y introduire la permission qui existe en Lorraine de prêter à intérêt au taux ordinaire sur simple obligation authentique, ou sous seing privé, et sans aliéner le fonds ; où il y a parité de raison, la loi doit être la même ;

8° Il conviendrait de supprimer l'argent de Lorraine qui n'est d'aucune utilité, et gêne le commerce ;

9° Il serait d'une très grande utilité pour cette province d'y supprimer les charges d'huissier-priseur, en la chargeant du remboursement de leur finance ;

10° Il est indispensable de rétablir dans la châtellenie de Fribourg, dont nous dépendons, la haute-justice que le parlement de Metz a supprimée à la sollicitation de notre seigneur, Mgr l'évêque de Metz, sans que nous ayons été entendus ;

11° Il serait utile aux laboureurs de cette contrée que la tenue et la police du marché de Lorquin, le seul qui est à leur portée, soit modelée sur la tenue de la police du marché de Strasbourg ou d'un autre marché bien réglé ;

12° Il devient indispensable de faire dans cette communauté de nouvelles déclarations pour le vingtième à cause des nombreux changements arrivés dans les propriétés depuis les dernières déclarations, qui mettent une confusion extrême dans les cotes et un embarras infini dans la perception de cette imposition ; et de remettre au greffe de cette communauté un état détaillé de l'estimation de tous les biens imposés.

Observent les habitants de ladite communauté qu'il y a environ dix années qu'il s'est introduit par la voie du châtelain de Fribourg, fermier à mondit seigneur l'évêque de Metz, un troupeau de moutons pour vain pâturer sur notre finage ; et que d'un temps mémorial ce troupeau n'a jamais venu sur ledit ban que deux fois la semaine, obligé d'aller gîter au chef-lieu de Fribourg ; ce qui fait que les habitants ne peuvent faire aucune élève.

En outre l'on a beaucoup à se plaindre de la dégradation que font tous les ans les bêtes sauvages dans les grains. Il serait à souhaiter que les seigneurs les écartent par des traques réitérées.

Fait et arrêté en l'assemblée de la communauté d'Azoudange, le vingt-deux mars mil sept cent quatre-vingt-neuf.

N. Gaudron ; J. Vautrin ; Christophe Dieudonné ; Jean-Christophe Girard ; Laurent Condebas.

BACCARAT (Ville de)

XIV^A

Procès-verbal.

« 18 mars 1789, huit heures du matin, sont comparus en l'hôtel de ville de Baccarat (¹), par-devant nous, Dieudonné Michel, gen-

---

1.   BACCARAT ET LE MONET
Impositions ordinaires pour les *six* premiers *mois* de l'année *1790* :
Imposition principale. . . . . 440 ₶ » s. » d.
Impositions accessoires . . . . . . 1 673 1 »
Capitation 1 913 3 7
        Total. . . . . 4 026 ₶ 4 s. 7 d.
Deux vingtièmes et quatre sous pour livre du premier pour *1790* :
Biens-fonds . . { 1ᵉʳ cahier . . . 5 417 ₶ 14 s. 6 d.
                { 2ᵉ cahier . . . 1 419   4   6
        Total. . . . . 6 836 ₶ 19 s.
Offices et droits. 93   10
        (Arch. Meurthe-et-Moselle, L. 308.)

tilhomme prévôt de la prévôté de Baccarat, les bourgeois de ladite ville... composée de 152 feux, non compris les veuves et filles au nombre de 31. »

Députés : Nicolas Drouet l'aîné, négociant ;
Me Joseph Mercier l'aîné, avocat en parlement, directeur des postes.

Signatures : Hedervat; N. Drouet; Mercier, *avocat;* Sébastien Thiéhaut; N. François Drouet, *échevin;* L. Simon, *premier échevin;* Michel; Peltier, *greffier.*

XIV*

Articles des doléances de la ville de Baccarat, pour ses députés, [qu'ils] s'obligent de porter à l'assemblée indiquée à Vic, et de faire insérer dans les cahiers qui seront faits dans cette ville, sous le serment qu'ils ont prêté et à peine de défaveur

Art. 1. — Que les députés aux États généraux ne pourront voter en faveur d'aucunes impositions quelconques qu'au préalable les abus qui sont le sujet des doléances de la Nation ne soient redressés ; et qu'il soit tenu pour maxime constante du royaume qu'à la Nation seule, assemblée légalement, appartient le droit d'imposer.

Art. 2. — Que le Tiers état soit admis, concurremment avec les ecclésiastiques et les nobles, soit aux places, soit au partage des grâces ; et que les impositions pécuniaires soient supportées également par les trois Ordres sans distinction, et en proportions de leur fortune ; qu'en conséquence toutes les impositions soient remplacées par une seule, qui sera avisée la plus juste.

Art. 3. — Que tous privilèges exclusifs et feuilles à part soient anéantis, comme destructeurs de l'intérêt général ; de manière que tous les habitants circonscrits par un ban, de quelles conditions ils soient, ne puissent composer qu'une seule et même communauté, et n'avoir que les mêmes rôles, en conservant cependant les propriétés particulières.

Art. 4. — La confirmation des capitulations et des traités qui unissent les provinces à la Couronne, ainsi que le maintien de toutes les propriétés particulières.

Art. 5. — Et pour éviter aux fraudes et aux procès, qu'il ne puisse y avoir de translation de propriété que par un acte authentique.

Art. 6. — Que la province soit chargée de l'administration de ses finances par une assemblée annuelle, soit le titre ancien d'États provinciaux ; l'éloignement de l'intendance, qui est de vingt lieues, celui de la subdélégation de dix, faisant une charge considérable en pure perte, soit pour le tirage des milices, soit pour la vérification des rôles, le transport des deniers publics et autres dangers communs à plus de trente villages des environs, au milieu desquels tous ces inconvénients pourraient disparaître.

Art. 7. — S'il plaisait au Roi et à la Nation d'aliéner les domaines de la Couronne, ou de les conserver sous sa main ; que la vente ou les baux à fermes en soient faits en détail et non en gros, en sorte que les gens des lieux ou circonvoisins puissent avoir la préférence pour l'un ou pour l'autre, pour que les gros profits d'un seul ne puissent être portés au loin, et que sous ces mêmes conditions, les gros propriétaires, soit ecclésiastiques, soit nobles, ne puissent aliéner ou affermer.

Art. 8. — Que tous prévaricateurs, de quel rang et de quelle condition ils soient, soient punis, comme tous autres particuliers, et conformément aux lois.

Art. 9. — Que nul particulier domicilié, de quelle condition il soit, ne puisse être emprisonné que par le décret du juge, sinon à la clameur publique et en flagrant délit.

Art. 10. — Que la foraine soit supprimée, en tout cas restreinte, comme gênante et à charge aux provinces mêlées ; que les privilèges des Évêchois soient conservés, les employés des Fermes supprimés, en tout cas diminués ; et, que s'il reste de ces gens à charge au public, qu'ils soient imposés comme tous autres habitants compris aux rôles.

Art. 11. — Que le prix du sel soit restreint comme exorbitant, en observant que si les salines pouvaient être suppléées par les sels de mer, la consommation des bois serait diminuée considérablement ; et cette matière de première nécessité parerait peut-être à la disette et au manquement dont nous sommes menacés.

Art. 12. — Que le prix du tabac soit diminué, pour éviter

les vexations et les condamnations qui désolent nos concitoyens.

Art. 13. — Que toutes les banalités soient supprimées comme charges odieuses et nuisibles au public.

Art. 14. — Que les huissiers-priseurs soient proscrits, comme inutiles et à charge.

Art. 15. — Que le nombre des usines à feu, telles que verrerie, forges, faïenceries et autres soit restreint et diminué : la quantité de ces établissements s'étant formée depuis environ vingt-cinq ans, au nombre d'onze, à la distance de trois lieues, en ce non comprises les papeteries ; ce qui depuis cette date jusque celle d'aujourd'hui a fait monter le prix de la corde de bois commun qui était alors de quatre livres à celui de dix livres la corde au temps présent, à prendre dans la forêt : prix exorbitant dans un canton où abondent les forêts et les montagnes ; en observant que ce prix effrayant a encore sa source dans la mauvaise administration des forêts, lesquelles aujourd'hui sont dépouillées de futaie, partie de quarts en réserve, se trouvant exploités ou en exploitation ; que les juges des lieux sont chargés par les ordres d'administrer les bois communaux et à peu de frais ; que cependant ils sont marqués par les Maîtrises situées à dix lieues de distance, empêchés conséquemment de veiller à la conservation des forêts et à la conduite des gardes dont les devoirs et la charge sont absolument négligés ; que d'ailleurs les honoraires des officiers de Maîtrises sont si exorbitants que chacun particulier paye pour ainsi dire le bois de son affouage comme s'il l'achetait, de manière qu'une communauté voisine a préféré l'abandon de son affouage d'une année au payement des honoraires des officiers.

Art. 16. — Que les tâches de la Ville pour l'entretien des chaussées en argent, ainsi qu'elles sont circonscrites par des bornes qui les déterminent, soient abandonnées à chacune des communautés, et le plus à portée que faire se pourra, contrairement au régime actuel, qui doit être supprimé, par lequel on avait affecté de reporter les tâches des communautés au plus loin.

Art. 17. — Que les foires et marchés de la ville de Baccarat soient rétablis sans aucun droit ni coupelle. Les communautés voisines le demandent. Elles sont en grand nombre, et la ville voisine de Deneuvre, de la province de Lorraine, joint ses instances aux nôtres ; et déclare renoncer aux droits qu'elle prétend avoir en faveur de la ville de Baccarat ; et que, pour éviter les fraudes, les poids, les mesures et les aunes soient uniformes dans toute la province.

Art. 18. — Que la chaussée de Blâmont par Baccarat à Rambervillers, déjà arrêtée par le Ministère depuis environ dix années, soit commencée et achevée comme indispensable, et outre les communautés qui avoisinent entre lesquelles, et en grand nombre sont impraticables, au moyen de laquelle chaussée, peu coûteuse d'ailleurs, les troupes du Roi, dans leurs changements de garnisons, épargneront au moins à l'État une étape, faciliteront la traite des sels, le transport des bois, la communication des grains et tant d'autres choses à la vie et au commerce, que déjà un pont considérable à l'entrée de Baccarat, sur la rivière de Meurthe, a été construit à grands frais et pour cette chaussée.

Art. 19. — Que les sièges du lieu soient conservés et puissent ressortir nuement au parlement, et juger de tous les cas sans distinction, en observant que les appels, qui ressortissent au bailliage, qui est seigneurial, à une distance de dix lieues, augmentent les frais, retardent les décisions, et conséquemment forment un préjudice considérable aux justiciables.

Art. 20. — Que les formes judiciaires et la manière de procéder soient simplifiées, claires et précises, de manière qu'il en coûte moins aux justiciables pour obtenir la justice ; et que les décisions soient plus promptes.

Art. 21. — Le ban de Baccarat est très resserré, non seulement par lui-même, mais encore par l'assiette de deux villages Humbépaire et Badménil ; que dans ce ban, il appartient au Roi, aux religieux bénédictins de Moyenmoutier et de Senones, à M. l'évêque de Saint-Dié, à la verrerie de Baccarat pour l'établissement, une partie considérable des biens. Outre que ces religieux, M. l'évêque de Saint-Dié enlève encore la totalité des dîmes, dont ils sont usufruitiers.

Le rapport des terres de Baccarat seulement en seigles et autres grains de moindre valeur n'est au plus que d'un résal et demi par chacun jour, ce qui équivaut à peine aux frais des dépenses, n'y ayant point de saisons. La médiocrité du produit du sol se prouve encore par l'option du S^r curé du l'eu qui a préféré la portion congrue au produit de la dîme ; par surcroît, la prairie de Baccarat est une terre de sable et de gravier, conséquemment, d'un faible rapport; la rivière de Meurthe est très inconstante, et traverse cette prairie; les propriétés de différents-particuliers sont souvent absorbées par son débordement et son changement de lit, en sorte qu'annuellement, et notamment la présente année, soixante fauchées du ban sont couvertes totalement de gros cailloux et de graviers qui privent les propriétaires et locataires de leurs récoltes pendant plusieurs années; par ces événements imparables, les habitants sont arrêtés dans la nourriture des bestiaux, privés d'engrais qui sont absolument nécessaires.

ART. 22. — La communauté de Baccarat est composée de cent quatre-vingt-trois habitants, dans lesquels sont trente veuves et filles, en ce non compris cependant la verrerie du lieu, qui varie en nombre d'habitants de soixante à soixante-dix, sur lesquels habitants de Baccarat il faudrait distraire pour ainsi dire cinquante ménages pauvres, qui ne subsistent que des secours du petit nombre restant.

Les impositions de cette communauté sont pour l'année 1789 :

1° En subvention	2 726 ͭͭ	8 s.	3 d.
2° En capitation	1 557	17	6
3° En travaux des routes	713	7	3
4° En octrois	232	10	»
5° Pied fourchu sur les boucheries	354	»	»
6° Partant du rôle des vingtièmes 5 402 ͭͭ 7 s. 6 d. qui ne sera tirée hors ligne ci-après que pour 2 102 ͭͭ 7 s. 6 d., attendu que ce rôle comprend MM. les religieux de Senones tant pour biens situés sur le ban que sur d'autres pour une somme de 1 650 ͭͭ et la verrerie pour pareille somme, ci	2 102	7	6
	7 686 ͭͭ	10 s.	6 d.

Les revenus annuels des biens communs et autres relatifs aux droits de la Ville :

1° Certains affouages de bois, qui, comme le porte le présent cahier, subviennent à peine à l'acquit des frais, ci pour mémoire . . . . . . Mémoire.

2° Les prés de propriétés, pâtis et autres héritages, compris certains cens, ont été laissés en

adjudication publique, et en détail en l'année dernière; et le prix s'en est porté à celui total de ci 1 057[#]
3° En la même année, la gabelle sur la vente des vins a produit ci. 930
       Total des revenus communs. . . . 1 987[#]

Charges journalières de la Ville :

1° L'on paye à M. l'évêque de Metz, grand-aumônier et cardinal de France, comme seigneur haut-justicier, une taille dite *aide de prince*, la somme de, ci . . . . 269[#] 13 s. 6 d.
2° Au secrétaire-greffier de l'hôtel de ville, appointements, frais et débours. . . . . 100 » »
3° Appointements aux maître et maîtresse d'école, ci . . . . 704 » »
4° Réparations de l'hôtel de ville, des écoles et de celles des fontaines, ci . . . . 200 » »
5° Gages des gardes forestiers . . . . 130 » »
6° Frais extraordinaires, tant à la poursuite des procès, port d'ordres et autres, ci . . . . . 400 » »
7° Fourniture de taureau aux troupeaux communs, ci. 120 » »
8° Logement du pâtre et fourniture du porc mâle, ci . . . . 54 » »
9° Entretien des ponts de la ville dans l'intérieur et la banlieue, compris des corvées à bras pour réparations des chemins de traverses, ci. . 400 » »

                                       2 377[#] 13 s. 6 d.

Ce tableau prouve que la recette est insuffisante pour subvenir à la dépense, tant les charges sont multipliées.

Lecture faite de tous les articles ci-contenus et entendus, ont été approuvés par la communauté assemblée conformément aux ordres de Sa Majesté, et ceux qui savent signer ont apposé leurs noms avec nous, cejourd'hui, vingtième du mois de mars de la présente année mil sept cent quatre-vingt-neuf par continuation.

N. François Drouet, *échevin ;* L. Simon, *premier échevin ;* Mercier, *avocat ;* N. Drouet ; Sébastien Thiébaut ; Hedervat ; Michel ; Peltier, *greffier.*

BADMÉNIL

XVᴬ

Procès-verbal.

21 mars 1789,

« Sont comparus par-devant nous, Simon Crétien, syndic de la municipalité de Badménil (¹), ... habitants du hameau dudit Badménil, composé de 15 feux. »

Député : Quirin Mercier, laboureur.

Signatures : Simon Crétien, *maire;* Quirin Mercier, *député;* N. C. ; C. M. ; Claude Mengin ; F. V. ; P. M.

XVᴮ

État des doléances de la communauté de Badménil, terre d'Évêché, pour être présentées à l'assemblée du bailliage de Vic, le 23 mars 1789, au sujet des États généraux

Terre labourable. — Le finage de Badménil contient environ 100 jours de terres labourables, dont moitié appartient à des ecclésiastiques et étrangers, lesquelles terres ne produisent point de froment, un tiers en versaine, un tiers en seigle et l'autre en avoine ; le jour ensemencé en seigle, le fort portant le faible, produit environ un résal, celui en avoine deux résaux estimés à 297#.

Prés. — Environ 28 fauchées de prés, dont 20 aux Bénédictins de Senones et aux Carmes de Baccarat, le reste à des étrangers. La fauchée produisant un demi-millier.

Jardins. — Les jardins sont de nulle valeur, soit à cause du mauvais sol et de la position.

Bois. — Les bois sont si peu avantageux que les habitants

---

1. *Impositions ordinaires* pour les *six* premiers *mois* de l'année *1790 :*
Imposition principale. . . . . 15 #
Impositions accessoires. 134
    Total. 149
Vingtièmes pour *1790 :*
1ᵉʳ cahier . . . . 36 # 2 s. » d.
2ᵉ cahier. . . . . 2 13 »
3ᵉ cahier. 38 18 6
    Total. . . . . 77 # 11 s. 6 d.
(Arch. Meurthe-et-Moselle, L. 208.)

de la communauté y renonceraient volontiers, soit à cause de l'éloignement, soit à cause des frais d'exploitation des officiers de la Maîtrise et autres.

Local. — Le local est très pénible pour conduire les engrais et pour toutes autres voitures.

Revenus. — La communauté n'a aucune terre commune ni revenu quelconque.

Impositions royales:

Subvention, ci. . . . . 208# 12 s. 6 d.	} 445# 11 s. 9 d.	
Capitation, ci 111 19 3		
Vingtième, ci . . . . 125 » »		
Prestation de la chaussée en argent, ci. . . .	51 15 »	
Total des impositions, ci. . . .	497# 6 s. 9 d.	

Les impositions se montent à la somme de 497# 6 s. 9 d. et celle des revenus à 297#. Les habitants n'ont que leur travail et leur industrie pour subsister.

L'administration des bois est à charge à raison des frais multipliés par les officiers de la Maîtrise, et par les vexations des gardes.

Cherté des bois. — Les bois sont à un prix excessif à cause de la multiplicité des usines consommant bois ; puisqu'à la distance de trois lieues à la ronde l'on en compte onze, surtout une verrerie à Baccarat qui consomme presque tous les bois du voisinage ; en outre une raison de l'augmentation du prix du bois, c'est le flottage de la rivière de Meurthe qui approvisionne les villes de Lunéville, Rosières, Saint-Nicolas et Nancy.

Juridictions d'intendants. — Il serait à désirer qu'il y eût plus de célérité dans le bureau de MM. les intendants et autres bureaux.

Inventaires. — Les inventaires sont très onéreux pour les pauvres dans la forme dont ils se font actuellement : il est à souhaiter et même nécessaire que ceux des personnes qui ne payent pas 6# de subvention soient faits gratis ; qu'à leur décès le maire, assisté de deux notables et du greffier, appose les scellés et procède à l'inventaire aussi gratis.

Jurés-priseurs. — La création des jurés-priseurs est encore plus onéreuse.

Traites foraines. — Le hameau de Badménil est composé de

deux territoires, l'un est Évêché et l'autre lorrain : habitants d'une partie ne peuvent rentrer les denrées qu'ils ont récoltées sur l'autre, sans être exposés à des reprises.

Sel et tabac. — Le prix du sel et du tabac étant excessif, il serait à propos de les rendre commerçables pour le diminuer, ainsi que de diminuer ou supprimer totalement l'impôt sur les cuirs et les fers.

Droits seigneuriaux. — Les charges seigneuriales sont considérables, à raison de ce que chaque laboureur doit rendre sur les greniers de l'admodiateur de l'Évêché deux résaux d'avoine par chaque année, et lui payer en outre vingt-quatre sols de France, sans y comprendre d'autres cens.

Maréchaussée. — Il faudrait pour la sûreté publique que les brigades des maréchaussées fussent plus multipliées.

Prestations des chaussées. — La prestation en argent pour les chaussées est plus coûteuse pour les communautés que la corvée, et les routes moins entretenues.

Colombiers. — Le droit de colombier est onéreux et nuit singulièrement aux semailles et récoltes.

Foires et marchés à Baccarat. — Le rétablissement des foires et marchés à Baccarat serait très avantageux, attendu que les habitants du lieu et du voisinage ne seraient plus forcés d'aller au loin vendre leurs denrées, épargneraient leur temps et leur argent.

Route de communication de Rambervillers à Blâmont. — La construction de la chaussée de Blâmont à Rambervillers est très intéressante pour le commerce.

Le hameau de Badménil est composé de quinze ménages dont trois laboureurs fermiers, le reste manœuvres.

L'on observe que de tout temps les habitants de ce hameau ont été très pauvres.

Quant aux objets qui ne sont pas compris au présent cahier, on s'en rapporte à la décision des assemblées supérieures, espérant qu'elles feront droit aux justes observations incluses au même cahier.

Fait double, et arrêté à l'assemblée commune des habitants de Badménil, le 21 mars 1789.

Simon Crétien, *maire;* Quirin Mercier, *député;* N. C.; C. M.; Claude Mengin; F. V.; P. M.

BARCHAIN

XVI ᴬ

Procès-verbal.

15 mars 1789,

« En l'assemblée convoquée en la manière ordinaire par un commis, sont comparus par-devant nous, Alexis Boisseau, syndic municipal de la communauté de Barchain (¹). »

Communauté composée de 27 feux.

Députés : Alexis Boisseau, syndic ;
           Jean Harquet, greffier.

Signatures : Jean La Verdue ; J. Harquet ; Sébastien Bard ; Alexis Boisseau.

XVI ᴮ

Il est constant que les fonds, fiefs, domaines nobles, ecclésiastiques, privilégiés, forment une grande partie des biens et revenus du royaume. Pourquoi ces biens ne seraient-ils pas cotisables aux besoins de l'État comme ceux du roturier et de la même manière que ceux du roturier ? Laïque ou ecclésiastique, aurait-il changé de nature en changeant de maître ? Chaque noble ou roturier, laïque ou ecclésiastique, doit se faire un devoir de soutenir la gloire de la Couronne, et subvenir aux frais et aux dépenses du royaume sans emprunter le nom odieux du don gratuit ; en conséquence, les maire, syndic et habitants de la communauté de Barchain, au bas des présentes signés, supplient Sa Majesté qu'il lui plaise ordonner :

Art. 1. — Que les biens ecclésiastiques du haut et bas Clergé soient confondus, et cotisés avec ceux des particuliers des communautés ; et, pour en faire une juste répartition, que

---

1. *Impositions ordinaires* pour les *six* premiers *mois* de l'année *1790* :
Imposition principale. . . . . 50 ᵗᵗ » s. » d.
Impositions accessoires. 99 11 9
Capitation 113 17 9
        Total . . . . 263 ᵗᵗ 9 s. 6 d.
Deux vingtièmes et quatre sous pour livre du premier pour *1790* :
Biens-fonds. . { 1ᵉʳ cahier . . . 177 ᵗᵗ » s. » d.
           { 2ᵉ cahier . . . 7 18 6
       Total . . . . 184 ᵗᵗ 18 s. 6 d.
(Arch. Meurthe-et-Moselle, L. 308.)

les différents ecclésiastiques soient tenus de donner une juste, exacte déclaration de leurs fonds, revenus, droits seigneuriaux, et autres; que tous les ecclésiastiques séculiers et réguliers, nobles et autres qui possèdent une portion ou totalité des dîmes dans une paroisse soient obligés de produire leurs titres du droit de cette réception et jouissance.

Art. 2. — Sa Majesté ferait bien de pensionner généralement et indistinctement tous les curés bénéficiers à charge d'âmes, de se nantir des dîmes, et leur accorder une pension convenable, afin qu'ils puissent remplir plus librement leurs fonctions, soulager les indigents de leurs paroisses, ce qui couperait chemin à bien des dissensions et divisions qui naissent souvent des procès que la perception de la dîme occasionne entre les curés et les paroissiens.

Art. 3. — La justice est un droit souverain, et le Souverain doit la rendre à ses sujets sans laisser opprimer en frais, dépens et saisies, qui résultent de la prolongation des procédures, des remises d'une audience à une autre, de la multiplication des incidents qu'on y insère, et qui embrouillent une affaire plutôt que de l'éclaircir, des appels d'un tribunal inférieur au supérieur, enfin de la taxe exorbitante des honoraires que les juges, les avocats, procureurs perçoivent ; il faudrait qu'il y eût dans chaque province un code de lois conformément à leur coutume, sur lequel on statuerait et déciderait les affaires.

Art. 4. — Quant à ce qui regarde les affaires de moindre importance, comme celles d'injures, d'anticipation de terrain, vols de jardin et police à établir dans les lieux, ordonner aux municipalités le pouvoir d'y pourvoir, de décider de ces objets gratis et punir les délinquants.

Art. 5. — Les inventaires tels qu'ils se font actuellement sont très onéreux et coûteux aux pupilles ; et souvent les frais de justice absorbent les biens que des parents ont laissés à ces jeunes membres de la Patrie; pour éviter ce mal, il serait expédient que le maire et syndic et notables de chaque village fussent chargés de cette besogne, leurs vacations et papiers précisément payés, comme aussi d'établir tuteurs et curateurs, la tutelle et curatelle expirée, en recevoir les comptes.

Art. 6. — Les seigneurs exigent des droits exactement. L'on pourra juger du vrai parce qu'ils s'en disent en possession ; mais la plupart refusent maintenant leurs obligations contractées, et les disputent à leurs sujets qui, faute de pièces authentiques, n'osent les attaquer, ou ont succombé à des procès intentés à ce sujet, parce que les seigneurs conservent les originaux dans leurs greffes, et que les vassaux ne peuvent en avoir copie : ce droit donc doit être anéanti.

Art. 7. — Sans doute qu'on a eu soin de mettre sous les yeux du Roi l'utilité, les avantages et revenus qu'on percevrait des salines de Moyenvic, Château-Salins, parce que l'intérêt de ces personnes l'exigeait ; cependant on assure que la saline de Dieuze suffit, et suffirait pour la fourniture des sels nécessaires à la province et à l'étranger ; par ce fait, Sa Majesté aurait moins de bâtiments et d'officiers à entretenir. Sa Majesté pourrait encore tirer un revenu aussi considérable de ses forêts, que lesdites deux salines épuisent, en faisant faire après leur suppression des bois de bâtiment, charpente, charronnage, de Hollande, d'affouages et charbons.

Art. 8. — Il est certain que dans quelques années les peuples de cette contrée se verront dans l'impossibilité de se procurer du bois de chauffage, parce qu'il s'y trouve quantité d'usines qui se touchent les unes les autres, et qu'elles épuisent les forêts ; parce qu'en outre il est défendu d'user du bois de quatre pieds la bûche : cependant, dans les forêts du Roi et des seigneurs voisins qui sont affectées aux salines, on n'en façonne que de cette longueur, et uniquement pour les salines ; dans les forêts des montagnes, le peuple pourrait trouver sa ressource une partie de ces usines supprimée, la bûche est de la même longueur, et il est défendu d'en user. Où donc recourir pour s'en procurer de six pieds ?

Art. 9. — Les Maîtrises sont à charge au Roi, aux sujets, par les appointements que les officiers tirent, les émoluments qu'ils perçoivent des marques et des rapports. On pourrait suppléer à leur suppression par l'établissement de deux officiers et un greffier dans les villes à proximité des forêts, lesquels, sous des appointements fixes pour opérations et vacations, feraient facilement cette besogne ; et les membres de la chambre du district pourraient connaître et juger des rapports, et en remettre les amendes au Roi.

Art. 10. — L'objet principal à supprimer, ce sont les Fermes générales, fardeau sous lequel le peuple gémit, mais que les Fermiers supportent avec plaisir, parce qu'ils s'enrichissent aux dépens du Souverain et au détriment du peuple. Les sujets de Sa Majesté offriraient et offrent volontiers, et se soumettent de payer par impositions une somme bien plus forte que celles des fermes générales des gabelles, marque de cuirs, de fers, et autres choses semblables ; une prière faite à Sa Majesté d'accorder les passages libres et d'abolir les employés ès-dites fermes, qui sont autant de fainéants dans le royaume.

Art. 11. — Sa Majesté est encore suppliée d'accorder la diminution du prix du sel ; ordonner en conséquence qu'il sera délivré à chaque corps de famille une certaine quantité par mois pour sa consommation, et qu'il sera obligé de prendre ; laisser libre à ses sujets d'en acheter à moindre prix, pour mêler avec la nourriture des bestiaux, et faire par ces moyens des engrais. Sa Majesté n'y perdrait rien par la grande consommation qui s'en ferait, et il ne serait plus presque nécessaire de recourir chez les étrangers où notre argent se transporte pour acheter des bêtes grasses.

Art. 12. — Qu'il permît de faire des plantations de tabac ; le Roi pourrait mettre imposition sur ces plantations.

Art. 13. — Il serait avantageux pour les cultivateurs et propriétaires que l'édit concernant les clôtures fût abrogé ; parce que les clôtures, dans cette province, occasionnent beaucoup de rapports, que les prés, par le moyen des fossés qui les environnent, ne reçoivent plus les égouts des terres arables, et que les bestiaux n'ayant plus droits de les parcourir, ces prés ne produisent plus comme auparavant. Au cas cependant qu'il ne plaise pas à Sa Majesté de révoquer ledit édit pour raisons à elle connues et que nous répétons, il serait à propos de faire comme à l'ancienneté, et coutume de cette contrée : faire des embanies partie en regains au profit des communautés, et le surplus pour vainpâturer les bêtes des laboureurs et troupeau desdites communautés ; et qu'après les récoltes, qu'il soit permis de vainpâturer dans les étendues de leurs finages et voisinages comme anciennement, pour obvier à la quantité de rapports qui se font sur les bans voisins qui ruinent en partie les gens de village. Il serait à souhaiter que le parcours d'un ban et finage à l'autre fût permis après la levée des récoltes.

Art. 14. — Il conviendrait aussi pour le bien général de faire défense aux Juifs, et plusieurs chrétiens qui sont juifs dans l'âme pour cet objet, de passer aucun billet à leur profit que par-devant les maires, syndics ou autres témoins notables en leur présence, pour couper chemin aux rentes sur rentes qu'ils exigent, et dont ils ont soin de faire une somme totale avec le capital pour ne pas être reconnu ; de donner quittance de la somme y portée lors de la liquidation en présence des mêmes témoins pour empêcher qu'ils ne produisent un billet imité, afin d'exiger pareille somme, comme cela est arrivé plusieurs fois.

Fait et arrêté à Barchain ce 15e mars 1789.

Jean La Verdue ; J. Harquet ; Sébastien Bard ; Alexis Boisseau, *syndic*.

BARONVILLE

XVIIᴬ

Procès-verbal.

18 mars 1789,

« Sont comparus par-devant moi, Nicolas Patez, syndic de la communauté de Baronville. »

Village composé de 71 feux.

Députés : Nicolas Patez, laboureur ;
Joseph Hugy, laboureur.

Signatures : N. Patez, *syndic ;* Joseph Hugy, *premier élu ;* J. Paulus, *deuxième élu ;* N. Haman, *troisième élu ;* N. Leblanc, *greffier ;* Jean Petitmangin ; Jean Mathias.

XVIIᴮ

Cahier des remontrances, plaintes et doléances de la communauté de Baronville

Art. 1. — Les impositions publiques dont les habitants sont chargés, sont exorbitantes ; ils se trouvent hors d'état de les payer ; ce qui le prouve, c'est la difficulté d'en faire les levées, et ces courses fréquentes qui abîment la communauté ; la multiplicité de ces impôts augmente encore les dépenses : un seul impôt serait préférable au grand nombre multiplié.

Art. 2. — Les salines causent le plus grand dommage à tout le pays : si elles subsistent, il sera impossible de se procurer du bois; et déjà actuellement les pauvres et les médiocres sont obligés d'employer les pailles pour chauffer le fourneau et le four; de là provient le défaut d'engrais; et, les terres n'étant pas graissées, il est tout simple qu'elles ne produiront plus. Ce qui est encore de plus révoltant, c'est que le sel de la première qualité passe à l'étranger qui ne le paye qu'à six liards ou deux sols la livre, tandis que ceux qui sont le plus à portée des salines le payent à sept sols neuf deniers la livre; encore n'ont-ils que celui de la dernière qualité; et ce qui est encore plus frappant, c'est que les Lorrains qui environnent notre village ne payent le même sel qu'à six sols un liard la livre; nous n'envions pas la préférence qu'ils ont sur nous, mais nous ne demandons que la justice. Nous demandons avec instance la suppression des salines. Le sel étant marchand, on s'en servira pour faire des nourris; le pauvre pourra en avoir à son besoin, tandis qu'au prix qu'il est, il est forcé de s'en passer; et le bois que consomment ces salines servira pour nous chauffer.

Art. 3. — Un bon moyen pour soulager le peuple qui est réduit à la dernière des misères, et pour subvenir au besoin de l'État, serait d'ériger les Trois-Évêchés et le Clermontois, de même que les autres provinces du Royaume, en province d'État, qui n'aurait qu'un receveur qui verserait directement les impositions dans les coffres du Roi; de là suit nécessairement la suppression de la Ferme, absolument nécessaire pour le bien de l'État et des sujets, tous et chacun en particulier; par là, nous serions délivrés des persécutions que nous essuyons d'une foule presque innombrable d'employés qui nous assiègent continuellement; de là, nous ne serions plus obligés de nous arrêter à chaque bureau pour prendre des acquits; d'autant plus que notre village est entouré de tous les côtés de villages lorrains, et qu'on ne peut y faire entrer ou sortir quoi que ce soit, qu'on ne soit muni d'acquits, haut-conduit; inquiété, tantôt par un buraliste qui veut exiger à sa volonté, tantôt par des employés qui nous tyrannisent. Les impôts sur les cuirs, les marques de fers, et une infinité d'autres sur les marchandises dont nous avons besoin absolument, augmentent nos maux, et nous en sollicitons aussi la suppression.

Art. 4. — Nous sommes dans un pays humide; les brouillards y sont fréquents; le tabac nous devient par là nécessaire.

Sa cherté empêche le pauvre et le médiocre d'en faire usage ; de là proviennent des maladies épidémiques si fréquentes dans ce pays. Le tabac est encore nécessaire pour la conservation du bétail, et son prix excessif rebute, empêche d'en acheter; et, au contraire, s'il était libre, chacun s'en pourvoirait à son besoin.

Art. 5. — Toutes les lois favorisent la veuve et l'orphelin, et donnent des moyens pour la conservation de leurs biens ; mais les priseurs-jurés ôtent cet avantage ; en sorte que l'on voit avec douleur que les droits qu'ils perçoivent absorbent quelquefois tout ce qui reste d'une succession : de là les créanciers n'osent plus poursuivre leurs débiteurs, parce qu'ils savent que les priseurs-jurés seront préférés : ce qui nous oblige à en demander la suppression.

Art. 6. — Les droits de pieds-fourchus et de châtrerie sont onéreux et inutiles.

Art. 7. — La justice si lente et si coûteuse par des incidents et des formes sans fin pour des choses de peu de conséquence, exige une réforme pour le bien public ; il paraît que les affaires de peu de conséquence pourraient se terminer sans frais par les municipalités.

Art. 8. — Les Maîtrises sont onéreuses aux communautés en ce qu'il arrive que leurs vacations égalent le prix du bois qu'elles délivrent ; il serait très juste de diminuer leurs frais à proportion du bois qu'on a.

Art. 9. — Les clôtures sont nuisibles aux prés ; nous demandons qu'ils soient en réserve pour la seconde comme pour la première faux, sans être obligé de les clore, et que chaque particulier soit libre d'user de ses propriétés pour l'un et pour l'autre.

Art. 10. — On paye pour les contrats d'acquisition les droits de contrat, d'insinuation et de sceau : ces droits multipliés pourraient être simplifiés ; le premier suffirait pour assurer les propriétés ; ou, du moins, il serait de la justice qu'en payant un des deux autres droits on supprimât l'autre ; d'autant plus qu'en Lorraine et d'autres provinces on ne paye que deux de ces droits.

Art. 11. — L'intention du Roi est que ses sujets, au moins de la même province, soient également imposés pour la quotité des impôts ; ce qui n'est pas pour ce village, puisqu'on nous fait payer les vingtièmes de nos maisons, tandis que les villages voisins, Évêchois comme nous, en sont exempts : nous demandons avec justice la suppression de cet impôt.

Art. 12. — Depuis peu d'années la nef des églises est à la charge des communautés, et les gros décimateurs en ont été affranchis, ce qui paraît injuste. Si malheureusement elles viennent à tomber, la pauvreté des gens de la campagne est si grande qu'ils seraient hors d'état de pouvoir les faire reconstruire ; d'ailleurs les réparations journalières deviennent très coûteuses : nous demandons que, suivant l'ancien usage, les églises soient à la charge des décimateurs.

Art. 13. — Nous demandons que les fonctions ecclésiastiques se fassent sans aucune rétribution de la part des habitants : l'Église est assez riche pour pourvoir autrement à l'honnête entretien de ses ministres.

Art. 14. — Les colombiers causent bien du dommage aux propriétaires ; si un champ semé n'est pas hersé aussitôt, une grande partie de la semence est enlevée par les pigeons : les propriétaires se trouvent sans récolte ; et à peine les grains de toute espèce commencent-ils à mûrir, qu'ils s'en nourrissent ; on craint de laisser les javelles sur terre pour sécher et pour achever la parfaite maturité, parce que ces petits voleurs enlèvent ce qu'ils peuvent ; et, en cas qu'il plaise aux États généraux d'en conserver, nous demandons la liberté de les tuer dans les temps prohibés.

Art. 15. — Les milices causant une grande dépense aux communautés et aux particuliers, non seulement à cause des voyages et la perte du temps, souvent dans une saison pressante pour le travail, mais encore parce que le cultivateur se trouve privé d'un domestique dans un temps dont il a le plus besoin, et qu'il n'en peut point trouver d'autre pour le remplacer ; et ce qui aggrave le joug, c'est que le laboureur qui est la partie la plus nécessaire dans une province, n'est pas ménagé : on n'a pas égard aux difficultés qu'il a pour se procurer des bons domestiques à cause de leur rareté ; qu'un laboureur fasse deux ou trois charrues, il n'a aucun garçon franc de la milice ; tandis que les privilégiés, qui en ont beaucoup moins besoin, en ont d'exempts, et que les laboureurs lorrains qui nous environnent en ont par charrue un d'exempt ; ce contraste est cause que les domestiques cherchent des maîtres en Lorraine, et abandonnent les Évêchois. Le Ministère pourrait prendre d'autres moyens pour ménager le cultivateur qui, manquant de domestiques, ne pourra plus labourer la terre; et à quoi bon tirer des milices pour laisser les sujets dans nos villages pendant des huit années, et qui deviennent à charge aux communautés? Si l'État a besoin d'hommes, il a toujours le temps d'en lever à moins de frais; il paraît qu'il serait plus avantageux de se procurer par argent des hommes de bonne volonté, que de les forcer par le sort.

Art. 16. — Nous demandons la liberté individuelle, et la conservation de ses propriétés.

Art. 17. — On voit avec douleur en certain temps que les sangliers, les cerfs et les biches dévastent nos campagnes : on devrait les tuer, ou indemniser les propriétaires de leurs pertes; on voit dans nos campagnes des lièvres comme des troupeaux de moutons, qui font dans nos denrées des sentiers comme des personnes, en coupant le blé et les autres denrées, qui coupent les ceps de vignes, les petits arbres dans nos jardins, mangent tous les choux des propriétaires, sans oser pour ainsi dire les chasser; nous demandons qu'il soit permis de s'en défaire, pourvu qu'on ne se serve point d'armes à feu; car si un pauvre malheureux avait le malheur d'en tuer un, quoique par accident, il serait poursuivi très rigoureusement; ce qui est encore plus injuste, c'est d'ôter aux cultivateurs la liberté de nourrir aucun chien qui sont la sauvegarde des laboureurs pour leurs chevaux; soient-ils suivant l'ordonnance ou non, on les tue sans précaution sur le pas des portes sous prétexte qu'ils chassent.

Art. 18. — Un des principes des dépérissements du labourage provient essentiellement de la trop grande cherté des fermes, occasionnée par l'abus détestable de les relaisser à qui plus; il est donc essentiel de faire proscrire des règlements de régie l'article qui ordonne que les biens seront admodiés au plus offrant et dernier enchérisseur; car, tant que cet abus aurait lieu, il ne serait pas possible et il n'y aurait aucune espérance de voir rétablir le labourage dans son premier état : le cultivateur ne pouvant retirer de ses terres de quoi payer les impôts, les cens et rentes, ses canons, ni subvenir à la dépense nécessaire à l'entretien du labourage, se trouve hors d'état d'entretenir les bestiaux nécessaires à la culture d'une trop grande quantité de terre qu'il a entreprise, par nécessité de vivre, dans l'assurance qu'une plus grande entreprise le mettrait à même de récupérer ses pertes ; mais se trouvant à ce moyen, contre son attente, hors d'état de donner à ses terres les cultures nécessaires pour une vraie récolte, il arrive de là que ces mêmes terres étant bien cultivées auraient produit six quartes, n'en produisent que quatre, et que ce déficit du tiers du produit est la cause de sa ruine et de la disette d'une province ; et tant que la liberté d'entreprendre une trop grande quantité de terre aura lieu, et que le cultivateur de ce pays ne se bornera pas à cultiver vingt-cinq jours, mesure de France, ou quarante, mesure de Lorraine, on ne parviendra jamais à donner aux terres les cultures nécessaires pour une vraie production. Il est reconnu également que le dépérissement du labourage dans ce pays ne discontinuera pas tant que le propriétaire, ignorant la nature de ses biens, voudra en percevoir plus d'un tiers de leur produit, le second tiers étant nécessaire pour l'achat et l'entretien des bestiaux, et ustensiles nécessaires à la culture de la terre, et pour les deniers du Roi, impôts, cens et rentes, et le troisième tiers nécessaire à la subsistance du cultivateur, de ses domestiques, de ses ouvriers et de sa famille. Il est conséquemment évident que le propriétaire, peu accoutumé à diminuer le canon de ses fermiers, sera obligé de prendre connaissance de la nature et de la production de ses biens pour diminuer, après connaissance de cause, les canons de ses fermiers qui sont surchargés ; et tant que l'on ne prendra pas ces moyens, il n'y a nulle espérance de voir rétablir l'agriculture, ni de tirer de l'état de dépérissement la partie des manœuvres qui composent nos villages, et qui ne peuvent subsister lorsqu'une fois la quarte de blé de notre pays vaut plus de sept à huit francs, qui ne suffirait peut-être pas effectivement pour le cultivateur qui a entrepris des terres à trop haut prix ; mais vouloir enchérir le blé pour mettre à même le fermier de payer, ce serait écraser le peuple déjà ruiné par les années de cherté qui ont précédé ; et il est visible qu'un manœuvre surtout qui, dans les années malheureuses, a été obligé de se dépouiller de quelques pouces de terre dont il jouissait encore pour sa subsistance, et qui, aujourd'hui, n'a plus rien que ses bras, qui ne peuvent lui rapporter ou peut-être pas vingt sols par jour, et à qui il faut une quarte de blé par semaine pour la subsistance de sa famille à raison de deux gros écus prix d'aujourd'hui, est forcé ou d'emprunter sans savoir comment il rendra, ou de mendier son pain : cet état déplorable ne manquera pas de toucher les cœurs bienfaisants des personnages respectables qui vont composer l'assemblée des États généraux, qui, animés de l'esprit d'équité, de charité et de justice, ne manqueront pas de communiquer cet esprit à toute la Nation.

Art. 19. — Les réparations et reconstructions des maisons curiales sont très onéreuses aux communautés; on voit avec peine le pauvre peuple journellement accablé et pour ainsi dire écrasé sous le poids d'une infinité d'impôts et de charges publiques : le Ministère pourrait trouver d'autres moyens pour adoucir les peines d'un peuple misérable, en obligeant les curés aux réparations et reconstructions de leurs maisons, ou leurs héritiers après leur mort, ou le nouveau curé entrant : le Clergé est assez riche pour se soutenir et s'entr'aider mutuellement.

Art. 20. — Ce qui paraît injuste dans ce village, c'est qu'on paye deux fois la dîme pour le même objet; on tire la dîme d'agneau, en même temps on tire la dîme de laine, ce qui est double emploi; l'un des deux suffirait, et on en demande la suppression.

Art. 21. — Chaque habitant dans cette communauté paye annuellement à son seigneur trois poules et une oie de rente ; il est injuste qu'on les paye à un prix arbitraire, ce qui exigerait une taxe.

Art. 22. — Il y a un maître de poste dans ce village, qui n'est point imposé en taille; la communauté n'en est point déchargée : elle demande une décharge ou que le maître de poste tire sa franchise au bureau.

Art. 23. — Il est évident que la suppression de la ferme de toute sorte d'espèce d'impôts diminuera la dépense et augmentera la recette.

Baronville ce 18e mars 1789.

N. Patez, *syndic;* Joseph Hugy, *premier élu;* J. Paulus, *deuxième élu;* N. Haman, *troisième élu;* N. Leblanc, *greffier;* Jean Petitmangin; Jean Mathias.

BARST

XVIII*

Procès-verbal.
17 mars 1789,
« Sont comparus en l'auditoire de ce lieu, par-devant nous, Antoine Fried, syndic de la municipalité de Barst. »
Lieu composé de 30 feux.
Député : Christophe Pierre.
Signatures : Antoine Fried, *syndic ;* François Bequé ; Christophe Girard ; Christophe Pierre, *député ;* Christoffel Klein ; J. C. Arnould, *greffier.*

XVIII*

Cejourd'hui, 17 mars 1789, en l'assemblée convoquée au son de la cloche en la manière ordinaire sont comparus dans la maison d'Antoine Fried, syndic de Barst, tous les habitants de Barst, pour s'occuper à la rédaction du *cahier de doléances, plaintes et remontrances ;* et y ayant vaqué, ils ont déclaré ce qui suit, et ont lesdits habitants, qui savent, signé le présent cahier qui contient huit pages, par nous soussigné, Antoine Fried, syndic, coté et paraphé par première et dernière page.

Art. 1. — On se plaint de ce que les étrangers qui conduisent le sel jusqu'à 30 et 40 lieues ne payent que deux sols par livre, tandis que nous sommes obligés d'en payer huit sols, et de le prendre à trois lieues de loin par des traverses et mauvais chemins. Il serait juste que nous l'eussions à plus juste prix, attendu que les bois y sont consommés, ce qui nous enchérit le bois considérablement.

Les pauvres gens ne peuvent par rapport à cette cherté du sel se nourrir.

Si le sel était à plus juste prix, ils pourraient élever des bestiaux : par là, ils feraient plus d'engrais et retireraient plus de produit des terres.

Art. 2. — Il serait à désirer pour le bien commun que l'on puisse obvier aux fraudes et grandes usures des Juifs qui ruinent le peuple : on croit qu'on pourrait obliger les Juifs qui ont quelque commerce avec le peuple de faire faire les billets par-devant un officier de justice : par là, on préviendrait les faux billets et d'autres fraudes journalières de la part de ces Juifs qui sont la ruine presque générale du laboureur et du peuple, et déclarer tout billet sans cette formalité nul et frauduleux.

Art. 3. — Nous sommes enclavés dans la Lorraine, et par conséquent obligés d'aller à une lieue de loin prendre des acquits pour chaque voiture, soit des bois, pierre, chaux, etc., même pour les choses nécessaires, comme, par exemple, les comestibles, même pour des charges de fil qu'on est obligé de porter en Lorraine. Il semble, comme nous sommes sujets de Sa Majesté comme la Lorraine, et que nous faisons qu'un seul royaume, qu'il serait juste que nous eussions toute liberté, et que nous ne soyons pas astreints à cet acquit pour ces sortes de choses qui ne sont pas de commerce.

Art. 4. — La communauté, ainsi que d'autres, se trouve lésée par la route qu'on a tracée sur le ban en coupant toute une saison et les prés. Ne pourrait-elle pas être dédommagée soit en diminuant les deniers royaux, ou par tout autre moyen ?

Art. 5. — Ce serait un grand bien pour le pays si l'arrêt de la Cour de parlement sur l'exécution de l'édit du mois de mai 1768 concernant les clôtures des prés était révoqué. Les fossés que l'on fait pour clore, quand même ils seraient sur les propres héritages, sont toujours nuisibles aux voisins. Ils attirent l'eau et par là l'humidité nécessaire aux prés ; et, aux temps de pluies, ou par abondance d'eau, les eaux découlant en remplissent l'herbe des voisins de ce qu'ils entraînent, ce qui gâte entièrement l'herbe des voisins, et la rend nuisible aux bestiaux, ce qui peut être une source de maladies de bêtes. En supposant que la clôture se fasse par d'autres moyens, on frustre le laboureur de la vaine pâture, ce qui est d'une nécessité absolument aux laboureurs ; ils perdent le regain qui pourrait être partagé et par conséquent d'une nourriture nécessaire aux bêtes à cornes : il n'y a que quelques particuliers, d'ailleurs riches, qui en profitent, et le public, qui supporte toutes les charges, en souffre ; le bien public doit en tout être préféré au bien particulier.

Art. 6. — Les gros décimateurs ne laissent pour l'ordinaire leurs dîmes par adjudication. Les pailles s'emportent par ce moyen dans des villages étrangers, et on perd l'engrais.

Il serait de la justice que ces adjudicataires se pourvussent de granges dans les lieux d'où ils retirent les dîmes, pour que les pailles y restent.

Art. 7. — Ne serait-il pas convenable, même juste, que les seigneurs renoncent au tiers, au moins lorsque les communautés sont obligées de vendre de leurs biens communaux pour payer des dettes, ou pour charges de communauté, comme bâtiment, ou entretien de l'église, maison commune ; il paraît qu'on ne devrait exiger le tiers dans des cas pareils.

Art. 8. — La marque de cuirs enchérit tellement le cuir que les pauvres gens ne peuvent plus se chausser : ce qui ferait un bien général si on y dérogeait.

Art. 9. — Les huissiers-priseurs sont d'une grosse charge au public et ne servent à rien qu'à faire des frais au public.

Art. 10. — Les notaires pour les tabellionage, contrôle, centième denier, coûtent autant au public que la moitié de la valeur du bien, achat, bien souvent.

Art. 11. — La communauté paye pour trente ménages 1 834# 2 s. 6 d. pour le tiers de leur finage. Le seigneur occupe un tiers, et les étrangers l'autre. Nous payons en outre de ces tiers au seigneur un tiers dudit bien, un bichet de blé et autant d'avoine, et l'autre restant des biens paye encore un bichet de blé et un et demi d'avoine, et cela chaque jour de terres, et vingt sols par chaque fauchée de prairie. Il n'est pas possible que les particuliers puissent vivre de cette sorte : nos maisons sont en très mauvais état : nous payons au seigneur trente-deux poules et autant de francs barrois, trois chapons pour rente de maisons, et plutôt avoir été diminués sur la plainte que nous avons faite l'année dernière, nous avons été augmentés de cinquante-trois livres.

Art. 12. — Il serait un bien que chaque particulier soit taxé sur chaque jour de terre, et point de vingtième ; enfin, que chacun paye à proportion de son bien.

Art. 13. — On se plaint de ce que la communauté se trouve souvent en procès, surtout celui-ci : depuis vingt ans nous sommes en procès avec le seigneur du même lieu par rapport [à] notre bois, et ne pouvons pas avoir une définition ; et cela est à cause que nos anciens ont abandonné un canton de même bois que Monsieur le comte de Hening nous a pris, et que nous avons cependant nos titres de séparation du ban.

Art. 14. — Fait et arrêté à l'assemblée de Barst, le 17 mars 1789, et nous avons signé après lecture faite.

Antoine Fried, *syndic;* François Bequé; Christophe Girard; Christophe Pierre, *député;* Christoffel Klein; J. C. Arnould, *greffier.*

BASSES-VIGNEULLES

XIX ᴬ

« Procès-verbal d'assemblée de la communauté de Basses-Vigneulles pour la nomination des députés aux trois États. »
19 mars 1789,
« Sont comparus en la maison de Nicolas Henquin, syndic de la municipalité dudit Basses-Vigneulles, par-devant nous, Jacques Hieronimus, maître-échevin de justice, et l'aîné des élus de ladite municipalité. »
Publication au prône de la messe de paroisse à Dorwiller, le 15 mars; lecture, publication et affiche pareillement faites le même jour à l'issue du rosaire, tenu en la chapelle de ce lieu.
Communauté composée de 33 feux, y compris les femmes veuves.
Députés : Nicolas Henquin, syndic,
          Alexandre Klein.
Signatures : Jacob Hieronimus; Alexandre Klein; Nicolas Henquin, *syndic;* Mathias Biet, *greffier.*

XIX ᴮ

Cahier des doléances, plaintes et très respectueuses remontrances que font la municipalité, habitants et communauté de Basses-Vigneulles, dépendant du bailliage de Vic, au Roi, notre souverain monarque, à présenter à l'assemblée des trois États audit bailliage le 23 du présent mois de mars 1789, en exécution de l'ordonnance de Monsieur Vignon, lieutenant-général audit siège, pour l'absence de Monsieur le bailli d'épée, en date du 23 février dernier

Art. 1. — Ils auront l'honneur d'observer d'abord que la misère extrême à laquelle tous les habitants du dit lieu de Basses-Vigneulles sont réduits est l'effet de l'accroissement subit, de la multiplicité des impositions royales dont ils sont accablés, sous la dénomination de vingtièmes, subvention, capitation, travaux des routes et autres accessoires, etc.

Que le ban de Basses-Vigneulles ne contient dans sa totalité que 600 jours de terres dans les trois saisons, et 36 fauchées de prés, desquels il faut distraire 27 jours de terres du beuvrot de la cure de Dorwiller et 71 jours de terres et 8 fauchées de prés appartenant au seigneur d'Helfedange et qui ont été jusqu'à présent affranchis des impositions. Ainsi il ne reste plus pour les autres propriétaires, tant domiciliés qu'étrangers, que 502 jours de terres et 28 fauchées de prés, situés le long de plusieurs ruisseaux sujets à des inondations qui arrivent fréquemment et qui périssent le foin qui y croît, le village étant situé dans un vallon; et le ban au revers des coteaux qui l'environnent, d'un sol froid, fort et pierreux, et que très souvent les terres sont entraînées par les orages dans les fonds, dont la cime submerge les foins, est de fort peu de production par son ingratitude, les foins ne suffisant pas à la moitié pour la culture des terres, bien loin de pouvoir faire des nourris, ce qui oblige les laboureurs d'aller acheter le surplus où ils peuvent à grand prix chez l'étranger dans le voisinage à deux lieues de l'endroit. Cependant, et malgré les remontrances, réitérées dans différents temps, qu'ils ont faites de leur situation, et des grêles qu'ils ont essuyées, et autres calamités qui les ont suivies et accompagnées, ils sont actuellement cotisés :

Pour la subvention et impositions jointes à une somme de	551#	12 s.	2 d.
Pour la capitation	298	11	3
Pour les vingtièmes	493	12	»
Pour les travaux des routes	150	10	5
Ce qui fait un total de	1494#	5 s.	10 d.

qui est une somme exorbitante pour leur petit village qui n'est composé que de trente-trois feux y compris les veuves, au lieu qu'il y a une cinquantaine d'années qu'ils ne payaient que 750# pour toutes impositions en y comprenant le dixième que l'on demandait en temps de guerre. Ils ne peuvent savoir quelle est la raison de cette augmentation, qui est du double passé; cependant, le ban est toujours le même, excepté qu'il est de moindre production, par le défaut de cultivateurs et de fourrages pour nourrir des bestiaux, le journal d'aujourd'hui ne pouvant plus rapporter tout au plus, l'un portant l'autre, que 7 bichets de blé et 5 bichets d'avoine, il faut cependant semer, payer les canons des fermes, et les manœuvres et les cultures qui sont très chères ; et comment vivre ?

Pour soulager le peuple d'ici, le remède serait d'imposer les seigneurs, les ecclésiastiques, les décimateurs, à raison de leurs rentes et revenus, comme aussi les maîtres qui possèdent des métairies sur le ban à raison des canons qu'ils tirent de leurs fermiers, ceux-ci étant déjà cotisés pour le bénéfice qu'ils peuvent y faire, et de diminuer d'autant et à proportion les autres habitants de la communauté, ce qui les soulagerait et les encouragerait à travailler avec plaisir pour pouvoir gagner et payer avec joie le surplus des impositions royales.

Art. 2. — [Cf. ci-dessous, *cahier de Guinglange,* n° LXVIIIe, art. 2.]

Art. 3. — Une plainte bien amère est la création des jurés-priseurs dans ce pays, en ce que, lorsqu'il s'agit de faire des inventaires ou des ventes chez les veuves ou de pauvres orphelins, l'on est obligé de les avertir (premiers frais) : ils se transportent sur les lieux, de la ville de Metz distante de six lieues et demie de Basses-Vigneulles ; ils se taxent d'abord quarante sols par chacune pour leur voyage, trois livres par chaque vacation de la matinée, et autant pour l'après-midi, six sols par rôle d'écriture, et les expéditions autant, qu'ils savent rôler à leur profit, ensuite les quatre deniers pour livre et le contrôle des ventes, outre leur papier timbré, fait qu'ils emportent au moins le tiers du mobilier qui devrait rester à ces orphelins qui ont déjà eu le malheur de perdre leurs père et mère. Y a-t-il quelque chose de plus odieux ? Ne serait-il donc pas possible de réformer un tel abus ?

Art. 4. — [Cf. ci-dessous, *cahier de Guinglange,* n° LXVIIIe, art. 4.]

Art. 5. — [Cf. *id.,* art. 5.]

Art. 6. — Le droit que M. le comte de Créhange, comme seigneur d'Helfedange, a sur le ban de Basses-Vigneulles pour le troupeau de sa bergerie, est encore insupportable aux habitants dudit lieu et leur cause un préjudice des plus considérables, en ce que la modicité de leur ban, par son ingratitude, et les prairies de même, ne peuvent pas produire la pâture qui serait nécessaire pour le troupeau communal et pour pouvoir faire quelques nourris pour soulager; le troupeau du seigneur comte y vient encore ronger le peu qui y croît jusque dans la racine, ce qui les réduit à la misère : par cette raison les troupeaux à part des seigneurs devraient être supprimés, n'étant profitables qu'à eux seuls.

Art. 7. — Ils ont encore à se plaindre contre le droit de banalité établi pour le moulin dudit lieu de Basses-Vigneulles qui est situé sur un ruisseau, en ce que ce droit est trop odieux aux habitants du lieu qui y sont banaux, par la raison que les moutures des habitants ne sont pas suffisantes pour faire vivre à son aise le meunier; il s'est approvisionné d'une très grande quantité de bourriques pour le service de l'étranger qu'il sert préférablement à ceux du lieu, et en desservant ceux-ci, il les sert très mal, étant même obligés de porter sur leur dos leurs grains dans son moulin, et ce qui est encore pire, c'est qu'il est toujours le premier pour envoyer ses bourriques qu'il a à l'usage de l'étranger, dans les embanies avec les bêtes de trait pour la culture, ce qui devrait lui être interdit, et le droit de banalité aboli pour le bien du village de Basses-Vigneulles.

Art. 8. — Il y a encore un abus qui serait à réformer concernant l'administration de la police des bois communaux, et qui est attribuée aux officiers de la maîtrise des Eaux et Forêts de Metz; les bois communaux de Basses-Vigneulles ne consistent qu'en 75 arpents en futaye et souilles, réduits en 25 coupes. La Maîtrise vient tous les ans leur en marquer une pour la futaie, et les officiers de la gruerie y marquent la souille, ce qui fait doubles frais; les premiers ont exigé jusqu'à présent 31# 19 s. pour leurs vacations chaque fois, et les seconds 14# 10 s., ce qui absorbe presque la valeur du chauffage que les habitants en tirent; cela fait, vient souvent le garde-général de ladite maîtrise y faire sa visite, et, lorsqu'il y trouve le moindre délit, il en dresse son rapport contre la communauté, qui est suivi d'une assignation, d'une sentence, et ensuite d'une exécution, ce qui leur coûte des sommes considérables, tant pour l'amende que pour les frais qu'ils s'empressent de faire pour des riens.

Que si la communauté avait elle-même cette administration, et le pouvoir de choisir des gardes d'entre eux à l'exclusion du garde-général, les bois seraient mieux gardés, et les habitants ne seraient plus vexés comme du passé.

Le présent cahier contenant treize pages, cotées et paraphées par première et dernière, a été arrêté audit Basses-Vignculles en assemblée de communauté dûment convoquée, et des membres de la municipalité soussignés, le 19 mars 1789.

Jacob Hieronimus ; Nicolas Henquin, *syndic ;* Alexandre Klein ; Mathias Biet, *greffier.*

BATHELÉMONT-LES-BAUZEMONT

XX^A

« Procès-verbal de l'assemblée de la communauté de Bathelémont-les-Bauzemont (¹) pour la nomination de leurs députés. »

« Dimanche 15 mars 1789, sont comparus en l'auditoire ordinaire de ce lieu, par-devant nous, Jacques Marange, maire audit Bathelémont. »

Communauté composée de 48 feux.

Députés : Jean-Baptiste Michel, laboureur,
Jacques Marange fils.

Signatures : Jacque Marange, *maire ;* J. Marange, *député ;* J.-B. Michel, *député ;* Alexis Colin ; J. Hoger, *greffier de la justice dudit lieu.*

XX^B

Cahier des plaintes, doléances et remontrances de la communauté de Bathelémont-les-Bauzemont, faites à l'assemblée des trois États tenue à Vic, le 23 mars 1789

Ce jourd'hui, quinze mars mil sept cent quatre-vingt neuf, la communauté de Bathelémont-les-Bauzemont ayant été con-

---

1. *Impositions ordinaires* pour les *six* premiers *mois* de l'année *1790 :*
Imposition principale. . . . . 120 ₶ 8 s. 3 d.
Impositions accessoires. 219 1 10
Capitation 334 16 3
  Total. . . . . 674 ₶ 6 s. 4 d.
Deux vingtièmes et quatre sous pour livre du premier pour *1790 :*
Biens-fonds. . { 1er cahier . . . 697 ₶ 7 s. 9 d.
                2e cahier . . . 481 13 3
  Total. . . . . 1 179 ₶ 1 s.
(Arch. Meurthe-et-Moselle, L. 308.)

voquée au son de la cloche, en la manière accoutumée, pour former ses plaintes, doléances et remontrances, qui doivent être présentées à l'assemblée des trois États qui se tiendra à Vic, le vingt-trois du présent mois de mars de la susdite année, a délibéré de présenter les plaintes suivantes :

Art. 1. — Nous demandons la tenue des États généraux à chaque mutation de règne, et protestons que nous ne consentirons à aucun impôt que le Conseil du Roi n'ait rendu un arrêt portant rétablissement des États de notre province.

Art. 2. — Que l'administration dont étaient chargés les intendants soit dorénavant confiée à chaque province ; parce que souvent ces messieurs traînent les affaires en longueur, qu'ils nous constituent en grandes dépenses, ce qui nous porte un grand préjudice.

Art. 3. — Comme nous avons près de nous trois salines, quatre faïenceries et une verrerie dans l'espace de moins de dix lieues en longueur; que ces usines ne sont éloignées entre elles que d'une ou deux lieues; qu'elles sont cause de la cherté excessive du bois dans nos cantons; que bien loin d'avoir le sel à meilleur compte que les provinces voisines, qu'au contraire nous le payons bien plus cher qu'elles, ce qui nous met dans la dure nécessité d'en user moins que nous n'en userions, et de ne pouvoir pas en donner à nos bestiaux, ce qui leur profiterait beaucoup; nous demandons la suppression de ces usines en tout ou en partie, ou au moins la diminution du sel.

Art. 4. — Une autre cause encore de la cherté du bois, ce sont les émoluments que perçoivent les officiers des Maîtrises dans les adjudications qu'ils font.

Art. 5. — Les inventaires nous sont à charge, en ce qu'on a créé des jurés-priseurs qui perçoivent des droits trop forts sur les mineurs; qu'en outre, les droits de contrôle sont excessifs, ce qui est cause de la ruine de plusieurs familles; en conséquence, nous demandons la suppression des premiers, et la modération des frais des seconds.

Art. 6. — Nous demandons le reculement des barrières, la suppression des acquits, des marques de cuirs, de fers et de carton, ce qui est fort préjudiciable à notre communauté enclavée de tous côtés dans la Lorraine, vu que les employés y commettent journellement des exactions.

Art. 7. — Nous avons à nous plaindre de la conduite dure

des décimateurs envers les pauvres de notre paroisse : de temps immémorial, Messieurs les chanoines et bénédictins perçoivent la dîme au douze sur notre ban, et ils n'ont jamais fait aucune aumône, au contraire ; ils ont comme forcé notre communauté à recevoir et à se charger des grosses et menues réparations d'une église qu'ils ont fait bâtir dans le lieu en 1764 : ce qui nous est très à charge, n'ayant aucuns biens communaux pour subvenir aux frais ; en conséquence, nous demandons d'être déchargés desdites réparations, et qu'en outre les susdits décimateurs soient obligés aux luminaire, livres et ornements nécessaires.

Art. 8. — Nous avons aussi à nous plaindre de la surcharge des impôts qui se montent annuellement à douze cents francs, non compris les vingtièmes, vu que nous ne sommes que quarante-huit habitants, y compris les veuves, la plupart manœuvres, journaliers, sans aucune possession, les trois quarts et plus des propriétés appartenant aux maisons de main-morte et aux seigneurs. En conséquence, nous demandons une diminution.

Art. 9. — Chaque habitant de notre communauté est chargé annuellement d'un résal d'avoine et d'une poule envers les seigneurs, en outre des gages du maître d'école, de la location de la maison vicariale, qui se montent à cent soixante-six livres dix sous : ce qui nous appauvrit beaucoup, ainsi que la défense des troupeaux à part, et le procès que nous avons été obligés de soutenir contre lesdits seigneurs.

Art. 10. — Nous demandons qu'il soit défendu à ceux qui ont droit de colombier, de laisser courir leurs pigeons dans les temps défendus par les ordonnances de nos souverains.

Art. 11. — La suppression de toutes les banalités, moulins, pressoirs et fours.

Art. 12. — La suppression du tiers-denier dans les biens de communauté que les seigneurs se sont approprié injustement ; ainsi que la suppression des clos qui sont en général très nuisibles, et la suppression des chasses dans le temps des moissons et un peu avant les vendanges.

Art. 13. — La suppression des étangs et le dessèchement des marais.

Art. 14. — La suppression des pensions des ex-ministres, de celles accordées aux femmes des officiers, des récompenses données à des charlatans, des coureurs et aérostats, ainsi que celles accordées aux membres des académies.

Art. 15. — La suppression des Fermiers généraux.

Art. 16. — Que Messieurs les évêques ne puissent plus faire aucun changement dans leurs diocèses au détriment des communautés, c'est-à-dire que le chant, la doctrine, le rite, les cérémonies soient partout les mêmes, et que le nombre des mêmes évêques soit diminué.

Art. 17. — Que les revenus des abbayes et prieurés en commende tournent au profit de l'État, à la décharge des citoyens, jusqu'à l'extinction de la dette.

Art. 18. — Diminution du prix du tabac, ou la permission d'en tirer où l'on jugera à propos.

Art. 19. — Que les laboureurs français jouissent du même privilège que les Lorrains, c'est-à-dire qu'ils aient un garçon franc de la milice par chaque charrue.

Art. 20. — Qu'il soit défendu aux Juifs de trafiquer en grains et en foins, car ils portent un grand préjudice à la Nation.

Art. 21. — Que nous soyons diminués sur les impositions des corvées royales, attendu que notre communauté est chargée de l'entretien de trois quais qui nous sont bien à charge.

Art. 22. — Que les Lorrains qui cultivent des terres sur notre ban payent les tailles royales pour lesdites terres, comme nous, Français, payons en Lorraine pour les terres que nous y avons.

Art. 23. — Que les biens des nobles soient soumis aux tailles, leur exemption portant grand préjudice à notre communauté.

Art. 24. — Que tous les gens de justice des bailliages et subalternes soient taxés pour leurs honoraires.

Art. 25. — Que l'on soit libre de prendre qui on jugera à propos pour le riflage et blanchissage des bestiaux, et la coupe desdits bestiaux.

Fait, clos et arrêté en l'assemblée de la communauté de Bathelémont-les-Bauzemont, et ont signé :

J.-B. Michel, *député;* Jacques Marange, *maire;* J. Marange, *député;* Alexis Colin ; J. Hoyer.

Fait et arrêté en notre présence les an et jour avant dits, dont le double du présent est resté au greffe de la justice dudit Bathelémont.

Jacques Marange, *maire.*

BÉCHY

XXI[A]

« Procès-verbal d'assemblée du village et communauté de Béchy pour la nomination des députés. »
18 mars 1789,
« Sont comparus par-devant nous, Pierre Guinet, officier public. »
Communauté composée de 133 feux.
Députés : Nicolas Chagot,
Claude Champouillon.
Signatures : Michel Lemoine ; Louis Collin ; Claude Champouillon, *député ;* P. Guinet, *syndic ;* Nicolas Chagot, *député ;* C. Gremy, *greffier.*

XXI[B]

État et cahier de doléances, plaintes et remontrances, ordonné par la lettre du Roi du 7 février 1789, pour la communauté de Béchy

Art. 1. — Nous demandons que la province soit remise aux États provinciaux du pays messin, comme d'ancienneté.

Art. 2. — Nous demandons ensuite le commerce libre, en Lorraine comme en France, en supprimant les acquits.

Art. 3. — Nous demandons les sels à un prix juste et raisonnable, et tirés dans les magasins à sel où bon nous semblera, tant en France qu'en Lorraine, ou autres provinces ; nous qui sommes enclavés dans la Lorraine, et les salines à notre portée, nous payons le sel à huit sols la livre ; au contraire, le même sel, à quarante lieues de distance, ne se paye qu'à deux sols et demi la livre ; étant donc à portée de ces salines, il faut donc que tous les bois de nos cantons passent et [soient] consumés dans ces salines : par conséquent, les bois sont d'une cherté extraordinaire, c'est ce qui cause une partie de la ruine de nos cantons.

Art. 4. — Nous demandons ensuite la liberté des tabacs en supprimant les employés, et ce qui concerne généralement les

Fermiers généraux, de même ainsi les marques des cuirs, et les impôts des vins, de même que ceux des marchandises qui se conduisent dans les villes : enfin, que tous les commerces soient libres en France comme en Lorraine.

Art. 5. — Que les sujets du Roi sont surchargés tant aux impositions qu'aux vingtièmes des biens : le produit des terres et prés est de très petit revenu ; les nobles et le Clergé doivent leur porter du secours pour pouvoir entretenir l'État. Les surcharges sont si éclairées qu'en 1716 notre communauté payait tant imposition que dixième trois cent huit livres sept sols ; et au contraire, à présent, nous payons trois mille neuf cent trente-cinq livres sept sols ; conséquemment ces articles méritent attention : le pauvre peuple se trouve hors d'état d'y pouvoir satisfaire.

Art. 6. — On demande ensuite que les villages les plus à portée des villes où il y a des districts y puissent répondre pour ce qui les concerne, pour éviter la plus grande dépense.

Art. 7. — Il serait très nécessaire que les corvées et travaux des routes soient remis, comme à l'ancienneté, le plus à portée possible de chaque village.

Art. 8. — On demande ensuite que tous les biens situés sur les bans appartenant aux propriétaires des villages déforains, payent conjointement avec ceux où leurs biens sont situés, et aux mêmes conditions, et tous les biens égal du ban et par tout le royaume.

Art. 9. — On demande ensuite que les tiers des défrichements des seigneurs tirés des biens communaux soient remis à leurs mêmes communautés, attendu qu'on leur paye des droits assez considérables.

Art. 10. — On demande aussi que les clos des prairies soient ouverts comme à l'ancienneté, tant pour le bien de l'État que pour les sujets du Roi ; ce qui cause la cherté des viandes en partie, ne pouvant presque plus faire nourri de bestiaux : voilà où devient la cherté des viandes, et hors d'état de payer les impositions, et les disettes dans la province.

Art. 11. — Que les seigneurs des lieux soient obligés de produire leurs anciens titres, auxquels les communautés sont attenues, de même aussi que ceux chargés sur les biens des propriétaires, et autres droits et prétentions qu'ils espèrent avoir contre leurs sujets, attendu qu'ils refusent de payer une partie des droits qu' [ils] doivent à leurs sujets de leurs seigneuries.

Art. 12. — On demande que les églises soient à la charge des décimateurs comme elles y ont été à l'ancienneté, attendu qu'ils tirent la dîme de tous les biens et d'une partie des bestiaux, lorsqu'on fait des récoltes.

Art. 13. — On demande que les banalités des moulins, à qui ils peuvent appartenir, soient cassées, de sorte qu'on soit libre de moudre leurs denrées où bon leur semblera.

Art. 14. — On demande ensuite que les droits de châtrage appartenant aux seigneurs seront taxés comme à l'ancienneté, et que les commis soient obligés de représenter aux maires des communautés leurs tarifs.

Art. 15. — Depuis quelques années il est établi des priseurs dans la province pour vendre les meubles et effets qui peuvent appartenir aux veuves et aux orphelins ; et tirent des droits considérables. On demande qu'ils soient supprimés.

Art. 16. — Que les maîtrises des Eaux et Forêts soient supprimées, en établissant aux mêmes fonctions les messieurs des Districts, et qu'ils soient réglés.

Art. 17. — Depuis quelques années il a été ordonné qu'il y aurait des haras dans les provinces : depuis qu'ils y ont été établis, les cultivateurs ne peuvent faire aucun élève de chevaux, ce qui cause la cherté des chevaux et la ruine des laboureurs et des sujets.

Art. 18. — Que les laboureurs ne peuvent payer leurs canons : la cause est que les terres font de petits produits, et que les fermes s'augmentent tous les jours.

Art. 19. — Que les honoraires de Messieurs les curés soient réglés et taxés, et que le service divin soit fait à heure de paroisse.

Art. 20. — On expose en outre que près des deux tiers de notre dite communauté sont dans une très grande indigence, et réduits dans la dernière des nécessités, et leur serait impossible de pouvoir satisfaire aux deniers du Roi.

Art. 21. — Nous demandons que dans les villages et communautés de la province qu'il n'y a point de greffe ordinaire, qu'il soit ordonné qu'il y en eût un pour maintenir la justice et la police au cas qu'il y arrive quelque inconvénient.

Art. 22. — Nous implorons la divine miséricorde à ce qu'il

daigne éclairer notre souverain monarque, de même que les messieurs qui doivent coopérer à ce que la justice la plus équitable soit rendue à tous les sujets du royaume.

Fait et arrêté en l'assemblée municipale de Béchy, à icelle jointe la communauté, ce 18e mars 1789 (1).

BELLANGE

XXII[A]

Procès-verbal.

15 mars 1789,

« Sont comparus au domicile d'Antoine Gossel l'aîné, de Bellange, par-devant nous, Antoine Gosel, syndic de l'assemblée municipale dudit Bellange (2). »

Communauté de 37 feux.

Députés : Sébastien Bour, laboureur,
Antoine Thirion.

Signatures : Sébastien Bour, *député*; A. Thirion, *député*; Joseph Vincent; Hubert Offroy; Antoine Gossel; Antoine Gosel, *syndic*; Nicolas Grandturin.

XXII[B]

Cahier contenant deux feuillets, coté et paraphé, renfermant les plaintes et doléances de la communauté de Bellange

Qu'aux États généraux on opine par tête et non par Ordre.

Qu'au sein des États généraux il soit accordé des États à

---

1. Ce cahier ne porte aucune signature. Il est néanmoins celui qui a été porté à l'assemblée des trois Ordres du bailliage de Vic, et qui a été dépouillé par les commissaires préposés à la réduction des cahiers de doléances des communautés : les suscriptions qu'il porte en font foi.

2. *Impositions ordinaires* pour les *six* premiers *mois* de l'année *1790 :*

Imposition principale.	107 ₶ 10 s.	» d.
Impositions accessoires.	224	» »
Capitation	244 16	11
TOTAL		576 ₶ 6 s. 11 d.

Deux vingtièmes et quatre sous pour livre du premier pour *1790 :*

Biens-fonds. . { 1er cahier . . . 955 ₶ 2 s. 9 d.
{ 2e cahier . . . 302 2 9
TOTAL . . . . 1267 ₶ 5 s. 6 d.

(Arch. Meurthe-et-Moselle, L. 308.)

chaque province, organisés sur le mode des États généraux ; qu'ils aient une commission intermédiaire toujours subsistante, et des procureurs-généraux-syndics chargés spécialement de veiller aux intérêts de leurs concitoyens, et de mettre opposition par devant les Cours à l'enregistrement des lois qui pourraient être contraires à la province.

Que les municipalités des campagnes soient conservées ; que les membres en soient plus nombreux ; qu'ils soient choisis dans toutes les classes ; que l'assemblée, pour former un arrêté, soit composée au moins de cinq personnes ; que ses fonctions soient déterminées ; que pour les ventes qui n'excèderont pas la somme de cent livres au moins, elles ne soient point obligées de les faire contrôler ; qu'on lui attribue la décision des différends survenus à raison des délits et mésus champêtres, et police qui n'excèderont pas une somme modique dans les endroits où les seigneurs n'ont point de juges résidants.

L'extinction de tous impôts distinctifs, pour leur être substitué des subsides également supportés par les trois ordres.

Qu'il n'y ait aucun abonnement.

Qu'on ne puisse lever aucun impôt sans le consentement national.

La fixation motivée des dépenses des divers départements, la comptabilité et responsabilité des ministres, la reddition publique de leurs comptes.

Que les États provinciaux soient chargés de l'administration ci-devant confiée aux intendants, et de celle des domaines du Roi.

Suppression de la Ferme générale, de régie des gabelles, des traites-foraines, des salines et des Maîtrises.

Le rachat de la milice par une prestation en argent.

Que l'entrée des chapitres, l'admission aux dignités ecclésiastiques et aux emplois militaires ne soient point réservées aux nobles seuls.

Que dans les cours supérieures et tribunaux de judicature, le tiers état soit en nombre égal aux deux autres ordres.

Réforme à faire dans le code civil et criminel : la durée trop longue des procès et les frais trop considérables.

Le rétablissement du parcours comme il était ci-devant, et les enclos supprimés.

Que les seigneurs n'aient plus le tiers des communes, ou du moins qu'ils payent les débits de ville en proportion de leurs perceptions.

Le rachat des corvées seigneuriales, banalités et autres droits onéreux.

La reconstruction et l'entretien des églises, comme ci-devant, au compte des décimateurs.

Les maisons curiales abandonnées aux curés et transmissibles à leurs successeurs comme le sont les maisons canoniales des chanoines, sans que les communautés soient obligées de les reconstruire ni entretenir.

Que les curés ne puissent percevoir aucune rétribution pour l'administration des sacrements, ou autres fonctions ecclésiastiques nécessaires à leurs paroissiens.

La suppression des charges de jurés-priseurs.

Qu'on observe les règlements faits pour les colombiers soit pour le nombre des nids, soit pour leurs clôtures, dans le temps des semailles et des récoltes.

Les abus des chasses.

La suppression de la mendicité, et qu'on établisse dans chaque province des fonds pour entretenir les pauvres : on pourrait consacrer à cette œuvre pie des abbayes, prieurés, etc.

Qu'il y ait dans chaque province une caisse des accidents pour soulager ceux qui ont éprouvé des malheurs tels qu'incendies, grêles, inondations, etc.

Que les juifs répandus dans le royaume soient forcés d'exercer des arts et métiers, et se livrer à toutes occupations propres à les faire subsister, et que les chrétiens ne soient plus victimes de leurs usures criantes.

Que toutes les dîmes se perçoivent à la douze.

Telles sont les plaintes, doléances et remontrances et demandes que le village de Bellange présente aux États généraux. A Bellange, ce 17 mars 1789.

Sébastien Bour, *député;* A. Thirion, *député;* Joseph Vincent ; Hubert Offroy ; Nicolas Grandturin ; Antoine Gosel, *syndic;* Antoine Gossel.

BÉNESTROFF

XXIII ᴬ

« Procès-verbal de l'assemblée du village et communauté de Bénestroff (¹) pour la nomination des députés. »
18 mars 1789,
« Sont comparus au greffe de la municipalité de ce lieu, par-devant nous, Christophe Godard, syndic. »
Communauté composée de 63 feux, y compris 17 veuves, et les deux ménages des fermiers et meuniers du fief de Besville.
Députés : Christophe Godard, syndic,
     Nicolas Hans.
Signatures : Nicolas Hans ; Michel Chapellier ; Joseph Blavier ; L. Étienne ; Louis Bayer ; Christophe Godard.

XXIII ᴮ

Cahier des remontrances, doléances et plaintes de la communauté de Bénestroff

Les habitants pénétrés des sentiments de soumission, de fidélité, d'amour, de dévouement, et du plus profond respect pour la personne sacrée de Sa Majesté le Roi, font offre de contribuer dans une proportion équitable de leurs facultés, et de consentir tout ce qui peut concerner les besoins de l'État, la réforme des abus, l'établissement d'un ordre fixe et durable dans toutes les parties de l'administration, la prospérité générale du royaume, le bien de tous et de chacun des sujets de Sa Majesté : dans la douce espérance de ce bonheur désirable, ils réduisent leurs remontrances, doléances et plaintes générales aux chefs suivants :

---

1. *Impositions ordinaires* pour les *six* premiers *mois* de l'année *1790* :
Imposition principale. . . . . 380 ₶ » s. » d.
Impositions accessoires. 756   17   7
Capitation. 865   9   10
    Total. . . . . 2 002 ₶ 7 s. 5 d.
Deux vingtièmes et quatre sous pour livre du premier pour *1790* :
Biens-fonds. . { 1ᵉʳ cahier . . . 1 476 ₶ 15 s. » d.
     { 2ᵉ cahier . . . 579   1   9
    Total. . . . . 2 055 ₶ 16 s. 9 d.
(Arch. Meurthe-et-Moselle, L. 308.)

1° Étant évident que l'embarras de l'État provient de l'oppression du Tiers ordre dans les charges publiques, des privilèges du haut Clergé, de la Noblesse, et de la mauvaise administration, ils demandent qu'avant que les États généraux puissent consentir aucun nouvel impôt, les États provinciaux des Trois-Évêchés soient rétablis sur un pied fixe et permanent par arrêt du Conseil ; et que ces tribunaux [soient] composés de membres nommés librement pour la moitié par le Tiers ordre et l'autre moitié par le Clergé et la Noblesse ; et, qu'instruits par euxmêmes des facultés, population et besoins de leur arrondissement, ils soient chargés de faire les répartitions plus ou moins détaillées des impositions, de prescrire aux asséeurs une forme et des règles claires et positives à suivre dans la cotisation des contribuables particuliers indistinctement, et d'entretenir immédiatement la communication nécessaire avec les sujets, Sa Majesté et les États généraux pour et dans tous les cas où besoin en sera ;

2° Qu'il n'est pas moins évident que la cote qu'ils payent dans les impositions est excessive, disproportionnée à leurs facultés et à celle des cotes des communautés du voisinage ; le produit du finage ne peut être mieux constaté que par celui de la totalité des dîmes affermées à leur plus haute valeur ; elles rapportent au décimateur 1 200 livres, vingt paires de quartes ; et au seigneur du lieu douze paires de quartes ; conséquemment, le produit total du finage de Bénestroff se monte tout au plus à environ 13 500^{lt}, indépendamment de deux cordes et demie de bois de chauffage, et tout au plus trois quarterons de fagots que chaque habitant perçoit par an des bois communaux ; sur quoi il faut payer pour vingtièmes, subvention, capitation et travaux des routes 3 531^{lt} 12 s. 8 d., sans préjudice des frais considérables de martelage des officiers de la maîtrise des Eaux et Forêts de Metz, de ceux de la gruerie du seigneur du lieu, et garde fortiers, etc., etc. ; déduction faite de ce que les forains cultivent et exploitent sur le ban, les maîtres propriétaires payés, il reste à peine aux habitants de quoi subsister très durement ; et que jusqu'à ce moment ils n'ont pu parachever le payement des tailles de l'année dernière 1788. Le fief de Besville est sujet aux impositions et les acquitte avec la communauté ; mais celle-ci n'y possède rien du tout ni aucun particulier ;

3° Entourés de la Lorraine de toute part, ils ne peuvent rien tirer de dehors ni y envoyer (excepté les blés et grains), sans être assujettis à prendre des acquits de toute espèce et en multitude, à la volonté des buralistes, et à en payer des droits arbitraires, etc., etc., sans égards aux privilèges des Évêchois, habitants qui observent scrupuleusement toutes les formalités prescrites; dans les dates de ces actes de vexation, le renvoi des certificats de déchargement par exprès pour la reprise des deniers de gros cautionnement, il arrive souvent des iniquités criantes, dont on n'obtient justice de personne : il serait temps de mettre fin à ces concussions en faveur d'un peuple qui, né dans la même patrie, et ne reconnaissant qu'un souverain bienfaisant, devrait avoir les moyens de commercer librement de province à province dans ses besoins ;

4° La liberté qu'ont les employés de la Ferme générale de faire la visite dans les maisons des particuliers en tout temps, et sans témoins, à ce qu'ils prétendent, porte la terreur parmi les habitants, dérange et culbute trop souvent leurs petits meubles, fournit à ces bandes de gens inconnus l'occasion de s'instruire à fond du fort et du faible des habitations, de voir ce qu'ils devraient ignorer, et d'excéder leurs pouvoirs, telle que soulever en hiver les ruches d'abeilles, dont elles périssent ordinairement ; il n'est personne qui ne sente les suites dangereuses de ces fréquentes visites ; ces braves gens ramassés de toute part sans distinction ne sont pas incapables de déposer la contrebande dans les maisons et dépendances, font ce qu'ils veulent impunément, nient les faits de leurs opérations, et, en cas de congé de leur poste, savent où sont les facultés des habitants, pour, en se mettant à la tête de brigands, les aller piller avec facilité ; cette engeance devrait être supprimée, ou du moins reléguée aux barrières du royaume : par ce moyen les sujets vivront sous la protection des lois, et l'État épargnera des frais immenses ;

5° Le sel, cette denrée de première nécessité, se vend huit sols la livre, et le tabac, à peu près de même nature pour quantité de sujets, quatre sols et demi l'once, prix qui désole tous ceux qui en ont un besoin réel, et les met dans le cas de gagner des maladies épidémiques et de mourir pour si peu de chose en apparence ;

6° La marque et rareté des cuirs les rend si chers que grand nombre d'habitants occupant un climat froid et boueux sont obligés de se passer de souliers, ce qui nuit plus à la population qu'on ne pense ;

7° La marque des fers dont (dans le cas qu'on le tire de l'étranger) les buralistes exigent les droits pour la Lorraine et la France, est si excessive que les sujets Évêchois, malgré leurs privilèges, sont obligés de se passer de quantité d'outils de ce métal indispensablement nécessaires pour gagner leur vie ;

8° Dans les tribunaux de justice la mauvaise foi, la vengeance et le crédit ont tant de liberté de faire assigner, essuyer des délais sans fin, et grossir les frais par une infinité de formalités et chicanes, qu'on n'oserait y avoir recours, et que, si l'homme de probité vivant un peu à son aise a le malheur d'y être traduit, le gain de deux procès suffit pour le ruiner de fond en comble ;

9° Les frais d'inventaire et notamment ceux des priseurs-jurés, gros droits de contrôle qui s'ensuivent, sont de vrais moyens d'accélérer la ruine de ceux qui, dans leur infortune, sont obligés de passer par ces formalités ;

10° La multitude des étangs empoisonne l'air par leurs exhalaisons, marais et eaux putrides ; d'où naissent quantité de maladies et enlèvent les individus ; le fourrage en devient d'une rareté extrême ; ainsi peu ou point de moyens d'élever du bétail. Les bois de toute espèce sont d'un prix exorbitant ; l'ensemencement des campagnes, les semailles en herbe et les récoltes sont respectivement dévastés, endommagés par le grand nombre des salines, forges, verreries, salpêtreries, bois de Hollande, et l'inondation de gibiers de toute espèce, de colombiers et de troupeaux à part ;

11° Rien de plus sage que les règlements du royaume pour la police ; mais on en observe peu ou point du tout, et, le plus souvent, par la négligence ou connivence de ceux mêmes qui sont chargés de les mettre en exécution ;

12° La banalité de moulins, de pressoirs et de fours est sujette à une infinité d'injustices ; le plus souvent, ces droits ne sont que des usurpations faites par les seigneurs sur leurs sujets ; la meilleure banalité est de servir le public comme il convient, pour se l'attacher sûrement ;

13° Depuis plusieurs siècles, la France s'est distinguée au-dessus de tous les royaumes en détruisant la tyrannie des petits souverains, et en accordant à tous ses sujets la glorieuse qualité de libres ; mais, les choses regardées de près, ce n'est qu'un titre vide de sens ; dans le fond, quantité parmi eux sont vraiment serfs, et esclaves des seigneurs féodaux, qui ne remplissent plus à leurs frais les services attachés aux gratifications accordées par les souverains, et prodigieusement accrues par la population ; leurs sujets sont astreints à une infinité de servitudes réelles, personnelles, rentes, cens, redevances, prestations, corvées et autres droits semblables sur les biens particuliers et communaux, sans qu'ils puissent s'en plaindre ni être écoutés dans aucun tribunal : qu'il serait beau et consolant que la bonté et la sagesse de Sa Majesté mette des bornes à tant de misères, dont on ne cesse de faire tous les jours de nouvelles inventions, que l'impulsion des intrigues accréditées, et la partialité a la très funeste facilité de faire autoriser par des arrêts appelés de jurisprudence ;

14° La construction et entretien de la nef des églises paroissiales sont devenus depuis peu à la charge des paroissiens ; il ne paraît pas juste que les habitants payant la dîme, les décimateurs en jouissent, et même très ordinairement hors des paroisses, en soient quittes par la construction, l'entretien du chœur et quelques autres fournitures.

Ce cahier ainsi rédigé, et son duplicata, ont été signés de ceux des habitants qui savent écrire, à Bénestroff le 18 de mars 1789.

Nicolas Hans; Michel Chapellier; Joseph Blavier; L. Étienne; Louis Bayel ; Christophe Godard.

BENING

XXIV^a

« Procès-verbal d'assemblée de la communauté de Bening pour la nomination de député. »

21 mars 1789,

« Sont comparus en la maison seigneuriale de ce lieu, par-devant nous, Claude Guerber, François Morey, Jean Pacquelet..., habitants de cette communauté, composée de trois feux seulement. »

« Nous ont déclaré qu'ils avaient une parfaite connaissance du cahier de doléances, plaintes et remontrances faites et dressées par la communauté de Bérig, et qu'ils s'en rapportent aux mêmes, attendu que le petit nombre d'habitants de ce lieu sont déjà réunis en l'assemblée dudit Bérig. »

Député : Claude Guerber, laboureur, admodiateur en ce lieu de Bening, lequel a accepté ladite commission, et a été nommé seul à cause le petit nombre d'habitants.

Signatures : F. Morey; Claude Guerber; Jean Pacquelet; de Boukenheim, *greffier*.

XXIV*

« Le cahier de doléances de la communauté de Bening est le même que celui de Bérig auquel elle a adhéré par son procès-verbal de nomination des députés. »

(Note des commissaires.)

[Cf. ci-dessous, *cahier de Bérig*, n° XXV*.]

BÉRIG

XXV*

« Procès-verbal d'assemblée des villes, bourgs, villages et communautés pour la nomination des députés. »

21 mars 1789,

« Sont comparus en la maison du maire de ce lieu. »

Communauté de 42 feux.

Députés : Nicolas Varis,
Charles Martin.

Signatures : Nicolas Steffler, *syndic;* Christoffel Thiss, *meier;* Nicolas Varis; Joseph Boullion; Dominique Jacquot; Christoffel François.

XXV*

Cejourd'hui vingt mars 1789, en l'assemblée convoquée en la manière ordinaire en la communauté de Bérig, en la présence de tous les habitants qui savent signer pour la rédaction du *cahier de plaintes et remontrances fait par la communauté d'icelle, à porter au pied du Trône.*

Art. 1. — Que la communauté de Bérig étant chargée présentement de taille pour le Roi de la somme de mille sept cent cinquante-sept livres quinze sols six deniers, 1757# 15 s. 6 d., et que du temps passé cette communauté n'a payé que la somme de deux cent cinquante livres pour tous les objets mentionnés en le présent article.

Art. 2. — Que ladite communauté par les mauvaises années, et le peu de produit dans nos récoltes de notre ban d'une très mauvaise culture et très peu de produit, et attendu que nous sommes des pauvres habitants, nous occasionne des contraintes qui arrivent souvent, et que, à chaque fois, à chaque contrainte, on nous fait payer vingt sols au cours du royaume, et que si il reste dans notre village jusqu'au lendemain, il nous en fait payer autant.

Art. 3. — Raison pourquoi les cultivateurs ne sont plus en état de cultiver le ban de ce lieu, par cette raison et que d'ailleurs nous occasionne à faire des emprunts chez les Juifs qui sont fort communs dans le pays, et que, par les charges tant pour le Roi que pour le seigneur haut-justicier, nous oblige à faire des emprunts auprès des Juifs, et que pour rente ils y font payer six livres cours de France par chaque louis d'or.

Art. 4. — Observe ladite communauté qu'ils sont fort chargés de la cherté du sel, à cause des salines qui sont dans nos cantons distance de quatre et cinq lieues, et qui consomment du bois que l'on ne saurait dire raison pourquoi de la cherté du sel et du bois, attendu que le Roi a du bois dans nos environs, qu'il pourrait prendre pour les salines, et laisser ceux des seigneurs hauts-justiciers pour les sujets de leurs seigneurs.

Art. 5. — Et que, par rapport de la cherté du bois et du sel oblige les pauvres gens à s'en passer ; et que, par la raison de la grande consommation des bois des salines, et les dommages du grand gibier dans les taillis et rationne les dommages de cet article.

Art. 6. — Observe cette communauté que tous les bois presque dans nos environs, exceptés les bois communaux, sont au seigneur haut-justicier dont les communautés ont droit de grasse et vaine pâture. Cependant suivant leur droit, il leur est jamais accordé leur droit ; et que s'il leur était accordé selon leur droit, on pourrait faire un nourri de bestiaux pour le bien d'un chacun des sujets de ce royaume.

Art. 7. — Et que par ces cantons il y a des villages lorrains et français distance d'une demi-lieue, d'une lieue et suite ; et que chaque fois, pour aller d'un village à l'autre, on nous oblige à prendre des acquits, qui fait une grande perte, attendu que nous sommes du même royaume de la France : il est bon de demander au Roi de donner des ordres et permission de ses sujets de la France de vaquer dans tout son royaume, de passer et repasser librement sans prendre des acquits, attendu que cela ruine son peuple et son royaume ; même ôter les impôts du cuir, papiers et cartons en façon quelconque, attendu que parmi ces cantons les villages lorrains et français sont du même royaume.

Art. 8. — Que notre seigneur haut-justicier, M. le comte d'Helmstatt, fait exploiter ses bois dans sa seigneurie, et qu'il augmente ces bois exploités tous les jours, et qu'il fait vendre hors de prix, qu'il est impossible aux pauvres gens d'en acheter ; les oblige à se laisser périr faute de bois.

Art. 9. — Que parmi nos cantons, à cause la cherté du sel et du tabac, qu'ils occasionnent beaucoup de malheurs entre les employés et les contrebandiers qui s'y font dans tous les provinces de ce royaume ; et qu'il arrive que trop souvent ; et que si on permettait aux sujets de ce royaume, dans nos cantons, de planter du tabac pour leur usage, et de remédier à la cherté du bois, ce qui éviterait les accidents dans les environs, et qu'il ne faudrait plus des employés que sur les frontières de ce royaume.

Art. 10. — Qu'à l'égard des rapports de gruerie et champêtres dans nos cantons et surtout dans cette seigneurie, on fait payer des amendes qu'il y a pas à dire et qui ruinent les peuples, et qu'ils sont pas en état de soutenir des procès avec leurs seigneurs : à cet égard il convient de demander des règlements fixes et réglés pour les sujets de ce royaume, et avoir modération.

Art. 11. — Qu'à l'égard des procès et contestations, il arrive que trop souvent dans notre communauté et qu'ils ruinent les habitants à cause des procès d'une affaire qui pourrait être déterminée dans la justice de ce lieu en première instance, que si on voulait s'en rapporter ; et que d'ailleurs cela ruine tous ceux qui prennent part dans la justice ordinaire, attendu que quelquefois pour une affaire qui ne vaudrait la peine de se pourvoir par justice ordinaire, et que les gens de justice du lieu pourraient déterminer plus clairement que les avocats et juges qui sont quelquefois surpris par des mensonges, au lieu que la justice du lieu connaît mieux quelque affaire que les juges.

Art. 12. — Qu'à l'égard des huissiers-priseurs qui occasionnent des frais et amendes dans le pays, à cause des inventaires et estimation dans les meubles, successions des pauvres mineurs, et la liberté du peuple occasionne beaucoup de frais et mange le bénéfice d'un chacun qui est dans le cas de faire des ventes et inventaires judiciaires : il convient de demander à Sa Majesté de supprimer et casser cette commission pour le bien d'un chacun de son royaume.

Art. 13. — Qu'à l'égard du Tiers état qui ont la moindre valeur, et cependant le laboureur et soldat leurs corps sacrifiés pour le Roi de son royaume et toujours la moindre valeur en biens et revenus ; et que la Noblesse, le Clergé, etc., ont toutes les commodités et aisances de ce monde pour lesquels ils ont jusqu'ici rien payé à cause de leurs biens, prés, bois, rente et cens. Cependant, ceux qu'ils ont des biens plus que les particuliers dans les communautés, il en conviendrait que le Roi, notre sire et justice, les taxe à cause de leurs biens, revenus, dans chaque communauté pour, après, leur taxe être portée au rôle de celles à payer comme les biens d'un chacun du Tiers état.

Art. 14. — Que, à l'égard des biens, revenus, rentes et cens du seigneur haut-justicier de ce lieu, n'a jusqu'ici rien payé ; et que, suivant l'usage et permission de nos seigneurs, leurs fermiers ou admodiateurs qui, suivant l'ordonnance, n'étaient imposés qu'à proportion que pour la moitié des biens qu'ils tenaient à ferme comme de juste et de raison, et que suivant l'ordonnance l'autre moitié au profit du seigneur a toujours été quitte jusqu'ici. Cependant il en conviendrait qu'ils payent également comme les biens des pauvres laboureurs, attendu que c'est les seigneurs qui ont les prés et bois et le moyen de payer plus que le pauvre peuple, puisque les revenus du seigneur de ce lieu, tant pour raison de sa ferme, cens et rentes se montent annuellement à la somme de trois mille trois cent cinquante [trois] livres sept sols six deniers, cours de France, ci 3 353ᴸ 7 s. 6 d.

Art. 15. — La communauté de ce lieu ayant le droit envers

M. le comte d'Helmstatt, leur seigneur, que suivant l'accord entre lui et les habitants de ce lieu qu'il est obligé de nous donner du bois de bâtiment, et que chaque fois les habitants dans leurs besoins et suivant leurs droits il leur est jamais accordé que par requêtes et réquisition de ces officiers ; que chaque fois tant pour requêtes, martelage qu'ils s'y font payer par les habitants dans ce besoin, il leur en coûte presque autant que s'ils achetaient comme s'ils n'avaient pas le droit. Les habitants demandent que, suivant leurs accord et titres, leur seigneur soit obligé à leur délivrer les bois pour les bâtiments nécessaires gratis suivant leur accord.

Art. 16. — Que pour à l'égard des bois de mondit seigneur de ce lieu, du droit de la communauté de la grasse et vaine pâture ayant ce droit, mais au contraire il ne nous l'accorde pas au désir de notre droit ; ce qui nous fait un tort, attendu que si cette pâture nous était accordée suivant les titres et droit, l'on pourrait faire un nourri de bestiaux ; qu'il serait pour le bien d'un chacun de ce royaume.

Art. 17. — Cette communauté demande à Sa Majesté d'ordonner par ses ordonnances que le seigneur soit obligé de leur donner les coupes en temps et lieux, avec nomination de leurs coupes exploitées, et régler à quel âge ils seront obligés leur donner sans refus.

Art. 18. — Que parmi ses bois, cette communauté a le droit des bois morts et châblis pour leurs usage et chauffage suivant leurs titres de les laisser jouir annuellement : bien au contraire, au lieu si ils leur droit être accordé, ils en font la plupart refus. Et que, pour les bois qu'il fait façonner, il nous les augmente tous les jours, ce qui triste les pauvres gens d'en acheter : faute de moyens, il faut qu'ils s'en passent.

Art. 19. — Tous les bois sur notre ban appartenant à mondit seigneur le comte, dans lesquels il y a un grand nombre de gibier tant biches, cerfs, sangliers et autres, etc., lesquels font un dommage au grand de l'année dans les grains, prés et bois que l'on ne saurait dire, et que pour les dommages il ne paye aucune chose aux communautés de sa seigneurie, et que les laboureurs quand ils sont gagés dans ses denrées, ils sont tenus de payer le dommage de ce canton où ils sont pris, et que le plus fort du dommage se fait annuellement par le gibier. Pourquoi le seigneur paye aucune chose ?

Art. 20. — Ce village étant sur une hauteur, presque point de sources d'eaux, ce qui occasionne des maladies contagieuses dans les chaleurs et sécheresses dans lesquelles nous sommes obligés de conduire l'eau des places éloignées de ces lieux : ce qui fait une charge et perte de temps qui mérite une considération de tailles dans cette communauté.

Art. 21. — Que dans le canton les seigneur et curé ont un nombre de pigeons qui au grand de l'année ils sont parmi les champs dans les grains, semailles, et que, sans exception, ils sont lâchés dans tous les mois à ramasser les grains que l'on ensemence et que l'on doit récolter ; il convient de leur [or]donner de s'en défaire, ou de les enfermer dans les mois qu'il convient, sans refus, attendu que l'on a assez de peine pour avoir la semence qui ne devrait pas être enlevée par les pigeons.

Art. 22. — Cette communauté paye annuellement cent quatre-vingt et une livre dix-huit sols neuf deniers, ci 181[#] 18 s. 9 d.

Art. 23. — Cette communauté est endettée de la somme de mille livres de France à cause de la tour de l'église de cette paroisse ; et n'ayant aucun moyen de les payer par la raison que les biens communaux de ce lieu sont vendus pour un bail de neuf années par-devant notre subdélégué de Vic, et qui nous a obligé de faire un emprunt auprès d'un Juif, et que nous ne savons par quels raisons et moyens de nous en retirer à cause des biens vendus pour ledit bail eu égard pour notre communauté.

Art. 24. — Comme c'est l'usage dans cette communauté que l'on a des bangards établis dans chaque plaid-annal, et que cependant les officiers du seigneur chargent aussi les gardes-chasse de gager sur ce ban, et que s'il arrive du dommage les bangards du lieu sont tenus de le payer, et le garde-chasse du seigneur ne paye aucune chose et tire le tiers des amendes et le seigneur le reste ; cette communauté demande qu'à l'avenir que les gardes-chasse des seigneurs soient tenus de payer également le dommage comme les bangards, puisqu'ils tirent le tiers des amendes et les bangards du lieu rien et qu'ils sont tenus de payer le dommage.

Art. 25. — Que les seigneurs dans nos cantons se font donner le tiers des biens communaux, et que presque toute part les communautés n'étant pas en état de soutenir des procès avec leurs seigneurs, par la raison qu'il aurait un commencement mais point de fin, et que par cette raison ils leur ont cédé ledit tiers sans savoir qu'à présent. Les communautés demandent qu'il sera donné un arrêt, et expliquerait au clair le droit des seigneurs et ceux des communautés.

Art. 26. — La communauté demande qu'à l'avenir les enclos n'aient plus lieu, par la raison que les prés périssent, et, quoique suivant, l'accommodement entre les habitants des communautés soit tenu pour bon et valable.

Art. 27. — Cette communauté paye pour dîme la dixième gerbe de grains ou dixième poignée de chanvre et lin aux décimateurs.

Art. 28. — Les décimateurs, Monsieur le comte et le comte d'Helmstatt tirent annuellement, à raison de sa dîme grosse et menue de ce ban la somme de six cents livres cours de France.

Art. 29. — Les héritiers de Monsieur Dasquey, de Sarrelouis en qualité de décimateurs, pareillement de ce ban, tirent aussi à raison de la moitié de la grosse et menue dîme de ce lieu pareille somme de six cents livres de France.

Art. 30. — M. le curé de Vintrange, par rapport des novales du ban de ce lieu, tire annuellement soixante livres de France.

Fait et achevé à Bérig, le 20 mars 1789, et après lecture faite avons signé tous ceux qui savent signer.

Christoffel Thiss, *meier;* Nicolas Steffler, *syndic;* Dominique Jacquot; Nicolas Varis; Christoffel François; Joseph Boullion.

BERMERING (partie France)

XXVI[a]

« Procès-verbal d'assemblée du village et communauté de Bermering ([1]) pour la nomination des députés. »

---

1. *Impositions ordinaires* pour les *six* premiers mois de l'année *1790* :
Imposition principale. . . . . 335 ₶ » s. » d.
Impositions accessoires 667   4   10
Capitation 764   »   »
   Total . . . . 1 766 ₶ 4 s. 10 d.
Deux vingtièmes et quatre sous pour livre du premier pour *1790* :
Biens-fonds . . { 1ᵉʳ cahier . . . 718 ₶ 16 s. 9 d.
                 { 2ᵉ cahier . . . 539   17 3
   Total . . . . 1 258 ₶ 14 s. » d.
(Arch. Meurthe-et-Moselle, L. 308.)

16 mars 1789,

« Sont comparus en l'auditoire de ce lieu de Bermering, par-devant nous, Christophe Zimmermann, syndic de l'assemblée municipale de ce lieu. »

Communauté composée de 78 feux.

Députés : Christophe Zimmermann, syndic;
Claude Oury.

Signatures : Michel Jager; Christophe Thisse; Humbert André; Claude Oury; Christophe Zimmermann, *syndic;* J.-B. Jager, *maire.*

XXVI

Cahier des plaintes, doléances et remontrances de la communauté de Bermering

Les habitants, pénétrés des sentiments de soumission, de fidélité, d'amour et de dévouement, et du plus profond respect pour la personne sacrée de Sa Majesté le Roi, font offre de contribuer dans une proportion équitable de leurs facultés, et de consentir tout ce qui peut concerner les besoins de l'État, la réforme des abus, l'établissement d'un ordre fixe et durable dans toutes les parties de l'administration, la prospérité générale de tout le royaume, le bien de tout et de chacun des sujets de Sa Majesté; dans la douce espérance de ce bonheur désirable, ils réduisent leurs remontrances, doléances, et plaintes générales aux chefs suivants :

Art. 1. — Étant évident que l'embarras de l'État provient de l'oppression du Tiers ordre dans les charges publiques, des privilèges du haut Clergé, de la Noblesse, et de la mauvaise administration, ils demandent qu'avant que les États généraux puissent consentir aucune nouvelle imposition, les États provinciaux des Trois-Évêchés soient rétablis sur un pied fixe et permanent par arrêt du Conseil; et que ces tribunaux [soient] composés de membres nommés librement, pour la moitié par le Tiers ordre, et l'autre moitié par le Clergé et la Noblesse; et qu'instruits par eux-mêmes des facultés, population et besoins de leurs arrondissements, ils soient chargés de faire les répartitions plus ou moins détaillées des impositions, de prescrire aux asséeurs la forme et les règles claires et fixes à suivre dans la cotisation des contribuables particuliers indistinctement, et d'entretenir immédiatement la communication nécessaire avec les sujets, le Roi et les États généraux pour et dans tous les cas où besoin en sera.

Art. 2. — Il n'en est pas moins évident que la quote-part de cette communauté dans les impositions est excessive, disproportionnée à leurs facultés ; le produit du finage ne peut être mieux constaté que par celui de la dîme totale affermée à leur plus haute valeur. Elle rapporte aux décimateurs mille sept cent et trois livres quatre sols cinq deniers, indépendamment d'un quart d'une corde de bois de chauffage, que chaque habitant perçoit par an des bois communaux ; sur quoi il faut payer pour vingtième, subvention, capitation, et travaux trois mille et vingt-trois livres un sol cours du royaume ; ajouté neuf cent quarante livres pour rentes, corvées et autres prestations pour le seigneur, y compris la dîme : la communauté paye annuellement la somme de cinq mille six cent soixante-six livres cinq sols, sans préjudice des frais considérables de la maîtrise des Eaux et Forêts pour le martelage, de ceux de la gruerie du seigneur du lieu, ainsi ceux des gardes forétiers, etc., etc. Déduction faite des deux tiers des terres labourables que les déforains possèdent et laissent à ferme, il reste à peine aux habitants de quoi subsister si durement que jusqu'à ce moment ils n'ont pu parachever les payements des tailles de l'année 1788.

Art. 3. — Entourés de la Lorraine de toute part, ils ne peuvent rien tirer de dehors ni y envoyer (excepté les blés et grains), sans être assujettis à prendre des acquits de toutes espèces, et en multitude, à la volonté des buralistes, et à payer des droits arbitraires, etc., etc., sans égard aux privilèges des habitants Évêchois, que l'on oblige très souvent à des renvois des certificats par des exprès, et à une infinité d'autres vexations dont on n'obtient justice de personne ; il serait temps de mettre fin aux vexations des buralistes en faveur d'un peuple qui, né libre dans la même patrie, et ne reconnaissant qu'un souverain bienfaisant, devrait avoir les moyens de commercer librement de provinces en provinces dans ses besoins.

Art. 4. — La liberté qu'ont les employés de la Ferme générale de faire la visite dans les maisons des particuliers en tous temps, et sans témoins, à ce qu'ils prétendent, porte la terreur parmi les habitants, dérange et culbute trop souvent leurs petits meubles, fournit à ces bandes de gens inconnus occasion de s'instruire à fond du fort et du faible des habitations, de voir ce qu'ils devraient ignorer, et excéder leur pouvoir, tel que d'attaquer les sujets du Roi au milieu des bois en tout temps, etc., etc. ; il n'est personne qui ne sente les suites dangereuses de ces fréquentes visites ; ces braves gens amassés de toutes parts sans distinction, ne sont pas incapables de poser la contrebande dans les maisons et dépendances, font ce qu'ils veulent impunément, nient les faits de leurs opérations, et, en cas de congé de leur poste, savent où sont les facultés des habitants pour, en se mettant à la tête des brigands, les aller piller avec facilité. Cette espèce de gens devrait être supprimée, ou au moins reléguée aux frontières du royaume ; par ce moyen, les sujets vivraient sous la protection de l'État [qui] épargnera des frais immenses.

Art. 5. — [Cf. ci-dessus, *cahier de Bénestroff*, n° XXIII°, art. 5.]

Art. 6. — [Cf. *id.*, art. 6.]

Art. 7. — [Cf. *id.*, art. 7.]

Art. 8. — Dans les tribunaux de justice, la mauvaise foi, la vengeance et le crédit ont toute la liberté de faire assigner, essuyer des délais sans fin, et grossir les frais par une infinité de formalités et chicanes, qu'on n'oserait y avoir recours ; et que [si] l'honnête homme qui [est] un peu à son aise, a le malheur d'y être traduit, il est assez fréquent de se ruiner de fond en comble au moyen de quelques procès même gagnés.

Art. 9. — Les inventaires, et notamment les priseurs-jurés, droits de contrôle qui s'ensuivent, sont de vrais moyens d'accélérer la ruine de ceux qui, dans leur malheureux sort, sont obligés de passer par ces formalités.

Art. 10. — Par la multitude des étangs le fourrage manque, empeste l'air par leurs marais et eaux putrides ; ainsi peu ou point de moyens d'élever du bétail ; beaucoup de mortalités parmi les individus ; les bois de toutes espèces sont d'un prix exorbitant.

L'ensemencement des campagnes, les semailles en herbes, et les récoltes sont dévastées, endommagées par la quantité des salines, forges, verreries, bois de Hollande, et respectivement par la multitude de gibier de toutes espèces des colombiers, et des troupeaux à part. (Le gibier dévaste jusqu'aux jardins potagers des habitants des communautés, sans que les habitan's puissent faire leurs plaintes à qui ce puisse être.)

Art. 11. — Rien de plus sage que le règlement du royaume pour la police, mais on en observe peu, ou point du tout, et le plus souvent par la connivence de ceux mêmes qui doivent les mettre en exécution.

Art. 12. — La banalité des moulins, de pressoirs, et de fours, est sujette à une infinité d'injustices; le plus souvent ce ne sont que des usurpations faites par les seigneurs sur leurs sujets; la meilleure banalité est de servir le public comme il convient.

Art. 13. — Depuis plusieurs siècles, la France s'est distinguée au-dessus de tous les royaumes en détruisant la tyrannie des petits souverains et en accordant à tous ses sujets la glorieuse qualité de libres; mais, les choses regardées de près, ce n'est qu'un titre vide de sens; et, dans le fond, quantité parmi eux sont vraiment serfs et esclaves des seigneurs féodaux, qui ne remplissent plus rien des devoirs attachés par le Souverain aux gratifications à eux cédées; ils sont astreints par une infinité de servitudes réelles, personnelles, rentes, cens, redevances, prestations, corvées, et droits semblables sans que leurs sujets puissent s'en plaindre, ni être écoutés dans aucun tribunal, et sans s'acquitter des petites reconnaissances que leurs ancêtres étaient attenus de s'acquitter envers les communautés; la communauté de Bermering était de tout temps en droit de tirer leurs bois de chauffage, et les bois pour bâtiments des forêts du seigneur; depuis environ cinquante ans, leur seigneur les leur refuse. Il serait beau et consolant que la bonté et sagesse du Roi mette des bornes à tant de misère.

Art. 14. — Le seigneur du lieu devrait se contenter de tirer dans les biens communaux double portion, sans prétendre le tiers d'iceux, vu que les communautés se trouvent dans une infinité de besoins de leurs biens communaux : pour bâtiments et entretien du clocher, du logement du maître d'école, des maisons des pâtres du village, et des bâtiments, réparations, et entretiens des maisons curiales; il n'est rien de plus injuste de la part du seigneur que de tirer le tiers des biens communaux sans contribuer auxdites charges de ladite communauté, sans même contribuer au payement des vingtièmes annuels payés pour iceux par la seule communauté.

Art. 15. — Payant la dîme, la communauté devrait naturellement selon toutes les règles d'équité être déchargée des bâtiments de la nef de l'église; néanmoins, depuis peu, on en charge ladite communauté par édit, qui a été obtenu de Sa Majesté par surprise, en vertu duquel ladite communauté de Bermering se voit actuellement dans le cas de faire agrandir à grands frais la nef de leur église, laquelle étant devenue trop petite, à cause de la multiplication des paroissiens.

A ces chefs ci-dessus énoncés se réduisent les plaintes en parties, formées par la communauté de Bermering, qui ont l'honneur, dans la douce espérance, d'être avec attachement, dévouement entier, et le plus profond respect à Sa Majesté des sujets sincèrement attachés. Fait et signé à Bermering, ce quinze du mois de mars 1789, par tous les habitants qui avaient l'usage d'écrire; ceux qui n'avaient pas l'usage d'écrire consentent avec des cris de joie, et acclamations remplies de la plus ferme confiance aux bontés paternelles de Sa Majesté.

Michel Jager; Humbert André; Christophe Thisse; Claude Oury; Christophe Zimmermann, *syndic*; J.-B. Jager, *maire*.

BERTRAMBOIS et LA FORÊT

XXVII

Procès-verbal.

« 15 mars 1789, sont comparus au greffe de la municipalité de Bertrambois et la Forêt(¹), par-devant nous, Nicolas Maugel, syndic municipal. »

Communauté composée de 180 feux.

---

1. *Impositions ordinaires et prestation des chemins* pour les *six* premiers *mois* de l'année *1790*:

Imposition principale	145 ₶	1 s.	1 d.
Accessoires de l'imposition principale	288	16	»
Capitation et ses accessoires	330	5	3
Taxations des collecteurs	10	18	8
Droit de quittance au receveur des finances	2	1	4
Prestation des chemins	111	»	1
Total général	888 ₶	1 s.	4 d.

(Arch. Meurthe-et-Moselle, L. 678.)

Deux vingtièmes et quatre sous pour livre du premier pour *1790*: 1 269 ₶ 12 s.

(*Ibid.*, L. 308.)

Députés : Joseph Pierson,
   Michel Marchal.
Signatures : M. Marchal ; Jean-Joseph Pierson ; Grosgeorge, *greffier* ; Nicolas Maugel, *syndic* ; N. Simon ; François Helmer.

XXVIIe

Cahier contenant dix feuillets cotés et paraphés par premier et dernier par nous Nicolas Maugel, syndic municipal de la communauté de Bertrambois et la Forêt, et choisi du général des habitants, à l'effet d'auditionner les condoléances, plaintes et remontrances que ladite communauté représente à Sa Majesté, ainsi que les moyens de pourvoir et subvenir aux besoins de l'État, et enfin à tout ce qui peut intéresser la prospérité du royaume, et celle de tout et un chacun de ses sujets, le tout conformément au désir de sadite Majesté, suivant ses lettre et règlement du 7 février dernier, desquels exécution est ordonnée par ordonnance de Monsieur Vignon, président, lieutenant-général du bailliage de Vic, en l'absence de Monsieur le bailli d'épée au même siège, pour la convocation des trois États dudit bailliage, du 27 février dernier

Situation des villages de Bertrambois et la Forêt

Les villages de Bertrambois la Forêt sont des plus circulés de l'Évêché de Metz ; ils sont situés dans les forêts (d'où deviennent ces noms sans doute), frontière et riverains des montagnes de part et d'autre.

Dans les deux endroits, qui sont contigus l'un de l'autre, et presque joints, il n'est pas vingt maisons que l'on puisse arroger ce titre ; le surplus n'est que des baraques en bois dressé, gazonné et muré par les habitants qui les occupent, n'ayant tous moyens à se loger différemment.

Dans les deux endroits il n'est aucun habitant possédant art et profession, point de marchands, commerçants ni autre trafic n'ayant aucun qui ait à faire le moindre fonds, attendu que c'est tous des pauvres gens pour ne pas dire tous mendiants.

Le territoire de ces lieux est d'une très petite étendue, environné de montagnes et par conséquent de forêts de part et d'autre, et par là très casuel, attendu les neiges, gelées, brouillards et toutes intempéries doublement plus fréquents dans ces lieux montagnards que partout ailleurs.

Et attendu la petitesse du terrain, il n'est saison cantonnée ; le peu qu'il y a est annuellement chargé, ce qui rend la production moins avantageuse à raison de ce, indépendamment de l'invalidité du terrain et de sa situation.

Le plus fort cultivateur ne sème jamais et ne recueille pour l'usage de sa maison ; par conséquent, il n'est aucun grain à vendre ès dits lieux ; ce qui prouve la pauvreté sus-mentionnée.

Les semailles ordinaires sont le seigle (le blé n'y vient aucunement), avoines, vascées, sarrazin et pommes de terre ; quand le jour rapporte deux résaux en seigle, deux et demi en avoine, et dix à douze de pommes de terre, les habitants se croient bien dédommagés de leurs dépenses et de leurs peines, ce qui n'arrive que très rarement, attendu ce qui vient d'être dit.

Les prés qui sont dans l'enceinte de ce territoire sont de tout le département de Metz les moins valides ; et, quoique la quantité en soit bien modique, ils ne produisent pour la plus saine partie que bruyères et autres herbes sauvages, dérivées des montagnes, fourrage d'autant moins profitable que la récolte est encore moins abondante ; aussi il n'est prairie à pouvoir y lever la seconde faux.

Partant, les cultivateurs, qui ne sont qu'au nombre de cinq, sont obligés d'avoir recours aux villages voisins comme Hattigny, Fraquelfing, Framonville, etc., à l'effet de se procurer des foins, pailles, etc., à plus forte raison encore des pauvres manœuvres qui veulent nourrir une vache, ce qui coûte notablement.

Il serait à souhaiter pour une communauté comme celle-ci qu'il plût à Sa Majesté que les propriétaires fussent maîtres de disposer à volonté de leurs terrains ; ils chercheraient, autant que la possibilité permettrait, les moyens de les améliorer ; pouvant y parvenir, leurs charges seraient plus supportables.

Et, par une suite inévitable, cette communauté n'a aucun pâturage, soit pour les bêtes de harnais, soit pour les troupeaux communaux, qu'à quatre lieues de Bertrambois dans les bois haute futaie des montagnes, où elle a droit de vain pâturage, à compter de la Saint-Georges jusqu'à la Saint-Remy ; seulement une pareille distance dénote assez l'impossibilité d'en pouvoir profiter ; toutes les forêts riveraines au territoire sont exploitées ; et, attendu le mauvais sol d'icelles, ne seront défensables de plus de vingt ans: la preuve résulte par celles exploitées il y a pareille époque, qu'on ne veut lâcher sous prétexte qu'elles ne le sont; ce qui occasionne quantité de rapports, puisqu'il est des particuliers qui excèdent en amendes 12 à 15 louis; avec sans compter les rapports qui deviennent communs.

Si les habitants veuillent nourrir porc, ils sont obligés à recourir au prototype des bontés de Monseigneur le maréchal, prince de Beauvau, seigneur de ce lieu, à l'effet d'avoir permission d'envoyer vain-pâturer leurs porcs dans lesdites forêts haute futaie, ce qu'il leur a toujours accordé moyennant rétribution annuelle, ce qui vient aux habitants d'un accroissement de charges.

Mondit seigneur emporte cent jours de terre, quatre-vingt-dix fauchées de prés et douze à treize jours de jardins et chenevières sur le territoire de ce lieu; Joseph Haumant de Niderhoff, Pierre Gérard de Fraquelfing, chacun trente jours de terre au moins, les prés et jardins au nombre de trente jours; Joseph Boulanger de Cirey et plusieurs autres encore en emportent, et ce dans les places les plus fertiles du territoire; en rapprochant ceux-ci, on voit qu'ils emportent le quart du territoire: distraction faite du total, il reste moins de propriété aux habitants que quantité de fermes isolées n'en ont.

C'est par tout ce qui vient d'être dit qu'il serait à souhaiter qu'il plût à Sa Majesté ordonner que ses deniers fussent répartis non seulement sur les contribuables, mais encore sur les biens-fonds eu égard à leur situation, fertilité et production. Cette communauté aurait lieu d'espérer du ménagement: elle s'est vue jusqu'à présent plus chargée que celles qui ont des finages à trois saisons d'une vaste étendue et d'une bonne production.

Cependant, il faut acquitter; et attendu l'invalidité du terrain, sa petitesse et son peu de produit, il n'est possible répartir sur les fonds. Encore faut-il le faire, ce qui accable les pauvres cultivateurs, en même temps le surplus qui est sans facultés comme on l'a ci-devant noté; ce faisant, il est probable que les intérêts de Sa Majesté s'y trouveraient; premier moyen de la prospérité du royaume.

Outre les charges inévitables que les habitants viennent de démontrer d'autant plus véridiquement qu'ils s'en trouvent épuisés, suivent celles ci-après.

Tout ce que l'on vient de démontrer prouve indubitablement la pauvreté de la communauté, les charges suivantes les confirment.

Chemins

Bertrambois et la Forêt par leurs situations souffrent annuellement des déterrations non seulement dans le territoire, mais encore sur les chemins qui sont de très grand entretien, à cause qu'ils reçoivent pour la plus saine partie toutes les eaux provenant des forêts, qui y causent grandes détériorations, attendu qu'il n'y a pierres, et que pour les réparer il faut venir aux pierres froides à Hattigny, ce qui n'empêche leur entretien de corvées royales.

Cette communauté paye annuellement une taille de 25# 14 s. à Monseigneur le maréchal, prince de Beauvau, en outre trois jours de charrue par les laboureurs, trois jours de bras par les manœuvres, trois poules, indistinctement, deux quarterons de fruits champêtres et enfin deux quarterons d'avoine par chaque porc trouvé devant le pâtre le huit de septembre ; et, attendu que mondit seigneur laisse le tout par bail, les fermiers louent les terres, etc., en détail, ce qui n'opère les corvées sus-mentionnées ; mais il faut les payer auxdits fermiers, ce qui fait une contribution qui excède 500#. En revanche ont les habitants le droit d'envoyer vainpâturer leur bétail dans les forêts haute futaie antérieurement citées, et pendant le temps y mentionné ; outre ce, mondit seigneur décimateur n'entend que les particuliers ne lèveront leurs grains qu'après le dîmage, ce qui fait qu'il reste quelquefois plusieurs jours sur place, pendant quoi surviennent des pluies qui occasionnent le périssement au grand préjudice des propriétaires, qui pourraient les enlever incontinent sans préjudice à personne en donnant cette liberté.

Cette communauté ne jouit d'aucun affouage ; par conséquent, l'affouage dans lesdits villages de Bertrambois et la Forêt emporte une somme de plus de 4 000#, en ne prenant les habitants l'un dans l'autre qu'à 20# pour se le procurer, et ce annuellement ; et attendu la pauvreté si grande des remontrants, il résulte que le grand nombre sont doublement malheureux pour ne pouvoir se procurer les bois à leurs besoins.

Il y a en sus l'entretien des puits et fontaines.

Cette communauté est obligée à tous entretiens de l'église, fourniture d'huiles et luminaires, ce qui coûte annuellement au delà de 250ᵗ. La fabrique ne rapportant que 60ᵗ qui ne peuvent suffire pour l'entretien des ornements sacerdotaux ; aussi elle redoit notablement à Messieurs les Houets, marchands d'ornements à Saverne.

Outre ce, elle paye le chantre dans la personne duquel sont réunies les fonctions de sacristain et marguillier : indépendamment de ce, il faut encore payer l'éducation des enfants au maître d'école approuvé de l'évêque diocésain ; ce qui fait que des enfants restent pour la plupart ignorants, n'ayant moyens de subvenir à tant de charges.

En outre encore il faut payer les pâtres soit par gages arrêtés, soit à la bâte à leur garde, et enfin payer la fourniture des bêtes mâles desdits troupeaux qui coûtent annuellement 130ᵗ, suivant l'enchère, attendu que les foins et pailles ne se trouvent dans lesdits lieux, pourquoi l'adjudicataire d'icelles est obligé à se les procurer chez l'étranger comme on l'a dit cidevant à l'égard du général des habitants.

Enfin il faut que cette communauté paye la confection de toutes ses écritures, et généralement tous autres objets indispensables et inévitables, prévus et imprévus ; et attendu qu'elle ne jouit du moindre émolument ni revenu communal, toutes les charges que l'on vient de détailler ne sont et ne peuvent être acquittées que par les voies d'impositions.

On a observé à Sa Majesté à la fin du second feuillet du présent cahier le premier moyen de pourvoir au besoin de l'État en souhaitant qu'il lui plût ordonner l'imposition foncière, eu égard à la situation des fonds, leur fertilité et production : nous allons de présent montrer les moyens que nous jugeons bons pour la prospérité de ses sujets et le besoin de l'État.

Une chose qui est d'autant plus coûteuse aux sujets de Sa Majesté qu'elle est onéreuse, c'est les différentes ventes des sel et tabac, qui s'exercent dans les provinces soumises à son obéissance ; dans celle où cette communauté est située, le sel vaut huit sols la livre, le tabac 4ᵗ, tandis qu'à deux lieues de distance, le sel ne vaut guère au delà du tiers, de même que le tabac, ce qui opère journellement les inconvénients ci-après :

A raison de ces différentes ventes s'exercent les contrebandes, sur lesquelles les commis des Fermes veillent exactement, au moyen de quoi résultent souvent par les reprises la ruine de ses sujets, des rébellions entre les repris et les commis, desquels les uns sont estropiés pour la vie, d'autres restent sur place, et d'autres enfin, pour n'avoir de quoi payer les contraventions, les prisons leur sont ouvertes, et quelquefois à de plus rigoureuses sentences, ce qui occasionne la mort de bien des hommes; et par là, quand Sa Majesté jouirait de la paix la plus parfaite avec toutes les puissances de l'Europe, elle ne laisse d'avoir continuellement des guerres intestines entre ses sujets; quel contraste pour le père de famille de voir ses enfants toujours en guerre!

Les mêmes commis ont grand soin, lorsqu'ils sont dans le cas de verbaliser, d'insérer dans leurs procès-verbaux que les sels saisis viennent des ventes étrangères; cependant, ils viennent des provinces soumises à Sa Majesté, et ces magasins sont munis de mêmes sels que ceux de la province où cette communauté est située; d'autant plus que les sels indistinctement sortent des mêmes salines, et que dans les salines il ne coûte guère qu'un sol la livre. Réformer en outre tous droits d'acquits.

Pour parer à ces guerres intestines, à la ruine des sujets, et tout à la fois procurer l'avantage de l'État, il serait à souhaiter qu'il plût à Sa Majesté fixer le prix des sels et tabacs égal partout en combinant pour rapporter au trésor royal les mêmes sommes; elle éviterait par là des dépenses immenses exposées pour tant de commis, etc., en les supprimant dans tout l'intérieur du royaume, n'en laissant que sur les frontières à l'effet de parer aux abus qui pourraient s'y commettre; et, par là, ses sujets jouiraient de la paix la plus solide et durable; et au moyen de cette suppression, les dépenses exposées à la paye de tant d'hommes deviendraient réversibles dans ses trésors. Comme aussi supprimer les marques des cuirs et fers qui occasionnent journellement les mêmes événements, et font enchérir ces marchandises, ce qui opère l'impossibilité de tous les sujets à soutenir l'État, et leur ménage.

Un autre moyen d'alléger les charges de ses sujets, et pourvoir également aux besoins de l'État, c'est les revenus immenses de tant de maisons religieuses de l'un et de l'autre sexe, et d'abbés commendataires, qui absorbent tout l'or et l'argent pour rester en ces maisons sans mouvances, tandis que s'il était versé dans le commerce, les sujets en seraient notablement soulagés, et par conséquent plus à même de verser dans ses coffres de quoi à soutenir l'État. Le vœu commun des sujets serait à ce qu'il plût à Sa Majesté supprimer de ces maisons le superflu du nécessaire, et rendre le surplus réversible au trésor royal, en les obligeant en outre à garder leurs maisons au terme de leur renonciation au monde. S'il lui plaisait ainsi l'ordonner, on s'attend assez aux objections, desquelles on n'aurait peine à les démouvoir, parce qu'en supposant les charges attachées à leurs revenus, on répond à cela que Sa Majesté, en rendant réversible le superflu de leurs revenus dans ses coffres, elles trouveraient de quoi satisfaire èsdites charges et encore à soutenir le trône royal : ils exposent plus de dépenses par leurs équipages somptueux et dépenses superflues qu'il n'en faut au soutien de ces charges.

Un quatrième moyen de procurer la prospérité de l'État et des sujets, ce serait qu'il plût à Sa Majesté ordonner partout dans son obéissance la suppression de la milice ; car, ordinairement, les militaires de cette sorte n'ont aucun zèle ni attachement pour la gloire et soutien de la patrie ; en ordonnant que tous garçons, nés Français, naturalisés ou de pays conquis, fussent tenus faire un service de six ou huit ans, et prendre ce service dès l'âge indiqué pour la milice ; à ce moyen, il serait obvié à bien des dépenses, et procuré en même temps des sujets de bonne volonté ; parce que, du moment que l'intention de Sa Majesté serait manifestée, bientôt le sacrifice deviendrait volontaire.

En ce faisant, elle aurait du monde en suffisance, et ménagerait dans ses trésors des sommes immenses qu'elle expose journellement pour avoir des hommes.

Il est vrai que tous ne sont capables de faire le service, les uns par le défaut de taille, d'autres pour le peu de goût qu'ils y auraient : que ces derniers soient tenus payer une somme suivant leurs forces, moyens et facultés, une fois payée, qui sera réversible dans ses trésors, avec lesquelles Sa Majesté se procurera d'autres sujets, et ceux-ci seront quittes des agitations que la milice leur cause annuellement, et en même temps des dépenses qu'ils exposent en faisant tirer pour eux, qui absorbent du double ce qu'une fois ils payeraient.

On observe chez les habitants de la campagne que la plupart

s'épuisent, et souvent pour des choses peu conséquentes qu'ils se contestent quelquefois par obstination, d'autres fois dans la juste idée qu'ils ont d'être fondés de droits, portent leurs complaintes, etc., devant les juges des justices subalternes et seigneuriales, y multiplient les frais considérablement, et, après tout, l'une ou l'autre des parties se porte pour appelante devant les juges supérieurs des bailliages : celle-ci, à qui les fins auraient été adjugées en première instance, s'en trouve quelquefois et forcément dépouillée pour n'avoir des moyens ou preuves pour la soutenir en seconde.

Pour ménager les intérêts des uns et des autres, il serait à souhaiter que Sa Majesté ordonnât qu'avant d'aller plus avant, les parties seraient ouïes par des jurés dans chaque paroisse qui dresseraient des états sommaires de leurs dires respectifs ; et après en ordonneraient ce qu'au cas appartiendrait, ce qui n'empêcherait de relever, et dès lors porter pour seconde instance la cause ès bailliages ; cette voie diminuerait infiniment les frais, et ménagerait aux parties des moyens pour en faire ordonner la décision supérieurement ; et par là il ne serait porté aucune enfreinte dans les droits des seigneurs, non plus que dans ceux de leurs officiers, à qui tous droits de connaissance de délits, information de procédures, et généralement toutes autres circonstances soumises à leur juridiction.

Une autre conjecture dans laquelle sont surpris journellement quantité de particuliers, entre autres ceux qui contractent envers les juifs, soit promesses, cédules, etc. : le temps de satisfaire arrivé, ils ajournent leurs débiteurs en reconnaissance de signature, et au principal se voient condamnés, etc. ; il arrive très souvent que les titres sont contestés, à cause des doubles emplois qui s'y trouvent, ou des falsifications toujours douteuses à s'y rencontrer ; d'où dérivent des procès notables, et quelquefois des exécutions dans les meubles et immeubles.

Pour assurer les droits des uns et des autres, et pour ménager des frais de procédures, faudrait qu'il intervienne des règlements par lesquels il soit fait très expresse inhibition et défense à tous juifs de recevoir aucune promesse qu'au préalable elles ne fussent passées par-devant notaires ou autres personnes publiques, ou si mieux n'aimaient devant les municipalités de la résidence des contractants ; ce faisant, et arrivant nouvelleté à raison desdites promesses, etc., les intéressés n'auraient qu'à lever le double, soit dans les liasses des tabellionages, soit dans les coffres des municipalités : de là, tous les différends seraient terminés sans qu'il en résulte des frais.

Il reste encore deux objets qui nuisent notablement aux sujets de Sa Majesté : c'est sur le prix des grains, et les ventes qui s'en font dans le royaume; il faudrait qu'il y ait un prix fixe et arrêté, qu'il soit tellement tempéré que tous et un chacun de ses sujets puissent subsister.

D'abord, et depuis longues années les vivres sont d'une cherté absolue, ce n'est pas qu'il en manque dans le royaume : au contraire, les récoltes abondantes que l'on a faites précédemment en assurent l'abondance; mais quantité font des emplettes et accumulent grain sur grain; et par là le grand nombre des sujets en ayant à vendre s'en démettent entre leurs mains : d'où s'ensuit que ceux qui l'achètent sont obligés d'y passer à quel prix ce fût.

Pour parer tant à cet abus qu'à la misère du menu peuple, et pour avoir des grains en suffisance dans les magasins de Sa Majesté, il faudrait que ces ventes fussent interdites dans le royaume, et que tout particulier ayant grain à vendre fût obligé à les conduire et vendre eux-mêmes sous les halles et marchés publics; interdire pareillement les achats sur les marchés des voitures entières que des particuliers font; à moins qu'ils ne prouvent que c'est pour la consommation de leurs ménages ou autres causes pareillement justifiées.

Même les meuniers, leur défendre ces sortes d'achats ; on les voit sur les marchés à l'arrivée des voitures, qui les achètent sous prétexte d'obliger leurs pratiques ; tandis que rien n'est plus probable que c'est pour en augmenter le prix en conciliant leurs intérêts avec ceux des vendeurs, toujours au préjudice des peuples, qui peuvent acheter eux-mêmes sans un semblable ministère.

Les remontrants ne doutent nullement que quantité de communautés commodes ne feront de plus grandes doléances, mais moins sincères ; ils disent le vrai, ils croient en avoir suffisamment exposé, pour qu'il plût à Messieurs juger de leur pauvre situation ; et, comme ils sont éloignés du Trône, y porter leurs doléances ; Sa Majesté, touchée de leur état, y apportera sans doute du soulagement en considérant leur misère, en adoptant les moyens qu'ils indiquent, et enfin en réformant les abus qui se pratiquent au préjudice du père et des enfants.

Après avoir démontré les charges de la communauté, les moyens pour la prospérité et de l'État et des sujets, enfin les abus qui nuisent notablement et à l'État et aux sujets, il nous reste encore la plus juste et la plus intéressante remontrance à faire, et qui importe grandement tant à l'Église qu'à l'État.

Il n'est aucun royaume où la Nation soit plus policée, instruite et sciencieuse que la France ; aussi, depuis que l'heureuse réunion des Trois-Évêchés a été faite, on a vu abolir tout le reste de ces anciens temps et embrasser toutes les lois générales du royaume ; enfin, on y a vu fleurir la religion [qui] s'est maintenue jusqu'ici dans une entière pureté.

Comme il n'y a rien de plus nécessaire à la jeunesse que l'éducation chrétienne et civile, que c'est d'elle que dépend le bonheur et du temps et de l'éternité, la gloire et de l'Église et de l'État, il importe chaudement d'y pourvoir de plus en plus, et à cet effet soutenir les écoles.

Comme elles ne sont pas moins importantes à l'État qu'à l'Église, les Souverains ont aussi employé toute leur autorité pour les établir ou pour les perfectionner ; Charlemagne s'est distingué par son zèle en ce point ; ses enfants et successeurs l'ont imité en cela ; dans ces derniers siècles, Charles IX a renouvelé ces anciennes ordonnances dans l'article 12 de celle d'Orléans ; Louis Treize en a ordonné de même ; mais Louis Quatorze les a encore surpassés, enjoignant de plus à tous, pères et mères, tuteurs et autres personnes qui sont chargées de l'éducation des enfants, de les envoyer aux écoles et aux catéchismes comme on le voit dans les déclarations du 13 décembre 1698 et du 10 octobre 1700. Enfin, Louis Quinze ajoutant à toutes ces ordonnances, exprime aussi dans sa déclaration du 14 mai 1724, article 5 : voulons qu'il soit établi, autant qu'il sera possible, des maîtres et maîtresses d'école dans toutes les paroisses où il n'y en a point, pour instruire tous les enfants de l'un et de l'autre sexe des principaux mystères et devoirs de la religion catholique, apostolique et romaine, les conduire à la messe les jours ouvriers autant qu'il sera possible, leur donner les instructions dont ils ont besoin sur ce sujet, et avoir soin qu'ils assistent au service divin les dimanches et les fêtes, comme aussi de les apprendre à lire et même à écrire, le tout ainsi qu'il sera ordonné par les évêques en conformité de l'article 25 de l'édit de 1695 concernant la juridiction ecclésiastique.

Bien loin de nous écarter de ces lois si importantes, nous voudrions pouvoir y exceller de plus en plus, comme nous l'avons démontré ci-devant, parlant des charges de cette communauté ; elle se trouve dans l'impossibilité de faire éduquer foncièrement la jeunesse ; aussi, dans la campagne, les chantres, etc., comme nous l'avons observé à la seconde page du troisième feuillet du présent cahier, sont chétivement pensionnés pour raison de ce ; mais on a joint la qualité de maître d'école avec ; à cet effet, ils trouvent un acheminement à leur subsistance ; attendu les modiques rétributions qu'ils perçoivent de ce dernier objet qui est compatible avec leurs autres qualités.

Sa Majesté qui fait ressentir ses bienfaits avec tant de profusion, et qui ne cesse de procurer le bien de ses sujets, ne sera pas moins animée de l'éducation des enfants de la campagne, qu'ils sont chers à l'État, en cherchant des moyens de faire subsister les maîtres d'école et soulager les paroisses : c'est des écoles de campagne que sort le plus grand nombre de ses troupes ; c'est de ces mêmes écoles que les plus grands génies ont tiré les premiers principes de leur science ; c'est enfin de ces écoles que tant de personnes doivent et leur salut et leur fortune.

On finit en concluant et suppliant très humblement et respectueusement Sa Majesté très chrétienne le roi de France d'agréer nos vœux qui ne seront jamais autres que de nous soumettre avec respect à tout ce qu'il lui plaira ordonner, trop heureux de vivre sous son règne ; et s'il se trouve que notre bonheur soit de le voir à longue durée, peut-être que les temps nous procureront l'avantage glorieux de lui prouver, par effet, que nous sommes

de Sa Majesté

les plus humbles, respectueux, obéissants, soumis et fidèles sujets français.

Nicolas Maugel, *syndic;* Grosgeorge, *greffier;* Jean-Joseph Pierson ; M. Marchal ; N. Simon ; François Helmer.

Nota. — Les remontrants, en parcourant le présent cahier, observent qu'outre les moyens qu'ils indiquent pour avoir à soutenir l'État et ménager les sujets, il y a déficit du principal, qui consiste à la réformation de tant de receveurs, soit pour les deniers de Sa Majesté, soit pour tous autres objets ayant relation à ses intérêts, comme aussi cette multitude de surveillants des magasins, marques des fers, des cuirs : en supprimant tous ces receveurs, elle ménagerait des sommes immenses ; car ordinairement on observe que tous ces receveurs et surveillants absorbent par leurs pensions au delà des deux tiers et de ces deniers et de tous les impôts.

Pour en faciliter la suppression, qu'il y ait un seul receveur pour tous objets dans chaque province, et que les brigades de maréchaussée soient chargées de rendre par la voie de correspondance tous deniers quelconques dans le bureau de recette, comme aussi à veiller sur tous impôts si aucun Sa Majesté ordonne subsister. En augmentant les pensions des cavaliers, ils seraient très exacts à prévenir et parer les abus, trouveraient davantage à pouvoir faire exactement leurs devoirs. Et tout à la fois supprimer les droits de passages, marques des fers et cuirs ; les sujets en seraient notablement soulagés, et Sa Majesté verrait verser dans ses coffres au double de ce qui s'y verse, ce qu'elle a déjà observé sans doute.

Combien de nobles, autres personnes à cause d'emplois et conditions sont exemptes de toutes charges et deniers de Sa Majesté, et qui possèdent de grands biens et de grands revenus ! Sa Majesté dédommagerait beaucoup ses sujets en tirant un fonds sur eux qui procurerait grandement au besoin de l'État.

En supprimant, comme on vient de le dire, les receveurs, etc., et en ordonnant un fonds sur ces derniers, on trouverait de quoi à subvenir bien supérieurement à tout ce que rapporte l'impôt des vingtièmes, surtout ceux établis sur les maisons, à raison des frais de guerres ; ces temps d'agitation sont passés : le royaume est en paix, excepté ces guerres intestines que nous avons fait connaître en son lieu, et pour ce, ne laisse cet impôt subsister.

Il reste encore une charge dont nous avons omis l'éclaircissement, c'est les constructions et reconstructions des églises, qui, autrefois, étaient à la charge des décimateurs, et aujourd'hui des paroisses ; les décimateurs perçoivent donc ce qui dans les premiers temps et premières institutions était dédié tant à l'entretien des ministres des autels qu'aux objets ci-dessus mentionnés, et tous autres entretiens. L'attente des sujets de Sa Majesté est qu'elle voudra bien, par un retour, remettre toutes ces charges aux décimateurs, ou que les paroisses soient admises ès droits décimaux aux mêmes charges.

En rappelant sur l'abus résultant des justices seigneuriales, il a été omis le point principal de l'abus, qui tombe sur les mineurs : on observe qu'au moment du décès des parents, les officiers de justices seigneuriales se présentent, posent les scellés ; après quoi, inventaire est dressé, vente s'en fait ensuite ; on procède à l'établissement de tuteur et curateur ; au moyen de tout quoi il arrive souvent que le peu que ces parents ont délaissé, est absorbé par les frais. Sa Majesté, le père de la Patrie, et des enfants auxquels elle défère la connaissance de bien des affaires, voudra bien déférer à leur connaissance cet établissement de tuteur, etc., en ordonnant que les municipalités procéderont à cet établissement. Cette voie d'équité ménagerait supérieurement les mineurs par les dépenses soustraites par toutes ces circonstances, et aux tuteurs et mineurs bien des dépenses en rendant compte.

Nicolas Maugel.

BERTRICHAMP

XXVIII[a]

« Procès-verbal d'assemblée des villes, bourgs, villages et communautés pour la nomination des députés. »
17 mars 1789,
« Sont comparus en l'auditoire ordinaire de ce lieu, par-devant nous, François Humbert, syndic de la municipalité de Bertrichamp([1]). »

---

1. *Impositions ordinaires* pour les *six* premiers *mois* de l'année *1790* :
Imposition principale. . . . . 360 ₶ » s. » d.
Impositions accessoires . . . . . . 717 » 10
Capitation 819 19 9
          Total . . . . 1 897 ₶ » s. 7 d.
Deux vingtièmes et quatre sous pour livre du premier pour *1790* :
Biens fonds . . { 1er cahier . . . 1 280 ₶ 15 s. 3 d.
           { 2e cahier . . . 380 12 »
          Total . . . . 2 548 ₶ 19 s. 3 d.
(Arch. Meurthe-et-Moselle, L. 308.)

Communauté composée de 120 feux.
Députés : Dominique Champé ;
François Humbert, syndic.
Signatures : L. Mathieu ; Jean-Baptiste Didier ; François Humbert, *syndic ;* D. Champé.

XXVIII*

Cahier des plaintes, doléances et respectueuses remontrances des communauté et paroisse de Bertrichamp

Depuis que les deux premiers Ordres de l'État ont consenti de supporter les charges du gouvernement concurremment avec le Tiers état, il n'y a plus d'inquiétude sur le rétablissement des finances ; il ne nous reste que des actions de grâces à rendre au Roi, et nous nous en rapportons avec une entière confiance à sa bonté et aux lumières de son ministre pour la répartition juste des impôts que nous payerons, assurés, comme nous le sommes, que chaque citoyen en supportera sa part relativement à ses facultés, sans distinction d'aucun rang, ni dignité.

Nous exprimerons, puisque le Roi l'ordonne, le plus brièvement possible, les maux que nous ressentons, et dirons naïvement notre avis sur les moyens que nous croyons convenables pour nous rendre heureux.

Art. 1. — L'établissement des bureaux de traite dans l'intérieur des provinces est l'on ne peut pas plus préjudiciable au bien public et à l'intérêt des peuples. L'usage des sels, cette denrée précieuse, et si nécessaire à l'usage des peuples et à l'entretien et nourriture des bestiaux, à cause de la mauvaise qualité des foins dans nos contrées vosgiennes, nous est comme interdit par sa cherté, et le transport qui s'en fait hors des provinces, comme en Suisse, terre étrangère, où les sels sont d'un prix de moitié du prix de celui que nous payons et plus, quoique ces provinces de Suisse soient éloignées des salines de trente lieues de nous ; en conséquence, nous désirons que les employés des Fermes soient supprimés, et que nous soyons exempts pour l'avenir des droits exorbitants dont nous sommes chargés en transportant d'un lieu à l'autre dans l'intérieur du royaume le produit de nos campagnes et nos autres denrées; il faudrait abolir toute contrebande dans l'intérieur du royaume.

Art. 2. — Les Domaines sont préjudiciables au peuple, et peu profitables à notre souverain; ils consistent en terres, en droits seigneuriaux, et en forêts : les terres de ses domaines sont laissées en gros et aux cultivateurs qu'après que des fermiers principaux, des sous-fermiers, et souvent des arrière-sous-fermiers en ont pris le profit; le cultivateur est ruiné avant la fin de sa gestion, parce qu'il n'est pas en état de faire produire la terre. La perception des droits seigneuriaux est aussi onéreuse que nuisible aux sujets; quant aux forêts communales, elles sont dégradées, faute de bonne manutention; et, en ce qui concerne celles des seigneurs, les coupes et autres bois en sont pour l'ordinaire laissées en gros à des adjudicataires qui préfèrent de faire conduire ces bois au loin, à vendre aux sujets tailliables envers ledit seigneur, et cependant exclus de nos anciens droits consistant en bois de marnage, couverture de nos maisons. Pour obvier à tant d'abus, il faudrait que ces domaines fussent laissés par petites parties; les officiers municipaux sauraient mieux et à moins de frais conserver et administrer leurs forêts situées à leur proximité que des officiers de Maîtrise qui en sont fort éloignés, qui coûtent beaucoup. Les cultivateurs auraient plus de facilité à cultiver; elles produiraient beaucoup mieux. Il serait à désirer qu'il y ait une nouvelle distribution dans les grands domaines de l'Église, qui portent les mêmes inconvénients que ceux dont on vient de parler.

Art. 3. — Nous ne trouvons pas mauvais la perception des dîmes que l'Église est dans l'usage de faire sur nos récoltes : nos ancêtres les ont octroyées en faveur des curés administrateurs de nos paroisses, et non autrement; et cependant nos curés ne jouissent plus que de la plus faible partie de ces dîmes : c'est par le plus grand abus qu'on les en a dépouillés; nous demandons que toutes les portions de dîmes qui ont été enlevées à nos administrateurs nous soient remises : elles seraient employées à la bâtisse et entretien de nos églises, et nous serions exemptés de toutes procédures à ce sujet. Nous employerions le surplus de ces dîmes au soulagement des pauvres de chaque communauté, et la mendicité sera supprimée par le moyen le plus aisé et le plus juste.

Art. 4. — Les procédures sont coûteuses à l'excès : elles ruinent le peuple et sont d'une durée infinie; il nous semble qu'il ne faudrait pas tant de degrés, qu'il serait bon que les sièges soient plus près de nous, qu'il serait bon également de simplifier les procédures, et de ne laisser qu'une seule et même coutume ; chaque particulier serait plus à portée de connaître ses droits, dont il s'ensuivrait que les procès deviendraient moins fréquents et dispendieux. L'établissement des huissiers-priseurs est l'on ne peut pas plus à charge et onéreux au public, à cause des frais qu'ils exigent.

Art. 5. — Nous avons à observer au surplus qu'on est journellement exposé à des surprises au sujet des mesures, des aunages et des poids ; il faudrait, pour la tranquillité et le bien publics que, dans l'étendue du royaume, tout fût uniforme; cela ferait l'avantage de tout le monde.

L. Mathieu; Jean-Baptiste Didier; François Humbert, *syndic;* D. Champé.

BERTRING

XXIX*

Procès-verbal.
21 mars 1789,
« Sont comparus en l'auditoire de ce lieu, par-devant nous, syndic. »
Village composé de 60 feux.
Députés : François Varis, laboureur ;
   Jean Muth, manœuvre.
Signatures : Hans Michel Schang, *zentich (syndic);* Frantz Varis ;
 Johannes Muth ; Nicolas Gaucher; Jean Schmit, *greffier.*

XXIX*

Résolution et question à proposer pour le bien de l'État par les députés à l'assemblée générale du royaume

[Le *cahier de Bertring* est identique au *cahier de Gros-Tenquin.* Cf. ci-dessous, n° LXV*.]

Signatures : Hans Michel Schang, *zentich ;* Frantz Varis ; Nicolas Gaucher; Johannes Muth ; Jean Schmit, *greffier.*

BETTING

XXXᴬ

« Procès-verbal d'assemblée de la communauté de Betting bas et haut, pour la nomination des députés : Pierre Champlon, laboureur, et Jean-George Legendre, potier. »
18 mars 1789,
« Sont comparus en la maison du syndic de ce lieu, par-devant nous, la municipalité. »
Communauté de 51 feux.
Députés : Pierre Champlon,
  Jean-George Legendre.
Signatures : Antoine Blasc; Simon Pirra; Maurice Filliong; Jacob Jambil.

XXXᴮ

Communauté de Betting bas et haut, office du bailliage de Vic

Sur les ordres à nous signifiés le onzième mars 1789 aux officiers de la municipalité de la communauté dudit Betting, des lettres du Roi datées du 7 février et 24ᵉ janvier 1789, et des règlements annexés, pour obéir, Nous, membres de la municipalité, avons convoqué les habitants et contribuables de ladite communauté pour dresser un *cahier de doléances, plaintes et remontrances desquelles la communauté se trouve du présent chargée.*

Savoir :
Le village de Betting est composé de cinquante-un feux.

Cette communauté paye subvention, droits accessoires, le sixième denier pour l'entretien des routes, vingtièmes quinze cent vingt-deux livres six sols.

Le ban de Betting est composé de huit cent cinquante-cinq jours de terres arables, la moitié de terres de sable, entourées de roches, montagnes, d'une très mauvaise qualité; et la produite monte à annuellement aux environs d'une année à autre à sept mille cent vingt-trois livres; les seigneurs de Betting sont propriétaires du ban de Betting de 524 jours de terres. Il ne reste à cette communauté que de trois cent trente et un jours, desquelles la communauté est chargée tant pour les deniers de Sa Majesté, que droits seigneuriaux, entretien de l'église, maison curiale, maison de chantre, pâtre, gages du maître d'école, dîmes, redevances en grains, qui se montent à deux mille quatre cent quatre-vingt-douze livres onze sols. Il y reste [tant] à cette communauté qu'au seigneur, déduction faite des deux mille quatre cent quatre-vingt-douze livres onze sols, il y reste que 4631" pour entière subsistance [tant] du seigneur que de la communauté.

Plaintes et remontrances

Le village de Betting s'est appauvri notablement par les augmentations des impôts, subvention, vingtièmes et tribut de Sa Majesté; par la cherté des bois, par augmentation du sel et tabac, par les impôts sur les cuirs, papier, carton, par augmentation des droits de notaires, sceau, contrôle, droit d'acquits, où nous sommes écrasés, au milieu de la Lorraine et frontière d'Empire.

Le sel et tabac est une cherté excessive : les sujets mangent quelquefois la soupe sans sel, faute d'argent; si les sujets avaient le sel à un prix raisonnable, ils pourraient en donner à leurs bestiaux; ils bonifieraient leurs mauvais fourrages; l'on pourrait faire des engrais en bœufs, moutons; l'on pourrait avoir des bêtes grasses à tout temps et saison en abondance. L'argent ne serait pas si rare, elle resterait au moins dans la province; les fumiers seraient un double bien pour engraisser les terres maigres.

Le tabac est trop cher, que tous les gens du commun ne peuvent pas en user ni acheter. Ceux qui en font usage se mettent quelquefois à faire de la contrebande, et risquent par là à perdre leur vie, leurs honneurs et leurs biens, souvent le revenu total des familles.

Les salines, forges, usines, Maîtrises sont cause de la cherté du bois dans toute la province.

Chaque province peut être chargée à l'avenir de l'administration qui a été ci-devant confiée aux intendants. Cela ne serait pas si coûteux au Roi ni à la province.

La négligence et retard ..... des subdélégués sont cause à beaucoup de démarches, occasionnent des grands frais aux communautés.

La justice est assez régulière, mais trop coûteuse ; surtout, les inventaires sont excessifs ; que les sujets ont droit à se plaindre !

Il serait plus avantageux pour l'État qu'à l'avenir les prévarications des ministres et tous gens en place soient punies comme les gens du commun.

Il serait à souhaiter qu'à l'avenir l'on [ne] puisse arrêter emprisonnés tous chacun qui se trouvent dans le cas de s'y trouver, sans permission exprès et décret des juges.

L'éloignement du Bailliage est préjudiciable à cette communauté : les démarches sont trop coûteuses.

Les sujets de cette communauté se plaignent, étant enclavés dans la Lorraine, contre les Employés, et préposés des droits d'acquits, de leur façon d'agir par des violences, vexations, maltraitements.

L'on vexe cette communauté contre des titres d'acensement passés à la Chambre des comptes de Nancy, des droits que la communauté a à percevoir du mort et blanc bois, grasse et vaine pâture dans la forêt de Betting, terre de Lorraine, faute par les Maîtrises.

Par la grande pauvreté des sujets de la communauté de Betting, les seigneurs intentent des procès journellement pour vexer les droits à leurs appartenant sujets sur la grasse et vaine pâture dans les bois des seigneurs.

Les sujets de Betting sont éloignés d'une lieue de leur mère église, mauvais chemins, occasionne souvent des maladies aux pauvres peuples.

Il serait de l'avantage à tous les sujets du royaume que l'édit du mois de mars 1767 soit dérogé, aboli totalement, qui permet la clôture des prés, terres et autres héritages, cause souvent des grands procès d'entre les sujets, et de laisser à l'avenir jouir comme du passé avant l'édit.

La plainte en général des sujets dans le royaume est certaine que la Ferme générale cause la plus grande partie de la pauvreté du peuple ; elle se trouve soutenue, et prend la liberté royale et autorité d'agir par des violences, sans avoir égard aux pauvres sujets de la campagne par la trop grande soutenance des employés et préposés ; que la plainte est générale des sujets contre les excès et violences faites par lesdits employés, et préposés des droits d'acquits, n'y parvient jamais aux yeux de ceux qui doivent avoir connaissance, source par laquelle sont soutenues les vexations, la perdition des sujets, qui sont contre le Roi et sa loi préjudiciable.

Il serait à souhaiter que tous les sujets de Sa Majesté entrent dans les mêmes droits et jouissances comme du passé, tant pour les impôts, sel, tabac et autre soulagement généralement pour le bon-être de son peuple, par le bon ordre et l'administration de la justice et enfin pour le bien de l'État; d'y observer les grandes charges et suffrages des sujets, et le grand nombre des pauvres habitants dans la province; d'avoir égard aux plaintes et remontrances par eux faites. Ils prient le Ciel pour la conservation de la santé de Sa Majesté et de la famille royale et sera grâce.

Fait et achevé à Betting, le 18ᵉ du mois de mars 1789.

Antoine Blasc; Simon Pirra; Jacob Jambil; Maurice Filliong.

BEY

XXXI[A]

« Procès-verbal d'assemblée de la communauté de Bey pour la nomination des députés. »
15 mars 1789,
« Sont comparus en personne par-devant nous, François-Joseph Bernard, chanoine-régulier prémontré, prêtre, curé de Bey([1]) et de Lanfroicourt, et de Joseph Richard, syndic dudit Bey. »
Lieu composé de 39 feux.
Députés : Joseph Richard, syndic de la municipalité;
Claude Guerquin.
Signatures : Richard, *syndic et député;* Claude Guerquin, *député;* Christophe Picquot, *maire;* F. Bonnabelle, *greffier de l'assemblée;* Pierre Guerquin; Dominique Ducart.

---

1. *Impositions ordinaires* pour les *six* premiers *mois* de l'année *1790* :
Imposition principale. . . . . 130 ₶ 1 s. 1 d.
Impositions accessoires. 258 18 7
Capitation . . . . 296 2 »
         Total . . . . 685 ₶ » s. 7 d.
Deux vingtièmes et quatre sous pour livre du premier pour *1790* :
Biens-fonds. . { 1ᵉʳ cahier . . . 1 039 ₶ 15 s. 9 d.
                2ᵉ cahier . . . 173   17 9
         Total . . . . 1 213 ₶ 13 s. 6 d.
(Arch. Meurthe-et-Moselle, L. 308.)

XXXI[a]

Cahier de doléances, plaintes et remontrances de la communauté de Bey, coté et paraphé par première et dernière page par moi, Joseph Richard, syndic de ladite communauté, ce qui suit, savoir :

Les habitants de Bey, fidèles sujets de leur souverain, le prient d'être persuadé de leur entier dévouement à sa personne sacrée, et du désir constant qu'ils ont et auront toujours de contribuer aux charges de l'État selon leurs facultés, proportionnellement et par concomitance avec le Clergé et la Noblesse, dans l'acquittement des charges, sans prétendre attaquer leurs droits, ni déroger à leurs privilèges.

Art. 1. — Le ban de Bey contient en totalité 1 109 jours de terres arables pour les trois saisons, dont 102 jours appartiennent aux villages voisins, qui n'en payent à Bey ni taille, ni dîme, excepté le vingtième.

Art. 2. — 246 fauchées de prés mesure de Lorraine.

Art. 3. — Le seigneur possède 190 jours de bois qui sont en taillis de 9 ans.

Art. 4. — Le sieur curé possède 17 jours de bois mesure de Lorraine.

Dans ledit ban il y a 6 jours de bois appartenant à différents particuliers. La communauté est propriétaire de 500 jours de terres, enclavés dans les bois d'un petit rapport, et environ 9 fauchées de prés de même que 110 jours de bois, y compris le quart de réserve, le tout même mesure de Lorraine, dans lesquelles terres et prés le seigneur tire le tiers.

Art. 5. — La communauté a pour affouage chaque trois ans dix jours de bois de petite valeur, ce qui se partage entre les habitants.

Art. 6. — Sur ces modiques possessions, la communauté paye de subvention . . . . 947^{tt} 2 s. 2 d.
Art. 7. — Et de capitation 512   6   9
Art. 8. — De vingtième pour la communauté. 70 13   0
Et de vingtième pour tous ceux qui possèdent du bien sur le ban 874 13   9
Art. 9. — Ce qui fait en totalité ci. . . 2 404^{tt} 15 s. 8 d.

Art. 10. — Sans compter les corvées et ce qui est une somme bien forte pour un petit village qui paye beaucoup plus que tous les villages voisins qui sont lorrains dont il est environné.

Art. 11. — Les droits seigneuriaux consistent en un revenu de 15 résaux 1/2 de blé, onze résaux d'avoine, 35 chapons et 10 poules qui sont dus par les propriétaires et payés entre les mains dudit seigneur.

Art. 12. — Les habitants donnent chacun 20 sols annuellement pour la taille de Saint-Remy, et les laboureurs chacun 54 sols, ce qui fait pour toute la communauté 36ʰ 9 s.

Art. 13. — Le seigneur possède un breuil qui doit être fauché, fané et cultivé par les habitants, et charroyé par les laboureurs dudit lieu sans aucune rétribution ; en outre, tous les laboureurs doivent chacun trois attelées de charrue tous les ans audit seigneur, sans aucune rétribution ; le seigneur a encore un colombier qui préjudicie beaucoup, et qui amoindrit beaucoup l'espérance des récoltes.

Art. 14. — L'édit des clos est très préjudiciable aux fidèles sujets de Sa Majesté, car il est entièrement à l'avantage des seigneurs hauts-justiciers qui, ayant exigé le tiers des communes pour en jouir eux seuls, les enferment de haies, de fossés, ou de clôtures quelconques qu'ils font reconnaître par les officiers de leur justice ; et parcourent avec leurs troupeaux nombreux les deux tiers des communes qu'ils ont laissés aux habitants, ce qui fait qu'ils ont l'usage de la totalité des biens communaux par le bétail dont ils les chargent, sans donner aucune réciprocité sur leurs tiers, clos et réservés pour eux seuls, ce qui empêche une grande partie de nourrir du bétail qui deviendrait la subsistance des malheureux.

Art. 15. — Le seigneur de ce lieu exige, sans entrer pour rien dans les charges de la communauté, le tiers de tous les biens communaux, soit qu'ils se partagent en nature, soit qu'ils se vendent ; de façon que, lorsque les habitants vendent de leurs propriétés pour payer leurs dettes, ou acquitter leurs charges, le seigneur exige le tiers de l'argent de la chose vendue avant l'acquittement des dettes, ce qui devient très onéreux pour les très humbles remontrants.

Art. 16. — Toutes ces charges sont sans doute trop pesantes pour une communauté qui n'est que de 39 feux, parmi lesquels, 15 ménages gémissent sous le poids de la plus grande indigence ; il n'y a donc qu'en environ 24 qui portent le fardeau des impositions ; dans le lieu il n'y a que trois petits laboureurs, fermiers ; et encore le montant excessif de leurs canons les réduit à un état de médiocrité qui les met hors d'état de secourir l'indigent, surtout cette petite communauté payant beaucoup plus que les villages circonvoisins.

Art. 17. — Un autre objet de la plus grande importance, sur lequel les fidèles sujets de Sa Majesté lui représentent leurs très humbles remontrances, et le prient de jeter un regard favorable, c'est le prix du sel ; dans les environs, il n'existe pas moins que trois salines considérables, employées à la cuisson de l'eau des sources salées, dont la nature semblait nous avoir favorisés ; salines qui consomment tous les bois qui se trouvent dans leur arrondissement qui est de quatre et cinq lieues à la ronde ; elles en font monter le prix au delà du triple de sa valeur commune, en sorte que dans peu il sera impossible de s'en procurer pour la province.

Art. 18. — Le prix du sel qui est de sept sols neuf deniers la livre pour le lieu, fait un prix exorbitant pour une communauté qui est obligée de l'aller chercher à quatre lieues de distance ; mais surtout pour des malheureux qui, n'ayant pas le moyen de s'en procurer beaucoup, se voient obligés de faire huit lieues, et quitter tout pour s'en procurer, ou de s'exposer à des reprises continuelles de contraventions, ou de se passer d'une denrée de la première nécessité ; et ce sel est d'autant plus cher qu'il n'est pas cuit, ne sale pas ; le bon étant réservé pour l'étranger, ou pour ceux qui jouissent du franc-salé ; tous les ans, dans les salines, on augmente le nombre des poêles ; et, par cette augmentation, le bois qui, auparavant, ne se payait que six francs au plus, se vend actuellement 18 et 20 francs la corde.

Art. 19. — Aux salines est encore affectée la Réformation qui est préjudiciable à la province, tant à raison des reprises qu'elle fait contre les propriétaires des bois qui sont dans son arrondissement, qu'à raison des fortes pensions qu'elle tire, tandis que les Maîtrises opéreraient à moindres frais.

Art. 20. — Un autre objet sur lequel les soussignés ont l'honneur de présenter leurs très humbles remontrances, ce sont les traites-foraines. Le village de Bey est entouré de toutes parts de villages lorrains, et on ne peut sortir du ban sans être muni d'acquits ; la crainte ou de la dépense ou de la contravention empêche le commerce dans nombre de circonstances, ce qui fait hausser le prix des marchandises ; ils croient qu'il serait très utile aux deux provinces de rendre le commerce parfaitement libre, comme étant tous enfants d'un même père.

Art. 21. — Un moyen très efficace de pouvoir subvenir aux besoins de l'État, serait de diminuer les frais de perception dans les impôts et les subsides que l'on paye ; on parviendrait à cette économie de la manière suivante : il serait réglé par le Roi et son Conseil ce que chaque province devrait payer, selon son étendue, ses richesses, son commerce et ses ressources ; chaque province se répartirait sur chaque ville et chaque communauté ; il n'y aurait qu'un receveur pour chaque province, dans la caisse duquel les collecteurs des différentes villes et communautés verseraient le revenu provincial, et le receveur provincial verserait directement au trésor royal. De là s'ensuivrait la suppression de tous les receveurs particuliers ; on sent assez combien il y aurait à gagner, quand même les provinces se chargeraient de rembourser la première de ces charges.

Art. 22. — On pourrait simplifier pareillement les frais de perception sur tous les revenus de l'État autres que les tailles, vingtièmes et impositions ordinaires. 1° Les Domaines pourraient être aliénés ou acensés à chaque province respective ; les engagistes verseraient eux-mêmes dans la caisse du receveur provincial le prix de leur acensement ; 2° les fermes du tabac, du sel, marque de fers et cuirs, qui sont cependant très nuisibles au pauvre peuple, les droits d'entrée et de sortie et généralement tous droits qui appartiennent aux cinq grosses fermes, sont susceptibles de réforme dans les frais de perception, sans que le Roi y perde rien ; car les provinces elles-mêmes peuvent être fermières, ce que l'on demande depuis longtemps ; et on obligerait de verser tous leurs deniers dans la caisse de leurs receveurs ; de là s'ensuivrait la suppression des Fermiers et des receveurs généraux à qui il faudrait rembourser les avances ; les provinces y gagneraient beaucoup, et en s'en chargeant ; le projet est conforme aux vues bienfaisantes du Souverain.

Art. 23. — Il serait d'ailleurs plus avantageux pour l'État que l'épargne fût répartie dans les provinces que d'enrichir quelques individus : les secours dont Sa Majesté aurait besoin dans les circonstances urgentes et nécessaires, seraient accordés par les provinces aussi promptement et plus efficacement ; le peuple ne serait exposé aux vexations, tout étant d'un commerce libre. On ne verrait plus une partie des sujets du Roi armée contre l'autre pour empêcher quelques légères contraventions aux lois fiscales ; il ne s'y commettrait plus d'assassinats impunis par les employés des Fermes, car cela se voit très fréquemment, et vient encore d'arriver dans nos cantons ; il n'y aurait plus de bureaux d'acquits ni de foraine : la province des Trois-Évêchés et celle de Lorraine étant mêlées ensemble, on ne peut aller d'un village à l'autre avec ses propres propriétés sans acquits ; ou bien on court risque d'une contravention.

Art. 24. — La religion, la probité et la piété ne permettent pas aux remontrants de taire un abus criant qui s'exerce sous l'ombre : de tendres pupilles, déjà trop malheureux d'avoir perdu leur plus cher soutien, trop faibles pour se soutenir, trop peu éclairés sur leurs propres intérêts, en font les tristes victimes ; la loi avait cru, par sa sagesse, leur fournir des appuis dans la personne de leurs tuteurs ou curateurs ; mais son but est souvent éludé ; car des gens aussi injustes qu'intéressés trouvent souvent le moyen de convertir en dépradation ce qui regarde ces infortunés ; les inventaires que les procureurs d'offices des seigneurs, ou les procureurs du Roi, dans les justices bailliagères, exigent de faire, sont encore pour la veuve et l'orphelin une occasion de ruine, étant souvent sans égard, et multipliant, sans miséricorde, les frais de vacations et autres.

Art. 25. — Un autre objet, ce sont les priseurs qui, pour augmenter leurs revenus, abrègent le temps de leurs séances et en multipliant le nombre tant dans les inventaires que dans les ventes ; leurs rôles montent pour ainsi dire à l'infini ; des gens affidés les suivent pour ne pas payer cher les objets qu'ils désirent ; le produit des ventes est porté chez eux, et en est rapporté à grands frais ; en sorte que les pauvres mineurs sont privés d'une grande partie de leurs biens par un nombre de formalités criminelles qu'on tâche de leur persuader qui ne sont observées qu'en leur faveur : il serait très facile de simplifier les inventaires et les ventes, en n'employant que des personnes établies sur les lieux, qui seraient taxées avec économie, ce qui procurerait un grand avantage aux mineurs.

Art. 26. — Il serait aussi très avantageux et très important de réduire le nombre des bailliages qui sont fort près, si leur proximité procure aux plaideurs quelques avantages, pour ceux surtout qui ne sont pas obligés de faire de longs voyages pour obtenir justice ; d'un autre côté, le plaideur surpris d'un mouvement d'emportement, et faisant réflexion aux fatigues qu'il aura à essuyer pour obtenir justice et pour aller intenter action contre son adversaire, laissera entrer dans son cœur la voix insinuante de la douceur, l'écoutera, et se rendra aux moyens de conciliation qui lui seront dictés et qui empêcheront sa ruine.

Il ne serait pas moins important de modérer les droits de justice qui deviennent très ruineux pour ceux qui ont le malheur d'être obligés de les employer, soit pour se maintenir dans leurs possessions, soit pour les récupérer.

Art. 27. — Un objet qui grève beaucoup les communautés est la construction des églises qui est tout à leur charge, excepté le chœur, surtout lorsqu'il n'y a pas de fabrique. Cependant les gros décimateurs enlèvent le plus clair des récoltes sans presque aucunes charges ; les remontrants supplient Sa Majesté de vouloir bien les favoriser à cette occasion.

Art. 28. — Ce sont là tous les sentiments respectueux, vœux, doléances, plaintes et remontrances que les soussignés ont à présenter aux États généraux du royaume ; supplient très humblement le Roi de les croire sincères, dignes de sa tendresse et de sa bienfaisance.

Et de suite les susdits habitants après avoir mûrement délibéré sur le choix des députés, et sur leurs remontrances, plaintes et doléances, ont signé les jours du mois et de l'an ci-dessus marqués.

Richard, *syndic et député ;* Claude Guerquin, *député ;* Christophe Picquot ; F. Bonnabelle, *greffier de l'assemblée ;* Pierre Guerquin ; Dominique Ducart.

BEZANGE-LA-GRANDE

XXXII ᴬ

« Procès-verbal d'assemblée de la communauté de Bezange-la-Grande pour la nomination des députés. »
« 15 mars 1789, sont comparus en l'auditoire de ce lieu ([1]), par-devant nous, Nicolas Pernet, chef de l'Assemblée. »
Village composé de 102 feux.
Députés : Nicolas Pernet, chef de ladite assemblée ;
           Jean-Claude Gazin l'aîné, rentier.
Signatures : Dominique Zabel ; Jean Bechamp ; N. Pernet, *syndic et député ;* J. Claude Gazin, *député.*

XXXII ᴮ

Cahier des remontrances, plaintes et doléances de la communauté de Bezange-la-Grande, rédigé en l'assemblée générale réunie le 15 mars 1789

Objets généraux

Ordonner que tout sujet de Votre Majesté, Sire, de quel Ordre, état et condition il puisse être, sera tenu de contribuer selon ses facultés aux impôts et autres charges publiques, sans en pouvoir soustraire aucun bien ; en conséquence, supprimer tous privilèges, exemptions et taxes d'office.

Supprimer aussi toutes charges et emplois trop multipliés, et de peu d'utilité, qui absorbent une partie des finances sans aucun objet.

Anéantir les droits de gabelle, et autres de pareille nature, qui sont trop à charge à vos peuples.

---

1. *Impositions ordinaires* pour les *six* premiers *mois* de l'année *1790* :
Imposition principale. . . . . 317 ᵗᵗ 10 s. » d.
Impositions accessoires. 632   7   7
Capitation. 965 17 2
      Total . . . . 1 915 ᵗᵗ 14 s. 9 d.
Deux vingtièmes et quatre sous pour livre du premier pour *1790* :
Biens-fonds . . { 1ᵉʳ cahier . . . 1 518 ᵗᵗ 11 s. » d.
                { 2ᵉ cahier . . . 1 827 18 9
      Total . . . . 3 346 ᵗᵗ 9 s. 9 d.
(Arch. Meurthe-et-Moselle, L. 308.)

Diminuer les droits exorbitants établis sur la marque des fers et des cuirs, qui obligent vos sujets à payer de ces deux objets beaucoup plus cher qu'en Lorraine.

Changer l'administration des Eaux et Forêts, attendu que celle actuelle est trop dispendieuse, trop coûteuse, et nuit à leur reproduction.

Supprimer les offices d'huissiers-priseurs, vendeurs de meubles, très à charge et très coûteux à vos peuples.

Proscrire le tirage de la milice qui est un impôt très onéreux aux communautés, sauf à y suppléer par une imposition proportionnée au nombre de garçons dans le cas du tirage.

Rendre libre le commerce entre les sujets des Trois-Évêchés, la Lorraine et les provinces voisines, qui sont tous Français, en supprimant les traites-foraines, et en dispensant de prendre des acquits pour le transport des marchandises de l'une de ces provinces à l'autre.

Faire supprimer en tout ou en partie les salines de Lorraine et des Évêchés qui absorbent la plus forte partie des forêts, rendent les bois de toute espèce d'une cherté extraordinaire, sans qu'on en soit indemnisé sur le prix du sel qui est encore plus haut, et de moindre qualité que celui qui se conduit hors de la France.

Ordonner que l'impôt représentatif de la corvée sera réparti et supporté par tous vos sujets sans distinction, à proportion de l'impôt qu'ils supporteront à raison de leurs biens.

Supprimer les droits que les curés perçoivent sous le titre de casuel; leur restituer les dîmes qui, selon les lois anciennes, sont le patrimoine des pasteurs et des pauvres; ordonner que les réparations et entretiens des églises seront à la charge des décimateurs.

Objets locaux

Le village de Bezange-la-Grande est enclavé dans les forêts; ce qui rend les chemins, pour le transport des denrées et le commerce; impraticables pendant la plus forte partie des années, et lui porte un préjudice très considérable; les habitants supplient Sa Majesté, dans le cas qu'elle se déciderait à établir des chantiers de charité, sur la demande faite par ses sujets, d'ordonner que ces chemins seront chargés de pierres dans les parties les plus défectueuses, et mis en état d'être fréquentés en tout temps.

La communauté ne possède aucuns biens communaux; près du quart des terres qui composent leur ban est possédé par des propriétaires privilégiés qui ne contribuent pour rien dans les impositions à la charge des habitants; cependant elle est imposée à un taux supérieur à celui des communautés voisines qui jouissent de biens communaux, et qui contribuent tous à l'acquit de ces impositions; l'Assemblée supplie Sa Majesté de prendre en considération leurs justes plaintes, en ordonnant à cet égard qu'ils seront diminués, et ne supporteront à l'avenir que ce qui peut être à leur charge proportionnellement à leurs biens.

Fait et arrêté en l'assemblée générale de la communauté de Bezange-la-Grande, le quinze mars mil sept cent quatre-vingt-neuf.

Dominique Zabel; Jean Bechamp; N. Pernet, *syndic et député;* J. Claude Gazin, *député.*

BEZANGE-LA-PETITE

XXXIII[A]

Communauté de Bezange-la-Petite[1].

Cejourd'hui, quinze mars mil sept cent quatre-vingt-neuf, en l'assemblée convoquée au son de la cloche en la manière ordinaire et accoutumée, sont comparus au greffe de ce lieu, par-devant nous, officiers municipaux de Bezange-la-Petite, les habitants soussignés faisant le Tiers état de ladite communauté, tous Français ou naturalisés, âgés de vingt-cinq ans, compris dans les rôles des impositions de cette communauté composée de 55 feux; lesquels, pour obéir aux ordres de Sa Majesté, portés par les lettres données à Versailles le 7 février 1789, pour la convocation et

---

1. *Impositions ordinaires* pour les *six* premiers *mois* de l'année *1790* : 1 234 ₶ 3 s. 2 d.

Deux vingtièmes et quatre sous pour livre du premier pour *1790* :

Biens-fonds . . { 1ᵉʳ cahier . . . 838 ₶ 13 s. 9 d.
2ᵉ cahier . . . 750   14   6

Total . . . . 1 589 ₶ 8 s. 3 d.

(Arch. Meurthe-et-Moselle, L. 308.)

tenue des États généraux, et satisfaire aux dispositions des règlements annexés, ainsi qu'à l'ordonnance de M. Vignon, président, lieutenant-général du bailliage de Vic, dont ils nous ont déclaré avoir une parfaite connaissance tant par la lecture qui vient de leur être faite que par la publication faite au prône de la messe de paroisse par M. le curé, le 15 du présent mois, ainsi que par les affiches, lecture et publication d'icelle, ils nous ont déclaré qu'ils allaient d'abord s'occuper à la rédaction de leur cahier de doléances, plaintes et remontrances ; et en effet, y ayant vaqué, ils nous ont représenté ledit cahier ainsi qu'il suit, lequel a été signé par ceux des habitants qui savent signer, et par nous après l'avoir coté et paraphé par première et dernière page *ne varietur* au bas d'icelle.

Ledit jour, ladite communauté a choisi pour députés à l'assemblée du bailliage de Vic, fixée au 23 mars, François Barbelin, syndic et laboureur, et Jean-Nicolas Perin, greffier de ladite communauté, pour porter à ladite assemblée le cahier de ses doléances, plaintes et remontrances exprimé ci-dessus, avec pouvoir d'agir, proposer, remontrer, en son nom concourir à la nomination des députés pour l'assemblée de Toul, et consentir à tout ce qui leur paraîtra capable de procurer le bien général et particulier des sujets de Sa Majesté le roi de France.

Doléances, plaintes et remontrances que fait la communauté de Bezange-la-Petite

Art. 1. — Ladite communauté demande que la convocation et composition des États généraux, fixée au 27 avril prochain, passe en loi pour l'avenir ;

Art. 2. — Qu'auxdits États on vote par tête et non par Ordre ;

Art. 3. — Que la province des Trois-Évêchés ait son État provincial composé des trois Ordres *ad instar* de la composition des futurs États généraux, qui sera chargé de la répartition des impôts ;

Art. 4. — Que les seules assemblées municipales, aidées par les adjoints, conservent leur existence, c'est par ce moyen qu'on parviendra toujours à la plus exacte répartition ;

Art. 5. — Que les adjudications qui intéressent les communautés particulières se fassent par-devant les officiers de leur municipalité et leurs adjoints, après que la communauté aura été préalablement autorisée par qui il appartiendra : il y aura moins de fraudes et moins de frais ;

Art. 6. — Qu'il soit pourvu par une justice moins dispendieuse que celle des Maîtrises à la marque et conservation des bois ;

Art. 7. — Que la marque des cuirs et des fers soit supprimée ;

Art. 8. — Que la traite et foraine soit supprimée, c'est-à-dire la communication libre entre les Évêchés et la Lorraine en raison des vexations auxquelles sont exposées par ignorance parties des habitants, et de son peu de rapport, vu l'énormité des frais de perception ;

Art. 9. — Que les redevances pour la sauvegarde, reste du règne féodal, soient abolies. Les seigneurs étant déchargés de l'obligation de fournir la sauvegarde, l'équité exige que les vassaux soient déchargés de la redevance pour cet objet, qui est très considérable pour cette petite commune ;

Art. 10. — Que les seigneurs ecclésiastiques qui jouissent du tiers des biens communaux supportent aussi le tiers du vingtième, ou de telle autre imposition dont les biens communaux seront chargés ;

Art. 11. — Que les seigneurs jouissant du tiers des biens communaux soient aussi chargés du tiers des dépenses que la communauté aura été autorisée de faire ;

Art. 12. — Que les troupeaux des seigneurs n'excéderont pas le tiers du bétail de la communauté, et ne formeront qu'un même troupeau avec celui de la communauté. Le droit de troupeau à part et le nombre arbitraire ou du moins excédant le tiers du nombre des bestiaux de la communauté est préjudiciable et ruineux pour lesdites communautés ;

Art. 13. — Que la redevance que les cultivateurs payent aux seigneurs par chaque balance soit modérée, ou convertie en une redevance proportionnée au nombre de terres que les laboureurs en cultivent, en distinguant le cultivateur propriétaire du fermier ;

Art. 14. — Qu'il soit remédié aux lenteurs et formalités inutiles dans les procédures ;

Art. 15. — Que les offices des huissiers-priseurs-jurés soient supprimés ;

Art. 16. — Que le prix du sel et du tabac soit notablement diminué ;

Art. 17. — Que les stipulations d'intérêts par contrats obliqatoires ou billets sous seing privé soient permises comme en Lorraine elles y sont autorisées ;

Art. 18. — Que la clôture des prés en réserve soit supprimée ;

Art. 19. — Que la diminution des poêles dans les trois salines, qu'elles soient réduites au nombre qu'elles étaient à l'époque de la cession de la Lorraine à la France, vu la dévastation des forêts occasionnée par la grande consommation de bois qui se fait dans les salines, qui, à ce moment, en a fait quadrupler le prix, et finirait dans quelques années, quoiqu'au milieu des forêts, par nous priver d'une denrée de première nécessité ;

Art. 20. — Que les citoyens des trois ordres contribueront aux charges pécuniaires à proportion de leurs facultés ;

Art. 21. — Que le droit de colombier dans les communautés soit supprimé, vu la dévastation qu'il en occasionne ;

Art. 22. — Qu'il soit dans les communautés permis un parcours général dans tous les cantons des bans et finages et que les droits anciens soient supprimés ;

Art. 23. — Que les droits seigneuriaux de notre communauté, consistant que chaque habitant leur doit 12 francs et demi barrois de droit d'entrée, et doit 18 sols pour poule et poulet, en sus 6 deniers pour droit de feu, en sus 6 deniers chaque bête laitière chaque année ; en sus, que chaque particulier vienne à vendre ou échanger, leur doit quatre pots de vin, de même que chaque ménage de fait tous les héritiers doivent aussi chacun quatre pots de vin ; et que tous ces droits soient supprimés.

Art. 24. — Ne consentons néanmoins à la durée d'aucun impôt jusqu'à ce que nos États provinciaux nous soient accordés, et que le retour périodique des États généraux soit invariablement fixé.

Fait et arrêté à Bezange-la-Petite les jour et mois an avantdits, et signé après lecture à eux faite.

François Barbelin, *syndic;* Jean-Baptiste Cézard, *notable;* Louis Fass, *adjoint;* Baptiste Thomas ; Jean Barchat ; Joseph Admant ; J.-Nicolas Perin, *greffier.*

BIONVILLE

XXXIV^A

Procès-verbal.

16 mars 1789,

« La communauté de la cense de Bionville (¹) étant assemblée en la manière ordinaire et accoutumée, après l'avertissement du sergent de ladite communauté, par-devant nous maire, syndic et député de l'assemblée municipale de cette communauté. »

Députés : George Receveur, syndic,
Nicolas Jardel.

« Ladite assemblée a été tenue par-devant Jean Gérard et Nicolas Barthélémy, tous les deux députés en chef de l'assemblée municipale de cette communauté qui en ont reçu les voix. »

Total d'habitants : 42.
Total de feux : 42.
Signatures : N. Jardel, *maire, député et greffier;* G. Receveur, *député;* N. Marchal; N. Barthélémy.

XXXIV^B

Cahier de la communauté de la cense de Bionville, des plaintes, doléances et remontrances que fait ladite communauté ainsi qu'il s'ensuit.

ART. 1. — Cette communauté est composée d'une étendue de deux lieues d'une extrémité à l'autre, sur la frontière d'une montagne, composée de petites maisons et baraques qui sont écartées l'une de l'autre dans cette étendue, et dans des terrains très ingrats, puisqu'il y a environ cinquante ans qu'il n'y avait que trois maisons; le surplus ce sont tous des pauvres

---

1. *Impositions ordinaires et prestation des chemins* pour les *six* premiers mois de l'année *1790* :

Imposition principale.	27 ℔	» s.	» d.
Accessoires de l'imposition principale . . .	53	15	7
Capitation et ses accessoires.	61	10	»
Taxations des collecteurs	2	1	10
Droit de quittance au receveur des finances.	2	1	4
Prestation des chemins.	20	18	1
TOTAL GÉNÉRAL	167 ℔	6 s.	10 d.

(Arch. Meurthe-et-Moselle, L. 678.)

Deux vingtièmes et quatre sous pour livre du premier pour *1790* : 543 ℔ 4 s. 9 d.
(*Ibid.,* L. 308.)

gens qui se sont établis sur la frontière de cette montagne qui était comme en nature de terre en blanc, et qui ne peut produire qu'à moitié de celui qui est d'ancienneté.

Art. 2. — Cette communauté est très pauvre, n'ayant aucune ressource que de ce qu'ils peuvent gagner de leurs bras en travaillant dans les forêts, à cause qu'ils n'ont point de quoi à cultiver, et qu'ils sont serrés des étrangers de la principauté de Salm qui viennent cultiver dans cette communauté, puisque cette communauté n'a pas seulement la dixième portion, et qui est encore bien moins valable que celui des étrangers qui est cultivé d'ancienneté.

Art. 3. — Nous représentons encore que nous sommes fortement chargés dans toutes les impositions : il est bien vrai que nous sommes encore un petit nombre d'habitants, mais sans avoir de quoi à cultiver comme vous le voyez par l'article 2. Nous demanderions d'être modérés à toutes les impositions, puisque nous cultivons si peu, et qu'il est même de si petite valeur.

Art. 4. — Ladite communauté ose aussi représenter que malgré qu'elle ait toujours été regardée comme faisant partie de la seigneurie du ban le Moine et qu'ils ont toujours payé les droits seigneuriaux comme il est porté dans les titres et redditions de comptes de ladite seigneurie, cependant on refuse de s'acquitter envers ladite communauté des usages qui lui sont dus, comme leur bois de marnage pour des bâtiments, leur usage de bois de chauffage dans le mort bois que les fortiers ne veulent plus permettre : on leur défend aussi de pâturer tant avec les bêtes rouges que les porcs dans les forêts de ladite seigneurie, qui veut dire dans les coupes qui sont exploitées dans les sapinières; que d'ancienneté l'on pâturait toujours dans les sapinières. Cependant elle demanderait que ses droits leur fussent accordés d'avoir leurs usages dans les bois morts et morts-bois, et aussi bois de bâtiment, et usage de pâture comme qu'on lui défend rappeler; d'autre part voulant bien payer les droits qui sont portés par leur titre, puisqu'ils continuent toujours de s'acquitter des droits seigneuriaux qui sont rappelés par les susdits titres, comme taille Saint-Remy, rente de feux, droits des bêtes tirantes, comme les amendes, droits de pêche, seaux d'eau, ainsi que du reste; et ladite communauté n'ayant aucun bois en propre que environ une corde par an, encore elle vient bien cher à cause de l'éloignement qui est au moins de deux lieues, et par des chemins très difficiles.

Art. 5. — Si ladite communauté semble être un peu vexée par ses seigneurs temporels, elle est encore plus abandonnée par ses seigneurs spirituels : elle n'a pas à se plaindre de M. le vicaire d'Allarmont qui est chargé de la desserte, en vertu d'une ordonnance de Monseigneur Drouas, évêque de Toul, homologuée et registrée au greffe du consentement de la Cour au parlement à Metz, en date du 12 juin 1770, signifiée au vicaire d'Allarmont par ordre de M^{rs} les officiers de Senones au bailliage de la principauté de Salm en date du 24 juillet 1772 ; et depuis que le s^r curé de Neuviller n'en est plus chargé de la desserte de cette partie, il nous semble être délaissés entièrement : plus de visites aux malades, plus de secours temporels ; néanmoins plus de la moitié des personnes se trouvent malades, et dans la disette, surtout pendant la rigueur d'un hiver comme celui-ci, qui est sans fin, et qu'ils ne peuvent plus vaquer au travail des bois qui est leur unique ressource ; cependant M. le curé de Neuviller ne laisse pas que de tirer la dîme de nos travaux et de nos sueurs.

Art. 6. — La vétusté et la petitesse de l'église d'Allarmont est pour nous une nouvelle incommodité bien difficile à supporter, et nous force à une nouvelle reconstruction, puisque dans le courant de l'année dernière cette église nous a déjà été interdite : nous sommes donc forcés, sans aucune faute de notre part, de nous passer d'offices divins pendant l'année, ou abandonner nos chaumières avec nos petits meubles pour y assister dans des paroisses voisines ; il est donc bien juste, puisque le s^r curé de Neuviller est chargé de nous faire desservir Allarmont, nous demandons qu'il ait donc à contribuer à la bâtisse de cette église ; ou, si mieux n'aime, nous abandonner nos dîmes ; nous nous ferions desservir et loger.

Art. 7. — Nous demanderions que toutes les mesures soient d'une même égalité partout, comme les quarterons, les poids à peser, les mesures de bouteilles, les aunes et livres, ainsi que toutes autres mesures.

Art. 8. — Nous demanderions aussi que le sel soit diminué, et qu'il soit d'une même égalité par tout le royaume, de même que le tabac ; nous représentons encore particulièrement que, malgré que nous payons très cher du sel, nous avons encore notre bureau de sel qui est à trois bonnes lieues de notre communauté, et par des chemins très difficiles dans les montagnes; que plus souvent, dans les rigueurs de l'hiver, on ne s'en peut munir, et qui occasionne souvent des reprises aux pauvres gens; et nous demandons d'avoir égard à nous pour cet article.

Art. 9. — Nous rappelons encore l'article quatre concernant les bois seigneuriaux du ban le Moine et autres voisins : on nous défend d'envoyer nos porcs en pâture aucunement dans lesdites forêts, soit dans les endroits défendus et non défendus, en vertu des bois que l'on met en défense là où l'on fait des exploitations de bois qui ne sont point sapinières; nous demanderions que, six ans après l'exploitation, il soit permis à tout le monde d'envoyer leurs bestiaux en pâture sans que les Maîtrises, grueries ni fortiers puissent les garder plus longtemps. Cet article mérite beaucoup d'attention, en vertu de cette communauté qui n'a presque rien à cultiver; si on veut les y ôter les pâturages des bois comme il est commencé, comment pourront-ils y sustenter à leur nécessaire, et à celui de leurs familles? puisque nous n'avons de ressource que le travail des bois, et faire le nourri de quelque petit bétail, et en petit nombre.

Art. 10. — Cette communauté représente encore particulièrement qu'ils se trouvent trop chargés à l'égard des vingtièmes qu'ils payent de leurs biens qu'ils cultivent à leurs propres, qui est de si petite valeur, comme il est déjà dit en l'article 1. Nous ne laissons pas que d'être aussi chargés pour notre bien que celui des étrangers qui est sur notre ban, qui vaut bien mieux des trois quarts que le nôtre. Nous espérons égard à cet article.

Fin. — Vu le présent cahier à nous adressé par ladite communauté à nous, George Receveur, syndic, et Nicolas Gardet, maire, tous deux députés comme il est porté au procès-verbal ci-joint, lequel cahier nous l'avons coté par page et article, lequel contient neuf pages dans lesquelles il est renfermé dix articles; fait à la cense de Bionville, le seize mars mil sept cent quatre-vingt-neuf, soussignés.

N. Jardel, *maire et député et greffier;* G. Receveur, *député;* N. Marchal; N. Barthélémy.

BISTEN-IM-LOCH

XXXV[A]

Procès-verbal.
19 mars 1789.
« Sont comparus en l'auditoire ou hôtel de ville de ce lieu. »
66 feux.
Député : George Colt, syndic de la municipalité.
Signatures : George Colt, *syndic;* Jean Dechou, *membre;* Antoine Gouvion, *greffier.*
Fait à Bisten-im-Loch double le 21 mars 1789, à la maison du syndic et député, et qu'ils avons tous signé avec les officiers de notre municipalité dudit B. I.
Jean Dechou, *membre;* Antoine Gouvion, *greffier.*

XXXV[B]

Cejourd'hui, le 19 mars 1789, à la réquisition... nous avons le grand motif à considérer concernant l'état de Fermiers généraux.

Nous [nous] trouvons enclavés au milieu de la Lorraine sans pouvoir sortir ni entrer avec aucune marchandise quelconque sans [être] munis des acquits, sans doute bien gardée de cinq brigades des employés. Nous [sommes] fort étonnés que le rapport de notre ban, après calcul fait, suffise pas au payement desdits employés, desquels nous y sommes environnés; si votre règlement retardera à venir, nous serions forcés de quitter notre habitation.

Dans notre pauvre habitation, il y a fort peu de tisseurs; nous [sommes] forcés le peu de toile que nous avons à faire d'aller chez les tisseurs lorrains porter les filés, munis d'acquits, d'aller chercher la toile, il faut suivre la même tresse pour vous par égard à cela comme un droit équitable.

Nous regardons avec un œil jaloux l'étranger qui a le sel à un prix si modique, tandis que nous le payons à un prix si exorbitant, du moment que nous supportons la charge et la cherté des bois qui est occasionnée par les salines, forges et verreries. Les étrangers servent même de notre propre sel en faisant un profit considérable, en nous le vendant notre propre bien.

Il y a environ quinze ans qu'il est venu un commissaire pour visiter les maisons pour les charges qu'on appelle un vingtième; il y a plusieurs de ces maisons qui sont réduites en masures, et qu'il n'y a plus personne pour payer les droits desquels ils ont été chargés, ce qui fait un inconvénient pour la communauté, vu qu'on répète les deniers : il n'y a personne pour les payer.

Il y a environ 20 ans qu'il a été établi une régie qui a augmenté le cuir le double; aujourd'hui il est d'une cherté impossible de pouvoir en acheter, une charge terrible pour le pauvre peuple; et ceux qui sont employés dans cette régie ils s'enrichissent au bout de peu de temps : ce qui s'appelle récompenser un et punir les autres.

S'il vient à mourir un père ou une mère qui ait des orphelins, il faut avertir d'abord M. le procureur d'office pour faire les inventaires. Alors leurs meubles sont vendus par les priseurs dont qui vient faire leur journée et qu'ils augmentent tellement les frais qu'après tout fait, lesdits mineurs se trouvent privés de ce que leurs pères et mères s'a donné autant de peine [à gagner].

Le Roi a envoyé un édit [en] 1768 pour faire des clôtures, que c'est une grande gêne et une perte considérable pour le menu peuple, car les particuliers qu'ils avaient quatre fauchées de prés, depuis le port de l'édit les 4 fauchées sont déjà partagées entre seize... Il est exactement bon que pour les abbayes et biens seigneuriaux qui restent toujours dans le même état, ils [feraient] bien de délaisser leurs fermes plus cher, et le fermier peut bien les recevoir plus cher du moment qu'il va manger le pâturage de la communauté où il se trouve, et de les réserver leurs clôtures pour eux seuls.

Nous avons pour décimateur l'abbaye de l'abbatiale de Saint-Avold, et les moines de l'abbaye de Longeville. Le Roi, il y a environ 15 ans, a envoyé une ordonnance qui nous charge à bâtir nos églises sur la charge de la communauté, tandis que lesdits décimateurs tirent au moins les trois tiers de notre dîme franc sans nous donner le moindre secours. Nous demandons que lesdits décimateurs soient tenus à bâtir, et à l'entretien de nos églises comme avant l'édit.

Nous demandons une pleine liberté quant au moulin banal : que chaque particulier aille moudre là où il trouve son bien-être; il se trouve de grands abus, se voit forcé souvent de [se fier] à la probité d'un meunier qui est plus ou moins honnête.

Nous sommes environnés de Juifs qui conduisent à la ruine du peuple par rapport aux intérêts cumulés de rente...

Nous avons notre maîtrise des Eaux et Forêts à Metz. Ils envoient leur garde-général visiter nos bois. S'ils trouvent un délit, ils font leur rapport sur la communauté : du moment que ce délit a déjà été puni de nos fortiers de la communauté, et du garde surveillant, nous trouvons injuste que l'innocent soit puni, tandis que le coupable a déjà été puni.

Les receveurs des deniers des finances nous envoient un contraint qui nous coûte beaucoup de frais annuellement, mandant que le collecteur a le pouvoir, aussitôt que ledit receveur a écrit une lettre par la poste, qui [est] beaucoup moins coûteuse, que ledit collecteur puisse poursuivre ceux qui sont en retard de leurs payements. Comme le contraint venant au soir tire 20 sols, et dès son lever, au matin, encore 20 sols, venant quelquefois trois fois par semaine, cela fait six livres de frais par semaine.

Nous avons un châtreur admodié du sieur abbé de Saint-Avold, qu'ils appellent pour les bestiaux; il vient quand bon lui semble; et, s'il se trouve quelque bête manquée qui peut-être ait été sa faute oui ou non, nous n'avons pas encore vu qu'il ait été responsable de pertes qui se sont trouvées dans cet égard.

Fait et arrêté double à Bisten-im-Loch, le 21 mars 1789, à la maison dudit syndic et député, et qu'ils avons signé avec les officiers de notre municipalité dudit Bisten-im-Loch. 1789.

George Colt, *syndic;* Jean Dechou, *membre;* Antoine Gouvion, *greffier.*

BISTROFF

XXXVI[A]

« Procès-verbal de l'assemblée paroissiale de la communauté de Bistroff pour la nomination des députés. »

16 mars 1789,

« Sont comparus par-devant nous Jean Roling, syndic de la municipalité et de la communauté de Bistroff, à défaut d'autres officiers publics. »

Communauté de 65 feux.

Députés : Dominique Renaudin, notable,
Pierre Pferdschneider, receveur de la fabrique.

Signatures : Dominique Renaudin; Peter Pferdschneider ; C. Compte; Johannes Klein, *meier ;* Jean-Michel Schumacher, *élu ;* Johannes Roling, *syndic ;* L. Müller, *greffier de la municipalité.*

XXXVI*

Cahier de doléances, plaintes et remontrances de la communauté de Bistroff, pour être présenté par les sieurs Dominique Renaudin, notable, et Pierre Pferdschneider, receveur de la fabrique de cette paroisse, ses députés, à l'assemblée générale des trois Ordres du bailliage de Vic, le 23 mars 1789

Cette communauté, il y a quarante ans une des plus riches du canton, est devenue par le malheur des temps, l'augmentation des impôts, la multiplicité et griéveté des droits seigneuriaux une des plus pauvres ; en sorte que d'un grand ban formant au delà de 350 jours mesure de l'Évêché à la saison, et des prés à proportion, il n'y en a pas cinquante appartenant en propre aux habitants : tout le reste est au seigneur ou à des forains.

Le prix du sel le rend pour plusieurs pauvres ménages hors d'usage, en sorte que pendant plusieurs semaines ils ne peuvent cuire aucune soupe, aucun légume, faute d'argent pour se fournir de sel ; ce qui occasionne des maladies, leur diminue les forces et les fait périr avant le temps.

La cherté du sel est nuisible à l'agriculture : le fourrage salé donne aux bêtes à cornes plus de force, et les rend plus aptes au travail. Comment pourraient les pauvres campagnards en distribuer à leur bétail lorsqu'ils craignent pour eux-mêmes d'en faire la dépense ?

Les salines dont ce pays est environné rendant le bois hors de prix, depuis huit ans il a doublé ; elles absorbent pour leurs fourneaux la plus forte partie de nos forêts et le genre de bois le plus convenable pour des pauvres ménages. Les seigneurs ou particuliers propriétaires, et dont les forêts ne sont pas annexées aux salines, augmentent annuellement le prix de la corde de bois et du cent de fagots ; en sorte que, s'il ne plaît à Sa Majesté de remédier à cet abus, il sera dans la suite impossible aux pauvres de ce canton de subvenir à cette dépense du premier besoin, soit pour la consommation, soit pour construction ou ouvrages.

Les entraves que la Ferme a mises au commerce par la nécessité des acquits pour communiquer d'une province à une autre est un de ces abus principaux et une charge des plus onéreuses et des plus coûteuses. On ne peut conduire une voiture chargée soit de vin ou autres denrées à deux lieues sans être exposé à une contravention ; on ne peut faire un pas sans être assailli par une brigade de gardes souvent ivres, et toujours inspirant de la frayeur aux voyageurs.

La marque de cuirs, dont le Roi ne tire aucun profit, en augmente du double le prix, rend très difficile, très coûteux, souvent impossible à un père chargé de beaucoup d'enfants l'usage des souliers, augmente considérablement les frais d'attelage et occasionne mille friponneries.

Il se commet de notre connaissance dans plus de vingt bans et finages voisins une injustice criante (sans doute elle se commet aussi dans d'autres cantons de cette province et dans d'autres provinces) : les seigneurs hauts-justiciers, et autres ayant droit de chasse, laissent accumuler dans leurs forêts une quantité considérable de gibier qui, lorsque les grains commencent à mûrir, vient ravager toute la campagne et fait un dommage inappréciable. Nous avons souvent compté des troupeaux de vingt et trente cerfs et biches se promenant en plein jour au milieu d'une saison de blés, choisant les meilleurs épis ; en évaluant le dommage annuel au sixième de la récolte, c'est estimer au plus bas prix. Il serait de la bonté et de l'amour paternel du Roi d'obliger les seigneurs à enfermer leur gibier dans un parc, ou d'autoriser les cultivateurs à tendre dans leurs possessions des filets en état de prendre le gibier.

Les seigneurs ont fait distraire des rôles de la subvention du chef-lieu, et réunir en communautés particulières, avec rôle à part, plusieurs censes, fermes et usines à eux appartenant : d'où il résulte une surcharge pour les villages et paroisses dont dépendent ces censes et fermes ; il est de la justice que celui qui possède, soit comme propriétaire, soit comme fermier, des terres ou prés sur un ban, contribue pour sa quote-part aux charges publiques et deniers royaux ; quoique les rôles des impositions pour la communauté de Bistroff n'excèdent pas en réalité la quote-part que ce village doit supporter dans les impositions de la province, par le démembrement de trois grosses fermes et censes au seigneur, le village est surchargé.

Il serait à souhaiter et on espère de la justice et de la bonté du Roi qu'il déclarera incompétents les officiers de justice des seigneurs toute et quante fois il s'agira d'un procès entre le seigneur en cette qualité soit ou entre tous ses vassaux ou une seule communauté ou particulier; car, dans ces cas, les officiers sont juges et parties : on n'a pas encore vu un seigneur perdre un seul procès jugé par son juge.

Il y a trente-six ans, les particuliers de notre communauté avaient droit de prendre tous les bois morts et abattus; mais, actuellement, il se trouve que nous n'avons rien que les bois abattus par le vent; ce comme rien, parce que le seigneur laisse pas des arbres vieux et grands dans lesdites forêts, et il nous laisse pas prendre les autres bois morts sans [être] abattus, et par la pauvreté de la communauté on ne peut pas chercher nos droits.

Différents seigneurs outrepassent leurs droits, autorisent leurs gardes-chasse-fortiers, commis pêcheurs, et autres à leurs gages, de faire des rapports non seulement pour les dommages faits dans leurs bois, chasses, rivières et étangs, mais aussi sur le ban et finage, responsables des dommages, pour lesquels on a des recours que contre les bangards, leur accordant le tiers de l'amende; d'où il résulte une infinité de rapports à tort et à travers.

Il serait bien avantageux pour le pauvre peuple que les gens de justice des communautés aient le droit de faire les inventaires, créer les tuteurs et curateurs; souvent il meurt des pères ou mères qui ne laissent pour tout bien que des enfants mineurs et un petit et chétif mobilier. Ces frais judiciaires absorbant tout.

Il serait à désirer qu'il n'[y] ait dans toute la France qu'un poids et une mesure, qu'une aune, qu'une même valeur d'argent monnayé; le poids est plus juste que la mesure qui, par sa diversité, a mille inconvénients, et occasionne une infinité de fraudes.

L'édit de 1768 qui met à la charge des communautés les constructions et réparations d'églises, est une charge très forte qui, annuellement, occasionne une grosse dépense : on espère que Sa Majesté chargera comme par le passé de cet objet les gros décimateurs.

Les procès durant trop longtemps, les frais en sont exorbitants : il serait très nécessaire d'en réformer les abus.

Il vient dans notre canton trop de religieux mendiants quêter dans une même paroisse : c'est une surcharge d'impôts.

Il sort annuellement du village de Bistroff tant en subvention, imposition accessoire et deniers, et capitation une somme de seize cent soixante-seize livres trois sols, sans l'imposition de la corvée qui, l'année dernière, s'est portée à une somme de deux cent quatre-vingt-dix-sept livres, faisant un total [de] mille neuf cent soixante-deux livres, dix sols, et en droits seigneuriaux douze cents francs, savoir : chaque laboureur paye annuellement attelée de six chevaux une somme de quinze francs, est obligé de faire un voyage à dix lieues de distance, et chaque particulier paye six livres deux sols et une demi-quarte d'avoine et deux poules, et trente quartes de blé et vingt quartes d'avoine, mesure de Metz, faisant une somme de trois mille trois cent quatre-vingt-dix-sept livres dix sols, somme exorbitante pour un village qui n'a que 6 laboureurs fermiers qui payent le plus haut prix des terres qu'ils ont en ferme. Les autres habitants sont pauvres manœuvres.

Le contrôle monte trop haut : lorsqu'il faut passer des baux ou passer des contrats, les frais en sont exorbitants.

On se plaint que les honoraires des curés, qui se montent à trois livres de France pour droit d'enterrement des grands corps, et trois livres pour une grand'messe, et trente sols pour un enterrement d'un enfant, et quatre livres pour un mariage.

Nous laissons à la prudence de ceux des députés qui sont plus instruits d'indiquer les moyens de remédier aux maux et dettes de l'État; nous espérons que nos doléances, plaintes et remontrances seront écoutées, et qu'avec tout le royaume nous nous ressentirons de la bonté paternelle d'un Roi qui mérite notre amour et notre fidèle attachement.

Fait et rédigé à Bistroff, et soussigné par tous ceux qui savent signer, le seize mars 1789.

Dominique Renaudin; Peter Pferdschneider; C. Compte; Johannes Klein, *meier;* Jean-Michel Schumacher, *élu;* Johannes Roling, *syndic;* L. Müller, *greffier de la municipalité.*

BOUCHEPORN

XXXVII ᴬ

Procès-verbal.
19 mars 1789,
« Sont comparus tous les habitants de ce lieu, par-devant nous, Pierre Lacroix, syndic de Boucheporn. »
Communauté composée de 51 feux.
Députés : Pierre Lacroix,
Blaise Muller.
Signatures : P. Lacroix; Jean Tourcher, *maire;* Blaise Muller; Louis Gousse, *greffier.*

XXXVII ᴮ

Cahier des plaintes et doléances de la communauté de Boucheporn

Cejourd'hui dix-neuf mars mil sept cent quatre-vingt-neuf, en l'assemblée dans le lieu ordinaire, en la manière accoutumée, sont comparus tous les habitants de Boucheporn qui ont déclaré qu'ils désireraient qu'aucun impôt puisse être établi ni prorogé que du consentement de la Nation.

Art. 1. — Le sel occasionne une grande misère dans le pays à cause de sa cherté. Il occasionne que le pauvre peuple ne peut faire de la nourriture ordinaire, et même le nourri des bestiaux pour leur subsistance de faire leurs ouvrages de labour, de même le profit du peuple, dont le peuple en pourrait faire des nourris pour leurs besoins, et les engraisser et en profiter quelquefois les impôts. La cherté cause que les bouchers sont obligés de faire venir des bêtes grasses hors des pays étrangers, avec grandes dépenses, et les tanneurs de même sont obligés de faire venir des peaux des pays étrangers aux mêmes dépens : tout cela occasionné par la cherté du sel. Si le sel était commun dans notre pays comme dans le pays étranger, comme on enlève le meilleur sel de notre pays pour des pays étrangers, et il ne nous reste que le moindre, que nous payons huit sols la livre, tandis que les étrangers enlèvent le meilleur pour un sol la livre. Cela cause que la viande et les bêtes sont d'une grande cherté dans notre pays, et que l'argent sort hors de notre pays.

Art. 2. — Le cuir est d'une [si] grande cherté à cause de la marque, que les pauvres gens ne peuvent en acheter, et sont obligés d'aller à pieds nus, [ce] qui fait trembler quand on le voit; dont Sa Majesté en souffre pour l'entretien de sa troupe, et que cet impôt est une nouveauté qui n'a pas été du temps passé.

Art. 3. — Le bois est tellement rare dans notre pays qu'on n'en peut plus trouver en acheter, et cela à cause du grand nombre du sel qu'on fait pour envoyer aux pays étrangers, presque pour rien.

Art. 4. — Le peuple se plaint à cause de la marque de fers qui fait ordinairement un double impôt, surtout [pour] nous, pauvre peuple, qui sommes enclavés entre les terres de la Lorraine, qui touchent auprès de notre village, qui fait un seul royaume; les marchands de fer sont obligés... de payer le même impôt qui fait double emploi, et sur quoi nous, pauvres laboureurs qui font travailler, sont obligés de payer tous les dépens, et Sa Majesté en souffre les mêmes frais pour l'entretien de ses troupes.

Art. 5. — On se plaint que les contrôles et les écrits des notaires sont tellement chers : si un pauvre homme est obligé de vendre la moindre quantité de ses biens pour sa subsistance, l'acheteur ou l'acquéreur compte sur tous les frais qui se peuvent trouver de son contrat. Cela se trouve que le pauvre homme est obligé de vendre à moindre prix à cause des frais; nous trouvons que ces contrats pourront être faits sur papier libre par le greffier du lieu en présence des officiers du même lieu, pour éviter les grands frais du tabellion. Le peuple est mal à propos chargé de plusieurs droits que la Ferme enlève, savoir: droit d'amortissement... et droit de franc-fief, qui occasionne quelquefois des grands frais au peuple.

Art. 6. — On se plaint de tous les grands impôts que la Ferme lève entre le peuple, que nous sommes obligés, étant enclavés dans les provinces de la Lorraine, qu'on nous force de prendre des acquits sur toutes sortes de marchandises, et sur la moindre quantité ; si près d'une petite charrette de bois que nous prenons à une demi-quarte de lieue de chez nous sur terre de la Lorraine pour nous chauffer, et même quand nous sortons de notre lieu avec la moindre quantité de la marchandise, nous sommes forcés de prendre des acquits, et de courir à une lieue de loin pour l'avoir ; et même le tabac est une grande cherté dans notre pays, qui n'a pas été ci-devant, est mauvais et quelquefois pourri, [ce] qui donne occasion à un ou à l'autre à la contrebande ; et les employés de la Ferme s'y trouvent bien des fois cachés dans les bois, derrière les haies et fossés, sans connaître qui, et qui font peur aux passants en les y attaquant, et fouillant ; et qu'ils font payer des frais pour la moindre quantité dans leurs tabatières aux voyageurs. Étant las dans leurs embuscades, ils se rendront une brigade de quatre ou six hommes dans l'un ou l'autre village dans les maisons des honnêtes hommes sans être accompagnés d'un homme de justice, là où ils bouleverseront tous coffres, armoires, lits, pailles et autres choses qui se trouvent dans la maison sans que nous ne pourrons pas refuser, à cause qu'ils nous font commandement par ordre du Roi. Après leurs visites faites rien trouvé, ils sortent en laissant tout bouleversé : on soupçonne que entre eux il peut se trouver des malfaiteurs être revoqués, comme il arrive assez souvent, qui ont une parfaite connaissance dans ces maisons, qui pourra leur donner occasion de faire le vol. On se plaint que les employés des Fermes ont engagé quelques malfaiteurs de poser de la contrebande dans les maisons des honnêtes gens au lieu qu'on leur avait indiqué la place ; là où ils sont tombés directement sur la place fixée, là où l'ont trouvé, et fait procès-verbal, fait coûter de l'argent mal à propos.

Art. 7. — Nous prions Sa Majesté, et ces messieurs qui sont à prier, de vouloir bien abolir la Ferme tout entièrement pour tranquilliser le peuple, et de nous laisser tous les articles ci-devant libres prononcés ; et que c'est la Ferme seule qui est la ruine du peuple. Si le Roi a besoin de notre secours, nous nous soumettons de lui donner l'assistance à sa volonté selon notre force, le suppliant seulement qu'il lui plaise d'abolir la Ferme.

Art. 8. — On se plaint que les inventaires, dans la forme actuelle, ne sont pas pour le bien des mineurs ; mais si pourrait être ordonné de faire les inventaires par la justice de ce lieu, de chaque communauté, cela se pourra faire par moindres frais, et non pas par les jurés-priseurs qui le font qu'à grands frais sur les pauvres mineurs, et qui se font héritiers par ces dépens sur les biens des mineurs ; après les ouvrages faits, ils ne sont responsables de rien : tout le monde crie après cette injuste dépense.

Art. 9. — On se plaint que le premier jugement ne se fait plus devant les officiers des communautés, comme d'ancienneté ; on trouve que cela vaudrait meilleur qu'il n'y aura plus de haute-justice : ils ne font que pour allumer les procès et faire beaucoup des frais aux sujets ; car il s'y trouve bien des fois plus de frais dans ces hautes-justices dans une moindre affaire qu'au bailliage.

Art. 10. — On demande que la maîtrise des Eaux et Forêts soit démise à cause des frais qu'ils font à ces communautés pour leurs marquages : si c'était la volonté de laisser le pouvoir aux officiers des communautés de marquer leurs bois communaux, qu'ils ont meilleure connaissance des arbres qui doivent être coupés. Au reste, ces messieurs [ne] font que passer et marquer sans y prendre garde, au désavantage des communautés, et s'il s'y trouve quelque rapport, ils sont jugés par eux-mêmes, et les amendes et les frais pour eux, qui font double des amendes. Il fait trembler qu'ils nous font payer cent cinquante-six livres douze sols pour leurs marquages, qu'ils ne sont que trois heures de temps pour tous ces frais ; chaque habitant n'a vu une corde de bois : les justices des communautés pourront faire tout cela à peu de frais, et punir les délinquants au profit de leur communauté ; les bois seront meilleur gardés pour être plantés.

Art. 11. — On se plaint que les paroisses sont chargées de tous les entretiens et bâtisses de leur église depuis dix-huit ans par un arrêt du parlement : les décimateurs tirent la grosse et menue dîme tout franc, et qu'ils ne font aucun soulagement pour aucun de nos pauvres, tandis que c'est une charge de décimateurs.

Art. 12. — On demande que les enclos soient tout à fait supprimés, à cause que cela fait que des procès ; comme nous sommes dans un mauvais pays, nous demandons de planter des trèfles sans clore avec une amende arbitraire.

Art. 13. — On se plaint que le seigneur prend le tiers des deniers de si peu de profit que les communautés peuvent avoir, tandis qu'il n'est pas résidant dans les lieux ; et même il nous défend d'arracher des pierres nécessaires pour l'entretien de nos maisons, et bâtiments, comme il a délaissé les carrières à un ou l'autre ; et il nous force de contribuer auprès de l'entrepreneur desdites carrières.

Art. 14. — On se plaint contre la nation des Juifs à cause des gros intérêts de leurs deniers prêtés, et bien des fois la plus grande tromperie qu'ils font en faisant les billets avec la ruine du peuple : nous demandons que les billets soient faits et l'argent compté devant les témoins qui s'y trouvent présents à l'emprunté. Si on permettait en outre à la religion catholique de prendre cinq par cent sur simple billet, on ne serait pas forcé d'aller aux Juifs.

Art. 15. — On demande que le Clergé et la Noblesse payent des impositions sur leurs biens propres et revenus, comme le peuple.

Fait et arrêté le dix-neuf mars par-devant nous, assemblée de la communauté de Boucheporn.

P. Lacroix, *syndic;* Jean Tourcher, *maire;* Blaise Muller; Louis Gousse, *greffier.*

BOURDONNAY

XXXVIII[A]

« Procès-verbal de l'assemblée de la communauté de Bourdonnay[1] pour la nomination des députés. »
19 mars 1789,
« Sont comparus en l'auditoire de ce lieu, par-devant nous, Charles Pitoux, lieutenant de maire en la justice dudit lieu de Bourdonnay, pour la suspicion du sieur Clément, maire en cette dite justice, comme ayant été nommé un des députés de ladite communauté. »

---

1. *Impositions ordinaires* pour les *six* premiers *mois* de l'année *1790* :
Imposition principale. . . . . 841 ₶ 3 s. 3 d.
Impositions accessoires. 982   9   4
Capitation 1 128 16 11
　　　　　Total . . . . 2 952 ₶ 9 s. 6 d.
Deux vingtièmes et quatre sous pour livre du premier pour *1790* :
Biens-fonds . . { 1ᵉʳ cahier . . . 2 007 ₶ 4 s. 6 d.
　　　　　　　　{ 2ᵉ cahier . . . 1 581 13 »
　　　　　Total . . . . 3 588 ₶ 17 s. 6 d.
(Arch. Meurthe-et-Moselle, L. 308.)

Communauté de 155 habitants, savoir : 19 laboureurs, 7 charretiers, 99 habitants artisans et manœuvres, et 30 veuves.
Députés : Dominique Clément, maire,
Jean-François Caquelet, laboureur.
Signatures : C. Germain, *échevin;* Christophe Dieudonné; D. Clément, *maire;* Jean-Joseph Devillard; J. F. Caquelet; N. Humbert, *syndic;* François Jacquot; Bourdonney, *greffier;* C. Pitoux, *premier échevin.*

XXXVIIIe

Cahier au sujet de la convocation des États en la présente année 1789

Art. 1. — Le vœu de la communauté est qu'à l'avenir il ne soit établi ni prorogé aucun impôt sans le consentement de la Nation, et qu'il soit limité ;

Art. 2. — Que lesdits impôts seront supportés par les trois Ordres de l'État proportionnellement aux facultés de chacun d'icelui, étant tous membres d'un même corps à soutenir la prospérité du Roi, et à contribuer au besoin de son royaume, chaque province suivant ses pouvoir et possibilités.

Art. 3. — Demande une simplification dans l'administration générale des finances et de la justice ; en outre, la suppression des places si ruineuses à l'État et à la Nation, trop nombreuses dans ces objets d'administration ;

Art. 4. — Qu'il y ait des États provinciaux dans les Évêchés de Metz, Toul et Verdun ; et que ces États, dans chaque partie, auront l'administration des fonctions ci-devant confiées à MM. les intendants.

Art. 5. — Demande cette communauté la suppression des traites-foraines, d'acquits, marques des fers et cuirs, et de tout ce qui peut mettre des entraves aux commerce et passages, entrées et sorties de la France en Lorraine, et réciproquement : n'appartenant plus les uns et les autres qu'au même souverain.

Art. 6. — Demande la réduction du prix du sel et du tabac de toutes espèces à remettre au taux comme d'ancienneté, le tout s'étant porté successivement à plus du double du prix ancien, et ce pour enrichir des individus et entretenir des employés qui sont une surcharge pour la Nation ; rien ne contribuant plus à l'engrais que le sel, le prix excessif actuellement d'icelui étant cause de n'en pouvoir user, fait que le prix des viandes par la rareté des bêtes grasses est également haussé.

Art. 7. — Fait doléance cette communauté du plus grand abus d'augmenter plutôt que de diminuer le nombre des salines, de même que la dispendieuse formation des sels pour le vendre à vil prix, en l'envoyant au Bas-Rhin dans le Wurtemberg, et ailleurs à l'étranger, en le faisant payer trois fois plus cher à la Nation ; ce qui, loin d'être avantageux à l'État, est au contraire très onéreux et préjudiciable à l'habitant, par le prix excessif sous lequel le sel se débite, outre celui outré des bois de chauffage, bâtiment et charronnage, qui, à la suite, serait encore plus écrasant. Et cela pour former rapidement des millionnaires de ceux qui en ont les entreprises au grand préjudice du Roi même.

L'un et l'autre ne sont que d'une simple réflexion ; et d'abord, la saline de Dieuze, depuis la réunion de la Lorraine à la France, a été successivement augmentée de plus de trois-quarts en poêles pour la cuite des sels étrangers. On tire même des eaux de ce puits par un aqueduc de deux lieues et demie au secours de la saline de Moyenvic, qui, d'un autre côté, n'a pas un pied de forêt en propriété à son roulis.

Cette saline de Moyenvic s'empare de tous les bois que les communautés auraient et ont à mettre en vente pour subvenir à leurs besoins extraordinaires.

De là cherté excessive du prix des bois de chauffage, de bâtiment et de charronnage.

Le bois de chauffage en hêtre et charme qui, du passé (non bien loin), se payait à raison de six livres de France la corde, est aujourd'hui à 24^{tt}. Le chêne et le bois blanc à porportion et au-dessous.

Les bois du domaine de l'Évêché de Metz dans les châtellenies de Fribourg et de la Garde viennent d'y être affectés ; en sorte que, les communautés qui ont des bois patrimoniaux, n'ayant pas le quart de ce qu'il leur faut du produit annuel de leur affouage, ne savent où se procurer le surplus ; à plus forte raison les autres communautés sans propriété de bois à elles appartenant. Et tout cela pour tenir sur pied une saline à Moyenvic sans l'ombre de nécessité, mais uniquement pour enrichir les formateurs du sel à la perte du Roi et à la ruine du peuple. La saline de Château-Salins consume des bois du Roi qui, mis en vente annuelle, produiraient une somme considérable dans les coffres du Roi, et cette saline n'est pas plus nécessaire que celle de Moyenvic.

Pour donc extirper ces deux abus majeurs, il est de l'intérêt de Sa Majesté et du soulagement du peuple de faire fermer les puits de Moyenvic et de Château-Salins, comme le sont ceux de Marsal, de Salonne, et récemment encore celui de Rosières ; et de vendre au profit du Roi, ou d'acenser les habitations des directeurs, receveurs et commis, etc.

La multiplication de la formation des sels en cette contrée du royaume étant autant à charge à Sa Majesté qu'elle est ruineuse au peuple, du moment que la saline de Dieuze, seule, en réduisant les poêles en icelle à l'ancien pied, c'est-à-dire en supprimant environ une trentaine de poêles, est plus que suffisante en bonté de source et fécondité pour fournir abondamment le nécessaire à la Lorraine, au Barrois, aux Trois-Évêchés, à l'Alsace et autres voisins.

Cette saline a en délivrance annuelle 21 000 cordes de bois, et les fagotages à l'infini, le tout tiré des forêts du Roi y affectées, et cela pour former et fournir le sel lointainement aux étrangers, faire des fortunes aux formateurs et opprimer le peuple national.

Il serait donc du plus grand intérêt du Roi et du soulagement indispensable pour le peuple de ces contrées de fixer la délivrance annuelle à cette saline de Dieuze à 1 500 ou 2 000 cordes de bois, et le nécessaire des fagots à proportion en sus, en laissant cette formation de sel à une compagnie qui employerait de la houille (comme ceux d'aujourd'hui en font déjà usage), et dont le millier pesant [équivaut] à trois cordes de bois. Cette houille prise dans le comté de Saarbrück, dont le prince de Nassau en ferait volontiers un traitement très raisonnable, comme cela avait déjà été offert du passé, dont la conduite pourrait s'en faire avec des bateaux sur la Sarre jusqu'à Sarralbe, et de là sur la rivière d'Albe par son embouchure jusqu'au Neufvillage à trois lieues de Dieuze, et de là par la route qui y passe jusqu'à ladite saline.

Ce projet, de facile exécution, faciliterait le transport des sels dans ces parties par contre-voitures dans les magasins de débit, et contribuerait à une vente annuelle du surplus des bois de salines, tant dans l'étendue de la maîtrise des Eaux et Forêts de Dieuze, que celle de Nancy, pour Château-Salins, de plus de cinq mille louis d'or en fixant même le prix de la corde, quant à présent, à 6ᵗ le hêtre et charme la corde, à prendre en la forêt, les autres bois à proportion, qui tous entreraient dans le commerce pour l'usage du particulier et du public. D'un autre côté, les bois de l'Évêché nouvellement affectés à la saline de Moyenvic rentreraient de même dans le commerce pour le chauffage et soulagement du peuple.

Malgré que l'intérêt du Roi et le besoin de la Nation réclament la diminution des salines, l'avidité des formateurs est parvenue à se faire autoriser d'avoir le puits salé près de Sarralbe, communément dit de Salsbronn, où Sa Majesté n'a pas un pouce de forêts ; comme la situation est sur la Sarre, sans doute que le projet est principalement de se servir de houille et pouvoir par le moyen de la conduite sur l'eau d'étendre la fourniture des sels sur le Bas-Rhin ; comme ce puits n'est éloigné que de huit lieues de celui de Dieuze, il est une suite que la houille peut y être plus commodément conduite sur eau que par voie de chariot, et que, tôt ou tard, ce puits de Salsbronn sera pareillement condamné, comme préjudiciable à tous égards.

Art. 8. — Pour le bien général de la contrée, cette communauté demande la suppression de la majeure partie des étangs à six lieues aux environs de Bourdonnay ; cet objet intéresse non seulement la santé des habitants par la salubrité de l'air que ces mêmes étangs corrompent, par les brouillards et mauvaises exhalaisons qui occasionnent des maladies ; d'ailleurs, les eaux de ces étangs venant à se gonfler par des orages ou grandes pluies, inondent les terres ou prés le long et aux queues d'iceux, et occasionnent de fortes pertes ès récoltes.

Ces étangs, au surplus, attirent le gros gibier qui, se tenant à couvert dans les forêts qui les environnent, gâte les semailles, broute les tiges, et saccage à la maturité même les récoltes des propriétaires ou cultivateurs qui nourrissent ces animaux nuisibles sans oser les tuer, à moins d'encourir encore une amende.

Il résulterait cependant de ces suppressions que les terrages rentreraient dans leur première nature d'agriculture, produiraient une immensité de grains et de fourrages, autant et plus profitable aux propriétaires et au public que n'ont pu les eaux ; et l'air pur n'occasionnerait plus de fièvres, ni d'autres infirmités.

Art. 9. — La suppression des jurés-priseurs, dont l'établissement a été des plus nuisibles aux habitants de la province, et contribue beaucoup à leur ruine par les frais excessifs qu'ils occasionnent et exigent de la veuve et de l'orphelin, et des malheureux que le délabrement de leurs affaires souvent occasionnées par des malheurs et même par l'entretien d'une famille nombreuse, met dans le cas de la saisie et de la vente de leurs meubles et effets ; sauf, le cas échéant, d'employer le sergent de la justice locale.

Art. 10. — Le rétablissement du droit commun contre les décimateurs pour la construction et entretien des églises paroissiales, comme étant inhérents à ces dîmes dont ils sont parvenus de surprendre à la religion du Roi et de son Conseil à transférer leurs charges sur les paroissiens chargés de la tour, sacristie, murs du cimetière et du presbytère, objets qui épuisent déjà trop les paroissiens. Les décimateurs à leur aise tireraient un utile considérable et contre droit et justice. L'habitant ferait impossiblement l'onéreux, ce qui est révoltant.

La communauté de Bourdonnay, dans le cas de voir nécessairement agrandir l'église paroissiale d'un tiers, étant insuffisante à contenir les ouailles, demande que les décimateurs, comme ci-devant, soient tenus de faire cet agrandissement décemment et suffisamment, en outre les fournitures à leurs charges, si mieux n'aiment ces décimateurs abandonner la dîme à l'église paroissiale dudit Bourdonnay, qui exécutera toutes ces charges sur son patrimoine.

Art. 11. — Dans le lieu de Bourdonnay y ayant un fief dont le Domaine de l'Évêché de Metz est seigneur direct et haut-justicier, le vassal par lui-même a deux troupeaux à part sur la pâture du ban, dont le nombre excède de beaucoup de la possibilité cette pâture du ban ; en sorte que, si les hauts-justiciers venaient encore à y mettre un ou deux troupeaux, ou que les deux ne fassent qu'un troupeau de chaque espèce conjointement, le mal ne pouvait qu'augmenter. Pour donc remédier à cet abus préjudiciable à la communauté, et fixer immuablement une règle suivant la possibilité de la pâture du ban, la communauté demande à ce qu'il soit ordonné que, par experts dont les parties conviendront, il sera fait et dressé visite et procès-verbal de cette possibilité, afin de s'y conformer, tant de la part du seigneur direct que du vassal, et qu'entre eux ils ne pourront excéder ce tiers.

Art. 12. — Du fief susdit de Bourdonnay dépendait l'étang nommé d'Ommerey ; cet étang, du passé, avait son règlement de nature à ne point causer de dommages ; mais, sous le dernier règne, les formateurs du sel de Moyenvic ayant fait acheter cet étang des deniers du Roi, pour en faire un réservoir au canal à conduire les bois à cette saline par le flottage, l'on a successivement exhaussé la chaussée de cet étang au point que les eaux inondent les terres, non seulement de la presqu'île qu'il renferme, mais encore les terres et prés qui y aboutissent : ce qui fait un dommage considérable aux propriétaires ou cultivateurs ; pour éviter à cet égard toute démarche et souffrance à cause des dommages, la communauté demande que cet étang soit remis par rabaissement de la chaussée dans son ancien règlement, et état naturel.

Art. 13. — La banalité du moulin, à laquelle cette communauté a été asservie par les seigneurs évêques, est on ne peut pas plus onéreuse et pénible pour le transport des grains à ce moulin sur le grand étang de la Garde, à la distance d'une lieue par des chemins presque impraticables, en temps d'hiver surtout, et les pauvres gens qui y portent leurs grains sur leurs têtes sont obligés de faire des voyages plusieurs fois sans être moulus. Lorsque cet étang la 3ᵉ année est vide, la pêche faite, ce moulin étant à chômer, les banaux sont obligés de faire moudre ailleurs.

Il [n'] y a au surplus ni balance, ni poids à ce moulin ; en sorte que le banal est servi à l'arbitrage du meunier, qui paye chèrement cette banalité, ou plutôt les sueurs et travaux des asservis.

On demande que cette servitude soit abolie, et que les habitants de Bourdonnay soient remis dans leur liberté si naturelle à l'homme.

Art. 14. — Le village de Bourdonnay fait doléance d'être appauvri depuis environ une vingtaine d'années par les causes suivantes, qui sont : 1° la surcharge des impositions royales ;

2° gratification de 64ᶫ au maître de la poste aux chevaux dans ce lieu ; 3° fourniture et frais de logement au passage des troupes ; 4° le logement et entretien du haras pendant trois mois de l'année qui est de 48ᶫ ; 5° le payement du logement de la maréchaussée à Azoudange de 17ᶫ ; 6° vingt-quatre livres annuellement pour location de l'appartement à l'effet de la distribution des étapes ; 7° les dépenses supportées annuellement, et que l'on peut bien évaluer pour l'entretien continuel des étangs et bâtiments du seigneur évêque, transport de la quote-part des alevinements de cinq étangs, des pieux et fascines à la construction desdits étangs ; 8° la taille Saint-Remy au seigneur évêque annuellement ; 9° la construction du presbytère tout récemment, les murs du cimetière avec leurs portes de fer, le tout fort coûteux ; 10° les morts successives des principaux possédant propriétairement de gros biens, dont la succession est dévolue aux forains qui ne supportent plus les fortes tailles de leurs auteurs, sans qu'à tous ces égards l'on ait fait les remontrances nécessaires de la part des personnes à la tête de cette communauté, aux fins de diminution ou de soulagement dans les tailles et impôts royaux qui, aujourd'hui, sont plus que doubles, eu égard aux impositions passives.

En la présente année 1789, la communauté de Bourdonnay est imposée :

1° En subvention à une somme de	2 583ᶫ	12 s.	8 d.
2° Capitation	1 409	3	6
3° Travaux des routes	654	15	»
4° Gratification au maître de la poste aux chevaux	64	»	»
5° Le logement des cavaliers de la maréchaussée d'Azoudange	17	»	11
6° L'appartement pour la distribution de l'étape et haras	72	»	»
7° Taille de Saint-Remy au seigneur évêque	41	2	10
8° Vingtième	2 007	12	9
Total	6 849ᶫ	7 s.	8 d.

Outre ce que faute de prés en suffisance sur le ban pour l'entretien des bêtes d'agriculture, les cultivateurs sont obligés d'acheter pour plus de 2 500ᶫ de foins annuellement.

De ces impôts il résulte clairement que le village de Bourdonnay est écrasé en surcharges, et demande une réduction pour l'avenir relativement à ses faibles facultés, et eu égard au nombre des pauvres qui grossissent le corps des habitants.

Art. 15. — De l'abolition des corvées à bras pour l'entretien des routes, il résulte deux inconvénients désavantageux : le premier que les entrepreneurs chargés de ces corvées à prix d'argent n'ont jamais pu parvenir à les exécuter que très à tard, et des plus imparfaitement ; la deuxième que cette imposition ne pouvait et n'a pu tomber que sur la partie du peuple qui était déjà foulée des autres impositions de toute espèce ; dont les communautés s'en verront bientôt écrasées, tandis que les deux premiers Ordres, et tous les privilégiés en très grand nombre, les salines même qui se servent et ruinent plus que personne ces routes, n'en payent rien, et rejettent tout le fardeau des charges de l'État sur cette portion d'habitants qui usent le moins des mêmes routes : dans lequel état des choses, la communauté de Bourdonnay demande pour le bien général et le bien du particulier et du public que ces routes soient entretenues par les communautés chacune suivant les portions distribuées pour faire annuellement l'arrachage du moellon, le voiturer cassé, et arranger en temps convenables jusqu'à bien ; et que, pour indemniser ceux de la communauté y employés, il leur sera réglé un salaire raisonnable à imposer sur le premier, second État, et les privilégiés ; au moyen de quoi le peuple sera soulagé, les routes seront entretenues en temps et saisons convenables, et tous les membres de l'État qui en usent et en profitent supportent également la charge que l'équité dicte leur devoir être commune avec le Tiers état.

Art. 16. — La faculté accordée par l'édit des clos aux propriétaires et cultivateurs en l'année 1770, tout favorable que paraissait d'abord cet édit, les avantages que l'on avait lieu de s'en promettre se sont tournés en inconvénients, pertes et charges : 1° pour former des fossés en largeur et profondeur suffisantes pour empêcher l'accès du bétail, c'est autant de terrain non profité, conséquemment diminue le rapport de l'héritage ; 2° les terrains ainsi clos, les mêmes héritages ne recevant plus les égouts et graisses surtout des terres labourées ou autres affluences grasses, le terrain tourne en stérilité ; 3° ces fossés, par l'affluence des eaux causées d'orages ou de grosses pluies se comblant insensiblement, outre la perte du terrain, c'est une servitude ruineuse d'être toujours à relever et tenir en état de défense à l'accès du bétail ; 4° la faculté de mettre les terres labourables en clôture prive de la pâture des brebis, chèvres, porcs, bêtes à cornes, chevaux, et autres d'agriculture après les moissons des deux saisons chargées et de la troisième, versaine, ce qui est très préjudiciable à la pâture commune que la coutume locale réclame ; 5° enfin les procès ruineux que les mêmes clos ont fait naître à leur origine, et en font encore journellement : cette privation autorise les habitants sans héritages, en nombre, de mener leurs bêtes pâturer à la corde dans les chemins, et surtout ceux qui règnent le long des grains, ont toute facilité de commettre, comme il se fait, des dommages annuellement dans lesdites terres chargées.

Les propriétaires et cultivateurs ensemble les habitants de Bourdonnay demandent à ce qu'à leur égard cet édit facultatif soit comme non avenu ; qu'en conséquence, nul ne pourra clore des terres de culture des trois saisons qu'à l'égard des prés en très petit nombre à proportion des terres ; et, vu que, pour l'agriculture, on est dans la nécessité d'acheter annuellement pour plus de cent louis de foin, les mêmes prés du ban seront en ban depuis le 25 de mars jusqu'au 15 d'octobre pour en jouir exclusivement par le propriétaire ou cultivateur à l'usage le plus profitable, à l'aide de son agriculture, ou de frais de son domestique, clos ou non clos.

Le présent cahier ainsi dressé et achevé à Bourdonnay le vingt et un mars mil sept cent quatre-vingt-neuf.

D. Clément, *maire ;* C. Germain, *échevin ;* N. Humbert, *syndic ;* J. F. Caquelet ; Christophe Dieudonné ; Jean-Joseph Devillard ; François Jacquot ; C. Pitoux, *premier échevin ;* Bourdonney, *greffier.*

BOUSTROFF

XXXIX.

Procès-verbal.
(Sur modèle imprimé.)
16 mars 1789,
« Par-devant nous, Jacques Hoschard, syndic. »

39 feux y compris huit veuves. . . . .
Député : Claude Hoschard, tissier.
Signatures : Glod Hoschard, *député et adjoint;* Jac. Hoschard ;
Jean Junger, *élu;* F. Jacquemin, *greffier municipal.*

XXXIX[a]

Cejourd'hui seizième jour du mois de mars 1789, deux heures de relevée, on étant assemblés en pleine et assemblée des notables de ladite communauté dans la maison de Jacques Hoschard, syndic de ladite communauté, par-devant les membres de l'Assemblée municipale et adjoints, dont nous aurions procédé à haute voix à la nomination des députés pour se rendre au bailliage de Vic à l'assemblée, le 23 dudit mois, qui sera tenue par-devant Monsieur le lieutenant-général, [membre de] l'Assemblée provinciale ; ainsi les voix étant données et réunies sur la personne de Claude Hoschard, tisseur de sa profession, et adjoint de la municipalité dudit Boustroff, âgé de 37 années, et compris dans les rôles des subvention, capitation, et de toutes autres impositions, lesquelles dites charges a acceptées, ledit Hoschard a promis de se rendre à ladite assemblée à Vic aux jour et heure ci-dessus annoncés, dont nous l'avons autorisé à cet effet, et déclarons tenir tout ce qu'il pourra faire et souscrire à ladite assemblée pour et au nom de notre communauté.

Et de suite nous lui avons remis copie du procès-verbal d'assemblée et vote déposé aux archives de ladite communauté dudit Boustroff.

Nous aurions à l'instant procédé à l'établissement des remontrances, d'abord à la rédaction du *cahier de plaintes, doléances que la communauté a à produire,* comme suit, savoir :

Art. 1. — Le ban et finage dudit Boustroff est de très peu de rapport : un tiers médiocre, et deux tiers de petites terres blanches et terres rouges de très peu de rapport. Cependant ils se trouvent chargés de très grosses cens et rentes.

Le seigneur abbé de l'abbaye de Saint-Avold a une ferme située audit Boustroff, consistant à la quantité de cent quarante-trois jours de terre, ci . . . . 143 jours,
trente-cinq fauchées de prés . . . . 35 fauchées,

treize fauchées de jardins tous en terres labourables . . . . 13 fauchées,
en outre une maison de fermier avec les aisance et dépendance; en outre, ils perçoivent la quantité de dix-huit quartes de blé froment, ci 18 quartes,
en outre huit quartes d'avoine . . . . 8 —
de plus vingt-quatre livres en argent 24ᵗᵗ;
lesquels blé, avoine et argent se payent annuellement pour rentes affectées sur le ban et finage dudit Boustroff.

Ils ont en outre un colombier de pigeons dans la maison des fermiers.

Art. 2. — Monsieur le comte d'Helmstatt, demeurant dans son château à Morhange, seigneur en partie, a le droit de chasse sur toute l'étendue dudit finage de Boustroff, et perçoit annuellement, ou ses représentants, de chaque laboureur une quarte moitié blé, moitié avoine, par chacune pièce de chevaux, bœufs ou vaches, ce qui s'entend bêtes tirantes, ce qui revient ensemble pour les bêtes tirantes à la quantité de cinquante-deux quartes moitié blé, moitié avoine, payables annuellement au jour de Saint-Remi de chacune année, ci. . . . 52 quartes.

Art. 3. — Il perçoit en outre audit terme de Saint-Remi par chacun habitant qui ont des biens et qui les font cultiver la quantité d'une quarte moitié blé, moitié avoine, ce qui fait un total de vingt-quatre quartes, ci . . . . 24 quartes.

Art. 4. — En outre pour droit de fumée de chacun habitant qui n'ensemence aucune terre une demi-quarte d'avoine, ce qui fait annuellement la quantité de seize quartes d'avoine dont tous les habitants de la communauté y sont attenus chacun pour une demi-quarte d'avoine, ce qui fait arriver pour droit de cheminée à . . . . 16 quartes.

Art. 5. — Ils perçoivent en outre des grains et argent portés aux articles 2, 3 et 4 de chacun habitant, à l'exception des hommes qui n'y sont point attenus, la quantité de trois poules en plume dont les femmes veuves y sont aussi attenues à payer chacune trois poules, comme un habitant complet.

Art. 6. — Monsieur l'abbé, en sa qualité de seigneur en partie, perçoit en outre le tiers-denier de nos biens communaux soit en nature ou en deniers des ventes que l'on peut faire: c'est ce qui fait en communauté des torts considérables, que les pauvres habitants ne pouvant faire aucun profit des peu de biens qu'ils ont en communauté, soit en les partageant ou en les engageant, les pauvres communautés sont privées de leurs propres biens, et par ce moyen ne sont point les maîtres à les mettre au profit des pauvres habitants. Cependant les pauvres habitants sont attenus à toutes les charges : savoir si les seigneurs sont en droit à percevoir ces sortes de tiers-denier. Nous espérons que Sa Majesté voudra bien faire attention à cet objet porté au présent article 6.

Art. 7. — D'un autre côté la pauvre communauté est de toute part obérée par des charges communales, comme par les vingtièmes et par les travaux des routes, que pour tirage de milice, tiers-denier, que d'autres charges communales, soit aux entretiens des églises, maison curiale, que de ceux des maîtres d'école, que des fontaines et ponts, et autres charges communales. Cependant l'on ne peut s'en acquitter qu'en en payant toujours le tiers-denier soit en nature ou en rente.

Ce qui est encore plus pénible, que l'on veut de nouveau forcer la communauté quand et au moment qu'elle voudrait faire la vente de leurs biens communaux qu'il leur y sera une personne indiquée pour en faire lesdites ventes, c'est ce qui leur porte un tort considérable ; qu'au lieu que si les communautés en étaient les maîtres, ils en pourraient faire les ventes à vil prix ou moins coûteux, comme l'on ne fait dans aucune communauté que des syndics, notables, et qui sont attenus à la reddition des comptes de leur gestion ; ainsi l'on pourrait donc bien leur confier les deniers de ces sortes de ventes faites pour subvenir au payement des charges communales. Sa Majesté voudra bien rendre justice aux communautés à cet égard, pour obvier aux frais et dépens qu'en encourent les pauvres habitants qui sont de tous côtés repris, ne sachant plus la marche qu'ils doivent tenir.

Art. 8. — Les remontrants ont l'honneur de représenter les doléances qu'ils en souffrent au sujet des inventaires que les officiers tutélaires font dans leur communauté, savoir : l'on procède aux inventaires que l'on veut faire entendre que ces sortes d'inventaires sont au profit des mineurs, mais bien éloigné ; dans toutes les communautés, il y a un maire, et gens de justice, et greffier local : ainsi, comme ils sont sur les lieux, l'inventaire pouvait être aussi bien fait, et déposé au greffe des lieux, et qui ne coûterait pas seulement le tiers par les raisons que ces officiers tutélaires sont d'une distance de trois lieues, qu'ils s'en font payer leurs voyages, et leurs vacations, ne font pas de beaucoup d'ouvrage : deux ou trois heures le matin, autant l'après-midi ; c'est ce qui fait deux vacations par chacun jour ; qu'au lieu que les maires et gens de justice dans une demi-journée ils en feraient autant que ces officiers dans deux jours. C'est donc un abus que Sa Majesté voudra bien supprimer, et autoriser les maires et gens de justice des lieux à procéder à ces sortes d'inventaires.

Art. 9. — Sa Majesté voudra bien nous permettre des doléances au sujet du sel. Nous avons les salines seulement à six lieues de distance, qui nous causent le prix des bois à un prix exorbitant. Nous sommes attenus à payer huit sols pour une livre de sel. C'est ce qui occasionne totalement la ruine du pays, tant par la consommation des bois que par la cherté des sels, qui nous cause que l'on ne peut faire aucune nourriture de bestiaux, que nous sommes obligés à aller acheter des bestiaux à l'étranger qui font des nourris de bêtes tels qu'ils le jugent à propos, et comment ces sortes de nourris parviennent par les sels qui sont trop communs, cependant d'un éloignement des salines ; cela nous fait donc bien connaître, et plus loin que les sels vont et à meilleur marché ; et ne souffrent aucune cherté sur les bois ; cependant, les remontrants, les peu de deniers qu'ils ont, il les faut porter à l'étranger et sortir du pays de Sa Majesté ; qu'au lieu, si les sels étaient à un prix comme à l'étranger, les pauvres remontrants pourraient faire des nourris de bestiaux et leurs ménages soulager. Sa Majesté voudra bien faire attention à cet égard, et rendre le prix des sels au prix que les étrangers le payent, par la raison qu'ils devraient être à meilleur prix du temps que le prix des voitures n'est qu'à six lieues de distance, et qu'au lieu, qu'ils s'en vont à vingt-cinq trente lieues et ne les payent pas seulement au tiers des remontrants. C'est donc un abus d'avoir des salines par trop dans les pays de Sa Majesté pour faire le profit à l'étranger. L'étranger se pourrait aussi procurer des salines dans leurs pays ; du moins les remontrants en seraient soulagés.

Art. 10. — Notre remontrance au sujet des employés qui sont presque d'un village à autre, qu'il se trouve des brigades d'employés des Fermes, et qui, par leurs appointements, portent de jour en jour une somme immense. Qu'au lieu que si

Sa Majesté pouvait faire mettre des impôts sur toutes les personnes qui font usage des tabacs, et laisser la liberté à un chacun d'en planter, les impôts se payeraient d'année à autre au terme porté par les ordonnances. Ces sortes d'impôts, Sa Majesté serait en assurance à les percevoir, et ne serait plus attenue aux appointements que les employés emportent de jour en jour. Il est donc bien à démontrer que l'on peut donc bien supprimer ces employés, et donner la liberté aux sujets de Sa Majesté, qui deviendrait un grand profit à Sa Majesté, et par ce moyen mettre ses sujets en tranquillité. Ainsi l'on peut donc bien révoquer ces sortes et une grande populace d'employés mal à propos.

Art. 11. — Les remontrants se trouvent beaucoup serrés par la distance qu'ils ont pour aller chercher leur sel... : ils sont éloignés de deux lieues de distance de leurs magasins à sel, ce qui leur y est encore plus pénible par les inondations des eaux qui s'en trouvent pendant l'année que les rivières sont débordées : dans ces moments-là, les remontrants, au lieu de deux lieues de distance, ils sont attenus à faire une lieue de détour. C'est ce qui leur est bien pénible ; qu'au lieu que Sa Majesté pouvait ordonner des magasins plus approchés et moins pénibles, ils espèrent que Sa Majesté voudra bien faire attention à cet article tant du prix du sel que des distances des éloignements des magasins.

Art. 12. — L'on voudra bien permettre la remontrance au sujet des acquits ; que les remontrants ont l'honneur d'observer qu'ils sont enclavés dans la Lorraine, et qu'ils sont attenus les moindres denrées qu'ils peuvent sortir ou entrer, ils sont attenus à prendre tantôt des acquits-de-paye, hauts-conduits, ou [de] droits d'acquits-à-caution ; qu'au lieu que si la Lorraine et France étaient réunies, que l'on pourrait avoir des libertés avantageuses au profit tant de leurs personnes, que de ceux de Sa Majesté.

Art. 13. — Or il est à démontrer au sujet des marques des cuirs : l'on le voit de jour en jour, depuis seulement quatre ou cinq années, les cuirs n'ont plus de prix : auparavant les prix étaient de la meilleure nature des cuirs, les plus chers ne se payaient qu'au plus à trente-huit ou dont quarante sols ; aujourd'hui, il se vend à trois livres la livre, et les cuirs de veaux à trois livres et passé. Si Sa Majesté ne met pas ordre à ces sortes de marques de cuirs, les sujets de Sa Majesté ne seront plus en état de s'en procurer pour leurs besoins : la plus forte partie seront attenus d'aller à pieds nus, à l'exception de ceux qui seront en état de se procurer des sabots.

Art. 14. — Il est à observer les doléances que les remontrants ont à représenter à Sa Majesté des sommes qu'ils sont attenus depuis plusieurs années comme suit :

Savoir :

La communauté dudit Boustroff est attenue pour les subventions à la somme de 319ᵗ 11 s., ci	319ᵗ	11 s.	» d.
Droit de quittance	2	2	8
Impositions accessoires à la subvention . . .	644	»	»
Total à imposer	965ᵗ	13 s.	8 d.
dont sera remis aux collecteurs	12ᵗ	» s.	10 d.
et sera payé net à la recette	953	12	10
Somme pareille à la subvention	965	13	8
	60	12	»
	1026ᵗ	5 s.	8 d.
Capitation et 4 s. p.ᵗ	409ᵗ	» s.	» d.
Imposition accessoire à la capitation	113	»	»
Total à imposer	522ᵗ	» s.	» d.
dont sera remis aux collecteurs	8ᵗ	14 s.	» d.
sera payé net à la recette	513	6	»
Somme pareille à la capitation	522	»	»

Art. 15. — En outre, pour vingtième, à celle de 510ᵗ 7 s. 6 d., ci. . . . . 510ᵗ 7 s. 6 d.
et pour les travaux des routes à celle de 24ᵗ 19 s. 1 d., ci . . . . 247ᵗ 19 s. 1 d.
ce qui fait revenir le tout ensemble à une somme grosse de deux mille trois cent six livres douze sols trois deniers 2 306 12 3

Art. 15 bis. — Les remontrants ont l'honneur d'observer qu'ils se trouvent depuis seulement environ soixante années qu'ils ne payent pour toute somme que celle de trois cents livres, ci . . . . 300ᵗ » s. » d.
c'est ce qui fait une augmentation aux remontrants de celle de deux mille six livres douze sols trois deniers, ci 2 006 12 3

Art. 16. — Sa Majesté pense donc par sa personne sacrée que les remontrants ne sont pas en état à pouvoir supporter les charges qui leur sont enchargées ; de façon que, si Sa Majesté ne voulait point soutenir ses propres sujets dans leur misère, ils seront obligés à abandonner en regret le territoire de Sa Majesté, pour, peut-être, être dans un pays étranger encore plus misérables ; mais ce ne serait qu'à regret de quitter un bon père de famille pour embrasser un père ingrat : mais l'on ne pourrait attribuer aucun tort aux remontrants, parce que ladite misère fait faire misère. C'est à cet égard qu'ils ont l'honneur à représenter à Sa Majesté leurs doléances à cet objet, et que Sa Majesté voudra bien faire attention à la remontrance du présent article 16, et secourir les pauvres sujets, afin qu'ils soient en état à pouvoir soutenir leur patrie, dans l'étendue de Sa Majesté, afin que les remontrants soient soutenus et maintenus dans leurs misère et nécessité.

Art. 17. — Les remontrants ont l'honneur à représenter leurs doléances sur les [dégâts] des gros gibiers ; qu'il n'est permis à personne à faire feu sur ces sortes de grand gibier, et leurs bans sont entourés de bois et forêts. C'est ce qui fait toutes les années une grêle et davantage dans les saisons des récoltes ; que souvent de fois comptent rentrer aux moissons des récoltes favorables, et, par les ravages de ces grands gibiers ils y s'y trouvent [réduits] à deux tiers des récoltes, et la plus grande partie des années seulement à un tiers des récoltes. Sa Majesté voudra bien ordonner que ces sortes de chasses soient défendues, et en ordonner autrement que des années passées.

Art. 18. — Les remontrants ont l'honneur à représenter les doléances sur les colombiers de pigeons ainsi qu'il en est rapporté à l'article premier, à la clôture dudit article. Le seigneur abbé de Saint-Avold a un colombier, et M. Michel Thabery, curé de la paroisse, en a un aussi. C'est ce qui porte un grand préjudice aux remontrants par les ravages desdits pigeons qui ravagent les semences, tant dans les saisons des blés que marsages, et bien même dans le temps des semences des chanvres : savoir s'ils ont droit l'un et l'autre à avoir des colombiers de pigeons à leur profit et aux [dommage] et dépens des remontrants : ils espèrent que Sa Majesté voudra bien en ordonner la suppression et révocation de ces sortes de colombiers aux frais des remontrants pour faire le profit tant du seigneur que du curé, qui emportent par ensemble les dîmes grosse et menue à l'onzième gerbe et de tout autre espèce, ou dont qu'ils seront tenus à les enfermer dans les temps prescrits par les ordonnances, afin que les pauvres remontrants ne soient point sujets à toutes les charges et à la perte de leurs récoltes, qui s'étend d'année à autre.

ART. 19. — Remontrent les syndic et membres de la municipalité dudit Boustroff que, depuis leur nomination, ils sont de jour en jour attenus aux charges communales ; cependant, ne sachant s'ils y sont obligés par gratis, ils demandent à Sa Majesté s'ils ne sont point dans le cas à en demander leur salaire à la communauté, ou dont s'ils y sont obligés par gratis, ou à quelles fins ils doivent se procurer leur payement des temps qu'ils ont été employés et des temps à l'avenir, comme les sindics sont attenus à leurs charges pendant trois années.

Qui sont toutes les plaintes annoncées au présent cahier, dont le nommé Claude Hoschard, député, est chargé avec la copie du procès-verbal que de la signification de l'huissier du bailliage de Vic ; dont nous avons autorisé ledit Claude Hoschard, qui nous a promis de s'en acquitter de ladite charge, le tout en conscience et homme d'honneur, et avons signé à Boustroff ce 16e mars 1789.

Glod Hoschard, *député et adjoint ;* Jac. Hoschard, *syndic ;* Jean Junger, *élu ;* F. Jacquemin, *greffier municipal.*

BRÉMÉNIL (partie France)

XL*

Procès-verbal.
15 mars 1789,
Communauté (¹) composée de 40 feux.

---

1. *Impositions ordinaires et prestation des chemins* pour les *six* premiers *mois* de l'année *1790* :

Imposition principale.	60 ₶	» s.	» d.
Accessoires de l'imposition principale . . .	119	10	1
Capitation et ses accessoires.	136	13	3
Taxations des collecteurs	4	10	5
Droit de quittance au receveur des finances.	2	1	4
Prestation des chemins.	46	1	11
TOTAL GÉNÉRAL	368 ₶	17 s.	» d

(Arch. Meurthe-et-Moselle, L. 677.)

Députés : Christophe Verdenal, laboureur,
    Nicolas Cuny, menuisier.
Signatures : F. Boulanger; F. Lemaire; D. Didier; N. Cuny, *greffier;* N. Claude, *syndic;* C. Verdenal.

XL⁰

Cahier des remontrances et doléances de la communauté de Bréménil, qu'elle a l'honneur de présenter à Monsieur le lieutenant de Monsieur le bailli d'épée du bailliage de l'Évêché de Metz à Vic, suivant le mandement à nous adressé de la part du Roi

Nous demandons que l'impôt territorial soit imposé sur tous les biens de la terre, et même sur les bois généralement ; et, qu'au cas d'insuffisance pour l'entretien de l'État et payer les dettes, il y sera joint les subventions ou autres choses ; et que, le tout étant suffisant, on abolisse tous droits généralement, comme la foraine, vingtième, et acquits et tous impôts quelconques. Nous demandons la liberté du trafic et commerce de toute manière, sans aucune opposition.

Nous demandons que le tabac et le sel soient d'un prix commun dans tout le royaume, comme il était du temps des princes de Lorraine : la cherté du sel est cause qu'on ne nourrit plus de bestiaux à présent comme on le faisait dans ces temps-là, et occasionne la cherté des viandes, et fait que les bêtes tirantes sont si dolentes à la sortie des hivers qu'on a bien des peines pour ensemencer les terres, et beaucoup qui périssent par faute d'avoir un peu de sel.

Nous demandons la suppression des huissiers jurés-priseurs, parce qu'ils emportent souvent la plus grande partie des successions des mineurs et de quantité d'autres qui sont obligés de vendre leurs meubles par encan pour payer leurs dettes.

Nous demandons l'abolissement de quantité de faïenceries, de verreries et de forges dans nos cantons, et qui sont inutiles, et qui ruinent totalement les bois, qui sont si dégradés et ravagés par ces usines qu'on n'en peut plus avoir dans les communautés : tous les bois ne sont que pour eux puisqu'ils en vont chercher jusqu'à six lieues de loin au préjudice des sujets ; le bois commun coûte aux sujets jusqu'à douze livres, malgré que nous sommes enclavés dans les bois de tous côtés.

Nous demandons que toutes Maîtrises soient révoquées, d'autant qu'elles enlèvent au public une grande quantité d'argent tant pour les marques des bois des communautés que pour des rapports de nulle conséquence qui appauvrissent le pauvre peuple, que pour des plaidoyers, et les voyages qu'il est obligé de faire en conséquence.

Nous demandons qu'il soit permis aux habitants de faire garder leurs bois par des gardes, dont le maire recevra le serment, et de les faire couper par des coupes réglées, ou de faire comme il y a cinquante ou soixante ans.

Nous demandons que les receveurs des tailles soient abolis, d'autant que de 20 s. que l'on lève sur le peuple il en revient seulement à Sa Majesté 7 à 8 sous; le reste demeure entre les mains des receveurs : le premier tire deux sous par livre, à continuer des autres receveurs la même chose ; ce qui fait que, ce donnant, le peuple, par tant d'impôts qu'il est chargé à Sa Majesté, ne peut jamais être suffisant pour payer les dettes de l'État.

Nous disons encore que le peuple est obéré par les dépenses qu'il est obligé de faire pour plaider dans les bailliages ; les procureurs font frais sur frais par les actes continuels qu'ils se signifient, et cela sans sujet, ce qui fait des frais immenses ; il serait plus à propos d'établir des prévôts comme du temps de Léopold, duc de Lorraine, ou comme à présent dans l'Alsace, et diminuer les honoraires des avocats qui serviraient de procureurs ; de fait que pour six francs on obtenait sentence ; au lieu qu'à présent, dans les bailliages, il en coûte pour les procureurs, pour une sentence, plus de dix écus de France.

Nous demandons que le papier timbré soit tombé, que les procureurs ou avocats qui plaideront soit dans les bailliages ou prévôtés ne prennent plus de présentation comme ils ont fait jusqu'alors ; que tous actes signifiés ne soient point contrôlés, mais seulement approuvés et signés des plaideurs ; que les tabellions, pour passer actes publics, ne soient rétribués que très modiquement ; et que, pour ôter les fraudes qui pourraient arriver par ces tabellions par les actes qu'ils passeraient, il y aurait un contrôleur : qu'il tirerait modiquement.

Nous demandons qu'il soit défendu à toutes personnes, de quelle qualité et condition qu'elles soient, de transporter ou faire transporter aucun grain hors du royaume.

Nous demandons qu'il soit défendu à tous propriétaires qui ont droit de colombier, soient-ils seigneurs ou curés, de tenir enfermés leurs pigeons pendant le temps de la moisson et de la semaille, ce qui ne s'observe pas dans nos cantons, et qu'on souffre beaucoup de dommage par eux dans les campagnes.

Nous demandons que la terre de la province de Lorraine soit franche et exempte de la dîme de pommes de terre et de dîme de pois et vascées dans les somards, comme elle l'est dans quelques cantons de cette généralité. Nous voyons de nos propres yeux qu'un champ appartenant à un habitant de Lorraine, cultivé par lui ou par autre sur notre finage, ne paye point de dîme de pommes de terre, et nous, qui plantons des pommes de terre sur la partie lorraine, il faut que nous payassions la dîme : ce qui fait bien murmurer puisqu'ils sont voisins.

Nous remontrons à quoi le pauvre peuple est chargé et assujetti comme subvention, vingtièmes, entretien de chaussées, taille Saint-Remy, gages du maître d'école, marques de bois ; enfin, le tout forme une somme grosse de 1 208ᵗ 15 s., à quoi notre communauté est chargée annuellement ; sans qu'il y ait un denier de revenu pour soulager la communauté, pour un nombre de 40 feux ou habitants payables à quoi contient notre communauté, sans y comprendre l'entretien d'une église, en outre gênés par le droit de châtreur et de rifleur ; que personne n'est libre de disposer des bestiaux dans les saisons convenables : nous demandons la liberté pour tout cela de n'agir comme nous le trouverons bon.

Nous demandons encore que les vingtièmes des maisons qui sont occupées par les propriétaires soient mis en bas des rôles, et qu'elles ne payent non plus que celles de Lorraine.

Arrêté à l'assemblée municipale, à Bréménil, le 15 mars 1789.

Nous demanderons encore que tous les couvents soit religieux ou religieuses qui ont des grandes quantités du bien dans le royaume payent pour leurs biens comme nous payons au moins pour les nôtres, pour soutenir l'État.

Arrêté à l'assemblée municipale, à Bréménil, le 15 mars 1789.

F. Boulanger; F. Lemaire; D. Didier; N. Claude, *syndic;* N. Cuny, *greffier;* C. Verdenal.

BROUVILLE

XLI^A

Procès-verbal.

« 16 mars 1789, sont comparus en l'auditoire de ce lieu (¹), par-devant nous, Nicolas Gridel, syndic de la municipalité de Brouville. »
Village composé de 67 feux.
Députés : Mansuy Alison,
Nicolas Gridel.
Signatures : F. Hainzelin; Claude Gridel; J.-B. Voinier, *greffier;* Mansuy Alison; N. Gridel, *syndic.*

XLI^B

Cahier des doléances, plaintes et remontrances que les habitants de la communauté de Brouville fournissent au bailliage de Vic

Art. 1. — Que l'administration ci-devant confiée aux intendants soit confiée aux États provinciaux qui seront priés d'établir de distance en distance des bureaux auxquels on soit plus à portée de recourir.

Art. 2. — On se plaint beaucoup de l'indifférence de MM. les intendants et subdélégués, et plus encore de leurs commis, qui ont paru le plus souvent seuls décider et faire décider les affaires.

Art. 3. — Le prix du bois est deux fois plus élevé qu'il ne l'était il y a vingt ans : on attribue cette augmentation de prix à la multiplicité d'usines à feu établies dans la proximité de Baccarat, Lunéville, Badonviller, etc.

---

1. *Impositions ordinaires et prestation des chemins* pour les *six* premiers *mois* de l'année *1790* :

Imposition principale.	190 ₶	» s.	» d.
Accessoires de l'imposition principale.	378	8	8
Capitation et ses accessoires.	432	15	»
Taxations des collecteurs.	14	6	6
Droit de quittance au receveur des finances.	2	1	4
Prestation des chemins.	145	7	2
Total général	1 162 ₶	18 s.	8 d.

(Arch. Meurthe-et-Moselle, L. 677.)
Deux vingtièmes et quatre sous pour livre du premier pour *1790* : 1 545 ₶ 11 s. » d.
(*Ibid.*, L. 308.)

Art. 4. — Ces usines à feu ont causé une grande dévastation dans les forêts qui appartiennent en très grande partie à M⁸ʳ l'évêque de Metz dont on croit que les gruyers n'ont guère observé les lois concernant les forêts.

Art. 5. — Les frais de justice paraissent exorbitants : il serait avantageux qu'il y eût une taxe imprimée de ces frais, envoyée et conservée dans les communautés pour y avoir recours quand on le jugerait à propos. Les inventaires ruinent les mineurs, ainsi que les opérations des huissiers-priseurs. On est éloigné de dix lieues du chef-lieu du bailliage. Il serait peut-être possible d'attribuer aux municipalités l'apposition des scellés, la confection des inventaires, et de rétablir pour les ventes les choses sur le pied où elles existaient avant l'établissement des huissiers-priseurs dont on demande la suppression.

Art. 6. — On a droit, dans le territoire de l'Évêché, d'avoir des passavants gratis pour les objets que les particuliers certifient être pour leur consommation ; cependant, au lieu de donner ces passavants dans les bureaux lorrains, on oblige les Évêchois de se détourner de leur chemin pour prendre un haut-conduit, un acquit de traite, un acquit-à-caution, etc. ; et si on n'est pas muni de ces acquits, on force à faire des soumissions humiliantes et coûteuses.

Art. 7. — En payant huit sous la livre de sel, on ne peut élever avec aisance du bétail, qui languit souvent faute d'avoir dans sa nourriture de ce sel qui fortifie et qui donne de la saveur à la viande. En conservant au Roi par un abonnement les sommes qu'il tire des fermes à sel et du tabac, en augmentant même cette somme, en supprimant les salines, et rendant ces deux objets commerçables, on y gagnerait beaucoup, et le bois de chauffage diminuerait de prix.

Art. 8. — Sous prétexte qu'il faut payer une marque de cuirs, une marque de fers, les habitants des campagnes surtout payent bien plus cher aux cordonniers et aux maréchaux, aux selliers et bourreliers les ouvrages qu'on leur fait faire.

Art. 9. — Le village de Brouville qui n'est composé que de douze laboureurs, de quarante-cinq manœuvres et de dix femmes veuves, en tout à soixante-sept habitants, paye en tailles, vingtièmes, etc., la somme de 3 954ʰ et 854ʰ à M⁸ʳ l'évêque de Metz, seigneur dudit lieu, et à peine peut-il acquitter pour 500ʰ ses autres charges.

Art. 10. — Les communautés de la châtellenie de Baccarat ont déjà présenté leur vœu pour avoir des États provinciaux.

Art. 11. — Ces mêmes communautés ont toujours eu des portions de bois d'affouage et de marnage dans les forêts de Mgr l'évêque de Metz : ce n'est que pendant l'épiscopat de Mgr de Saint-Simon qu'on leur a refusé ce droit, ce qui a obligé les communautés de se pourvoir contre ce refus. Cette affaire a été évoquée au Conseil où elle est pendante depuis au moins trente ans ; et, pendant ce temps, les habitants sont frustrés de cette ressource, tandis que toutes les autres châtellenies qui appartiennent audit seigneur évêque continuent de jouir de leurs droits.

Art. 12. — Il serait bien à souhaiter que les évocations au Conseil ne fussent pas si fréquentes ; les grands seigneurs les obtiennent trop aisément, et les faibles succombent sous leur pouvoir et leur crédit.

Art. 13. — Rien de si fréquent que les procès d'injures, de petites anticipations sur un champ, un pré, etc., ce qui occasionne quelquefois des descentes et vues de lieux fort coûteuses, ou des condamnations pour le trouble, etc. C'est sur les connaissances que les gens de campagne donnent aux juges dans ces circonstances que ces procès sont décidés ; il ne faut que de la bonne foi et de la probité pour juger ces affaires. Pourquoi n'en attribuerait-on pas la connaissance et la décision première, dans l'espace de trois jours, aux membres municipaux qui sont censés mieux connaître que personne les propriétés les uns des autres ; ce qui n'empêcherait pas que celui qui serait condamné ne pût se pourvoir ensuite aux juges ordinaires, en donnant trois livres au profit de la communauté. Cette petite somme, et le délai de trois jours pendant lesquels la colère, l'animosité et les fougues du premier moment d'effervescence se seraient calmées, empêcheraient les trois quarts au moins des procès de cette espèce.

Art. 14. — Il est à désirer qu'on effectue le projet de réforme dans l'administration de la justice, qu'on supprime une infinité de petites opérations fort coûteuses dont les moindres procédures sont surchargées.

Claude Gridel ; Mansuy Alison ; J.-B. Voinier ; F. Hainzelin ; N. Gridel, *syndic*.

BUISSONCOURT

XLII ᴬ

« Procès-verbal de l'assemblée de la communauté de Buissoncourt (1) pour la nomination des députés. »
16 mars 1789,
« Sont comparus en l'auditoire de ce lieu, par-devant nous, Nicolas Contal, syndic. »
Communauté composée de 50 feux, non compris les veuves.
Députés : Nicolas Contal, syndic de la municipalité dudit lieu ;
  Pierre Coqueron, l'un des notables, et adjoint à la même.
Signatures : N. Contal, *syndic;* Pierre Coqueron ; Joseph Boulin ; François Parmentier ; P. Caron.

XLII ᴮ

Procédures du cahier rédigé de doléances, plaintes et remontrances de la communauté de Buissoncourt, pour être porté à l'assemblée des trois États qui se tiendra à Vic, le 23 mars présent mois 1789, par-devant Monsieur le lieutenant-général du bailliage de ladite ville de Vic, contenant quatre feuillets cotés par premier et dernier, et paraphés « ne varietur » au bas de chaque page

Art. 1. — Les habitants et communauté se plaignent que, ne possédant pas en propriété vingt jours de terres par chaque saison, et au plus huit fauchées de prés pour tous en général, la plus grande partie desdits habitants n'ayant aucun fonds, excepté quelques petites maisons, et n'ayant pour toutes res-

---

1. *Impositions ordinaires* pour les *six* premiers *mois* de l'année *1790 :*
Imposition principale. . . . . 135 ₶ » s. » d.
Impositions accessoires. 268   17   9
Capitation 307   9   9
        Total. . . . . 711 ₶ 7 s. 6 d.
Deux vingtièmes et quatre sous pour livre du premier pour *1790 :*
Biens-fonds. . { 1ᵉʳ cahier . . . 525 ₶ 8 s.
               { 2ᵉ cahier . . . 326   11
        Total. . . . . 851 ₶ 19 s.
          (Arch. Meurthe-et-Moselle, L. 308.)

sources que le travail de leurs mains, pour gagner leurs vies et celles de leurs pauvres enfants ; cependant, ils sont imposés tant pour la subvention que la capitation à la somme de 1 355 livres, laquelle est très difficile à tirer sur la plupart des habitants vu leur grande pauvreté.

Art. 2. — Le nombre des habitants de notre dite communauté se porte à cinquante, sans y comprendre neuf pauvres veuves, et payent tous ensemble une somme de 30 livres 17 sols 6 deniers appelée droit de Saint-Remy ; mais ce n'est rien de cette somme : la même communauté doit de plus au seigneur évêque de Metz un droit de terrage qui consiste à la quatorzième gerbe sur tout le finage, ce qui fait un droit très onéreux à ladite communauté, sans beaucoup d'autres droits seigneuriaux, lequel droit de terrage est sans préjudice de la dîme qui se paye au douzième. La même communauté est enclavée entre deux prairies que l'on appelle les Étangs dont 250 fauchées appartiennent au Roi, et environ cent septante autres fauchées qui appartiennent à Mgr le prince de Beauveau, ce qui fait une gêne très considérable au bétail de notre dite communauté, parce que nous n'avons aucun droit de pâture dans cesdits Étangs en aucune saison.

Art. 3. — Les habitants de notre dite communauté se plaignent de la trop grande cherté du sel, et de l'obligation où ils sont de le prendre à Réméréville plutôt qu'à Saint-Nicolas qui serait plus à portée ; ils se plaignent de même de la cherté du bois occasionnée par les salines, tuileries et chaufour.

Art. 4. — Lesdits habitants et communauté se plaignent de ce qu'ils ne peuvent sortir ni entrer avec quoi que ce soit, même pour leurs usages, sans acquits, le village étant enclavé dans la Lorraine.

Art. 5. — Lesdits habitants se plaignent que M. de Vigneron, président au parlement de Nancy, a dans la communauté un colombier de plus de 200 paires de pigeons campagnards qui nuisent surtout dans le temps des semailles.

Art. 6. — La communauté, n'étant pas au fait des matières d'État, ne sait point d'autre moyen pour faire disparaître la différence qu'il y a dans les finances du Roi entre la recette et la dépense, que l'imposition sur les terres répartie avec égalité, et supportée par tous les propriétaires sans aucune exception jusqu'à la couverture du déficit et la liquidation des dettes de l'État. Les habitants de ladite communauté de Buissoncourt espèrent que Messieurs les députés aux États généraux proposeront, remontreront, et aviseront et consentiront tout ce qui peut concerner les besoins de l'État, la réforme des abus, l'établissement d'un ordre fixe et durable dans toutes les parties de l'administration, la prospérité générale du royaume, et le bien de tous et chacun des sujets du Roi.

Fait et délibéré à Buissoncourt, le 16 mars 1789.

N. Contal, *syndic;* Pierre Coqueron ; Joseph Boulin ; P. Caron ; François Parmentier.

BURIVILLE

XLIII ᴬ

« Procès-verbal d'assemblée de la communauté de Buriville(1) pour la nomination des députés. »

15 mars 1789,

« Sont comparus en l'auditoire de ce lieu, par-devant nous, Jean-Claude Masson, syndic. »

Communauté composée de 8 feux.

Députés : Jean-Claude Masson,
 Nicolas Pierson.

Signatures : J. C. Masson, *syndic;* Nicolas Pierson ; Antoine Mangin ; J. M. Dumas.

XLIII ᴮ

[Le cahier des doléances de la communauté de Buriville ne paraît pas exister aux Archives départementales de Meurthe-et-Moselle.]

---

1. *Impositions ordinaires* pour les *six* premiers *mois* de l'année *1790* :
Imposition principale. . . . . 105 ₶ » s. » d.
Impositions accessoires. 209 2 8
Capitation 239 19 9
  Total . . . . 554 ₶ 2 s. 5 d.
Deux vingtièmes et quatre sous pour livre du premier pour *1790* :
Biens-fonds. . { 1ᵉʳ cahier . . . 326 ₶ 8 s. » d.
    { 2ᵉ cahier . . . 193 5 3
  Total . . . . 519 ₶ 13 s. 3 d.
  (Arch. Meurthe-et-Moselle, L. 308.)

BURLIONCOURT (partie France)

XLIV*

Procès-verbal.

17 mars 1789,

« Sont comparus par-devant nous, Mathieu Césard, maire en la justice de Burlioncourt(¹), partie d'Évêché. »
Communauté composée de 39 feux.
Députés : François Bour, laboureur ;
Philippe Mathis, voiturier.

« Ladite nomination de députés ainsi faite, lesdits habitants... leur ont donné tous pouvoirs requis et nécessaires à l'effet de les représenter en ladite assemblée pour toutes les opérations prescrites..., comme aussi de donner pouvoirs généraux et suffisants de proposer, remontrer, aviser et consentir tout ce qui peut concerner les besoins de l'État, l'établissement d'un ordre fixe et durable dans toutes les parties de l'administration, la prospérité générale du royaume, et le bien de tous et de chacun des sujets de Sa Majesté ; sans toutefois qu'ils puissent consentir, adhérer ni directement ni indirectement à choses contraires audit cahier à eux remis, non plus que les députés qui seront élus pour nous représenter au nom de la province aux États généraux, déclarant par ces présentes tout ce qu'ils feraient, consentiraient ou adhéreraient nul et de nul effet, n'entendant point par les pouvoirs généraux à eux donnés qu'ils puissent dépasser les objets et matières énoncés audit cahier, ni étendre leur consentement à choses non comprises, ou contraires à leur esprit ou à notre intention, les déclarant dans ce cas déchus de tous nos pouvoirs.

« Et de leur part lesdits députés se sont présentement chargés du cahier des doléances de ladite communauté, et ont promis de le porter à ladite assemblée, et de se conformer en tout tant aux

---

1. *Impositions ordinaires* pour les *six* premiers mois de l'année *1790* :
Imposition principale. . . . . 596 ₶ » s. » d.
Impositions accessoires. . . . . . . 442 2 » »
Capitation 373 3 9
   Total. . . . . 1 411 ₶ 5 s. 9 d.
Deux vingtièmes et quatre sous pour livre du premier pour *1790* :
Biens-fonds. . { 1ᵉʳ cahier . . . 1 326 ₶ 18 s. » d.
     { 2ᵉ cahier . . . 82 2 6
   Total. . . . . 1 409 ₶ » s. 6 d.
(Arch. Meurthe-et-Moselle, L. 308.)

présentes qu'aux lettres dudit seigneur Roi, règlement y annexé et ordonnance susdatée... »
Signatures : Mathieu César, *maire ;* N. Hocquel ; François Bour ; Philippe Mathis ; Jean Bille ; Jean-François Riboulot.

XLIV*

Cahier contenant les vœux de la communauté de Burlioncourt partie de France, adressé le 17 mars 1789

L'an mil sept cent quatre-vingt-neuf, le dix-sept mars, en l'assemblée générale des habitants de la communauté de Burlioncourt, tenue au lieu et en la manière ordinaire, à laquelle ont comparu tous les habitants de la communauté, tant de la partie Lorraine qu'Évêchoise, pour aviser à la réformation des abus, et faire leurs remontrances et doléances, pour être, par leurs députés, portées aux différentes assemblées préparatoires, et de suite remis aux députés pour le Tiers à l'assemblée des États généraux qui se tiendra à Versailles, le vingt-sept avril prochain, y ont procédé en la manière qui suit :

1° Le délabrement des finances de l'État ne provenant que du défaut, de la part des ministres, de n'avoir pas calculé la dépense sur la recette ; d'avoir grossi sans raison cette dépense et d'avoir caché sous le voile des emprunts leur maladresse ou peut-être leur mauvaise foi : que la dépense du royaume soit scrupuleusement examinée ; que le déluge de dettes dans lequel les ministres ont noyé le Trône et l'État soient préalablement discutées, et dans leur cause, et dans leur destination ; que cette foule de pensions et de charges ou emplois si peu nécessaires à la splendeur du Trône, soient éclairées et modifiées sur les règles de la justice ;

2° La perception des impôts, et l'armée innombrable qui est employée à cet objet, forme un fardeau qui est à son comble ; les privilèges, les exemptions font refouler tout ce poids énorme sur le peuple, et l'écrase. C'est de ses suées, de son sang, et de ses pleurs que s'engraisse cette nuée de satellites, la honte et l'opprobre de la Nation ; le commerce à chaque pas est semé d'entraves, et même de pièges par les sangsues publiques : qu'il soit donc établi un seul et unique impôt dans toute l'étendue du royaume, proportionné au besoin de l'État, et auquel soient assujetties toutes les propriétés tant mobilières qu'immobilières, sans distinction ni privilège quelconque, et ce dans le lieu où elles se trouvent situées : que les receveurs de cet impôt ne soient plus nommés ou leurs places vendues à titre d'office, mais qu'il soit loisible à chaque canton des recettes actuelles des finances d'afficher lesdites places, de les adjuger à qui moins et au rabais, avec les précautions de sûreté en les cas requises ;

Que les entraves et empêchements du commerce dans l'intérieur du royaume, et tout ce qui s'appelle barrière soit reporté sur les confins limitrophes de l'État, étant de toute justice que les sujets d'un même empire soient réunis par les liens d'un commerce libre ;

Que le sel et le tabac rentrent dans le commerce, et libre à tous citoyens d'en faire les usage et consommation qu'il jugera à propos, et d'en acheter où il voudra ;

Que les salines de la province, avec un affouage modéré et circonscrit, soient admodiées au profit du Prince, sans que jamais ni dans aucun cas les adjudicataires puissent augmenter lesdits affouages ou faire emplette ailleurs, à peine de confiscation des bois au profit de la province ; ni que les citoyens fussent obligés d'acheter leurs sels ;

3° Que les domaines de la Couronne soient aliénés, et rentrent, comme tous les autres biens, dans le commerce ; et que, pour acheter et posséder ces biens, il ne soit plus fait à l'avenir, ainsi que pour tous autres fiefs, terres et seigneuries, de distinction de nobles et de non nobles ; que les droits de mutation soient les mêmes pour tous les sujets de l'État, nés ou naturalisés tels ;

4° Que par la suite du droit naturel et imprescriptible inhérent à tout Français, la porte des honneurs et dignités du royaume, tant ecclésiastiques, civils que militaires, soit ouverte indistinctement à tous les citoyens qui s'en rendront dignes par leur mérite ; que ces exclusions aussi odieuses qu'elles sont injustes ne viennent plus flétrir l'âme du peuple ; qu'il n'ait plus le reproche amer à faire à sa patrie d'être une marâtre injuste et capricieuse, qui, sur cent enfants, prodigue tous ses soins et ses caresses à l'un pour laisser les quatre-vingt-dix-neuf autres en proie à l'indigence et à la vermine ;

5° Que l'impôt territorial soit prescrit, comme injuste, impraticable, et destructeur de toute cultivation, capable de tarir la source unique des richesses de ce royaume ;

6° Que les dîmes ecclésiastiques et toutes celles prétendues inféodées soient rappelées à leur destination primitive, et comme elles ont été consenties par les peuples ; qu'en conséquence, le quart en soit affecté aux fabriques, pour être employé à la construction des églises et à tout ce qui est nécessaire au service du culte de la religion ; en sorte que ces objets, déjà payés par la dîme, ne reviennent plus une seconde fois pour être supportés par le peuple, que le surplus de ces dîmes soit tellement appliqué aux pasteurs qu'ils ne soient plus à charge aux peuples, et ne s'avilissent plus par la perception de droits casuels, honoraires, oblations, etc. ;

7° Qu'il soit enjoint aux ordres mendiants de se concerter tellement qu'il ne se trouve jamais plus de trois quêteurs de différents ordres dans la même communauté, et qu'il ne soit jamais accordé de permission aux étrangers ni à ceux des provinces trop éloignées ;

8° Que les banalités de moulins, fours, pressoirs, etc., soient abolies, ainsi que les péages et autres servitudes injustes ;

9° Que les droits de tiers dans les communes, dans les vaines pâtures, de troupeaux à part prétendus par les seigneurs, soient également abolis, à moins qu'ils n'aient été vendus par les communautés ; et, dans ce cas, loisible à celles-ci d'en rembourser le prix ;

10° Que, conformément aux anciennes ordonnances de la province et du royaume, les boulins des colombiers des seigneurs, volets et fuies de particuliers et autres prétendant droit d'avoir pigeons fuiards, soient limités au nombre de cent pour les colombiers, et cinquante pour les volets et fuies ; que lesdits colombiers et fuies soient fermés pendant le temps des semailles, tant du printemps que de l'automne, ainsi que pendant le temps des moissons ;

11° Que la chasse dont les seigneurs se sont attribué la propriété ne puisse être exercée dans les campagnes depuis le 1ᵉʳ mai jusqu'au quinze septembre par quelque personne que ce soit, ni à quelque genre de chasse que ce puisse être. Que les chasses dans les campagnes depuis cette époque du quinze septembre, ainsi que les pêches des rivières, ruisseaux, etc., soient admodiées au profit des communautés pour les deux tiers, et l'autre pour le seigneur, pour par les communautés le prix en provenant être employé à la réparation des chemins d'une communauté à l'autre, ou à d'autres objets d'utilité publique ;

12° Que les justices seigneuriales, source d'une infinité d'abus, et la cause de la ruine des intérêts et propriétés des communautés, et souvent de fois de celles des particuliers, soient supprimées, et le nombre des tribunaux d'appel diminué ;

13° Que les déclarations du Roi portant permission aux propriétaires de clore leurs héritages en pleine campagne, et abolissant la vaine pâture et le parcours, comme d'ancienneté, soient retirées, et les choses rétablies sur l'ancien pied ; l'expérience démontrant que c'est à ces deux lois, et à la conversion des communes en terres arables, qu'il faut attribuer l'énorme et excessive cherté des viandes, cuirs, suifs, laines, etc., et même pour partie la diminution des laboureurs dans la province ;

14° Que cette province, ainsi que celle des Trois-Évêchés, contient plus de cinquante à soixante mille familles juives dont l'unique profession est d'exercer l'usure, sous toutes les formes et dans tous les genres possibles ; et dont par conséquent l'existence parasite forme un impôt qui va à l'égal de ceux qu'en tire le Souverain sur ces provinces, et sont la seconde et la plus forte cause de la ruine et diminution des laboureurs, cette nation s'étant emparée du courtage des chevaux ;

Que cette nation et tous ces individus soient donc obligés de s'occuper des arts et métiers, ainsi que des travaux de l'agriculture pour se procurer la subsistance, et cotisés à part, mais cependant dans le même rôle et par les mêmes asseyeurs dans les rôles des impositions des communautés où ils ont leur domicile ; et le commerce de l'usure poursuivi contre eux, et puni suivant la rigueur des ordonnances ;

15° Les villages et communautés mi-partis occasionnent pour le service et l'administration civile des dépenses de double emploi aussi bien que dans l'ordre judiciaire, et forment une scission entre les membres d'une même communauté, qui est toujours très préjudiciable à ses vrais intérêts.

Qu'en conséquence, il soit procédé par voie d'échange, ou autre, à la réunion des communautés en une seule et même communauté, en sorte que la plus forte partie tire à elle la moindre ; et, dans le cas d'égalité, on se décide sur le plus grand bien de la chose.

Fut fait et arrêté en ladite assemblée, les jour, mois et an que dessus, et souscrit par tous les habitants présents sachant signer, et a de plus été observé que lesdits communautés et habitants n'entendent ni consentir ni donner aucuns pouvoirs de consentir pour eux à l'assemblée des États généraux par Messieurs les députés à chose contraire aux présentes, et s'ils n'obtiennent le redressement de leurs griefs. Relu ont signé pour être le présent délivré aux deux députés partie France qui doivent se rendre à la ville de Vic, en l'assemblée indiquée, au vingt-trois du présent.

Mathieu César, *maire ;* N. Hocquel ; François Bour ; Philippe Mathis ; Jean Bille ; Jean-François Riboulot.

BURTHECOURT

XLVe

Procès-verbal.

15 mars 1789,

« Sont comparus en pleine communauté de Burthecourt ([1]), par-devant nous, Claude Martin, syndic de la municipalité. »

Communauté composée de 9 feux.

Publication au prône de la messe de paroisse, le 8 mars.

Députés : J.-Pierre Clochette,
  Dominique Aubin.

Signatures : Joseph Henry ; Jeanpierre Laurent. Pour Claude Martin, sans préjudice aux articles qui ne sont point nécessaires : Augustin Martin — et N. Colin de même — D. Aubin, *député ;* Jeanpierre Clochette, *député.*

---

1. *Impositions ordinaires* pour les *six* premiers *mois* de l'année *1790* :
Imposition principale. . . . . 62 # 10 s. » d.
Impositions accessoires. 124   8   8
Capitation 142   7   »
                    Total. . . . . 329 # 5 s. 8 d.
Deux vingtièmes et quatre sous pour livre du premier pour *1790* :
Biens-fonds . . { 1er cahier . . . 637 # 10 s. 9 d.
                { 2e cahier . . . 186   17   9
                    Total. . . . . 824 # 8 s. 6 d.
                    (Arch. Meurthe-et-Moselle, L. 308.)

XLVe

Cahier des plaintes et doléances que présente la communauté de Burthecourt à l'assemblée des trois États du bailliage de Vic, pour être porté aux États généraux

1° Il a reconnu que les clôtures sont plus nuisibles qu'avantageuses ; il ne sert qu'à occasionner des procès, il retranche une partie des pâtures, et il arrive que celui qui a un clos n'y envoie ses bestiaux qu'après avoir mangé la pâture du finage, tandis que les troupeaux de communauté n'ont pas la liberté d'aller pâturer dans les clos, ce qui est bien injuste ; d'ailleurs, pour former les clôtures, il faut perdre beaucoup de terrains en fossés, ou beaucoup de bois pour des lendres ou des haies ; il arrive ainsi que les prés clos finissent par devenir mauvais ; ainsi nous demandons la suppression de l'édit des clôtures.

2° Depuis quinze ou vingt ans, le bois a redoublé de prix et nous sommes dans la crainte d'en manquer dans peu ; les salines de Château-Salins et de Moyenvic en sont la cause : outre les bois du Roi, elles consomment aussi les bois des communautés et de plusieurs particuliers ; nous demandons donc la suppression des salines, ou bien qu'elles ne puissent brûler que les bois du Roi.

3° Nous sommes entourés des salines et nous payons la livre de sel sept sols neuf deniers la livre, tandis qu'elle ne revient aux Fermiers généraux qu'à cinq ou six deniers la livre. Nous sommes entourés de sources d'eau salée et nous ne pouvons nous en servir autrement. Les employés nous poursuivent, nous emprisonnent, etc. ; ce n'est pas ainsi que des bons sujets du Roi, qui payent beaucoup d'impôts, doivent être traités ; tandis que ce n'est que pour engraisser les Fermiers généraux, et entretenir une grande armée de gardes de tabac pour nous faire tous les jours la guerre ; ainsi nous demandons la supression de tous ces gens-là, et que le sel et le tabac soient marchands.

4° Les habitants de campagne sont foulés par les impôts, tandis que le Clergé et la Noblesse ne payent presque rien ; cela est si vrai que le dernier laboureur d'une communauté paye plus d'impositions que le seigneur du lieu. C'est pourquoi nous demandons qu'il n'y ait plus qu'un rôle pour toutes les personnes des trois États : ils seront cotisés selon leurs biens et facultés.

5° Nous demandons la suppression de la foraine ; car nous ne pouvons rien transporter en Lorraine, ou conduire de la Lorraine chez nous, sans prendre des acquits, ce qui gêne le commerce et l'industrie, nous cause toutes sortes de maux et d'inquiétudes ; cependant nous sommes tous Français et tous sujets du même Roi.

6° Nous demandons que les droits sur les fers et les cuirs qui sont d'un usage indispensable, soient diminués.

7° Nous demandons, afin que l'argent soit plus commun dans la province, que les évêques, les abbés, les gouverneurs, les commandants, les intendants, au lieu de demeurer presque toujours à Paris, passent les trois quarts de l'année dans la province, de même que tous ceux qui ont des appointements.

8° Nous demandons qu'attendu que la pâture n'est pas grande sur notre ban, nous puissions envoyer, comme autrefois, nos troupeaux vainpâturer dans les bois du Roi lorsqu'ils seront défensables.

9° Nous demandons qu'il ne soit pas permis de transporter les grains hors du royaume qu'autant que les récoltes auront demi-année, afin de ne pas causer la disette, ou la trop grande cherté dans le prix des grains ; car il est juste que ceux qui les font venir les aient à bon prix, plutôt que de favoriser les étrangers et quelques commerçants.

10° Nous demandons particulièrement la suppression des jurés-priseurs qui ne font qu'occasionner des frais et ruiner les mineurs ; ce sont des gens que nous avions le bonheur de ne pas connaître autrefois, et qui nous désolent aujourd'hui. Leur établissement ne sert qu'à les enrichir à nos dépens.

11° Nous demandons que la dîme ne se paye qu'au dix-huit, tandis que les ecclésiastiques qui les tiennent n'en payent aucunes impositions.

12° Les monastères de l'un et de l'autre sexe tiennent presque la moitié des terres et ne payent rien.

13° Nous sommes accablés de maladies, nous et nos bestiaux, à cause des marais qui nous environnent. Nous demandons donc le recurement de la rivière de la Seille.

14° Nous demandons que les juges gradués des hautes-justices ne puissent juger sans la participation de la justice du lieu.

15° Nous demandons de rentrer sur un pré contenant environ quatre-vingts fauchées, tenu par le seigneur du lieu depuis quarante ou cinquante ans, et que les anciens contrats appellent pâquis communal, ainsi que les vieillards en ont vu jouir ladite communauté.

16° Nous demandons que les chemins de communauté soient ouverts tant à l'entrée du village qu'à sa sortie, de même que les chemins de la Reine et des Vignes.

Telles sont nos principales plaintes et doléances, que nous supplions la Nation et le Roi de prendre en considération. Fait en l'assemblée de la communauté de Burthecourt, ce quinze mars mil sept cent quatre-vingt-neuf.

Joseph Henry; Jeanpierre Laurent.

Pour Claude Martin, sans préjudice aux articles qui ne sont point nécessaires, Augustin Martin — et N. Colin de même — Jeanpierre Clochette, *député*, sans préjudice à l'article 14; D. Aubin, *député*.

CHAMBREY

XLVI[A]

« Procès-verbal d'assemblée de la communauté de Chambrey([1]). »
21 mars 1789,
« Sont comparus en l'auditoire de cette communauté, par-devant nous, Joseph Gény et Louis Delval, tous deux maires ès justices de ce lieu. »
Communauté de 60 feux.
Députés : Joseph L'huillier,
Jean-Claude Saffroy.

---

1. *Impositions ordinaires* pour les *six* premiers *mois* de l'année *1790* :
Imposition principale. . . . . 367 ℔ 10 s. » d.
Impositions accessoires. 731   19   4
Capitation 837   »   6
　　　　　　　　Total. . . . . 1936 ℔ 9 s. 10 d.
Deux vingtièmes et quatre sous pour livre du premier pour *1790* :
Biens-fonds . . { 1er cahier . . . 2393 ℔ 4 s. 3 d.
　　　　　　　　 2e cahier . . . 1116   12   6
　　　　　　　　Total. . . . . 3509 ℔ 16 s. 9 d.
(Arch. Meurthe-et-Moselle, L. 308.)

Signatures : J. Claude Saffroy; J. Mathias; Joseph Gallois; Dominique Collin; François Hofflin, *greffier*; Joseph Gény, *maire*; Louis Delval, *maire*.

XLVIe

Cahier des remontrances, plaintes et doléances de la communauté de Chambrey, rédigé en l'assemblée générale tenue le 23 mars 1789

Les habitants composant la communauté de Chambrey supplient Sa Majesté d'ordonner et observer :

Objets généraux

1° Que la misère extrême à laquelle la plus nombreuse partie des habitants de ce lieu est réduite en l'effet de l'accroissement subi tant par la multiplicité des impôts, droits indirects dont ils sont accablés, par les impôts de subvention qui se portent à 2 566#, capitation à celle de 390#, ponts et chaussées à celle de 694#, en outre frais de milice, logement de maréchaussée;

2° Qu'il plaise à Sa Majesté que tout sujet du Roi sans aucune distinction, et sans avoir égard aux privilèges et exemptions qui pourraient leur avoir été accordés précédemment, contribueront proportionnellement aux biens qu'ils possèdent au payement de toutes les impositions.

3° La suppression des droits seigneuriaux abusifs comme le droit de revêture, qui est de seize pots de vin par chaque héritier pour les deux bans, chaque habitant du ban dessous paye une quarte d'avoine, une poule et trois sols d'argent; chaque habitant du ban dessus paye deux bichets de blé et deux d'avoine, deux poules et cinq sols d'argent, et les laboureurs du même ban payent une paire de quartes par balance tirante à la charrue.

4° Éloigner de vos sujets toutes idées d'esclavage : en conséquence ordonner que tout seigneur et autres prétendant droits de corvée ou servitude en nature seront obligés de représenter les titres qui les constituent, et dans le cas qu'ils seraient suffisamment établis, sauf à y suppléer en argent.

5° La suppression de trois colombiers qui se trouvent dans le lieu, à cause des dégâts considérables qu'ils font dans les campagnes.

6° Supprimer en tout ou en partie des salines de Lorraine et des Trois-Évêchés qui engloutissent toutes les forêts de la province, et rendent les bois de chauffage et de marnage d'une cherté extraordinaire, et qui augmente considérablement chaque année, sans que vos sujets jouissent du sel à un prix qui les indemnisât de la disette de ses bois, étant au contraire et plus cher, et d'une moindre qualité que celui qu'on envoie dans les provinces plus éloignées et notamment chez l'étranger.

7° Supprimer également le siège de la Réformation établie à Moyenvic, comme pouvant être suppléé par celui de la maîtrise des Eaux et Forêts de Vic, ce qui éteindrait des appointements considérables d'officiers qui sont superflus.

8° Donner à l'administration des Eaux et Forêts une forme d'administration moins dispendieuse et moins coûteuse, la valeur des bois étant absorbée pour la plus forte partie par les frais qu'il faut exposer avant de parvenir à leurs exploitations.

9° Supprimer au moyen des États provinciaux qu'il plaira à Votre Majesté accorder aux Trois-Évêchés et au Clermontois les intendances et subdélégations, ainsi que quantité d'autres charges inutiles dans leurs objets, ou trop multipliées.

10° La suppression des droits exclusifs des jurés-priseurs vendeurs de meubles, qui, dans les moindres ventes, emportent au delà du double des frais de la justice ordinaire, et sont un accroissement de perte pour les mineurs.

11° Supprimer les traites et Ferme, en sorte qu'il soit libre à vos sujets de faire tout commerce entre eux et ceux des provinces voisines, notamment celle de Lorraine, sans être assujettis à prendre des acquits.

12° Nous demandons à Sa Majesté l'usage des eaux salées tant pour l'entretien des bestiaux que pour la préparation des semences; et rendre aussi le tabac marchand.

13° Abolir le droit de clore les prairies comme étant très préjudiciable au général de vos sujets, et singulièrement à la partie la plus indigente et la plus laborieuse; rétablir le droit de parcours ainsi qu'il existait avant l'édit des clôtures.

14° La suppression des droits de marque sur les fers et sur les cuirs : cet objet est intéressant puisque, depuis l'établissement de ces droits, presque toutes les tanneries sont tombées, ce qui nécessite d'acheter les cuirs hors de la province, ou de les prendre d'une seconde main, raison qui en augmente le prix et diminue la qualité.

15° La suppression des employés et des octrois.

16° Que la misère s'augmente journellement par la complication des actes judiciaires; par la multiplication des lois contradictoires, ou équivoques dans leurs expressions; par les lenteurs des décisions des juges, par les détours ruineux que la chicane a inventés, que souvent l'on tolère sous le nom spécieux des formes; par les nombreux tribunaux inférieurs qui ne décident rien, qui multiplient les agents en sous-ordre, en facilitant les vexations, rendent les moindres contestations interminables.

17° Ordonner également que la rivière de Seille, qui traverse une partie du ban de Chambrey (cette rivière est presque entièrement remplie de vase, et ayant très peu de pente, elle se déborde aux moindres pluies qui surviennent, et inonde les prairies qui la bordent, ce qui cause un dommage très considérable aux propriétaires, et occasionne les maladies épidémiques qui font périr tous les ans une partie des habitants), ne serait-il pas bien juste que ce soit aux frais des seigneurs que ces écurements se fassent, attendu qu'ils s'emparent de la pêche de ses rives et des accrues, etc.

18° Accorder comme du passé le droit de parcours dans les bois en état de défense, sans être assujetti à aucune rétribution.

19° Supprimer les droits de banalité où ils sont suffisamment établis.

20° Cette pauvre communauté ne possédant pour tous biens communaux que quinze jours de terre mesure d'Évêché, et vingt-six fauchées de prés de la dernière classe, et, dans ce peu de bien, le seigneur en perçoit le tiers : ce droit exclusif pourrait être supprimé ou réduit à une double portion, attendu que ledit seigneur ne contribue à aucune charge de la communauté.

21° Il se trouve au moins un tiers de pauvres dans ce village : dans ce nombre il y a au moins trente-sept ménages mendiants domiciliés et quarante pauvres veuves, nouvelle charge d'autant plus onéreuse aux habitants n'ayant qu'eux pour les sustenter, et qu'il y a très peu de propriété.

22° La dîme de ce lieu appartient aux chanoines de Vic et aux dames de la congrégation du Pont-à-Mousson : il serait avantageux que les décimateurs soient tenus aux grosses et menues réparations de l'église et de la maison de cure.

23° Demandons qu'il ne soit plus permis à la Noblesse de faire aucun commerce, ce qui donne la licence de passer les grains hors de province.

Telles sont les plaintes, doléances et remontrances de cette communauté.

Suppliant Sa Majesté de recevoir l'hommage pur de leur reconnaissance des bontés paternelles qu'il répand sur son peuple, ils ne cesseront de prier pour la prospérité de ses armes, l'accroissement de son royaume, et la longueur de son règne, et demanderont à Dieu qu'il leur conserve longtemps le ministre qui les protège, et qui s'occupe du bien général de la France.

Fait et arrêté en l'assemblée générale du village de Chambrey, en exécution des ordres du Roi, le dit jour 20 mars 1789.

Collationné : François Hofflin.

24° Objets qui ont été omis : nous demandons à Sa Majesté que la dîme de ce lieu ne se perçoive qu'au vingt-quatre ;

25° Qu'il plaise à Sa Majesté d'ordonner que les Juifs qui sont établis dans cette paroisse soient assujettis à contribuer aux impositions de ce lieu, comme les autres habitants, suivant leurs capacités ;

26° Qu'il soit aussi défendu aux blanches bêtes d'aller vainpâturer dans les prairies dans aucune saison, ce qui est cause que souvent il y arrive des grandes disettes pour la pâture, et très coûteux aux cultivateurs.

J. Mathias ; J. Claude Saffroy ; Joseph Gallois ; Dominique Colin ; François Hofflin, *greffier ;* Louis Delval, *maire ;* Joseph Gény, *maire.*

CHENNEVIÈRES

XLVII⁎

« Procès-verbal d'assemblée de la communauté de Chennevières (¹) pour la nomination des députés. »

19 mars 1789,

« En l'assemblée convoquée en la manière accoutumée au domicile de Pierre Martin, syndic audit lieu, sont comparus par-devant nous. »

Communauté composée de 66 feux.

« Publication après la messe de paroisse par M. le vicaire, le 17 du présent mois, n'ayant reçu les ordonnances que le 16 dudit présent mois. »

Député : Nicolas Doridant, laboureur.

Signatures : P. Martin, *syndic*; N. Doridant ; J.-N. Simon ; J.-B. Toussaint ; J. Martin ; Quirin Aubert.

XLVII ᴮ

Cahier de remontrances, de plaintes et doléances de la communauté de Chennevières, avec notre soumission très respectueuse à Sa Majesté, aux impositions royales

Communauté composée de 66 feux.

Nous payons 981ᴸ 11 s. de subvention ;
Nous payons 530 19 de capitation et accessoires ;
Nous payons 451 5 de vingtième, y compris les sous pour livres.

Total : 1 963ᴸ 15 s. des impositions qui nous paraissent surtaxées.

1° Le sol de notre territoire est terre de sable, et d'un très petit rapport ; le jour de terre rapporte annuellement environ deux résaux de seigle, avoine, orge et pommes de terre.

---

1. *Impositions ordinaires* pour les *six* premiers *mois* de l'année *1790* :
Imposition principale. . . . . 284 ᴸ 10 s. » d.
Impositions accessoires. . . . . . . 567 4 »
Capitation 649 2 4
          Total. . . . . 1 500 ᴸ 16 s. 4 d.
Deux vingtièmes et quatre sous pour livre du premier pour *1790* :
Biens-fonds. . { 1ᵉʳ cahier . . . 451 ᴸ » s. 3 d.
          { 2ᵉ cahier . . . 27 10 »
          Total. . . . . 478 ᴸ 10 s. 3 d.
(Arch. Meurthe-et-Moselle, L. 308.)

2° Les prés ne rapportent aussi qu'en très petite quantité de fourrage, il est très difficile de faire dans notre habitation des prairies artificielles.

3° Il y a trente ans, notre communauté était beaucoup plus riche qu'elle n'est à présent.

4° Nous payons 252# ou environ pour l'imposition des travaux des routes. Nous avons payé cette somme en l'an 1787 et 88. Les graviers que nous avions conduits en 1786 ont seulement été régalés en 88. Les entrepreneurs d'adjudications n'ayant conduit que quelques tas de gravier : ce qui est très injuste d'avoir payé l'ouvrage que nous avons fait.

5° Il serait à désirer que la taxation en vingtième de notre territoire soit tout au plus à quatre sous le jour de terre, et six sous la fauchée de prés.

6° Nous payons 150# de fixe à notre maître d'école et marguillier; nos ancêtres ont eu procès avec Messieurs les abbés de Senones, bénédictins décimateurs dans notre communauté, pour avoir la troisième charrue pour partie du prix de marguilliage, ce qui est presque général dans notre diocèse, ce qui fait une surcharge à notre communauté extraordinaire, procès perdu.

7° Il conviendrait que MM. les abbés bénédictins de Senones, décimateurs des deux tiers de la grande dîme, coopèrent à l'entretien des ornements, vases sacrés pour célébrer les offices divins, ce qu'ils ne font pas, etc.

8° Nous avons dans notre communauté dix-huit à vingt pauvres mendiants, et très peu d'habitants capables de les soulager; MM. les bénédictins devraient aider à sustenter les pauvres, ce qui paraît très juste.

9° Il serait à désirer, vu la cherté des bois, que les quarts de réserve soient dès à présent destinés en portions de bois d'affouage, en les remplaçant dans des jeunes taillis, dans la même quantité d'arpents; ces quarts de réserve ne servent à rien, en considération de la nécessité et rareté des bois de chauffage. Nos forêts sont toutes dévastées par les habitants étrangers qui les environnent : il est juste que, payant le vingtième de nos forêts, de faire les échanges proposés en cet article.

10° Nous payons 14 à 15# de la corde de bois de chêne et 20# de la corde de bois hêtre, pris exorbitant occasionné par les usines en verreries et faïences desquelles nous sommes environnés, vu la consommation des bois et fagots qu'il leur faut.

11° Nous payons une redevance annuelle, appelée sauvegarde, qui est perçue par les commis de M. l'évêque de Metz, chaque habitant un résal d'avoine, les femmes veuves un demi résal et une poule.

12° Nous payons annuellement une rente en terrage des biens-fonds audit seigneur évêque de Metz, en grains et en argent, ce qui paraît juste.

13° Nous payons audit seigneur évêque de Metz 50# 8 s. dites tailles de Saint-Remy annuellement.

14° Nous payons audit seigneur évêque 48# perçues par des commis, cette somme, appelée tiers-denier, pour tous les émoluments communaux annuellement.

15° Nous payons pour vacations de Messieurs de la Maîtrise de Vic le quart de 281# 17 s. pour la marque de portions de notre communauté : la main-d'œuvre se fait dans un jour, pour la somme grosse ci-dessus, ce qui paraît exorbitant.

16° Nous payons le quart de 227# 10 s. pour vingtième de nos bois : il nous paraît surtaxé.

17° Nous payons le quart de 147# 10 s. à un garde surveillant de nos forêts établi par Messieurs de la Maîtrise ; nous avons dans notre communauté un garde reçu à la Maîtrise : il paraît inutile d'avoir un garde surveillant. Cela nous est trop coûteux.

18° Il serait à désirer que les Maîtrises soient supprimées, vu les charges qu'elles nous occasionnent ; l'on pourrait établir des chefs de délivrance moins coûteux.

19° La rivière appelée la Meurthe fait tous les ans de grandes détériorations dans nos prairies ; ladite rivière enlève et dégrade les prés ; il y a des cantons dans nos prairies qu'il ne reste plus que le quart de longueur des fonds ; et, néanmoins, l'on paye le vingtième de ces fonds en entier, ce qui paraît une surcharge.

20° Ces terrains enlevés se jettent tantôt d'un côté, tantôt d'un autre de la rivière, qui sont possédés par les commis de M. l'évêque de Metz, comme acquêt d'eau, ce qui paraît injuste ; il conviendrait que chaque propriétaire récupérât ses fonds où l'eau les a jetés.

21° *Issues foraines*. Nous sommes obligés de prendre des acquits à une demi-lieue de notre résidence pour toutes sortes de marchandises, excepté les grains qui font farines, ce qui paraît injuste, étant enclavés dans les villes et villages lorrains : il serait à désirer que les employés soient supprimés, comme aussi les acquits.

22° Nous payons 8 s. de la livre de sel dans les magasins, ce qui est exorbitant; s'il n'était pas si nécessaire pour mettre le pot au feu, l'on n'en userait point : il paraît qu'il serait à désirer qu'il fût d'un prix moins cher, au plus à six sous, et le tabac à trois sous l'once.

23° La justice de plaidoirie est bien ennuyeuse pour prolonger les procès, pour accumuler les frais : il serait à désirer que les causes soient plus brèves pour avoir moins de frais.

24° Les huissiers-priseurs paraissent assez inutiles à raison de leurs honoraires, sont trop coûteux : il serait à désirer que les officiers de chaque communauté aient l'autorité d'établir des tuteurs et curateurs aux enfants mineurs ainsi que la vente des immeubles et appositions de scellés ; et cela serait à plus moindres frais.

25° Il serait à désirer que les cavaliers de maréchaussée fassent des visites plus souvent qu'ils ne font : il n'y arriverait pas tant de vols dans les églises, et chez bien d'autres habitants, comme cela est arrivé fort souvent pendant l'hiver, et l'année dernière.

26° Il serait à désirer que Monseigneur l'intendant et Monsieur le subdélégué soutiennent et appuyent beaucoup les maires et syndics des communautés contre les invectives des habitants qui ne défèrent en rien au commandement desdits officiers : il leur faut du soutien.

27° Il serait à désirer que la justice de bailliage et d'intendance nous puisse être rapprochée, vu la distance que nous avons de l'une et de l'autre de ces justices. Nous sommes éloignés de dix lieues du bailliage et de vingt lieues de l'intendance, ce qui nous cause de très grands frais pour aller à Metz; nous serions bien plus à portée de Lunéville et de Nancy.

28° Il serait à désirer que la dîme grosse soit unique, et la menue dîme avec cette observation, que ce qui se cultive à la bêche soit perçu au vingt-quatre, et que les prairies artificielles soient exemptes de la dîme, ainsi que des vasces en graines, trèfle, luzerne, etc.

29° Il serait à désirer la suppression des marques de cuirs et de fers.

30° La rareté des bois, tant pour le charronnage que pour le charbon des maréchaux, nous devient très coûteuse. Il faut de toute nécessité avoir des charrues, fers et chariots pour l'entretien de l'État. Il faut du pain pour que la population puisse vivre. Observation sur l'article 9.

31° Il serait à désirer que les habitants qui occupent leurs maisons ne soient pas compris dans l'imposition des vingtièmes, et celles qui y sont comprises y soient supprimées.

Fait et clos en l'assemblée tenue le dix-neuf mars 1789; et les comparants et autres ont signé. Fait double.

P. Martin, *syndic;* N. Doridant; J.-B. Toussaint; J. N. Simon; J. Martin; Quirin Aubert.

CHENOIS (partie France)

XLVIII[A]

« Procès-verbal d'assemblée de la communauté de Chenois pour la nomination des députés. »
16 mars 1789,
« Sont comparus en l'auditoire de ce lieu, par-devant nous, George Mahout, syndic de ladite communauté. »
Communauté de 24 feux.
Députés : François Butin,
　　　　　Philippe L'huillier.
Signatures : J. Valturin, *maire;* George Mahout, *syndic;* Ph. L'huillier; D. L'Espagnol; F. Vincent; F. Butin.

XLVIII[B]

Cahier des plaintes et doléances des habitants de Chenois, partie de France, du ressort du bailliage de Vic, éloigné d'environ cinq lieues de ladite ville

ART. 1. — Les impositions sont trop considérables; elles devraient être diminuées, et pour en alléger le poids sur le peuple, il faudrait y faire contribuer les ecclésiastiques, les nobles et les propriétaires qui ne résident point dans les lieux, proportionnellement aux biens qu'ils possèdent.

Art. 2. — L'édit des clôtures est désastreux pour les campagnes : les seigneurs seuls et les grands propriétaires jouissent du bénéfice qu'il peut produire, tandis que les simples particuliers, dont les propriétés sont éparses, ne peuvent en profiter parce que les frais de clôture absorberaient le produit des prés : il serait donc du bien public de supprimer cet édit.

Art. 3. — L'entretien des grandes routes est très dispendieux pour les habitants des campagnes à cause de la mauvaise répartition qui s'en fait ; il paraîtrait plus juste de le faire supporter aux propriétaires, au commerce, aux postes, etc., proportionnellement à l'utilité et à l'usage que chacune de ces parties en fait.

Art. 4. — Le sel étant un objet de la première nécessité, et une production particulière de cette province, le prix devrait en être diminué, et la liberté accordée à un chacun de s'en pourvoir où et comme il jugerait à propos. Il conviendrait aussi de laisser le commerce du tabac libre, et de supprimer tous les employés qui sont en très grand nombre, et occasionnent une grande dépense à l'État ; et, pour indemnité à l'État, imposer sur chaque consommateur telle somme il plairait au Roi.

Art. 5. — Le bois est très rare ; les pauvres ne peuvent plus s'en procurer : on brûle la paille pour chauffer les fours, ce qui dégraisse les terres et empêche de produire. La rareté du bois est occasionnée par la grosse consommation des salines qui s'emparent de toutes les coupes ; il conviendrait donc de supprimer ces salines : on se procurerait du sel de mer qui ne coûterait pas le quart de celui des salines.

Art. 6. — Les acquits que l'on est dans le cas de prendre en passant sur terrain français qui avoisine et sont enclavés dans la Lorraine interceptent la circulation libre des productions : il serait bien important que ces acquits fussent supprimés et que la liberté du transport d'un village lorrain aux Français fut accordée.

Art. 7. — La milice qui se tire annuellement occasionne aux habitants de campagnes beaucoup de dépenses : elle gêne ou précipite les établissements, et surcharge les communautés par les avantages que les miliciens tirent dans les biens communaux; on demande que les milices ne se tirent plus annuellement, mais seulement dans les cas de nécessités, lors desquelles on les tire plus fortes.

Art. 8. — La dîme étant une grosse taxe sur les terres, autrefois elle entretenait, réparait et réédifiait les églises; il serait bien juste qu'actuellement les décimateurs, par un nouvel édit, fussent chargés non seulement des nefs, mais encore des chœurs, tours, murs de cimetière, luminaire et de tout ce qui a rapport aux églises.

Art. 9. — Les seigneurs et Monsieur le curé de Lesse ont quatre colombiers remplis de pigeons, ce qui porte un préjudice considérable aux récoltes; ces pigeons ne sont jamais renfermés, pas même dans le temps des semailles, et souvent il faut ressemer les terres qui ont été semées parce qu'ils mangent la semence; on demande qu'il soit fait défense d'avoir plus d'un colombier dans un village, et qu'il soit ordonné que les pigeons seront enfermés dans le temps des semailles et des récoltes.

Art. 10. — L'établissement des jurés-priseurs vendeurs de meubles est très nuisible aux gens de campagne : la loi de Lorraine exige qu'il soit fait inventaire au décès d'un des chefs, et la prisée de cet inventaire ne peut plus être faite que par les priseurs qui résident fort loin des villages, ce qui coûte considérablement; et, lorsqu'il s'agit de procéder à la vente, les droits de ces priseurs consomment la plus forte partie du prix; il conviendrait donc de les supprimer.

Art. 11. — Les terres de Chenois sont chargées d'environ un bichet par jour pour la plus forte partie, et les maisons d'un chapon, et d'un oison de cens dû au seigneur. On demande la suppression de ces droits.

Art. 12. — Le tiers-denier donné au seigneur sur les ventes et le tiers du terrain en essence donné par les communautés est très préjudiciable auxdites communautés, attendu qu'ils ne veulent rien supporter des charges publiques, et que lesdites communautés n'ont pas la liberté de faire le profit qu'ils pourraient faire des terrains à eux appartenant. Il serait bien juste de les supprimer en donnant auxdits seigneurs une part d'habitant où ils n'ont aucune résidence, et une double où ils résident.

Art. 13. — Les droits imposés sur les cuirs sont très préjudiciables au peuple, attendu qu'aujourd'hui lesdits cuirs sont d'un prix exorbitant, et d'une rareté sans en pouvoir presque point trouver ; ce qui occasionne que la plus grande partie du peuple est très mal chaussée ; il conviendrait donc de supprimer ces impôts.

Art. 14. — Il serait très nécessaire de pourvoir à la grande cherté des denrées qui occasionnent un très grand nombre de pauvres et les réduisent à l'indigence, et ne trouvant aucun crédit, ce qui pourrait occasionner des révoltes, des vols et brigandages, et troublerait la société publique.

Art. 15. — Les décimateurs, chez nous, perçoivent annuellement la dîme de l'agneau à laine, et ensuite dîment pareillement la laine de la brebis mère, ce qui fait une double dîme : nous avons entendu dire à nos ancêtres qu'on ne doit que l'agneau à laine pour dîme : ce qui prouve la vérité de cela, c'est que les seigneurs ne donnent seulement que l'agneau à laine pour la dîme : il paraît donc juste que l'on ne payât la dîme que comme les seigneurs.

Fait et arrêté en l'assemblée de la communauté de Chenois, le dix-sept mars mil sept cent quatre-vingt neuf.

Art. 16. — Il a été oublié d'exposer que les troupeaux des seigneurs sont d'un grand préjudice aux habitants de la campagne : ils nourrissent une très grande quantité de brebis qui absorbent entièrement la vaine pâture, mettent lesdits habitants hors d'état d'en nourrir pour leur nécessaire ; ils ont le plus souvent des bergers audacieux et fripons qui non seulement mangent la vaine pâture, mais même les prés en épargne, et les denrées ensemencées, sous prétexte qu'ils sont autorisés des seigneurs ; il serait d'un très grand avantage pour le public de les supprimer : attendu que les amendes viennent auxdits seigneurs, ils ne s'inquiètent pas qu'on les gage ou non ; qu'ils mettent leurs troupeaux au troupeau [de] communauté, ou sur leurs terres fermées.

J. Valturin, *maire;* George Mahout, *syndic;* Ph. L'huillier ; D. L'Espagnol ; F. Vincent ; F. Butin.

CIREY

XLIX^A

« Procès-verbal d'assemblée de la communauté de Cirey (1), pour la nomination des députés. »
18 mars 1789,
« Sont comparus en l'auditoire de ce lieu, par-devant nous, Jean Jordy, avocat en parlement, juge de la baronnie de Cirey. »
Communauté composée de 140 feux.
Députés : Christophe Colin,
    Joseph Cambas, *syndic*.
Signatures: Pacotte; J. Cambas; Nicolas Margot; C. Colin; Jordy; J. Boulanger ; J. Blondot, *greffier*.

XLIX^B

Cahier de doléances, plaintes et remontrances que les habitants et communauté de Cirey font au Roi, leur très gracieux prince et souverain, en conséquence des lettres de Sa Majesté, données à Versailles le 7 février dernier pour la convocation et tenue des États généraux, dans le désir de satisfaire aux dispositions du règlement y annexé, pour être présenté à l'assemblée qui se tiendra à Vic le 23e du courant par les députés qu'ils ont choisis, et pour servir ainsi que de raison et en conformité dudit règlement à la rédaction de l'unique cahier général qui sera porté à l'assemblée de Toul

Art. 1. — Ladite communauté demande la suppression

---

1. *Impositions ordinaires et prestation des chemins* pour les *six* premiers *mois* de l'année *1790* :

Imposition principale.	170 ₶	» s.	» d.
Accessoires de l'imposition principale.	338	11	11
Capitation et ses accessoires.	387	4	»
Taxations des collecteurs.	12	16	6
Droit de quittance au receveur des finances.	2	1	4
Prestation des chemins.	130	1	10
Total général	1 040 ₶	15 s.	7 d.

(Arch. Meurthe-et-Moselle, L. 677.)
Deux vingtièmes et quatre sous pour livre du premier pour *1790* : 4 107 ₶ » s. 6 d.
(*Ibid.*, L. 308.)

des jurés-priseurs, comme étant une vraie calamité pour les peuples ;

Art. 2. — La suppression du droit de parcours, comme un obstacle aux progrès de l'agriculture, et notamment défendre le pâturage de nuit ;

Art. 3. — La suppression des lettres de cachet, comme contraire aux droits et à la liberté naturelle de l'homme, et comme une cause toujours prochaine de surprise à la religion du Roi, et de vexation sur les peuples ; en conséquence, attribution de tous crimes et tous délits à la connaissance et au jugement des tribunaux ordinaires ;

Art. 4. — Que le code criminel soit réformé, et rendu susceptible de moins d'erreurs ;

Art. 5. — Que le code civil soit pareillement réformé, et conçu de façon qu'il tende à plus de simplification, et abréviation de procédure ;

Art. 6. — Que tous seigneurs ayant haute-justice soient tenus d'y nommer outre les autres officiers nécessaires pour l'exercice un juge-gradué domicilié, beaucoup n'en ayant point, ce qui cause une augmentation considérable de frais.

Art. 7. — Créer dans chaque haute-justice un notaire royal, pour laisser aux peuples la liberté du choix pour placer leur confiance, et pour leur faciliter le moyen d'assurer authentiquement toutes les espèces d'actes, notamment pour servir aux négociants étrangers dans leurs voyages et cours de leurs affaires, et pour empêcher bien des procès qui proviennent des actes sous seing privé mal signés.

Art. 8. — Autoriser les juges de première instance à juger sans appel jusqu'à la somme principale de 50#, et, en cas d'appel, de porter les autres affaires directement aux tribunaux souverains.

* Art. 9. — Autoriser les municipalités à faire gratuitement par un ou deux membres avec le greffier les inventaires des pauvres décédés, créer un tuteur à leurs orphelins, afin d'éviter les frais des officiers ordinaires, qui absorbent souvent ces chétives successions.

Art. 10. — Autoriser de même les municipalités, lorsque le seigneur ou le curé s'y trouverait, à connaître et à juger sans frais tous les objets concernant la police.

Art. 11. — Changer le code des délits champêtres, l'ancien

contenant plusieurs articles insuffisants ; faire un code de police générale pour le bien public et celui des particuliers.

Art. 12. — Que les bangards à tour de rôle, ou plutôt convenu, soient salariés par les cultivateurs ; les rétribuer en outre de la moitié des amendes, étant injuste que les pauvres perdent gratuitement leur temps pour conserver le bien des riches. Que les communautés aient droit de choisir les bangards, et refuser ceux qui n'auraient pas leur confiance, et de supprimer les bangards surveillants des seigneurs, commis de leur part et non par la communauté, ce qui écrase leurs pauvres sujets, chose qui doit être abusive.

Art. 13. — L'adoption de l'ordonnance de Lorraine au sujet des cabarets, des maisons de jeu, des actes et marchés, dettes contractés dans les cabarets ou maisons de jeu.

Art. 14. — Reculer les barrières à l'extrême frontière du royaume ; supprimer ensuite tous péages et droits dans l'intérieur.

Art. 15. — Supprimer les gabelles sur le sel, ou en réduire le prix au même taux dans toutes les provinces, par exemple à quatre sols la livre.

Art. 16. — Supprimer tous les impôts actuels, de quelque nature qu'ils puissent être.

Art. 17. — Fixer toute contribution à un impôt unique pour être également supporté par tous les Ordres, proportionnellement aux propriétés soit mobilières, soit immobilières de chaque individu, et en outre une accise sur toutes les denrées à l'entrée des villes.

Art. 18. — Supprimer le droit de franc-fief comme onéreux autant à la Noblesse qu'au Tiers état qui le paie, et surtout comme une gêne et un obstacle au commerce des biens.

Art. 19. — Réduire le contrôle à un simple tarif par classes formées sur la nature et l'importance des actes, et y réduire les droits de manière que ce soit moins un impôt qu'un acte de justice pour assurer les dates.

Art. 20. — Établir dans chaque haute-justice un bureau de contrôle, étant de notoriété que, dans l'état des choses, les droits de voyage attribués aux différents officiers pour porter leurs actes au contrôle, comme de vingt sols par lieue, et souvent il s'en trouve trois, en doublent presque toujours le montant.

Art. 21. — Supprimer la milice, comme une charge trop

coûteuse aux peuples, et réduire les engagements à quatre ans, moyen sûr de compléter et de créer les corps militaires et avec facilité.

ART. 22. — Que tous les propriétaires d'une communauté contribuent aussi à l'acquit des charges qui intéressent tous les individus, sans distinction des privilégiés, lorsque les profits communaux seront constatés ne pouvoir y suffire.

ART. 23. — Nul impôt, nul emprunt, qui ne soit consenti par la Nation.

ART. 24. — Que toutes les répartitions d'impôts ordinaires ou extraordinaires se fassent dans les assemblées publiques sur les déclarations contredites qui y seront faites par chaque individu de chaque Ordre sans égard aux formes voulues par le haut Clergé et la Noblesse.

ART. 25. — Ne pas exclure les membres du Tiers état de charges ou grades et dignités qui doivent être la récompense du mérite; l'espérance d'y parvenir exciterait l'émulation et formerait des sujets éminents dans tous les états de la société.

ART. 26. — Demander que la province des Trois-Évêchés et du Clermontois soit érigée en États provinciaux qui seraient composés de membres pris et choisis dans toutes ses parties, dans la proportion de deux membres du Tiers état sur un de la Noblesse et un du Clergé; et, au cas qu'il soit jugé plus expédient d'y conserver l'Assemblée provinciale établie, lui donner la même dénomination d'Austrasie, et lui attribuer un caractère de juridiction pour les choses de son administration.

ART. 27. — Suppression de tous les privilèges exclusifs ainsi que de toutes les maîtrises d'arts et métiers, comme contraires à la liberté naturelle et à l'industrie, et comme un obstacle au progrès du commerce, et à la perfection des arts mêmes.

ART. 28. — Accorder une liberté indéfinie à tout commerce honnête, et ériger des foires et marchés dans tous les lieux du royaume qui en seront jugés susceptibles par leurs municipalités.

ART. 29. — Que le Roi abolisse dans ses domaines toutes les espèces de servitudes oppressives pour les peuples, et qu'il engage efficacement les seigneurs particuliers à les abolir de même dans leurs propres terres, et à se contenter des droits honorifiques.

Art. 30. — N'imposer les subsides extraordinaires jugés nécessaires par la Nation que sur les objets de luxe.

Art. 31. — Autoriser les communautés à défricher et louer à leur profit chaque année quelques parties de leurs bois qui avancent dans les terres, qui avoisinent les habitations, et qui ne produisent rien ; obliger en même temps lesdites communautés à faire des plantations convenables au sol de leurs forêts dans les endroits qui en auraient besoin.

Art. 32. — Rapprocher les juridiciables de leurs tribunaux respectifs par de nouveaux arrondissements s'il est nécessaire, afin d'obvier aux frais énormes de voyage.

Art. 33. — Supprimer les salines comme n'étant pas nécessaires, tout le royaume pouvant se procurer du sel de mer ; ou, du moins, les réduire à la moitié de ce qu'elles sont, comme cause de la disette des bois et de leur prix excessif.

Art. 34. — Une nouvelle rédaction de toutes les coutumes du royaume à un seul code de lois, ou du moins de toutes les coutumes du même ressort de parlement en coutume générale claire et précise dans tous ses articles.

Art. 35. — Réforme de l'ordonnance des Eaux et Forêts dans les points qui concernent la meilleure conservation des bois et les vrais intérêts des communautés.

Art. 36. — Les habitants de Cirey, au nombre de 140 feux, sont presque tous pauvres : il n'y a entre eux aucun riche, très peu d'aisés : ils n'ont aucun commerce ; la forge qui y est établie augmente la cherté du bois à l'avantage des seigneurs et au détriment des particuliers ; leur ban peu considérable, appartenant en grande partie aux seigneurs et au propriétaire des forges, est assis sur un mauvais sol. Ils implorent en conséquence la bonté du Roi.

Art. 37. — Que les banalités des moulins soient supprimées dans tout le royaume. Fait et arrêté à Cirey le 18e mars 1789.

Cristallin, *curé;* Pacotte; Jordy; J. Cambas ; Nicolas Margot ; C. Colin ; J. Boulanger ; J. Blondot, *greffier.*

Le présent cahier de doléances contenant six pages cotées et paraphées par première et dernière par nous, Jean Jordy, avocat en parlement, juge de la baronnie de Cirey, soussigné, audit Cirey ce 18e mars 1789.

JORDY.

DALHAIN (partie France)

Lᴬ

« Procès-verbal d'assemblée de la communauté de Dalhain partie de France (¹), pour la nomination des députés. »
15 mars 1789, à 2 heures après midi,
« Sont comparus en l'auditoire de ce lieu, par-devant nous, Jean-Pierre Vincent, syndic de la municipalité de Dalhain. »
Communauté de 45 feux.
Députés : Jean-François Renard,
Jean-Nicolas Gougelin.
Signatures : J. F. Renard, *maire* et *député;* J. N. Gougelin, *député;* Jean-Étienne Butin ; J. P. Vincent, *syndic ;* Nicolas Thiry ; Nicolas Lamotte ; J. Ancelle, *greffier.*

Lᴮ

Cahier des doléances, plaintes et remontrances de la communauté de Dalhain partie de France

Objets généraux

La suppression des salines se présente d'abord comme un objet de la première importance ; il l'est surtout pour nous, qui avons tant à souffrir du voisinage de ces usines.

L'alimentation continuelle d'environ quatre-vingts fourneaux qui composent ces trois salines de Dieuze, Château-Salins et Moyenvic, ont tellement épuisé ces forêts depuis trente années que l'on est réduit à l'usage du charbon de terre pour une partie de ces fourneaux ; ainsi, le bois qui s'est vendu six francs il y a trente ans, se paye aujourd'hui de quatorze à quinze ; et,

---

1. *Impositions ordinaires* pour les *six* premiers *mois* de l'année *1790* :
Imposition principale. . . . . 247 ₶ 13 s. 2 d.
Impositions accessoires. 682 10 1
Capitation 214 3 9
          Total. . . . . 1 144 ₶ » s. 7 d.
Deux vingtièmes et quatre sous pour livre du premier pour *1790* :
Biens-fonds . . { 1ᵉʳ cahier . . . 853 ₶ 19 s. 3 d.
           { 2ᵉ cahier . . . 851 15 »
          Total. . . . . 1 705 ₶ 14 s. 3 d.
(Arch. Meurthe-et-Moselle, L. 308.)

comme la reproduction des forêts n'est plus en proportion avec la consommation, nous verrions dans un petit nombre d'années une disette de bois absolue, si l'on ne se hâtait d'y remédier.

Le sel est un objet de première nécessité pour le pauvre comme pour le riche : le prix en doit donc être modéré ; cette modération doit d'autant plus entrer dans les vues du Gouvernement que, par un abus étrange, le sel se vend aux étrangers à un prix deux fois moindre que celui auquel les sujets de Sa Majesté sont taxés : les étrangers s'enrichissent donc de notre perte, et, par là, ils perçoivent sur nous un impôt qui ne tourne en aucune manière au profit de l'État.

Une autre considération qui n'est pas moins essentielle, c'est que les maladies des troupeaux n'ont jamais été si communes que depuis l'augmentation du prix du sel ; il est vérifié que l'usage du sel prévient les épizooties en corrigeant le vice des pâturages trop humides qui les produisent ; ainsi l'agriculture et le commerce sollicitent une diminution de taxe : et elle sera aisée en nous accordant du sel de mer à un prix modéré ; nous demandons donc la suppression des salines : alors nous pourrons nous procurer du bois à un prix modéré et médi[o]cre ; nous ne serons plus obligés de brûler nos pailles au grand dommage de l'agriculture.

Nous demandons aussi la suppression de la Ferme générale, de la Régie générale, et de tout ce qui en dépend : à quoi peuvent servir leurs existences ? Percevoir les impôts et les remettre au Trésor est donc une tâche bien difficile ? Et chaque province à peu de frais et sans peine ne peut-elle pas faire parvenir directement et sûrement à la caisse de l'État sa part des contributions générales pour la somme qui sera jugée nécessaire à l'entretien du Trône, à la dépense civile et militaire, et à celle de la marine ? Les provinces ne peuvent-elles pas se charger du payement des dettes et en faire entre elles une juste répartition ? Croit-on que sous la surveillance attentive des États de chaque province, ceux qu'elle aurait préposés au recouvrement des impôts seraient moins exacts, moins vigilants, que les préposés de la Ferme ? N'est-ce pas une chose étrange que l'obligation où nous sommes de soudoyer nos espions et nos tyrans, qu'un peu de sel ou de tabac acheté ailleurs que chez les suppôts la Ferme nous expose aux avanies et souvent même aux coups mortels de ces satellites? N'est-ce pas une chose étrange que, citoyens d'un État libre, nous soyons les esclaves des hommes les plus avilis dans l'opinion publique, nous ne puissions pas sans nous exposer à la confiscation, et à de grosses amendes, faire passer nos denrées d'un village à l'autre sans des acquits coûteux, qui contiennent des conditions souvent difficiles et quelquefois même impossibles à remplir?

Nous demandons aussi la suppression des jurés-priseurs, institution nouvelle, impôt modéré, marqué sous l'apparence la moins spécieuse du bien public : de malheureux orphelins, un mari affligé de la perte de sa femme, une femme désolée de la mort de son mari sont obligés de payer chèrement les appréciateurs inutiles d'un chétif mobilier qui s'y trouve.

Nous demandons que le droit de parcours soit remis comme à l'ancienneté, surtout dans les bans intermédiaires, comme celui de Voilxain qui est un village qui n'existe plus, et que la plus grande partie des terres et prés de ce ban appartiennent tant à Dalhain que Burlioncourt, lesquels sont déchus de la pâture de ce ban depuis l'édit de 1768. Ce ban est très considérable puisqu'il y a environ 1 600 jours tant terres que prés. C'est une perte considérable pour les pauvres communautés de Dalhain et Burlioncourt, ce qui les oblige à en faire leurs remontrances, plaintes et doléances, espérant de l'autorité et bonté de Sa Majesté que les villages de Dalhain et Burlioncourt, ainsi que ceux qui sont en pareil cas, rentreront dans le droit de parcours sur lesdits bans, comme ils en jouissaient avant ledit édit.

Nous demandons la suppression des banalités soit domaniales, soit seigneuriales ; c'est encore un autre abus général dont les effets sont bien funestes, et injustes pour le peuple de la Lorraine.

La bonté prévoyante de Sa Majesté ayant manifesté le désir où il est d'accorder des États à ceux qui n'en ont pas eu jusqu'à présent et de les rendre à ceux qui en avaient eu, chaque province pourra aisément et promptement et à peu de frais verser au Trésor sa part de contributions; les receveurs généraux seront, comme les fermiers généraux, des membres inutiles à l'État ; nous demandons leur suppression.

Les intendants n'ayant aucune fonction que les États provinciaux ne puissent remplir aussi bien qu'eux, et même beaucoup mieux, ils seront encore inutiles, parce que, dans l'administration salutaire et bienfaisante que le cœur paternel du Roi nous propose, il n'y aura pas dans le royaume de surveillants plus exacts pour sa gloire et les vrais intérêts de l'État que l'amour et [la] reconnaissance de ses sujets.

La simplification de la justice, afin d'obtenir un jugement plus prompt, ainsi que la suppression des justices seigneuriales..

Nous demandons que les blés et autres denrées qui croissent dans nos cantons ne sortent plus du royaume, vu la disette des denrées que le pauvre peuple souffre chaque année. C'est ce qu'on espère des bontés de Sa Majesté.

Le tiers que les seigneurs perçoivent des biens communaux est une chose qui crie à l'injustice ; quoi ? un bien que les Rois défunts ont laissé à leurs sujets pour faire partie de leur substance, les seigneurs prélèvent ce tiers sans aucune diminution pour les communautés, ni en vingtièmes, ni débits de ville, ni en aucune manière [que] ce puisse être ; et, ce qui fait un objet bien plus criant, c'est que souvent les communautés se trouvent dans le cas de faire reconstruire, comme leurs églises, tours, fontes de cloches, ou autres entretiens annuels à leurs églises ou autre chose, et se trouvent souvent dans l'obligation d'aliéner pour des bails de six ou neuf années lesdits biens communaux. Malgré que ce soit pour une œuvre pie comme pour l'église ou pour chose urgente, ces seigneurs n'y ont aucun égard et veulent percevoir ce tiers, si injuste selon nous ; souvent de fois, le produit des aliénations n'est point suffisant pour [parer] aux besoins des communautés.

Dans ces cas de reconstruction et entretien, les communautés sont obligées de faire des emprunts considérables, d'en payer les intérêts ; ces intérêts, avec les charges annuelles, absorbent et épuisent les communautés, qui souvent de fois réduisent des habitants dans la dernière des misères ; et de pauvres citoyens languissent sous l'oppression de la nécessité qui les presse ; c'est [ce] que l'on [n']éprouve que trop dans ce lieu ; vu qu'en 1781, les communautés de ce lieu se sont trouvées obligées, par interdiction, de faire reconstruire leur église, sans le secours ni assistance de personne ; ont été obligées d'aliéner pour neuf années tous leurs biens communaux pour une somme de 7500^{tt} : cette somme aurait pu suffire à peu près ; mais, comme il a fallu payer le tiers aux seigneurs, l'on a été dans le cas de faire des emprunts considérables pour y subvenir, ce qui a mis les habitants de ce lieu dans une pauvreté urgente ; ainsi, nous demandons que les tiers soient ôtés aux seigneurs, ou au moins qu'ils soient attenus aux charges de communauté et débits de villes à raison de leur perception.

Nous demandons la suppression des corvées seigneuriales.

Nous demandons la suppression des droits de passage qui appartiennent aux seigneurs des lieux.

Nous demandons la reconstruction des églises paroissiales comme ci-devant au compte des décimateurs, que les maisons curiales soient abandonnées aux curés et transmissibles à leurs successeurs comme les maisons canoniales, sans que les communautés soient obligées de les reconstruire ni les entretenir ; de même que les communautés annexes, qui sont obligées à la reconstruction et entretien de la mère église ainsi que de la maison de cure, en soient démises, vu l'obligation où elles sont de faire bâtir leurs églises annexes et les entretenir, et de loger le vicaire.

Nous ne disputons pas aux nobles le droit de chasse ; nous demandons seulement des chasses plus fréquentes pour que le gibier ne soit pas en si grand nombre, et que ce ne soit pas pour nous une source d'oppression comme elle l'est, vu la quantité de lièvres qu'il y a sur notre ban, qui désolent et ravagent nos vignes et nos récoltes ; nous demandons que, dans les temps de semailles et moissons, les seigneurs et ceux qui ont le droit de colombier tiennent leurs pigeons enfermés suivant les ordonnances, et d'en régler le nombre des nids ; et quant à l'égard des bêtes sauvages, qu'il soit ordonné par Sa Majesté que les susdits seigneurs soient obligés de dédommager les propriétaires des pertes qu'ils font par les dégâts causés par ce gibier dans nos moissons ; des pauvres cultivateurs à la veille des récoltes se voient souvent enlever dans une nuit l'espérance d'une année entière qui est le fruit de leurs travaux ; nous sommes tous les ans la victime de ces dévastations, et ce, faute de chasses plus fréquentes : nous avons assez de confiance dans les sentiments de justice et d'humanité des nobles pour espérer qu'ils n'apporteront point d'obstacles à nos doléances à cet effet.

Nous demandons qu'en cas de trouble ou anticipation dans une communauté, la municipalité du lieu, comme connaissant mieux le fait que personne, soit en pouvoir de la terminer, vu que, journellement, pour l'anticipation d'une raie de terre ou autre chose semblable, des familles sont souvent ruinées par des procès coûteux, et que, pour les terminer, l'on est quelquefois dans le cas de faire des vues et descentes de lieux et reconnaissance de terrains et arpentage de ban ; et la fin ne se termine souvent après bien des dépens que par des gens du lieu et connaissant le fait ; et, pour obvier à tous ces dépens, il ne serait nécessaire d'en dresser aucun acte, sinon sur le registre de la municipalité, ce qui arrêterait une foule de mutins et de plaideurs.

Nous demandons que les villages qui sont actuellement mi-partis, relevant de différentes provinces et juridictions, n'appartiennent plus qu'à la même province et au même tribunal.

Nous demandons que la milice, ou son rachat, se fasse par une prestation en argent, imposée sur tous les garçons ayant l'âge de tirer au sort, soit qu'ils aient la taille ou non, ce qui leur serait moins coûteux que les dépenses qu'ils font en buvettes et excès ces jours de tirage.

Nous avons dans notre communauté une remontrance à faire au sujet de la perception de la dîme : nous savons que la dîme est dûe et qu'elle est d'institution divine ; mais la perception en doit être fixée et réglée ; les décimateurs ont leurs pauliers qui perçoivent tantôt à l'onzième, tantôt à la douzième, selon les cantons ; le même abus s'était glissé dans la communauté de Vaucourt qui est notre village voisin : ils se sont pourvus par-devant la justice et en ont obtenu un arrêt de la Cour souveraine de Nancy, et ledit arrêt a réglé la dîme à la douzième ; à l'égard de la perception de la dîme de vin, ils ont des cantons qu'ils ne payent qu'à la vingt-quatrième ; nous nous plaignons que la dîme de vin est très forte à la douzième, à cause des dépenses, travaux et ouvrages qu'il faut faire pour les faire produire ; nous demandons que la dîme de vin se paye comme à Tincry, Chicourt et plusieurs autres lieux, [où] la dîme de vin se paye à la seizième.

Telles sont les doléances, plaintes et remontrances que tous les habitants de Dalhain partie de France ont jugé devoir être présentées aux États généraux. Fait à Dalhain, le 15 mars 1789, en foi de quoi nous avons signé.

J. F. Renard, *maire et député;* J. N. Gougelin, *député;* J. P. Vincent, *syndic;* J. Ancelle, *greffier;* Jean-Étienne Butin ; Nicolas Thiry ; Nicolas Lamotte.

La communauté de Dalhain partie de France est chargée de payer la quantité de huit quartes et demie de blé, mesure de Vic, à M. le curé de Bellange et de Dalhain tous les ans aux jour et fête de Saint-Martin, onzième novembre de chaque année, pour un droit que l'on appelle chantuaire.

La communauté de Dalhain partie de France paye de subvention	621^{tt}	13 s.	8 d.
La capitation se porte à la somme de. .	335	17	9
Les travaux des routes se portent à la somme de	155	2	»
Les vingtièmes se portent à la somme de	479	1	»
	1591^{tt}	14 s.	15 d.

DÉDELING

LI

« Procès-verbal fait en une assemblée de la communauté de Dédeling, bailliage de Vic. »

15 mars 1789,

« Barthélemy Bauquel, syndic en la communauté de Dédeling ([1]), en l'assemblée convoquée par la voix dudit syndic en la manière accoutumée, sont comparus par-devant nous en notre assemblée, dans la maison dudit Bauquel, les personnes de...., tous artisans et manœuvres, domiciliés dans notre communauté avec 4 femmes veuves. »

Communauté composée de 21 feux, y compris les 4 femmes veuves.

---

1. *Impositions ordinaires* pour les *six* premiers *mois* de l'année *1790 :*
Imposition principale. . . . . 52 ^{tt} 10 s. » d.
Impositions accessoires 144 18 9
Capitation 119 11 6
              Total. . . . . 317 ^{tt} » s. 3 d.
Deux vingtièmes et quatre sous pour livre du premier pour *1790 :*
Biens-fonds. . { 1er cahier . . . 267 ^{tt} 13 s 6 d.
               { 2e cahier . . . 281 13 6
              Total. . . . . 549 ^{tt} 7 s.
(Arch. Meurthe-et-Moselle, L. 308.)

Députés : Barthélemy Bauquel, maire et syndic,
Jeanpierre Mélard, vigneron.

Fait à Dédeling, ce vingt-deux mars 1789.

Signatures : N. Chagot ; Jean Martin ; Charle Rodhain ; J. C. Petit Étienne ; Barthélemy Bauquel, *maire, syndic, député;* Jeanpierre Mélard, *député.*

LIe

Le présent registre contenant dix feuillets pour servir à la rédaction littérale des *doléances et plaintes de la communauté de Dédeling* a été coté et paraphé par premier et dernier par nous Barthélemy Bauquel, maire et syndic de Dédeling, ce 14 mars 1789.

BARTHÉLEMY BAUQUEL.

ART. 1. — Nous croyons qu'il est nécessaire de ne consentir à aucun impôt qu'il n'y ait États provinciaux en Lorraine ;

ART. 2. — De mettre les recettes royales entre les mains des assemblées provinciales que nous désirons subsister, et graduellement entre celles des bureaux de district, intermédiaire et municipaux. Ces assemblées garantiraient la recette des deniers royaux ;

ART. 3. — De donner aux assemblées municipales l'autorité de police seulement, parce que, les juges des lieux étant trop éloignés des villages, le désordre peut y régner et causer des ravages avant qu'ils en soient instruits ;

ART. 4. — De supprimer les salines de Dieuze, Moyenvic et Château-Salins, et tirer le sel des côtes de Bretagne, d'Aunis, de Languedoc ou de Provence, parce que l'excessive consommation qu'ils font de bois en a triplé le prix depuis quinze ans et fait craindre une disette prochaine. Ce prix ruineux est cause de la dégradation des forêts, tant royales que particulières ou seigneuriales. Si cette suppression n'était point possible, il serait et il est absolument nécessaire de diminuer le nombre des poêles et fixer la consommation du bois dans les mêmes salines.

Dans ce cas, il faudrait défendre aux salines d'acheter des coupes de seigneurs ou de particuliers, ordonner aux directeurs de payer exactement les dommages qu'ils font, soit pour la traite des bois, soit pour les flottages ; ce qu'ils n'ont pas fait jusqu'à présent, parce qu'on n'a pas rendu publiques les ordonnances faites sur cet objet.

Diminuer le nombre des régisseurs.

Rendre le sel marchand, établir par là l'émulation qui doit en résulter pour la formation des sels, que l'on distribue depuis trop longtemps sans être cuits et conditionnés.

Pourquoi les Lorrains payent-ils le sel quinze sols six deniers? tandis que les mêmes salines le portent à Sedan et aux étrangers à dix-huit deniers, tandis que les Lorrains voisins des mêmes salines souffrent trop de la rareté du bois qu'elles occasionnent.

Par cette disposition le Roi tirerait davantage [tant] de la vente du bois superflu aux salines que du sel même; et ses forêts seraient en meilleur état.

Art. 5. — Toute espèce d'acquits est une charge affreuse pour l'intérieur du royaume : la province de Lorraine, coupée en mille endroits par des territoires français ou de l'Évêché, voit les citoyens exposés journellement à des horreurs qui révoltent, et indigneraient la bonté du Roi contre les Fermiers si elles pouvaient parvenir au pied de son trône; des ruisseaux de sang ont coulé; de bons sujets ont été mille fois victimes de la barbarie de ces hommes vils et méprisables; ils attaquent sans pitié, et leurs armes ont désolé des familles entières.

Pourquoi ces grands maux? Pour grossir le lit de cette rivière d'or qui va se perdre dans le gouffre insatiable des Fermiers généraux; tyrans orgueilleux du peuple, ils absorbent le produit du travail, des larmes et des sueurs de la Nation; le trésor royal sera donc plus riche si les assemblées provinciales se chargent de la recette. Alors Sa Majesté pourrait dévoiler cette ruse d'iniquité que les Fermiers ont employée depuis que les salines sont en régie.

A cette époque ils ont augmenté le prix des ouvriers, accumulé des gratifications, doublé des gages de commis et de tyrans subalternes, fait des constructions ruineuses, pour surprendre la religion du Roi et lui persuader qu'ils ne l'ont point volé dans le dernier bail, et que dans le prochain qu'ils espèrent, ils ne le voleront pas encore.

Art. 6. — Rendre le tabac libre et marchand; alors on fera rentrer dans la classe des citoyens utiles cette multitude de gardes sacrifiés à l'oisiveté, et vendus à l'avidité des Fermiers; on pourrait incorporer dans des régiments ceux qui sont en état de servir et pensionner viagèrement les autres.

Art. 7. — Conséquemment, supprimer le tribunal de Reims trop onéreux et trop sévère.

Art. 8. — L'impôt territorial en valeur, et point du tout en denrées, étant le plus juste et d'un plus grand rapport doit être préféré à tout autre ; et, pour ce, on distinguerait trois classes de terres : on y comprendrait tout terrain quelconque.

Art. 9. — Qu'il soit permis à tout censier entouré de forêts de tuer sur les terres qu'il cultive toutes bêtes nuisibles, puisque ces animaux les privent souvent de la moitié de leurs récoltes.

Art. 10. — Qu'en cas de grêle, le propriétaire d'une ferme ainsi ravagée supporte la moitié de la perte, dont il fera état au fermier lors de la rentrée du canon.

Art. 11. — Que les affouages des particuliers et curés soient délivrés par les juges locaux.

Art. 12. — Les tribunaux de Réformation, séparés de ceux de Maîtrise, nous paraissent présenter deux inconvénients : le premier, celui d'une dépense inutile à la charge du Roi ; le second, celui d'une régie onéreuse au peuple, surtout aux cultivateurs, par la difficulté d'obtenir des pâtures et par la trop grande sévérité que ces tribunaux emploient contre les délinquants supposés : cette sévérité appauvrit le laboureur et le décourage pour la nourriture du bétail. Jusqu'ici, la passion a paru dicter les reprises des gardes qui [sont] toujours sûrs de plaire à des maîtres qui partagent avec eux la dépouille du malheureux, et qui s'en sont montrés avides jusqu'à présent. Cette régie fait regretter partout celle de la Maîtrise, malgré que cette dernière offrait et offre encore des sujets de plainte.

Conséquemment, confier leur régie aux assemblées provinciales.

Art. 13. — Il est essentiel de ressusciter le bétail détruit en Lorraine par la régie de la Réformation, par la cherté du sel, par l'édit des clôtures ; car les clôtures et le sel à bas prix sont les seules ressources qui s'offrent à l'homme de campagne pour subsister par la nourriture du bétail, dont la diminution frappante est une preuve nécessaire de l'appauvrissement des gens de campagne.

Art. 14. — Supprimer les marques des cuirs ; un impôt n'est plus tolérable lorsqu'il oblige le cultivateur à ne marcher sur ses terres qu'en sabots.

Art. 15. — La province serait plus soulagée en offrant un

fonds suffisant pour l'abolition définitive de la corvée sur les grands chemins.

Art. 16. — Il est à désirer d'obtenir la suppression de la levée des milices. Si cela n'est point possible, il faut offrir un fonds pour l'achat des miliciens ; et encore, si cela était refusé, demander au moins de ménager les campagnes que l'on prive d'ouvriers nécessaires ; laisser deux domestiques par chaque charrue, et de porter le tirage sur les laquais, valets, domestiques de nobles ou ecclésiastiques, sans aucune exemption.

Art. 17. — Si les assemblées provinciales subsistent, comme nous le désirons, les intendants nous paraissent inutiles, et deviennent à charge ; que chaque province, par son assemblée, soit chargée de l'administration confiée aux intendants, parce qu'il résulte souvent de cette juridiction des abus, des prévarications, des exactions onéreuses au peuple qui n'a jamais ressenti les effets salutaires des questions faites aux curés sur les besoins de la province, malgré que ces derniers aient fait des réponses utiles et exactes.

Art. 18. — Les jurés-priseurs sont un mal réel en Lorraine.

Art. 19. — Les inventaires ruinent les héritiers mineurs et les héritiers des curés ; il faudrait les rendre moins dispendieux.

Art. 20. — Il est à désirer qu'il n'y ait qu'un code de lois en Lorraine, que l'on soit régi par la même coutume. Le code serait simple, à la portée de tous, afin d'éviter les contestations que la ruse des procureurs rend interminables et ruineuses.

Art. 21. — Que les revenus des abbayes et prieurés en commende tournent au profit de l'État, au moins pendant leurs vacances que l'on prolongerait jusqu'à l'extinction des dettes de l'État.

Art. 22. — Que les maisons de religieux trop riches pour ne pas faire rougir l'Église d'avoir de tels pénitents et des pauvres si opulents, que ces maisons soient réduites à un plus petit nombre ; que l'État s'aide ainsi à payer ses dettes, et tire le superflu d'hommes dévoués à l'abstinence.

Art. 23. — Que les offices de judicature ne soient plus vénaux : que l'on n'élève à ces offices que des avocats qui aient exercé pendant un nombre d'années suffisant pour acquérir les connaissances nécessaires à un juge.

Art. 24. — Que les novales ôtées en 1769 aux curés leur soient restituées, comme à ceux qui en font le meilleur usage.

Art. 25. — Que lors des coupes du Roi pour l'usage des salines, les charrons soient libres de choisir le bois nécessaire aux outils de labourage : sans cette attention, le cultivateur se voit dans la nécessité de payer plus cher des ouvrages de premier besoin et serait peut-être bientôt dans le cas de manquer de charrues ou de chariots. Que le bois soit donc laissé aux charrons au même prix que les cordes, puisque les salines le mettent également en corde.

Art. 26. — Qu'il soit également ordonné aux salines de laisser aux tonneliers le soin libre de choisir des cercles pour bouges ou tonneaux, parce qu'ils se trouvent forcés d'en prendre furtivement si on leur en refuse la vente.

Art. 27. — Que la fabrique d'eau-de-vie soit libre, mais qu'il ne soit permis au fabricant de la vendre qu'après l'avoir fait goûter par les juges locaux, afin d'éviter les effets pernicieux qui résultent de l'eau-de-vie faite avec d'autres principes que des marcs de raisin.

Art. 28. — Qu'il y ait des magasins de blé en Lorraine pour les tenir dans la proportion possible, afin d'éviter la disette.

Art. 29. — Qu'il y ait une épargne stable pour les pensions distribuées par la main du Roi, dont la générosité pourrait devenir à charge à l'État.

Art. 30. — Qu'on forme aux dépens de la province quelques prix par bailliage pour récompenser annuellement le meilleur cultivateur et le plus vertueux.

Art. 31. — Que l'étang de Lindre soit remis en culture ; il est bien plus nécessaire d'offrir à la province quatre mille quartes de blé et occuper utilement deux cents ouvriers que de lui offrir un plat de poisson.

Art. 32. — Que les banalités de moulin ou de four ou de pressoir soient supprimées ; que le droit de mouture soit réduit au taux de la province, au 24e ; que l'édit qui ordonne une balance et des poids dans chaque moulin soit remis en vigueur.

Art. 33. — Que les communautés soient enfin rétablies dans la propriété de leurs biens communaux, sans que les seigneurs qui les ont déjà chargées de tant de cens et rentes puissent tirer, comme ils l'ont fait jusqu'à présent, le tiers dans la location ou la vente de ces mêmes biens communaux, puisque les communautés, surtout de campagne, n'ont que ces biens pour fournir à leurs besoins journaliers.

Art. 34. — Que la quarte de blé que nous donnons annuellement à M. le comte d'Hunolstein pour le sentier qui nous conduit à la messe, ainsi que deux francs barrois, soit mis[e] en bas.

Art. 35. — Pourquoi nous prive-t-on d'aller en pâture auprès du moulin qui est sur le ban, et qui est un droit que nous avons joui pendant un grand nombre d'années au souvenir de plusieurs anciens? L'objet n'est pas peu de chose, puisqu'il contient quarante fauchées ou environ.

Art. 36. — Que l'autorité d'enclore les prés soit supprimée, puisque M. le comte d'Hunolstein en a 30 fauchées à lui seul, occupées par ses fermiers de Château-Voué, ainsi que tous les étrangers qui sont propriétaires de quelques fauchées les font enclore; ainsi par ce moyen il ne nous reste qu'environ 15 fauchées pour parcourir nos bestiaux; et ces ordres empêchent d'en nourrir, ce qui fait la cherté des viandes, et nous prive de ce qui fait le bien-être du village, puisqu'il est sujet à tant d'accidents.

Art. 37. — Pourquoi l'abbaye de Vergaville a-t-elle autorisé son fermier à cultiver des friches d'environ 40 jours depuis 10 ou 12 ans, et que nous [n']avons [plus] été autorisés de faire paitre nos troupeaux, et cela sans en avoir fait voir les titres? nous espérons par vos bontés y rentrer.

Art. 38. — Que le bois communal contenant trois arpents trois quarts, mesure de l'ordonnance, nous rend sujets à bien des inconvénients : nous sommes privés du pâturage pour nos bestiaux; il fait la retraite de tous animaux sauvages, et il est seul au milieu de la campagne; les grains qui l'environnent sont sans cesse ravagés, nos jardins, vignes, chenevières, etc.; il serait bien plus à propos, si vos bontés le voulaient, de le mettre en état d'être cultivé : il deviendrait par la suite un sujet de bien et profitable.

Art. 39. — Que nous sommes assujettis aux inondations d'eaux au moindre débordement, puisque celui de l'année dernière nous réduit à de grandes misères : la rapidité de l'eau a fait écrouler des maisons, a monté à une hauteur prodigieuse; et a percé des fours, ravagé les campagnes, rasé les grains; plus de jardin potager réservé; les haies vives, arbres arrachés et leurs débris portés au loin; les chanvres foudroyés; une visite faite par expert a rapporté deux mille livres de perte.

Art. 40. — Que nous sommes accablés par la rigueur des

hivers, puisque le dernier s'a fait sentir dans toute sa violence. La glace a entré dans les maisons à dix-huit pouces de hauteur et a obligé plusieurs ménages à transporter leurs meubles dans des greniers, et a occasionné de grandes maladies.

Art. 41. — Que nous payons des rentes à Monseigneur l'évêque et à M. le comte d'Hunolstein et à l'abbaye de Vergaville à n'en presque plus connaître le nombre

D'une part . 11# » s. » d.
D'une part . 2 2 6
D'une autre. 5 appelé chef et bourgeoisie,
D'une autre. 48# » s. » d.

tant pour taille de Saint-Remi, franc de cheminée, que pour trois quartes de blé dûes à Monseigneur l'évêque.

des obligations que nous sommes obligés d'aller faucher le pré de Monseigneur, envers le châtelain ; sans y comprendre qu'il n'y a pas un pouce de terrain qui ne doive cens et rentes, tous par droit de seigneur, ou aux deux autres de ces maisons ci-dessus.

Art. 42. — Nous demandons que le tiers des biens communaux soit supprimé, puisque nous n'en pouvons délibérer et que le châtelain veut y anticiper annuellement.

Art. 43. — Pourquoi M. le curé veut-il tirer les dîmes dans les nouveaux cantons de vignes, y prendre le 11ᵉ comme dans les anciens ? nous espérons que toutes les dîmes à cet égard deviendront au dix-huitième, selon la connaissance que nous en avons.

Art. 44. — Que le seul emploi que nous avons est les vignes, ce qui fait notre ressource : elles sont sujettes à tant d'inconvénients, puisqu'elles sont encore gelées d'hiver, et que le bois est mort une grande partie; rien à y espérer cette année, ce qui fait notre désolation, dans cet endroit marécageux et malsain.

Art. 45. — Pourquoi tout laboureur et tenu à la châtellenie de Haboudange paye-t-il un louis par année, ou des corvées, par obligation ?

Art. 46. — Pourquoi payons-nous un maître et régent d'école à un bichet de blé par habitant chaque année, tandis que l'on contraint le pauvre comme le riche, ce qui devrait se payer au marc la livre ?

N. Chagot; Jean Martin; Charle Rodhain; J. C. Petit Étienne; Barthélemy Bauquel, *maire, syndic, député;* Jeanpierre Mélard, *député.*

DESSELING

LII ᵃ

Procès-verbal.
15 mars 1789.
« Sont comparus en notre domicile, par-devant nous, Louis Violas, syndic. »
Lieu (1) composé de 78 feux.
Députés : François Drouin,
    Antoine Arnette.
Signatures : P. Friche ; L. Drouin ; Jean-Gabriel Friche ; Étienne Peto ; François Drouin ; A. Arnette.

LII ᵇ

Cahier des plaintes, doléances et remontrances de la communauté de Desseling, tenue par Louis Violas, syndic, contenant quatre feuillets, cejourd'hui, 15ᵉ mars 1789

L. VIOLAS, syndic

Plaintes, doléances, supplications, remontrances à Sa Majesté de la part des habitants de la communauté de Desseling, dépendant du bailliage de Vic, au désir de la lettre du Roi, et de l'ordonnance de Monsieur Vignon, président audit bailliage

La communauté de ce lieu de Desseling est composée de septante-huit feux, savoir Monsieur le curé, le maître d'école, six laboureurs propriétaires et fermiers, quarante-trois habitants manœuvriers, cinq invalides exempts de taille personnelle, vingt-deux femmes et filles tenant leur ménage.
Cette communauté qui paye à Sa Majesté par année une

---

1. *Impositions ordinaires* pour les *six* premiers *mois* de l'année *1790* :
Imposition principale. . . . . 215 ₶ » s. » d.
Impositions accessoires. 428   4   6
Capitation   489   14   »
                          TOTAL. . . . . 1 132 ₶ 18 s. 6 d.
Deux vingtièmes et quatre sous pour livre du premier pour *1790* :
Biens-fonds : . . { 1ᵉʳ cahier . . . 536 ₶ 4 s. 6 d.
                  { 2ᵉ cahier . . . 211   4   »
                          TOTAL. . . . . 747 ₶ 8 s. 6 d.
(Arch. Meurthe-et-Moselle, L. 308.)

somme de dix-sept cent nonante-quatre livres dix-huit sols un denier; et, en la répartition qui a été faite en la présente année mil sept cent quatre-vingt-neuf, cette communauté a été surchargée d'une augmentation de cent six livres dix-sept sols trois deniers; ce qui forme, pour une modique communauté, une somme de dix-neuf cent une livres sept sols huit deniers, surcharge qui réduit lesdits habitants à la dernière des misères.

Le finage de ce lieu est d'un rapport modique, étant enclavé dans les bois et les étangs, endroit marécageux, chemins impraticables, éloigné des chaussées où il s'y élève des brouillards épais qui gâtent fort souvent les récoltes de grains, fruits; et, par un surcroît de malheur, le gibier sortant des forêts vient ravager la campagne, de sorte qu'il ne reste aux cultivateurs que l'espérance qu'ils avaient de faire une bonne récolte.

Demandent que tous les terres, prés, jardins, chenevières, étangs poissonneux en eaux, ou vides, bois en haute futaie ou en taillis, situés chacun sur son ban et finage, soient tenus de payer par égalité, sans distinction de qualité, annuellement à proportion de ce que chacun possède aux rôles des vingtième, subvention, capitation, chaussées dans la communauté où lesdits biens sont situés; que les fermiers des dîmes et moulins y seront de même cotisés, non à six deniers pour livre du prix de leurs fermages, mais à raison de leur rapport, qui sera connu par les officiers de la municipalité;

Que la dîme soit perçue non au dixième, mais au douzième, comme il est d'usage dans une grande partie de ce bailliage;

Que les acquits et droits de foraine pour la communication de province à autre soient supprimés, comme portant un préjudice considérable, ainsi que la marque pour les fers;

Que les sels et tabac soient diminués;

Que la moitié des [poêles] à sel des salines de Dieuze, Moyenvic, Château-Salins soit supprimée, eu égard à la grande consommation des bois; ce qui fait hausser le prix, que le peuple a de la peine à s'en procurer.

La Réformation établie à Moyenvic est ridicule au peuple : il n'y a point d'appel qu'au Conseil; qui peut y appeler? Le peuple n'a pas les moyens; s'ils subsistent, il serait bon que le peuple puisse appeler de leurs jugements en dernier ressort par-devant les juges de première instance pour obvier aux frais.

Qu'il serait avantageux au peuple et bon pour l'État que la

portion que les gardes de bois perçoivent des rapports qu'ils font à ladite Réformation, soit pour l'État. Cela fait, il serait à espérer qu'ils feraient leurs rapports en conscience.

Que les huissiers-priseurs-jurés aux inventaires et ventes de meubles soient supprimés : objet très coûteux et nuisible au peuple.

Que les vingtièmes affectés sur les maisons de cette communauté soient supprimés et abolis comme injustes, ayant égard à ce qu'il n'y a pas la moitié des maisons de campagne qui supportent cette charge.

Comme dans cette communauté et beaucoup d'autres l'argent de France et de Lorraine y a prix, valeur et cours, demande qu'il n'y ait qu'un argent, cours du royaume. Cet objet éviterait des surprises qui se commettent souvent dans la campagne.

Qu'il soit permis aux laboureurs d'avoir chacun un fusil pour garder leurs récoltes de jour et de nuit pendant les mois de juillet, août, septembre et octobre.

Qu'il soit permis à tout propriétaire et fermier de donner le douzième des fruits de sa récolte par lui-même concernant le droit décimal, et non être enlevé et choisi par des pauliers ; que cet objet est intéressant, vu qu'il y a un arrêt du parlement de Metz qui ordonne que les trézeaux seront exposés vingt-quatre heures, pour que les pauliers aient le temps d'enlever leurs dîmes.

P. Friche ; L. Drouin ; Jean-Gabriel Friche ; Étienne Peto ; François Drouin ; A. Arnette.

DORWILLER

LIII[A]

« Procès-verbal d'assemblée de la communauté de Dorwiller pour la nomination des députés aux trois États. »

18 mars 1789,

« Sont comparus sur la place publique et ordinaire, par-devant nous, Nicolas Voisin, maire de la justice dudit lieu, et l'un des élus de la municipalité du même lieu. »

Communauté composée de 27 feux, y compris M. le curé et les femmes veuves.

Députés : Jean Oster, laboureur, admodiateur,
Jacob Haman, *syndic*, laboureur et menuisier.
Signatures : Nicolas Voisin ; Hans Oster ; Jacob Haman ; Peter Richar ; Nicolas Etlicher, *greffier*.

LIIIe

Cahier des plaintes, doléances et très respectueuses remontrances que font la municipalité, habitants et communauté de Dorwiller, dépendant du bailliage de Vic, au Roi notre souverain monarque, à présenter à l'assemblée des trois États audit bailliage, le 23 du présent mois de mars 1789, en exécution de l'ordonnance de Monsieur Vignon, lieutenant-général audit siège, pour l'absence de Monsieur le bailli d'épée, en date du 27 février dernier

ART. 1. — Ils auront l'honneur d'observer d'abord que la misère extrême à laquelle sont réduits tous les habitants dudit lieu de Dorwiller est l'effet de l'accroissement subit de la multiplicité des impositions royales dont ils sont accablés sous la dénomination de vingtièmes, subvention, capitation, travaux des routes et autres accessoires ;

Que le ban de Dorwiller n'est composé que de 400 jours de terres labourables dans les trois saisons ; 15 fauchées de prés secs, desquels il faut distraire trente-trois jours de terres et trois fauchées de prés appartenant au beuvrot de la cure, quarante-sept jours et demi de terres, deux fauchées et demie de prés appartenant au seigneur haut-justicier, et dix-huit jours de terres appartenant à M. l'abbé de Vadegasse ; ainsi il ne reste plus pour les autres propriétaires, tant domiciliés que les étrangers, que trois cent un jours et demi de terres, neuf fauchées et demie de prés dans les trois saisons ; et, quoique le ban soit d'un sol fort ingrat et très froid pour sa production, étant situé sur un coteau et à des revers très pierreux qui, dans les temps d'orages et de grandes pluies, la terre est entraînée dans les vallons, ne restant le plus souvent que les pierres et de gros ravins ; les prairies étant de même de très peu de rapport sur ces coteaux qui sont très secs, et qui ne suffisent pas même pour le quart, pour la culture desdites terres, bien loin de pouvoir faire de nourri de bestiaux ; que les quatre petits laboureurs dudit lieu sont obligés d'acheter le surplus des fourrages et à grand prix chez l'étranger; cependant, malgré les remontrances qu'ils ont faites dans différents temps de leur situation et des différentes grêles qu'ils ont essuyées et autres calamités qui les ont accompagnées, ils sont actuellement cotisés pour la subvention et impositions jointes à une somme de 277#, pour la capitation 149#, pour les travaux des routes 71# 1 s., et pour les vingtièmes 377# 2 s. 9 d., ce qui fait un total de 874# 3 s. 9 d., qui est une somme exorbitante pour leur petit village qui n'est composé que de vingt-sept feux en y comprenant M. le curé et les femmes veuves; au lieu qu'il y a environ cinquante ans qu'ils ne payaient pas la moitié, y compris le dixième, qu'on levait en temps de guerre.

L'on ne sait par quelle fatalité ils ont été augmentés jusqu'à ce point; cependant le ban est toujours le même, excepté qu'il est de moindre production que dans ces temps reculés, faute de fourrage pour la culture et de bestiaux pour y employer; le journal d'aujourd'hui ne pouvant plus rapporter tout au plus, l'un portant l'autre, que sept bichets de blé et cinq bichets d'avoine, il faut cependant semer, payer les canons des fermes, et les manœuvres, les cultures. Comment vivre ensuite?

Le remède à ces maux serait d'imposer l'état ecclésiastique, les seigneurs, les décimateurs et autres à raison de leurs rentes et revenus, comme aussi les maîtres des métairies qu'ils possèdent sur le ban à raison des canons qu'ils tirent de leurs fermiers, ceux-ci étant déjà cotisés pour les bénéfices qu'ils peuvent y faire; et de diminuer à proportion les autres habitants de la communauté, ce qui les encouragerait à travailler avec plaisir, pour payer avec joie le surplus des impositions royales.

Art. 2. — Ils ont à se plaindre de la cherté exorbitante du sel et du tabac, ainsi que des droits établis pour les acquits pour l'importation et l'exportation des denrées de la première nécessité.

A l'égard du sel, ils sont obligés de payer 15 s. 9 d. pour les deux livres; ils sont obligés de l'aller chercher à deux lieues et demie au magasin à Téting par un très mauvais et fort dangereux [chemin] à travers des bois considérables. Ceux des habitants qui ne peuvent y aller exprès sont encore obligés d'y ajouter un sol pour le commissionnaire, ce qui fait revenir les deux livres à 16 s. 9 d., au lieu que les étrangers, comme dans le pays de Trèves et ailleurs, qui le tirent en gros dans les mêmes salines, l'ont meilleur; il ne leur revient cependant qu'à cinq sols pour les deux livres rendu chez eux, ce qui leur facilite le moyen de faire des nourris de bestiaux de toute espèce par la salaison qu'ils font de leurs fourrages : ceux d'ici, qui n'ont pas le même avantage, sont obligés de s'en priver, et, ne pouvant faire comme eux les mêmes nourris, sont obligés d'acheter chez eux les bestiaux dont ils ont besoin pour la culture des terres, ou chez les juifs qui les ruinent tout à fait, et transportent ainsi à l'étranger l'argent qui leur servirait pour payer les impositions royales. Pour remédier à un tel inconvénient, il y aurait un expédient qui serait que si le Roi voulait par sa bonté paternelle accorder aux pauvres habitants de la campagne la permission de s'approvisionner de leur sel en le tirant directement des salines, et qu'ils l'eussent au même prix que l'étranger, il en résulterait un bien pour l'État et un autre pour les sujets : le premier parce que la consommation du sel serait plus considérable, le débit en serait plus grand dans les salines, et le profit pour l'État serait plus considérable; au lieu qu'au taux où il est, les sujets sont obligés de se passer de soupe le plus souvent, en dépensant le double de pain.

Le second serait que les habitants de la campagne pourraient faire comme les étrangers des nourris et engrais de bestiaux de toutes espèces, ce qui est leur principale ressource, en salant leurs fourrages, ce qui augmenterait le nombre des laboureurs, qui ne se ruineraient plus aux juifs, diminuerait le prix des viandes, qui augmentent tous les jours, ferait que les terres seraient mieux cultivées et amendées, les productions doublées, et les récoltes plus abondantes; au lieu qu'à ce défaut, une grande partie du terrain reste inculte par la rareté des fourrages que le sel suppléerait.

A l'égard du tabac, comme il est à un prix excessif, le débit en doit être très mince; et le Roi y trouverait un profit considérable, et ses sujets seraient soulagés, si Sa Majesté leur permettait la plantation comme on fait dans le comté de Créhange qui est enclavé ici : chaque propriétaire ferait comme eux la plantation soit d'un jour, plus ou moins de terrain, ce qui leur ferait un profit plus considérable qu'en le semant d'autres grains. Que le commerce en soit libre; que le Roi impose sur chaque jour de terre planté un petit écu, et sur chaque habitant qui en userait ou trafiquerait vingt sols, ce qui ferait plus de cinquante millions dans toute la France, outre qu'il mettrait cent mille livres au moins dans ses coffres tous les jours pour les appointements des employés qui deviendraient inutiles, sans compter le profit immense que fait la Ferme générale sur cet objet seul; sur ce point de vue, l'État y trouverait son avantage; les cultivateurs y auraient leurs petits profits, et ceux qui le commerceraient le leur; et les pauvres malheureux qui, par nécessité et faute d'argent, en vont quelquefois chercher une once chez l'étranger, étant rencontrés des gardes de tabac, en sont maltraités, insultés et arrêtés, et obligés de composer avec eux à leur volonté, ne seraient plus vexés.

Pour ce qui concerne les acquits, il s'est introduit un grand abus qu'il serait très nécessaire de réformer et d'abolir pour le bien public; c'est, lorsque les pauvres gens de la campagne vont dans le vois[in]age en Lorraine, où ils sont enclavés, chercher de la filasse, ils sont obligés de prendre un acquit bien cher, et lorsqu'ils reportent le fil, de même; et lorsque les personnes qui ont besoin de vins, soit pour leur consommation, ou pour en vendre, on leur fait payer tant par mesure, et, lorsqu'ils renvoient les futailles d'où ils les ont tirées, on leur fait encore payer un autre droit; et c'est ainsi que l'on prend double mouture dans le même sac; quel abus!

Art. 3. — Une plainte bien amère est la création des juréspriseurs dans ce pays en ce que, lorsqu'il s'agit de faire des inventaires ou des ventes chez des pauvres orphelins, l'on est obligé de les avertir; ils se transportent sur les lieux de la ville de Metz distante de six lieues et demie de Dorwiller; ils se taxent d'abord quarante sols par chacune pour leur voyage, trois livres par chaque vacation de la matinée et autant pour l'après-midi, six sols par rôle d'écriture, et les expéditions autant, qu'ils savent rôler à leur profit; ce qui, joint aux quatre deniers pour livres, et le contrôle des ventes, outre leur papier timbré, fait qu'ils emportent au moins le tiers du mobilier qui devrait rester à ces orphelins qui ont déjà eu le malheur de perdre leurs père et mère. Quelle misère! Ne serait-[il] donc pas possible de réformer un tel abus par la puissance royale?

Art. 4. — Les enclos permis par Sa Majesté devraient être supprimés pour le bien public, car il n'y a que quelques particuliers et les curés qui ont des pièces de prés un peu considérables qui en ont formé. Les troupeaux et ceux des pauvres gens sont exclus de la pâture et des regains dont ils jouissaient ci-devant; les propriétaires de ces enclos jouissent encore de la pâture publique. Ainsi, ils ont un double bénéfice au détriment des pauvres qui ne peuvent plus faire de nourri de bestiaux; ces considérations doivent exciter la suppression de ces mêmes enclos.

Art. 5. — La marque des cuirs est un abus très grand, et qui ne profite pas à l'État. C'est que cet impôt est très préjudiciable aux pauvres gens de la campagne qui avaient la livre de cuir avant cette imposition à 20 ou 22 s., au lieu qu'à présent, ils sont obligés de la payer jusqu'à quarante sols et même au delà; les malheureux qui n'ont pas les moyens sont obligés de s'en passer, et d'aller pieds nus avec leurs enfants; il n'y a que les maltotiers qui y gagnent; n'est-il pas un grand abus?

Art. 6. — Le droit que M. le comte de Créhange, seigneur de Helfedange, prétend avoir sur le ban de Dorwiller pour le troupeau de sa bergerie, est encore insupportable aux habitants de ce lieu et leur cause un préjudice des plus considérables, et dont les seigneurs de Helfedange, ses prédécesseurs comme voués audit Dorwiller, n'avaient fait usage; cependant, malgré la petitesse du ban qui ne produit presque point de pâturage pour le troupeau commun, M. le comte y fait envoyer son troupeau, qui est très considérable, chaque semaine, ou lorsqu'il lui plaît ou à son fermier de l'envoyer. Et malgré tous les rapports que le haut-justicier a fait faire, et n'ayant pas les moyens de plaider contre un si puissant seigneur, il n'a pas encore cessé d'y envoyer ledit troupeau qui ronge le tout, de façon que les habitants ne peuvent plus faire de nourri : pour réformer un tel abus, ils s'adressent avec confiance à l'autorité royale.

Art. 7. — Ils ont aussi à se plaindre contre les deux seigneurs décimateurs de ce lieu, au sujet des grosses réparations à faire à l'église paroissiale. Cette église a été rétablie en 1730, à leurs frais pour la nef, le chœur à la charge du curé; les ouvrages qu'ils y ont fait faire n'ont pas été reçus contradictoirement avec les paroissiens; elle a subsisté jusqu'à présent dans son état primitif; mais aujourd'hui que la nef se trouve susceptible de réparations, tant à la toiture qu'au lambris, le chœur étant en état, les habitants se sont adressés à ces messieurs, en les invitant gracieusement de faire ces réparations, et de fournir les vases sacrés à leurs charges; mais n'y ayant point répondu, ils se sont adressés par requête à Nosseigneurs de l'Assemblée provinciale, qui leur a été communiquée, vers le mois de septembre dernier qu'ils y ont répondu, les pièces ayant été renvoyées au bureau du district à Vic, où elles sont restées jusqu'à présent. Cependant la toiture de la nef, ainsi que l'intérieur, périt faute de réparation; c'est pourquoi ils espèrent qu'il leur sera fait justice sans plus long retard.

Art. 8. — Il y a encore un abus concernant l'administration de la police des bois communaux, et qui est attribuée à la Maîtrise de Metz. En effet, ceux de Dorwiller ne consistent qu'en trente-six arpents réduits en vingt-cinq coupes; la Maîtrise vient tous les ans leur en marquer une pour la futaie; ils se font payer chaque fois vingt livres pour leurs vacations, d'une heure ou deux, ce qui est exorbitant. Ensuite vient souvent le garde-général y faire sa visite, et lorsqu'il trouve le moindre délit, il en dresse son rapport contre la communauté, qui est suivi d'une assignation, d'une sentence, et ensuite d'une exécution; ce qui leur coûte des sommes considérables, tant pour l'amende que pour les frais qu'ils s'empressent de faire pour des riens. Que si la communauté avait elle-même cette administration, et le pouvoir de choisir des gardes d'entre eux, à l'exclusion du garde-général, le bois serait mieux gardé, et ils ne seraient plus vexés comme du passé.

Le présent cahier contenant treize pages cotées et paraphées par première et dernière, a été ainsi arrêté audit Dorwiller en assemblée de communauté et des membres de la municipalité, le 18 mars mil sept cent quatre-vingt-neuf.

Nicolas Voisin; Hans Oster; Jacob Haman; Peter Richar; Nicolas Etlicher, *greffier.*

ERBÉVILLER

LIV^A

« Procès-verbal pour la nomination des députés de l'assemblée de la communauté d'Erbéviller les Réméréville (¹).
15 mars 1789,
« Sont comparus en l'auditoire de ce lieu, par-devant nous, Antoine André, syndic de cette municipalité. »
Communauté composée de 14 feux.
Députés : Nicolas-Claude Esselin, laboureur,
Antoine Voinier, manœuvre.
Signatures : A. André, *syndic ;* N. C. Esselin ; Antoine Voinier ; J. Jullien, *greffier.*

LIV^B

Au Roi

SIRE,

Le Tiers état de la communauté d'Erbéviller les Réméréville, juridiction de Vic, diocèse de Nancy, domaine de l'Évêché de Metz, pour obéir aux ordres de Votre Majesté, portés par les lettres données à Versailles le 7 février 1789, pour la convocation et tenue des États généraux de ce royaume, et satisfaire aux dispositions du règlement y annexé, ainsi qu'à l'ordonnance de Monsieur François Vignon, lieutenant-général au bailliage, tenant la Cour féodale de l'Évêché de Metz à Vic, pour l'absence de Monsieur le bailli d'épée audit siège, à nous signifiée par Virion, huissier audit bailliage, le 9 du mois de mars 1789, par lesquelles dispositions non seulement vous promettez, Sire, de porter aux pieds de votre trône les doléances,

---

1. *Impositions ordinaires* pour les *six* premiers *mois* de l'année *1790* :
Imposition principale. . . . . 72 ₶ 10 s. » d.
Impositions accessoires. 144   8   »
Capitation 165   2   9
 TOTAL. . . . . 382 ₶ » s. 9 d.
Deux vingtièmes et quatre sous pour livre du premier pour *1790 :*
Biens-fonds. . { 1ᵉʳ cahier . . . 509 ₶ 19 s. 3 d.
                  2ᵉ cahier . . . 229   1   6
 TOTAL. . . . . 739 ₶ » s. 9 d.
(Arch. Meurthe-et-Moselle, L. 308.)

les peines dont vos fidèles sujets sont affligés, et de découvrir à Votre Majesté les abus qui les accablent, mais vous l'ordonnez même par les vues paternelles et bienfaisantes dont nous sommes et serons toujours pénétrés de la plus humble et plus vive reconnaissance.

SIRE,

ART. 1. — Nous avons l'honneur de représenter très humblement à Votre Majesté que cette communauté est une des plus chargées dans les impositions royales, n'étant composée que de quatre laboureurs, trois veuves, sept manœuvres, dont trois mendiants chargés de famille ; paye pour subvention, impositions accessoires, la somme de cinq cent une livres quatre sous huit deniers, ci . . . . 501# 4 s. 8 d.
pour la capitation celle de 270 12   3
pour la quote-part de la contribution des routes celle de 128 11   7
plus, pour vingtième de la communauté. . . 10   9   6
ce qui forme un total de . . . . 910# 18 s. » d.

non compris le vingtième des propriétaires ; somme considérable pour une si petite communauté, qui ne possède pour tout bien qu'environ dix à douze jours de mauvais pâquis traversés encore par les chemins de communication, et environ dix arpents de bois mesure de France dont tous les quatre ans on lui délivre une portion qui leur rapporte à chacun environ un cent de fagots et une corde de bois, et cela pour affouage de quatre ans ; et encore, l'admodiateur de l'évêque de Metz veut avoir une double portion, quoiqu'il ne réside pas dans le lieu.

ART. 2. — Les laboureurs sont chargés de rentes seigneuriales considérables : elles consistent en trois résaux et demi de blé, et autant d'avoine, mesure de Nancy, et obligés de les conduire à trois lieues de distance sans aucune rétribution, celui qui laboure beaucoup de terres ne paye pas plus que celui qui en laboure peu ; comme on connaît notre indigence et notre incapacité pour soutenir au procès commencé depuis plus de trente ans, ce qui aurait été terminé dans le moment si on avait voulu nous montrer les titres que nous avions demandés.

Art. 3. — Ce qu'il y a de surprenant, c'est qu'on exige les rentes à la mesure de Nancy, tandis que, par tout le Pays messin, c'est la mesure de Metz ; ce qui fait une différence fort considérable : la quarte qui est la mesure de Metz pèse cent livres, le résal de Nancy pèse 180 livres ; il y a un village limitrophe du nôtre qui dépendait de la cathédrale de Metz avec le quart des dîmes de notre ban conjointement avec l'évêque de Metz, qui a été échangé en 1625. Cette communauté ne paye à son nouveau seigneur les rentes seigneuriales qu'à la mesure du Pays messin.

La communauté paye encore une taille appelée la taille de Saint-Remy ; un cens sur le feu de chaque habitant ; enfin un cens sur tous les bestiaux qu'on met en pâture, soit qu'ils soient destinés à la culture des terres, soit à la subsistance des habitants.

Nous ne refusons pas de payer ce que nous devons légitimement ; mais il n'est pas dans les règles de l'équité et de la justice de nous faire payer plus que nous ne devons ; qu'on nous montre les titres, tout sera terminé ; on promet de les montrer tous les ans aux plaids-annaux, mais on se contente de promettre, et de forcer de payer.

Ainsi, pour obvier à ces abus et aux procès ruineux pour les communautés, nous supplions Votre Majesté d'ordonner que les hauts-justiciers, et quiconque prétend des cens ou rentes seigneuriales, montrent leurs titres primitifs ; d'en donner au moins une copie duement collationnée par-devant notaires royaux, pour être déposée au greffe de la municipalité ; et d'obliger les juges-gardes d'en faire lecture de trois ans en trois ans à la tenue des plaids-annaux, comme cela se pratique dans plusieurs hautes-justices, ce qui arrête les procès et les contestations ; c'est ce que nous attendons, Sire, de Votre Majesté paternelle.

Art. 3 bis. — Autrefois, nous n'étions attenus qu'à la maison presbytérale, les murs du cimetière, la tour de l'église, le curé au chœur, et les autres décimateurs à la nef, chacun à proportion des dîmes qu'ils perçoivent : aujourd'hui, nous sommes encore chargés de l'entretien de la nef, et cela par un édit de Sa Majesté. Les décimateurs auraient dû, pour jouir de la faveur de l'édit, commencer par mettre en état les églises qui étaient à leur charge ; ce qu'ils n'ont pas fait, ce qui nous doit être onéreux, surtout n'ayant aucun fonds pour la fabrique, et pour entretenir tout ce qui est relatif au service divin : une portion des dîmes n'est-elle pas destinée à cet usage ?

Art. 4. — Environnés de toutes parts de nombreuses forêts, nous sommes à la veille de périr de froid et de manquer du bois nécessaire aux réparations de nos maisons, de nos engrangements : tous les bois sont affectés à la saline de Château-Salins, distante de trois lieues ; et, par surcroît de malheur, plusieurs particuliers qui possédaient sur notre ban et finage des bois, ceux même qui dépendaient de l'Évêché de Metz qui étaient une ressource pour nous, depuis environ six à sept ans sont destinés aussi à la saline de Château-Salins ; ce qui a fait presque tripler le prix de cette denrée de première nécessité, et qui va toujours en augmentant par les fournaises qu'on nomme poêles, et dont le nombre vient d'être augmenté ; c'est sans doute, Sire, parce que l'on a caché au cœur paternel de Votre Majesté les suites et la disette où cette augmentation a réduit votre pauvre peuple de se procurer cette denrée de première nécessité.

Ce pauvre peuple, poussé par sa misère, son indigence, commet des dégradations dans les forêts, en coupant en toute saison sans prendre garde à la manière qu'il faut la couper pour ne point empêcher la crue.

Ce pauvre peuple, prosterné au pied de votre trône, désire ardemment qu'on abolisse cette saline si désavantageuse, et si opposée au bonheur réel que Votre Majesté veut procurer à ses fidèles sujets. Il n'ignore pas, ce peuple, que les officiers de cette saline ne s'efforcent de faire avorter dès leur naissance cette heureuse disposition de Votre Majesté bienfaisante ; mais s'appuyant, Sire, sur vos vues paternelles, ils disent : l'intérêt public parle, le particulier doit se taire. C'était la règle que s'était faite Numa Pompilius qui aimait et écoutait attentivement ses plébéiens, lesquels lui disaient dans leur langage grossier : *Roi de Rome, ne les écoute pas, nous connaissons ces malheureux.*

Art. 5. — Notre communauté est environnée de villages lorrains où le prix du sel est moindre que chez nous, quoiqu'il soit pour les uns et les autres de la même saline ; le pauvre misérable n'ayant que 5 sous à partager entre un morceau de pain et du sel pour se nourrir va en chercher où il en aura meilleur marché, au risque d'être repris en contravention ; on peut en dire autant du tabac ; quoique, dans son origine, on ne l'employait que comme remède aux maladies des hommes et du bétail, [il] est devenu maintenant pour ainsi dire une denrée de première nécessité pour ceux qui sont dans l'usage d'en prendre. Nous voyons tous les jours de pauvres malheureux se passer plutôt de pain que de tabac, et être hors d'état de pouvoir travailler lorsqu'ils en manquent ; et par le prix exorbitant de cette denrée, votre pauvre peuple, Sire, est privé et des remèdes qu'elle opérait, et de cette satisfaction qu'il avait au milieu de ses pénibles travaux : sinon, et au cas qu'il en prendrait chez l'étranger, où il ne se vend que six ou sept liards l'once, tandis que nous en payons cinq sols, il désobéit à Votre Majesté, il se met dans le cas de la galère, de sa ruine et de la désolation d'une femme éplorée, souvent chargée d'une nombreuse famille : voilà des misérables à charge à une communauté qui est obligée de payer tant leurs cotes des impositions royales, que de les entretenir.

Pour obvier à ces malheurs, ce serait non seulement de diminuer le prix de l'une et de l'autre denrée, mais même de les mettre au même taux pour toute province ; ainsi le sel, cette denrée de première nécessité, mis à un prix modique, mettrait le peuple en état d'en avoir une provision suffisante non seulement pour leurs usages, mais encore pour leurs bestiaux : le sel commun est un remède spécifique contre bien des maladies qui attaquent les bestiaux ; il contribue même à leur embonpoint, à les rendre propres au travail.

Art. 6. — Notre village environné de plusieurs villages lorrains, les traites foraines nous mettent des entraves de toutes parts pour la circulation des denrées ; pour les matériaux nécessaires aux réparations de nos maisons, de nos engrangements, on oblige de prendre un acquit dans le bureau le plus prochain, et de payer des droits, sans quoi on se trouve dans le cas de la contravention, et, par conséquent, de la saisie de la marchandise, et d'une confiscation, sans nulle restitution, en l'amende édictée, et aux frais qu'il plaît aux employés d'exiger du repris qui, souvent, sans avoir voulu ni eu même l'intention de frauder les droits de la Ferme.

Le traité du 28 février 1725, article 3, s'exprime ainsi :

« *que conformément au traité de 1610, confirmé par l'art cle 51 de celui de 1718, les habitants de l'Évêché de Metz demeureront déchargés de prendre des acquits à caution dans la forme voulue en l'article 50 du même traité de 1718, à condition néanmoins de déclarer au premier bureau des États de Son Altesse Royale où ils chargeront, ou à défaut du bureau audit lieu, dans le plus prochain bureau de leur passage, les denrées et marchandises qui, sans ledit acqu't, seraient sujettes à payer lesdits droits, et la quantité d'icelles; [et] à cet effet de donner un certificat écrit et signé d'eux ou d'un tabellion, portant ladite déclaration, avec promesse de rapporter dans 40 jours témoignage d'un officier de ville ou de justice des lieux où ils avaient dessein de conduire lesdites marchand ses ou denrées, comme ils les y avaient effectivement condu tes et déchargées; laquelle déclaration sera conçue en ces termes: Je soussigné... demeurant... lieu de l'Évêché de Metz, certifie avoir pris à... telle marchandise pour mener audit lieu de l'Évêché de Metz, sans avoir payé les droits de foraine, traverse ni autres péages dont les sujets et habitants dudit Évêché de Metz sont exempts; [et promets] de rapporter témoignage ès mains du commis au bureau de... dans quarante jours, d'avoir mené, conduit et déchargé lesdites marchand ses ou denrées au lieu de... Fait en tel lieu le... Moyennant la remise dudit certificat au commis dudit bureau, il délivrera au conducteur desdites marchandises ou denrées un passavant sans frais, lequel sera renvoyé avec témoignage du déchargement dans quarante jours. »*

Cependant, nonobstant le traité si clairement expliqué, on nous oblige à prendre des acquits, payer des droits même pour pierres et sables; ne sont-ce pas là des actes de rigueur et d'injustice inconnus à Votre Majesté ? Et, pour nous consoler, les employés de la Ferme nous disent que le Conseil de Votre Majesté a tout cassé et annulé les susdits traités, et ordonne de prendre des acquits : sans quoi nous verbaliserons contre vous, nous saisirons vos chevaux, vos marchandises; à ces paroles foudroyantes, un pauvre misérable tremble, aime mieux payer ce qu'il ne doit pas que d'être exposé à des voyages, des démarches, des dépenses qui monteraient plus haut que ses pauvres provisions ne valent; le pauvre peuple n'a pas d'amis : tout est contre lui; source des abus qui se glissent dans la perception des droits, privilèges, cens, etc., qu'on exige de lui.

Art. 7. — Remontrent très humblement à Votre Majesté les laboureurs qu'il n'y a dans cette généralité de Metz d'exemption du tirage au sort pour les régiments provinciaux, accordée par Sa Majesté aux habitants du Pays messin que pour un laboureur infirme, ou âgé de 65 ans, ainsi que la veuve d'un laboureur, exploitant l'un et l'autre des terres pour une charrue ; tandis que les Lorrains nos voisins ont un domestique exempt par charrue, infirme ou non.

Cette exemption particulière nous est très nuisible ; nous ne pouvons trouver de domestique en état de nous aider à l'agriculture ; les domestiques, nés même dans cette généralité, préfèrent de se louer chez les laboureurs des Lorrains pour s'affranchir du tirage de la milice, ce qui nous force et nous réduit à n'avoir que de petits domestiques, hors d'état souvent de pouvoir bien conduire une charrue, et cela encore à des gages exorbitants ; d'où il résulte souvent que nos terres sont mal cultivées.

Art. 8. — Autrefois, les communautés voisines les unes des autres avaient le parcours réciproque : on ressent maintenant le préjudice notable de cette suppression : les inconvénients qui exposent sans le vouloir à des amendes, à des reprises, à des gênes ; de plus, nous avons de la peine à pourvoir à la subsistance des bestiaux qui sont le bras de l'agriculture, et exposés à un inconvénient d'autant plus nuisible à cette communauté que manquant d'eau, dans les temps de sécheresse, elle ne peut abreuver les bestiaux que dans les fontaines situées sur les bans voisins qui ne tarissent jamais : cette suppression de parcours les empêche de jouir de cet avantage précieux et si nécessaire sans payer l'amende pour avoir transfiné.

Enfin, par cette suppression, le pauvre manœuvre qui n'a aucune propriété ne peut plus nourrir de bétail pour aider à sa subsistance, et à payer les impositions royales.

Par toutes ces raisons, les remontrants espèrent qu'ils auront le bonheur que leurs doléances seront favorablement accueillies, avec d'autant plus de sécurité que Votre Majesté a daigné les prévenir, les assurer qu'ils trouveront dans votre cœur paternel toute bonne volonté, et qu'elle pourvoirait sur leurs doléances et propositions.

Sire,

En conséquence du vrai de l'exposé de nos doléances, les remontrants osent supplier très humblement Votre Majesté :

Art. 1. — De regarder attentivement la somme de 910^{tt} 18 s. qu'ils sont tenus d'acquitter annuellement outre les droits seigneuriaux ; ce faisant, les décharger d'une partie d'icelle ;

Art. 2. — Que les hauts-justiciers seront tenus de montrer leurs titres primitifs, pour arrêter toutes contestations et procès concernant leurs droits, et de renouveler dans leurs plaids-annaux de trois ans en trois ans leurs droits ;

Art. 3. — Que les impositions royales, la contribution pécuniaire pour les travaux des routes, seront proportionnellement partagées entre les trois Ordres, les routes étant plus à l'avantage des deux premiers Ordres ;

Art. 4-5. — Que le parcours des villages voisins seront rétablis sur le pied qu'ils étaient avant la suppression ; supprimer les traites foraines dans les Trois-Évêchés à la province de Lorraine ;

Art. 6. — De supprimer la saline de Château-Salins, comme très nuisible au bien public, même aux intérêts de Votre Majesté : celles de Moyenvic et Dieuze étant plus que suffisantes pour la consommation de la Province et de celles où l'on en conduit ;

Art. 7. — De remettre le prix du sel sur le même taux qu'il était ci-devant, et de diminuer le prix exorbitant du tabac, de quelque espèce ou qualité, afin que vos fidèles sujets du Tiers état puissent en user, et se servir de l'une et de l'autre denrée pour remèdes à leurs bestiaux ;

Art. 8. — Que les États provinciaux soient accordés à la généralité de Metz ;

Art. 9. — D'accorder aux laboureurs de cette généralité l'exemption d'un fils ou domestique par chaque charrue comme en Lorraine du tirage au sort pour les régiments provinciaux.

Voilà les moyens d'encourager l'agriculture, qui est la vraie richesse de l'État.

Daignez, Sire, daignez écouter favorablement les gémissements, les doléances, les prières, les supplications de votre pauvre peuple qui se jette avec empressement dans votre sein paternel, et se prosterne très humblement aux pieds de votre trône, et, s'appuyant et se confortant sur les intentions bienfaisantes de Votre Majesté, il ne cessera d'élever ses vœux au Ciel pour la prospérité de l'État, et la gloire et le bonheur de Votre Majesté.

Nous avons l'honneur d'être,

Sire,

De Votre Majesté

les très humbles, très obéissants et très soumis et fidèles sujets.

N. C. Esselin; A. André, *syndic;* Antoine Voinier; J. Jullien, *greffier.*

Fait et clos en l'assemblée des habitants convoqués en la manière accoutumée le dimanche 15 mars 1789, à l'issue des vêpres, par Antoine André, soussigné, syndic de la municipalité, en vertu de l'assignation à lui donnée le 9 mars par Virion, qui a reçu douze sols en conformité de l'ordonnance de Monsieur le lieutenant-général au bailliage de Vic du 24 février dernier, et signé ci-dessus des habitants présents qui savent signer, la minute déposée au greffe de l'assemblée municipale dudit lieu, dont cette copie a été remise aux sieurs Nicolas-Claude Esselin, laboureur, et Antoine Voinier, coquetier, tous deux choisis par la pluralité des voix, et qui ont accepté ladite commission, et ont promis de se rendre à Vic le 23 mars, suivant l'ordonnance de Monsieur le lieutenant-général, pour faire insérer les principaux objets de ce cahier dans le cahier général du bailliage de Vic, comme il est plus amplement déclaré dans le procès-verbal dressé pour la nomination des députés, en date du 15 mars 1789, et signé des habitants et des députés, le cahier coté et paraphé par première et dernière page, contient 7 pages d'écriture, par nous Antoine [André], *syndic de la municipalité.*

André, *syndic;* Jullien, *greffier.*

ERSTROFF

LV^a

« Procès-verbal d'assemblée du village et communauté d'Erstroff pour la nomination des députés. »

15 mars 1789,
« Sont comparus en l'auditoire de ce lieu, par-devant nous, membre de l'assemblée municipale dudit village d'Erstroff. »
Village composé de 60 feux.
Députés : Nicolas Siebert, rentier,
Nicolas Pier.
Signatures : Jean Abel ; Jean Alt ; Jean Moussler ; Claude Sibille ; Hans Peter Klein ; Jean-Nicolas Pier, *syndic ;* Nicolas Siebert, *greffier.*

LVe

États et remontrances représentés aux États généraux par les chefs des assemblée municipale et notables habitants du village d'Erstroff, suivant le règlement et lettre du Roi en date du sept février de l'année mil sept cent quatre-vingt-neuf

De finance

[Cf. ci-dessous, *cahier de Grostenquin,* n° LXVe, art. *Finances.*]

Réforme de la justice

[Cf. *id.,* art. *Réforme de la justice.*]

Abus

Comme presque partout, et principalement dans ces cantons, les habitants sont extraordinairement foulés par les rentes et corvées seigneuriales qui, souvent, dans l'origine, ne sont qu'un acte de complaisance vis-à-vis d'un bon seigneur, et les rentes souvent accordées à cause des concessions et autres obligations que le seigneur n'observe plus, comme, par exemple, ont accordé des rentes pour des forêts et bois que les communautés avaient, et que le seigneur leur a ôtés ; de même, dans cette seigneurie, on donnait des rentes pour droit de refuge : alors le seigneur était obligé d'entretenir le château-fort d'Ilingsange où, en temps de guerre, les habitants avaient droit de se réfugier. Ce château n'existe plus, et les rentes existent, sans parler d'une infinité d'autres droits devenus par le temps aussi injustes, et auxquels jusqu'à présent les pauvres communautés n'ont pas été en état de s'opposer par la raison qu'il était ruineux et inutile de plaider contre un seigneur riche et puissant : on demande donc avec justice que la vérification de tous les titres soit faite, et que ceux qui ne dénotent pas clairement pourquoi et pour quelles raisons ces corvées et rentes ont été accordées, soient annulés ; car on ne prescrit pas une injustice qui est contre le droit naturel de la liberté que tout Français doit avoir, et que les seigneurs, par leurs empiètements sur ce droit, ont rendu serf et esclave.

Un autre abus encore plus criant, et principalement dans ce pays, regarde les chasses ; les seigneurs et autres conservent un gibier immense dans tout le canton : jusqu'à présent on a porté les plaintes et doléances les plus touchantes inutilement ; et, malgré que tous les villages font garder à grands frais leurs moissons, et tâchent par tous les moyens de chasser la quantité de cerfs et autre gros gibier de leurs blés, les ravages sont toujours énormes et désastreux : on demande donc que les seigneurs soient obligés d'avoir des parcs où il n'y eussent ni prés ni champs enclavés ; et qu'il soit permis de tuer dans son champ le gibier qui le ravage ; car il est affreux qu'un malheureux soit puni outre mesure parce qu'il a tâché d'attraper un lièvre qui lui a dévasté son jardin et détruit ses arbres, etc., de même de fixer le nombre de paires de pigeons que les seigneurs puissent avoir, afin qu'ils ne fassent pas un objet de commerce, dont la quantité fait un tort immense, principalement du temps des semailles et des récoltes quand les grains sont tout à terre qu'on ne les enferme pas, ni dans aucun temps.

Un abus énorme est la grande quantité d'usines à feu, principalement les salines, ce qui cause une telle cherté dans les bois que c'est avec grand'peine que le malheureux paysan trouve du bois à faire une charrue ou chariot ; et ils sont obligés de le faire venir de loin, et bientôt ils seront hors de prix, sans compter le bois à brûler, chose de première nécessité : il faut donc absolument circonscrire ces sortes d'usines et réformer les salines, et celle qu'on laissera, l'obliger de faire du sel avec du charbon de terre.

Disent que les gros décimateurs soient obligés de bâtir et entretenir les églises où ils tirent les dîmes, car c'est pour cela et pour l'entretien du curé que les dîmes ont été données ; et il est injuste que les couvents et abbayes, etc., tirent les dîmes des endroits sans la moindre charge. De plus, que les abbayes, à proportion qu'elles vaqueront, soient mises en réserve et les revenus employés au payement des dettes de l'État.

Disent que les maîtrises des Eaux et Forêts soient abolies ; car, quoique établies pour l'amélioration et conservation des bois, elles ont au contraire singulièrement contribué par leur rapacité à dévaster nos forêts, et sont extraordinairement ruineuses à cause des émoluments exorbitants que les communautés ayant bois sont obligées de leur donner; par exemple notre dite communauté, ils ont vendu pour bâtir leur église à l'année 1780 pour la somme 11 135^{tt} une coupe de leurs bois, la communauté n'a tiré que 6 682^{tt}, et tout le reste pour les frais. Par conséquent, qu'on les supprime et établisse des lois afin que les communautés elles-mêmes, sous un inspecteur général, puissent elles-mêmes conserver et améliorer leur bois ainsi que d'autres propriétaires qui les premiers sont intéressés.

Il existe encore un autre abus énorme qui est devenu infiniment désastreux cette année à cause des provisions qu'on aurait pu faire et qu'il n'a pas été [possible] de faire : c'est la banalité de moulins. Il n'y a pas de seigneurs qui ne prétendent que les moulins, qui, la plupart du temps, ne peuvent moudre qu'en temps de pluie, ne soient banaux. Ils vexent donc de toutes les manières les pauvres campagnards hors d'état de se faire rendre justice. On demande donc que cette servitude et barbarie soit abolie absolument, et en place la liberté naturelle établie contre laquelle on ne prescrit pas.

Charges de la communauté

La communauté, il est surchargé importable [*sic*] : premièrement subvention, capitation, pour les travaux des routes, et pour le logement des chevaliers des maréchaussées qu'il fait une somme de mille six cent quarante-quatre livres, sans les vingtièmes, et pour laquelle somme nous sommes très peu des habitants, et un petit ban, lequel consiste environ trois cent quatre-vingts jours par saison, sur lesquels nous donnons la dîme sur tout notre ban et même dans les jardins. — 2. Le seigneur, il tire une rente sur toutes nos terres labourables qui sont ensemencées. — 3. Il est sur la plus grande partie de nos terres, prés et jardins, un cens et rente pour la fabrique, et on trouve plusieurs qu'ils sont chargés de deux cens et rentes, et cela il est cause qu'il est acquis sur notre ban depuis quelques années par différents particuliers étrangers trois quarts de tous nos bans, qu'il nous reste plus que la quatrième part en propre sur tout notre ban, lesquels étrangers ils tirent tous les ans une forte rente, et ils nous aident pas à payer la moindre des choses parce que nous pouvons pas imposer leur rente sur notre rôle, laquelle chose il occasionne que nous sommes tellement surchargés que la quatrième part qu'il nous avons encore en propre il serait vendu au premier jour.

Ce qu'il regarde le vingtième duquel nous sont tellement surchargés, et surtout celui qui est sur les pauvres petites maisons de notre dit village, dans lesquelles on trouve plusieurs habitants qui sont pas en état pour faire les réparations qui sont nécessaires tous les ans à de pauvres maisons, plus moins que ont, pouvons donner un si fort vingtième, sans parler de cens et rentes qui sont sur la plus grande part des maisons.

Il existe un grand abus dans ce canton, lequel sont les Juifs, lesquels ruinent tous les cantons par leurs rentes énormes qu'ils prennent de leur trafic et argent : car cette nation prend vingt jusqu'à trente par cent : cela est une rente injuste, et on demande donc avec justice qu'on établisse une loi naturelle pour cette nation qui est inutile et ruineux dans ce royaume, comme les anabaptistes qui font aussi un grand tort à des pauvres catholiques, parce qu'ils enchérissent toutes les fermes dans les environs, que les pauvres catholiques ils peuvent presque plus vivre, aussi un nation d'outre au royaume.

SIRE,

Vos fidèles pauvres sujets se jettent au pied du trône de Votre Majesté, implorent votre miséricorde leur faire grâce, les soulager dans leur pitoyable état, et font leurs vœux mutuels pour la conservation de votre santé, et illustre famille royale.

Nous soussignés, chef municipal et membres d'Assemblée et principaux notables habitants de la communauté d'Erstroff, attestons que les plaintes et remontrances représentées par le présent état fondées et véritables. Faites et arrêtées audit Erstroff, le vingt mars mil sept cent quatre-vingt-neuf, et ont signé.

Jean Abel ; Jean Alt ; Jean Moussler ; Claude Sibille ; Hans Peter Klein ; Jean-Nicolas Pier, *syndic ;* Nicolas Siebert, *greffier*.

FAGNOUX

LVI[A]

Procès-verbal.
15 mars 1789,
« Sont comparus tous les habitants de la communauté de Fagnoux (1) au domicile de Sébastien Martin, maire et syndic de l'Assemblée municipale, lesquels habitants sont compris dans les rôles des impositions. »
Communauté composée de 11 feux.
Députés : Sébastien Martin,
Étienne Poirson.
Signatures : Nicolas Philippe ; Étienne Poirson, *député ;* Sébastien Martin, *maire et syndic ;* Pilot, *greffier.*

LVI[B]

Cahier de doléances, plaintes, remontrances faites par les habitants du village de Fagnoux dans l'assemblée de ce jourd'hui, 18 mars 1789, suivant l'ordonnance de M. le procureur-général-fiscal du bailliage de Vic, savoir :

Art. 1. — [Cf. ci-dessous, *cahier de la Chapelle,* n° XCII[B], art. 1.]
Art. 2. — [Cf. *id.,* art. 2.]
Art. 3. — [Cf. *id.,* art. 3.]
Art. 4. — [Cf. *id.,* art. 4.]
Art. 5. — [Cf. *id.,* art. 5.]
Art. 6. — [Cf. *id.,* art. 6.]
Art. 7. — [Cf. *id.,* art. 8.]
Art. 8. — [Cf. *id.,* art. 9.]
Art. 9. — [Cf. *id.,* art. 10.]
Art. 10. — [Cf. *id.,* art. 11.]
Art. 11. — [Cf. *id.,* art. 12.]
Art. 12. — [Cf. *id.,* art. 13.]
Art. 13. — [Cf. *id.,* art. 14.]
Art. 14. — [Cf. *id.,* art. 15.]

---

1. L'état des impositions de Fagnoux est joint à celui de la Chapelle (Cf. ci-dessous, n° XCII [A], note 1).

Art. 15. — [Cf. *id.*, art. 16.]
Lesquels articles nous avons tous faits, dressés, et ont signé à Fagnoux les an et jour avant dits.
Nicolas Philippe ; Étienne Poirson ; Sébastien Martin, *maire et syndic ;* Pilot, *greffier.*

FOLSCHWILLER (partie France)

LVII[A]

« Procès-verbal de l'assemblée du village de Folschwiller pour la nomination des députés. »
15 mars 1789,
« Sont comparus en l'auditoire, par-devant nous, maire et gens de justice de ladite seigneurie. »
Village composé de 36 feux, quelquefois plus et quelquefois moins, parce que ils se retirent quelques-uns sur la terre de Lorraine et Empire.
Député : Louis Menger, tissier.
Signatures : Michel Verschneider, *élu ;* Johans Ferdschneider ; Michel André, *élu ;* Hantz Peter Bour ; Jean Boyon ; L[ud]wig Menger, *meiyer (maire)* ; Georges Potier, *greffier.*

LVII[B]

Cahier de doléances de la communauté de Folschwiller partie française

La communauté dudit Folschwiller prie instamment Messieurs les députés de la province qui iront aux États généraux de solliciter avec chaleur la suppression de la Ferme générale, et que le sel soit rendu marchand afin que les habitants de la campagne le payent moins cher, puissent en donner à leurs bestiaux pour les garantir des maladies auxquelles ils sont sujets, ce qu'ils n'ont pu faire jusqu'à présent, attendu le prix excessif auquel cette denrée de première nécessité est taxée, ce qui est cause que, ce dernier hiver, ladite communauté a perdu plusieurs vaches qu'on aurait sauvées si la faculté des habitants leur avait permis de donner du sel : on se plaint même que le sel n'est plus d'aussi bonne qualité qu'il était autrefois.

Elle sollicite également la suppression des bureaux des hauts-conduits et d'acquits-à-caution : on est obligé de prendre acquit quand on mène seulement une voiture de bois ou denrée d'un endroit à l'autre : ainsi, le public a une grande surcharge de cet objet.

Ladite communauté se plaint aussi pour la marque de cuirs : cela passionne encore beaucoup de pauvres gens, parce que le cuir est si cher à cause des marques de cuir, qu'il est inconsidérable ; et, pour la marque de fer, ce qui fait un surcroît de dépense pour les gens de la campagne qui ne peuvent s'en passer.

Elle sollicite également la suppression des huissiers-priseurs ; en vendant les meubles des mineurs, ils leur passent un grand tort, parce qu'ils leur coûtent quasi la moitié de leurs meubles pour payer lesdits priseurs, et le contrôle, on ne sait leur payement ; nonobstant, cet objet est une grande irrégularité et une tromperie auxdits mineurs, foi de quoi, si les mineurs sont pauvres, ils leur coûtent la moitié et quelquefois le tiers.

De plus, il se fait un grand trouble et tromperie à cause des mesures et aunes : cela se change dans tous les villages circonvoisins, et cela serait avantageux si une prévôté usait mêmes mesure, aune et argent.

Et il se lève quelquefois de si grandes difficultés entre les communautés mêlées France, Lorraine et Empire, auxquelles où notre communauté se trouve assujettie ; et, pour éviter cette irrégularité, si se pourrait faire que d'une communauté serait un même État.

Ledit cahier de doléances ayant été lu en présence de la communauté assemblée, tous habitants qui la composent l'ont signé ; Messieurs les députés aux États généraux [sont priés] de vouloir bien avoir égard à leurs demandes ; et ils en conserveront une éternelle reconnaissance. A Folschwiller, le quinze mars mil sept cent quatre-vingt-neuf, foi de quoi on a signé.

Plusieurs plaintes à justice

Nous vous déclarons aussi que nous sommes si chargés à l'égard de la mère église de la paroisse dont nous sommes une annexe, et on nous oblige de leur assister de l'entretenir, et de faire les réparations locatives de ladite mère église ; et nous sommes obligés d'entretenir notre église, qu'elle n'a point de revenus, et qu'elle est fournie avec deux cloches et une vicariale.

Ladite communauté se plaint aussi contre le moulin nommé Bruch-Muhl : c'est un moulin indivis : il se change tous les trois ans en Français et Empire : il fait un si grand dommage dans les prés à l'entour de la Nied, à cause qu'il barre l'eau, et il occasionne un dommage inconsidérable.

Ladite communauté se plaint de ce que les religieux bénédictins de Saint-Avold qui n'ont aucun droit seigneurial à Folschwiller, ne possèdent qu'une ferme nommée Berfang, limitrophe du ban de Folschwiller, profitant néanmoins deux fois par semaine du parcours de la vaine pâture, sans qu'ils aient jamais exhibé leurs titres, ce qui occasionne un grand dommage au ban dudit Folschwiller qui est déjà fort resserré par lui-même et suffit à peine pour la nourriture de bêtes blanches.

Et sont encore pareillement chargés de la nommée Mme Colignie, seigneur de Furst : elle nous préfère tous les jours du parcours de la vaine pâture : nous ne pouvons néanmoins augmenter des troupeaux pour ces causes.

Indépendamment de cette surcharge, tous les laboureurs de Folschwiller sont obligés de labourer par corvée, trois jours par an, les terres de ladite ferme de Berfang, appartenant auxdits religieux bénédictins de Saint-Avold.

L[ud]wig Menger, *meiyer* (*maire*); Michel Verschneider, *élu ;* Johans Ferdschneider ; Michel André ; Hantz Peter Bour ; Jean Boyon ; Georges Potier, *greffier*.

FRAQUELFING

LVIII

« Procès-verbal de l'assemblée municipale de la communauté de Fraquelfing (¹) pour la nomination des députés. »

---

1. *Impositions ordinaires* pour les *six* premiers *mois* de l'année *1790 :*
Imposition principale. . . . . . . 97 ℔ 10 s. » d.
Impositions accessoires. 199   3   11
Capitation 222   1   6
        Total. . . . . 513 ℔ 15 s. 5 d.
Deux vingtièmes et quatre sous pour livre du premier pour *1790 :*
Biens-fonds. . { 1ᵉʳ cahier . . . 435 ℔ 3 s. » d.
         { 2ᵉ cahier . . . 653   9   3
        Total. . . . . 1 088 ℔ 12 s. 3 d.
(Arch. Meurthe-et-Moselle, L. 308.)

15 mars 1789,
« Sont comparus au lieu accoutumé de la tenue des assemblées communales, par-devant nous, Jean-Hubert Ména, syndic. »
40 feux, y compris 19 mendiants.
Députés : Pierre Laurent, laboureur,
Joseph Ballot, maréchal-ferrant.
Signatures : Pierre Laurent ; J. Masson, *greffier*; Joseph Renard ; J. Ména, *syndic*.

LVIIIe

Réclamations et doléances de plaintes et remontrances de la communauté de Fraquelfing, faites en l'assemblée de tous les habitants, ce jourd'hui 19ᵉ mars 1789

Art. 1. — Disant qu'aux environs de 50 ans, le village de Fraquelfing a été incendié totalement, à la réserve de deux petites maisons ; voilà la cause qu'aujourd'hui le peuple est devenu dans une si grande pauvreté : l'on a été obligé de vendre tous les biens en plus grande partie pour se pourvoir au rétablissement de nos maisons : aujourd'hui, c'est les étrangers qui possèdent en partie notre finage ; ce fléau sur nous tombé cause aujourd'hui la perte de nos titres et papiers et de nos bons droits.

Art. 2. — Nous sommes trop chargés dans les impositions, payant pour subvention 638# 18 s. 5 d., de capitation 345# 4 s. 3 d., de dixième 434# 17 s., pour les travaux des routes 161# 5 s. 9 d., pour le débit de ville 162#, faisant ensemble une somme de 1 742# 5 s. 5 d., pour le petit nombre de citoyens de quarante feux, dans lesquels y compris 19 mendiants, c'est pourquoi faisant le détail des impôts, nous réclamons, et recourons à la charité de Votre Suprême Grandeur.

Art. 3. — Que les impôts soient répartis également sur les trois Ordres du Royaume, le Clergé, la Noblesse et le Tiers état.

Art. 4. — Que les chaussées pour l'utilité des usines, telles que celle de Lorquin, ou pour la commodité des seigneurs pour aller dans leurs châteaux, soient entretenues aux frais des propriétaires des usines et des seigneurs.

Art. 5. — Que la coutume de Metz soit réformée, comme trop dure en quelques articles, surtout celui des secondes noces.

Art. 6. — Qu'il soit pourvu au soulagement des démêlés

qui s'élèveront d'entre les particuliers d'une communauté, [et qu'ils] puissent être jugés sans frais par la municipalité, jusqu'à la concurrence d'une certaine somme.

Art. 7. — Demandons qu'il soit fait un examen des pensions à la charge de l'État pour supprimer celles qui n'ont pas de motifs suffisants et retrancher de celles qui sont trop fortes.

Art. 8. — Suppression des charges onéreuses à l'État, comme grands gouvernements, commandements, etc., dont plusieurs sont inutiles et coûteux à l'État.

Art. 9. — Qu'il soit veillé plus exactement à l'exportation des grains, qui, malgré les défenses renouvelées depuis peu, sortent probablement du royaume ; ce qui augmente le prix du blé, de manière à ôter aux pauvres le moyen d'en acheter et se nourrir.

Art. 10. — Nous sommes environnés de bois de part et d'autre, appartenant à Mgr le prince de Beauvau, pour lesquels nous payons des droits, sans qu'il nous eût à nous-mêmes aperçu aucuns titres à nos connaissances ; depuis quarante et quelques années, nous prenions nos bois de chauffage dans les bois de la baronne de Turquestein, bois mort et mort-bois et bois blanc ; à présent, l'on nous fait rapport pour la moindre des choses. Presque toutes les communautés payent des droits à leur seigneur : nous lui payons annuellement la somme de vingt livres trois sols appelée taille Saint-Remy. Chaque laboureur lui doit trois journées de charrue, deux bichets d'avoine par porc qui se trouve à la garde du pâtre de notre communauté, depuis la Notre-Dame de septembre, pour l'avoine de bois, c'est pour le parcours des porcs dans les bois quand ils y vont, et cela se paye également lorsqu'ils n'y vont pas ; et trois poules ; pareillement les manœuvres payent comme ci-dessus à l'exception de trois journées de main-d'œuvre au lieu de charrue ; pour les veuves, payent la moitié des susdits. Là-dessus nous n'en recevons aucun dédommagement par ce que la communauté ont perdu leurs droits ; ne pourrait-on pas revenir par autorité à un examen des conventions premières entre les seigneurs et les vassaux ?

Art. 11. — Il ne s'y trouve dans notre village aucuns biens-fonds, ni aucuns revenus, pour les entretiens attenus à la charge de la communauté.

Art. 12. — Que la Ferme générale soit supprimée ; elle

vend huit sols la livre de sel, qui lui coûte environ six deniers de composition; et le tabac en poudre coûte trois livres douze sols la livre : le prix du sel et du tabac, si nécessaires aux besoins de l'humanité, est trop haut : on prie Sa Majesté de le rabaisser, et de fixer un même prix pour tout le royaume.

Art. 13. — A l'égard des usines en fer, en fayence, et en verre, ces usines à feu sont trop multipliées, et la domination de la consommation des bois pour d'autres. Dans ce canton la forge de Cirey est inutile, même à ses maîtres dont elle a ruiné plusieurs. Les verreries de Saint-Quirin, la fayencerie de Niderviller font une trop grande consommation de bois ; c'est ce qui est cause que le prix du bois est doublé depuis sept ou huit ans, et il augmentera toujours si on ne fixe la consommation des usines.

Art. 14. — Les taillis restent en épargne jusqu'à quinze à vingt ans ; après ce délai faut-il avoir le parcours pour les bestiaux, ils nous obligent ces messieurs à payer jusqu'à la somme de quarante et quarante-huit livres pour vacations. Si par malheur il y échappe une bête ou plusieurs qui soient égarées dans ces taillis, l'on nous en fait des rapports exorbitants et les frais, attendu que nous n'avons aucune pâture sur notre finage pour paître nos bestiaux.

Art. 15. — Nous demanderions à Sa Majesté que tout cela soit réglé, autant de tant d'années suivant les ordonnances, pour que lesdits taillis soient en liberté pour la pâture sans aucuns frais : par ce moyen, le laboureur se trouverait soulagé pour l'entretien de ses bestiaux : que s'il veut entretenir son harnais, il faut qu'il fasse paître ses bêtes dans ses prés ; et, quand l'hiver se présente, le laboureur n'a plus de foin : puis il faut qu'il vende une partie de ses bêtes tirantes pour l'entretien de celles qu'il lui reste.

Art. 16. — La communauté de Fraquelfing demande qu'il soit accordé par Sa Majesté des États provinciaux à la province des Trois-Évêchés sous le nom de province d'Austrasie ;

Art. 17. — Qu'il soit avisé aux États généraux à l'imposition des fortunes en papier, afin que le cultivateur et le propriétaire des biens-fonds ne porte pas tout le poids de l'État ;

Art. 18. — Que le recouvrement des impôts soit simplifié. Ne pourrait-on pas se servir pour cela de la maréchaussée ?

Art. 19. — Que le code civil et criminel soit réformé, et si les justices seigneuriales sont maintenues, que les officiers seigneuriaux ne puissent juger les causes communes entre les seigneurs et les vassaux, particulièrement pour les causes de grueries.

Art. 20. — Il y a sur notre finage cent cinquante jours de terres d'ordons chargées de cens d'un bichet chaque nature de grain qu'elles se trouvent ensemencées, étant cultivées par des particuliers du voisinage qui ne payent rien dans les impositions de notre communauté.

Art. 21. — Que la police soit confiée à la municipalité, en sorte qu'elle puisse mettre à l'amende, ou infliger quelqu'autre peine aux perturbateurs du repos public.

Art. 22. — Qu'il soit pourvu au soulagement des pauvres malades dans les campagnes, et à la cure du bétail.

Fait et arrêté par nous syndic, députés et habitants de la communauté de Fraquelfing soussignés, audit lieu, après lecture faite, en l'assemblée, par Nicolas Masson, greffier soussigné, lesdits jour et an avant dits.

J. Masson, *greffier;* Pierre Laurent; Joseph Renard; J. Ména, *syndic.*

FRÉMÉNIL

LIX

« Procès-verbal d'assemblée de la communauté de Fréménil [1]. »
« 15 mars 1789, sont comparus en l'auditoire de ce lieu, par-devant nous, Joseph Mangin, syndic dudit lieu. »
Communauté composée de 45 feux ou habitants.
Députés : Joseph Mangin,
Charle Claude.

---

[1]. *Impositions ordinaires et prestation des chemins* pour les *six* premiers *mois* de l'année *1790* :

Imposition principale.	80 ₶	» s.	» d.
Accessoires de l'imposition principale.	159	6	9
Capitation et ses accessoires	182	4	2
Taxations des collecteurs.	6	»	8
Droit de quittance au receveur des finances.	2	1	4
Prestation des chemins.	61	7	5
Total général.	491 ₶	» s.	4 d.

(Arch. Meurthe-et-Moselle, L. 677.)
Deux *vingtièmes et quatre sous* pour livre du premier pour *1790* : 678 ₶
(*Ibid.*, L. 308.)

Signatures : M. Thouvenin ; Joseph Mangin ; Charle Claude ; Jean-Pierre Dubois ; François Bacicus.

LIX

[Le cahier des doléances de la communauté de Fréménil ne paraît pas exister aux Archives départementales de Meurthe-et-Moselle.]

FRÉMESTROFF

LX

Procès-verbal.
(Sur modèle imprimé.)
19 mars 1789,
« Sont comparus.... par-devant nous, Claude Chrisman, syndic, en la maison du maire. »
52 feux.
Députés : Nicolas Chaloy, laboureur,
Antoine Heckenbener, tailleur d'habits.
Signatures : Claude Chrisman, *syndic et greffier ;* Petter Busch ; Johannes Christman ; Nicolas Challoy ; Antonius Heckenbener.

LX

Cahier de Frémestroff

L'an mil sept cent quatre-vingt-neuf, le 19 mars, à huit heures du matin, la communauté de Frémestroff, assemblée en la maison de Pierre Stein, maire de ce lieu, sur l'invitation de Claude Chrisman, syndic, les membres de la municipalité et les élus présents, pour se conformer à la lettre et au règlement de Sa Majesté et à l'ordonnance de Monsieur Vignon, lieutenant-général au bailliage de Vic, en date du 27 février présente année, elle aurait délibéré sur tout ce qui puisse intéresser le bonheur et la prospérité des sujets du Roi, sur les remèdes efficaces aux maux de l'État et les abus, procédé à la rédaction du cahier de plaintes, doléances et remontrances qu'elle entend faire à Sa Majesté, et présenté les moyens de pourvoir et subvenir aux besoins de l'État, de charger ses députés du nombre des plus notables habitants choisis par elle, le même jour, selon les formalités requises par lesdits règlement et ordonnance, de porter et présenter ledit cahier le 23 présent mois à l'assemblée générale du bailliage de Vic, en leur enjoignant de s'acquitter fidèlement du pouvoir et de la procuration à eux donnés par ces présentes aux fins de faire les plaintes, remontrances et réponses qu'il conviendra de faire au nom de toute la communauté, particulièrement celles contenues dans le présent cahier, dont la minute est déposée au greffe de la municipalité, satisfaire en outre en tout à la lettre du Roi, à son règlement, et à l'ordonnance de notre sieur le lieutenant-général, et ont à la fin du présent cahier signé tous les habitants compris dans les rôles des impositions qui ont l'usage d'écrire.

Art. 1. — Les habitants désirent la suppression de la Ferme générale, étant un fardeau au public, causant une grande soustraction aux deniers du Roi.

Moyen. — L'établissement des receveurs-bailliagers-provinciaux et d'un receveur-général pourra suppléer cette partie.

Ils désirent une diminution dans les impositions.

Moyen. — Les prendre sur les dîmes en général des gros décimateurs, sur les grosses pensions et donations qu'ont faites nos rois aux seigneurs et aux abbayes, sur les droits et terres seigneuriales et abbatiales.

Art. 2. — Ils désirent l'abolissement total ou en partie des salines.

Elles enchérissent le bois de chauffage; le sel passant à l'étranger cause la cherté dans le royaume, arrête le commerce et l'amélioration des bestiaux; par leur amendement les terres sont moins fertiles, et met les sujets du Roi à l'extrême pauvreté, en les contraignant à faire la contrebande, les privant de la vie, et plus souvent de leur fortune, dégradant les familles pour toute une génération, cause de l'émigration.

Moyens. — Laisser subsister une partie des salines pour fournir le sel aux sujets du Roi, et en priver l'étranger, ou prendre le sel de la mer en le rendant navigable.

Rendre le sel marchand, en laisser le commerce libre ainsi que des tabacs, fers et cuirs, pour toute sorte de marchandises.

Remarques. — Il est prouvé par la physique que l'homme privé de nourriture salée est moins robuste, moins portant, et languissant, parvient ainsi plus tôt à sa carrière.

Il est de même des usines et verreries, qui sont pour la plupart au profit des propriétaires et des étrangers, auxquels passent les marchandises, et ne font qu'enchérir le bois de chauffage. Il est de même des bois passant en Hollande.

Ils désirent qu'il n'y ait point de vingtième sur les terres friches ou versaines en l'année qu'elles reposent et ne produisent rien.

Art. 3. — Ils désirent la suppression de tous les droits sur les marchandises dans l'intérieur du royaume.

Moyens. — Prendre les mêmes droits sur les gros commerçants pour l'entrée et sortie du royaume.

Commettre seulement des gardes ou employés sur les frontières, les invalides pensionnés du Roi en seront chargés; le Roi gagnera la pension pour cent mille hommes, sans compter celle des supérieurs, et le profit de MM. les grands Fermiers.

Ordonner une imposition sur le luxe en général, et le faste de tous les sujets, sur l'économie en général et en particulier.

Établir des fabriques dans l'intérieur du royaume pour fournir la subsistance aux journaliers et mendiants; les mettre ainsi en état de payer les impositions.

Ordonner l'occupation à l'agriculture.

Contraindre les fainéants à apprendre des métiers.

Art. 4. — La réforme des abus contribue au bonheur des sujets.

Le premier est le monopole des commerçants en grains, en bestiaux. Il s'exerce particulièrement par les juifs.

Moyens. — Empêcher la transportation des grains hors du royaume, faire une taxe des grains proportionnée à chaque année et à chaque saison de l'année, forcer d'ouvrir les dépôts et les greniers des grains.

Forcer les commerçants suspects de monopole, particulièrement les juifs, à passer et prendre les promesses et quittances par-devant les maires ou autres officiers établis *ad hoc*. Il sera de même des contrats à intérêt et usure.

Le deuxième est que bien des seigneurs et autres donnent la préférence aux anabaptistes en leur laissant leurs fermes au-dessus d'un prix juste : par ce trafic, le sujet du Roi devient en général journalier et pauvre, sans ressource pour le commerce.

Le troisième est la transportation des dîmes hors des communautés qui leur est très nuisible, cause la cherté des grains ; et les terres reçoivent moins d'amendement par rapport à la transportation de la paille : le monopole qu'on exerce à ce sujet prive les sujets de toutes les ressources.

Le quatrième est que les enclos des prés privent le sujet en général d'une portion dans les regains, et privent les bestiaux de la pâture, surtout dans la disette des fourrages.

Le cinquième est la pâture des moutons et des oies dans les prés, qui leur fait un dommage considérable en déracinant l'herbe de fond en comble : que ceux qui en veulent garder tâchent de les nourrir à leurs frais, ou sur des terres friches destinées à cet objet.

Le sixième est que les seigneurs, qui ont droit de chasse, ne détruisent point les bêtes ou volailles si nuisibles à l'État, comme loups, moineaux, etc. : qui sent le profit, doit porter les charges.

ART. 5. — Ils désirent la suppression des huissiers-priseurs. L'estimation des meubles peut se faire par un officier de la justice locale, ainsi que la vente des meubles, en déposant le double du procès-verbal au greffe du bailliage ou de la prévôté.

D'ailleurs le bien public demande que chacun soit libre de faire par soi-même une vente volontaire de ses meubles.

Autre chose est des ventes forcées et de celles faites au profit des mineurs et des absents en laissant subsister l'ordre de la justice ; les huissiers du bailliage ou de la prévôté pourront le faire selon l'ancien usage.

La suppression des formalités actuelles par rapport aux inventaires, qui peuvent également se faire par un officier de la justice locale en déposant le double du procès-verbal au greffe du bailliage ou de la prévôté.

La suppression des formalités inutiles qui ne touchent pas le fond de l'affaire, usitées dans l'administration de la justice. Qu'il plaise à Sa Majesté d'ordonner un nouveau code, qui précisera la détermination des affaires contentieuses à meilleurs frais.

La suppression des justices seigneuriales, parce qu'elles sont plus à charge au public ; la partialité, d'ailleurs, peut aisément prendre sa part.

Une diminution des sièges bailliagers, et faire un département dans chaque arrondissement en établissant des petits sièges ou des prévôtés pour empêcher les grands frais de voyage.

Établir dans chaque communauté une justice par-devant laquelle les affaires claires se détermineront. Les affaires d'appel et de droit se détermineront ès-prévôtés et bailliages.

La suppression des subdélégations, MM. les subdélégués n'ayant plus de charges que celle du tirage de la milice, et de rendre les pensions aux invalides; un officier ou capitaine retiré avec pension pourra remplir les fonctions pour ces deux objets.

Il sera de même des intendances : elles pourront être remplacées par des officiers pensionnés pour les mêmes objets. Les affaires de communautés pourront se déterminer par les assemblées intermédiaires et provinciales, etc.

La suppression de la Maîtrise et de la Grurie, qui sont à charge au public; un officier du bailliage ou de la prévôté peut faire les opérations pour les bois du domaine du Roi et du seigneur, l'officier de la justice locale celles des bois communaux; et que chacun ait son fortier à part, et qu'il n'y ait plus double emploi; et que les affaires contentieuses soient plaidées par-devant les juges ordinaires.

ART. 6. — Pour l'utilité publique, le maintien du bon ordre, et pour empêcher bien des malheurs, ils désirent que dans chaque arrondissement soit établi un médecin-chirurgien en la même personne qui secourra les malades, et instruira les sages-femmes de son arrondissement, qu'il visitera en temps et lieu; cet établissement est le plus nécessaire à l'État. Les moyens se prendront sur chaque arrondissement et sur les facultés de patients.

Que l'entrée et la demeure dans le royaume soit fermée et empêchée aux gens sans aveu.

Qu'il y ait un règlement pour subvenir plus promptement aux malheurs et accidents du feu. Que les maires des communautés, en qualité de prévôts ou de juges locaux, soient maintenus et établis : les changements des chefs de la justice causant un grand dommage aux communautés. Un officier amovible connive très volontiers les fautes des délinquants, et les délinquants les respectent moins.

Un règlement pour l'établissement d'une église et d'un prêtre desservant en titre dans chaque communauté où les dîmes suffisent à subvenir à ces deux objets est très convénient, et très nécessaire pour le maintien de la religion, et pour empêcher tous les malheurs qui puissent arriver à l'absence des habitants, sans avoir recours aux autres moyens très coûteux aux communautés.

Fait et arrêté audit Frémestroff, lu, publié et interprété, coté, paraphé par première et dernière par le greffier, contenant quatre feuillets, en présence du syndic, et des élus de la communauté, les an et jour avant dits.

Nicolas Challoy; Antonius Heckenbener; Claude Chrisman, *syndic;* Petter Busch; Johannes Christman.

LX°

L'an mil sept cent quatre-vingt-neuf, le vingt mars, les maire, syndic, élus de la communauté de Frémestroff, bailliage de Vic, assemblés en la maison de Pierre Stein, maire de ce lieu, pour fournir une déclaration des impositions et deniers qu'ils payent à Sa Majesté, ainsi que des charges particulières que porte ladite communauté, en conséquence, ont dressé la présente déclaration comme s'ensuit, à l'effet de la représenter par ses députés à la députation du bailliage de Vic pour par eux la représenter à la convocation des États généraux.

Art. 1. — Paye la communauté pour subvention la somme de trois cent cinq livres onze sous trois deniers, ci . . . . 305# 11 s. 3 d.

Art. 2. — Pour impositions accessoires la somme de six cent quinze livres quatorze sous, neuf deniers ci 615 14 9

Art. 3. — Pour droit de quittance, la somme de deux livres deux sous huit deniers, ci. 2 2 8

Art. 4. — Pour les droits des collecteurs, la somme d'onze livres dix sous six deniers, ci 11 10 6

        Total du rôle. . . . 934# 19 s. 2 d.

Art. 5. — Pour capitation et impositions accessoires, la somme de quatre cent quatre-

vingt-dix-sept livres onze sous six deniers,
ci. . . . . 497ʰ 11 s. 6 d.
— Art. 6. — Pour les droits des collecteurs,
la somme de huit livres cinq sous trois deniers, ci. 8 5 3

Total du rôle. . . . . . 505ʰ 16 s. 9 d.

Art. 7. — Paye pour vingtième la somme
de cent vingt-six livres dix sous, ci. . . . 126ʰ 10 s.
Art. 8. — Pour droits seigneuriaux six
paires de quartes mesure de Saint-Avold,
estimées à quatre-vingt-quatre livres cours
de France, ci. . . . . 84 »
Art. 9. — Paye au seigneur pour droit
de corvée la somme de six livres même
cours, ci. . . . . 6 »
Art. 10. — Paye au seigneur par ménage trois poules, les veuves une et demie,
estimées à la somme de cent cinquante livres, ci. . . . . 150ʰ »

Art. 11. — Le seigneur s'est arrogé un droit depuis neuf ans sur différentes maisons et pièces de terre sur un ancien droit renouvelé, qui fait la somme de cent livres environ.

Art. 12. — Le seigneur jouit dans les biens communaux par ancienneté de trente jours de terres par saison, faisant quatre-vingt-dix jours... de vingt-sept fauchées de prés.

Art. 13. — Depuis 1738, le seigneur jouit en outre de quinze jours de terres par saison, faisant quarante-cinq jours, de sept fauchées de prés par accommodement passé entre ledit seigneur et la communauté pour éviter les frais d'arpentage du ban à porter par ladite communauté.

Art. 14. — Jouit le même seigneur de cinq jours et demi de terres en total sur un défrichement fait en 1769 et de deux fauchées de prés sur le même défrichement; il s'arroge le droit de faucher le regain dans le même défrichement contre le droit de la communauté.

Art. 15. — Depuis 1738 où l'accommodement s'est passé entre le seigneur M. le comte de Créhange et la communauté, M. le comte est revenu en 1780 du même accommodement et a intenté procès à ladite communauté qui dépend du parlement de Metz jusqu'à ce jour. Ses prétentions tendent à percevoir davantage que porte ledit accommodement par droit d'armanner malgré la paisible possession pendant quarante ans passés. La communauté a fait défaut au bailliage de Vic et au parlement de Metz, faute d'autorisation par M. l'intendant. Ce procès s'il vient être jugé au profit de M. le comte, la communauté va être ruinée.

Art. 16. — Par expertise M. le comte a le droit d'avoir un troupeau à part au nombre de cent cinquante moutons. Mais ce troupeau consiste pour la plupart au nombre de six à sept cents moutons, consomme ainsi toute la pâture et ruine tous les prés. La communauté demande grâce pour une diminution dans les impositions, la plupart étant réduits à la dernière maison pour raison que le village a été consommé par le feu en 1781, à la réserve de quelques baraques.

La communauté a l'honneur d'observer qu'elle paye vingtième sur environ quinze places consommées par le feu, qui ne sont pas encore remplacées par des nouveaux bâtiments.

Les étrangers emportent le produit de 230 terres en total de 173 fauchées de prés. Reste environ en propre à la communauté 40 jours de terre par saison, 20 fauchées de prés en ferme relaissés aux particuliers de la communauté, 244 jours de terre par saison, 138 fauchées de prés en ferme relaissées aux étrangers sortant de la communauté, 150 jours de terre par total 36 fauchées de prés.

Et ont signé les membres de la municipalité avec les maire et syndic, greffier, en même temps le double déposé au greffe de la municipalité.

Claude Chrisman, *syndic et greffier ;* Petter Busch ; Johannes Christman.

FRIBOURG

LXI^a

Procès-verbal.
15 mars 1789.
« Sont comparus chez le sieur Joseph Thouvenin, syndic de l'assemblée municipale et communauté de Fribourg (1). »
Communauté composée de 90 feux.
Députés : Joseph Thouvenin, } laboureurs.
Nicolas Thouvenin,
Signatures : Jos. Thouvenin, *syndic; Z..., greffier.*
(Le procès-verbal ne porte que ces deux signatures.)

LXI^b

Cahier de remontrances, de plaintes et doléances faites par la communauté de Fribourg pour être présenté à l'assemblée qui se tiendra à Vic, le 23 de ce mois

Au milieu des calamités qui nous affligent, au milieu des entraves que l'on met à notre triste existence, qu'il est consolant pour nous de pouvoir tracer librement le tableau de nos afflictions et de nos malheurs! qu'il est consolant de pouvoir faire entendre nos gémissements et nos plaintes, et de les porter jusqu'au trône d'un roi bienfaisant qui veut bien les écouter!
Nous étions accablés sous le poids de nos peines : la vie était pour nous un fardeau insupportable ; mais les moyens dont il paraît que notre auguste monarque s'occupe pour changer la face de notre fortune, et pour rendre notre exis-

---

1. FRIBOURG ET LA CENSE D'ALBIN (cense sur le ban de Fribourg)
Impositions ordinaires pour les *six* premiers *mois* de l'année *1790* :

	Fribourg			Albin		
Imposition principale...	402 ₶	» s.	» d.	51 ₶	» s.	» d.
Impositions accessoires...	800	13	2	101	11	6
Capitation	915	11	11	116	3	»
TOTAL.......	2 118 ₶	5 s.	1 d.	268 ₶	14 s.	6 d.

Deux vingtièmes et quatre sous pour livre du premier pour *1790* (un seul rôle) :
Biens-fonds.. { 1er cahier ... 1 184 ₶ 1 s. 9 d.
{ 2e cahier ... 1 175 17 9
TOTAL. . . . . 2 959 ₶ 19 s. 6 d.
(Arch. Meurthe-et-Moselle, L. 308.)

tence plus aisée, conséquemment plus supportable, viennent soutenir notre courage, et ranimer notre espérance. Nous l'avions perdue, mais elle commence à renaître. Oui; elle renaît dans nos cœurs, parce que nous aimons à croire que notre monarque ne veut être éclairé des lumières de la Nation, que pour être instruit de la misère de ses peuples, et pour concerter avec elle des moyens les plus propres à les rendre contents et heureux. Ce sont (nous en sommes persuadés) les vœux de son cœur, puisqu'il veut bien nous permettre d'exposer les obstacles qui s'opposent à notre félicité ; et de présenter les moyens qui pourraient nous la procurer.

Entre ces obstacles sont la cherté du sel, des bois, la multiplicité des impôts, des tailles, des subsides : ajouter à cela les charges de communauté.

Le sel. — Dans le principe des choses il paraît bien naturel que les habitants d'une province jouissent au moins des biens et des avantages dont l'auteur de toutes choses l'a enrichie : c'est cependant ce qui n'arrive pas à notre égard ; des sources d'eau salée coulent dans nos contrées ; mais hélas ! bien loin de jouir des avantages qu'elles semblent nous offrir, on ne nous laisse que le pouvoir de spéculer sur les biens qu'elles nous procureraient sans nous laisser la liberté d'en user : bien loin d'être pour nous une source de prospérité, elles sont à notre égard une source de malheurs et de disgrâces.

Et en effet, n'est-il pas criant de nous faire payer le sel à un prix exorbitant ? tandis qu'on le passe aux étrangers à un prix très modéré, quoique les étrangers sont plus favorisés que les propres sujets : et nous verrons ainsi couler nos richesses dans le sein d'une terre étrangère ? Que résulte-t-il de là ? Des maux sans fin. On met les uns dans l'impuissance de faire des nourris, et de se procurer un faible bien-être par cette petite branche de commerce ; on force les autres qui ne peuvent assez amasser pour payer le sel au prix coûtant, on les force déjà à courir les dangers de la contrebande ; et n'est-il pas inhumain de flétrir par une sentence diffamante un pauvre père de famille qui a le malheur d'être pris avec une misérable livre de sel. N'y a-t-il pas de la barbarie de le punir par la perte de sa liberté, et de priver ainsi une famille entière de son soutien et de son appui ; il n'est pas besoin de peindre l'horrible misère où se trouvent alors réduits et son épouse et ses enfants. On le conçoit assez. Les enfants perdent nécessairement leur état et deviennent à charge au public.

La cherté du sel n'est pas le seul fléau dont nous sommes affligés, mais le voisinage des salines nous occasionne encore d'autres maux. Elles dévorent et consument toutes nos forêts. Une si grande consommation entraîne nécessairement après elle la cherté des bois : ainsi, bien loin que la proximité des salines nous procure le moindre avantage, elle nous met au contraire dans la nécessité de nous passer de bois ou de l'acheter bien chèrement, ce qui nous gêne extrêmement pour l'achat des instruments nécessaires à la culture de nos terres ; malgré ce désavantage, on ne nous donne aucune indemnité : il était bien naturel de nous laisser le sel à un prix plus modéré, pour nous dédommager de la disette des bois que les salines occasionnent dans nos cantons. Nous osons espérer qu'on nous fera justice sur un objet si considérable duquel dépend une partie de notre existence.

Les impôts sur le fer, si essentiel pour les travaux champêtres, viennent encore se joindre au prix excessif des bois, et augmenter conséquemment la difficulté de se procurer tout l'attirail du labourage.

En un mot, les impôts sont en raison inverse de nos facultés : les tailles ont pris depuis plusieurs années un prodigieux accroissement, et nos moyens au contraire ont souffert une furieuse diminution. Il n'existe dans cette communauté que quatre citoyens aisés. Tout le reste est composé de pauvres fermiers et de misérables manœuvres qui ont bien de la peine d'élever et d'entretenir leur famille. Faut-il encore les écraser par le poids des charges publiques ? Ils sont non seulement fatigués par la levée des deniers du Roi qui se renouvelle et s'augmente chaque année (nous en avons aujourd'hui la triste expérience, ayant été augmentés cette année de soixante francs, ce qui occasionne des clameurs et des plaintes sans fin, et surtout des mécontentements et des murmures contre ceux qui sont chargés de faire la répartition) : mais ils ont encore d'autres charges à soutenir, comme les ponts et chaussées ; et n'est-il pas raisonnable que ceux qui profitent le plus des chemins publics contribuent en raison des avantages qu'ils en retirent ? Nous osons espérer qu'on prendra d'autres mesures sur cet objet.

Les frais de communauté vont encore ici au delà de nos moyens. L'église de cette paroisse n'ayant aucune fabrique, aucun bien-fonds, nous sommes obligés de pourvoir à son entretien et à sa décoration, ce qui nous entraîne quelquefois dans des dépenses excessives. Voilà ce qui nous appauvrit.

Une autre perte vient s'unir à ces calamités : ce sont les usures et les exactions des Juifs.

La grêle ou quelqu'autre fléau vient-elle ravager nos campagnes et dévorer en un instant le fruit de nos travaux? faisons-nous une perte dans notre bétail? nous nous trouvons alors plongés dans le plus grand embarras. Il faut nécessairement nous tirer pour un moment de cet abîme pour nous reconnaître; dans cette perplexité, à qui avons-nous ordinairement recours? Nous ne pouvons pas nous aider mutuellement puisque nous sommes tous enveloppés dans la même disgrâce. A qui donc pouvons-nous avoir recours, si ce n'est aux Juifs qui nous font acheter bien chèrement le léger service qu'ils nous rendent? Une mauvaise année succède-t-elle à celle-ci, nous sommes perdus sans ressources, ne pouvant satisfaire nos maîtres; nous sommes encore bien moins en état de payer les dettes que le malheur des temps nous a forcés de contracter. Les rentes s'accumulent : on nous fait payer la rente de la rente, et, au bout de quelques années, le capital se trouve, par les usures criantes, doublé et même triplé. On nous presse, on nous poursuit avec acharnement, on nous dépouille de nos biens et de nos meubles, et on nous met dans l'impuissance de continuer l'agriculture, métier pénible, métier ingrat, pour lequel on n'a pas assez de considération.

Pour détourner les malheurs qui résultent des prêts usuraires, il nous semble qu'on devrait défendre aux Juifs de prêter personnellement, et les contraindre, en ce cas, de remettre leur argent entre les mains d'un notaire qui le passerait à cinq pour cent ; et, afin d'ôter la défiance du prêteur qui pourrait croire qu'on se sert de son argent sans lui en tenir compte, le notaire ne pourrait prêter l'argent qui lui a été confié qu'avec le consentement du prêteur, qu'il serait obligé de donner par écrit : de cette manière, il n'y aurait pas de fraude à craindre du côté du notaire, et le prêteur seul courrait les risques de l'insolvabilité, puisque, par le consentement qu'il donne, il se soumet volontairement aux pertes que pourraient occasionner les délais ou la mauvaise foi d'un débiteur insolvable.

Telles sont nos observations. Puissent-elles avoir le succès que nous en attendons?

Fait, clos et rédigé par nous, habitants de Fribourg soussignés, avec Joseph Thouvenin, notre syndic, qui a coté par première et dernière page *ne varietur*, ainsi qu'il nous est ordonné, le présent cahier contenant six feuillets, le 21 mars 1789.

Étienne Henry; N. Thouvenin; J. B. Arnette; N. M. Étienne; Jean Pierson; Jos. Thouvenin, *syndic*.

GIVRICOURT

LXII[A]

Procès-verbal.
(Sur modèle imprimé.)
21 mars 1789,
31 feux.
Député : Georges Henne, notable, bourgeois choisi à la pluralité des voix de la communauté de Givricourt ([1]).
Signatures : Niclaus Blanschar; Simon Hacard, *maire*; Theodor Philipp; Georg Henne; Jean-Pierre Zigerre; Peter Schneider.

LXII[B]

Cahier de doléances de la communauté de Givricourt, extraordinairement assemblée en conséquence des lettres du Roi pour la convocation des États généraux, en date du 7 février 1789, et de l'article du règlement fait pour l'exécution des lettres de convocation, par lequel il est dit que toutes les communautés seront tenues de s'assembler

---

1. *Impositions ordinaires* pour les *six* premiers *mois* de l'année *1790* :
Imposition principale. . . . . 103 ₶ » s. » d.
Impositions accessoires. 205   1   11
Capitation 234 11   9
     Total . . . . 542 ₶ 13 s. 8 d.
Deux vingtièmes et quatre sous pour livre du premier pour *1790* :
Biens-fonds. . { 1ᵉʳ cahier . . . 398 ₶ 14 s. 6 d.
      { 2ᵉ cahier . . . 105 16   3
    Total . . . . 504 ₶ 10 s. 9 d.
(Arch. Meurthe-et-Moselle, L. 308.)

à l'effet de rédiger le cahier de leurs plaintes et doléances, et de nommer des députés pour porter ledit cahier aux lieu et jour qui leur auront été indiqués par l'acte de notification et sommation qu'ils auront reçu : en conséquence, avons arrêté les plaintes, doléances et représentations suivantes et ainsi qui suivent :

Sa Majesté déclare par sa lettre de convocation qu'elle assemble son peuple pour l'aider à surmonter toutes les difficultés où elle se trouve relativement à l'état des finances du royaume, et pour établir un ordre constant et invariable dans toutes les parties du gouvernement.

L'objet le plus pressant et le plus intéressant sans doute du côté de l'administration est de trouver des moyens pour combler la... du déficit des finances, que la dilapidation des derniers ministres de cette partie a occasionnée.

Le peuple n'est déjà que trop surchargé d'impôts : il est écrasé sous leur masse, il ne vit plus, il végète, il languit dans la misère ; la population, cette génération des royaumes, diminue parce que les jeunes gens n'osent plus se marier dans la crainte des charges qui les attendent dès qu'ils auront un état dans la société. Le labourage, la plus sûre source des richesses d'un État, dépérit d'année en année. Il s'en trouve près d'un tiers moins de laboureurs dans nos environs depuis vingt ans ; il n'est donc pas question de chercher comment on imposera plus les gens de la campagne; le premier soin des États généraux doit être au contraire de les soulager ; et si la dette de l'État demande des secours extraordinaires, il faut les chercher ailleurs que dans le sang des malheureux villageois. Si l'on détruit le peuple, il n'y aura plus d'État ; il reste encore des ressources considérables dans les abus à réformer : qu'on supprime toutes ces recettes intermédiaires qui s'engraissent des pains de beurre qui leur passent par les mains. Que de pensions à retrancher! Il faut établir une juste distribution des impôts actuels, et peut-être les supprimer tous pour en établir un seul qui les remplace, et qui, par une perception faite affecte tous les contribuables à proportion de leurs revenus ; et, si l'on désire sincèrement rendre au peuple français cette aisance et vigueur dont il jouissait sous ces vues, c'est de remédier aux maux suivants.

Art. 1. — L'affectation des bois aux salines de Dieuze, etc., a eu pour motif d'en augmenter les poêles, non pour la consommation intérieure, qui est restée la même, mais en vue de faire des traités avec les princes étrangers auxquels on livre le sel de l'autre côté du Rhin à un sol la livre, tandis qu'il est à un prix exorbitant pour les propres sujets; depuis quinze ans, on a augmenté les poêles de la saline de Dieuze de douze à trente-six; et c'est ainsi que les Fermiers-généraux, par des vues fiscales, ont si fortement affermé toute la partie des bois qui nous environnent au détriment de Sa Majesté, qui, en renonçant à la cuite étrangère, il ferait plus de profit du bois en le vendant, et le peuple serait soulagé; il est donc bien à propos.

Art. 2. — Il est de l'intérêt de Sa Majesté de renoncer à la vente étrangère des sels, et de vendre quinze mille cordes de bois qui y sont employées;

Art. 3. — De réduire les poêles de ladite saline au nombre nécessaire pour la consommation intérieure du royaume;

Art. 4. — D'établir pour les salines un régime d'administration moins dispendieux;

Art. 5. — De supprimer même le tribunal de la Réformation établi à Moyenvic, dont les fonctions peuvent être remplies par les Maîtrises respectives : cette Réformation coûte considérablement au Roi, et encore plus au pauvre peuple par les frais de l'éloignement du greffe, des huissiers, et les amendes exorbitantes qui ruinent totalement le peuple.

Art. 6. — L'on convient universellement que la richesse la plus sûre de l'État sort de la terre qu'il faut favoriser, encourager, et aider le laboureur et le labourage; mais pour bien labourer, il faut des bestiaux, et pour les multiplier, aider à leurs forces et à leur santé, pour rendre le fourrage même salutaire, il faut du sel, et ce sel est d'une cherté si considérable que l'homme de la campagne n'en use même qu'en tremblant pour ses propres aliments; il est donc absolument nécessaire qu'on en diminue le prix; et, comme il forme un des plus gros revenus du royaume, personne ne murmurera, et tous béniront un roi bon, quand il le remplacera par une autre imposition.

Art. 7. — Le vœu unanime des Trois-Évêchés est la suppression de la foraine et de cette multitude de bureaux établis dans presque tous les villages ; ils sont de véritables entraves pour le commerce intérieur ; le peuple gémit de ne pouvoir, dans bien des cantons, faire une ou deux lieues de route, et nous un quart de lieue sans être forcés d'entrer dans trois ou quatre bureaux ; s'il y entre, un buraliste lui fait payer ce qu'il veut sans lui montrer de tarif, que la plupart du temps il ne sait pas lire ; et, si le voyageur passe outre, le voilà arrêté en contravention, obligé de transiger à la mauvaise discrétion de ce buraliste qui en tire tant qu'il peut ; et, quelle assurance le Roi peut-il avoir que cet argent lui revient ? cette foraine est un nouvel impôt, une source de vexations pour le peuple : il faut la supprimer dans l'intérieur du royaume.

Art. 8. — Il faut porter les barrières aux extrémités du royaume, rendre le commerce libre dans tout l'intérieur et d'une province à l'autre, étant tous les enfants d'une même famille : par ce moyen, on pourra supprimer tous les employés dans l'intérieur du royaume ! Ah ! si le peuple avait la consolation de se voir une fois délivré de ces agents inquiétants de la Ferme, on entendrait nos campagnes retentir de ce cri de joie : nous n'avons plus de gardes ni d'employés, nous avons le sel à bon marché. Vive notre bon Roi ! Il n'y aurait pour lors plus de malheureux pères de famille envoyés aux galères ; combien de familles ruinées par la contrebande ! Combien de choses il y aurait à dire sur cet objet !

Art. 9. — Les assemblées des Trois-Évêchés ont déjà demandé la suppression des huissiers-priseurs : leurs droits énormes, exclusifs, sont un nouveau fardeau pour le peuple, et il n'y a qu'un cri universel qui en demande la suppression.

Art. 10. — La réformation des contrôles serait également nécessaire. M. Necker l'a judicieusement observé par son mémorable Compte-rendu au Roi, en 1781, chap. *Droits de contrôle,* que ce code, ainsi que celui des actes, s'était tellement accru et multiplié que les contribuables ne peuvent plus savoir ce qu'ils doivent payer, et les employés des bureaux ne le savent eux-mêmes que d'après de longues études ; ce droit, ajoute-t-il, ne doit point respirer un air fiscal ; il n'est établi que pour donner un caractère de certitude aux actes : en demandant une réformation dans cette partie si coûteuse et si considérable aujourd'hui, on ose dire arbitraire même, ce n'est point s'éloigner des vues de l'administration actuelle des finances. Combien de contrôleurs peu instruits ou très intéressés font payer à des notaires de petites villes ou de campagne encore moins instruits qu'eux, des droits qui ne seraient pas dûs. Le nombre d'injustices reste enseveli dans les bureaux, où des contrôleurs ambulants sont les seuls qui en ont connaissance.

Art. 11. — Il serait infiniment avantageux qu'il plût à Sa Majesté de dispenser de la rigueur des clôtures, tant pour les prés que pour les autres biens de campagne, en permettant à chaque particulier de jouir comme il voudra de sa possession jusqu'après le second poil; permettre en conséquence la culture du trèfle, cette riche ressource du laboureur pour nourrir et engraisser son bétail, en prononçant des peines les plus sévères contre tous ceux qui oseraient endommager ces propriétés.

Art. 12. — Enfin la communauté de Givricourt doit payer suivant leurs titres et en conséquence : quarante paires de quartes de grains mesure de Saint-Avold, quarante-cinq livres cours de France en argent, un chapon, une poule et une orange, qu'ils doivent payer par chaque habitant à Monseigneur l'évêque de Metz pour raison des grasses et vaines pâtures qu'ils ont droit de jouir et ainsi qu'ils en ont joui jusqu'à l'époque du traité que mondit seigneur a fait de ses bois en faveur de la saline de Dieuze. Depuis ce moment, la Réformation leur a absolument bouché tout passage et chemin ordinaire pour y entrer; or, comme c'est le seul et unique bien qu'ils ont pour nourrir et élever le bétail dans les bois, surtout nommés Kirvaldt et Millevaldt, qui se trouvent voisins, et sans lesquels ils ne pourraient continuer leurs cultures, il serait donc on ne peut pas plus désavantageux, quand même ils quitteraient l'agriculture, d'être obligés encore d'en payer le cens et ci-dessus; Sa Majesté est très respectueusement suppliée de leur faire rendre les grasses et vaines pâtures qu'ils ont droit de jouir dans les bois de Kirvaldt et Millevaldt, appartenant ci-devant à Monseigneur l'évêque de Metz.

Fait et achevé à Givricourt, le vingt-un mars dix-sept cent quatre-vingt-neuf, et avons signé.

Niclaus Blanschar; Simon Hacard, *maire;* Georg Henne; Theodor Philipp; Jean-Pierre Zigerre; Peter Schneider.

GONDREXANGE

LXIII^A

Procès-verbal.

« 15 mars 1789; sont comparus en la maison d'école, lieu de l'auditoire de ce lieu(1), par-devant nous, Joseph Dagrenat, syndic de la municipalité. »

Communauté composée de 180 feux.

Députés : Joseph Dagrenat, *syndic*,
Nicolas Gadel le Jeune, *admodiateur*.

Signature (une seule): Jean-François Chouleur, *greffier*.

LXIII^B

Cahier des plaintes, doléances et remontrances que les habitants et communauté de Gondrexange ont arrêté unanimement pour être présenté par leurs députés à l'assemblée générale des trois Ordres, à l'effet de les faire agréer comme tendant au bien général, commun et particulier comme s'ensuit, savoir :

ART. 1. — Il est constant que les fonds, fiefs et domaines ecclésiastiques forment une grande partie des biens et revenus du royaume : pourquoi ces biens ne seraient-ils pas cotisables aux besoins de l'État comme ceux du roturier et de la même manière que ceux du roturier? Auraient-ils changé de nature en changeant de maître ? Chacun, noble et roturier, laïque et ecclésiastique, doit se faire un devoir de soutenir la gloire de la Couronne et subvenir aux frais et dépenses du royaume, sans emprunter le nom odieux de don gratuit.

ART. 2. — Que les biens ecclésiastiques du haut et bas

---

1. *Impositions ordinaires et prestation des chemins* pour les *six* premiers *mois* de l'année *1790* :

Imposition principale.	435 ♯	» s.	» d.
Accessoires de l'imposition principale.	866	8	3
Capitation et ses accessoires.	990	15	6
Taxations des collecteurs.	32	15	9
Droit de quittance au receveur des finances.	2	1	4
Prestation des chemins.	332	8	6
TOTAL GÉNÉRAL.	2 659 ♯	9 s.	4 d.

(Arch. Meurthe-et-Moselle, L. 678.)

Deux vingtièmes et quatre sous pour livre du premier pour *1790* :
1er cahier . . . . . . 1 897 ♯ 1 s. » d.

(*Ibid.*, L. 208.)

Clergé soient confondus et cotisés avec ceux des particuliers et des communautés ; et, pour en faire une juste répartition, que les différents ecclésiastiques soient tenus d'en donner une juste et exacte déclaration de leurs fonds, revenus, droits seigneuriaux et autres.

Art. 3. — Les remontrants ont l'honneur d'observer à Sa Majesté qu'elle trouverait une grande ressource en supprimant plusieurs maisons religieuses inutiles à l'État, en pensionnant celles qu'elle souhaiterait laisser subsister, pour s'emparer de leurs revenus qui sont très considérables : ce serait en quelque façon les réduire à leur premier institut, et conformément aux vœux de pauvreté qu'ils ont faits : à charge par ces religieux d'enseigner la jeunesse gratis, et à seconder les curés dans leurs fonctions paroissiales.

Art. 4. — Sa Majesté ferait bien de pensionner généralement et indistinctement tous les curés et bénéficiers à charge d'âmes, de se nantir des dîmes, et leur accorder une pension convenable, afin qu'ils puissent remplir plus librement leurs fonctions, soulager les indigènes de leurs paroisses : ce qui couperait ainsi chemin à bien des dissensions et divisions qui naissent souvent des procès que la perception de la dîme occasionne entre les curés et les paroissiens.

De l'administration de la justice

La justice est un droit souverain, et le Souverain doit la rendre à ses sujets sans les laisser opprimer en frais, dépens et saisies qui résultent de la prolongation des procédures, des remises d'une audience à une autre, de la multiplication des incidents qu'on y insère, et qui embrouillent une affaire plutôt que de l'éclaircir, des appels d'un tribunal inférieur à un supérieur, enfin de la taxe exorbitante des honoraires que les juges, les avocats et procureurs perçoivent.

Art. 1. — Pour obvier à ces maux et frais qui désolent souvent des familles et les ruinent, il faudrait qu'il y eût dans chaque province un code de lois conformément à leurs coutumes, sur lequel on statuerait et déciderait les affaires ;

Art. 2. — Que les justices subalternes et seigneuriales fussent anéanties, comme inutiles et même ruineuses, vu qu'on ne s'en tient presque jamais à leurs sentences ;

Art. 3. — Que, dans chaque province, outre le parlement

qui résiderait dans la capitale, il n'y eût qu'un présidial qui serait fixé dans une ville au centre de chaque province, et trois bailliages dans trois autres villes les plus à proximité des différents villages : le parlement jugerait des affaires depuis la somme de huit mille livres et au-dessus, comme aussi des cas criminels et des droits de Sa Majesté, et cela définitivement : le présidial déciderait aussi définitivement sans aucun appel ultérieur depuis la somme de quatre mille livres jusqu'à celle de huit, et le bailliage aussi sans appel depuis la première somme jusqu'à celle de quatre mille livres inclusivement ; et, afin que les affaires se jugent plus promptement, ordonner qu'elles seraient éclaircies sans admettre ni tours ni subtilité de chicanes, que dans deux audiences elles seraient terminées et jugées en dernier ressort.

Art. 4. — Quant à ce qui regarde les affaires de moindre importance, comme celles d'injures, d'anticipation de terrain, vols de jardin, et police à établir dans les lieux, accorder aux municipalités le pouvoir d'y pourvoir, de décider de ces objets gratis, et punir les délinquants.

Art. 5. — Les inventaires, tels qu'ils se font actuellement, sont très onéreux et coûteux aux pupilles, et souvent les frais de justice absorbent les biens que des parents ont laissé à ces jeunes membres de la Patrie ; surtout la révocation de ce qui concerne les sergents et huissiers-priseurs quant à leurs fonctions, et à cause des tyrannies et vexations qu'ils exercent. Pour éviter ces maux, il serait expédient que les maires et sindics de chaque village fussent chargés aussi d'établir tuteurs et curateurs ; la tutelle et curatelle expirées en recevoir les comptes.

Art. 6. — Lorsqu'il naît des affaires et des difficultés par des écrits ou signatures que l'on soutient incitées, sans avoir recours à des experts atramentaires, en remettre la décision aux notables de la paroisse, et aux curés qui peuvent mieux juger de l'écriture et signature des individus par celles des registres qu'ils détiennent.

Art. 7. — Le tribunal de l'intendance est nuisible au public par la difficulté d'avoir audience, par les présents qu'il faut faire aux secrétaires si l'on veut avoir accès à ce tribunal, par la manière d'y discuter les causes et les juger en l'absence des parties intéressées : les assemblées de districts pourraient connaître des objets relatifs et en juger ; et les appointements considérables que perçoivent les intendants retourneraient à Sa Majesté.

Droits seigneuriaux

Ces droits et privilèges consistent en haute et basse justice, de la suppression desquelles nous avons parlé ci-devant ; en perception de rentes seigneuriales et corvées ; eu privilèges d'avoir chasses, pêches, colombiers et autres choses semblables.

ART. 1. — Ces rentes seigneuriales tirent probablement leur origine ou de la libéralité des Souverains pour indemniser les seigneurs des frais qu'ils étaient obligés de faire au service militaire du prince souverain dont ils dépendaient, ou d'une cession volontaire faite à eux par des sujets pour se mettre sous la protection et défense desdits seigneurs, alors comme autant de petits souverains dans le temps des guerres qu'ils se faisaient les uns aux autres, et pour être défendus contre les parties militaires ; maintenant que les seigneurs sont déchargés de ces frais, et que le peuple n'a plus besoin de leur protection pour les mettre à couvert de l'ennemi et des incursions militaires, les rentes et fiefs doivent cesser aussi ; *cessante causa cessare debet et effectus.*

ART. 2. — Les corvées seigneuriales, dont le terme est odieux chez une nation libre, est un droit que les seigneurs se sont sans doute approprié probablement sous quelque rétribution de leur part à leurs vassaux ou en argent, ou droit de pâture et affouage, bois de bâtiments à prendre dans leurs forêts ou d'autres objets : qu'ils produisent leurs titres originaux, l'on pourra juger du vrai ; maintenant ils exigent ce droit exactement parce qu'ils s'en disent en possession ; mais la plupart refusent maintenant leurs obligations contractées, et les disputent à leurs sujets qui, faute de pièces authentiques, n'osent les attaquer, ou ont succombé à des procès intentés à ce sujet, parce que ces seigneurs conservent les originaux dans leurs greffes, et que les vassaux ne peuvent en avoir copie : ce droit donc doit être anéanti.

ART. 3. — Celui de la chasse n'est pas moins onéreux aux particuliers ; car, sans parler des seigneurs et des chasseurs qui, avec leurs chiens, et souvent avec meute de chiens, traversent les grains en épi, en cassent des tuyaux et les foulent aux pieds, quels dommages n'occasionnent pas aux laboureurs les bêtes fauves et les sangliers vers le temps de la récolte : si ces messieurs veulent avoir le droit et plaisir de chasser, qu'ils fassent clore leurs forêts ou qu'ils détruisent le gibier.

Art. 4. — Le privilège de colombiers accordé aux seigneurs est préjudiciable au public lorsque, contre la défense faite par arrêt ou édit, ils ouvrent leurs colombiers dans un temps de semailles et de récoltes (ce qui arrive cependant) : il est donc de l'avantage public de leur réitérer cette prohibition, sous peine d'être privés de ce privilège, ou punis d'amende pécuniaire.

Art. 5. — Les étangs situés sur le ban de Gondrexange, dépendant du comté de Réchicourt-le-Château, ne sont pas moins préjudiciables aux cultivateurs, lesquels sont assujettis à de grands inconvénients : le premier, ce sont lors des grands vents dont les eaux sont agitées de flots et d'ondes, ces étangs avoisinent plus de mille jours de terres arables, ces flots causent des dommages considérables en attirant toutes les terres des bouts qui aboutissent dans ces étangs ; dont on en reconnaît les dommages qui s'augmentent d'année en année ; le second, ce sont les reprises du bétail faites dans ces étangs, dans les temps défendus, où il est presque impossible de les éviter, d'autant qu'ils occupent et contiennent plus d'un tiers du ban ; ces reprises sont exorbitantes, tant pour amendes et encore plus pour les intérêts des fermiers ; le troisième est que ces étangs attirent quantité d'oies sauvages qui, pendant le printemps et automne, rongent les campagnes ensemencées, et de canards également sauvages, lesquels, lors de la maturité des avoines, se précipitent par bande dans les champs, et y causent beaucoup de dommages ; d'ailleurs ces étangs, à cause des brouillards qu'ils occasionnent, nuisent aux blés et autres grains qui les environnent ; de là il arrive que les herbes en grains n'ont jamais la poussée qu'elles devraient avoir, et que, lors de leur maturité, le blé contracte une qualité de brun, ce qui cause une grande diminution pour le cultivateur.

Objets à réformer, supprimer, ordonner et permettre

Art. 1. — Sans doute qu'on a eu grand soin de mettre sous les yeux de Sa Majesté l'utilité des avantages et revenus que l'on percevait des salines de Moyenvic et Château-Salins, parce que l'intérêt de ces personnes l'exigeait ; cependant, on assure que la saline de Dieuze suffit et suffirait pour la fourniture des sels nécessaires à la province et à l'étranger ; par ce fait, Sa Majesté aurait moins de bâtiments et d'officiers à entretenir ; Sa Majesté pourrait encore tirer un revenu aussi considérable de ses forêts que lesdites deux salines épuisent, en faisant faire après leur suppression des bois de bâtiments, de charpente, de charronnage, d'affouage, et des charbons.

Art. 2. — Il est certain que, dans quelques années, les peuples de cette contrée se verront dans l'impossibilité de se procurer du bois de chauffage parce qu'il s'y trouve quantité d'usines qui se touchent les unes et les autres, et qu'elles épuisent les forêts ; parce qu'en outre il est défendu d'user du bois de quatre pieds la bûche : cependant, dans les forêts du Roi et des seigneurs voisins qui sont affectées aux salines, dans les forêts des montagnes où le peuple pourrait trouver sa ressource une partie de ces usines supprimées, la bûche est de la même longueur, et il est défendu d'en user ; dont il y a eu quantité de reprises faites aux habitants de ce lieu à ce sujet, et quoique l'on ait attesté la vérité par écrit des coupes où ledit bois provenait, MM. de la Réformation n'ont pas laissé que de les amender très rigoureusement ; où donc recourir pour s'en procurer de six pieds ?

Art. 3. — Les Maîtrises sont à charge à Sa Majesté et aux sujets par les appointements que les officiers tirent, les émoluments qu'ils perçoivent des marques et des rapports : on pourrait suppléer à leur suppression par l'établissement de deux officiers et un greffier dans les villes à proximité des forêts, lesquels, sous des appointements fixes pour opérations et vacations, feraient facilement cette besogne : et les membres de la Chambre du district pourraient connaître et juger des rapports, et remettre les amendes au Roi.

Art. 4. — Il paraît convenable que les gardes des forêts de Sa Majesté perçoivent un salaire fixe ; ces gardes, actuellement sans aucun appointement sinon que de ce qui provient des rapports qu'ils font, ne peuvent ou faire leur devoir comme il convient, ou en les faisant se sustenter avec leurs familles ; il résulte souvent de là qu'ils font des rapports pour des minuties, des rapports injustes, ou qu'ils s'arrangent avec les parties délinquantes pour avoir de l'argent ; et voilà comme la nécessité les force à transgresser leur serment.

Art. 5. — Si Sa Majesté permettait la pâture dans ses forêts, lorsque les taillis sont à un tel point d'élévation que les bestiaux ne peuvent atteindre la cîme des arbrisseaux, les forêts recevraient plus d'air ; les arbrisseaux, moins touffus, croîtraient mieux et plus promptement ; on laisserait à prix d'argent un canton de pâture pour chaque village ; le Roi percevrait cette somme, et le cultivateur trouverait une ressource pour les bestiaux dans le temps de la culture : il épargnerait par ce moyen son foin et ses prairies qu'il est obligé de faire pâturer à ses bestiaux.

Art. 6. — Il serait aussi nécessaire de supprimer dans les prairies le pâturage des bêtes à laine sans distinction jusqu'au premier octobre, attendu que les prés du finage sont la plus forte partie d'un faible produit, et en petite quantité ; que les fourrages sont si nécessaires à l'agriculture, et que les moutons dégradent les prés en arrachant la racine de l'herbe.

Art. 7. — Ils ont l'honneur d'observer à Sa Majesté que depuis qu'il y a des adjudicataires pour les routes, elles sont totalement négligées, réduites à un état où elles n'ont pas encore été, qu'il en est même beaucoup sur lesquelles ces adjudicataires n'ont pas encore fait travailler malgré les payements, puisqu'ils ne sont pas desservis ; en conséquence, Sa Majesté est suppliée de laisser aux communautés le soin de faire elles-mêmes l'enchère des routes qu'elles avaient à entretenir avant l'édit, et, après cette enchère, d'en lever sur elles le prix, et par ce moyen les routes seront toujours praticables, et en bon état ; elles veilleront elles-mêmes à leur entretien, et en deviendront responsables puisqu'elles y auront intérêt.

Art. 8. — L'objet principal à supprimer, ce sont les Fermes générales, fardeau sous lequel le peuple gémit, et que les Fermiers supportent avec plaisir, parce qu'ils s'enrichissent aux dépens du Souverain et au détriment du peuple : les sujets de Sa Majesté, pour en être délivrés, offrent volontiers et se soumettent de payer par impositions une somme bien plus forte que celle des fermiers généraux des gabelles, marques de cuirs, de fers, et autres semblables ; avec prières faites à Sa Majesté d'accorder les passages libres et de révoquer les employés desdites fermes.

Art. 9. — Sa Majesté est encore suppliée d'accorder la diminution du sel, prix onéreux pour ces contrées, vu que le pot ou les deux livres coûtent quinze sous neuf deniers, et qu'environ, chez l'étranger, éloigné de nous de deux lieues, les deux livres ne coûtent que cinq à six sols, ce qui opprime les peuples, et nuit à la nourriture du bétail, engrais, et conséquemment à l'agriculture.

Art. 10. — Qu'il soit aussi permis de faire des plantations de tabac. Sa Majesté pourrait mettre une imposition sur ces plantations.

Art. 11. — Il serait avantageux pour les cultivateurs d'abolir l'édit concernant les clôtures, parce que ces clôtures dans cette province occasionnent beaucoup de rapports, que les prés, par le moyen des fossés qui les environnent, ne reçoivent plus les égouts des terres arables, et que les bestiaux n'ayant plus droit d'y parcourir, ces prés ne produisent plus comme avant les clôtures : au cas cependant qu'il ne plaise pas à Sa Majesté de révoquer ledit édit pour des raisons à elle connues et que nous respectons, elle est suppliée d'accorder permission aux propriétaires et fermiers, après la levée du haut poil, de faire celle du second à leur unique profit dans les prés qui ne sont pas clos.

Art. 12. — Pour obvier à la quantité des rapports qui se font sur les bans voisins et qui ruinent en partie les gens de village, il serait à souhaiter que le parcours d'un ban à l'autre fût permis après la levée des récoltes.

Art. 13. — Comme les procès viennent souvent du défaut de publication des arrêts du Conseil d'État et déclarations, les remontrants demandent qu'ils soient publiés non seulement dans les bailliages, mais d'en charger les communautés à la diligence de leurs syndics.

Art. 14. — S'il est juste que tout ce qui rapporte profit doit contribuer aux besoins de l'État, pourquoi les colombiers, les chasses utiles aux gens qui en ont droit, ne seraient-ils pas cotisables par une imposition particulière ?

Art. 15. — Sur les marchés il se commet quantité de monopoles par les trafiquants en grains, dont naît souvent la cherté des denrées ; pour arrêter ce mal, il conviendrait ou de les punir sévèrement, ou d'imposer une taille sur les trafiquants en ce genre.

Art. 16. — Une grande utilité pour chaque province serait

d'établir et de former des magasins à grains ; un au centre de la province, et trois autres à chaque angle, pour, dans un temps de disette, d'incendie ou d'autres malheurs, subvenir aux indigents.

ART. 17. — Il serait avantageux d'ordonner de planter des arbres fruitiers le long des chemins situés dans les différents bans : chaque village en ferait profit, et les propriétaires auraient la facilité de clore leurs terres ensemencées pour empêcher les bestiaux d'y pénétrer.

ART. 18. — Il conviendrait aussi de faire défense aux Juifs de passer aucun billet à leur profit que par-devant les maires, syndics, ou autres témoins notables en leur absence, pour couper chemin aux rentes sur rentes qu'ils exigent et qu'ils ont [soin] d'en faire une somme totale avec le capital ; — de donner quittance de la somme y portée lors de la liquidation en présence des mêmes témoins pour empêcher qu'ils ne produisent un billet imité, afin d'exiger pareille somme, comme cela est arrivé plusieurs fois.

ART. 19 et dernier. — Demandent finalement les habitants de Gondrexange que toutes espèces de grains tels que vascées, pois et lentilles, dont les premiers sont utiles au bétail en herbe, et les autres pour la nourriture des pauvres gens et pour les engrais, soient exempts de dîmes lorsque ces grains seront semés dans les somards, attendu que cette terre se trouve préparée pour y semer le blé dans la même année, ce qui forme double emploi.

Les présentes plaintes, doléances et remontrances ont été ainsi conclues et arrêtées au présent cahier contenant trente-cinq articles pour différents objets, par les habitants et communauté de Gondrexange assemblés à ce sujet, pour être remis à leurs députés, en conséquence, de se conformer au jour et heure indiqués par les lettres de Sa Majesté du 7e février dernier et de l'ordonnance de M. Vignon, président, lieutenant-général du bailliage de Vic, du 27e de février aussi dernier. Fait audit Gondrexange, le 18e du présent mois de mars mil sept cent quatre-vingt-neuf, à l'heure de midi, et ont lesdits habitants signé après que lecture en a été faite, en la maison d'école, lieu ordinaire de l'auditoire de ce lieu.

Dagrenat, *syndic;* Jean-François Collin ; J. François Chouleur ; Nicolas Fiacre ; J. L. Germain ; Nicolas Gadel.

GRÉMECEY

LXIV ᴬ

« Procès-verbal de l'assemblée de Grémecey (¹) et communauté. »
« 15 mars 1789, sont comparus en l'auditoire de ce lieu, par-devant nous, Pierre Fagant (syndic). »
Communauté composée de 60 feux.
Députés : Jacques Tondon,
  Henry Thouvenin.
Signatures : Pierre Fagant, *syndic;* Henry Thouvenin ; Jacques Tondon ; Joseph Girard ; Jean-François Populus.

LXIV ᴮ

GRÉMECEY

Généralité de Metz, district de Vic, subdélégation de Vic

Aujourd'hui quinzième mars 1789, en l'assemblée convoquée au son de la cloche, en la manière accoutumée, sont comparus la communauté dudit Grémecey, en l'auditoire ordinaire, Messieurs de l'assemblée et les habitants pour faire le *cahier de doléances et de plaintes et remontrances* que ladite communauté entend faire à Sa Majesté.

Art. 1. — Monsieur Duchamoy, capitaine au régiment de Navarre, seigneur de Grémecey pour les trois quarts, un seizième et un trente-deuxième, en outre après les trois quarts pris, le droit au tiers de dix trois dans la moitié de ce qui reste.

Il jouit de son château, verger, potager et colombier ; en outre, il perçoit de son droit de bergerie, troupeau à part,

---

1. *Impositions ordinaires* pour les *six* premiers *mois* de l'année *1790* :
Imposition principale. . . . . 120 ᵗᵗ » s. » d.
Impositions accessoires. . . . . 239 » 2
Capitation 376 6 8
  Total . . . . 735 ᵗᵗ 6 s. 10 d.
Deux vingtièmes et quatre sous pour livre du premier pour *1790* :
Biens-fonds. . { 1ᵉʳ cahier . . . 969 ᵗᵗ 17 s. 6 d.
        { 2ᵉ cahier . . . 915 15 6
  Total . . . . 1 885 ᵗᵗ 13 s.
  (Arch. Meurthe-et-Moselle, L. 308.)

laissés à bail au sieur Étienne, de Puttelange, la somme de vingt-quatre louis.

Item, il perçoit de Pierre Fagant la somme de vingt-deux louis, payable annuellement, pour percevoir sur tous les pauvres contribuables de cette pauvre communauté pour rentes et cens seigneuriaux.

Item, il jouit du moulin de Grémecey, à lui en propre : il en perçoit deux cents livres de Lorraine, et dix quartes de blé, mesure de Vic, annuellement.

Item, un corps de métairie qui consiste en vingt-six jours de terre par saison, les prés à proportion, laissés à ferme, soixante arpents de bois, quatre jours de vignes, trois petites maisons qu'il laisse à bail.

Art. 2. — Monsieur le curé jouit d'un beuvrot de 45 jours de terre par saison, les prés à proportion, laissés à bail, qui ne doivent point de dîme, quarante arpents de bois, cinq quarts de vigne, deux jours de chenevières, verger et potager.

Item, il perçoit le tiers dans la grande dîme et les novales lui seul, et la totalité du chanvre, lin, navette, laine, agneaux, porcs et vin, le tout lui seul, un colombier, six bichets de blé, une poule, un chapon, et autres cens affectés sur plusieurs héritages.

Art. 3. — Monsieur Jensein, curé de Donjeux, cultive par lui-même une métairie de 35 jours de terres, prés, héritage, une maison, trente arpents de bois, deux jours de vignes, et chenevière jardin trois jours.

Art. 4. — Monsieur Des Maret, de Nancy, seigneur en partie dudit Grémecey pour un huitième dans tous les droits seigneuriaux, une métairie de trente jours de terre par saison, seize fauchées de prés, cinq quarts de chenevière, deux jours et demi de verger et potager, un quart de vigne, le tout laissés à bail, maison de fermier et maison de campagne, cent trente jours de bois.

Art. 5. — Monsieur de Sansonetty, de Nancy, capitaine au régiment de Royal-Corse, chevalier de Saint-Louis, propriétaire d'une métairie de quatre-vingt-trois jours de terre par saison, trente fauchées de prés, cinq jours tant verger, potager et chenevière, un colombier, et maison de fermier.

Item, il laisse à bail deux maisons, héritages, dont il tire cent quarante-trois livres cours de Lorraine, en outre une constitution d'une autre maison dont il en tire trente-trois livres même cours, le tout annuellement.

Art. 6. — Monsieur de Buvié, conseiller à la Chambre des comptes de Nancy, y résidant, une métairie de 83 jours de terre par saison, trente fauchées de prés, neuf jours tant potager, verger et chenevière, un colombier, 72 arpents de bois, deux maisons laissées à bail dont il en tire annuellement 155 livres cours de Lorraine, et une belle maison de fermier, le tout à son propre.

Art. 7. — Monsieur Contat, seigneur pour un trente-deuxième dans les droits seigneuriaux, dix jours de terre pour les trois saisons, une fauchée et demie de prés, un demi-jour de vigne, huit arpents de bois.

Art. 8. — Madame de Mesroy, de Metz, une métairie de 33 jours de terre par saison, quinze fauchées de prés, maison de fermier, tant potager, verger et chenevière 2 jours, 42 arpents de bois.

Art. 9. — Monsieur Boulliau, avocat à Vic, une métairie de 35 jours de terre pour les trois saisons, trois fauchées de prés, un demi-jour de chenevière, le tout laissé à bail, et douze arpents de bois.

Art. 10. — François Cenez, propriétaire de cinquante et un jours de terre pour les trois saisons, huit fauchées de prés, 2 jours et demi tant verger, potager et chenevière, seize arpents de bois : il laisse une maison à bail, dont il en tire 24 livres de France annuellement.

Art. 11. — Le sieur Thuilin, de Nancy, une métairie de 66 jours de terre pour les trois saisons, huit fauchées de prés, six arpents de bois.

Art. 12. — Monsieur Gaspard Poinsignon, rentier, propriétaire de six jours de terre par saison, une fauchée de prés, six arpents de bois.

Art. 13. — Le sieur François Genêt l'aîné, de Nancy, propriétaire de dix jours de terre, pour les trois saisons, une demi-fauchée de pré qu'il fait cultiver pour lui-même.

Art. 14. — François Marcelot, de Sornéville, propriétaire de 7 jours de terre pour les trois saisons, une maison qu'il laisse à bail, et une chenevière : il tire annuellement 46 livres 10 sols cours de Lorraine.

Art. 15. — Il y a 150 jours de terre, dans les trois saisons, cultivées par plusieurs laboureurs, tant par ceux de Chambrey, de Pettoncourt, Attilloncourt, et Bioncourt ; ils ne sont compris en aucun rôle de ladite communauté.

Cejourd'hui, jour et an avant dits, *doléance de ladite communauté et charges.*

ART. I. — La communauté de Grémecey paye de deniers royaux pour la présente année la somme de 1 276 livres 5 sols 8 deniers, et 212 livres 8 sols 10 deniers, cotisés au marc la livre. Ladite communauté est composée de 60 feux, aussi misérables qu'il n'y en eut dans tout l'arrondissement, avec de bonnes preuves, sans avoir aucuns biens communaux, sans aucune exception ; que la plus forte partie desdits habitants sont mendiants, sans aucune propriété ; que chaque laboureur est attenu aux droits seigneuriaux, de payer annuellement au jour et terme de Saint-Martin quatre quartes de blé, quatre quartes d'avoine, deux poules cinq sols d'argent, de forte monnaie ; et au-dessus de huit bêtes tirantes, un sol messin ; en outre chaque laboureur doit trois attelées de charrue, à telle heure que le seigneur le désire, est attenu à faire la conduite d'un breuil situé sur le ban de Moncel, appartenant à Monseigneur l'évêque de Metz, pour conduire à deux lieues de distance ; cependant Monseigneur n'a aucun titre sur les terres dudit lieu, sans en tirer aucun tribut. Ces pauvres laboureurs souffrent beaucoup de perdre des chevaux et bestiaux, par l'accablement des coteaux, de la situation dudit ban, causé par les orages qui arrivent trop souvent, qui emmènent les terres, et déracinent les denrées, qui causent des récoltes bien médiocres ; le ban est si pénible qu'il y a la moitié des terres qu'il faut dix à douze chevaux pour les cultiver ; les prés sont situés comme les terres et de très petit rapport ; les engrais sont aussi difficiles à conduire que les terres sont à cultiver.

Les pauvres manœuvres et habitants sont chargés des charges qui suivent à la tour de l'église, la sacristie, linges nécessaires, le cimetière, le presbytère, et d'arracher les pierres et le sable nécessaire pour la nef, le tout par moitié avec les habitants de Pettoncourt. Les laboureurs sont obligés aux voitures, et la fontaine est à la [charge de] la communauté seule.

Ladite église est si pauvre qu'il n'y a pas un sol de fabrique : tous les linges qui y sont, c'est de pièces et de morceaux.

Charge envers Messieurs les seigneurs. — Chaque manœuvre doit annuellement deux bichets de blé, et deux d'avoine, mesure de Vic, deux poules, cinq sols d'argent, de forte monnaie. Le pauvre peuple est surchargé par le prix du bois et du sel ; il y a environ 10 à 12 ans que l'on payait le sel onze sols, à présent à quinze sols six deniers. Le bois était à six francs, à présent on le paye à quinze francs la corde de huit pieds de large sur 4 de hauteur, longueur 6 pieds de Lorraine ; cependant nous sommes toujours dans l'arrondissement des salines comme nous y étions il y a dix à douze ans. S'il y a un bois à vendre, la saline de Château-Salins s'en empare : c'est ce qui fait la cherté du l ois, et qui cause une misère aux pauvres peuples : tant de pauvres gens qui sont sans bois sans en trouver, ni pour or ni argent, surtout à voir passer un hiver aussi rigoureux que celui-ci ; s'il y a malheureusement une reprise faite par un garde dans les forêts, ils sont à une amende ; hors d'état de la payer, et y satisfaire, un emprisonnement contre le délinquant, cinq à six mois de prison, et la forte partie un an faute d'y satisfaire ; la plus forte partie de ces malheureux se trouvent détenus dans les prisons, dans des temps de moissons qu'il pourrait gagner avec sa femme pour sustenter à sa pauvre famille.

Fait par nous, et arrêté par nous, Messieurs de l'assemblée et de tous les habitants qui ont tous signé. Fait à Grémeccy les an [mois et jour] avant dits.

Jacques Tondon ; Joseph Girard ; Jean-François Populus ; Henry Thouvenin ; Pierre Fagant, *syndc*.

GROSTENQUIN

LXV[a]

Procès-verbal.
21 mars 1789,
« Sont comparus en l'auditoire de ce lieu, par-devant nous, Pierre Hoff, syndic. »
Village composé de 30 feux.
Députés : Pierre Hoff, laboureur,
Jean Streiff, manœuvre.

Signatures : Pierre Hoff, *syndic;* Jean-George Streiff, *maire;* Pierre Simermann ; Nicolas Guth ; Nicolas Marchal.

LXV*

Résolution et question à proposer pour le bien de l'État par les députés à l'assemblée générale du royaume

Finances

Accorder un impôt territorial en argent, lequel doit être supporté par tous les propriétaires, ecclésiastiques, nobles et roturiers indistinctement : en conséquence, réformer toute la Ferme, sous telle dénomination qu'elle puisse être ; charger les États provinciaux, qui doivent être accordés préliminairement à tout, de la répartition et recette. Que les États livreront les sommes accordées franches au trésor royal. En conséquence de cet impôt territorial, accorder liberté absolue au propriétaire de faire son champ et de le cultiver comme il le jugera à propos, le défendre par des lois pénales de tout ravage : en conséquence, défendre tout parcours, au moins jusque après la moisson ; excepté celui de moutons et cochons, et cela sur des terres en friches seulement où ils ne feront pas de dommages. Abolir aussi l'édit des clôtures, comme inutile et très dispendieux, même ruineux, à cause des fossés qui absorbent dans les prés une grande partie du terrain, ainsi que les engrais qui par les fossés sont arrêtés.

Abolition de la foraine, marque de cuirs et de fers, comme coûtant beaucoup et rapportant peu, sans compter les entraves : en conséquence, liberté absolue du commerce, ainsi que du sel et du tabac, etc.

Et si l'impôt territorial ne suffit pas aux besoins actuels de l'État, mettre un équivalent sur le luxe comme café, sucre, laquais, chasseurs, voitures, chevaux de voiture et de montures, chiens, etc., etc.

Réforme de la justice

Réforme totale de la justice ainsi que des entraves et frais énormes qu'elle absorbe, qui ruinent plus que tout autre chose les provinces. Établir des lois claires et invariables auxquelles

les juges soient obligés, sous peine, de se conformer : en conséquence, rendre toujours des arrêts motivés ; réformer absolument aussi toute justice seigneuriale, comme injurieuse aux sujets du Roi, qui ne doivent être jugés que par les juges de l'État ; injuste, comme jugeant presque toujours étant juge et partie, et principalement dans les rapports champêtres où les gens de seigneur font les rapports : le juge du seigneur les juge, et le seigneur tire les amendes toujours énormes ; par conséquent, tribunal pire pour les malheureux campagnards que la Chambre ardente de la Ferme. Que les délits champêtres, en général, soient punis en peines corporelles, comme prison, bastonnade, carcan, et nullement en peines pécuniaires, comme ruineuses, inutiles, laissant le crime impuni, faisant supporter les peines sûrement pas par le coupable, mais par le malheureux père de famille et maître, où le dommage n'est pas réparé, et le seul seigneur a intérêt que les délits se multiplient. Que la police champêtre et civile soit assurée aux assemblées municipales, où le seigneur, à volonté, suivant les anciens usages, puisse présider et juger avec parfaite connaissance de cause et sans frais, et faire punir les délits dans les vingt-quatre heures pour le plus grand exemple ; et on pourra leur assurer de même encore d'autres objets pour le plus grand bien du pays, comme payement des dettes non contestées, injures, etc., reconnaissance des terrains et anticipations, etc. Ils le feraient sans frais, et sûrement plus justement que les pays souvent éloignés qui ne peuvent se transporter qu'à grands frais, et, après tout, sont obligés de se rapporter au témoignage des gens du lieu.

Abus à réformer

Comme presque partout, et principalement dans ce canton, les habitants sont extraordinairement foulés par les rentes et corvées seigneuriales qui, souvent, dans l'origine, ne sont qu'un acte de complaisance vis-à-vis d'un bon seigneur, et les rentes souvent accordées à cause des concessions et obligations que le seigneur n'observe plus ; comme par exemple ont accordé de rentes pour des bois que la communauté avait, et que le seigneur leur a ôtés ; de même, plusieurs villages donnant des rentes pour droits de refuge, alors le seigneur était obligé d'entretenir le château-fort de Hingsange où, en temps de guerre, les habitants avaient droit de se réfugier. Les châteaux n'existent plus, et les rentes existent : sans parler de beaucoup d'autres droits devenus par le temps aussi injustes, et auxquels, jusqu'à présent, les pauvres communautés n'ont pas été en état de s'opposer, pour des raisons qu'on devine bien : qu'il était ruineux et inutile de plaider contre un seigneur riche et puissant.

On demande donc avec justice que vérification de tous les titres soit faite, principalement ce qui regarde quelque servitude ; et que ceux qui ne dénotent pas clairement pourquoi et par quelle raison ces corvées et rentes ont été accordées, soient annulés, car on ne prescrit pas contre une communauté. Tout sujet du Roi est Français, en conséquence libre ; et, dans un tel royaume, il ne doit être nullement serf, comme la plupart des seigneurs ont rendu la plupart des malheureux habitants des campagnes.

Un autre abus énorme, principalement dans le pays, regarde les chasses et multiplication immense de toute espèce de gibier : jusqu'à présent, on a porté des plaintes et doléances inutiles ; et, malgré que tous les villages font garder à grands frais leurs maisons, et tâchent par tous les moyens à eux permis de chasser la quantité de cerfs des blés et autres fruits, les ravages sont toujours énormes et désastreux par leur multitude. On demande donc que les seigneurs soient obligés d'avoir des parcs où il n'y eût ni prés ni champs enclavés, et qu'il soit permis de tuer dans son champ le gibier qui le ravage, car il est affreux que le plaisir d'un seul homme ravage le nécessaire de toute une province, et qu'un malheureux soit puni outre mesure parce qu'il a tâché d'attraper un lièvre qui lui a ravagé son jardin et détruit ses plantations. De même, fixer le nombre des paires de pigeons que le seigneur puisse avoir, afin qu'ils en fassent pas un objet de commerce, et dont la quantité fait un tort immense, principalement du temps des semailles et des récoltes, quand les grains sont à terre et qu'on ne les enferme pas.

Un abus énorme est encore la grande quantité d'usines à feu, et principalement les salines, ce qui cause une telle cherté dans les bois, que c'est avec grande peine que le malheureux agriculteur trouve du bois à faire un chariot ou une charrue ; et il est obligé de les faire venir de loin, et bientôt il serait hors de prix, sans compter le bois à brûler, chose de première nécessité. Il est donc très important de circonscrire ces sortes d'usines, d'en réformer la plus grande quantité et principalement les salines, et d'obliger celle qu'on laissera de faire du sel avec du charbon de pierre.

De plus, que les maîtrises des Eaux et Forêts soient abolies; car, quoiqu'établies pour l'amélioration et conservation des bois, elles ont au contraire singulièrement contribué par leur capacité à dévaster nos forêts, et sont extraordinairement onéreuses à cause des émoluments exorbitants que les communautés ayant bois sont obligées de leur donner : par conséquent, qu'on les supprime, et établisse des lois afin que les communautés elles-mêmes puissent conserver et améliorer leurs bois, ainsi que d'autres propriétaires qui, les premiers, sont intéressés.

Il existe encore un abus énorme qui est devenu infiniment désastreux cette année à cause de provisions en farines qu'on aurait pu faire, et qu'avec cet abus il n'a pas été possible de faire : c'est la banalité de moulins. Il n'y a point de seigneur qui ne prétende que les moulins qu'il a établis, qui la plupart du temps ne peuvent moudre qu'en temps de pluie, ne soient banaux. Ils font donc de toute manière vexer le pauvre campagnard, hors d'état de s'opposer à leur injustice : on demande donc que cette servitude soit abolie absolument, et qu'on rende à tout le monde la liberté naturelle qu'on n'aurait jamais dû gêner, principalement sur un sujet pareil.

Il est encore un abus, principalement établi dans les Trois-Évêchés, que les communautés sont obligées de bâtir et d'entretenir les églises paroissiales, tandis que des couvents et des moines tirent des sommes immenses des dîmes uniquement données pour cela et l'entretien du pasteur. Il serait donc très juste qu'on les oblige au moins à cette charge.

Il serait à souhaiter aussi que les abbayes, à proportion qu'elles vaquent, soient mises en économat, et les rentes employées au payement des dettes de l'État, plutôt que de gratifier des gens qui les ont nullement méritées, et qui, presque toujours, les dépensent sûrement pas en œuvres chrétiennes.

Jean-George Streiff, *maire;* Pierre Hoff, *syndic;* Nicolas Marchal ; Pierre Simermann ; Nicolas Guth.

GUÉBLANGE

LXVIᴬ

Procès-verbal.
17 mars 1789,
« Sont comparus par-devant nous, Jean Brucker, maire et syndic de la communauté de Guéblange. »
Communauté composée de 18 feux.
Députés : Jean Brucker, *maire et syndic*,
   Jean Reb.
Signatures : Hans Reb ; George Lambing ; Stephan Waltz ; Hans-Adam Amstontz ; J. Brucker, *syndic*.

LXVIᴮ

Cahier des doléances, plaintes et remontrances des habitants et communautés des villages de Guéblange, Audwiller, Ventzwiller, Schweix et Steinbach, composant le Val de Guéblange, ne formant qu'une paroisse, qu'une mairie, qu'une haute-justice, et dont les intérêts sont communs, pour être remis à leurs députés, au nombre de deux par chaque village, lesquels se rendront à l'assemblée du bailliage de l'Évêché de Metz à Vic, le vingt-trois mars présent mois, en exécution des lettres de Sa Majesté du sept février dernier, et de l'ordonnance de M. le président, lieutenant-général audit bailliage, du 27 dudit mois, et de l'assignation donnée en conséquence auxdites cinq communautés le 12 du courant

Art. 1. — Nous désirons qu'à l'avenir on ne puisse établir ni proroger aucun impôt que du consentement de la Nation.

Art. 2. — Nous demandons que notre province soit chargée de l'administration ci-devant confiée aux intendants. Comme tout doit tendre à l'unité en matière d'économie et d'autorité, il en résultera une épargne et une meilleure administration à notre province. Nous nous plaignons de celle de la justice, confiée aux intendants. Ils sont la plus grande partie de l'année dans la capitale du royaume ; et, dans cet intervalle, leur autorité se distribue par leurs commis et subdélégués ; toutes les plaintes qui se portent à son tribunal, si elles ne sont pas travaillées par le secrétaire de son subdélégué, elles restent sans réponse ; et s'il y a des plaignants assez adroits pour obtenir une décision, comme elle est renvoyée à la subdélégation pour passer de là à celui qui a porté la plainte, cette décision ne voit plus le jour. D'ailleurs, si nous n'avons qu'une seule administration provinciale, il n'y aura qu'une seule messagerie, ce qui ménagera des frais énormes à toutes les communautés : en outre, plainte pour le monopole des grains et les milices.

Art. 3. — Nous nous plaignons de la cherté et de la rareté du bois de chauffage ; cette denrée de première nécessité a été portée au prix excessif où elle est actuellement par les salines ; celle de Dieuze tournait sur sept poêles il y a environ trente ans : à présent, elle travaille sur trente-six poêles ; ce qui achève de soustraire le bois à l'usage des citoyens, et même de mettre la disette dans tout le canton à cet égard, c'est que les salines sont parvenues à se faire affecter les bois des gens de mainmorte qui, auparavant, étaient dans le commerce. Nous en éprouvons ici les plus grands maux ; il y a sur nos finages une forêt de la consistance de 2 400 arpents, laquelle appartenait au Domaine de l'Évêché de Metz, et qui, depuis quelques années, a été cédée au Roi, et affectée à la saline de Dieuze. Cette forêt pourvoyait à l'approvisionnement de sept villages de la châtellenie, et au delà. Aujourd'hui qu'elle est retirée du commerce des hommes, tout le canton n'a plus que des ressources éloignées et excessivement chères, et qui se perdent annuellement ; car notre meilleure ressource était dans le Nassau, pays étranger qui nous avoisine ; et cette porte vient de nous être fermée par la défense faite par les Princes de laisser exporter des bois de leur pays : ainsi, nous allons être dans le cas d'aller à six et sept lieues chercher notre chauffage et nos autres bois ; et encore en cela nous nous rapprochons d'autres usines à feu, comme les verreries royales de Saint-Louis, qui nous repousseront toujours par leur grand crédit. Nous méritons d'autant plus d'attention dans cette contrée que nous formons précisément frontière avec l'étranger, et on sait combien la frontière a de charges en temps de guerre, au passage des régiments des divisions d'une armée, et de tout le train qui l'accompagne. Chose inouïe dans l'affectation de la forêt du Val de Guéblange à la saline de Dieuze, c'est que cette forêt en est à la distance de sept lieues ; aussi la saline ne fait pas conduire chez elle le bois en nature : les frais de convoi lui seraient trop à charge. Que fait-on ? On le brûle dans la forêt, et on le convertit en charbon, et on mène le charbon à la saline. Il faudrait dix voitures pour mener dix cordes de bois en nature à la saline ; il n'en faut qu'une pour y mener dix cordes converties en charbon. Nous demandons la désaffectation des bois à la saline.

Le bois est dévasté dans notre canton, et particulièrement sur nos bans. La cause en est que les officiers des forêts ne laissent pas une réserve suffisante, notamment pour la vieille écorce, les anciens et les modernes. Le bois de nos finages est tombé dans la juridiction des officiers de la Réformation ; ce tribunal est formidable au peuple ; il est absolu, et ne relève d'aucun tribunal supérieur dans la province ; il est presque toujours en premier et dernier ressort, car il juge en dernier ressort la plupart des matières, et la décision des causes importantes n'est sujette à l'appel qu'au Conseil : aussi, nous éprouvons des vexations en tout genre de la part des gardes des forêts installés par ce tribunal, parce qu'ils ne croient pouvoir être déplacés que par une décision du Conseil. On nous vexe encore dans un autre genre : nous n'avons pas de bois chez nous pour le besoin de nos ménages, et nos ressources éloignées ne peuvent nous procurer que du bois de quatre pieds, parce qu'on n'y en fait pas d'autre : cependant on nous met en contravention, et on nous ruine dans ce tribunal quand les forestiers nous en trouvent quelques bûches. Il serait donc à désirer que l'administration des bois ne fût confiée qu'à des tribunaux sujets à correction, et nous avons un grand nombre d'autres plaintes que nous passons sous silence pour ne pas être diffus. Nous avons conservé nos droits d'usage dans la forêt située sur nos finages ; ils ont été réduits par un arrêt de la Réformation de 1746, par un arrêt du Conseil de 1756, à deux cordes de bois et trois cents de fagots par laboureur cultivant vingt jours de terre à la raie, et à une corde de bois et un cent de fagots par manœuvre, à une portion de grasse et vaine pâture qui nous présente un très faible avantage, à cause que la meilleure partie de cette forêt se convertit en jeunes taillis par la multiplicité des coupes que la saline y fait faire. Nous avons conservé aussi nos droits de marnage, qui ont été réduits aux seuls gros bois, et pour le seul cas de réparations à nos maisons, bien constatées et prouvées nécessaires par des visites judiciaires, dont les frais en ont presque toujours absorbé la valeur. Nous observons que dans peu d'années nous nous trouverons entièrement privés de nos droits d'affouage, marnage et pâturage dans ledit bois. Le règlement fixait à soixante et quinze arpents la coupe annuelle en usance, ce qui nous ramenait des coupes du même âge à la révolution. Mais, aujourd'hui, cet ordre est interverti au préjudice de nos droits, et la Réformation faisant exploiter annuellement au delà de 500 arpents, notre bois sera converti bientôt en jeunes taillis, et nous serons alors entièrement privés de pâture, d'affouage et de marnage, sans que, néanmoins, dans les grandes coupes actuelles on nous délivre plus d'affouage que le comporte le règlement; au contraire, en ce qui concerne les fagots, on nous traite arbitrairement, et on nous délivre les fagots selon que l'on juge que les cimes et houpilles de 75 arpents ont pu produire; et certainement la bonne estimation n'est pas pour nous, car il arrive ordinairement que le manœuvre n'en reçoit qu'environ quarante, et le laboureur le double.

Art. 5. — La foraine est une entrave la plus grande au commerce et à tous les citoyens; car il faut à chaque pas des acquits par les enclaves multipliées de notre province avec la Lorraine; il nous en faut pour toutes les denrées que nous tirons des villages voisins pour entretenir et faire sustenter nos maisons. La perception de cet impôt est faite d'ailleurs d'une manière si injuste, qu'elle n'est pas la même dans tous les bureaux; car, dans l'un les droits se perçoivent plus forts que dans l'autre pour les mêmes objets, et on ne trouve pas quatre buralistes dont la perception pour ces droits soit uniforme. Enfin, cet impôt est d'un très faible rapport à l'État, car la plus grande partie du fonds en est absorbée par les frais énormes de la régie.

Art. 6. — Nous sommes grevés par l'impôt sur les cuirs; c'est un impôt nouveau qui n'était pas connu ci-devant dans la province, et surtout à la campagne, et il n'y a guère que quinze à vingt ans qu'il y est introduit; cet impôt tient dans l'assujettissement les tanneurs qui ne peuvent vendre un cuir qu'il ne soit timbré, ce qui préjudicie à l'activité du commerce et au service du public; d'ailleurs, cet impôt amène une cherté dans les cuirs qui est une denrée de première nécessité : en effet, le cuir est augmenté au moins d'un tiers à cause dudit impôt; et ce qui étonne le plus qu'il ait pu subsister si longtemps, c'est que le Roi lui-même le paye pour toutes ses troupes. En effet, les cuirs pour les souliers de l'infanterie, pour les bottes de la cavalerie et des troupes légères, en un mot pour les bandoulières, selles, brides et harnachements, sont sujets à cet impôt; conséquemment, il est non seulement préjudiciable au public, mais encore à l'État. Enfin, le fond de cet impôt rapporte très peu à l'État, à cause des grands frais de régie.

Art. 7. — Nous sommes grevés aussi par la marque des fers, et les raisons que nous avons déduites sur l'article précédent peuvent s'appliquer à celui-ci. Il y a de plus, c'est que nous payons deux fois la marque des fers pour le même objet; nous le payons en Lorraine et chez nous, parce que nous ne pouvons avoir du fer qu'en passant par la Lorraine qui nous entoure.

Art. 8. — Le prix du sel est exorbitant. Nous le payons à huit sous de France la livre, encore faut-il payer le voyage d'un messager pour l'aller chercher à trois lieues de distance au magasin; conséquemment, c'est un grand objet de dépense, surtout dans la maison d'un laboureur. Ce prix excessif est cause que nous ne pouvons faire que très peu de nourri de bestiaux; il est cause encore de la plupart des maladies épidémiques qui règnent si souvent parmi le bétail. Si on parvenait à rendre le sel marchand, il en résulterait le plus grand avantage dans la campagne. D'ailleurs, le prix extraordinaire du sel cause des horreurs parmi la basse classe du peuple que l'indigence pousse à se hasarder d'en aller prendre à l'étranger qui nous avoisine, et où le prix n'est qu'à un sou et demi la livre; la plupart de ces pauvres gens sont pris ou attaqués par les employés; de là des batailles, des meurtres, ou au moins la ruine de la basse classe, et la multiplicité des veuves et des orphelins. On remarque aussi que c'est le meilleur sel que nos salines font conduire à l'étranger; que les routes dont nous payons les réparations et les entretiens sont annuellement dégradées par l'énorme roulage du sel de nos salines à l'étranger, et que la grande quantité que l'on en fabrique aujourd'hui, vis-à-vis des temps antérieurs, est une des fortes causes de la cherté et de la disette de nos bois de chauffage. On a également à se plaindre des employés des Fermes, qui culbutent journellement les maisons des citoyens par des visites domiciliaires, et qui causent mille maux à la campagne.

Art. 9. — Nous désirons aussi que le tabac soit rendu marchand ; car, si le tabac et le sel ne sont plus des marchandises prohibées, si la foraine, la marque des cuirs et celle des fers sont supprimées, on pourra congédier une armée de gardes qui rongent les finances de l'État, et qui font la guerre au pauvre peuple.

Art. 10. — Les Juifs, établis en grand nombre dans notre contrée, y occasionnent la ruine de bien des familles ; cette nation ne vit que de rapines et d'usures ; les individus qui la composent n'ont ni profession ni métier ; ils s'appliquent dès la jeunesse à connaître toutes les subtilités, les ruses et les tours qui peuvent les conduire à faire impunément des commerces illicites. Il importe donc au bien public qu'il soit pris des mesures efficaces pour empêcher l'usure et le mauvais commerce des Juifs et pour les obliger à embrasser des métiers et professions utiles qui les retiennent au travail, à peine d'être chassés des États.

Art. 11. — Il est à désirer que les prévarications des ministres et de tous les gens en place soient à l'avenir punies comme celles des gens du commun.

Art. 12. — Nous sommes éloignés de dix lieues du bailliage de l'Évêché de Metz à Vic ; cette distance serait énorme et ruineuse pour nous si le bailliage de l'Évêché était notre premier degré de juridiction. Mais, heureusement, il n'est que le second, et c'est pourquoi nous n'avons pas à nous en plaindre. Ainsi, nous portons ici la plainte la plus juste, non sur l'établissement de notre premier degré de juridiction, car il ne peut pas être mieux, puisqu'il est chez nous même, mais sur la manière dont la justice y est administrée. Nos doléances tombent principalement sur deux objets essentiels : c'est les longueurs et les retards désolants que nous essuyons pour obtenir la décision de nos affaires. C'est enfin les frais exorbitants et ruineux qu'il en coûte aux justiciables, soit pour la seule prononciation d'un jugement, soit pour le ministère du juge dans l'instruction des affaires qui gisent en preuves vocales, ou qui exigent des affirmations simples, ou sur faits et articles pertinents, ou des descentes et vues de lieux, etc., etc. En effet, la châtellenie d'Albestroff est composée de douze villages qui sont divisés en cinq hautes-justices. Nos cinq villages du Val de Guéblange en forment une, et les quatre autres en sont très peu éloignés. La justice y est fort mal administrée, et la raison en est qu'il n'y a pas de juge-gradué établi en titre et à résidence dans ladite châtellenie, ou au moins tout à la portée ; en sorte que les affaires se plaident par écrit sur le registre du greffier ; et, pour avoir une décision, il faut porter le registre et les pièces à l'avis d'un gradué, à la distance de trois, sept et dix lieues ; on paye vingt sous par lieue pour le port à l'avis, et trois livres pour l'avis d'un gradué, souvent plus au gradué si l'affaire est chargée de pièces, et souvent plus au greffier si le temps est mauvais ; ainsi, il en coûte souvent jusqu'à dix-huit livres de France pour un simple jugement que l'on nous doit gratis. Les frais d'instruction qui concernent le ministère du juge sont bien plus accablants et plus ruineux aux justiciables faute de juge-gradué en titre et à résidence, car il faut aller à un avocat fort éloigné demander son transport dans le lieu de notre haute-justice, et se voir écrasé par les frais qu'entraînent son voyage et son retour. Cet inconvénient majeur nous porte à souffrir mille injustices dans les affaires les plus ordinaires, plutôt que de nous exposer à être ruinés en les poursuivant en notre justice. Pour donc redresser un abus si écrasant, nous demandons l'établissement d'un juge-gradué en titre et à résidence dans la châtellenie, chargé de se transporter tous les quinze jours dans la haute-justice du Val de Guéblange, pour y administrer la justice. Notre seigneur haut-justicier a les épaves et confiscations et les droits inhérents à la haute-justice ; il est chargé aussi de nous faire rendre la justice gratis pour le jugement, et modéré pour les frais d'instruction qui peuvent exiger son déplacement du point de sa résidence à celui de notre haute-justice. Nous demandons un sergent résidant dans notre haute-justice, et l'établissement du bureau du contrôle des actes dans le chef-lieu de la châtellenie, comme d'ancienneté. Cela nous ménagera ainsi beaucoup de frais, et une plus prompte expédition dans les affaires. Mais nous connaissons l'équité et la justice de S. E. Mgr l'évêque de Metz, et nous savons qu'il n'est pas informé des maux qui nous écrasent. Ainsi, nous désirons que notre présente doléance soit d'abord mise sous ses yeux, et nous nous attendons qu'il fera redresser les abus dont nous avons sujet de nous plaindre.

Art. 13. — L'établissement des jurés-priseurs est une des causes de la ruine du peuple : leurs vacations, leurs voyages, leurs expéditions rôlées outre mesure pèsent excessivement sur le peuple, notamment sur la veuve et l'orphelin, et sur la classe la plus indigente ; car ce sont les moins aisés qui sont le plus exposés aux exécutions, et que les jurés-priseurs achèvent de ruiner. On peut les regarder comme des héritiers uniques dans les petites successions, et comme des véritables héritiers dans les autres : car on voit de toutes parts que d'un côté ils absorbent tout par leurs frais, et que de l'autre ils les portent aussi haut que peut-être l'avenant d'un héritier légitime ; ainsi nous demandons la suppression des jurés-priseurs.

Art. 14. — Nous nous plaignons aussi de la police champêtre, et notamment des vols et pillages si fréquents dans les jardins et les enclos ; les peines pécuniaires ne sont pas capables d'en imposer à ceux qui les ravagent, parce qu'ordinairement ce sont des insolvables qui trouvent leur impunité dans ce qu'on ne peut rien leur prendre ; et c'est ce qui rend le vol et le pillage si communs. Il serait à désirer, pour remédier à cet abus, que les officiers de police aient l'autorité, sur le simple rapport de deux bangards, ou d'un bangard avec un témoin, ou du propriétaire avec un témoin, de faire mettre au pain et à l'eau en prison pendant huit jours le délinquant, ou de le faire tourner pendant une heure publiquement dans un touriquet, ou de le faire mettre deux heures au carcan, sans que cette peine puisse porter note d'infamie : elle était en usage autrefois, et les héritages en étaient mieux respectés. Mais il faut que cette peine pût s'appliquer sur-le-champ, sans formalités et sans frais, et sur la simple permission de l'officier de police. Nous nous plaignons aussi de l'énormité des frais qu'il faut faire pour parvenir à une estimation de dommage aux fruits champêtres : cependant cette estimation est une matière absolument sommaire, comme le rapport du délit d'où elle découle, et l'usage qui en a fait une matière de justice réglée et dispendieuse est absolument abusif. L'ordonnance de Lorraine du duc Léopold, titre 17, article 7, a établi la forme de cette estimation d'une manière très sage. En effet, il n'en coûte que 12 s. pour avoir une estimation de dommage : le maire nomme d'office les deux experts, le sergent les assigne verbalement pour prêter serment et procéder à la visite, il assigne aussi verbalement le délinquant pour y être présent, et le greffier rédige l'estimation des experts. Et toutes ces opérations se payent avec douze sous. Ainsi, nous demandons parmi nous l'établissement de la même loi.

Art. 15. — Ventzwiller paye en subvention, capitation, vingtième et prix des réparations et entretiens des routes . . . . : 1 194ᵗᵗ 2 s.
Audwiller paye . . . . 1 390 »
Schweix paye. 1 446 14
Steinbach paye 1 646 13
et Guéblange paye. . . . . 610 »
Fait en totalité pour les cinq villages du Val de Guéblange . . . . 6 287ᵗᵗ 9 s.

Nous avons calculé nos revenus, nous les avons composés à nos impôts ci-dessus détaillés, et nous avons trouvé clairement que nos revenus sont à nos impôts comme trois sont à un : conséquemment, nous sommes surchargés excessivement, et la vérité de cette assertion peut se démontrer facilement en comparant les revenus d'un seul de nos contribuables avec le montant de ses impôts ; et, pour ne rien laisser à l'arbitraire, il faut choisir celui des contribuables qui n'exploite que son bien, et ne fait aucun commerce.

Au par delà, nous payons encore les cens, rentes et prestations seigneuriales, et les débits de ville. C'est ce qui va être détaillé.

Nous payons à Mᵍʳ l'évêque de Metz, notre seigneur, la taille Saint-Remy fixée à 85ᵗᵗ 7 s. ; la rente des quatre-vingts florins est fixée à 180ᵗᵗ ; la rente dite Milguelt fixée à 51ᵗᵗ 10 s. ; chaque habitant paye en outre au seigneur trois poules vives et en plumes ; chaque laboureur paye trente sous par cheval et bête de trait jusqu'à concurrence de six par laboureur, pour abonnement de la corvée de charrue et charrois ; tous les habitants sont obligés en outre à des corvées en nature pour les réparations à l'étang de Guidviller, et pour façonner et voiturer les foins du breuil seigneurial. Nous payons en outre un cens affecté sur un grand nombre de terres et de prés, à raison d'un foural de grain par jour de terre, et de quatre sous par fauchée de pré. Nous payons aussi le droit de cotte mort, qui consiste dans le choix du second meuble par le seigneur à la mort de chaque chef de famille, en sorte que la veuve qui est dans le deuil et la tristesse, qui a perdu son mari, et qui a une bande de petits enfants, se voit souvent enlever une bonne vache, un bœuf ou un cheval, et se trouve hors d'état ou d'alimenter son ménage ou de soutenir son train.

Nous payons la dîme de tout ce qui se sème dans la campagne au dixième du produit. Nous payons la menue dîme du chanvre, lin, cochons de lait et agneaux.

Nous payons les gages de notre maître d'école. Nous avons un grand nombre de ponts et de passages qui nous causent de gros entretiens.

Le seigneur a le tiers des biens communaux. Il a le droit de troupeau à part, et son fermier surcharge nos finages par son troupeau.

Il y a une douzaine de fermes dans le Val de Guéblange, tant grandes que petites, dont les propriétaires sont des étrangers. Nos terres sont de médiocre et de mauvaise qualité, presque toutes terres blanches, légères ou froides. Elles exigent des engrais tous les trois ans; nos prés sont de trois qualités : bons, médiocres et mauvais.

Art. 16. — La plupart des habitants du Val de Guéblange sont des pauvres gens; la pauvreté provient de la surcharge dans les tailles, de la cherté des vivres, de la nature du sol qui exige tous les trois ans des engrais que les cultivateurs ne peuvent faire en suffisance, faute de pouvoir élever et entretenir un bétail suffisant. La pauvreté est si marquée que, depuis plusieurs années, un grand nombre d'habitants ont émigré de nos villages pour se rendre en Hongrie, malgré les défenses et toutes les précautions prises pour empêcher les émigrations, car la faim et la misère les chassaient de leur foyer.

Art. 17. — Nous demandons la répartition égale de tous les impôts sans considération de rang, qualité et privilèges; cette justice nous est due d'autant plus qu'il est démontré évidemment que nous sommes excessivement surchargés. Les deux premiers Ordres de l'État et les privilégiés de l'Ordre du Tiers l'ont reconnu, et ont consenti de supporter également les impôts avec nous, et nous en réclamons l'effet. Cette répartition égale sur les deux premiers ordres et les privilégiés, jointe à la réforme des abus, et à l'extirpation des vices dans l'administration des finances, remplira dans peu le vide des coffres de l'État.

Art. 18. — Nous avons trois décimateurs : Mgr l'évêque de

Metz, l'abbaye de Vadegasse et M. le curé. De ces trois décimateurs, M. le curé est chargé seul des menues réparations au chœur, et tous les trois ensemble y sont chargés des grosses réparations, en sorte que la nef, la tour et le cimetière sont à la charge des paroissiens. Cette nouvelle jurisprudence a été introduite par un édit depuis environ douze ans. Cette charge est insupportable aux paroissiens, car ils seraient ruinés s'ils étaient obligés à la construction de leur église : tandis que les décimateurs jouissent tranquillement des fruits de la dîme, sans aucune charge un peu importante, surtout les décimateurs qui résident hors de chez nous, et dont la paroisse ne reçoit aucune aumône. En Lorraine, cet édit n'est pas reçu, et Sa Majesté fait construire journellement à ses frais de belles églises dans les lieux où elle est décimateur.

Art. 19. — Nous demandons qu'il nous soit permis d'établir des prairies artificielles en cette forme. Les terres de tous les finages de la province sont divisées en trois saisons : l'une porte du blé tous les ans, l'autre des avoines ou grains d'été, et la troisième est en repos : la saison qui est à présent en blé sera en avoine l'année prochaine, et la troisième année en repos. La saison du repos n'est d'aucune ressource pour la vaine pâture, parce que, dans la méthode du train d'agriculture, elle est retournée trois fois périodiquement pendant l'été, ce qui empêche l'herbe d'y croître. Pour tirer un grand avantage de cette saison, morte pendant un an, nous demandons qu'il nous soit permis de semer du trèfle avec le grain d'été dans la saison des marsages ; ce trèfle croîtrait avec le grain d'été, et fournirait, à la récolte, une paille qui vaudrait du foin pour les bestiaux, et le décimateur n'y trouverait que du bénéfice. Ce trèfle offrirait encore une bonne pâture jusqu'à l'entrée de l'hiver. L'année suivante, il se trouverait dans la saison qui doit former celle du repos, et, alors, il offrirait des fourrages abondants aux propriétaires qui pourraient le faucher au moins deux fois avant le temps de la semaille ; ensuite il donnerait à son champ une seule culture pour y semer son blé. Il est d'expérience que ce trèfle retourné en terre lui communique un engrais suffisant, et que le champ de trèfle cultivé une seule fois produit autant de blé qu'un autre qui a reçu trois cultures et les amendements ordinaires. Nous demandons que ce trèfle soit en défense pour le propriétaire comme ses autres grains.

Art. 20. — Nous demandons les ordonnances adressées à nos communautés, qu'elles soient traduites en allemand afin que nous puissions les comprendre, car il y en a que nous ne pouvons exécuter, faute de savoir ce qu'elles contiennent.

Instructions et pouvoirs aux députés qui se rendront à l'assemblée du bailliage de l'Évêché de Metz

Art. 1. — De faire insérer dans le cahier général les principaux objets relatés dans leur cahier particulier.

Art. 2. — De demander l'établissement des États de notre province, et d'insister à ce qu'il ne soit consenti aucun impôt avant qu'on soit en mesure pour réformer les principaux abus, et qu'on ait décidé et fixé le retour périodique des États généraux.

Art. 3. — De procéder en leur âme et conscience, sans aucune vue particulière, à l'élection des députés qui devront se rendre au bailliage principal, pour aller de là aux États généraux du royaume.

Fait et arrêté en assemblée de communauté, à Guéblange, en la maison du maire, dix-sept mars mil sept cent quatre-vingt-neuf, pour être remis aux dix députés choisis par les communautés de Guéblange, Audwiller, Ventzwiller, Schweix et Steinbach pour aller à l'assemblée du bailliage de l'Évêché de Metz à Vic, fixée au 23e du courant.

Audwiller : Nicolas Rechenmann ; Michel Ziegler ; Jean Bul ; Jean Encel ; P. Clas ; Nicolas Boul, *syndic.*

Schweix : Jean-André Hildebrand ; Jean Debra ; Joseph Baumler ; Charles Wittmann ; Jean Blanc ; Nicolas Gérard, pour l'absence du syndic.

Steinbach : Nicolas Lambert ; Pascal Bernard ; Nicolas Kœnig, *syndic ;* Niclaus Mathias ; Nicolas Gérard ; Pierre Matz.

Guéblange : Hans Reb ; Hans Adam Amstontz ; George Lambing ; Stephan Waltz ; J. Brucker, *syndic.*

GUESSELING et HEMERING

LXVII[a]

Procès-verbal.
18 mars 1789,
« Sont comparus en l'auditoire ou greffe de ce lieu, par-devant nous, Jacques Jean, syndic. »
Village et communauté de Guesseling et Hemering, composé de 127 feux.
Députés : Antoine Brecker,
Jean Albrech.
Signatures : Pierre Brachmann ; Vincent Muller ; Antoine Brecker, *député ;* Jacques Jean, *syndic ;* Johannes Albrech ; Jean-Nicolas Hesse, *greffier.*

LXVII[b]

Cahier des doléances de la communauté de Guesseling et Hemering, pour obéir aux ordres de Sa Majesté portés par ses lettres données à Versailles le sept février 1789.

Art. 1. — La communauté de Guesseling et Hemering remontre qu'elle est composée de cent vingt-sept feux, et paye au Roi tant en subvention, capitation, vingtième que ponts et chaussées la somme de cinq mille deux cent septante livres cinq sous sept deniers, ce que les habitants ne peuvent supporter, leur ban n'étant composé que de cinq cent quarante et un jours de terres par saison, et trois cents fauchées de prés ; de laquelle quantité de jours de terre des étrangers sont propriétaires de quatre cent quatre-vingts jours, lesquels on peut imposer dans les tailles que pour moitié.

Art. 2. — Que les RR. PP. religieux bénédictins de Saint-Avold, comme seigneur haut-justicier, moyen et bas, foncier, perçoivent de chaque habitant sans exception, même des pauvres mendiants, annuellement, au jour de Saint-Martin, délivrables sur leurs greniers à Saint-Avold, aux frais des particuliers, une demi-quarte de blé et trois bichets d'avoine comble ; et des laboureurs, par chaque bête tirante, une demi-quarte de blé et une demi-quarte d'avoine, outre un sou par bête ;

chaque habitant paye en outre un sou par sac; ils perçoivent annuellement du ban quarante-cinq paires de quartes, moitié blé et moitié avoine, délivrables à l'abbaye dudit Saint-Avold, sur leurs greniers.

Art. 3. — Ils perçoivent également par année quatre sous par chaque ménage et trois deniers par chacun jour de terre, outre deux poulets, une poule et quinze douzaines d'œufs; chaque habitant est obligé de scier deux journées pendant la moisson; et les laboureurs sont attenus à conduire deux voitures de blé dans la maison seigneuriale de Guesseling.

Art. 4. — Sont aussi obligés les habitants de faucher un pré, appelé le breuil, gratis; et les laboureurs attenus de conduire une voiture chacun dans la grange seigneuriale.

Art. 5. — Que chaque laboureur qui a une ferme est obligé de faire une journée de corvée, quand même il ne tiendrait qu'un jour à bail d'un particulier; ce qui s'entend que, si un laboureur cultive six jours de terre appartenant à six particuliers, il est obligé de corvées six jours pour le seigneur, et payer trois sous par journal : par où il résulte que, dans le temps de moisson, par le beau temps, il faut qu'il emploie six journées à travailler pour le seigneur, et est obligé de négliger son propre; et que la plupart du temps il arrive que ses denrées périssent au champ par les pluies qui surviennent; au surplus, c'est des droits abusifs qu'on s'est arrogés et qu'on exige d'autant plus que M^{rs} les religieux n'ont point daigné vouloir exhiber les titres à eux si souvent demandés, et censés n'en point avoir.

Art. 6. — La communauté remontre avec justice que le ban est entièrement négligé par la raison que les laboureurs ne peuvent tenir nombre de bêtes tirantes, soit chevaux, bœufs ou vaches par le droit d'une demi-quarte de blé, autant d'avoine, et un sou qu'on exige par chaque bête, ce qui fait que la terre n'est cultivée qu'à moitié : étant cependant une terre forte qui demande nombre de bêtes pour la retourner, même en saison convenable, sinon elle ne produit rien en blé ni marsage : aussi voit-on que la terre ne produit plus; pourquoi les denrées sont depuis nombre d'années hors de prix, ce qui n'est pas étonnant.

Art. 7. — Remontre aussi que le sel est à un prix exorbitant puisque on paye huit sous de la livre; il en résulte un dommage considérable. La raison en est que si, pendant la fenaison, il fait des temps de pluies, que les fourrages soient gâtés par des inondations, ce qui est assez fréquent, en y mettant du sel les bêtes le mangent et se portent bien; et ne pouvant ce faire, elles périssent, et ce mauvais fourrage engendre des maladies; d'ailleurs, par la cherté du sel, on ne peut plus faire de nourri de bêtes à cornes ni à laine, la preuve en est convainquante; lorsque le sel se vendait quatre sous six deniers la livre, on nourrissait des bêtes : la viande de bœuf ne se vendait que trois sous six deniers la livre, celle de veau un sou six deniers; mais, depuis l'augmentation du sel, ne pouvant faire de nourri d'aucune espèce, la viande est hors de prix, en ce qu'on est obligé de tirer les bœufs et moutons de l'Allemagne pour fournir les villes; l'argent y va, et n'en revient plus; d'autant que la monnaie étrangère n'a point de cours en ce royaume, ce qui fait la rareté de l'espèce, tellement que les sujets ne peuvent plus subvenir pour payer les charges. Les salines détruisent tous les bois, de sorte que le sujet n'en peut plus avoir pour son usage qu'à un prix exorbitant; on conduit les sels dans les pays étrangers, où il ne se vend que deux niches la livre, faisant un sou six deniers de France, par où le sujet se trouve réduit, souffre par la perte des bêtes non seulement, mais encore par l'engrais des terres, en ce que les bêtes qui mangent du sel, le fumier bonifie doublement la terre.

Art. 8. — Les acquits dans l'intérieur du royaume sont d'une charge inouïe aux sujets, qui les mettent à tout instant dans le risque d'exposer leur petite fortune. Le voici : Guesseling est un village français. Un habitant désirant faire filer six, sept ou plusieurs livres de chanvre dans un village voisin lorrain, il est obligé de prendre un acquit pour les y porter; en prenant le fil, il lui en faut encore un; voulant faire faire sa toile dans un autre village lorrain, encore un acquit; pour y prendre sa toile, encore un; ces dépenses en acquits font monter sa toile à un prix qu'il n'en peut avoir qu'un chétif profit : le sujet n'ayant cependant point d'autre ressource qu'en faisant faire une pannée de toile pour la vendre pour payer les charges, en ce qu'il n'y a point de commerce en ce pays. Si l'habitant s'expose à ne point prendre d'acquits, les employés dressent procès-verbal, exigent des amendes considérables, ruinent les gens; si un cabaretier ou un autre veut aller au vin, ou ne veut prendre que jusqu'à Metz, il lui faut des acquits d'un village français en ceux lorrains, et de ceux lorrains en ceux français, quoiqu'étant sous la puissance d'un même souverain; et le plus ridicule est qu'il faut consigner des deniers, que les buralistes donnent les acquits à leur bon loisir, et quand il leur plaît; laisseront attendre le particulier avec ses voitures, ce qui lui occasionne des dépenses et retards, et ne peut continuer sa route; outre cela, les buralistes prennent leur repos le soir sans vouloir se gêner, ce qui ne se doit point à l'égard du sujet qui est dans le cas d'employer plus la nuit que le jour, notamment dans les temps d'hiver que les jours sont courts; il est toujours dans la crainte de ne point être en règle, et quoi qu'il prenne toutes les précautions possible, il arrive journellement qu'on en reprend. Il en est de même de la marque de[s] fers, ce qui fait que les laboureurs n'ont plus le moyen de se procurer des voitures bien ferrées, par la cherté du fer; n'osent s'exposer à se mettre en route pour voiturer soit fer ou fer blanc sans être dans le cas d'être repris par les employés à cause des droits qu'on ignore, puisqu'un marchand d'aiguilles n'ose pas aller d'un village lorrain en un français sans payer le droit de marque de fers.

Art. 9. — Les cuirs sont hors de prix depuis que la marque des cuirs existe. Le droit est exorbitant : la plupart des tanneurs, qui n'ont point les forces et faculté de payer ces droits, ont été obligés de renoncer à leur profession; ceux qui l'ont pu faire sont toujours dans la crainte, et pas un moment sûrs d'être exempts d'une contravention; c'est donc un triste état; et, en même temps, le sujet souffre qui ne peut cependant point se passer de cuirs, notamment les laboureurs pour les harnachements qui, par le moyen des droits qui se payent, se vendent hors de prix, et mal conditionnés.

Art. 10. — Concernant les employés des Fermes, il est certain qu'à ces gens sont confiés tous les fruits champêtres, les légumes dans les jardins des habitants, et les bois. Le voici : ils sont en embuscade nuit et jour dans les blés en temps d'été, dans lesquels ils y font un grand dégât; ils ont les légumes en la campagne et dans les jardins à leur discrétion, ainsi que les bois, le sujet ne pouvant être levé toute la nuit par la lassitude du travail de toute la journée; et encore, qui ira s'exposer à interrompre des gens armés ? personne ; en tous cas ils diraient sous prétexte qu['ils] sont en leurs fonctions. Comme ils sont toujours embusqués, un passant pendant la nuit ne reçoit que des épouvantes à gagner soit une frénésie, ou de tomber du haut-mal, ce qui est notoire ; c'est des gens qui tirent tout le profit d'un ban ; chacun hésite et craint de leur dire la moindre chose, parce que tout de suite ils menacent de faire des visites en les maisons, bouleversent tous les effets, et vexent par ce moyen beaucoup d'honnêtes gens ; un pauvre homme qui ramassera quelques fruits champêtres ou quelques brins de bois mort, on lui fera un rapport, et en sera ruiné ou emprisonné ; les employés sont si hardis de mettre des bestiaux sur le ban, on est obligé de se taire par la raison susdite ; ils ont des porcs : quand il y a des poires ou de la glandée, ils ont toute faculté et facilité de les aller ramasser nuitamment. Néanmoins, le sujet, qui supporte les charges, en est privé ; le pillage dans les bois vient encore d'être justifié par un rapport fait dans ce moment contre un employé.

Art. 11. — Il y a les experts-priseurs qui ont été établis, qui tendent à la ruine du sujet : la preuve en est toute claire : un pauvre habitant qui devra deux cents livres, désirant payer son créancier, ne pourra vendre ses meubles que par la voie d'un expert-priseur, lequel, après son voyage, vacations, vingtième denier et contrôle prélevés, emportera un tiers du prix au moins, de façon qu'il n'y restera que très peu pour le créancier ; cela se pratique également pour les mineurs, ce qui décourage entièrement les père et mère de se procurer des effets, ce qui fait décliner la fortune des enfants qui font ensuite des pauvres habitants, par conséquent nuisibles à tous égards.

Art. 12. — Remontre aussi la communauté que M. le comte d'Helmstatt, seigneur de Morhange, a un nombre infini de cerfs et de biches dans ses bois contigus au ban de ce lieu, qui font un tort considérable sur le ban en mangeant les fruits de toute espèce ; de sorte qu'elle a des gardes auxquels elle donne vingt-quatre quartes de grains pour les veiller nuitamment, au préjudice de tout quoi ils font par le grand nombre un dommage sur le ban, qu'on estime pour un tiers du produit, de sorte que vu les charges qu'elle supporte, le sujet n'est pas en état de subvenir : pourquoi il vit dans la plus grande pauvreté, et met les fermiers hors d'état de payer leur canon.

Fait à Guesseling, en assemblée, le dix-huit mars mil sept cent quatre-vingt-neuf.

Pierre Brachmann ; Vincent Muller; Jacques Jean, *synd'c ;* Antoine Brecker, *député;* Jean-Nicolas Hesse, *greffier;* Johannes Albrech.

GUINGLANGE

LXVIII ᴬ

« Procès-verbal d'assemblée des habitants et communauté de Guinglange pour la nomination des députés au Tiers état. »
17 mars 1789,
« Sont comparus sur la place publique dudit lieu, par-devant nous, Jean Burtard, syndic de la municipalité du même lieu. »
Lieu composé de 74 feux, y compris les femmes veuves.
Députés : Simon-François Rame,
François André.
Signatures : François Hanry ; Jean Dory ; Nicolas Hartard ; S. Rame ; François André ; Jean Albert, *greffier*.

LXVIII ᴮ

Cahier des plaintes, doléances et très respectueuses remontrances que font les municipalité, habitants et communauté de Guinglange, dépendants du bailliage de Vic, au Roi notre souverain monarque, à présenter à l'assemblée des trois États audit bailliage, le 23 présent mois de mars 1789, en exécution de l'ordonnance de Monsieur Vignon, lieutenant-général audit siège, pour l'absence de Monsieur le bailli d'épée, en date du 17 février dernier

Art. 1. — Ils auront l'honneur d'observer d'abord que la misère extrême à laquelle tous les habitants dudit Guinglange sont réduits est l'effet de l'accroissement subit, de la multiplicité des impositions royales dont ils sont accablés sous la dénomination de vingtièmes, subvention, capitation, travaux des routes et autres accessoires.

Il y a environ cinquante et quelques années que les habitants de la communauté de Guinglange ne payaient pour toute imposition, lors même dans les temps des guerres que l'on demandait un dixième, qu'environ une somme de mille livres; en ce n'étaient point compris les biens ecclésiastiques, les dîmes, etc., et ceux des seigneurs qui en ont été affranchis jusqu'à présent.

Aujourd'hui, cependant, le ban de Guinglange ne s'est point accru, il est le même qu'il était dans le temps jadis, le nombre des habitants s'étant un peu augmenté, mais cette augmentation n'a fait qu'augmenter le nombre des malheureux et des mendiants; et malgré les remontrances que l'on a souvent réitérées sur les malheurs du village, et notamment sur l'incendie totale du village arrivé en 1709, au mois de septembre, que les récoltes étaient rentrées, et qui ont été consommées de façon qu'il n'y avait plus rien de reste pour ensemencer les terres, ce qui a réduit les habitants à la plus affreuse misère; par cet incendie, il n'est resté que quatre maisons et l'église, joint au froid hiver qui le suivit, ont réduit les habitants d'alors de vendre leurs biens pour subsister, de façon que tout le ban est presque totalement en fermes et métairies : cependant, au lieu d'avoir des diminutions proportionnées à leur pauvreté, ils sont taxés actuellement et le mal allant toujours en augmentant, à une somme de 1 378# 18 s. 11 d. pour la subvention, 746# 10 s. pour la capitation, et 1 190# 3 s. 6 d. pour les vingtièmes, outre environ 360# pour les travaux des chaussées, ce qui fait un total de 3 655# 12 s. 5 d. qu'il n'est plus possible de tirer sur le ban de Guinglange : aussi, les malheureux cotisés sont en retard pour la plupart depuis trois ans de se libérer, malgré les porteurs de contraintes qui viennent journellement achever de les ruiner. L'on ne sait par quelle fatalité cette augmentation d'impositions de tout genre s'est accrue à ce point exorbitant, et qu'il n'est plus possible d'acquitter. Le remède à ces maux serait d'imposer l'état ecclésiastique, ainsi que les seigneurs, les décimateurs et autres, à raison de leurs revenus, comme aussi les maisons des métairies qu'ils possèdent sur le ban à raison des canons qu'ils tirent de leurs fermiers, ceux-ci étant déjà cotisés pour le bénéfice qu'ils peuvent y faire, et de diminuer à proportion les autres habitants de la communauté, ce qui les encouragerait à travailler avec plaisir, pour payer avec joie le surplus des impositions royales.

Art. 2. — Ils ont à se plaindre de la cherté exorbitante du

sel et du tabac, ainsi que des droits établis pour les acquits, pour l'exportation et l'importation des denrées de la première nécessité.

A l'égard du sel, ils sont obligés de payer 15 s. 9 d. pour les deux livres, que l'on nomme un pot, et qu'ils sont obligés d'aller quérir à trois lieues au magasin établi à Téting, et par un mauvais chemin au travers de la rivière de la Nied allemande et des ruisseaux qui sont souvent débordés; et ceux des habitants qui ne peuvent pas y aller exprès sont encore obligés d'y ajouter un sol pour le commissionnaire, ce qui fait revenir les deux livres à 16 s. 9 d.

Les étrangers, comme dans le pays de Trèves et ailleurs, le tirent en gros dans les mêmes salines et l'ont meilleur; il ne leur revient cependant qu'à 5 sols rendu chez eux pour les deux livres, ce qui leur facilite le moyen de faire des nourris de bestiaux de toutes espèces par la salaison qu'ils font de leurs fourrages; ceux d'ici, qui n'ont pas le même avantage, sont obligés de s'en priver, et, ne pouvant faire comme eux les mêmes nourris, sont obligés d'acheter chez eux les bestiaux dont ils ont besoin pour la culture des terres, et transportent ainsi à l'étranger l'argent qui devrait rester en France et qui leur servirait pour payer les impositions royales.

Pour remédier à un tel inconvénient, il y aurait un expédient qui serait que si le Roi voulait par sa bonté paternelle accorder aux pauvres habitants de la campagne la permission de s'approvisionner de leur sel en gros en le tirant directement des salines, et qu'ils l'eussent au même prix que l'étranger : il en résulterait un bien pour l'État, et un autre pour les sujets ; le premier, parce que la consommation du sel serait plus considérable, le débit en serait plus grand dans les salines, et le profit plus considérable pour l'État; au lieu qu'au taux où il est actuellement, les sujets sont obligés de s'en passer le plus souvent et de vivre comme ils peuvent.

Le second serait que les habitants de la campagne pourraient faire comme ceux du pays de Trèves des nourris et engrais de bestiaux de toutes espèces, ce qui est leur principale ressource, en salant leurs fourrages, ce qui augmenterait le nombre des laboureurs, diminuerait le prix des viandes qui sont à un prix excessif, ferait que les terres seraient mieux cultivées et amendées, les productions doublées et les récoltes plus abondantes;

au lieu qu'à ce défaut une grande partie des terrains reste inculte, attendu la rareté des fourrages que le sel suppléerait.

A l'égard du tabac, comme il est à un prix excessif, le débit en doit être très mince, et le Roi y trouverait un profit considérable, et ses sujets seraient soulagés si Sa Majesté leur permettait la plantation comme on fait dans le comté de Créhange qui est enclavé ici : chaque propriétaire ferait comme eux la plantation soit d'un jour, plus ou moins de terrain, ce qui leur ferait un profit plus considérable qu'en les semant d'autres grains. Que le commerce en soit libre, que le Roi imposât sur chaque jour de terre planté un petit écu, et sur chaque habitant qui en userait ou trafiquerait vingt sols, ce qui ferait plus de cinquante millions dans toute la France, outre qu'il mettrait cent mille livres au moins dans ses coffres tous les jours pour les appointements des employés qui deviendraient inutiles, sans compter le profit que fait la Ferme générale sur cet objet seul. Sur ce point de vue, l'État y trouverait son avantage ; les cultivateurs y auraient leurs petits profits, et ceux qui le commerceraient le leur, et des pauvres malheureux qui, par nécessité et faute d'argent, en vont quelquefois chercher une once chez l'étranger, étant rencontrés des gardes de tabac, en sont arrêtés et obligés de composer avec eux à leurs volontés, ne seraient plus vexés.

Pour ce qui concerne les acquits, il s'est introduit un grand abus qu'il serait très nécessaire de réformer et d'abolir pour le bien public ; c'est, lorsque les pauvres gens de la campagne vont dans le voisinage en Lorraine, où ils sont enclavés, chercher de la filasse, ils sont obligés de prendre des acquits bien cher, et lorsqu'ils reportent le fil de même ; et lorsque les personnes qui ont besoin de vins, soit pour leur consommation ou pour en vendre, on leur fait payer tant par mesure, et lorsqu'ils renvoyent les futailles d'où ils les ont tirées, on leur fait encore payer un autre droit, et c'est ainsi que l'on prend double mouture dans le même sac. Quel abus !

Art. 3. — Une plainte amère est la création des jurés-priseurs dans ce pays, en ce que, lorsqu'il s'agit de faire des inventaires ou des ventes chez les veuves ou des pauvres orphelins, l'on est obligé d'avertir ces messieurs qui se transportent sur les lieux, de la ville de Metz, distante de six lieues, jusqu'à Guinglange ; ils se taxent d'abord à raison de quarante sols par chacune, ce qui fait 12ᶠ, ensuite trois livres de vacation de la matinée et autant l'après-midi, six sols par rôle d'écriture, et les expéditions autant; mais ils savent si bien rôler qu'ils ne mettent le plus souvent que quelques syllabes, un point et une virgule dans chaque ligne, ce qui, joint aux quatre deniers pour livre et le contrôle des ventes, outre leur papier timbré, fait qu'ils emportent au moins le tiers du mobilier qui devrait rester à ces orphelins qui ont déjà eu le malheur de perdre leurs père et mère. Quelle misère! Ne serait-il donc pas possible de réformer un tel abus par l'autorité royale?

Art. 4. — Les enclos permis par Sa Majesté sont dans la même catégorie; en effet, il n'y a que les seigneurs, les curés et quelques particuliers aisés qui avaient des prairies considérables et les moyens pour en former ici. En conséquence, ils ont joui seuls des produits et des regains, ainsi que de la pâture qui était ci-devant commune avec les autres habitants qui n'avaient pas les mêmes facultés pour en faire; indépendamment de ce bénéfice, ils participent encore avec leurs bestiaux dans la pâture des autres prairies non closes, ce qui leur fait un double avantage au détriment des pauvres gens, et par ce moyen sont la cause que ces derniers ne peuvent pas même nourrir une chèvre pour la subsistance de leurs familles : ces considérations doivent sans doute exciter la suppression de ces enclos.

Art. 5. — La marque des cuirs est encore un abus très grand et qui ne peut pas profiter à l'État : c'est que cet impôt est très préjudiciable aux pauvres gens de la campagne qui avaient la livre de cuir avant cette imposition à 20 ou 22 sols, au lieu qu'à présent ils sont obligés de la payer jusqu'à 40 sols et même au delà; ces malheureux qui n'ont pas les moyens sont obligés de s'en passer et d'aller pieds nus; il n'y a que les maltotiers qui y gagnent, et le Roi n'en tire aucun profit. N'est-il pas un grand abus?

Art. 6. — Un autre abus à réformer serait le droit de chasse, et de pêche, et de colombier. Par le droit de chasse, les seigneurs de campagne envoyent ou vont eux-mêmes accompagnés dans les blés et autres denrées avant les récoltes que les cultivateurs avaient conservées précieusement, les renversent, et y causent de grands dommages; par la pêche dans la rivière sur le ban de Guinglange, ils foulent sur les bords dans les prairies une grande partie des foins avant la récolte; et, par le colombier, les pigeons lors des semailles et dans les moissons se nourrissent aux dépens du pauvre cultivateur.

Art. 7. — Le tiers-denier qu'exigent les seigneurs hauts-justiciers du prix des ventes et revenus communaux lorsque les besoins de la communauté exigent d'en faire, est encore une injustice des plus criantes; car, outre les cens, rentes, corvées et autres droits dont on est accoutumé de s'acquitter et de payer annuellement, ce droit de tiers-denier leur devient une charge des plus onéreuses, parce qu'en vendant par exemple pour 300#, ils exigent 100# qui, outre les frais qu'on est obligé de faire pour parvenir à ces sortes de ventes, il ne reste ordinairement plus à la communauté qu'un tiers, au lieu qu'elle pourrait s'acquitter sans ce droit prétendu qui est intolérable.

Art. 8. — Le droit de banalité dans les moulins est également intolérable, et devrait être proscrit par la raison que lorsqu'un particulier n'a que peu ou beaucoup de grains pour y moudre, le meunier qui le sent forcé d'y aller, le fait attendre en desservant les étrangers qui n'y sont point banaux; et, lorsqu'il est forcé de servir son banal, il ne le fait qu'à regret, et ne lui rend le plus souvent que la moitié de la farine qu'il devrait avoir s'il n'était pas assujetti à cette banalité.

Art. 9. — Le droit que M. le comte de Créhange, seigneur d'Helfedange, a sur le ban de Guinglange pour le troupeau de sa bergerie, est encore un droit insupportable pour les habitants de ce dit lieu et leur cause un préjudice des plus considérables; en effet, lui seigneur possède au moins la moitié des prairies proche le village dont les pièces sont considérables, en a formé par son fermier des enclos d'une grande partie où il profite seul des regains et de la pâture, envoie son troupeau de moutons ronger celui des autres propriétaires, tant dans les prairies que sur le reste du ban, de façon qu'il ne reste pour ainsi dire plus rien pour le troupeau communal; ce qui fait que la plus grande partie des pauvres habitants ne peut plus faire de nourris, au lieu qu'avant l'établissement de ce troupeau, chaque pauvre pouvait encore se procurer un peu de regains pour nourrir une vache, pour pouvoir se sustenter avec le peu de lait qu'il en tirait, et dont il est privé actuellement par rapport à ce même troupeau, dont le droit devrait être aboli pour soulager le peuple.

Art. 10. — Le ban de Guinglange contient 1040 jours de terres labourables dans les trois saisons, outre un canton qui est acensé, cent trois fauchées de prés dont les deux tiers pour le moins sont en métairies appartenant à des bourgeois de Metz, au seigneur d'Helfedange et autres particuliers étrangers depuis l'incendie du village de 1709, au lieu qu'avant il n'y avait qu'une seule métairie de huit jours de terre à la saison, ce qui fait la pauvreté du village; d'ailleurs, le ban ne pouvant plus être cultivé comme du passé, faute de bestiaux et de fourrages en suffisance, le journal ne peut plus rapporter l'un portant l'autre que sept bichets de blé, seigle et moitanges, et cinq bichets d'avoine et pois, point d'orge pure; avec cela il faut cependant les semer, payer les canons des fermes, les manœuvres, la culture qui est bien chère; après cela, comment vivre? aussi tout le monde est-il criblé de dettes.

Art. 11. — Ce qui a achevé de ruiner la communauté ce sont 2 procès considérables qu'ils ont eu à soutenir il y a quelques années, l'un contre M. de Beaurepaire, seigneur d'Helfedange, au sujet du tiers-denier par lui prétendu des biens et vente des bois communs, et qui est encore indécis au Conseil du Roi; il leur a coûté plus de 5000#, ayant été obligés de vendre leur quart de réserve avec 700 poiriers sur le ban, dont il a encore tiré le tiers du prix avec son coseigneur; l'autre contre Madame la baronne d'Eltz, vouée audit Guinglange, et qui avait duré plus de 30 ans, au sujet de quelques rentes de voüerie dues par quelques habitants du lieu; elle est cependant parvenue à faire condamner la communauté au payement de cette redevance, par arrêt du parlement de Metz; cette affaire leur a coûté plus de quatre mille livres; pour les acquitter, ils ont vendu 448 arbres dans les six dernières coupes de leurs bois communaux, ce qui a dévasté cette partie, de sorte que de la vie des habitants d'à présent ils n'en tireront plus aucun profit, n'y ayant aucune souille; outre cela la communauté est encore actuellement redevable d'une somme de 1400# tant pour la refonte d'une de leurs cloches, que d'autres dettes qu'il a fallu contracter.

Voilà, sans exagération, le triste et déplorable état où se trouvent actuellement les habitants de Guinglange, sans compter les dettes particulières de chacun d'eux.

Art. 12. — Il y a enfin encore un abus qui mérite une

réforme, c'est que lorsque les communautés sont obligées de faire quelques ventes de leurs bois, comme il est arrivé ici pour les 448 arbres de leur bois, la Maîtrise de Metz s'empare des formalités de ces ventes ; ils en font consigner le prix par les adjudicataires, et que le receveur garde entre ses mains, et pour le tirer, on est obligé de s'adresser à l'intendance et ensuite à M. le grand-maître pour obtenir son ordonnance, et cela avec des grands frais : pendant ce temps, les fonds restent oisifs ; ils en profitent, et le pauvre débiteur en pâtit : ceux d'ici doivent encore avoir en caisse environ 2 000# dont ils se serviraient s'ils pouvaient parvenir à les toucher, étant même encore obligés de payer le conseing de l'argent dont ils sont obligés de se passer. Voilà comme ils sont grugés.

Le présent cahier contenant 18 pages, cotées et paraphées par première et dernière, a été ainsi arrêté en assemblée de communauté à Guinglange, le 17 mars 1789, et ont les habitants signé.

François Hanry ; Jean Dory ; Nicolas Hartard ; Rame ; François André ; Jean Albert, *greffier*.

HABLUTZ

LXIX*

Procès-verbal.
21 mars 1789,
« Sont comparus en l'auditoire de ce lieu (¹), par-devant nous, Henry Marchal, syndic de l'assemblée, à son greffe. »
Communauté composée de 12 feux.

---

1. *Impositions ordinaires et prestation des chemins* pour les *six* premiers *mois* de l'année *1790* :

Imposition principale	14#	» s.	» d.
Accessoires de l'imposition principale	27	17	8
Capitation et ses accessoires	31	17	9
Taxations des collecteurs	1	1	1
Droit de quittance au receveur des finances	2	1	4
Prestation des chemins	10	19	6
Rejets et réimposition	»	10	»
TOTAL GÉNÉRAL	88#	7 s.	4 d.

(Arch. Meurthe-et-Moselle, L. 677.)
Deux vingtièmes et quatre sous pour livre du premier pour *1790* : 266 # 17 s. 6 d.
(*Ibid.*, L. 308.)

Député : Nicolas Mansuy, premier membre de l'assemblée municipale de cette communauté ; lui seul à cause de la modicité du numéraire et pour obvier aux frais, ayant peu de moyens.
Signatures : Henry Marchal, *syndic;* Nicolas George; Joseph Rolin; Claude Tounet ; N. Mansuy.

LXIXe

Cahier des do'éances, plaintes et remontrances faites par les habitants et communauté de Hablutz, contenant deux feuillets, coté et paraphé par première et dernière par nous Henry Marchal, syndic de l'assemblée municipale de Hablutz, comme s'ensuit :

ART. 1. — Le village d'Hablutz est situé dans l'enclave des bois communaux de Foulcrey, le bois d'Haussonville et les bois du comté de Réchicourt, isolé de tout commerce, tous de pauvres gens n'y ayant que 12 baraques lesquelles à tout instant s'écroulent, cause de mauvais fondoirs;

ART. 2. — Le terrain est sous un sol ingrat de très petit rapport : le jour de terre coûte à celui qui exploite en propre 1° six livres pour la culture, autant pour la semence, autant pour l'engrais de partie compensée, et au moins quatre livres tant pour frais de moissons qu'impositions, ce qui fait 22$^{\text{#}}$, et ne rapporte tout au plus celle que 18$^{\text{#}}$: il est tout constant qu'il y a à perdre 4$^{\text{#}}$ par journal; sur onze jours, il faut perdre 44$^{\text{#}}$ non compris la dîme, qu'il faut ensemencer, moissonner, et ne pouvoir enlever leurs gerbes avant que les décimateurs n'eussent pris leur part : ils ont de profit 18$^{\text{#}}$ et le propriétaire perd 44$^{\text{#}}$ sur onze jours.

ART. 3. — Les prairies sont au-dessous des bois, n'ont que de l'eau rousse sans aucun sucre : on les donne souvent à faucher pour la moitié des récoltes, ne pouvant souffrir l'uniforme des villages voisins dont les terrains sont meilleurs au quatruple : nous demandons que tous les biens payent dans les lieux où ils sont situés, n'ayant aucune réciprocité, dont journellement les étrangers achètent les meilleures pièces à cause de notre pauvreté.

ART. 4. — Quoiqu'enclavés dans les bois sont privés de leur affouage : les bois sont affectés aux salines, et sommes obligés à l'aller chercher dans les bois des montagnes à trois lieues de distance dont il n'y a pas d'autre bois que de quatre pieds, ce qui nous est défendu, et d'en user d'autre par arrêt.

Art. 5. — Vexés par le parcours des bergeries étrangères qui louent la pâture, ce qui empêche de faire aucun nourri.

Art. 6. — La justice trop altérée aux grands frais : l'indigent ne peut avoir justice s'il n'a le moyen.

Art. 7. — Les ecclésiastiques perçoivent trop pour leur casuel.

Art. 8. — Le sel et le tabac marchands.

Art. 9. — Supprimer les Fermiers généraux.

Art. 10. — Révoquer l'édit des clôtures : chacun maître de son terrain.

Moyens

1° Les décimateurs qui ont plus de la moitié des bénéfices par la démonstration ci-devant faite peuvent payer la moitié.

2° Le seigneur ayant des grands biens en bois, et tant en eaux que bois, qui rendent le triple qu'autrefois, peut payer l'autre partie.

3° Les curés n'ont besoin que d'une servante.

Voilà à peu près toutes les doléances, remontrances et moyens. Fait le 21 mars 1789.

Henry Marchal, *syndic;* Joseph Rolin; Nicolas George; Claude Tounet; N. Mansuy.

HABOUDANGE

LXX[A]

« Procès-verbal de l'assemblée de la communauté d'Haboudange[1], chef-lieu de la châtellenie du même nom. »
15 mars 1789,

---

1. *Impositions ordinaires* pour les *six* premiers *mois* de l'année *1790* :
Imposition principale. . . . . 344 ₶ 8 s. 2 d.
Impositions accessoires. 657   5   6
Capitation 764   2 10
      Total. . . . . 1 765 ₶ 16 s. 6 d.
Deux vingtièmes et qua're sous pour livre du premier pour *1790* :
Biens-fonds. . { 1er cahier . . . 1 405 ₶ 8 s. 3 d.
                2e cahier . . . 2 359   1   9
      Total. . . . . 3 764 ₶ 10 s.
(Arch. Meurthe-et-Moselle, L. 308.).

« Sont comparus par-devant nous, Jean-François-Joseph Brangbour. »
Communauté de 70 feux.
Députés : Jean-Pierre About,
    Jean-François-Joseph Brangbour.
Signatures : J.-F. Conraux ; Laurent Bour ; François Klein ; N. Paté ; J.-F. Brangbour ; S. Bour ; Jean Thiébaut ; Pierre Goute.

LXX[B]

Cahier des remontrances, plaintes et doléances, moyens et avis de la communauté de Haboudange, rédigé en l'assemblée générale tenue le 15 mars 1789, afin de servir à former les instructions et pouvoirs dont le Roi veut que soient munis les députés aux États généraux pour proposer, remontrer, aviser et consentir ainsi qu'il est porté aux lettres de convocation

SIRE,

Les habitants d'Haboudange osent vous supplier qu'il vous plaise écouter leurs très humbles et très respectueuses remontrances et doléances, en conséquence :

ART. 1. — Ordonner et régler que, dans les délibérations des États généraux, on opinera par tête et non par Ordre ;

ART. 2. — Qu'on en fixera irrévocablement le retour périodique ;

ART. 3. — Qu'au sein des États généraux il soit établi des États dans toutes les provinces organisés sur le modèle des États généraux, qu'ils se tiennent tous les ans, qu'ils aient une commission intermédiaire toujours subsistante, et des procureurs-généraux-syndics chargés spécialement de veiller aux intérêts de leurs concitoyens, et de mettre opposition par devant les Cours à l'enregistrement des lois locales et momentanées promulguées dans l'intervalle de l'Assemblée nationale, et qui pourraient être contraires aux privilèges des provinces ;

ART. 4. — Que les municipalités des campagnes soient conservées, que les membres en soient plus nombreux, qu'ils soient choisis dans toutes les classes ; que l'assemblée, pour former un arrêté, soit composée de plus de quatre : qu'elles aient des pouvoirs plus certains et mieux définis, qu'elles soient autorisées à correspondre directement avec les États de la Province ou leurs commissions intermédiaires ; faire en sorte que les places desdites municipalités puissent être plus honorables et recherchées par les sujets les plus distingués ; leur donner plus d'autorité et de moyens pour prévenir les délits et mésus champêtres ; que, partout où il n'y a pas de juge résidant, elles soient chargées de faire observer les règlements de police, de reconnaître et de prononcer sur les anticipations et autres objets de peu d'importance qui, souvent, causent des procès très ruineux.

Art. 5. — L'extinction de tous impôts distinctifs pour leur être substitué des subsides également supportés par les trois Ordres.

Art. 6. — Qu'il n'y ait aucun abonnement : on sait que les abonnements sont une manière honnête et détournée de s'affranchir des charges publiques.

Art. 7. — Que la perception et l'assiette des impôts soient confiées aux États de la province.

Art. 8. — Que les biens soient imposés et payent partout où ils se trouvent.

Art. 9. — Qu'on ne puisse lever aucun impôt sans le consentement national.

Art. 10. — La fixation motivée des dépenses des divers départements, la comptabilité et responsabilité des ministres, et la publication annuelle de leurs comptes.

Art. 11. — Que les États provinciaux soient chargés de l'administration ci-devant confiée aux intendants, de celle des domaines du Roi.

Art. 12. — La liberté individuelle assurée par l'abolition de toutes lettres closes, lettres d'exil, et autre espèce d'ordres arbitraires.

Art. 13. — Le secret inviolable des postes et la diminution du prix du port des lettres.

Art. 14. — La suppression de la Ferme générale, des gabelles, des traites-foraines et des salines.

Art. 15. — Le rachat de la milice par une prestation en argent.

Art. 16. — Que l'entrée des chapitres, et l'admission aux dignités ecclésiastiques et aux emplois militaires ne soit point réservée aux nobles exclusivement.

Art. 17. — Que dans les Cours supérieures et tribunaux de

judicature, le Tiers y soit en nombre égal avec les deux autres ordres.

Art. 18. — Réformes à faire dans le code civil et criminel.

Art. 19. — Que les seigneurs n'aient plus le tiers des communes, ou du moins qu'ils payent les débits de villes en proportion de leurs perceptions.

Art. 20. — Les rachats des corvées seigneuriales, banalités, et autres prestations plus onéreuses encore.

Art. 21. — La reconstruction et l'entretien des églises, comme ci-devant, au compte des décimateurs.

Art. 22. — La suppression des charges de jurés-priseurs.

Art. 23. — Qu'on observe les règlements faits pour les colombiers, soit pour le nombre des nids, soit pour leur clôture dans les temps des semailles et des récoltes ; qu'il ne puisse y en avoir plusieurs dans le même village, quel que soit le nombre des seigneurs.

Art. 24. — De même, lorsqu'il y a plusieurs seigneurs dans un village, qu'ils n'aient qu'une seule marcairie et une bergerie.

Art. 25. — Qu'il soit permis à chacun de tuer le gibier sur son terrain, et lorsqu'il gâte des héritages.

Art. 26. — Abolir les Chambres ardentes.

Art. 27. — Qu'on n'envoie plus notre argent en cour de Rome pour en obtenir des bulles et des dispenses : que le prix des dispenses soit appliqué aux pauvres des lieux où elles seront mises en exécution.

Art. 28. — Supprimer à jamais les droits que les curés perçoivent sous le titre de casuel, et pour les mettre à même d'administrer leur cure sans recourir à ces tributs, leur restituer les dîmes.

Art. 29. — Établir partout des écoles gratuites.

Art. 30. — Tâcher de parvenir à l'unité des poids et aunes et mesures, au moins dans chaque province.

Art. 31. — Procurer dans les arrondissements des campagnes des chirurgiens habiles, et choisis au concours, qui puissent soulager les pauvres malades, et veiller à la conservation de la classe la plus nombreuse et la plus laborieuse de vos sujets.

Art. 32. — Que les Maîtrises soient supprimées ; que, pour obtenir la permission de couper la haute futaie ou arbres dépérissant, on ne soit plus obligé de recourir au Conseil ; que les États provinciaux soient investis de ce pouvoir : ils pourront facilement vérifier l'état des forêts, et les raisons qui peuvent en permettre l'exploitation ; que la partie contentieuse soit attribuée au juge ordinaire.

Art. 33. — Il serait nécessaire d'ordonner aux juifs répandus dans le royaume d'exercer des arts et métiers, et de se livrer à toute occupation propre à les faire vivre, de manière qu'il ne soit pas nécessité d'exercer des usures criantes contre les chrétiens.

Art. 34. — Qu'il y ait dans chaque province des fonds destinés à procurer des secours et des soulagements aux pauvres de la campagne. Ne pourrait-on pas, à cet effet, assigner sur toutes les dîmes deux ou trois sols pour livre de leurs produits ?

Art. 35. — Qu'il y ait dans chaque province une caisse des accidents pour soulager ceux qui auraient éprouvé des malheurs tels qu'incendies, grêles, inondations.

Art. 36. — Que les presbytères soient abandonnés aux curés à l'instar des maisons canoniales, et que les communautés soient déchargées de leur entretien.

Art. 37. — Qu'il n'y ait plus qu'un seul rôle pour toutes les impositions, dont on payerait le quart tous les trois mois : qu'on supprime absolument toutes les contraintes : en conséquence, que les collecteurs soient autorisés à faire payer ceux qui seraient en retard ; que la collecte se fasse gratuitement, puisque chaque habitant doit être collecteur à son tour.

Art. 38. — Que les seigneurs soient obligés de déposer au greffe de leur seigneurie une copie authentique de tous les cens, rentes et corvées auxquels leurs vassaux sont tenus.

Art. 39. — Il serait nécessaire d'encourager l'agriculture qui diminue chaque jour dans cette province.

Art. 40. — Que les décimateurs soient attenus non seulement à l'entretien et reconstruction des églises, mais encore à ceux du clocher, des murs du cimetière, de la sacristie, également à la fourniture d'un soleil et d'un ciboire dans toutes les paroisses, et généralement de tous les ornements et linges nécessaires, de même que la construction des bancs d'églises, d'une chaire à prêcher, d'un confessionnal et décoration des autels.

Art. 41. — Que les prés soient réservés pour le second poil comme pour le premier, et sans clôtures après les deux récoltes, qu'ils soient au parcours, sitôt que chaque canton sera vide, pour chaque communauté sur son ban, ou qu'ils soient après la fenaison comme à l'ancienneté.

Telles sont les remontrances, plaintes et doléances, moyens et avis que proposent les habitants de Haboudange en exécution des ordres de Votre Majesté, avec un très profond respect.

Sire, de Votre Majesté vos très humbles, très fidèles et très soumis sujets et serviteurs.

J.-F. Conraux ; Laurent Bour ; François Klein ; N. Paté ; S. Bour ; J.-F. Branghour ; Jean Thiébaut ; Pierre Goute.

Art. 42. — Dès après signer, il a été arrêté que dans les hautes-justices qui sont à plus de deux lieues de distance des contrôles, il convenait d'y en établir.

Art. 43. — Les communautés de campagne qui, jusqu'à présent, ont été fort mal conduites, ou perdues par l'ignorance ou la négligence de leurs préposés, ou perdu quantité de procès ; les seigneurs ont acquis contre elles plusieurs droits. Ne conviendrait-il pas que ces mêmes communautés puissent aujourd'hui faire valoir les titres qu'elles pourront recouvrer, et rentrer dans tous leurs droits ?

Jean Thiébaut ; J.-F. Branghour ; Lacretelle, *curé d'Haboudange* ; N. Paté ; S. Bour.

Le présent cahier de remontrances, plaintes et doléances, avis et moyens, contenant quatre feuillets, a été coté et parafé par première et dernière par nous Marie-Joseph Lacretelle, curé d'Haboudange, soussigné, à Haboudange, le 19 mars 1789.

Lacretelle,
Curé d'Haboudange.

LA HAYE-DES-ALLEMANDS

LXXI[a]

« Procès-verbal d'assemblée des villes, bourgs, villages et communautés pour la nomination des députés. »

Communauté de la Haye-des-Allemands (¹).

17 mars 1789,

« Sont comparus chez Barthélémy André, maire, lieu ordinaire des assemblées de ce lieu, par-devant nous, Marc-Antoine Collignon, avocat en Parlement, procureur-fiscal de la seigneurie d'Ibigny, les habitants et communauté de la Haye-des-Allemands. »
Communauté composée de 23 feux.
Députés : Marc-Antoine Collignon, avocat, procureur-fiscal de cette justice, qui a présidé ladite assemblée, demeurant à Réchicourt-le-Château,
Joseph George, habitant de la Haye-des-Allemands.
Signatures : B. André, *maire, syndic;* D. Jeorgel; P. Jacquot; Nicolas Albert; Collignon.

LXXIe

Cahier des doléances, plaintes et remontrances des habitants de la Haye-des-Allemands, pour être présenté par leurs députés à l'assemblée des trois Ordres du bailliage de Vic, qui se tiendra le 23 mars 1789

Art. 1. — Aucune communauté ne cultive un finage aussi stérile et aride que les plaignants; leurs terres ne sont que sable et cailloux, ne produisant qu'un peu de seigle et des pommes de terre; toutes ces terres sont chargées de cens envers le seigneur, chaque habitant paie une redevance d'un écu, et cependant leurs impositions de toutes espèces sont aussi fortes en proportion que les communautés dont les terrains sont féconds; cette surcharge est injuste et onéreuse pour des pauvres habitants qui vivent la moitié de l'année sans pain.

Art. 2. — La communauté est imposée au rôle des 20es à 5[#] 10 s., assignés sur des prétendus profits communaux,

---

1. *Impositions ordinaires et prestation des chemins* pour les *six* premiers mois de l'année *1790* :

Imposition principale.	7[#]	10 s.	» d.
Accessoires de l'imposition principale.	14	18	9
Capitation et ses accessoires.	17	1	8
Taxations des collecteurs.	»	7	3
Droit de quittance au receveur des finances.	2	1	1
Prestation des chemins.	5	19	9
Total général.	47[#]	18 s.	6 d.

(Arch. Meurthe-et-Moselle, L. 677.)

tandis qu'il est constant qu'elle ne jouit ni en possède d'aucune espèce ; elle s'est pourvue en vain jusqu'à présent pour être déchargée de cette taxe injuste.

Art. 3. — Les bêtes à laine font un dommage considérable en pâturant dans les prairies en tout temps ; ce droit est onéreux, et cause un préjudice à la production des prairies.

Art. 4. — Les habitants se réunissent aux communautés voisines pour demander la libre entrée et sortie des marchandises d'une province à l'autre, sans acquits qui nuisent au commerce, la diminution du prix du sel et du tabac, une réforme dans l'administration de la justice, la suppression des huissiers-priseurs.

Art. 5. — Qu'il est aussi juste que raisonnable que toutes exemptions et privilèges sur les impôts soient abolis, que chacun paie au prorata de sa fortune et ses biens, sans distinction de noble ou ecclésiastique.

Art. 6. — Supplier Sa Majesté de pourvoir par des règlements à ce que les Juifs ni autres ne commettent l'usure, et que tous actes soient passés devant notaires pour éviter les surprises ;

Art. 7. — De rétablir la corvée sur les chaussées en nature comme ci-devant, attendu que le sixième des impositions levées pour cet objet est plus onéreux au peuple que l'exercice de la corvée en nature.

Fait et arrêté par les habitants de la Haye-des-Allemands assemblés pour cet effet audit lieu le dix-sept mars mil sept cent quatre-vingt-neuf, et ont signé :

B. André, *maire, syndic ;* D. Jeorgel ; P. Jacquot ; Nicolas Albert ; Collignon.

Paraphé *ne varietur,* au désir du règlement de Sa Majesté, par nous, avocat et procureur-fiscal de la prévôté de Réchicourt, invité par les habitants de la Haye-des-Allemands, audit lieu, le 17 mars 1789.   COLLIGNON.

HALLOVILLE (partie France)

LXXII*

Procès-verbal.
18 mars 1789,

« Sont comparus en l'auditoire de ce lieu (1), par-devant nous, Laurent Martin, maire, et syndic de l'Assemblée. »
Communauté composée de 17 feux.
Députés : Laurent Martin,
  Nicolas Lehaume.
Signatures : P. Dulée ; Jean Troché ; C. Flavenot ; Laurent Martin, *maire, syndic ;* N. Lebaume.

LXXII

Cahier contenant deux feuillets, coté et paraphé par moi, Laurent, maire et syndic de la municipalité de Halloville partie de France, pour servir à inscrire les doléances, plaintes et remontrances que fait la susdite communauté, pour répondre aux vues aussi sages que bienfaisantes de Sa Majesté, qui, tout occupée du bien de son peuple, l'invite lui-même à lui représenter les moyens de faire cesser ses peines, et de le rendre heureux, en l'assurant de l'écouter avec un cœur vraiment paternel

La communauté d'Halloville partie France représente :

Art. 1. — Que le petit village d'Halloville qui n'est que de 27 habitants dont aucun n'est fortuné, est composé de deux communautés. Cette division nuit beaucoup à l'union qui devrait régner entre un nombre si petit d'habitants, cause de grands embarras tant pour la distribution des biens communaux que pour la répartition des différentes charges et impositions, entraîne des frais inutiles et très préjudiciables au village si petit, en l'obligeant de payer deux fois le port de toutes les ordonnances de Sa Majesté, de Nos Seigneurs les intendants, des parlements et de Messieurs les procureurs-géné-

---

1. *Impositions ordinaires et prestation des chemins* pour les *six* premiers *mois* de l'année *1790* :

Imposition principale.	22 ₶	» s.	» d.
Accessoires de l'imposition principale.	43	16	4
Capitation et ses accessoires	50	2	3
Taxations des collecteurs	1	3	3
Droit de quittance au receveur des finances.	2	1	4
Prestation des chemins.	17	1	9
Total général.	136 ₶	4 s.	11 d.

(Arch. Meurthe-et-Moselle, L. 678.)
Deux vingtièmes et quatre sous pour livre du premier pour *1790*. 236 ₶ 3 s.
(*Ibid.*, L. 308.)

raux des différents départements : qu'en conséquence, il plaise à Sa Majesté ou à ses conseils, pour ramener l'union et nous mettre plus en état de satisfaire aux impositions royales, de réunir les deux communautés du village d'Halloville en une seule, ce qui pourrait facilement avoir lieu par le moyen d'un échange que ferait le prince de Beauvau en cédant les droits qu'il a sur la partie France d'Halloville pour ceux que Sa Majesté possède sur la partie Lorraine de Neuviller, village voisin. Cet échange procurerait un très grand avantage aux villages susdits;

Art. 2. — Que la communauté d'Halloville partie France est chargée de payer annuellement au prince de Beauvau trois résaux de blé pour avoir la liberté d'aller moudre les grains où elle juge à propos, convention que la communauté a faite autrefois aveuglément, puisqu'en France il n'y a point de banalité pour les moulins. La communauté d'Halloville partie France demande d'être déchargée de cette servitude;

Art. 3. — Que les manufactures en fayences, verreries, forges, si multipliées, entraînent la ruine des forêts, ce qui cause la cherté si grande du bois que dans peu de temps l'on se trouvera dans l'impossibilité d'y soutenir; pour y obvier, il conviendrait d'en supprimer;

Art. 4. — Que les traites foraines, vraies entraves pour le peuple, soient abolies;

Art. 5. — Que le prix du sel, denrée de première nécessité, que les sujets du Roi paient très cher, tandis qu'on le passe aux étrangers à un très vil prix, soit diminué;

Art. 6. — Que Messieurs les religieux bénédictins de l'abbaye de Senones jouissent des deux tiers de la grosse et menue dîme de ladite paroisse, et ne sont point attenus à la desservir, ce qui paraît ridicule aux suppliants; qu'étant annexés à la paroisse de Couvey, distance d'une bonne demi-lieue, pour un tiers de la grosse et menue dîme que le curé de ladite paroisse jouit, nous demandons qu'il plaise à Sa Majesté que les susdits religieux bénédictins soient attenus à desservir ladite paroisse, annexe de Couvey, pour les deux tiers de la dîme de ce lieu qu'ils jouissent, et payer les deniers royaux à proportion de leurs bénéfices, et soulager les suppliants;

Art. 7. — Qu'il soit permis à chaque particulier de faire les regains dans leurs prés sans clôture.

Sa Majesté, en faisant droit sur ces demandes, acquerrait un nouveau titre de reconnaissance.

Laurent Martin, *maire, syndic;* P. Dulée; C. Flavenot; Jean Troché; N. Lehaume.

HAMPONT (partie France)

LXXIII*

« Communauté de Hampont partie France, district de Vic. »
Procès-verbal.
16 mars 1789,
« Sont comparus en la maison de Mathieu Paulin, maire de la justice et communauté de la partie France de Hampont(¹), et en sa présence... (suit la liste des habitants ainsi divisés : 1re classe ; 2e classe ; 3e classe ; entrants); lesquels habitants formant ensemble 37 feux à cause de ceux qui vivent ensemble. »
Députés : Nicolas Friche,
    Joseph Pierre fils, tous deux manœuvres.
Signatures : Jean-Claude Friche; J. Perin, *syndic;* Joseph Pierre fils; Mathieu Paulin, *maire;* N. Friche; Joseph Thiriot; Pierre Oudot; J. Munier.

LXXIII^a

Communauté de Hampont partie France, bailliage de Vic

Plaintes, doléances et remontrances rédigées dans le présent cahier en assemblée des membres composant la municipalité, et en présence du plus grand nombre des habitants de la communauté de Hampont partie France, et assistée

---

1. *Impositions ordinaires* pour les *six* premiers *mois* de l'année *1790 :*
Imposition principale. . . . . 393 ₶ » s. » d.
Impositions accessoires. 993   17   2
Capitation 178   10   4
            Total . . . . 1 565 ₶ 7 s. 6 d.
Deux vingtièmes et quatre sous pour livre du premier pour *1790 :*
Biens-fonds. . { 1er cahier. . . . 1 160 ₶ 13 s. 9 d. .
              { 2e cahier . . .   721   15   6
            Total . . . . 1 882 ₶ 9 s. 3 d.
            (Arch. Meurthe-et-Moselle, L. 308.)

de Nicolas Friche et Joseph Pierre fils, manœuvres, tous les deux députés nommés à la pluralité des voix en assemblée des habitants à l'issue des vêpres du dimanche 15º mars 1789 : lesquels dépu és se sont volontairement chargés du présent cahier et ont promis de se transporter le 23º mars 1789, dès le matin, en la ville de Vic, où assigna ion est donnée pour comparaître et avoir l'honneur de présenter le présent cahier au nom de ladite communauté de Hampont à Messieurs composant l'assemblée ordonnée en conséquence de la lettre de Sa Majesté le roi de France du 7º février 1789, concernant la convocation des États généraux, lesquels députés ont promis de bien fidèlement en honneur et conscience s'acquitter de ladite commission, et répondre sur chacun des articles exposés audit cahier, au cas qu'ils soient interrogés, en assurant la sincérité

Observations sur le village de Hampont

Le village de Hampont est composé de deux communautés une Lorraine faisant les deux tiers du lieu, et la nôtre France faisant l'autre tiers. Il y a Obreck annexé à la paroisse : toutes les charges de la paroisse se sont payées de temps immémorial, savoir sur le total, Obreck en paye un cinquième : dans le restant la partie Lorraine en paye les deux tiers, et notre partie France l'autre tiers ; ce qui fait trois communautés pour la paroisse, et chacune jouit de ses biens communaux séparément. M. le comte d'Hunolstein est seigneur de la partie Lorraine, et Mgr l'évêque de Metz seigneur de notre partie France, et tous les deux hauts-justiciers, chacun sur sa partie.

Ces deux seigneurs ont joui des droits seigneuriaux pour ainsi dire indivis jusqu'en l'année 1756, sans qu'aucun des deux ait de maison seigneuriale ni d'admodiateur dans le lieu.

M. le comte d'Hunolstein, résidant alors à Château-Voué, village voisin, envoyait en ce temps son troupeau de brebis pâturer sur le ban de Hampont jusqu'à l'endroit de la Tour de l'église. Il possède sur le ban de Hampont un gagnage qui était exploité par des laboureurs du lieu sans jouir d'aucun privilège seigneurial.

Mais, en 1756, mondit seigneur a fait construire une maison en la partie Lorraine, il y a placé un fermier admodiateur auquel il a cédé ses droits seigneuriaux ; ce fermier a commencé de louer la pâture à des troupeaux étrangers de brebis qui n'y venaient que par intervalles de temps à autre, et, insensiblement, après deux ou trois années écoulées, ledit fermier a placé un troupeau de brebis qu'il ne quitte plus.

Les habitants de Hampont jouissaient alors d'une aisance qu'ils regrettent ; ils avaient pour ainsi dire seuls le parcours des terrains du ban, ils pouvaient aisément nourrir chacun une vache, l'on partageait les petits biens communaux, chacun avait une petite portion de terre et pré et un bon parcours.

Mais, depuis que ce seigneur de la partie Lorraine a bâti sa maison de fermier, qu'il a eu placé un troupeau de brebis, se trouvant alors gêné pour se procurer les fourrages pour nourrir ses bestiaux, il a cherché des moyens de se procurer des terrains pour augmenter sa ferme sans en acheter, et tirer sur iceux des foins et pailles pour nourrir son bétail.

Vers l'année 1770, ledit fermier a signifié aux habitants lorrains qu'il s'opposait aux partages des biens communaux qui s'étaient partagés jusqu'à cette époque, portion égale à chaque habitant, et en chaque communauté, en accordant une portion double au fermier du seigneur.

Ce fermier a demandé le tiers de tous les terrains en nature ou le tiers du prix de ceux loués. Cesdits habitants lorrains ont cédé ce tiers en 1771 et vers l'année 1775, le fermier admodiateur de Mgr l'évêque de Metz notre seigneur, demeurant dans son château à Haboudange, a fait à la partie France la même demande du tiers desdits biens communaux ; nous avons balancé longtemps avant de céder, espérant qu'à cause que mondit seigneur évêque ne possède aucun bien à Hampont, ni maison, que les seuls droits seigneuriaux, il n'avait à cette condition aucun privilège pour demander le tiers, mais cedit fermier menaçant de faire des grands frais, les habitants de cette partie France ont craint de succomber, ont cédé sans préjudice à leurs droits, et, insensiblement, se sont trouvés dépouillés de ce tiers par des habitants même de leur communauté, lesquels s'étaient abonnés pour les droits seigneuriaux avec le fermier admodiateur, et ont préféré un petit intérêt pour eux au préjudice de celui qui pourra affliger à la suite leurs enfants.

Voilà donc les habitants de la partie France affligés et privés de la bonne partie de la pâture que lui enlève le troupeau de brebis du fermier du seigneur de la partie Lorraine, qu'il a placé insensiblement sur le ban de Hampont, et que nos ancêtres de ce temps, trop doux, ont applaudi au préjudice de leurs descendants.

Il n'y avait jamais eu que le troupeau communal à Hampont, et celui-ci n'est en usage que depuis 1756. Nous regrettons ces privilèges anticipés sur nous qui ne sommes assujettis à rien au domaine de ce seigneur. Nous demandons à Sa Majesté qu'il lui plaise ordonner que ledit seigneur d'Hunolstein de la partie Lorraine fasse retirer le troupeau de brebis que son fermier fait pâturer sur le ban de Hampont indivis, et se contente de l'usage ancien qu'il jouissait d'y venir parcourir jusqu'à l'endroit de la Tour de l'église.

Depuis que le tiers des biens communaux est cédé au fermier admodiateur de Mgr l'évêque, les habitants sont réduits à de petites portions qui ne valent presque pas la peine de les cultiver, et plusieurs les abandonnent ne pouvant plus nourrir ce qu'ils pouvaient nourrir autrefois. Si Sa Majesté connaissait combien ces tiers enlevés par les fermiers des seigneurs sont préjudiciables aux pauvres, elle ne pourrait s'empêcher de faire un règlement à ce sujet : les pauvres n'ont d'autres ressources que les biens communaux ; et en les privant d'une partie de ces biens, c'est les réduire dans un état encore plus misérable.

Les seigneurs sont à la vérité dans plusieurs paroisses le soutien des pauvres, et ceux d'entre eux qui ont tenté de parvenir de faire établir l'usage de s'attirer les tiers des biens communaux ont oublié les œuvres de miséricorde ; si ils ne veulent pas par compassion aider les pauvres, au moins devraient-ils ne pas les dépouiller des moyens qu'ils avaient pour vivre.

Les seigneurs tels que M. l'évêque de Metz possèdent des grands biens. L'on remarque qu'ils ne cherchent qu'à les augmenter sur leurs sujets sans en acheter.

Les droits et servitudes seigneuriales qu'ils exigent d'eux accablent leurs sujets, et ne seront-ils jamais rassasiés ? Si Sa Majesté n'avait, par compassion, la bonté de mettre des bornes pour se déclarer contre les abus, en peu de temps l'on verrait les seigneurs, par leur puissance, obliger leurs sujets de leur accorder toute liberté sur eux et sur leurs biens ; nous croyons profiter de ce moment pour représenter à Sa Majesté que tous les sujets de la province critiquent après les tiers levés par les seigneurs, qu'ils désirent de voir rentrer en communauté des habitants.

Ce qui est de plus ridicule encore, c'est que ces fermiers des seigneurs refusent de contribuer en proportion avec les communautés pour acquitter les vingtièmes de ces biens desquels ils ont le tiers; autrefois, l'on tirait sur une partie d'iceux pour acquitter les charges de la paroisse, l'entretien des ponts et chemins du ban ; mais, présentement, ce sont les deux tiers à eux restant qui sont seuls chargés de toutes charges, les fermiers des seigneurs voulant persuader qu'ils ont le privilège de tirer ces tiers exempts de toutes charges.

Observations sur les droits seigneuriaux payés à M. l'évêque de Metz annuellement

La communauté paye au fermier de mondit seigneur le jour de Saint-Remy trois livres.

Les laboureurs de la partie France de Hampont sont en usage d'aller conjointement avec ceux des autres communautés de la châtellenie de Mgr l'évêque cultiver un jour de terre à chaque culture, savoir une fois pour les marsages, et trois fois pour les terres versaines pour semer le blé, toutes lesdites cultures requises sur les terres dépendant de la ferme de mondit seigneur à Haboudange, éloigné d'une lieue et demie de Hampont.

L'on oblige chaque laboureur d'aller voiturer trois quarts de bois pris dans les forêts d'Albestroff, pour le conduire à son château à Haboudange, éloigné de six lieues de Hampont.

L'on oblige chaque laboureur avec ceux des villages de la châtellenie d'Haboudange de voiturer de Haboudange et jusqu'à trois lieues de distance tous les grains crûs et concrûs sur les terres de ladite châtellenie.

L'on oblige tous les manœuvres d'aller conjointement avec les autres manœuvres de ladite châtellenie faucher les breuils dépendant de ladite châtellenie à Haboudange.

Quel est le seigneur qui a pu imposer de pareilles servitudes, qui n'ont peut-être jamais été connues ni autorisées des Souverains? et pouvons-nous espérer d'en être délivrés? L'on paye avec soumission les impôts royaux parce que l'on connaît qu'ils sont employés pour acquitter les charges du royaume ; mais celles-ci ne se font et ne se payent qu'en murmurant, voyant les revenus infinis annexés à l'Évêché de Metz laissés à des fermiers qui sont altérés, et cherchent de les augmenter encore ; Sa Majesté ferait le plus grand bien de supprimer à l'avenir toutes ces servitudes affligeantes.

Observations sur les amendes des fermiers des seigneurs

Il y a environ 20 ans que les amendes pour reprises faites des bestiaux, etc., des fermiers des seigneurs étaient jugées aux plaids-annaux au profit des fabriques des lieux : mais, présentement, l'on nous persuade qu'il y a un règlement autorisé pour annexer les amendes desdits fermiers aux seigneurs leurs maîtres.

Si l'on connaissait combien cet abus est préjudiciable par les dommages que ces fermiers n'ont pas soin d'éviter, l'on rétablirait l'ancien usage d'annexer les amendes des fermiers des seigneurs aux fabriques des lieux pour les rendre plus soigneux.

Observations que les propriétaires des biens du ban de Hampont ont l'honneur de présenter

Le village de Hampont est, ainsi qu'il est énoncé ci-devant, deux tiers Lorraine et un tiers France, et tous les biens du ban quelconques indivis, généralement deux tiers Lorraine et un tiers France, les deux tiers régis par la coutume de Lorraine, et un tiers régi par la coutume de l'Évêché de Metz.

Tous les propriétaires des biens sont cotisés au rôle de l'abonnement en la partie Lorraine pour les deux tiers du revenu de tous leurs biens, et aussi tous cotisés au rôle du vingtième de la partie France dudit lieu pour l'autre tiers.

C'est une grande gêne pour eux d'être obligés de payer pour les mêmes biens sur les deux rôles, attendu que les Lorrains ainsi que les Français ont le bonheur d'être tous également sujets du Roi de France ; il serait plus avantageux qu'il n'existe plus qu'une communauté pour les biens communaux, et que les propriétaires ne soient cotisés qu'à un rôle pour les vingtièmes ; s'il est possible de nous réunir à une seule communauté, sous une seule coutume, et un seul rôle pour les vingtièmes, nous serions plus heureux : nous le désirons tous.

Observations sur les moulins

Les moulins sont de la première nécessité, et les meuniers devraient être choisis parmi les hommes les plus fidèles ; heureux pour cet objet les cantons qui en ont des fidèles !

Combien de soupçons, de critiques, ne fait-on pas sur leur conduite, et de leurs domestiques, pour prévenir tout soupçon et rendre grand service aux propriétaires !

Il serait prudent que, dans chaque moulin, il y ait une balance assez grosse pour pouvoir y peser un sac de plusieurs quintaux de blé, et avec des poids bien étalonnés et vérifiés ; les plaignants avec le meunier pourraient plaider sur place, et alors la balance, quoique sourde et muette, serait le juge ; ce serait le plus grand bien pour le public qui a beaucoup souffert et perdu, faute de ces précautions, parce qu'après que la farine est transportée hors des moulins, les meuniers pourraient chercher des moyens pour s'excuser.

Observation sur les colombiers

Il y a sous le toit du presbytère de Hampont, situé en la partie Lorraine du village, un colombier de temps immémorial ; le service que M. le curé actuel en fait pour les pauvres malades apaise les critiques ; cependant nous craignons l'avenir et demandons que ledit colombier soit supprimé.

Observations sur les bénéficiers des dîmes

L'église et le presbytère de Hampont sont situés en la partie Lorraine : l'église est ancienne, la nef, le chœur et le calice ont été jusqu'à présent à la charge de MM. les chanoines du chapitre de l'église cathédrale de Metz, qui tirent toute la grosse dîme de Hampont, affermée 2 200ᵗ, exempte de toutes charges.

M. le curé du lieu tire les novales et menues dîmes au douzième. La tour, la sacristie, le cimetière et le presbytère ont été jusqu'à présent, ainsi que l'entretien des cloches, luminaire et horloge payés par les trois communautés qui composent la paroisse, savoir : le cinquième du total par la communauté d'Obreck, annexe de la paroisse, le tiers du restant par la partie France, et les deux autres tiers par la partie Lorraine.

La fabrique n'a qu'un petit revenu insuffisant pour l'entretien des ornements et la sacristie.

Les réparations que l'on est obligé de faire à l'église et presbytère occasionnent souvent des discordes parmi les paroissiens : s'il était possible de charger les bénéficiers des dîmes de l'entretien des église, calice et presbytère, laissant la tour, les cloches, la sacristie et le cimetière à la charge des paroissiens, ceci paraîtrait raisonnable, et peut-être répondre aux intentions des fondateurs des bénéfices.

Les revenus des bénéficiers augmentent plutôt que de diminuer par les soins que chacun s'empresse de faire produire la terre; leurs charges ne sont cependant que les mêmes ; et, en les chargeant de l'entretien de la nef, chœur et calice des églises et presbytères, ce ne serait qu'un petit objet pour eux, et qui souvent devient très coûteux aux paroissiens, car l'on remarque que dans toutes les paroisses où l'on reconstruit des églises et presbytères, l'on est obligé d'engager les biens communaux pour longues années, au préjudice des pauvres qui n'ont partout d'autres terrains pour se procurer le nécessaire.

Observations sur les terres labourables

Les terres labourables sont sans doute la partie la plus nécessaire au bien public. Heureux sont les cantons où les terres sont fertiles, et où il y a des bons cultivateurs ! Le bien-être des cultivateurs fait partout le bien général du public, ses travaux sont ainsi qu'une neige qui se fond et arrose tous les environs.

Depuis 1785, la stérilité a réduit les récoltes de blés et marsages à la moindre que l'on ait faite depuis longtemps, aussi l'on voit de tous côtés des laboureurs, fermiers et cultivateurs ruinés.

Les maîtres des biens les affichent souvent au plus offrant : le cultivateur, dans l'espérance de travailler pour se procurer des bonnes récoltes, s'engage souvent au plus haut prix.

Presque tous les maîtres des biens font insérer dans les baux de leurs fermes que leurs fermiers seront chargés d'acquitter les vingtièmes, réparations de maisons, et que leurs canons ainsi fixés leur seront payés exactement sans aucune diminution prétendue pour cause de stérilité, gelées, grêles, ou autres fléaux imprévus, parce que les bonnes années compensent les mauvaises, et sans cesdites réserves, le bail présent n'aurait pas été accepté.

Conditions dictées par des cœurs durs et sans miséricorde : c'est donc le cultivateur et non le maître qui sera seul affligé des fléaux imprévus qu'il plaît à la Providence d'envoyer : au contraire, il y a des maîtres qui tirent bénéfice de ces fléaux, en vendant le plus haut prix.

Les récoltes des trois années dernières ont été insuffisantes aux laboureurs fermiers pour payer les canons des biens qu'ils tiennent affermés, et pourvoir en outre à leur subsistance; ils sont le plus grand nombre reliquataires à leurs maîtres, et ceux des maîtres qui n'ont pas eu les moyens, ou l'indulgence d'attendre leurs fermiers, les ont poursuivis et dépouillés, et quoiqu'étant bons ouvriers et cultivateurs, les ont réduits à la misère.

Ah! qu'il serait à désirer pour le soutien des pauvres cultivateurs fermiers qu'il plaise à Sa Majesté, par bonté et justice, pour le soutien de ces ouvriers de l'agriculture tant nécessaires, faire un règlement que tous les biens affermés ne soient pas liés par ces conditions trop dures, et que dans les cas de stérilité, gelée ou grêle sur les récoltes, ou incendies, les canons des biens endommagés ne puissent être exigés que par proportion à la récolte; si la perte était estimée par experts être d'un quart, ou moitié, le canon serait payé de même.

Ce serait le moyen de soutenir le cultivateur sans porter grand préjudice au maître, et l'on ne verrait pas le dixième de ce que l'on voit de laboureurs ruinés; les terres seraient toujours exactement cultivées, l'abondance des denrées mettrait les cultivateurs et autres en état de vivre.

Il est d'usage de diviser dans notre canton les terres en trois saisons, et de donner aux terres versaines pour les semailles des blés trois cultures : il serait prudent d'interdire le parcours sur lesdites terres après la seconde culture que l'on fait ordinairement au mois de juillet.

Observations sur les prairies

Les prairies de notre ban étaient assez belles avant le privilège accordé pour les enclos; mais, présentement, plusieurs propriétaires, à l'envi, se sont empressés de clore des prés par des fossés, qui ont pour ainsi dire massacré les prairies et les ont rendues très incommodes. D'ailleurs, il n'y a que les gros propriétaires qui peuvent jouir de ce privilège; les petits, et qui sont leurs voisins, souffrent par ces fossés gênants et pernicieux à la fertilité de l'herbe, lesquels détruisent plus du huitième de la production des prés.

Ces clos n'occasionnent que des dommages : ceux qui veulent en jouir ravagent tous les environs, pour envoyer pâturer leurs bestiaux sur lesdits clos. Si Sa Majesté connaissait combien ces clos sont gênants au public, elle ne pourrait s'empêcher d'en déclarer l'interdit.

Il serait avantageux, pour mettre tous les propriétaires à la même classe, de supprimer tous privilèges pour clôture de prés; si l'on juge que la récolte de la fenaison en foin ne soit pas suffisante pour nourrir les bestiaux pendant l'année, il est bon de prendre des précautions, parce que si le parcours était accordé sur le général des prés après la fenaison faite, il n'y aurait rien de ménagé pour l'hiver : le parcours détruisant tout presque dans le seul jour, ne sert que pour la saison de la croissance de l'herbe.

Si l'on voulait ménager pour l'avenir, il serait prudent d'accorder de faire deux récoltes dans l'année en foin et regain dans les prés propres pour ce, et qui ne gênerait pas les abreuvoirs et parcours des troupeaux, ce qui paraîtrait être à l'avantage des uns et des autres sans privilège.

L'usage ancien est regretté par ceux qui n'ont pas de clôture, qui était de laisser en parcours les deux tiers des prés après la fenaison, et d'en fixer un tiers pour embanies aux laboureurs seuls.

La prairie de Hampont est en outre dégradée par la rivière sortant de l'étang d'Arlange qui règne le long des prés du ban, laquelle servant de canal à flotter les bois servant d'approvisionnement à la saline de Château-Salins, depuis quelques années, avant qu'icelle sert de canal, la pente de l'eau était douce, présentement le niveau du fond de la rivière est beaucoup plus profond que le niveau des prés, dessèche trop la terre, laquelle, après huit jours de sécheresse, se fend et ne produit presque plus d'herbe.

Les propriétaires des prés voient assez que c'est ce canal qui, avec les clôtures, détruisent la fertilité de l'herbe ; mais, à qui s'adresser pour y remédier, la saline étant une usine du Domaine du Roi? Ils souffrent avec soumission ces dommages, mais espérant qu'après que Sa Majesté sera instruite des dégradations et préjudices que ce canal et les clôtures occasionnent aux prairies, il aura la bonté d'y remédier.

Observations sur les bois

Il y a des côtes en bois qui règnent sur toute la longueur des terres du ban, lesquelles portent un grand préjudice par leurs ombres et les eaux qui en descendent dans les terres ; d'ailleurs, les bêtes sauvages qui s'y tiennent renfermées qui dans le temps de la maturité des grains, viennent ravager souvent la grande partie de l'espérance des récoltes ; les cultivateurs souffrent d'être environnés des bois et sont avec tous les sujets du canton pour ainsi dire privés de l'aisance d'avoir du bois pour leur nécessaire.

Les forêts appartiennent dans ce canton plus des trois quarts au Roi : toutes les coupes annuelles que l'on y fait servent à approvisionner les salines de Dieuze, Moyenvic et Château-Salins.

Les directeurs desdites salines se procurent encore, outre les forêts du Roi, les coupes des seigneurs des environs ; souvent l'on remarque que l'on leur accorde le privilège dans l'espérance d'être plus exactement payés.

Nous, étant voisins des forêts et des salines, sommes obligés d'aller souvent chercher notre provision de bois, et pour tous les bois nécessaires à charpente et charronnage que l'on ne peut trouver dans le voisinage, que du côté de Morhange à cinq et six lieues de distance de Hampont.

Les salines sont des usines royales et qui sûrement rapportent beaucoup à son Domaine, mais sont très préjudiciables à la production de la terre : les laboureurs s'occupent à voiturer pour les salines et négligent les cultures de leurs terres.

La nécessité en oblige le grand nombre d'aller demander du secours aux officiers des salines, lesquels ont soin de saisir les moments de leur besoin d'argent pour leur en délivrer, et leur proposer des traités de voitures : le traité étant passé et payé, les bons moments de cultiver viennent, mais ces officiers forcent les laboureurs d'abandonner leurs cultures pour voiturer ces bois ; leurs cultures négligées, leurs récoltes ne rapportent pas pour s'approvisionner de chevaux et payer leurs canons ; c'est ainsi la perte des laboureurs de notre canton, et qui reflue sur tout le public. Si cesdites salines étaient approvisionnées de bois par des chevaux à leur compte, les cultivateurs resteraient libres pour leurs cultures ; ou, si l'on réduisait lesdites salines à la moitié de la consommation des bois que chacune consomme, laissant en chaque canton les cimes d'une coupe pour les vendre aux habitants, ils pourraient y tirer leur provision, et les pauvres qui sont hors d'état de payer les frais d'envoyer des voitures à cinq lieues ne seraient pas forcés d'aller ravager les forêts voisines.

Dans les forêts du Roi il y a des bois propres à charpente, charronnage et à tous ouvrages ; l'on découpe cependant toutes ces belles pièces pour du bois de quatre pieds pour lesdites salines ; l'on ne sait présentement où aller pour avoir des bois de bâtiment et charronnage. Ah! quel dommage de découper ces belles pièces aux yeux de ceux qui en ont si grand besoin, qui les payeraient volontiers et n'en trouvent point aux environs qu'à cinq et six lieues, éloignés des canaux desdites salines.

S'il était possible de pouvoir accorder au public en chaque canton une coupe de cimes chaque année dans les bois du Roi, ainsi que du bois de charronnage et charpente, ce serait rendre un grand service au public qui en payerait volontiers le prix.

Autrefois l'on accordait dans les forêts du Roi le parcours pour les bestiaux depuis les crutes de six ans et au-dessus ; présentement on ne l'accorde que depuis dix ans, dans lesquelles les bestiaux ne trouvent presque pas à pâturer, étant gênés pour y fréquenter. Tous les laboureurs désirent qu'il plaise à Sa Majesté accorder l'usage ancien.

Observation sur le prix du sel

Les sujets Français ainsi que les Lorrains regrettent tous le temps qu'ils ne payaient le sel qu'à onze sols le pot faisant les deux livres ; le prix actuel les accable ; ils entendent dire aux voyageurs et étrangers que, dans les provinces voisines et éloignées des salines, le meilleur sel y est transporté, et que l'on vend à plus bas prix ; cependant les sujets environnant les salines sont gênés de toutes parts par les forêts du Roi, les entrepôts, canaux, voitures et tout ce qui a rapport aux salines, et par les routes et chemins que les voitures dévorent le long des années pour approvisionner lesdites salines et en transporter le sel ; ce qui occasionne de grands préjudices au public, qui ne jouit pas du privilège que jouissent les provinces éloignées : ils espèrent que Sa Majesté, considérant tous ces dommages, aura la bonté de diminuer le prix du sel dans la province des Trois-Évêchés et de la Lorraine.

Observations sur le commerce

Les sujets Français ainsi que les Lorrains ont tous le bonheur d'appartenir au même souverain ; ceux qui par leur industrie veulent se mêler de commercer dans l'intérieur du canton qui est mélangé par des villages et des bans Lorrains et Français sont exposés tous les jours d'encourir des contraventions.

Il y a des bureaux établis en différents endroits pour y distribuer des acquits à ceux qui traversent ces cantons mélangés de Lorraine et de France : ces bureaux sont pour ainsi dire des filets tendus pour y arrêter les commerçants et ceux qui se procurent leur provision du nécessaire. La première étude que les commerçants doivent faire pour se parer des contraventions, c'est de s'informer où sont placés les bureaux du canton ; car il y a des employés en grand nombre dispersés en différents endroits, qui veillent pis que les chats ne font après les souris, pour faire des reprises : souvent les commerçants, ne connaissant pas la limite des bans Français et Lorrains, sont repris sans qu'ils aient cru avancer contre les ordonnances. Il peut arriver que l'homme le plus fidèle à son roi pourrait être repris ; c'est pour ainsi dire faire des commerçants un esclavage de les assujettir dans l'intérieur des provinces du royaume à ces bureaux ; plaise à Sa Majesté nous délivrer de cette servitude, qui est pour ainsi dire un fléau, et avoir la bonté d'accorder la liberté du commerce dans l'intérieur des provinces du royaume ; c'est un moyen d'encourager l'agriculture et de diminuer les impôts, en y employant les appointements de ces employés, qui était un argent perdu.

Observations sur les routes et chemins

Notre village est placé dans un canton éloigné d'une lieue et demie des grandes routes, les chemins étant impraticables dans les temps pluvieux.

Par le règlement nouveau, la répartition des dépenses pour les réparations des routes s'est faite au marc la livre ; l'intention de Sa Majesté a été sans doute de soulager les pauvres à cet égard, lesquels, avant ce règlement, étaient obligés d'y travailler autant que la première classe.

Nous croyons prudent de représenter que les routes servent plus au clergé, aux seigneurs et aux commerçants qu'aux roturiers. Dans une armée, chacun s'empresse de travailler à vaincre, parce que l'on voit que les grands ainsi que les petits partagent les peines.

Si l'on voyait tous les entretiens des charges communales des chemins des bans et des routes répartis sans privilège sur tous ceux qui les fréquentent, depuis le berger jusqu'au Souverain, sans exception du clergé, ni des nobles, chacun s'empresserait de payer de bonne volonté, et alors ce serait le moyen de faire cesser les critiques.

De l'état des sujets de la province

L'on ne remarque dans la province des Trois-Évêchés et de la Lorraine que le clergé, les seigneurs, les officiers des salines, ceux qui occupent les commissions des contrôles, sceaux et bureaux royaux qui peuvent vivre commodément; l'on voit que ceux qui parviennent dans ces places font dans peu de temps changer leur fortune, les appointements dont ils sont gratifiés les tranquillisent, et sont exempts d'être tourmentés par les travaux pénibles que les cultivateurs et manœuvres sont obligés d'exercer pour se procurer le nécessaire à la vie.

Cependant toutes ces différentes classes que l'on peut nommer les heureux de ce siècle ont été jusqu'à présent exempts de toutes charges communales et impositions, tandis que les laboureurs roturiers, artisans et manœuvres, qui sont tourmentés par les travaux continuels qu'exige leur état, ont été jusqu'à présent et sans reconnaissance pour ainsi dire de la part d'aucuns, épuisés par les fatigues et les frais des travaux des chemins et des routes, par les impôts royaux, droits seigneuriaux et charges communales, qui faisaient sans pitié de leur état un esclavage; ils n'en ont espéré de récompense que de la Providence dans la vie future; mais, grâce à l'Être suprême, notre bon monarque a la bonté d'annoncer qu'il veut réformer les abus et accorder à ses sujets la liberté possible, ce qui donne occasion aux personnes du Tiers état d'espérer de vivre plus heureux sous son règne.

Notre petite communauté n'oserait prendre la liberté d'exposer au pied du trône de Sa Majesté les moyens de diminuer les impôts qui nous accablent depuis longtemps, et de soulager les gens du Tiers état qui ont jusqu'à présent payé presque seuls les impositions : nous espérons que les personnages qui composent les grandes et respectables assemblées, qui ont plus de lumières que nous, seront animés du zèle de leurs fonctions et en feront un tableau exact et fidèle au Roi.

Impositions de la communauté

Notre petite communauté de la partie France de Hampont est cotisée à la subvention et capitation à la somme de 824# 17 s. Le rôle du vingtième porte en total 425# 8 s., en observant que les Lorrains propriétaires y sont également cotisés, et nous en la partie Lorraine.

Nous avons l'honneur de représenter que les charges communales, les droits seigneuriaux et les servitudes montent encore au moins à 600#, sans comprendre les cens et rentes particulières affectées sur les biens et les dettes constitutives dont le grand nombre des habitants sont chargés ; les revenus de leurs biens ne sont pas suffisants pour payer les canons des fermes, les impôts royaux et seigneuriaux, et fournir au nécessaire de leur famille, étant tous obligés de s'occuper au travail de leurs mains pour subvenir, et encore le grand nombre sont dans la misère.

Observation sur un terrain communal duquel les communautés de Hampont sont privées, et regrettent, et sur des bois qui appartenaient auxdites communautés.

Le nommé Christophe Thiriot a déclaré et fait publier en *1780* un terrain communal de vingt jours alors en friche dit Moscroze. Les communautés s'y sont opposées dans les six premiers mois : l'affaire a été plaidée au bailliage de Dieuze en *1781* qui a ordonné une enquête, et qui a été faite, autre sentence dudit bailliage qui la confirme. Thiriot en a appelé au parlement à Nancy en *1782*. Thiriot a été condamné par défaut, qu'il a relevé dans le délai : enfin, le 4 janvier *1783*, les communautés ont été condamnées non recevables ; elles ont jeté appel au Conseil en *1784* où l'affaire est restée depuis sans mouvement. Pour ne pas perdre l'espérance de ce terrain, nous le réclamons ici.

Les communautés de Hampont possédaient sur leur ban un bois de trente arpents dit Au fond de la Croisselotte, entre les bois de son Altesse Royale de part et d'autre, et un autre de six arpents voisin du bois Matelot aussi au Roi sur le même ban.

En 1700, par ordonnance de la Chambre des comptes de Nancy, l'on a renouvelé les déclarations des biens, les gens de justice de Hampont ont joint lesdits bois dans leur déclaration enregistrée en ladite Chambre des comptes avec les autres biens communaux, les communautés n'ont pu parvenir d'obtenir la permission d'exploiter lesdits bois à cause du voisinage des bois du Roi, et les officiers des Maîtrises de ce temps les ont délivrés aux salines avec celles faites dans les bois du Roi voisins; nous les regrettons tous, et désirons qu'il plaise à Sa Majesté nous faire rentrer en jouissance desdits deux cantons de bois, ainsi que du terrain friche de vingt jours que Thiriot a déclarés.

Le présent cahier a été rédigé en assemblée des habitants de la communauté de la partie France de Hampont en la maison de Mathieu Paulin, maire, lesquels habitants déclarent tous les articles y exposés sincères, l'ayant remis aux nommés Nicolas Friche et Joseph Pierre fils, tous les deux manœuvres et députés, pour avoir l'honneur d'aller le présenter à Messieurs composant l'assemblée à Vic, le 23e mars 1789 : plaise à mesdits sieurs le recevoir, l'appuyer de leur autorité, et vouloir s'intéresser avec nous, pour nous obtenir l'effet de nos demandes; c'est dans cette espérance que nous ne cesserons de faire des vœux pour eux et pour notre auguste monarque; plaise au Seigneur lui accorder, et à la famille royale, une longue vie, des jours heureux, des peuples dociles et soumis, et de vaincre partout les ennemis de la religion catholique et de la France, et, après cette vie, le bonheur d'être réuni au grand Saint Louis dans le royaume du Ciel, et avons signé à Hampont, le 22e mars 1789.

Jean-Claude Friche ; J. Perin, *syndic ;* Mathieu Paulin, *maire ;* Joseph Pierre fils ; N. Friche ; Joseph Thiriot ; Pierre Oudot ; J. Munier.

HAN-SUR-SEILLE

LXXIV[A]

Aujourd'hui, vingt mars dix-sept cent quatre-vingt-neuf, en l'assemblée convoquée en la manière accoutumée, en notre domicile, par-devant nous Joseph-Alexis Dauphin, maire en la haute-justice de Han-sur-Seille, Claude Girard, ad^{teur} de la terre et seigneurie de ce lieu, Jean-Claude Dauphin, Jean Malgras, laboureur, Guillaume Laurent, Charles Carre, Joseph Violle et François Hamel, manœuvres, tous nés Français, âgés de vingt-cinq ans, compris dans les rôles des impositions, habitants de cette communauté composée de huit feux, lesquels pour obéir aux ordres de Sa Majesté, portés par ses lettres données à Versailles le 7 février 1789 pour la convocation et tenue des États généraux de ce royaume, et satisfaire aux dispositions du règlement y annexé, ainsi qu'à l'ordonnance de Monsieur le président, lieutenant-général, dont ils nous ont déclaré avoir une parfaite connaissance, tant par la lecture qui vient de leur en être faite, que par la lecture et publication et affiches pareillement faites le même jour à l'issue de ladite messe de paroisse par M. le vicaire le 15 du présent mois, et par la lecture et publication et affiches pareillement faites le même jour à l'issue de ladite messe de paroisse au-devant de la porte principale de l'église, nous ont déclaré qu'ils allaient d'abord s'occuper de la rédaction de leur *cahier de doléances, plaintes et remontrances*, comme s'ensuit :

Art. 1. — Les habitants de Han-sur-Seille auront l'honneur de remontrer que, comme bons Français, ils ne se refuseront jamais de contribuer de tout leur pouvoir aux besoins de l'État. Mais ils désireraient que tout citoyen payât comme eux, proportion gardée, c'est-à-dire eu égard à leurs richesses. Mais il n'en est pas ainsi : ils ne peuvent s'empêcher d'avancer cette vérité. En effet, ils sont paroissiens à Arraye, village lorrain, comme tels ils doivent contribuer à toutes les charges de la mère église. Ils ne s'y sont jamais refusés : toutes les sommes à payer pour la paroisse se lèvent sur les rôles des impositions ; et il arrive toujours que les remontrants payent plus des deux tiers en sus d'Arraye, c'est-à-dire que, quand il en coûte six livres à un habitant d'Arraye, les plus indigents de ce lieu payent plus de dix-huit livres; dans tous les cas, cela ne manque jamais d'arriver : il est donc évident que les répartitions ne sont pas justes dans les impositions, et que cette province est bien plus maltraitée que la Lorraine. Les plaignants sont huit habitants, dont quatre sont nourris depuis le commencement de l'hiver des charités de M. Mathieu, grand-maître des Eaux et Forêts de Lorraine, seigneur de ce lieu. Les impositions en subvention, capitation et accessoires sont cependant de 663# 3 s. 9 d., quoiqu'ils aient encore obtenu en la présente année une diminution de près de trente livres. Leur ban est très circonscrit, environné de la rivière de Seille qui y fait souvent de grands ravages, et dans les terres arables, et dans les prés; il ne contient qu'environ cent soixante jours à la raie, cent quatre-vingts fauchées de prés, environ cinquante fauchées de pâquis de très faible rapport, et le rôle des vingtièmes est de 580# 13 s. 9 d. Les remontrants seraient jaloux de ne pas contribuer aux besoins urgents de l'État; mais ils souhaiteraient en même temps que tout le monde payât comme eux, et qu'il n'y eût pas tant d'exemptions et de privilèges pour des personnes très en état, et qui ont souvent peu mérité, ce qui fait que le cultivateur est le seul écrasé de toutes les charges, qu'il ne pourra plus supporter longtemps; enfin, si tout le monde contribuait comme eux et à proportion, les remontrants oseraient assurer que les revenus du Souverain seraient plus que doublés en les faisant verser dans les coffres de Sa Majesté aux moindres frais possible, et sans passer par tant de mains.

Art. 2. — Les remontrants sont très assurés que Sa Majesté n'est pas informée des vexations auxquelles sont journellement exposés ses sujets : ils veulent parler des acquits et hauts-conduits auxquels on les oblige. Le village de Han est de toutes parts environné de la Lorraine : ses habitants ne peuvent entrer ni sortir aucune provision sans acquits, encore le plus souvent faut-il les aller chercher à une demi-lieue, et quelquefois à près d'une lieue : si on néglige de s'en pourvoir, on est guetté de si près qu'on ne peut guère échapper; alors il [faut] en passer à tout ce qu'on exige. Ces employés des Fermes sont une espèce d'hommes inexorables; si on fait la moindre résistance, on est maltraité inhumainement ; et si les repris ne transigent pas aussitôt avec eux, ils font des frais qui sont bientôt considérables, et plus il y en a plus il faut payer. La Lorraine et les Évêchés sont deux provinces françaises actuellement. Les entraves entr'elles ne devraient pas subsister.

Art. 3. — Le sel, dont on ne peut se passer, a haussé de prix successivement. Cette province le paye sept sols neuf deniers la livre, celle de Lorraine six sols trois deniers, et l'étranger qui a le meilleur ne le paye que trois sols. Voilà trois prix ; et parce que les plaignants sont voisins des salines, ils le payent le plus haut prix. Si un malheureux se hasarde d'aller en prendre en Lorraine, comme plus près de lui, ou moins cher, ou meilleur, ou pour mieux dire moins mauvais, il faut qu'il soit bien adroit, s'il échappe à la voracité de ces employés qui ne savent rien pardonner.

Art. 4. — Le tabac a acquis une augmentation successive et exorbitante. Tout le monde ignore la cause de cette augmentation. Il serait à souhaiter qu'on levât plutôt un impôt proportionné aux facultés et sur le tabac et sur le sel, que tout le monde payerait volontiers, et alors on ne verrait pas tant de misérables périr du mauvais traitement des employés, dans les prisons et aux galères, en laissant à un chacun la liberté de prendre du tabac et du sel à sa fantaisie, comme toute autre marchandise ; enfin, quoi qu'il en soit, le nombre des poêles des salines, qui a été au moins doublé depuis peu d'années, ne peut subsister sans perdre le pays. Le bois est augmenté des trois quarts ; bientôt on ne pourra plus s'en pourvoir. Ce sont cependant les salines qui causent cette pénurie : il est très essentiel même indispensable de les supprimer, ou au moins les trois [quarts] des poêles : et le Souverain ne pourrait qu'y gagner.

Art. 5. — Le siège de la Réformation établi à Moyenvic pour payer des rapports et délits commis dans les bois affectés aux salines, est un tribunal d'inquisition, dont on ne peut se tirer qu'en payant et très cher. Les gardes établis par ce siège sont semblables aux employés des Fermes et mettent tout le monde à contribution.

Art. 6. — La marque des fers et cuirs est encore un objet de très grande attention : le cultivateur, qui ne peut se passer de fer pour ses chars, charrues, etc., de cuir pour ses harnais. ni de souliers pour lui et ses domestiques, ne peut y suffire. Ces marchandises sont plus que doublées. Le laboureur est à bout : comment cultiver, et faire honneur à ses affaires, et fournir aux besoins de l'État ?

Art. 7. — Les travaux des routes qui doivent se faire à prix d'argent, et qui n'excédera pas le sixième des impositions, ne l'excède pas il est vrai, mais il y va toujours tout juste ; il n'y a que le laboureur, encore, et le mercenaire qui supportent cette charge, tandis que les seigneurs, les gens aisés et dans l'opulence, les marchands, etc., pour qui les routes sont très utiles, n'y contribuent pour rien, ou pour bien peu.

Art. 8. — Les huissiers-priseurs ont été établis à une bonne fin, sans doute ; les abus de cet établissement, quoique nouveaux, sont déjà assez connus sans entrer en détail ; il suffira de dire que les mineurs pour qui tout le monde doit s'intéresser, en sont la principale victime par les frais multipliés des vacations, etc.

Art. 9. — La milice ; les remontrants exposeront encore leurs plaintes à ce sujet. Le cultivateur, quoique méprisé, est un des principaux soutiens de l'État ; il faut qu'il fournisse à tout ; il ne s'éloignera jamais de satisfaire à tous les besoins, il demande pourtant du soulagement, surtout dans ce cas : il ne peut affranchir de la milice un domestique, pas même un fils, quelque nécessaire il lui soit : en Lorraine, un laboureur a autant de fils ou de domestiques exempts qu'il fait de charrues, ce qui fait que les Lorrains ont des domestiques à choisir, et que cette province n'a que le rebut ; il serait donc juste de traiter cette province comme la Lorraine.

Art. 10. — Il serait aussi à souhaiter, et c'est un vœu très ardent qu'osent faire les plaignants, que la justice se rendît plus promptement ; à quoi bon tant de remises, d'incidents, etc., tout cela entraves enfantées par la déesse de la chicane ? Il serait très à propos de pouvoir fixer un terme pour chaque procès, du moins pour les procès ordinaires, simples et peu compliqués.

Art. 11. — Le village de Han-sur-Seille est appauvri considérablement ; il n'est pas augmenté en population ; la mort des propriétaires a dispersé le bien ; des héritiers les uns ont vendu au seigneur, les autres résident en Lorraine ; de sorte qu'au lieu de propriétaires, il n'y a plus que des fermiers, et peu aisés, qui sont assez heureux si, à la fin de l'année, ils ne sont pas en arrérage.

Art. 12. — Les colombiers ont sans doute été établis pour de bonnes et justes causes ; mais ils n'ont jamais été aussi multipliés et les colombiers et les pigeons qu'ils le sont aujourd'hui ; ils dévastent les campagnes dans le temps des semailles surtout et des moissons. Le dommage en est inappréciable : il tombe encore sur le laboureur, et, dans tous les cas, il est le souffrant.

Ce sont là les doléances, plaintes et remontrances que les habitants de Han-sur-Seille osent porter aux pieds du trône par la voie des États généraux.

J. C. Dauphin ; J. A. Dauphin ; J. Malgras ; C. Girard ; F. Hamel.

Ledit cahier fini, lesdits habitants nous l'ont représenté signé par ceux qui savent signer et par nous, après l'avoir coté par première et dernière page, et paraphé, *ne varietur*, au bas d'icelles.

[Suite du procès-verbal, libellé suivant le modèle imprimé. Députés : Joseph-Alexis Dauphin, rentier à Han-sur-Seille ; Jean Malgras.]

Desquelles nomination de députés, remise de cahiers, pouvoirs et déclarations nous avons à tous les susdits comparants donné acte, et avons signé avec ceux desdits habitants qui savent signer et avec lesdits députés notre présent procès-verbal ainsi que le duplicata que nous avons présentement remis auxdits députés pour constater leurs pouvoirs. Audit Han lesdits jour et an.

J. C. Dauphin ; J. A. Dauphin ; C. Girard ; F. Hamel ; J. Malgras.

HARBOUÉ

LXXV[a]

Procès-verbal.

« 15 mars 1789, sont comparus au greffe de la municipalité de ce

lieu(¹), par-devant nous, Pierre Charpentier, syndic de ladite municipalité. »
Communauté composée de 100 feux.
Députés : Pierre Charpentier, père et fils.
Signatures : J.-B. Onion, *maire;* Nicolas Colin ; Pierre Chata ; Jean Marchal ; P. Charpentier, *syndic;* Pierre Charpentier.

LXXV*

Cahier de doléances, plaintes et remontrances de la communauté de Harboué, pour l'assemblée des États généraux convoqués à Versailles au 27 avril de l'an 1789

Les habitants de la communauté d'Harboué, soussignés, tous nés Français, s'étant assemblés conformément aux ordres de Sa Majesté, pour travailler à la rédaction de leur cahier de remontrances, après avoir mûrement délibéré entre eux, ont arrêté unanimement d'exprimer comme il suit leurs vœux et doléances.

ART. 1. — Les soussignés désirent et demandent que les États généraux, aussitôt après leur ouverture, fassent à notre auguste souverain Louis Seize, glorieusement régnant, la protestation solennelle de donner leurs biens, leurs vies même, pour le maintien et l'affermissement de la couronne sur la tête de ce monarque chéri, et qu'ils lui défèrent respectueusement le surnom d'Ami du Peuple ;

ART. 2. — Qu'à l'assemblée des États généraux, les délibérations soient prises par Ordres réunis, et les suffrages comptés par tête ;

[En marge : « Très important. »]

ART. 3. — Que les États généraux soient assemblés périodi-

---

1. *Impositions ordinaires et prestation des chemins* pour les *six* premiers *mois* de l'année *1790* :

Imposition principale	152 ₶	» s.	» d.
Accessoires de l'imposition principale . . .	302	14	11
Capitation et ses accessoires	346	4	»
Taxations des collecteurs	11	9	2
Droit de quittance au receveur des finances .	2	1	4
Prestation des chemins	116	6	10
TOTAL GÉNÉRAL	930 ₶	16 s.	3 d.

(Arch. Meurthe-et-Moselle, L. 679.)

Deux vingtièmes et quatre sous pour livre du premier pour 1790 : 1 677 ₶ 7 s. 3 d.
(*Ibid.*, L. 308.)

quement, sans préjudice aux convocations extraordinaires qui pourraient être nécessitées par des événements imprévus ; mais qu'ils ne puissent nommer aucune commission intermédiaire pour les représenter dans l'intervalle de leur séparation ;
[En marge : « Très important. »]

Art. 4. — Qu'il ne puisse être rétabli aucun impôt, ni fait aucun emprunt public, que du libre consentement des États généraux régulièrement convoqués ;

Art. 5. — Que les dettes de la Couronne soient scrupuleusement examinées ; que celles qui n'ont pour base qu'une usure énorme et désastreuse, telles que les trente-deux millions de Louis Quatorze pour en toucher huit, soient déclarées nulles, ainsi que celles qui remontent à des sources impures ; et que toutes les autres soient hypothéquées sur le crédit national ;

Art. 6. — Que les impôts quelconques soient également répartis sur tous les citoyens quels que soient leurs privilèges, et sans aucune autre distinction que celle qui se trouve fondée sur la différence des facultés et revenus ;

Art. 7. — Que les compagnies fiscales soient supprimées, et que les provinces respectives soient chargées de la répartition et du recouvrement des impositions ;

Art. 8. — Que l'impôt territorial, même en nature, soit substitué aux vingtièmes et autres impôts, comme étant le seul moyen de prévenir l'inégalité, l'infidélité et les fausses déclarations, comme aussi la seule méthode qui, par un heureux accord avec la nature, se prête avec souplesse aux variations des récoltes. Que cette espèce de dîme royale soit admodiée comme la dîme ecclésiastique qui en serait comme l'indicateur ; que chaque communauté demeure garante et caution du payement. Que les admodiateurs soient pris de préférence parmi les habitants du lieu. Que les mêmes admodiateurs ne puissent accaparer les dîmes de plus de quatre paroisses. Enfin, que toutes les terres sans exception soient sujettes à cet impôt, celles même que le luxe mesquin et égoïste de ce siècle a frappées de stérilité, en les convertissant en parcs, jardins anglais, chinois, etc. ; bien entendu que les terres adjacentes serviraient de terme de comparaison ;

Art. 9. — Que tous les genres d'impôts qui gênent la circulation, obstruent les routes du commerce, arrêtent les progrès de l'industrie et des manufactures, soient supprimés, et remplacés par d'autres qui puissent atteindre les objets d'un luxe dévorant et destructeur, telles que les cheminées, sauf la première de chaque maison ; les équipages et cette multitude de chevaux qui foulent le peuple dans plus d'un sens et remplissent nos grandes villes au détriment de l'agriculture ; ce peuple de laquais et gens de livrée qui fourmille dans les hôtels des grands et des riches, qui attirent au centre de la corruption les plus beaux hommes du peuple, au grand dommage de l'espèce, et enlèvent à des travaux utiles les bras les plus robustes ;

Art. 10. — Que les propriétés et la liberté individuelle soient sous la garde de la loi et à l'abri de l'arbitraire ; mais que nos loïs soient réformées, la procédure simplifiée, ses funestes agents diminués, circonscrits ; les justiciables rapprochés de leurs tribunaux respectifs par de nouvelles démarcations, et des arrondissements convenables. Et quant aux tribunaux supérieurs, que les bornes et l'étendue de l'autorité qui leur est confiée soient clairement posées et énoncées, afin d'éviter par la suite les choses scandaleuses qui résultent de cette incertitude ;

Art. 11. — Que les sujets du Roi ne soient plus vexés par une foule de droits oppressifs, lambeaux des siècles gothiques, monuments de l'esclavage de nos pères ; que les droits seigneuriaux soient examinés soigneusement, et que les uns soient abolis et les autres rachetables à des conditions clairement énoncées. Qu'en particulier les droits de tiers-denier, de troupeau à part et de banalité soient, s'il se peut, supprimés, comme étant un obstacle invincible à l'aisance des campagnes et au progrès de l'agriculture, et comme étant une source continuelle de procès ruineux toujours perdus par les communautés. Que le Tiers état supplie humblement notre digne monarque de donner ce grand exemple dans ses propres domaines, et qu'il ne fasse aucun doute que la Noblesse française, du moins la véritable, dont le peuple doit constamment respecter la prééminence, ne trouve dans ce beau modèle et dans son propre cœur des motifs qui la détermineront sans peine à faire les mêmes sacrifices au bien public :

Des chevaliers français tel est le caractère ;

Art. 12. — Que les bénéfices ecclésiastiques sans offices,

et les titres sans fonctions, soient entièrement supprimés, comme trop éloignés de leur première destination, et que les revenus en soient confiés aux États particuliers, pour en faire l'usage qu'ils jugeront le plus utile à la province ;

Art. 13. — Que la Noblesse d'Église, devenue parfaitement étrangère au ministère évangélique, ne puisse plus surprendre la religion du Souverain en continuant d'accaparer pour son compte non seulement l'épiscopat moderne si différent de l'ancien, et pour lequel elle paraît enfin avoir obtenu un privilège exclusif, mais encore tous les autres bénéfices de détail qui, par leur importance, ont donné l'éveil à sa cupidité, et auxquels elle a presque toujours su joindre des décorations. On demande sur cet article : 1° qu'il soit mis un terme à ces invasions odieuses ; 2° que les chapitres de nos provinces qui, naguère, étaient ouverts à tous les citoyens honnêtes, soient remis sur l'ancien pied ; 3° que les Etats généraux daignent considérer que ce n'est point du tout une chose indifférente aux mœurs ni au patriotisme de prodiguer sans cause les décorations ; et que Sa Majesté soit très instamment suppliée de n'en accorder désormais qu'à des hommes qui les auront véritablement méritées par leur service, ou à des corps pour qui il importe d'imprimer un grand respect dans l'esprit des peuples ; et que hors ces deux cas, on fasse impitoyablement disparaître ces signes trompeurs, ridicules quand ils sont déplacés, avilis quand ils sont multipliés, et toujours l'enseigne d'une vanité puérile, quand ils ne sont pas la récompense du mérite ni le symbole du pouvoir ;

Art. 14. — Que si le Gouvernement se décidait encore dans la suite à opérer des réunions ou suppressions de maisons religieuses ou extinction de titres abbatiaux, il en soit fait un usage utile à la province ; et que ces monuments de la piété de nos pères, en changeant de destination, prennent une forme qui puisse être avouée par la religion et l'humanité ; qu'ils deviennent ou des hospices ouverts à la vieillesse indigente, ou des écoles publiques et gratuites d'arts et métiers pour les enfants des pauvres, ou des ateliers de charité ; et que l'on puisse ainsi parvenir non pas à éteindre tout d'un coup la mendicité, ce qui est impossible, mais à la prévenir pour la suite. Tel homme est mendiant parce qu'il ne sait aucun métier, et il n'en fait aucun parce que ses parents n'auraient pu payer son apprentissage : *c'est à la Patrie à élever ses enfants;*

Art. 15. — Que l'éducation que l'on donne aux jeunes aspirants dans les séminaires soit perfectionnée et rendue plus patriotique; que le fond de l'étude théologique soit une morale saine et rendue uniforme dans tout le royaume; et qu'en place de ces controverses qui ne sont pas sans danger pour l'esprit, et dont le moindre défaut est d'être au moins étrangères aux fonctions paisibles qu'ils doivent exercer dans la suite, on les oblige de faire un cours abrégé de médecine et de jurisprudence française, afin que, placés au milieu des peuples de la campagne, ils deviennent pour eux des guides éclairés et humains, des médecins charitables et des pacificateurs intelligents;

Art. 16. — Que dans chaque paroisse de campagne il soit établi un tribunal de paix semblable à peu près à nos utiles juridictions consulaires, qui ait le pouvoir de terminer définitivement et sans appel toutes les contestations dont l'objet n'excéderait pas la valeur intrinsèque de 12, ou 20, ou 30 livres, le tout sans frais, sans ministère d'huissier, procureur ou avocat. Que ce tribunal soit composé du curé et des trois plus anciens membres de municipalité; et dans le cas que l'un ou plusieurs d'entre eux seraient légitimement suspects, les autres nommeraient d'office des personnes capables de les remplacer pour cette fois;

Art. 17. — Qu'il soit établi des règlements uniformes et invariables pour la police intérieure des bourgs, villages et hameaux, ainsi qu'une autorité suffisante dans chaque lieu pour punir sur-le-champ, sans frais, et selon des règles fixes, tous les mésus et délits champêtres;

Art. 18. — Qu'il soit statué que les États particuliers feront examiner attentivement toutes les usines à feu qui existent dans chaque province; et qu'ils soient autorisés à faire supprimer celles qui, par leur excessive multiplication, leur rapprochement et leur position, menacent les provinces d'une disette de bois qui commence à se faire cruellement sentir;

Art. 19. — Qu'il soit pris des moyens efficaces pour favoriser l'agriculture; et, qu'au lieu de se contenter des vaines théories et des jetons de nos académies, qui tombent dans l'inconvénient blâmé par les anciens, *optime colere damnosum,* on encourage le laboureur, et par la soustraction des obstacles et par des secours positifs... [*sic*], que le parcours des prairies soit sévèrement interdit aux troupeaux des bêtes à laine depuis le 25ᵉ de mars jusqu'au premier octobre;

ART. 20. — Que le tirage de la milice soit abrogé, et que, pour l'entretien de l'armée, on prenne des moyens tout à la fois plus dignes de la qualité de défenseurs de la patrie, et plus conformes à la liberté du citoyen.

Observations

Les habitants soussignés, après mûre délibération, ont jugé convenable de joindre aux pétitions précédentes les observations qui suivent :

ART. 1. — Les intendants peuvent-ils tout voir et tout faire par eux-mêmes? ne sont-ils pas obligés de s'en rapporter presque toujours à des agents cupides, infidèles? Ces subalternes peuvent-ils prendre à la chose publique le même intérêt que les membres d'une assemblée patriotique, dont les opérations toujours publiques sont dès lors assujetties à une utile censure?

ART. 2. — Les maîtrises des Eaux et Forêts sont-elles une institution assez bien combinée pour rassurer le public sur l'aménagement des bois? est-il bien conforme aux principes d'une sage administration de confier la conservation d'une chose à ceux-là mêmes qui ont un intérêt direct à sa destruction, puisque les émoluments sont toujours en raison des exploitations.

ART. 3. — N'est-il pas trop dur d'obliger les communes à se rédimer des droits seigneuriaux? et, puisque l'esclavage n'a fait que changer d'objet, et qu'en cessant d'affecter les personnes, il est tombé sur les choses mêmes, n'est-il pas aussi injuste de faire payer au dix-huitième siècle la liberté réelle, qu'il le fut au douzième de faire payer la liberté personnelle, si souvent mise à l'encan par des barons ruinés?

ART. 4. — Si l'on n'améliore pas sur ce point le sort du bas Tiers, n'est-il pas dans le cas de regretter son antique servitude? puisque du moins alors les barons jetant du haut de leurs donjons des regards orgueilleux sur leurs forêts, leurs troupeaux, leurs campagnes, les abaissaient quelquefois sur les cases de leurs esclaves qui partageaient ainsi avec le bétail l'attention et l'intérêt du maître ; au lieu qu'aujourd'hui, qu'un malheureux villageois après avoir haleté et sué de douleur pour répondre aux mille et une oppressions qui l'investissent, succombe enfin sous le faix et achève sa longue agonie ; qu'importe au seigneur ? il n'a nul intérêt à la conservation de ces spectres ambitants ; cette victime sera remplacée par d'autres qui auront le même sort ; tout sera égal, et meure qui voudra, pourvu que les corvées se fassent, que les cens et redevances se payent, que les tailles soient acquittées, que..., etc., etc.

Art. 5. — Mais, répète-t-on de toutes parts, les propriétés doivent être respectées : elles sont, avec la sûreté personnelle, les bases essentielles du contrat social.

Oui sans doute, hommes injustes, les propriétés doivent être respectées, mais c'est quand elles ne sont ni abusives, ni oppressives, ni tyranniques, c'est quand elles ne sont point un obstacle invincible à la prospérité commune, c'est lorsqu'elles ne sont pas une maladie, une gangrène du corps politique. Et les hauts barons eux-mêmes ne pouvaient-ils pas avec autant d'avantage s'emparer aussi de ce dangereux sophisme, et motiver par là leur résistance aux vues bienfaisantes de quelques-uns de nos rois lorsqu'ils essayaient d'affranchir les communes ? Ils pouvaient dire au Souverain : vous êtes un tyran, un roi injuste, vous renversez les fondements de la société en attaquant les propriétés ; songez que ces hommes que vous voulez déclarer libres sont notre bien, notre patrimoine, notre meuble ; que nous les avons acquis, échangés par des contrats valides. Faites attention que ces contrats ont été revêtus de toutes les formalités, et passés sous la sauvegarde et la protection de la loi ; ainsi, nous vous déclarons la guerre selon notre louable coutume, et nous allons armer nos esclaves pour repousser par la force le bienfait que vous leur préparez. Qu'eût-il manqué à ce raisonnement pour ressembler de tout point à ceux que l'on forme aujourd'hui ? Ici, je l'avoue, l'iniquité est plus sensible, mais est-elle plus nuisible ? Or, que pourrait répondre un roi sage à cet argument brutal ? Ce qu'il pourrait répondre ? Précisément ce que nous avons répondu il n'y a qu'un moment ; il pourrait dire de plus : on ne prescrit pas contre la nature, contre la raison, contre la justice ; et le laps des siècles ne peut rien ajouter aux titres d'une possession vicieuse dans son principe. Pour nous, nous nous contenterons de remarquer qu'il est imprudent, dangereux même, de fermer l'oreille aux cris de la raison universelle, et aux invitations d'un roi bienfaisant, armé de tout l'amour de son peuple.

Tous ces *articles* et les *observations* qui les suivent ayant été examinés par les soussignés en assemblée et lecture en ayant été faite à diverses reprises, ils les ont approuvés, consentis, et munis de leurs signatures, à Harboué, le 19ᵉ mars 1789.

J.-B. Onion, *maire;* Nicolas Colin; Pierre Chata; Jean Marchal; P. Charpentier, *syndic;* Pierre Charpentier.

HATTIGNY

LXXVI^A

« Procès-verbal de l'assemblée de la communauté de Hattigny, pour la nomination des députés. »

« 15 mars 1789, sont comparus en l'auditoire de ce lieu, par-devant nous, Dominique Marcel, syndic de la municipalité de Hattigny[1]. »

Communauté composée de 122 feux.

Députés : Dominique Marcel,
　　　　　Jean-Baptiste Noël.

Signatures : Dominique Marcel, *syndic;* C. Collin ; Joseph Cosson; B. Noël, *greffier;* Nicolas Creny ; Jérôme Pierson.

LXXVI^B

Déclarations, plainte et remontrance de la communauté de Hattigny

Art. 1. — Elle demande que le Clergé, la Noblesse, et tous

---

1. *Impositions ordinaires et prestation des chemins* pour les *six* premiers *mois* de l'année *1790* :

Imposition principale.	260 ₶	» s.	» d.
Accessoires de l'imposition principale.	517	17	1
Capitation et ses accessoires	592	3	9
Taxation des collecteurs	19	11	11
Droit de quittance au receveur des finances.	2	1	4
Prestation des chemins.	198	16	1
Total général	1590 ₶	10 s.	2 d.

(Arch. Meurthe-et-Moselle, L. 679.)

Deux vingtièmes et quatre sous pour livre du premier pour *1790 :*
1ᵉʳ cahier . . . . . . 1432 ₶ 7 s. 3 d.

(*Ibid.*, L. 308.)

les privilégiés concourent avec le Tiers état à supporter tous et généralement les impôts quelconques qui seront jugés nécessaires ; que ces impôts soient répartis avec plus de justice et d'exactitude ; c'est-à-dire, qu'on ait moins d'égard au nombre des habitants d'une communauté qu'au produit des richesses et des revenus, et à la bonté du sol ;

Qu'aucun abonnement ne puisse être reçu que pour la province ; qu'il n'ait lieu pour aucun corps particulier ni pour personne ;

ART. 2. — Que comme le pays est environné d'usines comme salines, forges et fayenceries, qui ont plus de fours qu'ils n'en doivent avoir par leur établissement, et qui, par là, après avoir consommé les bois qui leur sont affectés pour leur alimentation, viennent enlever ceux des communautés et seigneurs voisins, et constituent ainsi les habitants, riches et pauvres, dans la malheureuse obligation de payer leurs bois de chauffage à un prix excessif, ce qui les conduit à leur ruine ; Sa Majesté est suppliée de supprimer tous les fours qui ne sont pas accordés par l'établissement qu'elle a permis, et d'ordonner qu'à l'avenir il n'en soit plus établi.

ART. 3. — Elle observe que le pays ne produit presque point de bestiaux ; que ce défaut entraîne le défaut involontaire dans la culture des terres ; que les fonds en prés ne produisent que du mauvais foin, qui ne donne aucune consistance à ces bestiaux ; que tous ces défauts ne proviennent que de la cherté des sels que la province voit avec peine transporter chez l'étranger à un prix très modique ; tandis que, fabriqués dans son sein aux dépens de ses bois, elle se voit obligée à les payer à un prix excessif ; que cette cherté a un moyen de réduire les familles dans la plus grande indigence, par l'obligation où elles se voient d'aller les chercher chez l'étranger, ne pouvant s'en procurer chez elles le plus souvent faute de moyen ; et ce qui les constitue dans une contravention, soit pécuniaire soit corporelle, qui ruine des familles entières ; qu'il n'est pas de moment, d'ailleurs, où le riche et le pauvre ne soient vexés par les recherches continuelles que font ceux qui sont commis par les Fermes ; Sa Majesté est suppliée de remettre ses sels au taux de la vente étrangère : ce qui procurera la population des bestiaux, la bonté des terres, et le travail du laboureur.

Art. 4. — Les justices seigneuriales sont aussi un véritable moyen de ruine pour les peuples, soit par la longueur où l'on se plaît de traîner des procès quelquefois pour des riens, ou par les vacations exorbitantes que l'on y tire le plus souvent; un moyen qui serait bien plus avantageux serait s'il plaisait à Sa Majesté d'établir une coutume générale, claire et succincte, qui régisse le royaume, qu'un homme, pour peu d'étude qu'il ait, puisse connaître, et de nommer dans chaque communauté des hommes de probité pour connaître des affaires journalières des campagnes. Ces hommes, en connaissant le local, pourraient définir avec justice une question au contentement des parties; pour lors, ceux qui ne voudraient pas s'en tenir à leurs décisions pourraient se pourvoir aux tribunaux royaux.

Art. 5. — Elle demande à Sa Majesté qu'il lui plaise abolir et supprimer l'édit des clôtures qui est une source intarissable de procès dans les communautés : il serait bien plus à l'avantage d'un chacun que l'on tienne en embanie les cantons de prairies à la proximité des grains. Cela empêcherait les délits de part et d'autre. Chaque particulier pourrait alors faire sans dépense la levée des grains sur son terrain; les prairies à proximité des somards restant libres pour le parcours des bestiaux.

Art. 6. — Il s'y rencontre un défaut dans le commerce relativement aux droits d'entrée et de sortie qu'on est obligé de payer : les bois, les linges, les denrées, même comestibles, ne peuvent se transporter d'une province à l'autre sans payer des droits; ceux qui en sont voisins en souffrent encore plus : on demande donc à Sa Majesté qu'il lui plaise supprimer ces droits et laisser la liberté du transport d'une province à l'autre; et d'accorder le reculement des barrières aux frontières, ainsi que la suppression des marques de fers et cuirs.

Art. 7. — Qu'il soit accordé aux communautés d'asseoir elles-mêmes les vingtièmes [comme] il leur est accordé d'asseoir les subventions et autres impositions; la raison en est toute claire : elles connaissent mieux la bonté des terrains, elles en connaissent mieux la quantité que les bureaux établis où on est obligé de les déclarer; elles ne seraient pas sujettes à être induites en erreur comme les bureaux qui, étant éloignés, n'ont de connaissance que celle qu'il plaît à un propriétaire de leur donner; ce qui fait que les uns se trouvent surchargés, et les autres diminués.

ART. 8. — L'État se trouve surchargé par le nombre de receveurs des finances chargés de recevoir les sommes provenant des impositions royales ; les communautés elles-mêmes en souffrent. Sa Majesté est donc suppliée d'accorder à ces communautés la liberté de porter elles-mêmes les sommes provenant des impositions dans un tel coffre de ses trésors qu'il lui plaira fixer, ce qu'elle offre de faire sans frais ; du moins elle se verra quitte de voir passer cet argent en trois bureaux différents : elle demande en outre qu'il soit libre aux officiers municipaux des lieux de faire contraindre eux-mêmes au payement des impositions, sans avoir recours au subdélégué, ou autres officiers ; ce qui entraîne ordinairement beaucoup de frais.

ART. 9. — Elle demande qu'il soit libre à tout sujet de moudre dans tel moulin il jugera à propos.

ART. 10. — Comme les procès viennent souvent du défaut de publication des arrêts du Conseil d'État ou de déclarations, elle demande qu'ils soient publiés non seulement dans les bailliages, mais aussi dans chaque communauté à la diligence de leurs syndics ;

ART. 11. — La suppression des jurés-priseurs à charge à tout le peuple, et leurs vexateurs jurés ;

ART. 12. — La suppression du droit de franc-fief, onéreux aux nobles qui, par cette raison, ne peuvent vendre au public qui, sous cette charge, ne peuvent acheter ;

ART. 13. — Une diminution des droits de contrat et insinuation, ensemble des sols pour livre ;

ART. 14. — Un règlement pour les droits de sceaux envers les seigneurs, qui sont rendus arbitraires ;

ART. 15. — D'arrêter la cupidité et usure de la nation juive qui, sous le prétexte d'être serviable au public, en devient la ruine par ses usures cachées ; dont le nom est toujours appelé dans les tribunaux au détriment du public ; dont on fait rencontre à chaque moment, en se permettant le colportage dans les campagnes, notamment dans cette province ;

ART. 16. — Qu'il plaise aussi à Sa Majesté d'arrêter la cupidité des usuriers qui sont toujours les auteurs de la cherté où se trouvent continuellement les blés. Dans ce pays, les usuriers se sont mis sur pied d'aller sept à huit lieues au-devant des laboureurs, achètent tous les blés qui doivent venir aux marchés; pour lors étant les maîtres des marchés, ils vendent lesdits blés à leurs appétits désordonnés. On ne peut que penser que les officiers publics ont leur part à ces fraudes.

Art. 17. — Il règne un abus relativement à la façon de percevoir la dîme dans les campagnes, qui gêne considérablement le cultivateur qui se voit quelquefois dans la triste nécessité de voir périr ses grains par les mauvais temps, ne pouvant les enlever qu'ils ne soient dîmés par des pauliers, qui, bien souvent, pour la moindre pique ou caprice qu'ils ont contre un quelqu'un, passeront et repasseront près de ses champs sans vouloir les dîmer; l'on demande à Sa Majesté que la dîme se perçoive par tous également, c'est-à-dire à la onzième ou douzième gerbe, qui resteraient en place où elles se trouveraient, comme cela se pratique chez nos voisins (à Hattigny l'on dîme à la dixième gerbe : la dîme est trop forte pour le sol); et qu'il soit permis aux propriétaires d'enlever ses grains au plus tard dans les vingt-quatre heures, en vérifiant par deux témoins que l'on ne fait point tort aux décimateurs.

S'il était permis de faire des remarques particulières, la communauté aurait l'honneur de mettre sous les yeux de Sa Majesté qu'elle lui paye annuellement plus de 4 000^{tt} tant en vingtièmes, que subvention, et capitation, y jointes les impositions accessoires; ce qui fait une somme considérable, sans compter les autres charges de la communauté pour un pauvre village, où les terrains sont d'un rapport très modique; ce qui est occasionné par le voisinage des montagnes des Vosges, au pied desquelles ce village se trouve situé; les vents froids et continus qui viennent de ces montagnes, surtout au sortir des hivers et à la fleur des grains, rendent les terrains froids et humides; ce qui fait que les grains y rapportent beaucoup moins que dans les terres plus avancées dans la plaine; de plus, ce qui se trouve de bon soit en terres labourables ou en prés appartient presque tout aux ecclésiastiques, ou aux seigneurs qui ne payent cependant rien pour cela.

De plus, la communauté se trouve surchargée d'un procès considérable, conjointement avec les communautés de Saint-Georges et Landange, envers M. le maréchal, prince de Beauvau, leur seigneur, pour la réclamation de leurs droits en bois de chauffage, marnage, etc., qu'ils ont acquis dans les forêts immenses que possède mondit seigneur le maréchal dans ce pays, tant par corvées en tout genre qu'ils font audit seigneur, que par autres droits sans nombre qu'ils lui payent; ces communautés sont fondées sur titre authentique et transaction qui se trouve au dossier du procès, et qui ont été confirmés par un arrêt de la Table de marbre de Metz en 1735, sans aucune jouissance. Ce procès est pendant à ladite Table de marbre depuis plus de vingt-deux ans, sans en pouvoir obtenir arrêt définitif; de façon que les pauvres habitants se voient dans la triste nécessité de payer les bois qu'on leur doit, et qu'ils payent en tout genre à un prix excessif; l'on ne doute nullement des bontés de mondit seigneur; l'on sait très bien que ce sont ses hommes d'affaires qui trament ces menées pour s'enrichir plus à leur aise, en écrasant par des amendes arbitraires les pauvres habitants qui ont le malheur, soit bestiaux ou autres, de paraître dans les bois qui nous environnent de toutes parts.

Et ont signé ceux qui savent signer.

Dominique Marcel, *syndic;* C. Collin; Joseph Cosson; B. Noël, *greffier;* Nicolas Creny; Jérôme Pierson.

HAZEMBOURG

LXXVII[A]

« Procès-verbal [de la rédaction du cahier] et de l'assemblée de Hazembourg pour la nomination des députés. »

17 mars 1789,

« Sont comparus en l'auditoire de ce lieu, par-devant nous, Jean Encel, syndic et membres. »

Village composé de 39 feux.

Députés : Nicolas Germoÿ,
            Jean Encel.

Signatures : Nicolas Germoÿ; P. Encel; Johannes Encel, *syndic;* Jean Léonard; Pier Ris; Caspar Picot.

LXXVII[B]

« La communauté de Kirwiller s'est jointe à celle de Hazembourg pour former son cahier de doléances, de manière qu'il n'y a qu'un seul cahier pour les deux communautés ». (Note des commissaires.)

[Cf. ci-dessous, *cahier de Kirwiller,* n° XCI ».]

HELLERING

LXXVIII ᴬ

« Procès-verbal d'assemblée de la communauté de Hellering, pour la nomination d'un député. »
18 mars 1789,
« Sont comparus par-devant nous, Barthélemy Mengner [syndic], Louis Ditche, Jean Wevre et Jean Esse, tous les quatre élus de précédemment, suivant les ordonnances du Roi notre sire, pour former assemblée, les 16 habitants qui composent ladite communauté et y compris les femmes veuves, ce qui renferme en total le nombre de 24 feux. »
Député : Louis Ditche, l'un des quatre élus, laboureur.
Signatures : Barthélemy Mengner, *syndic;* I. W., *élu;* Andreas Converth ; +, marque ordinaire du sieur Louis Ditche, *député.*

LXXVIII ᴮ

Cahier des plaintes dont la communauté de Hellering a l'honneur de présenter en remontrance

1° Cette communauté prie instamment Sa Majesté de vouloir bien lui accorder un rabais dans le sel qu'elle est obligée de payer huit sols de France la livre, et lequel elle est obligée d'aller quérir dans un magasin à trois lieues de son endroit, ce qui gêne beaucoup, tandis que ladite communauté a un magasin de Lorraine à un coup de carabine de son endroit, auquel cette susdite communauté voudrait être assujettie par la suite.

2° Les composants de la communauté espèrent que Sa Majesté, par une raison de sa grande clémence, voudra bien contribuer à ce que la Noblesse et le Clergé payassent la subvention à proportion de leurs revenus, afin que l'on puisse alléger la pauvre populace du fardeau dont elle est surchargée, et qu'elle a grande peine de porter, et cependant toujours soumise aux ordres de son roi.

3° Ladite communauté a l'honneur de remontrer qu'elle n'a aucun bien en possession que par accensement au profit des seigneurs de l'endroit, à raison d'un bichet de grain par chaque jour de terre, moitié froment et moitié avoine, qui se paye annuellement : les terres ensemencées ou versaines payent les unes comme les autres, pour lesquels biens ladite communauté est beaucoup surchargée de deniers appelés vingtièmes ; elle demanderait une modération sur cet exposé ; du passé, les seigneurs de cet endroit avaient donné grande mesure d'arpentage, de sorte que depuis peu ils ont arpenté le ban, donné petite mesure d'arpentage et grande mesure pour la livraison desdits grains que l'on est obligé de leur payer ; nous prétenderions à présent d'être mis sur l'ancien pied concernant la livraison d'arpentage et délivraison de rentes.

4° La susdite communauté a aussi l'honneur de vous représenter qu'elle est une des plus pauvres de la subdélégation, qu'elle a eu la vaine et grasse pâture du passé dans les bois des seigneurs de l'endroit, et qu'à présent ces messieurs l'en privent, et elle prétendrait qu'il soit ordonné qu'elle soit remise sur son ancien pied, vu qu'elle n'a aucun bois ni vaine pâture communale : voilà ce que les soussignés ont l'honneur de représenter, à Hellering, le 18 mars 1789.

5° Ladite communauté se trouvant totalement dans le cas de ne plus pouvoir vivre à cause d'une grande partie en deniers royaux qu'elle est obligée de payer au Roi, et n'ayant aucune pâture pour pouvoir nourrir des bestiaux à cause que nos seigneurs mettent une partie de leurs bois en coupe, et le reste à blanc estoc, et laissent ces terrains à des particuliers déforains qui nous bouchent jusqu'au passage de la fontaine pour faire boire nos bestiaux.

6° Les trois seigneurs ont dans leurs châteaux deux colombiers fortement assortis de pigeons lesquels, au contraire de l'ordonnance, nous font surtout dans le temps de la semaille un dégât considérable sur notre ban. Nous espérons qu'il en sera autrement ordonné dans la suite.

7° La susdite communauté s'est déjà plainte qu'elle n'avait point de pâture sur son ban, et qu'elle paye une grosse subvention qui, malgré les seigneurs, ne laisse pas de mettre sur le ban un troupeau de moutons qui le ronge et ôte la substance du peu de nos bestiaux.

8° Ladite communauté se plaint de l'ingratitude du ban et de son produit et que nous payons à cet égard grosse subvention, ayant dans ledit ban petite mesure d'arpentage, qui contient deux cent cinquante verges à dix pieds la verge et pour l'un desquels jours et terres nous sommes obligés et annuellement six sols et demi de vingtième, qui fait en total pour ladite communauté par an 552# 17 s. 3 d., pour la subvention à payer pour la présente année 249# 19 s. 5 d., pour la capitation de la même année payable par ladite communauté la somme 134# 8 s. 6 d., pour ponts et chaussés, idem 64# 8 s.

9° La susdite communauté espère se conformer aux demandes de toute la province que la circulation soit libre dans les États en abolissant les droits d'acquits et droits de glaive qui gênent beaucoup ladite circulation, ainsi que d'abolir la régie et marque des cuirs qui ne peut être d'un grand rapport à Sa Majesté.

10° Nous espérons que Sa Majesté très Chrétienne voudra bien nous faire rentrer dans nos anciens droits, et nous donner le sel et tabac comme anciennement : nous nous soumettons d'aider notre bon roi et de répandre jusqu'à notre dernière goutte de sang pour sa personne.

Barthélemy Mengner, *syndic;* I. W ; Andreas Converth.

HELLIMER (partie France)

LXXIX[A]

Procès-verbal.

19 mars 1789,

« Sont comparus en l'auditoire ordinaire, par-devant nous, Jacques Roch, syndic de la municipalité. »

Communauté d'Hellimer partie française, composée de 32 feux.

Députés : Jean Boussenon,
          Joseph Clément.

Signatures : M. Pignon ; Jean Boussenon ; Joseph Clemanz ; Pierre Oster ; Christophe Kirche ; Jacob Roch.

LXXIX[a]

Cahier des doléances, plaintes et très humbles remontrances faites par les habitants et communauté de Hellimer partie française, bailliage et district de Vic, pour obéir aux ordres et lettres de Sa Majesté donnés à Versailles le 7 février 1789, en assemblée en l'auditoire ordinaire de ladite communauté, le dix-neuf mars présente année

Art. 1. — Il serait bien utile et profitable pour l'État et pour le bien particulier des citoyens de ne pouvoir établir ni protéger aucun impôt sans le consentement de la Nation : la raison en est que c'est elle qui connaît le mieux ses moyens, forces, circonstances et facultés.

Art. 2. — On estime qu'il serait un bien général tant pour les habitants de la province que pour l'État si les provinces étaient chargées de l'administration ci-devant confiée aux intendants, attendu que cela absorberait les traitements de ces juges au profit de l'État.

Art. 3. — Les plaintes les plus sensibles se dirigent sur les forêts dévastées. Cette dévastation a fait monter le prix des bois de chauffage et de bâtiments à un prix exorbitant ; et, si l'on ne prévient d'arrêter les causes et inconvénients, la postérité n'aura plus d'espérance d'avoir du bois de chauffage ni de bâtiments. La 1re cause de ce dévastement est que MM. les officiers de la gruerie vendent dans les coupes communales le restant des arbres qu'ils appellent surnuméraires sans le consentement des communautés ; 2e cause sont la multitude des usines à feu qui consument des quantités énormes de bois ; 3° cause est que les salines de Lorraine attirent et dévastent toutes les forêts tant royales que communales par leurs consommations exorbitantes de bois, et par ces raisons la cherté des bois s'est manifestée dans le pays, outre les bois de la Hollande qui y contribuent infiniment.

Art. 4. — Fort peu de citoyens ne se plaignent pas de l'administration de la justice d'aujourd'hui, attendu que la plus grande partie en est ruinée par des procédures sans fin que l'on traîne dans les tribunaux cinq, dix, quinze, vingt ans et plus, sans pouvoir obtenir sentences, ou arrêt définitif. C'est à Sa Majesté et aux États généraux de circoncire [*sic*] et de prescrire aux tribunaux à cet égard.

Art. 5. — Il serait un grand bien pour tous les citoyens du royaume si Sa Majesté accordait la faculté et compétence aux maire avec son greffier et gens de justice de chaque communauté de son royaume de finir et de prononcer définitivement dans les affaires personnelles jusqu'à la concurrence de deux cents livres, attendu que ceux-ci connaissent parfaitement les circonstances de ce qui se passe dans leurs communautés. Ce moyen éviterait une infinité de procès qui se portent dans les bailliages, et qui causent des frais immenses, et la ruine du peuple pour des minuties, quelquefois pour une parole.

Art. 6. — Le peuple en général se joint aux plaintes des orphelins et mineurs et veufs survivants contre la confection des inventaires en usage aujourd'hui. 1° Les officiers en demandent des vacations exorbitantes, que l'on a cent exemples que les vacations, virages, droits en sont montés aux deux tiers de la totalité de la succession, quelque [fois] plus que l'estimation des meubles et effets portés par l'inventaire valaient ; 2° en cas de survivance de deux conjoints, les meubles et dettes appartiennent au dernier vivant, suivant les lois. Pour quelle raison ce dernier vivant est-il forcé de faire inventorier ce qui lui appartient seul, et d'en payer des rétributions et vacations indues ?

Art. 7. — Les huissiers-jurés-priseurs accomplissent le comble malheureux pour les pauvres orphelins et mineurs ; ils viennent derechef pour vendre les meubles, et enlever ce que l'on a laissé de reste à l'inventaire tant pour leurs voyages, vacations, contrôles, quatre deniers pour livre, etc. Cette charge ruineuse pour les mineurs, et onéreuse pour tous les citoyens du royaume, doit être extirpée et bannie.

Art. 8. — Dans le cas où les inventaires sont nécessaires, le maire de chaque communauté, avec son greffier, les pourra faire, étant sur les lieux, aussi exactement et à peu de frais sans ruiner la succession.

Art. 9. — Les acquits que l'on force les sujets à prendre dans l'intérieur du royaume est une charge onéreuse et insupportable tant pour le commerçant que pour tous autres citoyens du royaume. 1° Ce sont des pièges inévitables de tomber dans des contraventions ; 2° la Ferme ou leurs commis exigent d'en prendre d'un endroit à l'autre, même de maison à autre dans les endroits mixtes, lorrains et français, pour la conduite des bois de chauffage, de bâtiments, pierres, chaux, etc., et tous autres aliments et matériaux nécessaires. A cet effet les commis épient les nécessiteux pour les mettre en contravention.

ART. 10. — Pour éviter les inconvénients et les charges et pièges ci-dessus dits, il serait bien profitable tant pour la commune en général que pour tous les citoyens du royaume que l'on établisse des barrières où les droits pour l'entrée et sortie du royaume seront payés, et que l'on laisse libre l'intérieur, attendu que tous les habitants des différentes provinces sont tous sujets et enfants d'un même et seul roi, et père du royaume. Ces moyens absorberaient au profit de l'État une infinité de pensions et de traitements d'employés et de commis de la Ferme.

Les excès, violences, exactions, même les homicides sont fréquents de la part des employés de la Ferme dans nos environs. La raison est 1° que le sel est trop cher de même que le tabac; le pauvre sujet n'en peut pas acheter aux bureaux; son gaigne ne s'étend pas si loin; il faut absolument, pour entretenir sa nombreuse famille, s'adonner à la contrebande, parce que la cherté du sel, tabac, bois de chauffage et d'autres denrées le met dans l'impossible de faire subsister sa famille.

ART. 11. — Le public est journellement inquiété par des perquisitions desdits employés de la Ferme : ils viennent fouiller et renverser toutes choses dans l'intérieur des maisons, jusque dans les lits des accouchées, et lieux les plus secrets, quelquefois plus par curiosité que par devoir.

ART. 12. — Un des plus grands maux est la marque de cuirs et de fers : la charge en est onéreuse à tous les sujets et citoyens du royaume, à l'État même : 1° elle est onéreuse à tous les marchands tanneurs à cause des droits qu'ils sont obligés d'avancer avec toutes sortes de précautions pour ne pas tomber en contravention, et des vexations qu'ils souffrent des commis de cette régie, qui se présentent à tout instant pour visiter et renverser leurs marchandises : pour ces raisons, un grand nombre de tanneurs ont renoncé à leurs professions; 2° c'est une charge très onéreuse pour tous les sujets et citoyens en ce que les cuirs, depuis le commencement de cette régie, sont augmentés du double avant cette régie; la paire de souliers dans nos cantons ne valait que trois livres, aujourd'hui on en paye six; 3° cette régie est à la charge de l'État en particulier. Combien de souliers, combien de bottes, combien de cuirs de service ne faut-il pas pour fournir la cavalerie, les dragons, chasseurs, hussards, etc., qui sont soumis à la marque de cette régie, et à l'augmentation actuelle ?

Art. 13. — L'exorbitante cherté du sel est constatée en ce que nous payons huit sols de la livre dans cette généralité, et ceux des pays étrangers n'en payent que cinq liards de la livre, même sel tiré des mêmes salines. La Ferme fournit mille et mille quintaux à ce prix aux étrangers de nos frontières, qui ont ce grand avantage pour eux et pour leurs bestiaux ; et nous, les sujets et enfants du royaume, sommes oppressés par la cherté des bois, que ces salines nous occasionnent, et forcés en même temps de payer le sel au triple double plus cher que les étrangers qui n'en souffrent aucun inconvénient.

Cette cherté nous procure aussi un défaut de sel dans toute la généralité, et en même temps un préjudice probable en ce que nous ne pouvons pas faire, comme ces étrangers qui profitent de notre sel pour rien, des élèves en toutes espèces de bestiaux, au progrès et entretien [desquels] le sel est nécessaire, principalement pour les élèves de chevaux auxquels le sel est nécessaire pour les rendre corpulents et vifs. Si l'on avait le sel au même prix que les étrangers, l'État n'aurait plus besoin de se servir de chevaux étrangers ; les viandes ne seraient plus si chères de toute espèce, si l'on pouvait saler les fourrages de l'engrais et des élèves, etc. ; les savants en décideront ; et les maladies épizootiques ne seraient pas si fréquentes dans nos contrées.

Art. 14. — Le public se plaint contre l'édit des clôtures à cause : 1° que les fossés absorbent une grande partie des héritages ; 2° lesdits fossés empêchent l'affluence des eaux bonifiantes qui descendent des terres labourables ; 3° ils sont sujets à des frais de recurements et d'entretien ; et si l'on fermait à haies mortes, cela coûterait plus à cause de la cherté des bois ; 4° les taupes et souris se logent dans les jets des fossés pendant l'hiver. Elles sortent au printemps dans les prés, les renversent en faisant des dommages considérables. Il vaudrait mieux que l'édit subsiste sans clôtures, et qu'un chacun, tant propriétaire que fermier, profite [de] ses prés pour les deux récoltes, sans clôtures, comme il est d'usage dans les pays étrangers de nos frontières.

Art. 15. — Les colombiers des seigneurs hauts-justiciers et curés des paroisses font un dommage très considérable aux récoltes dans la province, attendu qu'ils se dispensent eux-mêmes des réglements donnés à cet égard, en laissant ouverts leurs colombiers dans les temps prohibés, et en tiennent autant qu'ils veulent.

Art. 16. — Il serait à souhaiter, pour prévenir aux dôles, tromperies des Juifs habitant en cette province, [qu'ils] ne puissent faire aucune promesse ni billet de reconnaissance privativement avec un habitant chrétien que par-devant le maire ou greffier de chaque endroit, pour éviter la ruine d'une multitude de personnes qui en sont journellement dupées et ruinées.

Art. 17. — On trouve par la proportion d'impôts dont cette petite communauté est chargée que la généralité de Metz en est surchargée, sans quoi il ne serait pas possible qu'une communauté composée de trente-deux feux, dont quatre laboureurs, quelques artisans, le reste tous pauvres gens qui ne possèdent aucun bien, puisse payer une somme :

Pour subvention, de	449#	11 s.	8 d.
Pour capitation, celle de	242	11	6
Pour entretien de routes, celle de	115	7	2
Pour vingtièmes, celles de	505	13	3
Attendu que les maisons sont taxées douze quartes de blé de cens à la recette de Mgr l'évêque de Metz, évalués à	120	»	»
Pour 15 quartes d'avoine, évaluées à	60	»	»
En argent à la même recette	8	»	»
Somme totale	1501#	3 s.	7 d.

Cette petite communauté ne cultive qu'environ 138 jours de terre par saison. Le produit en est, le tout bien compté, se monte à 4 140#. Les frais de culture, la semence, y compris le marsage, pour autant de jours par saison que ci-dessus, se montent à 3 036#, déduites du produit, reste 1 104# de bénéfice. Sur ce bénéfice et ménage nous payons 1501# 3 s. 8 d. d'impôts. Par là on démontre clairement que les impôts sont insupportables, particulièrement pour la petite communauté de Hellimer française.

Art. 18. — Cette communauté est devenue pauvre depuis l'époque de vingt ans ; les causes de sa pauvreté et indigence sont : 1° les surcharges des impôts ; 2° la cherté de sel, bois de chauffage ; 3° les malheureux procès que cette communauté a été forcée de soutenir pour la conservation de leurs anciens droits et usages, attaqués par le sieur curé de la paroisse et les Bénédictins de Longeville.

Art. 19. — On croit que pour parvenir plus facilement et plus promptement aux moyens de pouvoir acquitter les charges d'État, qu'il serait expédient de taxer tous les biens du royaume d'un égal impôt, sans exception tous les biens de la Noblesse, ceux du Clergé séculier et régulier, monastères, abbayes et prieurés, comme ceux du Tiers état, sous la déclaration des maires et gens de justice de chaque endroit et communauté où les biens des différents états sont situés ;

Art. 20. — Qu'en outre, les revenus des abbayes et prieurés en commende tournent au profit de l'État, à la décharge des citoyens, au moins jusqu'à l'extinction des dettes de l'État ;

Art. 21. — Ou, d'ailleurs, que Sa Majesté ordonne un traitement honnête à tous les moines des abbayes et prêtres religieux des riches couvents, et à tous les curés de paroisse qui perçoivent dîmes, le tout de leurs revenus, et le reste être employé à l'acquit des charges de l'État.

Sire, vos fidèles sujets du Tiers état de votre province et généralité de Metz ont l'honneur de se jeter aux pieds du trône de votre justice, suppliant humblement Votre Majesté d'accorder à cette province et à tout votre royaume ses anciens droits et privilèges, de bannir et de réformer tous les abus de toutes les parties de l'administration nuisibles à l'État et à votre peuple, et ceux qui gênent l'intérieur de votre royaume, et d'accepter les moyens que l'on a eu l'honneur de présenter à Votre Majesté pour parvenir à l'acquit des charges et dettes de l'État.

Fait et arrêté le présent cahier après [avoir] mûrement délibéré en assemblée d'habitants, en l'auditoire ordinaire, audit Hellimer, et signé par tous les habitants qui savent signer, ce dix-neuf mars 1789.

M. Pignon ; Jean Boussenon ; Joseph Clemanz ; Pierre Oster ; Christophe Kirche ; Jacob Roch.

Ce présent cahier contient sept feuillets cotés et paraphés par nous soussigné, Jacques Roch, syndic de la communauté de Hellimer partie française, *ne varietur*, audit Hellimer, le 19 mars.

Jacob Roch.

HERBÉVILLER-LAUNOY (¹)

LXXX*

Cahier contenant six feuillets, cotés et paraphés par nous, Jean Vourion, haut-juge et maire d'Herbéviller-Launoy, pour servir à l'inscription du procès-verbal de l'assemblée des habitants dudit lieu et des doléances qu'ils se proposent de présenter

VOURION.

Cejourd'hui dix-sept mars mil sept cent quatre-vingt-neuf, en l'assemblée convoquée le jour d'hier au son de la caisse, et aujourd'hui au son de la cloche, en la manière accoutumée, sont comparus en la maison commune de ce lieu, par-devant nous, Jean Vourion, haut-juge et maire d'Herbéviller-Launoy, les habitants soussignés, tous nés Français, âgés de vingt-cinq ans, compris aux rôles des impositions, habitants de ce village, composé de cent-vingt feux, lesquels, pour obéir aux ordres de Sa Majesté, portés par ses lettres données à Versailles le 7 février 1789, pour la convocation et tenue des États généraux de ce royaume, et satisfaire aux dispositions du règlement y annexé, ainsi qu'à l'ordonnance de M. le président, lieutenant-général, dont ils nous ont déclaré avoir parfaite connaissance, tant par la lecture qui vient de leur en être faite, que par la lecture et publication ci-devant faites au prône de la messe de paroisse par M. le curé, le quinze du présent mois, et par la lecture, publication et affiches pareillement faites, le même jour, à l'issue de la dite messe de paroisse, au-devant de

---

1. *Impositions ordinaires et prestation des chemins* pour les *six* premiers *mois* de l'année *1790* :

Imposition principale.	242 ᵗᵗ	10 s.	» d.
Accessoires de l'imposition principale . . .	483	»	»
Capitation et ses accessoires	552	6	5
Taxations des collecteurs.	18	5	8
Droit de quittance au receveur des finances.	2	1	4
Prestation des chemins.	185	8	10
TOTAL GÉNÉRAL	1483 ᵗᵗ	12 s.	3 d.

(Arch. Meurthe-et-Moselle, L. 678.)

Deux vingtièmes et quatre sous pour livre du premier pour *1790* :
1ᵉʳ cahier . . . . . . 1 525 ᵗᵗ 16 s.

(*Ibid.*, L. 308.)

la porte de l'église, nous ont déclaré qu'ils allaient d'abord s'occuper de la rédaction de leur cahier de doléances, plaintes et remontrances ; et, en effet, y ayant vaqué, ils nous ont représenté ledit cahier, qui a été signé par ceux desdits habitants qui savent signer et par nous, après l'avoir coté par premier et dernier feuillet et paraphé *ne varietur* au bas d'icelles, lesquelles doléances, plaintes et remontrances ont été rédigées comme s'ensuit. Vourion.

HERBÉVILLER-LAUNOY

Les habitants d'Herbéviller-Launoy, pénétrés de la bonté paternelle d'un Roi qui ne désire que la prospérité du royaume, le bien de tous et de chacun de ses sujets, voudraient n'avoir à lui faire entendre que l'expression de leur bonheur ; mais telle est l'étendue des maux sous lesquels ils gémissent, qu'ils ne peuvent lui proposer que des plaintes et des doléances.

Ils les réduisent à trois chefs : les impôts, la justice et les droits seigneuriaux.

Les impôts

Le fardeau en est devenu accablant : ce n'est qu'en s'imposant les plus dures privations, qu'en prenant même sur sa subsistance, que le peuple parvient à les acquitter ; sans parler des haines, des animosités, des murmures, des réclamations qu'excite chaque année, dans chaque communauté, la répartition de ces impôts, à combien n'exposent-ils pas le pauvre citoyen de contraintes et de vexations de toutes espèces qui aggravent encore sa misère !

Et peut-il ne pas gémir lorsqu'il voit à côté de lui tant de privilégiés exempts de plusieurs de ces impositions qui l'accablent ? lorsqu'il ne peut se dissimuler à lui-même que ces contributions, fruit de ses sueurs et des plus douloureuses épargnes, qu'on lui arrache avec tant de dureté, sont absorbées en grande partie en pensions accordées à des personnes dont l'aisance excitait déjà sa convoitise ; en appointements attachés à des charges inutiles ; à nourrir et même à enrichir cette foule de commis des Fermes, qui sont ses espions et ses persécuteurs, et tant d'autres employés pour qui la recette et la manutention des différentes branches d'impositions sont une source d'opulence qu'ils n'acquièrent qu'à ses dépens ?

Les remèdes à tant d'abus ruineux et offensants pour le peuple paraissent être :

1° La suppression de toutes les charges qui ne sont pas indispensables pour l'administration de l'État ;

2° Celle des pensions qui ne sont pas la récompense de vrais services rendus à la Nation ; et la réduction à un taux très modique de celles qu'on croira devoir conserver d'après un examen sévère ;

3° Celle, dans l'intérieur du royaume, de tous les impôts indirects qui exigent des bureaux, des commis, et des préposés, sous quelle dénomination [que] ce puisse être, à l'exception du papier timbré, du contrôle et du sceau, dont il est à désirer que les droits soient modérés : leur excès empêchant la classe la plus nombreuse de la Nation, les citoyens les moins aisés de recourir au ministère des notaires, et de donner à leurs conventions le degré nécessaire de solidité. Le meilleur moyen d'en simplifier la perception, de la rendre la moins coûteuse possible, ne serait-il pas de la mettre à l'enchère, au rabais, dans le chef-lieu de chaque arrondissement ? Il n'en est point où on ne trouvât des personnes solvables et intelligentes qui s'en chargeraient à bas prix ;

4° Dans tout l'intérieur du royaume, l'interdiction de la culture du tabac ; la suppression des salines qui consomment du bois à pure perte ; et au moins la diminution des manufactures à feu, telles que les verreries et les faïenceries qui ne l'enchérissent que pour alimenter le luxe ;

5° La liberté à quiconque de vendre du sel provenant de nos marais salants, sur lequel il pourrait être prélevé, au profit de l'État, dans le lieu même où il se fait, un droit léger dont la perception entraînerait peu de frais ;

6° Également liberté à quiconque de vendre du tabac provenant de nos colonies, sur lequel l'État n'imposerait qu'un droit peu onéreux, afin que, ce tabac restant à un prix modique, il y eût moins de tentation à en introduire en contrebande. La contrebande, d'ailleurs, pourrait être efficacement empêchée par le cordon de gardes et de commis établis sur les frontières du royaume pour la perception des droits d'entrée et de sortie sur les marchandises qu'on jugerait à propos d'en grever : et ces places de gardes et de commis devenues honorables, puisqu'ils seraient au service de la Nation et du Roi, ne pourrait-on pas [en] faire la retraite et la récompense d'anciens militaires de toutes les classes ? ce qui serait encore un soulagement pour les finances ;

7° La conversion de tous les impôts directs connus sous le nom de vingtièmes, tailles, subvention, capitation, ponts et chaussées, etc., etc., etc., dont la répartition est si difficile et ordinairement si injuste, en un seul impôt territorial, perçu en nature sur toutes les redevances seigneuriales, moulins, étangs, bois, et généralement sur toutes les productions de la terre sans exception ni de personnes ni d'espèces, fixé à une quotité proportionnée au besoin de l'État. Cet impôt, le seul juste, parce qu'il est le seul qui puisse être exactement proportionné à la fortune des contribuables, le seul dont la perception n'entraîne aucuns frais inutiles, le seul qui n'expose pas le peuple à mille avanies, devrait être affermé dans chaque communauté pour un temps limité en totalité ou en partie ; et le fermier serait tenu d'en remettre le canon aux termes fixés entre les mains de celui qui serait chargé d'en faire la recette au chef-lieu de chaque bailliage ou à la capitale de la province. On pourrait encore confier le soin d'en faire le recouvrement et le transport sans frais à la maréchaussée ; bien entendu que le taux de cet impôt serait moins fort pour les terrains dont l'exploitation exige des frais et des avances, tels que les terres arables, que pour les bois, étangs, prés et autres terrains qui produisent d'eux-mêmes et sans culture. Et comme la récolte des foins et des regains est exposée à beaucoup de dangers, à raison des pluies et des débordements, et qu'il importe qu'elle n'éprouve aucun retard ; que d'ailleurs il arrive souvent que dès que l'herbe commence à pousser, le laboureur, dépourvu de foins, est forcé d'en aller prendre dans ses prés pour nourrir son bétail, il paraît indispensable d'autoriser quiconque exploite une prairie à pactiser à l'amiable avec le fermier de l'impôt territorial, et même de contraindre celui-ci à consentir à l'estimation qui serait faite par deux experts, dont un nommé par lui, et l'autre par celui qui exploite la prairie, sermentés sans frais par les officiers des lieux.

8° Mais les fonds de terre ne sont pas les seuls objets imposables : si les impôts ne portaient que sur eux, ils tomberaient en non-valeur, et la culture en serait bientôt abandonnée ; il est donc essentiel et même juste qu'ils pèsent sur les maisons qui ne sont pas nécessaires à l'exploitation des terres, c'est-à-dire sur les seuls châteaux et maisons de plaisance dans les campagnes, sur toutes les maisons des villes, sur les richesses mobiliaires et sur l'industrie.

9° Or ces châteaux, ces maisons de plaisance et celles des villes ont une valeur qu'il est aisé d'apprécier, soit d'après les contrats d'acquisition et les partages, soit d'après l'estimation qu'il serait facile d'en faire comparativement aux autres du même local; c'est d'après cette évaluation qu'elles doivent être taxées.

10° Il n'y a de richesses mobiliaires susceptibles de taxation que l'argent prêté à intérêts : il sera soumis à l'impôt si la loi autorise le débiteur à retenir, sur la rente qu'il paye, une portion proportionnelle à la taxe imposée sur les biens-fonds, et déclare nulles toutes conventions contraires à cette disposition, faite entre le créancier et le débiteur, de façon que celui-ci ait toujours action pour la réclamer.

11° Sous le nom d'industrie, on comprend les manufactures, négoce, commerce et professions de toute espèce; il est aussi bien important que ces différentes branches d'industrie soient assujetties à l'impôt, sans quoi tout le monde abandonnerait les travaux de l'agriculture, si pénibles, si peu honorés, pour s'attacher à quelqu'une de ces branches ordinairement moins difficiles et plus lucratives; or, en supposant que chacune d'elles ne soit pas aujourd'hui trop surchargée, il est facile de conserver à l'État cette branche de revenus; prenons pour exemple l'impôt mis sur les cuirs : il est aisé de savoir ce qu'il produit de net aux coffres du Roi; que cette somme soit répartie sur les différentes provinces du royaume et que les tanneurs, mégissiers, etc., de chaque province, se répartissent ensuite entre eux, à proportion de ce qu'ils fabriquent, la somme imposée à leur province; la même opération peut se faire pour les maîtres de forges, les marchands de vin, et généralement toutes espèces de manufactures, de commerces et de professions.

12° Enfin, que dans chaque province il soit établi des États provinciaux dont les membres soient librement élus, chargés de veiller aux intérêts de la province, à la police, et à tout ce qui a rapport à son administration.

De la justice

La justice qui devrait être la sauvegarde du peuple est devenue un véritable fléau pour lui par les longueurs et les frais des procédures, l'éloignement des tribunaux, surtout par l'interprétation arbitraire des lois, leur obscurité, leur complication, leur multiplicité, leur différence et même leur opposition dans des lieux voisins les uns des autres.

Ces abus sont devenus tels que la plupart des citoyens n'ont aucune connaissance des lois qui régissent leurs biens; qu'ils n'osent se fier à la loi qui paraît fixer leurs droits, de peur que quelqu'interprétation ou quelqu'usage n'en ait dénaturé le sens; que lors même qu'il est sûr de l'avoir en sa faveur, il redoute de poursuivre ses droits les plus incontestables par la crainte des frais excessifs, des déplacements, des longueurs et des chicanes.

Il serait donc essentiel pour le peuple que toutes les anciennes lois, que toutes les différentes coutumes fussent abolies; qu'en leur place il fût composé un code unique pour tout le royaume, simple, clair et précis, du texte duquel le juge ne pût jamais s'écarter; qu'il fût établi une forme de procédure plus facile, moins longue et moins coûteuse; alors, tous les Français n'ayant qu'une loi, qu'il serait facile à chaque citoyen de connaître, les procès seraient moins fréquents; et pour en rendre le jugement plus facile et moins dispendieux pour les parties, on pourrait donner à chacun des tribunaux actuellement existants, ou à ceux qui paraîtront devoir être établis, des arrondissements mieux ordonnés et qui faciliteraient l'administration de la justice.

La différence des mesures, leurs formes, leur diversité, est encore une chose embarrassante pour le peuple, une source d'erreurs et de fraudes dont il est souvent la victime. Depuis longtemps on réclame une unité de mesure pour tout le royaume: les mesures de contenance cubique méritent la préférence parce qu'il est plus aisé d'en vérifier la capacité: on pourrait employer pour ces mesures le pied-cube et ses sous-divisions, le pied de roi pour l'aunage, et la toise de roi pour l'arpentage.

Droits seigneuriaux

Ils sont encore une autre surcharge pour le peuple: cependant, quelqu'onéreux qu'ils soient, comme ils font partie d'une propriété, il n'ose en solliciter la suppression. Mais n'est-il pas fondé à réclamer contre la banalité des moulins, la trop grande multiplication des colombiers, et les ravages des pigeons ?

Cette banalité est une vexation pour le peuple, sans utilité réelle pour le propriétaire. Celui-ci, dans l'ordre actuel des choses, n'a aucun intérêt à choisir un meunier fidèle et entendu. Celui qui lui rend le plus, pourvu qu'il soit solvable, est celui qu'il doit préférer. Le meunier lui-même n'a aucun intérêt de moudre avec économie, bien sûr que les banaux ne peuvent lui échapper : mais, la banalité une fois supprimée, le meunier aura l'intérêt le plus pressant à moudre avec économie et fidélité, puisque ce sera pour lui le seul moyen de s'accréditer et de gagner la confiance : le maître lui-même aura intérêt à choisir un bon meunier, crainte de décréditer son moulin : le public sera mieux servi, et le moulin rendra le même produit, parce que ceux que la banalité force aujourd'hui à y aller, iront volontairement ; ne fût-ce que parce que ce moulin est plus à leur portée, et qu'y étant bien servis, ils n'auront aucun intérêt à aller ailleurs.

Pour remédier aux dégâts que font les pigeons, n'est-il pas juste d'en régler le nombre proportionnellement à l'étendue de chaque finage, et d'interdire au propriétaire la liberté de les laisser sortir dans tout le temps qu'ils peuvent nuire aux différentes espèces de semailles et de récoltes ?

Telles sont les plaintes et doléances que les habitants d'Herbéviller-Launoy se trouvent forcés à présenter au Roi, et dont ils espèrent le redressement de sa justice et de sa bonté.

Séb. Georges ; Clément Calot ; Vourion ; G. Antoine ; Jean Housselle ; Claude Simon ; F. Munier.

Et de suite lesdits habitants, après avoir mûrement délibéré sur le choix des députés qu'ils sont tenus de nommer, en conformité desdites lettres du Roi, et règlement y annexé, et les voix ayant été par nous recueillies, en la manière accoutumée, la pluralité des suffrages s'est réunie en faveur des sieurs Jean Vourion, haut-juge et maire de Launoy, et de Sébastien Georges, greffier de la Tour, qui ont accepté ladite commission, et promis de s'en acquitter fidèlement...

Desquelles nomination de députés, remise de cahier, pouvoirs et déclarations nous avons à tous les susdits comparants donné acte, et avons signé avec ceux desdits habitants qui savent signer, et avec lesdits députés, notre présent procès-verbal, ainsi que le duplicata que nous avons présentement remis auxdits députés pour constater leurs pouvoirs.

G. Antoine; Clément Calot; Claude Simon; Jean Housselle; F. Munier; Séb. Georges; Vourion.

HERTZING

LXXXI^A

Procès-verbal.
15 mars 1789,
« Sont comparus par-devant nous, Jean-François Laroche, syndic municipal de la communauté de Hertzing (¹). »
Communauté composée de 48 feux.
Députés : Pierre-François Stevenel, arpenteur et maire seigneurial,
Jean-François Laroche, laboureur et maire dudit lieu.
Signatures : Joseph Richard; Pierre Lutin; Stevenel, *député*; J. F. Laroche; Antoine Didier.

LXXXI^B

Observations des habitants de Hertzing, ensemble celles du curé de cette paroisse, cotées et paraphées pour être présentées à l'assemblée indiquée le vingt-trois mars mil sept cent quatre-vingt-neuf, par ordre de Monsieur Vignon, président, lieutenant-général au bailliage de Vic, lesquelles observations sont signées et agréées dudit curé et des habitants qui composent la paroisse

---

1. *Impositions ordinaires* pour les *six* premiers *mois* de l'année *1790* :
Imposition principale. . . . .   50 ₶   » s. » d.
Impositions accessoires.   99   11   9
Capitation   113   17   6
　　　　　　　　Total . . . . 263 ₶ 9 s. 3 d.
Deux vingtièmes et quatre sous pour livre du premier pour *1790* :
Biens-fonds . . { 1ᵉʳ cahier . . . 306 ₶ 8 s. 9 d.
　　　　　　　　 { 2ᵉ cahier . . . 284   2   6
　　　　　　　　Total 590   11 s. 3 d.
(Arch. Meurthe-et-Moselle, L. 308.)

Enveloppe contenant cinq feuilles.

[A l'intérieur de cette enveloppe :]

Observations du curé de Hertzing, auxquelles adhèrent les maire, syndic et habitants de la communauté dudit Hertzing sur les plaintes, doléances et remontrances, ensemble certains moyens de subvenir aux besoins de l'État et du peuple, que Sa Majesté exige par ses lettres du 7 février 1789, à nous adressées par Monsieur Vignon, son président, lieutenant-général du bailliage de Vic

Il est bien juste que les membres du bas Clergé s'empressent de répondre aux vues bienfaisantes et équitables de Sa Majesté ; comme chefs des paroisses confiées à leurs soins, ils connaissent mieux que les messieurs élevés à la prélature le bien, le mal, les malheurs et inconvénients des campagnes où ils résident, le bien ou mal-être de chaque individu ; conséquemment, il est de leur devoir de concourir de tout leur pouvoir à éclaircir le Souverain des moyens de pourvoir et subvenir aux besoins de l'État, ainsi qu'à tout ce qui peut intéresser la prospérité du royaume et celle de tous et chacun les sujets de Sa Majesté ; pour y donner l'ordre qu'il convient, je parlerai des biens ecclésiastiques, de l'administration de la justice, des droits seigneuriaux, et de différents objets à réformer, à supprimer, ou à ordonner et permettre.

Il est constant que les dîmes, fonds, fiefs et domaines ecclésiastiques forment une grande partie des biens et revenus du royaume : pourquoi ces biens et revenus ne seraient-ils pas cotisables pour le besoin de l'État comme ceux du roturier et de la même manière que ceux du roturier ? auraient-ils changé de nature et de qualité en changeant de maître ? Chaque noble et roturier, laïque et ecclésiastique doit se faire un honneur, pour ne pas dire un devoir, de soutenir la gloire de la Couronne et subvenir aux frais et dépenses du royaume, particulièrement le Clergé, sans emprunter le nom odieux de don gratuit ; en conséquence, le curé et les habitants dudit Hertzing soussignés supplient Sa Majesté d'agréer leurs remontrances ci-après :

Art. 1. — D'ordonner que les biens ecclésiastiques du haut et bas Clergé, séculier et régulier, soient confondus et cotisés avec ceux des particuliers et des communautés : et pour en faire une juste répartition que chacun doit supporter en impôt, que chaque individu soit tenu de donner une juste et exacte déclaration du produit de leurs dîmes, de leurs fonds, revenus, droits seigneuriaux et autres;

Art. 2. — Que les ecclésiastiques séculiers et réguliers, les nobles et autres, qui possèdent une portion ou la totalité des dîmes dans une paroisse, soient obligés de produire les titres du droit et jouissance de cette perception ; à défaut de quoi, ou lesdits titres n'étant légitimes et authentiques, lesdites dîmes rentreraient au pouvoir et jouissance des curés à qui, dès leur origine, elles étaient destinées pour l'entretien de leurs églises, le leur propre, et l'assistance des pauvres que la plupart d'iceux ne peuvent soulager par l'insuffisance de leurs bénéfices;

Art. 3. — Que les sujets non diocésains soient déclarés à l'avenir inhabiles à posséder un bénéfice dans un autre diocèse que le leur. Un grand nombre de sujets étrangers occupent des bénéfices dans le diocèse de Metz : ce qui occasionne que les enfants de cet évêché restent la plupart des quinze, vingt et vingt-cinq ans vicaires, et que les parents, faute de voir leurs enfants placés, sont détournés à les faire étudier;

Art. 4. — Que les réguliers qui tiennent et gouvernent des paroisses soient tenus de rentrer chacun dans sa maison religieuse : leur premier institut et leurs vœux consistent à vivre dans la retraite et séparés du monde;

Art. 5. — Qu'il soit libre à tous vicaires, après un certain nombre d'années de vicariat qu'il plaira à Sa Majesté de fixer, et à tous curés, de se présenter au concours sans y être appelés, comme cela se pratique, et pour ne pas donner lieu à la faveur et la recommandation qui souvent l'emportent, laisser les suffrages libres, et afin que les examinateurs aient cette liberté, déposer séparément leurs voix par écrit dans une cassette sous clef, laquelle sera ouverte par trois ecclésiastiques non examinateurs pour adjuger le bénéfice à celui qui aurait la pluralité des voix;

Art. 6. — Que les curés qui auront rendu des services depuis un certain nombre d'années à l'Église et à l'État, et dont le mérite, la capacité et la sagesse de leur conduite seront reconnus, puissent parvenir aux dignités ecclésiastiques, comme cela se pratiquait aux premiers siècles de l'Église.

Art. 7. — Les remontrants ont l'honneur d'observer à Sa Majesté qu'elle trouverait une grande ressource aux besoins de l'État en supprimant plusieurs maisons religieuses, en pensionnant celles qu'elle souhaiterait laisser subsister, pour s'emparer de leurs biens et revenus qui sont très considérables : ce serait en quelque façon les réduire à leur premier institût, et conformément au vœu de pauvreté qu'ils ont fait solennellement ; à charge par ces religieux, les uns d'enseigner la jeunesse gratis, et aux autres à seconder les curés dans leurs fonctions paroissiales.

Art. 8. — Sa Majesté ferait bien de pensionner généralement et indistinctement tous les curés et bénéficiers à charge d'âmes, de se nantir de leurs dîmes, biens-fonds et revenus annexés à leurs bénéfices ; et, pour cet effet, leur accorder une pension convenable, afin qu'ils pussent plus librement remplir leurs fonctions, soulager les indigents de leurs paroisses ; ce qui couperait chemin à bien des dissensions et divisions qui naissent souvent des procès que la perception de la dîme et l'intérêt cause entre les curés et les paroissiens, les gros bénéficiers et leurs fermiers ou vassaux.

Art. 9. — Que Sa Majesté soit encore priée d'ordonner que lors des assemblées du haut Clergé pour ce qui regarde ou peut regarder les affaires temporelles et spirituelles, il y soit convoqué un nombre suffisant du bas Clergé pour y défendre leurs droits, y discuter leurs intérêts, et donner leur approbation ou non aux règles et statuts qu'on veut leur imposer, le cas échéant.

De l'administration de la justice

La justice est un droit souverain, et le Souverain doit la rendre ou faire rendre à ses sujets sans les laisser opprimer en frais, dépens qui résultent de la prolongation des procédures, des remises d'une audience à une autre, de la multiplication des incidents qu'on y insère et qui embrouillent une affaire plutôt que de l'éclaircir, des appels d'un tribunal inférieur à un supérieur, et de la taxe exorbitante des honoraires que les juges, les avocats et les procureurs perçoivent.

Art. 1. — Pour obvier à ces maux et frais qui désolent souvent des familles et les ruinent, il faudrait qu'il y eût dans chaque province un code de lois conformément à leurs coutumes, sur lesquelles lois on statuerait et déciderait des affaires;

Art. 2. — Que les justices subalternes et seigneuriales fussent anéanties comme inutiles et même ruineuses, vu qu'on ne s'en tient presque jamais à leurs sentences;

Art. 3. — Que, dans chaque province, outre le parlement qui résiderait dans la capitale, il n'y eût qu'un présidial qui serait fixé dans une ville au centre de la province et trois bailliages dans trois autres villes le plus à proximité des villages : le parlement jugerait des affaires depuis la somme de huit mille livres exclusivement et au-dessus, comme aussi des cas criminels et des droits de Sa Majesté, et cela définitivement : le présidial déciderait aussi sans appel ultérieur depuis la somme de quatre mille livres jusqu'à celle de huit inclusivement; et les bailliages aussi sans appel depuis la première somme jusqu'à celle de quatre mille livres inclusivement; et, afin que les affaires se jugeassent plus promptement, ordonner qu'elles seraient éclaircies sans y admettre ni tours, ni subtilités de chicane; que dans deux audiences elles seraient terminées et jugées en dernier ressort. Que les avocats ne seraient reçus et admis à plaider dans un bailliage présidial et parlement qu'après avoir fait leurs études, avoir été reconnus capables par un examen, et avoir suivi le siège pendant six ans; que les charges des avocats seraient financées, et celles des procureurs abolies : ces dernières paraissent en quelque façon inutiles, vu que leurs fonctions sont à peu près les mêmes que celles des avocats.

Art. 4. — Quant à ce qui regarde les affaires de moindre importance, comme celles d'injures, d'anticipation de terrain, vols de jardin et de campagne, et police à établir dans les lieux, il conviendrait d'accorder aux municipalités le pouvoir de pourvoir à la police, de décider des autres objets gratis et punir les délinquants.

Art. 5. — Les inventaires, tels qu'ils se font actuellement, sont très onéreux et coûteux aux pupilles, et souvent les frais qu'on fait pour cet effet absorbent les biens que des parents ont laissé à ces tendres membres de la Patrie; pour éviter ce mal, il serait expédient que les maire et syndic de chaque village fussent chargés de cette besogne, leurs vacations et papiers précisément payés, comme aussi d'établir tuteurs et curateurs, la tutelle et la curatelle expirées, en recevoir les comptes.

ART. 6. — Lorsqu'il naît des affaires et des difficultés par des écrits ou signatures que l'on soutient imitées, sans avoir recours à des experts atramentaires, en remettre la décision aux notables de la paroisse et à son curé, qui peuvent mieux juger de l'écriture et signature des individus par celle des registres qu'ils détiennent.

ART. 7. — Le tribunal de l'intendance est nuisible au public par la difficulté d'avoir audience, par les présents qu'il faut faire aux secrétaires si l'on veut avoir accès à ce tribunal, par la manière d'y discuter les causes et les juger en l'absence des parties intéressées : les assemblées des districts pourraient connaître des objets y relatifs, et en juger, et les appointements considérables que perçoivent les intendants retomberaient au Roi.

Droits seigneuriaux

ART. 1. — Ces droits et privilèges consistent en haute et basse-justice de la suppression desquelles nous avons parlé ci-devant, en perception de rentes dites seigneuriales, en corvées, chasses, pêches, colombiers et autres choses semblables.

ART. 2. — Ces rentes seigneuriales tirent probablement leur origine ou de la libéralité des souverains pour indemniser les seigneurs des frais qu'ils étaient obligés de faire au service du prince souverain dont ils dépendaient, ou d'une cession à eux faite par des sujets pour se mettre sous la protection et défense desdits seigneurs, alors comme autant de petits souverains dans le temps des guerres qu'ils se faisaient les uns aux autres, et pour être soutenus contre les parties militaires ; maintenant que les seigneurs sont déchargés de ces frais, et que le peuple n'a plus besoin de leur protection pour se mettre à couvert de l'ennemi et des incursions militaires, les rentes et fiefs doivent aussi cesser : *cessante causa cessare debet et effectus.*

ART. 3. — Les corvées seigneuriales, dont le terme est odieux chez une nation libre, est un droit que les seigneurs se sont approprié sans doute sous quelque rétribution de leur part à leurs vassaux, ou en argent ou en droit de pâture, affouage, bois de bâtiments dans leurs forêts et d'autres objets ; qu'ils produisent leurs titres originaux, l'on pourra juger du vrai ! Maintenant, les seigneurs exigent ce droit exactement, parce qu'ils s'en disent en possession ; mais la plupart refusent leurs obligations contractées et les disputent à leurs sujets qui, faute de pièces authentiques, n'osent les attaquer en justice, ou ont succombé à des procès intentés à ce sujet parce que ces seigneurs conservent les originaux dans leurs greffes, et que les vassaux ne peuvent en avoir des copies ; ce droit donc doit être anéanti.

Art. 4. — Celui de la chasse n'est pas moins onéreux aux particuliers ; car, sans parler des seigneurs et des chasseurs qui, avec leurs chiens et souvent meute de chiens, traversent les grains en épi, en cassent les tuyaux et les foulent aux pieds, quels dommages n'occasionnent pas aux cultivateurs les bêtes fauves, les sangliers vers les temps de la récolte ! si ces messieurs veulent avoir le droit et plaisir de chasser, qu'ils fassent clore leurs forêts, ou qu'ils détruisent le gibier.

Art. 5. — Il est probable que les seigneurs se sont encore approprié le droit de pêche dans les ruisseaux et rivières sans aucun titre que celui de la supériorité ; mais se mettent-ils en devoir de les faire curer à leurs frais ? on ne le voit pas ; il semble que quiconque *sentit commodum debet et sentire onus.*

Art. 6. — Le privilège de colombiers accordé aux seigneurs est préjudiciable au public lorsque, contre la défense faite par arrêt ou édit, ils ouvrent leurs colombiers dans les temps de semailles et des récoltes, ce qui arrive cependant : il est donc de l'avantage public de leur réitérer cette prohibition, sous peine d'être privés de ce privilège, ou d'amende pécuniaire.

Art. 7. — Outre ces avantages et privilèges dont jouissent les nobles, ils ont encore celui d'être décorés des honneurs et grades militaires, et de jouir des émoluments y attachés ; pourquoi le soldat qui s'est distingué et a vieilli sous les armes n'y prétendrait ou n'aurait-il pas droit d'y prétendre comme eux ? Sa vie n'a-t-elle pas été exposée pour le soutien du Roi et la défense de la Patrie ? n'est-il pas enfant du Souverain comme le noble ? et le noble élevé à la charge d'officier sans avoir passé par tous les grades militaires et les avoir exercés, peut-il se mettre en parallèle avec le soldat pour les services que ce dernier a rendus ? après avoir coulé le plus beau temps de sa vie dans les exercices et travaux militaires, ne serait-il pas plus propre à commander que des jeunes officiers nobles souvent sans expérience ? Le soldat, à la vue de l'honneur et de la récompense destinés à ses mérites, chercherait à se distinguer. La désertion serait moins fréquente ; le Roi aurait conséquemment plus de bonnes troupes et plus affidées ; les jeunes gens, dans l'espoir de parvenir, s'enrôleraient plus volontiers.

Objets à réformer, supprimer, ordonner et permettre

ART. 1. — Il paraît que ce serait un avantage pour le Roi de faire démolir les remparts et fortifications d'un certain nombre de petites villes et châteaux, parce que les appointements des commandants et majors desdites fortifications seraient éteints ou diminués, que le Roi ne serait pas attenu à tant d'entretiens, et qu'il jouirait des productions que rendraient lesdits remparts convertis en jardins ou terres arables.

ART. 2. — Sans doute qu'on a eu grand soin de mettre sous les yeux de Sa Majesté l'utilité des salines de Moyenvic et Château-Salins, parce que l'intérêt de ces personnes l'exigeait. Cependant on assure que la saline de Dieuze seule suffirait pour la fourniture des sels nécessaires à la province et à l'étranger : par ce fait, le Roi aurait moins de bâtiments à entretenir et d'officiers à pensionner ; Sa Majesté pourrait encore tirer un revenu aussi considérable de ses forêts que lesdites deux salines épuisent, en faisant faire après leur suppression des bois de bâtiments, de charpente, de charronnage, de Hollande, d'affouage et des charbons.

ART. 3. — Il est certain que dans quelques années les peuples de cette contrée se verront dans l'impossibilité de se procurer du bois de chauffage, parce qu'il s'y trouve quantité d'usines qui se touchent pour ainsi dire les unes aux autres, et qu'elles épuisent les forêts ; parce qu'en outre il est défendu d'user du bois de quatre pieds la bûche ; cependant dans les forêts du Roi et des seigneurs voisins qui sont affectées aux salines, on n'en façonne que de cette longueur, et uniquement pour les salines ; dans les forêts des montagnes, où le peuple de cette contrée pourrait trouver sa ressource, une partie de ces usines supprimées, la bûche est aussi de quatre pieds, et il est défendu d'en user. Où donc recourir pour s'en procurer de six pieds ?

ART. 4. — Les maîtrises des Eaux et Forêts sont à charge au

Roi et aux sujets par les appointements que les officiers tirent, les émoluments qu'ils perçoivent des marques et de rapports : on pourrait suppléer à leur suppression par l'établissement de deux officiers et un greffier dans les villes les plus à proximité des forêts, lesquels, sous des appointements fixes pour opérations et vacations, feraient facilement cette besogne ; et les membres de la Chambre de district pourraient connaître et juger des rapports, ou remettre les amendes au Roi.

Art. 5. — Il paraît convenable que les gardes des forêts du Roi perçoivent un salaire fixe : ces gardes, actuellement sans aucun appointement pour la plupart, sinon de ce qui provient de leurs rapports, ne peuvent ou faire leur devoir comme il convient, ou, en le faisant, se sustenter avec leurs familles : il résulte souvent de là qu'ils font des rapports pour des minuties, des rapports injustes, ou qu'ils s'arrangent avec les parties délinquantes pour avoir de l'argent : et voilà comme la nécessité les force à transgresser leur serment.

Art. 6. — Si Sa Majesté permettait la pâture dans ses forêts lorsque les taillis sont à un tel point d'élévation que les bestiaux ne peuvent en atteindre la cime : les forêts en recevraient plus d'air, les arbrisseaux moins touffus croîtraient mieux et plus promptement ; on laisserait à prix d'argent un canton de pâture pour les bestiaux de chaque village, le Roi percevrait cette somme, et le cultivateur trouverait une ressource pour ses bestiaux dans le temps de la culture, il épargnerait par ce moyen son foin, et les prairies qu'il est obligé de faire pâturer.

Art. 7. — Sa Majesté pourrait encore tirer avantage des chasses dans ses forêts et domaines, comme aussi de la pêche dans les ruisseaux et rivières desdits domaines en les laissant à prix d'argent aux plus offrants et derniers enchérisseurs.

Art. 8. — L'objet principal à supprimer, ce sont les Fermes générales, fardeau sur lequel le peuple gémit, mais que les Fermiers supportent avec plaisir, parce qu'ils s'enrichissent aux dépens du Souverain et au détriment du peuple ; les sujets de Sa Majesté offriraient et offrent volontiers et se soumettent de payer par imposition une somme bien plus forte que celle des Fermes générales, des gabelles, marques de cuir, de fer et autres choses semblables, avec prières faites à Sa Majesté d'accorder les passages libres, et d'abolir les employés ès dites fermes, qui sont autant de fainéants dans le royaume.

ART. 9. — Sa Majesté est encore suppliée d'accorder la diminution du prix du sel ; ordonner en conséquence qu'il sera délivré à chaque corps de famille une certaine quantité par mois, mais pour sa consommation, et qu'il sera obligé de prendre ; laisser libres les sujets d'en acheter à moindre prix pour mêler avec la nourriture des bestiaux, et faire par ce moyen des engrais : Sa Majesté n'y perdrait rien par la grande consommation qui s'en ferait, et il ne serait presque plus nécessaire de recourir chez les étrangers, où notre argent se transporte, pour acheter des bêtes grasses.

ART. 10. — Qu'il soit aussi permis de faire des plantations de tabac. Le Roi pourrait mettre une imposition sur ces plantations.

ART. 11. — Les banalités de moulins sont une servitude des plus onéreuses au peuple, par les raisons que ces moulins ne satisfont pas comme il convient la populace, parce que les meuniers savent que les banaux y sont attenus sous peine d'amende considérable, et que plusieurs villages qui en sont éloignés jusqu'à deux lieues n'osent ou ne peuvent se dispenser d'y conduire leurs grains ; un pauvre manœuvre qui n'a ni cheval ni voiture est néanmoins obligé d'y porter sur son col un demi-résal de blé qu'il aura, sous peine de saisie de sa farine, et d'amende, s'il fait moudre son grain ailleurs, et qu'il soit repris.

ART. 12. — On prie Sa Majesté qu'il soit permis de faire des plantations de tabac, elle pourrait mettre une imposition sur ces plantations.

ART. 13. — Il serait avantageux pour les cultivateurs et propriétaires que l'édit concernant les clôtures soit abrogé, parce que ces clôtures dans cette province occasionnent beaucoup de rapports ; que les prés, par le moyen des fossés qui les environnent, ne reçoivent plus les égouts des terres arables ; et que les bestiaux n'ayant plus droit de les parcourir, ces prés ne produisent plus comme auparavant ; au cas cependant qu'il ne plaise pas à Sa Majesté de révoquer ledit édit pour des raisons à elle connues et que nous respectons, elle est suppliée d'accorder permission aux propriétaires et fermiers de faire la levée outre la levée du haut-poil celle du second, à leur unique profit, dans les prés qui ne sont pas clos.

ART. 14. — Pour obvier à la quantité de rapports qui se

font sur les bans voisins, et qui ruinent en partie les gens du village, il serait à souhaiter que le parcours d'un ban à l'autre soit permis après la levée des récoltes.

Art. 15. — Pour subvenir aux besoins de l'État, on pourrait encore mettre un impôt sur les carrosses et chevaux qui ne servent aux travaux publics, ni à ceux de la campagne ; ces carrosses et chevaux ne sont utiles qu'à promener les gens rentés, et contribuent néanmoins à user les chemins et chaussées.

Art. 16. — La capitation imposée sur les laquais et domestiques des seigneurs, si toutefois il en existe, et qu'ils la payent, devrait être bien plus haute en cote que celle imposée sur les domestiques des laboureurs, par la raison que ces derniers sont plus utiles à l'État, perçoivent moins de salaire et sont plus exposés à user leurs vêtements par les injures du temps, tandis que les premiers, en servant leurs seigneurs, sont mieux rétribués, et conséquemment ont plus de facilité à payer un impôt plus fort.

Art. 17. — S'il est juste que tout ce qui rapporte profit doit contribuer aux besoins de l'État, pourquoi les colombiers et les chasses, utiles aux gens qui en ont droit, ne seraient-ils pas cotisables par une imposition particulière ?

Art. 18. — Sur les marchés il s'y commet quantité de monopoles par les trafiquants en grains ; d'où naît ordinairement la cherté des denrées ; pour arrêter ce mal, il conviendrait de les punir sévèrement, ou d'imposer une taille sur les trafiquants en ce genre.

Art. 19. — Une grande utilité pour chaque province serait d'établir et de former des magasins en grain, un au centre de la province, et trois autres à chaque angle, pour, dans un temps de disette, d'incendie, ou autres malheurs, subvenir aux indigents.

Art. 20. — Il serait avantageux d'ordonner des arbres fruitiers le long des chemins situés dans les différents bans ; chaque village en ferait profit, et les propriétaires auraient la facilité de clore leurs terres ensemencées pour empêcher les bestiaux d'y pénétrer.

Art. 21. — Il conviendrait aussi pour le bien général de faire défense aux Juifs, et à plusieurs chrétiens qui sont juifs dans l'âme pour cet objet, de passer aucun billet à leur profit que par-devant les maires, syndics, ou autres témoins notables en leur absence, pour couper chemin aux rentes sur rentes qu'ils exigent, et dont ils ont soin de faire une somme totale avec le capital pour ne pas être reconnus; de donner quittance de la somme y portée, lors de la liquidation, en présence des mêmes témoins, pour empêcher qu'ils ne produisent un billet imité afin d'exiger pareille somme, comme cela est arrivé plusieurs fois.

Lesquelles *observations, remontrances et doléances* ont été lues, arrêtées et signées par les curé, maire, syndic et habitants de Hertzing, le vingt mars mil sept cent quatre-vingt-neuf, audit Hertzing, assemblée tenante.

A. Demange, *curé de Hertzing;* Stevenel, *député;* Pierre Lutin; Joseph Richard; J. F. Laroche, *syndic;* Antoine Didier.

HESSE

LXXXII[a]

« Procès-verbal d'assemblée de la communauté de Hesse. »
15 mars 1789,
« Sont comparus en l'auditoire de ce lieu de Hesse ([1]), par-devant nous, Jacques Soukman, syndic municipal. »
Communauté composée de 103 feux.
Députés : Nicolas Mangin,
Sébastien Marsal.
Signatures : Jacques Soukman, *syndic;* Badenat, *greffier;* Jacques Pierron, *notable;* Nicolas Mangin, *député;* Joseph Mangin, *adjoint;* Sébastien Marsal, *député;* F. Willaume, *notable.*

---

1. *Impositions ordinaires* pour les *six* premiers *mois* de l'année *1790* :
Imposition principale. . . . . 242 ₶ 10 s. » d.
Impositions accessoires. 482   10   11
Capitation 552   6   6
          Total. . . . . 1277 ₶ 7 s. 5 d.
Deux vingtièmes et quatre sous pour livre du premier pour *1790* :
Biens-fonds . . { 1er cahier . . . 1344 ₶ 17 s. » d.
          { 2e cahier . . . 1176   2   6
          Total. . . . . 2520 ₶ 19 s. 6 d.
         (Arch. Meurthe-et-Moselle, L. 308.)

LXXXII*

Doléances et représentations dressées par les habitants de la communauté de Hesse, bailliage de Vic, pour répondre aux ordonnances du Roi touchant l'assemblée des États généraux, faites le 15 mars 1789

Dettes annuelles de ladite communauté

Art. 1. — La communauté de Hesse est chargée de lever et de payer annuellement une somme de cent cinquante livres pour les gages du régent d'école de ladite paroisse tel qu'il est porté par son traité ;

Art. 2. — De payer en outre une somme de 12 livres pour l'entretien des écuries de chevaux des cavaliers de maréchaussée de Sarrebourg ;

Art. 3. — De payer une somme de 17 livres pour le charrois d'une voiture de vin, que les habitants de Hesse sont obligés d'aller chercher à Rosheim en Haute-Alsace pour conduire au prieuré de Hesse ;

Art. 4. — De payer une somme de quinze livres à la seigneurie d'Imling, sans en tirer aucune rétribution, et sans savoir pourquoi, non compris trois cordes de bois de chauffage que chaque laboureur de Hesse est obligé d'aller chercher à trois lieues de distance pour conduire au château seigneurial dudit Imling ; chaque manœuvre est obligé à une journée pour faucher les foins dépendants de ladite seigneurie, sans aucune rétribution pour le tout qu'une nourriture ordinaire ;

Art. 5. — De payer trente-trois sols à la seigneurie du prince de Beauvau à Lorquin, sans savoir pourquoi ;

Art. 6. — Chargée d'entretenir totalement l'église paroissiale dudit Hesse tant en maçonnerie qu'en charpente et vitrage, intérieurement et extérieurement, laquelle est d'un très grand entretien, à cause de plusieurs voûtes de différentes hauteurs couvertes d'esselins, lesquelles parties sont au nombre de dix par rapport à l'antiquité de ladite église faite à mode des Bernardins.

Autrefois cette église était à la charge de la maison de Haute-Seille ; mais depuis qu'on a eu un procès pour les pommes de terre avec dom Leclerc, ancien prieur à Hesse, à son désavantage, ce dernier a intenté un second procès avec la communauté de Hesse pour se décharger de l'entretien de ladite église, a obtenu sentence du grand Conseil à son avantage, et ce n'est que depuis cette époque que ladite communauté est chargée de ladite église sans le secours d'aucun décimateur ;

Art. 7. — D'entretenir en outre une maison composée de deux corps de logis destinées au logement des pâtres communaux dudit lieu, lesquelles sont aussi d'un grand entretien ;

Art. 8. — D'entretenir aussi un pont construit en bois, composé de deux arcades, traversant la rivière de la Sarre près du moulin seigneurial de Hesse, finage dudit lieu ; lequel pont est d'une nécessité absolue et d'une dépense considérable pour la communauté.

Charges particulières des habitants

Art. 9. — La maison des religieux de Haute-Seille, ordre de Cîtaux, a le droit de seigneur haute et basse-justice à Hesse, et les droits seigneuriaux sont les droits de colombier, bergerie et marcarerie ; il y a continuellement sur le finage de Hesse un troupeau de moutons seigneurial qui porte grand préjudice aux troupeaux communaux et aux bêtes de trait dudit lieu.

Art. 10. — Outre de ce, il y a un autre droit seigneurial qui est que, lorsqu'un particulier de Hesse vient à décéder, ce dernier ayant deux vaches ou bœufs à l'écurie, le seigneur a droit d'en prendre une pièce à son compte, sans autre rétribution que six pots de vin et autant de livres de pain.

Art. 11. — Chaque laboureur est forcé par le seigneur de faire trois journées de labourage au profit de ce dernier, de conduire une voiture de blé et une de foin sur les greniers de ladite seigneurie, et ce dans le temps des moissons, sans aucune rétribution qu'une nourriture ordinaire ;

Art. 12. — Chaque manœuvre forcé de faire quatre journées au profit du seigneur, savoir : une journée pour sarcler les grains, la seconde pour faucher les foins, la troisième c'est la femme pour faner le foin, et la quatrième pour scier les blés, sans aucune rétribution qu'une nourriture ordinaire, et sans pouvoir découvrir aucun titre pour savoir pourquoi on y est obligé ; ledit seigneur possédant une plus grande partie et le meilleur du finage, force encore les habitants de payer des cens de leurs biens fort cher annuellement sans vouloir montrer aucuns titres.

Art. 13. — Quoique sur le finage de Hesse il y ait quantité de forêts appartenant à ladite maison de Haute-Seille, les habitants de Hesse n'ont aucun droit d'y vain-pâturer, ni droit de grasse pâture qu'en les payant fort cher, tandis que du passé on avait droit de grasse et vaine pâture dans ces forêts, avec le droit d'aller chercher du bois blanc, mort ou vert; mais, aujourd'hui, tous ces droits sont supprimés, et il n'est plus permis d'y hanter en aucune façon : si le moindre habitant échappe dans ces forêts soit en pâturant, soit en cherchant un fardeau de bois médiocre, il est repris par les gardes qui font des rapports à la Maîtrise de Vic, lesquels causent beaucoup de frais pour ceux qui ont le malheur d'y être pris.

Ces forêts contiennent environ deux mille arpents dans lesquels les habitants avaient droit de prendre leurs bois de bâtiment et bois blanc de chauffage, comme les ancêtres l'ont toujours entendu dire; et, que depuis qu'on a subi des rapports, on n'a osé se défendre ni plaider, à cause que les titres ont passé par tant de mains dans la communauté qu'ils se sont trouvés évadés et perdus.

Art. 14. — La jouissance des prés, après la sortie des foins, était du passé d'une grande utilité et d'un très grand bien pour le profit pour la communauté, tant pour le peuple que pour les bestiaux. On y faisait des regains qu'on vendait au profit de la communauté, et on faisait des embanies pour les bêtes de trait; mais les clôtures sont maintenant très préjudiciables à la communauté, parce que la plus grande partie des clôtures appartient au seigneur, et à plusieurs particuliers déforains qui possèdent de grandes fermes sur le finage de Hesse, et qui ont les meilleurs prés enclos, et même la plus grande quantité.

Ces enclos renchérissent les foins et les regains, parce que tous ceux qui les possèdent les veulent vendre bien chers, sans quoi ils les conduisent sur leurs greniers; et il n'y a rien pour le pauvre peuple réduit à une grande nécessité dans la communauté de Hesse, laquelle est composée de cent trois feux, dans lequel nombre il y a la quantité de trente ménages qui sont obligés de mendier leur pain journellement, et qui ne vivent que de charité.

Avant cet enclos, la communauté vendait annuellement du regain pour huit ou neuf cents livres; le seigneur jouissait du tiers de ladite somme, et le reste était employé aux besoins de la communauté, laquelle est maintenant sans aucune ressource.

Le pauvre paysan achetait du regain à grand prix pour nourrir une ou plusieurs vaches et autres bestiaux, ce qui lui était d'un grand secours pour soulager son ménage, et pour avoir quelque argent pour payer les deniers royaux ; mais, aujourd'hui, il n'y a que le riche qui profite de ces enclos, et le pauvre est toujours réduit dans la misère, car le plus souvent tout ce pauvre peuple est obligé de vendre leurs meubles et leurs hardes pour payer les tailles, tandis que si on jouissait des prairies comme du passé, il ne serait pas dans ce cas.

Art. 15. — La cherté du blé dans nos cantons devient, à ceux qui sont obligés d'en acheter, un poids insupportable : un pauvre homme, chargé de famille, n'ayant aucune journée à travailler, depuis les moissons à autres, aucun ouvrage à faire et aucune ressource à trouver, ne peut pas acheter un résal de blé à vingt-quatre livres l'un. Comment donc entretenir une grande famille dans des temps aussi critiques ?

Art. 16. — Le sel, hors de prix dans notre district, devient une seconde charge à tout le menu peuple, à huit sols la livre de sel, presque tout en eau sortant du magasin, devient une rançon fort pesante pour le peuple qui vit à l'envi, voyant leurs voisins qui ne sont éloignés que de trois quarts de lieue au plus, ont cette denrée à trois sols la livre, tandis que d'autres le payent à huit sols ; c'est de là que provient une partie de la misère de bien des pauvres gens : un pauvre homme dénué de tout bien de la fortune, chargé de famille et sans ouvrage, s'expose d'aller nuitamment ... une charge de sel chez l'étranger, tâchant de gagner quelques sols pour avoir du pain à sa famille, a le malheur de tomber entre les mains des employés avec sa charge, laquelle est confisquée avec l'homme, conduit dans l'obscurité d'une prison pour trois, six, neuf mois ou un an, laissant périr de faim et de chagrin sa propre famille qui ne respire que le moment de voir arriver un morceau de pain à la maison ; mais point du tout, il faut périr l'un et l'autre, les uns de faim à la maison, et l'autre de misère dans les prisons.

Art. 17. — Le village de Hesse est entouré de villages et territoires de Lorraine ban joignant, savoir partie de Buhl, Bieberskirch, Hartzwiller, Nitting et Hermelange, beaucoup nuisible à l'exportation des denrées; quoique Hesse jouisse du privilège des Évêchois, ayant le droit de prendre des passavants dans les bureaux du voisinage, lesquels doivent être délivrés gratis, même de papier timbré, les buralistes de ces villages forcent les privilégiés à prendre avec ce passavant un haut-conduit qu'il faut payer bien cher, et le plus souvent pour peu de chose. Si le paysan privilégié veut exposer une ou plusieurs livres de fil ou chanvre, quelques aunes de toile ou autres petites denrées sur le marché du voisinage, il faut absolument passer sur terre de Lorraine, et prendre un acquit dans ces petits bureaux, comme aussi pour faire entrer une voiture de bois de chauffage sans jouir du privilège qui lui est accordé.

Art. 18. — Les usines, consistant en tuileries, faïencerie et verreries, au nombre de sept qui avoisinent le finage de Hesse, n'en étant éloignées que depuis une petite lieue jusqu'à deux lieues au plus loin, sont d'un très grand préjudice pour les villages qui en sont à la proximité, à cause de la cherté et rareté des bois. Sitôt qu'il y a des coupes exploitées dans les forêts de Hesse et des environs, les commis de ces usines achètent en gros le bois de ces coupes et le font conduire incontinent dans leurs usines, et les paysans sont obligés d'aller chercher du bois dans des coupes étrangères, le payant fort cher, ainsi que les acquits et la conduite.

Art. 19. — Tous les biens-fonds, terres labourables, prés, jardins et chenevières en propre payent taille de la manière suivante :

Le jour de terre labourable en propre paye huit sols ;
La fauchée de pré paye dix sols six deniers ;
Le jour de jardin et chenevière paye douze sols, le tout sans préjudice au vingtième.

Ce qui devient un autre préjudice à la communauté, c'est que les biens en ferme ne payent qu'à moitié de la taxe ci-dessus, par ordre de Monsieur Mathey, subdélégué à Sarrebourg : les terres et prés, formant la meilleure et la plus forte partie du finage, devraient payer comme les propriétaires du village, sauf à en faire payer la moitié aux fermiers et l'autre moitié aux propriétaires déforains qui en tirent de grands revenus.

Art. 20. — La communauté est chargée de payer annuellement plus de cinq mille livres de France, tant en vingtième, subvention, capitation, corvées royales et gages du régent d'école du lieu, outre toutes les charges ci-devant expliquées.

Art. 21. — Ladite communauté ne possède aucuns revenus communaux, sinon le droit de faire la troisième levée en herbe dans un petit étang près du village, lequel ne contient qu'environ 18 fauchées seulement; le seigneur propriétaire a droit de faire les deux premières récoltes en foin et en regain, et ce revenu ne suffit que pour les frais d'enchères et de contrôle de la vente, ports de feuilles et papier blanc à l'usage de la communauté pendant l'année.

Art. 22. — La quantité de Juifs qui sont voisins de la communauté de Hesse causent souvent de grands désordres dans les communautés parce que, sitôt qu'un pauvre homme se trouve dans la nécessité, il va trouver les Juifs, lesquels lui prêtent quelqu'argent, à six francs par louis d'or de rente, et quelquefois plus; et sitôt qu'un homme a lâché sa signature à ces sortes de gens, il a grande peine d'en sortir sans subir bien des frais et des chagrins; car, le plus souvent, on ne peut se tirer hors d'avec eux qu'en plaidant, et souvent des procès qui durent quantité d'années pour ruiner le peuple comme il arrive souvent. Ces Juifs, étant faits de chair et d'os comme les catholiques, pourraient bien cultiver la terre pour gagner sa vie comme le paysan, et ce dans un pays étranger.

C'est à vous, haut et puissant monarque, roi de France, à qui nous adressons nos plaintes, nos prières et nos vœux, c'est de vous que ce peuple affligé attend le soulagement, n'ayant aucune ressource qu'en vos miséricordes. Nous vous prions, Sire, de nous assister dans nos nécessités; nous espérons que nous recevrons de votre bonté paternelle le bonheur et la consolation de voir renaître un jour dans notre communauté le soulagement que nous attendons et que nous espérons, qui est de nous renvoyer le droit de jouir en communauté des prairies pour y faire des regains comme du passé, et d'abolir ces enclos si préjudiciables au pauvre peuple; de nous diminuer le prix du sel et d'en jouir comme nos voisins, de supprimer enfin ces petits bureaux de foraine qui nous causent tant de peines et qui nous sont d'un si grand préjudice.

Nous ne cesserons, Sire, de redoubler et d'offrir au seigneur du ciel et de la terre nos prières et nos vœux pour l'heureuse prospérité des jours de Votre Grandeur, pour toute la famille royale et pour la tranquillité de l'État. Sire, écoutez nos prières et exaucez nos vœux, et ayez pitié de ce peuple affligé.

Nicolas Mangin, *notable et député;* Badenat, *greffier;* Jacques Soukman, *syndic;* F. Willaume, *notable;* Jacques Pierron, *notable;* Joseph Mangin.

HINCKANGE

LXXXIII^A

Procès-verbal.
16 mars 1789,
« Sont comparus en l'auditoire de ce lieu, par-devant nous, Jacques Laurent, syndic, la plus grande partie des habitants. »
Communauté composée de 50 feux.
Député : Jacques Dory : « La communauté n'ayant choisi qu'un seul député, tant par rapport à la trop grande indigence des habitants, qu'à cause de l'éloignement de notre village de la ville de Vic. »
Signatures : Jeanpierre Dory ; Jacques Boulangé, *député;* Jacques Dory, *député;* De Sampy, *député;* Jacques Laurent, *syndic;* V. H. Laurent, *greffier.*

LXXXIII^B

Le présent *cahier de doléances, plaintes et remontrances,* contenant deux feuillets, a été coté et paraphé par moi soussigné, Jacques Laurent, syndic de la communauté de Hinckange.

JACQUES LAURENT, *syndic.*

Les habitants de la communauté de Hinckange représentent qu'ils sont enclavés dans la Lorraine, où nous ne pouvons ni vendre ni acheter quoique ce puisse être, sans être molestés par les employés, ce qui nous cause une perte considérable. Nous désirons, pour l'utilité, d'aller et venir dans le royaume sans payer acquits, et que les employés soient relégués sur les frontières du royaume.

Nous avons au loin un moulin auquel nous sommes banaux, appartenant à l'abbaye de Saint-Avold, qui sont seigneurs du lieu, que nous sommes contraints d'y moudre avec perte ; que pour l'utilité du public, et que la banalité soit abolie.

Messieurs les nobles possèdent beaucoup et ne payent rien :

nous demandons qu'ils soient taxés avec le Tiers état, ainsi que le Clergé, pour le soulagement du pauvre peuple.

Les seigneurs prétendent le tiers-denier des revenus de la communauté, ne contribuent à rien, et, comme il y a plusieurs décimateurs qui ci-devant étaient obligés à bâtir l'église, et que aujourd'hui la communauté a fallu bâtir l'église, les murs du cimetière ainsi que la maison curiale, le tout à leurs frais, ce qui met les habitants hors de pouvoir, vu que l'église deviendra caduque avant qu'on puisse la meubler, ainsi de même que la maison d'écolage et de pâtre est tombée en ruine, faute que la communauté n'a plus le pouvoir de la rebâtir; chaque habitant doit donner annuellement deux poules et un oyon de rente au seigneur.

Et, en outre, la communauté est obligée de fournir trente quartes d'avoine au domaine de Boulay pour une sauvegarde qui n'aboutit à rien, vu que nous sommes tous sujets du même royaume.

Nous représentons qu'il nous soit permis l'usage du sel, comme tous les étrangers, et au prix qu'ils l'achètent dans le royaume, vu que nous sommes obligés de le payer à huit sols moins un liard la livre, ce qui fait un prix exorbitant pour les pauvres gens; et, à l'égard du tabac, la liberté d'en prendre où on le jugera à propos.

Nous souhaiterions pareillement que les huissiers-priseurs soient abolis, puisque c'est la ruine des enfants mineurs.

Nous demandons aussi que les clôtures des prés soient abolies, vu que le Tiers état est privé de la vaine pâture, et ne peut plus faire des nourris de bestiaux, ce qui est cause que les chevaux et bêtes à cornes et autres sont hors de prix.

Nous demandons que le 20ᵉ imposé sur les maisons et jardins potagers qu'on occupe par soi-même soit aboli, vu que les communautés du voisinage ne payent point, et que nous sommes surchargés dans les deniers royaux à la somme de 793 livres 15 sols 2 deniers, à la capitation à celle de 429ᵗᵗ 4 s. 6 d., et du vingtième à la somme de 531ᵗᵗ 4 s., total : 1754ᵗᵗ 3 s. 8 d., somme exorbitante pour un petit hameau, vu que la plus grande partie des habitants ne vit que de charités.

Nous demandons la diminution des impositions royales à la moitié, et que la marque de fers et de cuirs soit abolie, ce qui est cause que les cuirs sont d'une cherté considérable.

Les cultivateurs demandent que les haras soient supprimés, puisque c'est ça qui cause une perte considérable aux laboureurs qui ne peuvent plus faire d'élèves dans toute la province ; voilà l'unique raison que les chevaux sont si chers dans le pays.

Nous représentons que c'est le Tiers état qui est surchargé et qui nourrit le tout et qui fournit le militaire au Roi ; et qui ne peut plus se soutenir ; et n'ont d'autre ressource que de recourir aux Juifs, et qui payent des rentes considérables, ce qui ruine les pauvres laboureurs, ainsi que les autres, ce qui les met à la dernière des misères, ce qui est la ruine du pays.

Nous demandons que les Fermiers généraux soient supprimés pour le bien de l'État. Nous demandons pour le bien public qu'il se fasse des foires de bestiaux dans toutes les villes et bourgs du pays quatre à cinq fois par an, que ces foires procureraient une occasion avantageuse aux laboureurs et aux gens de campagne d'acheter des chevaux et des bêtes à cornes dans les pays étrangers.

Le Ministère est supplié de chercher des moyens plus efficaces pour remédier aux délits et dégâts qui se commettent trop fréquemment dans les forêts des communautés, des seigneurs, et surtout dans celles du Roi, ce qui occasionne une cherté extraordinaire dans le prix du bois, qui devient tous les jours plus rare, de sorte que les gens qui se trouvent à leur aise ont beaucoup de peine de se procurer leur chauffage. Fait à Hinckange, le 16 mars 1789.

Jacques Boulangé, *député;* Jeanpierre Dory ; Jacques Dory, *député;* De Sampy, *député;* Jacques Laurent, *syndic;* V. H. Laurent, *greffier.*

HINGSANGE

LXXXIV

Procès-verbal.
18 mars 1789,
« Sont comparus par-devant nous, Joseph Hirchi, syndic de la municipalité de la communauté du château et des fermes d'Hingsange, composée de 8 feux. »

Députés : Christian Farni,
Georges-Nicolas Lallemand.
Signatures : Jean-François Clause; Hans Schmitt; Christian Farny ;
Lallemand, *greffier*.

LXXXIV*

Plaintes et doléances de la communauté du château et des fermes d'Hingsange, puisque Sa Majesté nous permet de les porter au pied de son trône

Près des salines nous payons le sel quatre fois plus cher que l'étranger qui en est à cent lieues.

Au milieu des bois, il est d'un prix exorbitant par l'enlèvement qui s'en fait pour l'alimentation des salines.

Habitants de terrains humides, entourés d'étangs près des marais, il nous serait nécessaire de faire usage de tabac; sa cherté nous en prive; enclavés dans la France, sujets d'un même souverain, nous désirons avoir une libre circulation de commerce; nous trouvons au contraire des entraves à chaque pas pour passer nos marchandises, nos denrées d'une ville ou d'un village à l'autre, souvent même ban joignant. Il faut des acquits que les commis des Fermes font payer d'ordinaire au delà de la fixation. Ces gens, qui seuls en connaissent les droits, ne manquent jamais d'imposer dans les acquits qu'ils délivrent des conditions difficiles à remplir; et on est malheureusement en défaut même sans mauvaise volonté ni dessein de frauder, mais par oubli ou par ignorance : on est assailli par une troupe d'employés qui inondent les routes et les campagnes, qui nous arrêtent, confisquent nos marchandises et denrées, dressent des procès-verbaux, ensuite desquels l'on est poursuivi et condamné à des amendes considérables qui opèrent la ruine des malheureux repris.

Dans le royaume le mieux policé, le plus ami des lois, sous un souverain très compatissant qui veut que le malheureux soit protégé, la veuve et l'orphelin se trouvent opprimés par l'impôt le plus désastreux.

Un débiteur poursuivi, pour se libérer et obvier aux frais, voudrait lui-même vendre son mobilier, il ne le peut : un huissier-juré-priseur vendeur de meubles se présente; c'est lui qui fait la vente; cet homme, non content des quatre deniers pour livre du prix de la vente que la loi de l'impôt lui donne, prend encore ses voyages, ses vacations, qu'il a le talent de prolonger pour l'augmentation de ce qu'il appelle ses droits.

En supprimant les jurés-priseurs, le débiteur pourra se libérer en vendant lui-même son mobilier aux conditions qu'il trouvera lui être les plus avantageuses ; alors, le patrimoine de la veuve et de l'orphelin ne sera plus dilapidé, la veuve pourra se libérer et faire profit du peu qui lui reste, l'avenant de l'orphelin et de la pupille sera placé pour leur éducation et leur établissement.

Une femme a le malheur de perdre son mari. Il y a communauté établie ; il faut vendre le mobilier : son produit suffirait pour acquitter les charges de la succession, si la vente en était faite avec économie ; on ne le peut. Le juré-priseur se présente : tout est vendu argent comptant. Il emporte en voyages, vacations et pour les quatre deniers pour livre la plus forte partie ; et cette femme, accablée de la perte qu'elle vient de faire, se voit encore frustrée des ressources qui lui restaient pour l'acquit de ses dettes, et demeure dans l'indigence le reste de sa vie.

Des enfants encore en bas âge viennent de perdre leurs parents : la loi doit les protéger, il faut, pour qu'il ne leur arrive aucun tort, qu'inventaire soit fait de la succession, que le mobilier soit vendu et le prix en provenant, les charges acquittées, placé à leur profit pour les élever; souvent, on y parviendrait à peu de frais ; un juge compatissant y contribuerait de son mieux en faisant le sacrifice de ses honoraires ; cela ne se peut : un juré-priseur doit assister à l'inventaire pour estimer le mobilier, et, sous prétexte qu'il a financé, il ne rabat pas un denier de ses voyages et vacations.

La vente du mobilier se fait : nouveaux voyages, nouvelles vacations outre les quatre deniers pour livre du prix de la vente, de façon que ces différents voyages, vacations, avec les quatre deniers pour livre, enlèvent le plus beau et le plus clair d'une succession, souvent même ne laissent pas même de quoi payer les dettes.

Vous pouvez, Sire, faire disparaître toutes ces entraves, et nous l'espérons de votre justice et de la bonté de votre cœur.

La Ferme générale est aujourd'hui inutile, puisque chaque province se soumet de remettre net au trésor royal et sans aucune déduction tout ce que Sa Majesté croira nécessaire pour la splendeur de sa couronne, le soutien de ses États et l'administration de la justice, qu'elle veut qui soit rendue à ses peuples.

En supprimant la Ferme générale, en supprimant les salines et rendant le sel marchand, on pourra se procurer du sel de mer à bon prix, infiniment supérieur à celui des salines ; alors, on pourra en faire l'usage nécessaire pour sa propre conservation, celle des bestiaux, et faire des élèves de toutes espèces. Alors, les bois diminueront de prix ; alors, on pourra s'en procurer pour le chauffage et pour les bâtiments ; alors, on ne verra plus les laboureurs brûler leurs pailles, leurs propres fourrages, pour chauffer leurs fours et se chauffer eux-mêmes.

En supprimant la Ferme générale et permettant la plantation du tabac, on pourra s'en procurer suivant son besoin à un prix modique ; alors, les maladies épidémiques, et celles épizootiques occasionnées souvent par l'humidité et le défaut de sel seront bien moins fréquentes.

En supprimant la Ferme générale, on sera délivré des entraves qu'elle met dans le commerce ; on ne sera plus obligé de prendre des acquits pour passer d'une ville, d'un village à autre ; il y aura un libre transport de toutes nos productions et denrées dans tout le royaume, et les provinces frontières ne seront plus obligées de se pourvoir chez l'étranger.

En supprimant la Ferme générale, les traités de foraine, régie et tout ce qui en dépend et y est relatif, l'État sera déchargé de cinq à six cents millions qui se payent annuellement pour la solde, l'entretien de tous les suppôts et commis, de tous les agents, et pour faire la régie, outre les sommes immenses qu'il en coûte aux pauvres peuples par les vexations en tous genres qu'exercent ces mêmes suppôts sans aucun avantage à Sa Majesté, outre encore les bénéfices immenses que font les Fermiers généraux.

Ces suppositions ainsi faites, et toutes celles que la sagesse des membres qui composeront les États généraux ne manqueront pas de mettre sous les yeux de Sa Majesté, l'on verra renaître les siècles d'or, chaque sujet jouira d'une vie douce et paisible : c'est alors que l'on aura la poule au pot. C'est alors que tous et un chacun bénira le Seigneur de nous avoir donné un Roi qui est véritablement le père de son peuple, l'ami de ses sujets, le protecteur de la veuve et de l'orphelin. C'est alors que tous nos vœux se réuniront pour la conservation du plus juste et le meilleur des rois.

Jean-François Clause ; Hans Schmitt ; Christian Farny ; Lallemand, *greffier*.

HOLBACH

LXXXV ᴬ

« Procès-verbal d'assemblée de la communauté d'Holbach, pour la nomination des députés. »

18 mars 1789,

« Sont comparus par-devant nous, Jean-Nicolas Senser, maire de la communauté, en son auditoire. »

Communauté de 22 feux.

Député : Jean-Nicolas Senser.

Signatures : Hans-Nicolas Senser, *meyer* (maire) ; Gorig Ballever, *zentig* (syndic) ; Michel Cordier, *greffier ;* Jacob Langbur ; Johannes Matz ; Joseph Colson.

LXXXV ᴮ

Aujourd'hui, dix-septième mars mil sept cent quatre-vingt-neuf, le Tiers état de la communauté de Holbach, convoqué au son de la cloche, assemblé en la maison de Jean-Nicolas Senser, maire ; sont comparus George Ballever, syndic ; Jean-Nicolas Gorgi, élus ; Jean-Philippe Bohu, premier échevin ; Nicolas Schuller, second échevin ; et Michel Cordier, greffier ; Christophe Bourche, François Anthon, Jean Schmitt, Pierre Colson, Bernard Wagner..., tous notables et habitants nés Français et naturalisés, âgés de vingt-cinq ans, compris dans les rôles des impositions ; après avoir eu communication de la lettre du Roi pour la convocation des États généraux, donnée à Versailles le sept février dernier, ainsi que du règlement y joint, ensemble de l'ordonnance de M. de Vignon, président, lieutenant-général du bailliage de Vic, en l'absence de M. le bailli d'épée, du vingt février dernier, qui nous ont été notifiées et signifiées le onze du courant, ont unanimement arrêté et résolu de charger leurs députés à choisir ci-après, de faire valoir à l'assemblée du bailliage de Vic les représentations qui s'ensuivent.

Savoir :

Art. 1. — Qu'il est à désirer qu'à l'avenir on ne puisse établir ni proroger aucun impôt que du consentement de la Nation ;

Art. 2. — Que chaque province soit chargée de l'administration confiée jusqu'à présent aux intendants ;

Art. 3. — Qu'il s'en faut de beaucoup que l'on ait à se louer de l'administration desdits intendants, et de leurs subdélégués, par une multitude de raisons dont le détail serait trop long, et qui sont de notoriété publique ;

Art. 4. — Qu'il n'est que trop vrai que le prix du bois augmente progressivement tous les jours, par la raison qu'il subsiste particulièrement dans les environs trop d'usines à feu : que d'ailleurs les bois où ils avaient ci-devant leurs affouages, marnages, mort-bois et bois mort, ainsi que la vaine et grasse pâture moyennant un cens annuel et perpétuel de trente livres payable au séminaire de Metz, lequel aujourd'hui s'est emparé dudit bois, ne donnant à la communauté que le quart des bois dans [les] coupes qui se font annuellement ; mais la communauté a été exclue du quart de réserve qui a été mis en taillis il y a environ vingt-un ans, de là résulte que la vaine et grasse pâture en souffre ;

Art. 5. — Qu'ils n'ont pas autrement à se plaindre de l'administration de la justice ; mais que les confections des inventaires ne leur est que trop onéreuse en ce qu'elle est exercée par un juge et le procureur fiscal à l'assistance du greffier, et qu'il serait intéressant que les inventaires fussent faits par les maire et gens de justice de chaque communauté à l'assistance du greffier local, et ensuite le déposer au greffe du lieu après avoir été coté et paraphé par ledit maire ;

Art. 6. — Qu'il n'est également pas douteux que les jurés-priseurs ne soient à charge et onéreux au public par rapport à la taxe excessive qui leur est attribuée ;

Art. 7. — Que, sans contredit, la traite foraine est aussi nuisible qu'onéreuse en ce que l'on est forcé de prendre les acquits arbitrairement, à propos de quoi les commis, préposés à la perception de ces droits, vexent impunément le public en faisant faire aux prétendus contrevenants des soumissions aussi fortes qu'ils peuvent ;

Art. 8. — Qu'il y a longtemps que l'on se plaint du prix du

sel et du tabac, et c'est là le sujet qui donne lieu aux contrebandes qui arrachent les bras à une multitude immense d'individus qui prennent goût à ce métier, malgré qu'ils soient quelquefois repris; c'est aussi à ce sujet que les employés des Fermes commettent des excès de violence et des exactions journalières qui opèrent la ruine des contrevenants; et, ce qu'il y a de plus désastreux encore à propos des reprises que font lesdits employés, c'est que l'on ajoute foi plénière à leurs procès-verbaux que l'on pourrait la plupart du temps impugner de faux, en sorte qu'ils deviennent pour ainsi dire juges et parties. Pour au sujet du sel, la communauté est obligée de l'aller chercher à Téting qui est à trois lieues, moyennant huit sols la livre, au lieu qu'elle pourrait l'avoir à Saint-Avold qui n'est qu'à une lieue.

Art. 9. — Que le Roi n'a fait un impôt sur les cuirs que dans la vue qu'il n'y en aurait que de bonne qualité; mais les tanneurs, hors d'état de subvenir à une pareille charge, sont obligés, pour avoir de l'argent, de sortir leurs cuirs de leurs fosses avant qu'ils ne soient passés, pour achever de les fabriquer, en sorte qu'ils ne peuvent avoir de bonne qualité : donc que l'impôt est onéreux et nuisible, de même que ceux établis sur les droits réunis ;

Art. 10. — Que la subvention et capitation, y compris les frais de rôles, etc., se portent à la somme de cinq cent trente-trois livres quatre deniers, ci 533# 4 d. ; celle représentative de corvées à 87# 9 s. ; celle des vingtièmes à 347# 3 s. 3 d. ; la dîme d'Holbach environ à 150#, celle de Leywillerhoff à 150# ;

En outre, le ban d'Holbach paye par chacun jour de terre au séminaire de Metz un foural de seigle et autant d'avoine par année;

En sorte que la proportion de ces différentes sommes et charges excède pour ainsi dire le revenu de la plus grande part des individus ;

Art. 11. — Qu'enfin ils pensent ne devoir consentir à aucun impôt, même provisoire, que Sa Majesté n'ait auparavant assuré à la Nation l'exécution de sa parole sacrée en accordant avant tout les États de la province, et en réformant les abus nuisibles et les plus connus ;

Art. 12. — Qu'il n'est pas moins intéressant d'abolir le droit de parcours, ainsi que la liberté des clôtures, parce qu'on ne peut les entretenir à cause de la rareté des bois, et qu'en faisant des fossés, on perd le tiers du terrain ;

Art. 13. — Qu'il serait encore intéressant de demander la suppression des officiers à finance, à l'effet de rendre aux communautés le droit de choisir leurs officiers ;

Art. 14. — Qu'il résulterait un bien infini de la réunion des abbayes, prieurés et autres bénéfices sujets à commende à la province, et de lui en attribuer les revenus annuels, ou au Roi, pour le soulagement de ses peuples, jusqu'à l'entière extinction des dettes de l'État.

Se réservant au surplus les délibérants de faire valoir lors de la convocation de l'assemblée générale de la province, ou de celle des États, des doléances, remontrances et observations locales et particulières, pour y être pourvu ainsi qu'il appartiendra.

Fait et arrêté audit Holbach les an et jour avant dits, et ont tous les habitants présents et sachant signer, signé avec les députés, et défaut contre les non-comparants.

Le présent cahier contenant trois feuillets a été par nous maire coté et paraphé ledit jour.

Hans-Nicolas Senser, *meyer* (maire); Gorig Ballever, *zentig* (syndic); Michel Cordier, *greffier;* Jacob Langbur; Johannes Matz; Joseph Colson.

HUMBÉPAIRE

LXXXVI[A]

Procès-verbal.
21 mars 1789,

« En l'assemblée par continuation convoquée en la manière accoutumée, sont comparus par-devant Nicolas Grégoire, syndic de la communauté de Humbépaire([1]), hameau, les habitants dudit

---

1. *Impositions ordinaires* pour les *six* premiers *mois* de l'année *1790* :
Imposition principale. . . . . 50 ₶ » s. » d.
Impositions accessoires. 99   11   8
Capitation. 113   17   9
    Total. . . . . 263 ₶ 9 s. 5 d.
Deux vingtièmes et quatre sous pour livre du premier pour *1790* :
Biens-fonds. . { 1ᵉʳ cahier . . . 134 ₶ 9 s. 9 d.
     2ᵉ cahier . . . 33 » »
    Total. . . . . 167 ₶ 9 s. 9 d.
(Arch. Meurthe-et-Moselle, L. 308.)

lieu, composé de 12 feux, lesquels habitants ont unanimement arrêté que vu leur hameau de Humbépaire assis sur le ban de Baccarat, qu'ils n'ont aucun finage particulier, ni revenus communs en façons quelconques, le petit nombre d'habitants qu'ils sont, ils n'ont d'autres doléances particulières à représenter que leur pauvreté, qu'au surplus ils s'en rapportent généralement et représentent les mêmes que celles que la ville de Baccarat a renfermées dans ses cahiers ; qu'en conséquence, ils ont constitué pour leur procureur général et spécial Me Mercier, avocat en parlement, et député de la même ville [avocat à Baccarat, et y demeurant]. »

Signatures : Nicolas Grégoire, *syndic ;* Joseph Robinet ; Alexandre Chardot.

LXXXVI[a]

« La communauté d'Humbépaire a adhéré au cahier des doléances de Baccarat. » (Note des commissaires.)

[Cf. ci-dessus, *cahier de Baccarat,* n° XIV[a].]

IBIGNY

LXXXVII[A]

« Procès-verbal d'assemblée de la communauté d'Ibigny, pour la nomination des députés. »

« 15 mars 1789, sont comparus par-devant nous, François Dubois, syndic de la municipalité d'Ibigny ([1]). »

Communauté composée de 20 feux.

Députés : François Desfrères, laboureur,
François Dubois, laboureur.

Signatures : Voirin ; J. J. Goublaire ; F. Desfrères ; F. Dubois.

---

1. *Impositions ordinaires et prestation des chemins* pour les *six* premiers *mois* de l'année *1790 :*

Imposition principale.	45 ₶	» s.	» d.
Accessoires de l'imposition principale.	89	12	7
Capitation et ses accessoires.	102	10	»
Taxations des collecteurs.	3	7	11
Droit de quittance au receveur des finances.	2	1	8
Prestation des chemins.	34	13	»
Total	277 ₶	5 s.	2 d.

(Arch. Meurthe-et-Moselle, L. 678.)

Deux vingtièmes et quatre sous pour livre du premier pour *1790 :* 391 ₶ 15 s. 9 d.
(*Ibid.,* L. 308.)

LXXXVII[a]

Cahier de doléances, plaintes et remontrances des habitants de la communauté d'Ibigny, contenant quatre pages cotées et parafées par première et dernière page par nous, François Dubois, syndic de ladite communauté, ce 15e mars 1789   F. Dubois.

Art. 1. — [Cf. ci-dessous, *cahier de Saint-Georges*, n° CXLII[a], art. 1.]

Art. 2. — [Cf. *id.*, art. 2.]
Art. 3. — [Cf. *id.*, art. 3.]
Art. 4. — [Cf. *id.*, art. 4.]
Art. 5. — [Cf. *id.*, art. 5.]
Art. 6. — [Cf. *id.*, art. 6.]
Art. 7. — [Cf. *id.*, art. 7.]
Art. 8. — [Cf. *id.*, art. 8.]
Art. 9. — [Cf. *id.*, art. 9.]
Art. 10. — [Cf. *id.*, art. 10.]

Art. 11. — La réunion de toutes dîmes au domaine de Sa Majesté, à charge de fournir aux pasteurs une pension pour leur entretien ;

Art. 12. — La diminution des receveurs de finances qui emportent des sommes considérables au préjudice de Sa Majesté ; chaque communauté pourra lever par elle-même la portion à laquelle elle aura été imposée, la verser ensuite dans la caisse d'un officier de la ville capitale de la province, qui serait obligé de la faire passer dans les coffres du Roi, ce qui diminuerait considérablement les frais de quittance, de voyage, et augmenterait d'autant le revenu du Roi.

Art. 13. — [Cf. ci-dessous, *cahier de Saint-Georges*, n° CXLII[a], art. 15.]

Art. 14. — Que le droit de parcours, interdit, soit permis à l'avenir sur les terres versaines, et après les récoltes sur les bans voisins réciproquement ;

Art. 15. — Que la procédure civile soit simplifiée, plus expéditive et moins dispendieuse ;

Art. 16. — Qu'il soit dispensé pour tout ce qui concerne les petits procès qui peuvent s'élever, comme par exemple des simples reconnaissances de promesses ou d'autres, de petite conséquence, de recourir dans ce cas à leur tribunal de justice ordinaire : on obvierait par là bien des frais qui excèdent souvent le principal ; et, en conséquence, ils demandent que sans aucun frais ils soient jugés chacun dans leur communauté par les notables du lieu.

Le tout fait aujourd'hui, quinzième mars 1789, à Ibigny, et lesdits habitants ont signé.

Voirin; J. J. Goublaire; F. Desfrères; F. Dubois.

JEANDELAINCOURT

LXXXVIII[A]

« Procès-verbal de l'assemblée du village et communauté de Jeandelaincourt. »

19 mars 1789,

« Sont comparus en l'auditoire de ce lieu de Jeandelaincourt, pardevant nous, Noël Laurent. »

Communauté composée de 69 habitants (feux), non compris les veuves.

Députés : Nicolas George,
François Laurent.

Signatures : Noël Laurent, *syndic;* Gorgon Gauthier, *municipal;* D. Hazelaire, *municipal;* N. Bagard, *greffier;* N. George, *député;* François Laurent, *député.*

LXXXVIII[B]

L'an 1789, le 19 mars.

Cahier des do'éances, plaintes et remontrances faites par la municipalité et par les habitants, nés Français et naturalisés, âgés de vingt-cinq ans, compris ès rôles et impositions, et formant la communauté de Jeandelaincourt, composant le Tiers état, pour répondre à l'ordonnance du Roi et à celle de Monsieur Vignon, président, lieutenant-général du bailliage de Vic, en l'absence de M. le bailli d'épée au même siège, etc.

ART. 1. — Remontre que le ban de ce lieu est d'une petite consistance et peu de rapport au rapport des cotes et valeur des confins, et les terres de peu de produit, que par les orages y occasionnent des excavations de terres en les entraînant du haut en bas, ce qui occasionne un préjudice considérable à tous possesseurs.

Art. 2. — Remontre que les tailles et impositions sont plus du double que les terres peuvent être taxées; en conséquence, il s'en trouve plus de moitié qu'il faut qu'elles soient imposées sur la cote personnelle de chaque habitant dont le nombre n'étant que de soixante-neuf, non compris les veuves.

Art. 3. — Les habitants de ce lieu sont peu aisés, quelques-uns propriétaires de quelque peu de terres, et peu de vignes et autres héritages de peu de rapport, les uns vignerons de leurs produits, et les autres journaliers, et près d'un tiers mendiants, chargés de famille, et ne peuvent par leurs surcharges des impositions et droits seigneuriaux qui ne peuvent élever leurs enfants dans l'état où ils devraient parvenir au service de Sa Majesté, faute d'instruction.

Art. 4. — Remontre que la seigneurie de ce lieu étant divisée en deux parties et deux châteaux, l'un appartenant à Madame de Vulmon de Vernon, et laquelle est résidante à Marbache, et l'autre appartenant à Monsieur Huin, prévôt-général de la maréchaussée de la Lorraine et du Barrois, etc., résidant à Nancy, et ne sont représentés en ce lieu que par leurs admodiateurs, lesdits seigneurs hauts-justiciers établissent la justice de qui ils jugent à propos qui peuvent être à leurs avantages, et au préjudice de l'autre peuple; ont aussi lesdits seigneurs le droit de chasse et de pêche de tout le ban.

Art. 5. — Lesquels seigneurs perçoivent des rentes et cens en argent, chapons acensés par une grande partie des habitants sur les maisons et héritages, auxquels nous ne contredisons point.

Art. 6. — Remontre que lesdits seigneurs ont entre eux une marcairie, un troupeau, deux colombiers, l'une et l'autre étant de rapport qui ne forme aucun fonds, ne payant point le vingtième sur ces objets, et sont préjudiciables à tous autres possesseurs du lieu tant pour le pâturage que les habitants ne peuvent couvrir de bestiaux pour leur nécessaire ainsi que de l'enlevée que lesdits pigeons [font] dans les temps des semences et des récoltes.

Art. 7. — Ont aussi les seigneurs deux pressoirs auxquels

l'un et l'autre sont assujettis à aller pressurer leurs fruits de vigne, et n'en pouvant avoir que chacun pour soi ; il est à représenter utile et très avantageux qu'un particulier puisse en avoir pour lui et pour ceux qui désireraient aller pressurer à ce pressoir.

Art. 8. — Plainte et remontrance que tous les habitants de ce lieu possesseurs d'une maison payent deux quartes d'avoine et le locataire une quarte, chacun deux poules, sept gros de feu à la Saint-Martin de chacune année lesdits seigneurs, les laboureurs trois quartes d'avoine et deux quartes de blé par chacune charrue, aussi par chacune année, et un gros par cheval tirant. Ces droits sont personnels, n'ayant aucun fonds, et ne peuvent avoir été acquis que sur des fables, circonstances, ce qui fait une surcharge aux habitants et aux laboureurs qui de leur travail ne peuvent y satisfaire, espérant qu'il sera mis sous les yeux de Sa Majesté, que, y faisant droit, que ces droits seront révoqués.

Art. 9. — Remontre que lesdits seigneurs [ont un] étang, et [en dépendant] un moulin, et, y étant banaux pour moudre les denrées, souvent fois et même plus de six mois l'an les eaux y manquant, étant une gêne à tous les habitants d'y être banaux ; ce droit est aussi abusif et gêne le public ; il serait aussi utile que ce droit soit supprimé ; n'étant que sous prétendu droit les troupeaux hardales du lieu y ont vain pâturage en tous temps, et d'abreuvoir, ce qui fait connaître si c'est droit ou non.

Art. 10. — Représente que la communauté a un canton de pâquis, et sont assujettis à délivrer ès dits seigneurs à la Saint-Martin de chaque année sept quartes d'avoine ; l'on ne sait si c'est en vertu du tiers que nos ancêtres peuvent avoir leur accordé, et ce qui devrait être aussi supprimé.

Art. 11. — Plaintes et remontrances : lesdits seigneurs veulent aussi avoir le tiers des biens communaux, et en jouissent pour la plupart, et réunissent à leurs admodiations, vues toutes ces remontrances et plaintes que les seigneurs jouissent presque de la totalité des revenus du ban, le pauvre Tiers état ses portions qu'il lui reste, la culture et semence, le produit ne peut parvenir à satisfaire aux rentes auxquelles lesdits seigneurs perçoivent ; il faut que le travail de ses mains ou mendier son pain satisfasse à la doléance ; et, ne pouvant élever leurs enfants que dans la pauvreté et indigence et ne peuvent satisfaire aux besoins de l'État, veulent aussi lesdits seigneurs avoir les amendes de leurs admodiateurs, tandis qu'elles ne doivent être qu'au profit de l'Église.

Art. 12. — Remontre que le ban de ce lieu ayant peu d'étendue, les laboureurs et possesseurs et fermiers cultivent étant plus d'un tiers de leurs labeurs sur les bans voisins, ban d'Arraye, village lorrain, et ban des Francs qui est une cense, et aussi Lorraine : on est supprimé du vain pâturage. Cette supprimation n'a été faite que depuis peu, et il est malheureux qu'étant son propre bien l'on n'en puisse pas jouir de tout usufruit, que le vain pâturage après la première récolte étant utile aux besoins pour la nourriture des chevaux, bestiaux qui font les cultures et engrais de ces terrains, on espère qu'il sera mis sous les yeux de Sa Majesté pour être ordonné que le vain pâturage des terres et prés appartiendront aux bétail et cultivateurs et possesseurs du village de leur résidence ou comme étant entremêlés un canton terres et prés auxquelles nous pouvons avoir sur lesdits bans de Lorraine, comme réciproquement s'ils en ont sur le nôtre.

Art. 13. — Représente que l'on paye la dîme de tous fruits décimables, et appartient au seigneur abbé de Gorze pour cinq sixièmes, et l'autre sixième à Monsieur le curé de notre paroisse, avec les novales anciennes créées avant l'édit; autrefois, ledit seigneur abbé de Gorze était attenu à la nef de l'église et aux fournitures, vases sacrés et ornements et livres; présentement, depuis l'arrêt intervenu, ils se déclarent qu'ils ne sont plus chargés de la construction et entretien et nef, qu'ils ne sont que pour le chœur avec le curé à la concurrence des dîmes qu'ils perçoivent; il est à représenter de mettre sous les yeux de Sa Majesté que la dîme n'a été établie que pour l'église. En conséquence, que ledit seigneur abbé soit chargé de la construction et tout entretien dont il est nécessaire à l'église, tant aussi aux livres et ornements et ce qui dépend pour le sacrifice divin.

Art. 14. — Représente que M. le curé n'étant point sur les lieux, étant à Moivrons, résidence de sa cure, n'y ayant que son vicaire, il serait utile qu'il y eusse un curé à portion congrue sur les revenus de la dîme, attendu qu'il y a une maison pour le loger, que la communauté a été forcée de construire, ce qui nous a fait défaillir pour y obvier.

Art. 15. — Remontre que l'on est attenu aux pain et vin pour le saint sacrifice ; il convient tant le seigneur abbé de Gorze que le curé soient attenus à ces fournitures, tandis qu'ils perçoivent la dîme pour obvier.

Art. 16. — Représente que ce village étant enclavé dans les villages lorrains, et qu'il faut des acquits pour tous matériaux pour le rétablissement des maisons ainsi que pour la fourniture des bois de chauffage, aussi pour le peu de vin que l'on peut vendre aux étrangers, qu'il soit mis sous les yeux de Sa Majesté que ces acquits soient abolis, et qu'un chacun soit en liberté.

Art. 17. — Représente que le sel étant d'une cherté de sept sols neuf deniers, soit pauvres ou riches ne peuvent s'en passer : cependant, les salines royales sont à portée dans ce canton qui sont plus suffisantes qu'il n'en faut pour ces cantons tandis qu'il va aux pays étrangers et qui ne le payent que de au plus trois à quatre sols la livre ; ce qui nous fait grand tort, tandis que la fourniture des bois et fournisse de ces cantons, ce qui met la cherté en bois de chauffage, que, ne pouvant en avoir pour le petit besoin, et que l'un et l'autre s'unissent à la même plainte pour ce qu'il soit démontré à Sa Majesté et mis sous ses yeux qu'il soit ordonné d'être en liberté ou de le payer à médiocre prix sans déroger aux droits de l'État.

Art. 18. — Remontre pour les usants du tabac qu'étant d'une cherté, et qu'il soit libre à un chacun d'en acheter où ils jugeront à propos et être en liberté.

Art. 19. — Remontre qu'en vertu des enclos, il s'y en trouve, tant appartenant ès seigneurs et particuliers dépendant des prairies qui jouissent du haut-poil, de la seconde faux, et privent tout bétail, troupeaux hardales, de vainpâturer : qu'il soit représenté à Sa Majesté que cet arrêt soit révoqué.

Art. 20. — Représente aussi que depuis peu il y a des huissiers-jurés-priseurs établis en sus des droits de justice et des seigneurs pour les inventaires et ventes, qui occasionnent des grands frais et qui emportent le peu qu'il pourrait revenir aux pauvres enfants mineurs, et qu'il plaise à Sa Majesté de révoquer.

Art. 21. — Il est à remontrer que les procès sur des peu de consistances entraînent souvent de fois de grands frais et fait la ruine de beaucoup de familles, et il serait utile de mettre sous les yeux de Sa Majesté qu'il soit ordonné qu'il y eût en cette communauté un nombre de députés les plus éclairés pour rendre la justice sur les cas qu'il plaira à Sa Majesté d'en diriger.

Art. 22. — Remontre que les seigneurs perçoivent aussi six pots de vin par chacun acquéreur et héritier dans le délai de quarante jours de leur acquisition ou héritement; ce fait que des pauvres mineurs sur l'héritement de peu de biens qu'au décès de leurs père et mère ou succession collatérale, leur avenant étant peu de consistance qui les obligent de les abandonner aux prix préjudiciables, n'ayant qu'un quarteron entre dix mineurs héritiers en en jouissant, sont aussi attenus de payer chacun d'icelles trois bichets d'avoine par chacun an auxdits seigneurs, ce fait qu'au lieu de tirer tribut, le revenu du bien ne peut faire pour satisfaire à ces droits.

Art. 23. — Représente aussi que le particulier sur ses droits de charrue pour la consistance des trois quartes d'avoine et deux de blé par chaque charrue ne peut cultiver son peu de bien ou portion, au lieu que ce droit n'étant point, pourrait avec chevaux, bœufs ou vaches les cultiver, ou se réunir plusieurs ensemble, ce qui fait souvent de fois défaut de culture, et que les seigneurs jouissent presque du tout, et rendent le reste du peuple à la gêne.

Art. 24. — Représente tant en plaintes que doléances la surcharge des tailles et vingtièmes et impositions y accessoires dont celle du 20ᵉ à la somme de 958# 14 s. 3 d.; celle de la subvention, 1 464# 19 s. 5 d.; capitation, celle de 772# 16 s.; et celle des travaux de 300#, ce qui forme 3 516# 9 s. 8 d. Qu'il soit représenté sous les yeux de Sa Majesté que le pauvre Tiers état est surchargé, et en payant tout ce rappelé aux seigneurs, il n'est pas moyen de vivre : la cherté des blés et denrées étant de plus haut prix, n'y en ayant plus en ce lieu que quelque peu, qu'il soit mis sous les yeux de Sa Majesté qu'il peut avoir quelques seigneurs de leurs revenus qui en ont de grandes quantités, ainsi que plusieurs marchands et usuriers trafiquant qui en ont plus que leur besoin; que ces greniers soient ouverts et taxés, qu'un chacun en puisse avoir pour sa subsistance; ce sera [ainsi] que l'État sera maintenu.

Après toutes ces plaintes, remontrances et doléances, nous avons rédigé le présent cahier par le greffier de notre municipalité, après que toutes personnes ont produit leurs représentations ; et du tout, après la rédaction, en a été donné lecture, et copie conforme restant au greffe de notre municipalité, pour forme du registre, ce qui est signé de nous, syndic et municipaux, et tous habitants qui savent signer, ce que nous avons arrêté les an et jour avant dits, 19 mars 1789.

Noël Laurent, *syndic;* Gorgon Gauthier, *municipal;* D. Hazelaire, *municipal;* N. Bagard, *greffier;* N. George, *député;* François Laurent, *député.*

JUVRECOURT

LXXXIX^A

Procès-verbal.

« 19 mars 1789, sont comparus au greffe de ce lieu (¹), par-devant nous, Jean-François Jollain, maire, à l'absence de Monsieur Gérard, juge-gradué de la terre et seigneurie de Juvrecourt. »

Lieu composé de 35 feux, et les veuves non comprises.

Députés : Joseph Boulogne,
          Jean-François Jollain.

Signatures : N. Comte ; Jacques Barbier ; Jean-Pierre Brinquard ; Joseph Boulogne, *député;* J. François Jollain, *député;* Jeanpierre Clochette, *greffier.*

LXXXIX^B

Cahier de remontrances, plaintes, doléances, moyens, avis du village de Juvrecourt, rédigé en l'assemblée générale tenue le dix mars mil sept cent quatre-vingt-neuf, pour servir de pouvoirs et instructions aux députés à l'assemblée générale pour proposer, remontrer, aviser et consentir ainsi qu'il est énoncé aux lettres de convocation

---

1. *Impositions ordinaires* pour les *six premiers mois* de l'année *1790 :*
Imposition principale. . . . . 134 ℔ 3 s. 2 d.
Impositions accessoires. 272 10 10
Capitation 303 15 1
        Total. . . . . 710 ℔ 9 s. 1 d.
Deux vingtièmes et quatre sous pour livre du premier pour *1790 :*
Biens-fonds. . { 1er cahier . . . 973 ℔ 12 s. » d.
             { 2e cahier . . . 212 19 9
        Total. . . . . 1 186 ℔ 11 s. 9 d.
             (Arch. Meurthe-et-Moselle, L. 308.)

Sire,

Nous nous sommes réunis pour l'exécution des lettres de Votre Majesté, qui sont un heureux présage pour nous ; et, prosternés au pied du trône de Votre auguste Majesté, pénétrés de la plus vive reconnaissance pour les bontés qu'elle nous accorde, et prêts à seconder selon vos ordres les vues bienfaisantes que vous témoignez à votre peuple, nous osons avec la plus grande vénération vous prier de vouloir bien :

Art. 1. — Ordonner que dans les États généraux on opinera par tête, et non par Ordre ;

Art. 2. — Que tous impôts soient avoués et consentis par toute la Nation, pour que la bonne foi de Votre Majesté soit à l'abri de toute déception ;

Art. 3. — Faire cesser toutes distinctions personnelles lorsqu'il s'agira de la répartition et de la contribution des impôts nécessaires et librement consentis par la Nation ;

Art. 4. — Supprimer les pensions non méritées, et les gratifications onéreuses au peuple ;

Art. 5. — Abolir, ou au moins diminuer les droits sur les marques de fers, sur les cuirs, ce qui nous met dans le cas de payer excessivement cher des choses aussi nécessaires ;

Art. 6. — Supprimer les offices d'huissiers-priseurs vendeurs de meubles dont les frais engloutissent une partie des successions mobilières des mineurs ;

Art. 7. — Abolir les droits d'entrée de France en Lorraine, lesquels droits occasionnent souvent un retard considérable à des voituriers pressés, et les expose à des vexations injustes ;

Art. 8. — Retrancher et modérer les traitements des Fermiers généraux, directeurs et receveurs, et contrôleurs.

Art. 9. — La cherté excessive des bois au milieu des forêts, et des sels au sein des salines sont encore deux autres puissants motifs de plaintes et doléances que nous présentons avec justice au pied du Trône ; les salines sont une espèce de gouffre, qui engloutissent tout à la fois et les bois des Domaines, des communautés laïques et ecclésiastiques, et de la plus grande partie des seigneurs, ce qui nous met dans le cas de payer le bois à un prix excessif, de l'aller chercher dans des endroits fort éloignés, et ce qui met encore dans le cas les malheureux, pressés par l'extrême nécessité, de dévaster comme malgré eux les forêts, et de s'exposer à un emprisonnement et à des amendes considérables.

La cherté des sels n'expose pas moins les plus indigents à des traitements qui ont été jusqu'à rendre une épouse et des enfants fort jeunes la triste victime de leurs cruautés meurtrières; car Vincent Boülli n'ayant pas de quoi pouvoir avoir de sel, et voyant avec peine qu'une source d'eau salée coulait en vain, fut forcé par l'extrême nécessité de s'exposer à s'en procurer contre la défense, et il devint la victime du fer destructeur dont les gardes étaient armés.

En conséquence, il vous plaise réduire les salines aux deux tiers et mettre un nombre fixe de poêles : voilà le moyen sûr de nous procurer l'abondance des bois, chose si nécessaire à la vie, et dont on serait absolument privé s'il était libre aux salines de continuer leurs consommations et d'en user à leur gré;

Art. 10. — Prescrire la banalité des fours, pressoirs, cabarets et moulins : il n'est point de servitude plus onéreuse et dispendieuse pour nous que celle du moulin; nous sommes obligés de porter, laisser pendant vingt-quatre heures le blé dont nous avons souvent besoin pour le moment audit moulin qui, dans de certains temps de l'année, n'est pas capable de nous moudre faute d'eau, et de là, après ce retard considérable, le porter nous-mêmes dans un autre moulin éloigné, et affaiblir nos forces et notre santé pour le rapporter; nous pouvons ajouter à cela que nous avons senti plus vivement que tous autres la peine de ne pouvoir moudre et d'être sans pain, car les autres meuniers nous postposaient à tout autre, et à ceux dont ils espéraient devenir les ouvriers;

Art. 11. — Défendre à tout garde de fureter chez qui que ce soit sans un officier de justice;

Art. 12. — Mettre le sel à un prix médiocre, de sorte que tout habitant ne soit pas dans le cas de violer vos ordres;

Art. 13. — Proscrire le tirage de la milice dans l'étendue de la province, hors le cas de guerre;

Art. 14. — Régler l'arrivée des contraintes;

Art. 15. — Établir une règle fixe pour les perceptions des droits de mouture, pour prévenir toutes les infidélités et les fraudes dont vos sujets ont à souffrir;

Art. 16. — Défendre tout cours de monnaie autre que celui

de France, et mettre par là uniformité dans les payements; établir également l'uniformité des poids et mesures dans tout le royaume;

ART. 17. — Supprimer les clôtures permises par l'édit de mil sept cent soixante-neuf, lesquelles clôtures diminuent la pâture, et rendent inutile, par les fossés qui doivent environner les enclos, le quart du terrain, ce qui produit une perte notoire pour celui à qui appartient l'enclos, et encore une plus grande pour les propriétaires aboutissant auxdits enclos, et ce qui occasionne encore souvent des débats et amendes considérables;

ART. 18. — Défendre expressément les chasses dans les vignes en tout temps, d'ouvrir tout colombier dans le temps des semailles, et autoriser chaque particulier à faire son rapport au greffe contre les délinquants;

ART. 19. — Déterminer le nombre fixe de troupeaux que les seigneurs pourront avoir, et ne leur en accorder un nombre qui puisse ne consommer que le tiers de la pâture;

ART. 20. — Exempter des corvées imposées sur les habitants des villages dans l'arrondissement de Marsal pour la conduite des bois de consommation de l'état-major dudit Marsal;

ART. 21. — Permettre de couper les arbres champêtres dépérissant, d'après une mûre délibération des officiers de la municipalité; et, par là, éviter les frais inutiles des vacations des officiers de Maîtrise;

ART. 22. — Nous libérer des droits de sauvegarde pour lesquels nous payons annuellement tant au seigneur qu'au Domaine dix-huit quartes d'avoine et un bichet mesure de Vic, seize poules et seize sols d'oranges, et trente-une livres douze sols cours de France, ce qui gêne beaucoup notre communauté, une communauté véritablement indigente;

ART. 23. — Nous permettre le droit de parcours sur le ban de Riouville, ban joignant au nôtre, et qui nous rétrécit singulièrement, sur lequel ban est assise une grande partie de nos terres et de nos prés, ce qui nous force à des conventions onéreuses pour pouvoir jouir du droit de parcours sur nos propres biens;

ART. 24. — Donner à tout citoyen qui, par sa naissance, sa probité, ses talents, ses connaissances, se sera rendu digne des places et dignités ecclésiastiques, judiciaires et militaires, l'espoir d'y parvenir, ce qui contribuerait beaucoup à exciter l'émulation et nous donnerait une haute estime pour les dignités et les emplois devenus la récompense du zèle et du travail, et la couronne du mérite ;

Art. 25. — Accorder à la province des Trois-Évêchés des États qui puissent eux-mêmes se choisir des membres qui seraient chargés de la répartition des tailles consenties par les États généraux, et de l'administration des travaux publics ;

Art. 26. — Imposer des droits sur le luxe particulier, sur les cartes, sur les équipages, sur les chevaux de parade et les chiens inutiles ;

Art. 27. — Tirer une forte capitation sur les domestiques déserteurs des campagnes, ennemis des travaux nécessaires, ce qui met les cultivateurs dans le cas d'être presque les serviteurs de leurs domestiques, et à leur donner des gages exorbitants ;

Art. 28. — Condamner à une amende considérable les cabaretiers de campagne qui donnent à boire chez eux aux habitants du lieu, et qui entretiennent du monde après la retraite, ce qui cause du trouble dans les familles ;

Art. 29. — Lever une forte taille sur les garçons qui mènent les fêtes de village, et priver les seigneurs du droit de vendre ou donner les permissions de mener les fêtes qui sont des sources inévitables de querelles, batailles, dépenses inutiles ;

Art. 30. — Défendre tous jeux de dés, tous jeux de hasard, et d'espèce de loterie ;

Art. 31. — Déterminer une difficulté qui, depuis quelques années, s'est élevée entre les habitants et les décimateurs à l'occasion de la quotité de la dîme, que lesdits habitants de Juvrecourt prétendent n'avoir et ne devoir payer qu'à la douzième, et que les décimateurs prétendent percevoir à la onzième ;

Art. 32. — Lorsqu'il s'agira de la répartition de la subvention, avoir égard à la médiocrité des terres de notre ban, lesquelles sont très ingrates, abondamment parsemées de pierres, et endommagées singulièrement par les carrières que l'on y fait pour alimenter les routes, et desquelles une partie est laissée inculte parce qu'elle ne pourrait rien produire.

Sire,

Telles sont les remontrances, doléances, plaintes, avis,

moyens des habitants de la communauté de Juvrecourt, qui doivent et veulent toujours être de Votre Majesté, flattés d'avoir une occasion favorable de vous donner un témoignage public de leur attachement inviolable, de la vénération la plus profonde avec lesquels nous devons et voulons être pour toujours vos très humbles et très obéissants, très fidèles sujets et serviteurs.

N. Comte; Jacques Barbier; Jean-Pierre Brinquard; Joseph Boulogne, *député;* J. François Jollain, *député;* Jeanpierre Clochette, *greffier*.

KAPPELKINGER

XC^A

Procès-verbal.
20 mars 1789,
« Sont comparus en l'auditoire de ce lieu, par-devant nous, Gaspard Stock, syndic de la municipalité de ce lieu. »
Communauté composée de 45 feux.
Députés : Gaspard Stock, syndic,
Christophe Heÿmes.
Signatures : Caspar Stock, *syndic;* Joseph Rostuscher ; N. Closset ; Christophe Heÿmes ; Jörg Jodotui.

XC^B

Communauté de Kappelkinger

Cahier des plaintes, doléances et remontrances dressé par les habitants de la communauté de Kappelkinger en vertu des lettres du Roi du 7 février 1789, et règlement y annexé, et de l'ordonnance de M. le président, lieutenant-général du bailliage de Vic, coté et paraphé depuis le premier jusqu'au dernier et huitième feuillet

Art. 1. — *Ferme du Roi.* — Nonobstant que les Fermiers généraux s'enrichissent extraordinairement aux dépens du public, l'entretien de leurs employés qui, réunis, feraient une armée de plus de 80 000 hommes qui coûtent journellement au moins 100 000[#], et qui, dispersés dans le royaume, ne sont que pour tourmenter cruellement les gens, tant en route que dans leurs maisons, où, sous prétexte de chercher du sel, ou tabac de contrebande, ils font ouvrir tous les secrets, ils tirent toute la paille hors des paillasses, les malades dans les lits n'en sont pas épargnés, ils ôtent tous les linges des armoires et des coffres, en les dépliant, et après avoir culbuté et jeté le tout dans les chambres, ils s'en vont en riant, et se moquant de leur avoir donné de la besogne ; leurs embuscades de nuit contre les contrebandiers sont une occasion de bien des meurtres, et combien de monde en sont tués innocemment, et eux restent impunis ; ce qui pis est, ils ont l'impudence de chercher à nu les culottes des hommes, et dessous les chemises des femmes et filles : on ne saurait imprimer l'excès des vexations de ces employés.

Art. 2. — Les salines de Dieuze, Moyenvic et Château-Salins ont mis tout ce pays dans une si grande disette de bois, surtout depuis la jonction des forêts appartenant aux revenus de l'Évêché de Metz à ceux que le Roi avait toujours affectés auxdites salines, qu'il n'est presque plus possible d'en pouvoir avoir, ni pour le chauffage, ni pour les autres nécessités, de sorte qu'il serait très difficile, en cas d'incendie, de pouvoir rétablir les maisons ; et cela pour fournir à presque pour rien le sel aux étrangers, et que, par surcroît de malheur, les sujets de la France sont encore obligés de payer ce même sel à un prix très exorbitant.

Refuser le bois qui est nécessaire aux sujets pour le vendre aux étrangers, ou brûler le bois qui est nécessaire aux sujets pour fournir le sel aux étrangers, l'un paraît valoir l'autre. En outre, prescrire une certaine longueur que le bois doit avoir, sous peine d'une très forte amende et confiscation de tous les bois qui n'ont pas la longueur prescrite, malgré toute preuve que l'on pourrait faire de l'avoir acheté même dans les pays étrangers, c'est trop rudement fouetter ses propres enfants avec une triple verge, pour faire plaisir à l'étranger d'épargner ses bois ; dans le pays où le sel est à vil prix, la mortalité du bétail y est très rare, il est plus vigoureux, et la viande a une meilleure saveur, et le monde en tire bien plus de profit parce que leur fourrage, fait à fait qu'ils l'engrangent, est parsemé de sel qui le purifie de la crasse nuisible qui s'était attachée aux herbes dans les prés ; mais, en France, la mortalité du bétail est assez fréquente à cause de la trop grande cherté du sel ; et voilà aussi la raison de la pénurie du bétail en France qui ne se nourrit pas tant de la viande du pays que de celle de l'étranger, ce qui fait sortir du royaume des sommes immenses d'argent.

N'en sommes-nous pas à plaindre à demeurer dans un district où le quart du terrain consiste en forêts, être sans bois, à l'ombre des forêts, et sous la fumée de la saline qui nous ôte tout le bois, de payer le sel quatre fois plus cher que les étrangers n'en payent le même sel !

Art. 3. — *Traite foraine.* — Les acquits sont très préjudiciables à cause que les provinces sont entremêlées ; nous, qui sommes entourés de la Lorraine et des provinces étrangères, ne pouvons ni faire sortir ni faire rentrer aucunes denrées, de quelle nature qu'elles puissent être ; et, comme notre ban ne produit ni bois, ni pierre, ni chaux, etc., nous ne pouvons nous proviser d'aucune chose sans payer les droits desdits acquits, et même on nous contraint de nous munir des acquits pour mener aux moulins nos grains pour faire moudre à notre usage.

Il y a presque tant de taxes différentes pour les acquits qu'il y a de buralistes, marque qu'ils agissent en despotes ; et l'argent qu'ils retiennent pour cautionnement de l'acquit-à-caution est ordinairement autant que perdu, faute de l'occasion à le faire retourner au bureau, parce que pour le renvoyer expressément ledit acquit dans la forme prescrite, coûte à peu près pour l'exprès l'argent qui a été cautionné : car ce cautionnement est toujours mesuré suivant l'éloignement des lieux du déchargement, de sorte que l'on peut perdre sur une voiture de marchandise 12 à 15# qui restent au profit du buraliste et de sa Ferme, sans le détour que les voituriers et autres sont souvent obligés de faire pour trouver le bureau, à prendre les acquits, cela coûte et est très nuisible au commerce et aux sujets, et peut-être le Roi n'en tire pas le 100ᵉ denier.

Marque de fers. — La marque de fers n'est pas moins préjudicieuse pour le commerce aussi bien que pour l'agriculture, et autant plus pour nous sur les terres de notre province : nous n'en pouvons avoir de fers sans traverser la Lorraine où nous sommes obligés de le payer et derechef en France.

Art. 4. — *Marque de cuirs.* — Tout cuir qui sort de la tannerie faut être préalablement marqué : ainsi, le Roi paye cette marque chez les tanneurs, aussi bien que le public, et par cette raison il serait bien étonnant s'il recevait autant de ses régisseurs que cette marque lui coûte sur le cuir qui lui est nécessaire pour l'usage de sa maison et pour son armée ; et, d'ailleurs, la nécessité de cette marque fait languir le commerce du cuir, parce que les marqueurs ne viennent dans les lieux que trop tôt ou trop tard de façon que le tanneur pendant cet intervalle ne peut rien vendre, quoique sa marchandise soit vendable ; et bien des gens restent souvent sans souliers : combien de mille préposés pour la marque des cuirs, tous richement payés suivant leur qualité pour ce sujet.

Art. 5. — *Priseurs-jurés*. — Le droit naturel veut que le pauvre pupille soit protégé et soulagé ; mais le priseur-juré est pour le détruire, car on a déjà vu qu'il a déjà tiré sur la vente des meubles 40^{tt} et le pupille n'a tiré que 20^{tt}. Oui, dans autres circonstances, son payement surpassait la valeur des meubles de 50^{tt}. Voilà une grande inhumanité.

Maintenant, sans parler des meurtres, des excès honteux et barbares que la Ferme occasionne par les employés, ni des concussions que font encore les mêmes employés et buralistes des acquits, etc., etc., ni le prix exorbitant des cuirs, qu'en vient-il au Roi ? peut-être pas le 30e denier.

Art. 6. — *Justice de parlement*. — L'administration de cette justice paraît tenir beaucoup de physionomie de l'arbitraire, car elle n'est pas seulement en contradiction avec les lois, mais encore avec elle-même : et en voici la démonstration qui nous concerne. En 1744 la communauté a voulu faire réduire juridiquement le troupeau à part des admodiateurs des seigneurs à un nombre conforme à la modique étendue du ban ; mais l'arrêt que le parlement a rendu le 27 janvier 1748, sur l'appel sur la sentence raisonnable du bailliage de Vic, a réglé la communauté à un nombre de bétail si modique qu'actuellement chaque habitant ne peut mettre sur la pâture du ban que 2 brebis, 1 porc, et deux habitants sont de trop pour que chacun en puisse y mettre une vache, ce qui est contradictoire à l'exception qu'en fait l'ordonnance de 1669, tit. 25, art. 4, où il y est dit : si les bois étaient de la concession gratuite des seigneurs, le tiers en pourrait être distrait à leur profit, au cas que les deux autres tiers suffisent pour l'usage de la paroisse, sinon le partage n'aura lieu, et les seigneurs et les habitants jouiront en commun, comme auparavant, ce qui sera observé pour les prés, marais, pâtis, lande et grosse pâture, où les seigneurs n'auront d'autres droits que d'envoyer leurs bestiaux en pâture comme premiers habitants, sans part ni triage. Assurément, si cette exception ne peut avoir lieu dans cette circonstance, elle n'en aura dans aucun cas, vu d'ailleurs que cet article est l'unique titre pour l'un comme pour l'autre, car notre coutume de Vic ne dit mot de ce droit : de là résulte que les individus de cette communauté sont d'une condition beaucoup pire que celle des saisis auxquels l'ordonnance de 1667, tit. 33, art. 11, ordonne de laisser une vache, deux chèvres, et trois brebis; si, suivant cette ordonnance, 6 bêtes sont nécessaires pour aider à vivre les saisis, comment donc 4 bêtes peuvent-elles suffire pour aider à vivre indifféremment chaque habitant d'une communauté ? Si, pour favoriser le troupeau à part des seigneurs, on [est] en droit de fixer ainsi le nombre de bétail qu'une communauté peut tenir, que l'on y fixe donc aussi le nombre des habitants, et même des enfants et domestiques, car les moyens doivent être proportionnés au nombre des personnes qui sont à nourrir.

ART. 7. — *Seconde dont les jugements sont encore plus irréguliers que du 1er.* — Le parlement de Metz avait ordonné en 1765 dans tout son ressort de mettre les deux tiers des prés en réserve pour en faire des regains. La communauté comprend dans les deux tiers de prés du ban un pré communal d'environ 66 fauchées, non seulement pour satisfaire à la disposition dudit arrêt, mais encore en conséquence de son usage immémorial de le mettre annuellement en réserve; et, lorsque ledit pré a été prêt à faucher, les admodiateurs l'ont fait fourrager par leurs troupeaux de moutons à garde, et par voies de fait. La communauté s'adresse directement au parlement pour faire exécuter la confiscation dudit troupeau suivant les dispositions dudit arrêt; mais, pour l'éviter, ils firent une demande incidente du tiers dudit terrain, parce que le piedterrier le portait par le terme de *pâquis,* qui a été dressé en 1701, en conséquence de l'arpentage qui a été fait par ordre des seigneurs; la communauté répond que nonobstant cette fausse dénomination, elle était depuis un temps immémorial dans l'usage : 1° de mettre ce terrain continuellement en réserve; 2° de le partager et faucher entre les habitants; 3° d'en donner double portion au représentant des seigneurs.

Le parlement de Metz ordonne de faire une preuve de 40 ans desdites trois propositions : dix-neuf témoins les ont affirmées, dont quelques-uns ont fait monter cette possession jusqu'à 50 à 60 ans, ce qui se rapporte à 4 ans près de la date du pied-terrier, et onze témoins de la contre-enquête ont affirmé le même fait; il a été prouvé en outre que dans la langue allemande [il] se nommait en tout temps comme il se nomme encore aujourd'hui *allmatt,* c'est-à-dire pré communal, et que l'arpenteur l'avait faussement translaté en français par le terme *pâquis,* vu qu'il ne souffre jamais d'autre culture que celle de prairie, puisqu'il est naturellement clos par des rivières, de façon qu'il n'y a qu'un seul pont pour y pouvoir entrer et sortir; ladite preuve vocale a encore été renforcée par une sentence rendue le 10 mai 1729 au susdit bailliage de Vic par laquelle d'autres admodiateurs ont été renvoyés de leur demande du 8ᵉ dans le tiers dudit prétendu pâquis : on avait encore ajouté un procès-verbal homologué au ... par sentence rendue au même bailliage le 30 mars 1742, par laquelle le seigneur, qui avait 1/8 dans cette seigneurie, l'avait reconnue avoir la nature de prairie, et que, par cette raison, [il] l'avait exceptée de la pâture commune, à l'estimation du nombre de bétail que la pâture du ban peut porter : ainsi rien ne pouvait manquer à la certitude du fait.

Cependant, le parlement, par son arrêt définitif du 16 juillet 1768, sans avoir égard à toutes ces preuves, fait droit sur le pied-terrier, casse et annule la susdite sentence, rendue et acquise depuis 39 ans 2 mois accomplis, condamne la communauté à laisser le terrain dont il s'agit toujours ouvert à la pâture commune, et lui défend de le mettre jamais en défense sans la permission des seigneurs, les dépens compensés, excepté qu'il fait tomber les frais du coût d'arrêt, savoir 1 300#, sur la communauté seule, et la condamne en outre à la restitution des foins et regains qu'elle avait perçus pendant le litige, et les admodiateurs étaient quittes de toute restitution pour l'avoir fait fourrager avec leurs troupeaux par voie de fait, dans une année de disette du fourrage causée par la sécheresse.

Réflexion

1° L'arrêt interlocutoire juge les droits seigneuriaux prescriptibles par preuve contre le pied-terrier, et l'arrêt définitif, rendu en conséquence par les mêmes juges, prononce lesdits droits imprescriptibles contre toute preuve faite contre le même pied-terrier.

2° L'arrêt définitif juge, au moins indirectement, ledit terrain *pâquis* en faveur des admodiateurs, puisqu'il les quitte de toute restitution envers la communauté pour les regains que leurs troupeaux avaient fourragés à garde et voies de fait : mais, quoi qu'il en soit, la raison et l'équité exigeaient cette restitution : car, en laissant ledit terrain toujours ouvert à la pâture commune, la communauté lui aurait substitué une autre prairie équivalente. Le même arrêt juge le même terrain *pra'rie* à l'égard de la communauté, puisqu'il la condamne envers les admodiateurs à la restitution des foins et regains qu'elle y avait perçus, en continuant de le faucher pendant le litige, suivant son usage immémorial qui, dans ce cas, ne devait être interrompu sans arrêt ; vu surtout que, suivant l'avis de quatre avocats du même parlement, l'arrêt interlocutoire était si péremptoirement rempli que le parlement ne pouvait plus faire autrement que d'y faire droit sans tomber en contradiction avec lui-même.

3° L'ordonnance de 1667, tit. 27, art. 17, porte que toute sentence duement signifiée est passée en force de chose jugée après 10 ans, à l'égard des laïques, et après 20 ans à l'égard des gens d'Église ; et cet arrêt casse une sentence acquise depuis 39 ans deux mois accomplis, qui fait près de quatre fois dix ans.

4° Ledit édit de clôtures du mois de mai 1768, enregistré au parlement le 27ᵉ juin suivant, permet à tous les propriétaires de clore leurs terres, et 19 jours après, savoir le 16 juin suivant, le susdit arrêt défend à la communauté un terrain qui est naturellement clos.

5° L'Assemblée provinciale excite, en conséquence de l'arrêt du Conseil d'État du Roi du 17 mai 1785, tous les sujets de la province qui ont des biens-fonds de faire des prairies artificielles ; et le susdit arrêt défend à la communauté de cultiver en prairies un terrain considérable, naturellement prairie, sans la permission des seigneurs; ainsi, le seigneur trouvant son avantage de le faire pâturer par son troupeau, la communauté n'aurait rien du tout que la charge d'en payer seule le 20ᵉ, car le gros bétail ne peut pas profiter de la pâture sur un terrain qu'un troupeau de moutons de graisse parcourt tous les jours.

6° Les admodiateurs, qui sont luthériens, ont exigé, en conséquence dudit arrêt, non seulement le tiers dudit terrain et du peu de terre labourable appartenant à la communauté, mais encore des jardins du sieur curé, du maître d'école et des pâtres, de sorte que, pour éviter ce partage inouï desdits jardins, il fallait les remplacer par d'autres terrains en culture, et on ignore si c'est par oubli ou par un autre motif qu'ils ne l'ont pas aussi encore exigé du cimetière.

7° Cet arrêt a tellement épouvanté les communautés qui en ont eu connaissance qu'elles ont cédé le tiers de tous leurs biens communaux aux admodiateurs des seigneurs sur leur simple demande verbale, et dont une n'avait cependant qu'environ 16 ou 17 arpents du Roi en prés; cette jurisprudence, sous le poids de laquelle le pauvre peuple gémit depuis longtemps, n'est sûrement rien moins qu'arbitraire et despotique, et on ne conçoit pas comment on a pu oser attribuer ce vice par des écrits publics à la nouvelle législation du Roi qui ne respire que le bonheur de son peuple.

8° Après 50 ou 60 ans, ce tiers pourrait être regardé comme un bien propre aux seigneurs; et, en laissant subsister cette jurisprudence, on exigerait alors encore une fois le tiers du restant des biens communaux; car personne ne se souviendrait plus en ce temps-là de ce partage, vu que personne ne se souvenait plus après 39 ans de ladite sentence, car tout cela se peut perdre par un incendie, ou autre accident.

9° Après que la peste avait réduit en 1635 cette province presque à un désert, les seigneurs ont dû être très mal à leur aise, car elle n'avait épargné à Kappelkinger et Uberkinger, deux villages qui composent cette paroisse, que 7 sur plus 100 habitants; et, suivant un procès-verbal des plaids-annaux qui a été dressé, ils n'étaient encore que douze, de sorte qu'un chacun avait plus de biens-fonds qu'il n'en pouvait cultiver; aussi ont-ils refusé, suivant le même procès-verbal, d'accepter les biens-fonds des seigneurs sans payer d'autre canon annuel pendant 3 ans que de les mettre en culture, les prés aussi bien que les terres labourables, de façon que tous les revenus des seigneurs étaient à peine suffisants pour payer les frais des plaids-annaux, et c'est sans doute en conséquence de leurs plaintes que le Roi les a autorisés, par l'ordonnance de 1669, de prendre le tiers des émoluments communaux et de tenir troupeau à part pour les aider à vivre, au cas cependant que les deux autres tiers suffisent pour l'usage de la paroisse : ladite ordonnance n'attribue donc rien autre chose aux seigneurs que le superflu du peuple, parce que leurs revenus étaient insuffisants pour leur subsistance convenable ; et cela était juste ; et, puisque ce superflu est redevenu nécessaire au peuple, et qu'il n'est plus qu'un simple mieux-être, et non un nécessaire au seigneur, il serait aussi juste de le lui rendre encore une fois pour mettre fin à l'abus que l'on fait de ladite ordonnance de 1669.

De tout ceci il est aisé à conclure combien ardent doit être le désir du public de voir une toute nouvelle réforme dans la judicature, plus conforme à la raison et au bon sens, et dénuée de toute chicane qui ruine le peuple, et par sa longue durée, et ordonner rigoureusement aux préposés des communautés de punir tous les délinquants sur-le-champ sans appel pour tout ce qui se commet contre le règlement de la police, que ce soit à l'égard du profane, ou du sacré ; car les voleries champêtres, les vacarmes de nuit et de jour occasionnés par les cabarets, les irrévérences dans l'église sont affreuses ; et qu'ils aient la liberté d'appliquer aux délinquants les punitions convenables aux crimes, pour corriger les vices, que ce soit bastonnade, etc., et en rayer pour cette circonstance l'idée d'infamie qu'on y a affichée : chacun fait ce qui lui plaît, et, par là, le repos public est partout troublé ; et la raison de ceci est que tout le pouvoir des préposés est d'oser faire comme tout autre particulier un rapport ou dresser un procès-verbal contre les délinquants, qui occasionnent souvent des démarches très chagrinantes : pour cela, on reste en inaction ; ainsi, tous les villages sont avec leurs préposés comme un navire avec ses matelots sans rames ni gouvernail, qui est non seulement bravé par les flots et gros vent, mais encore par le zéphyr et le calme, surtout lorsqu'on est éloigné de 4 à 5 lieues du juge local, chez lequel les formalités sont trop coûteuses, et de 9 à 10 lieues des bailliages; et, d'ailleurs, une grande partie des susdites profanations, des dégâts et vols champêtres, et vol de tout ce qui est mangeable dans les jardins, etc., se fait par les enfants et domestiques contre la défense de leurs père et mère, qui, en cas de rapport, sont obligés de payer l'amende, et les enfants et domestiques en sont quittes de toute punition : ainsi rien n'est plus pressant que d'autoriser lesdits préposés à maintenir le bon ordre dans les villages, par où on empêchera bien des procès ruineux qui ne se font très souvent que pour minuties.

Art. 8. — *Justice de l'intendance, et subdélégués.* — Depuis que nous avons eu le malheur de perdre le susdit procès, nous avons été augmentés pour les impositions au moins de 600# pour notre communauté, tandis que pour cette raison nous aurions dû être modérés pour la subvention et capitation, étant de remontrance que nous avons déjà fait faire requête du surtaux. Nous y restons toujours surtaxés au moins du tiers vis-à-vis d'autres communautés voisines; pour subventions, capitations et autres impositions extraordinaires, accessoires, nous payons 1 968# 7 s. 3 d., sans le vingtième et impositions de travaux des routes; un village d'un ban si modique, dont chaque individu suivant le susdit arrêt de règlement n'en peut tenir que 2 brebis, 1 porc et qu'une vache, sans forêts, ni pierres, etc. On ignore à qui on doit contribuer la faute, à M. le subdélégué, ou son secrétaire, ou à l'intendance : le bien de ce tribunal de justice est qu'il ne coûte autre chose que les requêtes et voyages; peut-être que dans tout le bailliage de Vic, il n'y a pas une communauté surtaxée comme nous.

Art. 9. — *Droits seigneuriaux.* — Il est juste que les sujets se soumettent aux droits seigneuriaux qui sont raisonnables; mais il y en a de très durs : 1° comme le droit mortuaire, par où une femme désolante au décès de son mari est obligée de céder au seigneur ou à son admodiateur la meilleure pièce mobiliaire de la maison, à l'exception d'une seule, qui reste au choix de la veuve, de sorte que si le défunt a été laboureur, il prendra un cheval; et, par là, souvent elle est hors d'état de continuer avec ses enfants le train du labourage. Si le défunt était artisan, etc., il prend une vache, ou à défaut de vache, le lit ou autre.

Il y en a même qui ont le droit de jambage, c'est-à-dire de coucher avec la nouvelle mariée la première nuit de ses noces;

et, pour se délivrer de ce droit infâme, il faut payer une certaine somme d'argent.

Le droit de troupeau à part, et la jouissance du tiers de tous les biens communaux en culture est très préjudiciable au peuple, et encore une autre cause de la pénurie du bétail; les admodiateurs ou fermiers d'une grande partie de notre connaissance sont ordinairement des luthériens, comme Monsieur Karcher, de Bouquenom, ou anabaptistes, secte séduisante et odieuse par leurs superstitions; et même de cette espèce d'étrangers auxquels l'établissement dans le royaume était défendu par les ordonnances de nos rois, mais révoqué en interprétation par les arrêts du parlement, se glissent en foule dans le royaume, occupent les fermes des seigneurs à l'exclusion des sujets des seigneurs qui désireraient d'en jouir pour le prix que payent ces étrangers. Si les fermes des seigneurs seraient relaissées en détail à leurs sujets, les seigneurs en tireraient bien plus qu'ils en tirent en détail, car on voit des admodiateurs, comme par exemple celui de la seigneurie du prince de Puttelange, auquel le prince a voulu payer 10 000ᶠ par an s'il aurait voulu céder son bail, que sa défunte grand'mère, comtesse de Puttelange, lui avait encore passé; et c'est par ces admodiateurs que les communautés en souffrent tant de vexations, et qui excitent tant de procès, surtout par leurs troupeaux à part, par lesquels ils font pâturer tout ce que les sujets plantent sur leurs propriétés ou cantons en jachères comme trèfles, pois, vesces, si nécessaires à la subsistance des pauvres habitants.

Comme la France est presque plus que suffisamment peuplée par les naturels, sans que les seigneurs cherchent à augmenter cette population par la caste superstitieuse des anabaptistes étrangers, il serait très à désirer que chaque propriétaire puisse cultiver à son gré et avantage toutes ses terres, soit prés, ou terres en jachère, sans qu'il peut être empêché par le troupeau à part des seigneurs; car on sait par l'expérience que les terres en jachère cultivées en trèfle sont très profitables, et que par un seul labour qu'on leur donne à l'automne elles portent l'année suivante plus de blé que les autres terres qui étaient oisives; car, si le parlement reste maître de juger suivant leur volonté, tous les avantages que l'Assemblée provinciale a proposés au sujet de la province, en conséquence de l'arrêt du

Conseil d'État du Roi du 17 mai 1785, seront inutiles; car on dit que M⁰⁸ les Karcher, entrepreneurs presque de toutes les pâtures seigneuriales de ce pays, ont déjà fait fourrager dans plusieurs villages le trèfle cultivé dans les terres en jachère et refusent les amendes ordonnées aux plaids-annaux pour les rapports formés à leurs troupeaux à ce sujet. Hé! comment donc pourrait-on faire un grand nourri de bétail, si les admodiateurs des seigneurs nous ôtent tous les moyens de le pouvoir nourrir? Voilà aussi en partie la raison de notre appauvrissement qui s'est augmenté de jour en jour depuis la perte du susdit procès.

Il serait à désirer que lesdits anabaptistes qui ne reconnaissent ni roi ni supérieur, suivant leur religion, en soient bannis du royaume.

ART. 10. — *Juifs*. — Ce genre d'ennemis du christianisme, qui sont inutiles à l'agriculture, et à tout travail, au militaire, qui ruinent tous ceux qui tombent entre leurs mains, qui ne vivent que de l'usure, sont très préjudiciables au royaume, s'ils ne seront bornés à cause de leur usure.

ART. 11. — *Cabarets*. — Il serait à désirer qu'il fût fait une police stricte pour les cabaretiers; car ils sont la cause d'une infinité de grands maux, comme la désertion de tant de soldats, des duels, dont le remplacement se fait toujours aux frais du public, la ruine des familles entières par la débauche, tant de meurtres des ivrognes et de ceux qui sortent des cabarets les nuits et qui restent morts en chemin; la ruine de beaucoup de monde se commence au cabaret, et les Juifs usuriers l'achèvent.

ART. 12. — *Dîmes*. — Il serait à souhaiter que les dîmes seraient seules attribuées à Messieurs les curés parce qu'ils sont chargés seuls à porter le fardeau de la paroisse (où les dîmes de la paroisse ne sont pas de trop grande conséquence), parce que une grande partie n'a que pour vivre très modiquement, de façon qu'ils se trouvent dans la nécessité de se retrancher presque de nécessaire pour secourir les pauvres, sans avoir le moindre secours des autres décimateurs; et avec cela M⁰⁸ les curés sont encore chargés seuls du bâtiment du chœur de l'église; les prieurés et autres décimateurs enlèvent les dîmes des paroisses, et les paroissiens sont chargés du bâtiment de la nef des églises, ce qui paraît très injuste, car les dîmes devraient retourner aux choses sacrées, au culte de

Dieu, et non en superflu : il serait à souhaiter que tous les décimateurs soient obligés de montrer leurs titres en original, et faute de cela, de les attribuer aux légitimes possesseurs, car il est très à présumer qu'une grande partie des décimateurs n'ont d'autre titre que la possession obtenue par la calamité des temps, et d'enjoindre dans ce cas à Messieurs les curés de mettre annuellement dans le coffre de la fabrique une certaine somme pour le bâtiment de l'église, en cas de besoin, et pour l'entretien ; ou, au cas contraire, de tenir les autres décimateurs à la charge du bâtiment et entretien de l'église.

Pratique utile au trésor royal. — Sa Majesté trouverait une grande ressource en gardant lui-même les revenus des abbés et prieurs recommandateurs, et en faisant vider les trésors des riches couvents, au moins jusqu'à l'extinction des dettes de l'État, pour le soulagement du peuple.

Pratique qui diminue beaucoup le trésor royal. — Le fréquent changement des premiers ministres et autres, et leur renvoi avec des pensions considérables ; ou ils sont renvoyés pour crime d'État ou non. Si pour crime, ils ne méritent aucune récompense, mais la punition suivant leurs délits pour servir d'exemples à d'autres ; s'ils ont été fidèles, il faut les garder.

La trop grande libéralité de Sa Majesté en donnant à quelque seigneur en fief une partie de ses domaines.

Fait et achevé par les habitants à Kappelkinger le 20 mars 1789.

P. S. — Tous les États du Royaume sujets au Roi, Clergé, Noblesse devraient supporter toutes les impositions de l'État comme subvention, accessoires, capitation, vingtièmes, pour les travaux des routes, aussi bien que le Tiers état ; car les chaussées, pour une grande partie, ne sont faites qu'en faveur de la Noblesse : le fort devrait porter le faible.

Joseph Rostuscher ; N. Closset ; Caspar Stock, *syndic ;* Christophe Heÿmes ; Jörg Jodotui.

KIRWILLER

XCI[a]

Procès-verbal.
19 mars 1789,

« Sont comparus en l'auditoire de ce lieu, par-devant nous, Jean Strasser, syndic. »
Communauté de 36 feux.
Députés : Pierre Germoÿ,
Pierre Maÿet.
Signatures : Michel Bug ; Michel Ogé ; Hans-Jacob Schmit; Jean Zieger; Petter Maÿet; Johannes Strasser, *syndic;* Pierre Germoÿ, *greffier.*

XCI*

Cahier des doléances, plaintes et remontrances des habitants et communauté des villages de Kirwiller et Hazembourg, ne formant qu'une mairie, qu'une haute-justice, et dont les intérêts sont communs, pour être remis à leurs députés, au nombre de deux par chaque village, lesquels se rendront à l'assemblée du bailliage de l'Évêché de Metz à Vic, le vingt-trois mars présent mois, en exécution des lettres de Sa Majesté du 7 février dernier, et de l'ordonnance de M. le président, lieutenant-général audit bailliage du 27 dudit mois, et de l'assignation donnée en conséquence auxdites deux communautés l'onze du courant

Art. 1. — [Cf. ci-dessus, *cahier de Guéblange*, n° LXVI*, art. 1.]
Art. 2. — [Cf. *id.*, art. 2.]
Art. 3. — [Cf. *id.*, art. 3.]
Art. 4. — [Cf. *id.*, art. 4.]
Art. 5. — [Cf. *id.*, art. 5.]
Art. 6. — [Cf. *id.*, art. 6.]
Art. 7. — [Cf. *id.*, art. 7.]
Art. 8. — [Cf. *id.*, art. 8.]
Art. 9. — [Cf. *id.*, art. 9.]
Art. 10. — [Cf. *id.*, art. 10.]
Art. 11. — [Cf. *id.*, art. 11.]
Art. 12. — [Cf. *id.*, art. 12. — Vers la fin du premier tiers de cet article, à « nos cinq villages du Val de Guéblange » substituer « nos deux villages Kirwiller et Hazembourg ».]
Art. 13. — [Cf. ci-dessus, *cahier de Guéblange*, n° LXVI*, art. 13.]
Art. 14. — [Cf. *id.*, art. 14.]
Art. 15. — Kirwiller paye en subvention, capitation, ving-

tième et prix des réparations et entretien des routes 1 426ᵗ 7 s. 7 d., et Hazembourg paye 824ᵗ 1 s. 11 d., fait en totalité pour les deux villages de Kirwiller et Hazembourg 2 250ᵗ 9 s. 6 d.

Nous avons calculé nos revenus, nous les avons composés à nos impôts ci-dessus détaillés, et nous avons trouvé clairement que nos revenus sont à nos impôts comme trois sont à un; conséquemment, nous sommes surchargés excessivement, et la vérité de cette assertion peut se démontrer facilement en comparant les revenus d'un seul de nos contribuables avec le montant de ses impôts; et, pour ne rien laisser à l'arbitraire, il faut choisir celui des contribuables qui n'exploite que son bien, et qui ne fait aucun commerce.

Au par delà, nous payons encore les cens, rentes et prestations seigneuriales, et les débits de ville : c'est ce qui va être détaillé.

Nous payons à Mᵍʳ l'évêque de Metz, notre seigneur, de chaque jour de terre ensemencé de froment, blé et avoine, deux fourals de blé et avoine, ce qui monte annuellement à trente-neuf paires moitié blé et avoine, et trois sols par chaque fauchée de pré sur notre finage; il perçoit par chaque habitant un chapon en vif et en plumes, et une orange; de plus, nous payons quatorze livres quinze sols pour le bois mort et mort-bois, en outre trente sols par chaque cheval ou bœuf de trait, et la gabelle; nous payons aussi le droit de cotte mort qui consiste dans le choix du second meuble par le seigneur à la mort de chaque chef de famille, en sorte que la veuve qui est dans le deuil et la tristesse, qui a perdu son mari, et qui a une bande de petits enfants, se voit souvent enlever une bonne vache, un bœuf ou un cheval, et se trouve hors d'état d'alimenter son ménage ou de soutenir son train. Tous les habitants sont obligés à des corvées, aux réparations du moulin de Guidviller et autre; de plus, il tire le tiers dans les pâquis communaux de Hazembourg, et tiers des pâtures sur nos finages. La communauté de Kirwiller n'a aucun bien communal.

Nous payons la dîme de tout ce qui se sème dans la campagne au dixième du produit; nous payons la même dîme du chanvre, lin, cochons de lait et agneaux.

Nous payons les gages de nos maîtres d'école : nous avons un grand nombre de ponts et de passages qui nous causent de gros entretiens.

Art. 16. — Nous sommes obligés de fournir le pain et vin aux offices divins, les ornements et le tout, tandis que Mgr l'évêque doit le fournir, puisqu'il est le seul décimateur, seigneur et haut et bas-justicier, ou il serait obligé aux réparations grandes et petites à nos églises, et aux reconstructions en neuf, et on nous oblige également aux réparations, etc. Cette nouvelle jurisprudence a été introduite par un édit depuis environ douze ans : cette charge est insupportable aux paroissiens, car ils seraient ruinés s'ils étaient obligés à la construction de leur église : tandis que les décimateurs jouissent tranquillement des fruits de la dîme, sans aucune charge un peu importante, surtout un décimateur qui réside hors de chez nous, et dont les pauvres contribuables ne reçoivent aucune aumône. En Lorraine, cet édit n'est pas reçu, et Sa Majesté fait construire journellement à ses frais de belles églises dans les lieux où il est décimateur.

Art. 17. — Nos terres sont un tiers médiocres et deux tiers de mauvaise qualité, toutes terres blanches, légères ou froides ; elles exigent engrais tous les trois ans : nos prés sont moitié médiocres et moitié des mauvais.

Les habitants de ces deux villages Kirwiller et Hazembourg sont tous des pauvres gens ; la pauvreté provient de la surcharge dans les tailles, de la cherté des vivres, de la nature du sol qui exige tous les trois ans des engrais que les cultivateurs ne peuvent faire en suffisance faute de pouvoir élever et entretenir un bétail suffisant, etc., etc., etc. La pauvreté est si marquée que depuis plusieurs années un grand nombre d'habitants ont émigré de nos villages pour se rendre en Hongrie, malgré la défense et toutes les précautions prises pour empêcher les émigrations, car la faim et la misère les chassaient hors de leur pays.

Art. 18. — [Cf. ci-dessus, *cahier de Gueblange*, n° LXVIe, art. 17].

Art. 19. — Nous demandons qu'il nous soit permis d'établir des prairies artificielles en cette forme : les terres de tous les finages de la province sont divisées en trois saisons ; l'une porte du blé tous les ans, l'autre des avoines ou grains d'été, et la troisième est en repos ; la saison qui est à présent en blé sera en avoine l'année prochaine, et la troisième année en repos. La saison du repos n'est d'aucune ressource pour la vaine pâture, parce que, dans la méthode du train de l'agriculture, elle est retournée trois fois périodiquement pendant l'été, ce qui empêche l'herbe d'y croître; pour tirer un grand avantage de cette saison morte pendant un an, nous demandons qu'il nous soit permis de semer du trèfle avec le grain d'été dans la saison des marsages; ce trèfle croîtrait avec les grains d'été et fournirait à la récolte une paille qui vaudrait du foin pour les bestiaux, et le décimateur n'y trouverait que du bénéfice : ce trèfle offrirait encore une bonne pâture jusqu'à l'entrée de l'hiver; aussi nous demandons que ce trèfle soit en défense pour le propriétaire comme ses autres graines.

Art. 20. — [Cf. ci-dessus, *cahier de Guéblange*, n° LXVIe, art. 20.]

Instruction et pouvoir aux députés qui se rendront à l'assemblée du bailliage de l'Évêché de Metz

1° [Cf. ci-dessus, *cahier de Guéblange*, n° LXVIe, *Instruction et pouvoir*, 1°.]

2° [Cf. ci-dessus, *cahier de Guéblange*, n° LXVIe, *Instruction et pouvoir*, 2°.]

3° [Cf. ci-dessus, *cahier de Guéblange*, n° LXVIe, *Instruction et pouvoir*, 3°.]

Fait et arrêté en assemblée des communautés de Kirwiller et Hazembourg, en la maison de Jean Strasser, syndic de Kirwiller, le dix-sept mars 1789.

Johannes Encel, *syndic;* Caspar Picot ; Pier Ris; Jean Léonard ; P. Encel ; Nicolas Germoÿ.

« *Les habitants de Kirwiller* » :

Michel Bug ; Michel Ogé ; Hans-Jacob Schmit; Jean Zieger; Petter Maÿet ; Johannes Strasser, *syndic;* Pierre Germoÿ, *greffier*.

LA CHAPELLE

XCII[A]

« Procès-verbal d'assemblée des villes, bourgs, villages et communautés pour la nomination des députés. »
15 mars 1789.

« Sont comparus en l'auditoire de ce lieu (¹), par-devant nous, syndic. »
Communauté composée de 42 feux.
Députés : Pierre Colin,
Dominique Litaize.
Signatures : J.-B. Balland ; Dominique Litaize, *député ;* Pierre Colin, *député ;* Alexis Noël ; J.-C. Baderot ; J.-B. Marcot.

XCII[e]

Cahier de doléances, plaintes et remontrances faites par les habitants du village de la Chapelle, dans l'assemblée de cejourd'hui, 17ᵉ mars 1789, suivant les ordonnances de Monsieur le procureur-général-fiscal du bailliage de Vic, comme s'ensuit :

ART. 1. — La communauté de la Chapelle occupe un terrain ingrat : pour le faire produire, il faut beaucoup d'engrais ; l'on se trouve malheureusement dans l'impossibilité de retirer le fruit de ses peines : le bétail serait le seul moyen de faire fleurir notre petit finage, nous ne pouvons en nourrir que de très maigres à cause du mauvais fourrage ; nous ne connaissons point d'autre moyen d'y suppléer que par le sel qui devrait être la source de l'abondance dans cette province, c'est pourquoi nous demandons que le prix dudit sel soit au moins comme en Suisse, ce qui ferait un bien infini.

ART. 2. — Les abbayes qui ont des biens immenses, qui vivent de la graisse de la terre et qui ne sont d'aucune ressource pour l'État, nous laissons à Sa Majesté la liberté d'en penser ce qu'elle jugera à propos.

ART. 3. — Les vacations de Messieurs les officiers de la Maîtrise pour la délivrance de nos bois d'affouages, dont leurs

---

1.   LA CHAPELLE ET FAGNOUX
Impositions ordinaires pour les *six* premiers *mois* de l'année *1790* :
Imposition principale. . . . .   155 ₶   1 s. 1 d.
Impositions accessoires.   308   14   4
Capitation   353   »   4
            TOTAL . . . . 816 ₶ 14 s. 8 d.
Deux vingtièmes et quatre sous pour livre du premier pour *1790* :
Biens-fonds. . { 1ᵉʳ cahier . . . 542 ₶   6 s. 6 d.
                { 2ᵉ cahier . . . 101   10   »
            TOTAL . . . . 643 ₶ 16 s. 6 d.
(Arch. Meurthe-et-Moselle, L. 308.)

frais sont très considérables; nous espérons que des gens plus éclairés nous l'expliqueront mieux;

Art. 4. — Que les frais seront réduits, notamment pour les inventaires, ce qui ruine les pupilles et survivants, ainsi que pour les ventes faites judiciairement, soient réformées;

Art. 5. — Que les deniers à provenir de la vente des bois ou autres biens communaux soient versés immédiatement par les acquéreurs ou adjudicataires dans la caisse de la communauté, fermant à trois clefs;

Art. 6. — Que toutes adjudications et réceptions de bâtiments, ou réparations à la charge des communautés, se feront aussi sans frais par-devant les États de la province;

Art. 7. — Que le droit de petit châtrage au sujet des petits porcs mâles soit supprimé, puisque le plus ignorant du village châtre ses petits lui-même; et, après avoir fait l'ouvrage, l'on nous fait payer quatre sols de France que nous trouvons très grief et très mal à propos, puisque l'État n'en profite d'aucun denier.

Art. 8. — Nous demandons aussi que l'on nous redonne notre tâche de chaussée dans le même lieu où elle était comme devant ces trois années, ce qui ferait rester chez nous les deniers que nous avons tant de peine à amasser, ce qui nous ferait un bien;

Art. 9. — Que tous les sujets des communautés de quel Ordre ils puissent être seront tenus à tous impôts et prestations pécuniaires suivant leurs forces et facultés, à l'effet de quoi inscrits comme tous autres habitants sur les rôles;

Art. 10. — Que tous péages, transit, foraines, et toutes autres entraves seront supprimées dans l'intérieur du royaume;

Art. 11. — Que les pensions mal méritées qui chargent l'État seront supprimées, et celles exorbitantes réduites;

Art. 12. — Que tous impôts seront versés par les collecteurs des communautés directement dans les caisses du trésorier des États de la province;

Art. 13. — Qu'aucun impôt, emprunt, lois générales quelconques devront être consentis par les États généraux;

Art. 14. — Que les emprunts faits par la province, ou les dépenses qui lui seraient particulières, seront arrêtés et consentis par les États provinciaux;

Art. 15. — Qu'il y ait un tribunal dans les bailliages par-devant lequel tous les particuliers qui voudront intenter procès seront obligés à s'y présenter pour savoir s'ils seront admis à plaider, car souvent, pour un intérêt de rien, des bons habitants sont ruinés par la multiplicité des frais, et qu'il soit de même pour ceux qui voudront porter appel à un tribunal supérieur.

Art. 16. — Nous représentons que Mgr l'évêque de Metz tire des rentes très fortes chez nous, savoir : les laboureurs faisant charrue payent douze quarterons de seigle, autant d'avoine, les demi-charrues la moitié, en outre tous voituriers de même que les laboureurs sont obligés à mener quatre voitures de bois au château de Baccarat à prendre dans les bois dudit seigneur, et ce par année le tout.

Ces rentes si fortes causent un très grand malheur, surtout dans notre village, car plusieurs habitants, si ce n'était à cause de ces rentes, qui ne labourent pas laboureraient; ayant beaucoup de laboureurs, les terres se trouveraient mieux cultivées et produiraient mieux, ce qui serait un bien infini pour le village.

On fait payer aux manœuvres chacun trois poules avec une taille que l'on paye à la Saint-Martin, et ce par année : ladite taille nous la payons au tiers de la subvention, de sorte que quand nous sommes augmentés en subvention, nous y sommes dans ladite taille.

Du temps passé l'on nous donnait du bois provenant des bois de mondit seigneur qui sont immenses à l'entour de chez nous pour notre chauffage, pour bâtir, recouvrir et entretenir nos maisons : aujourd'hui, nous sommes réduits à une corde de bois et à quelques pannes de sapin pour le gros marnage. Encore avons-nous grandes peines à les avoir ; même plusieurs n'en ont point pour le gros marnage.

Lesquels articles avons tous fait dresser et parafer au nombre de cinq pages, et avons signé à la Chapelle les an et jour avant dits.

Alexis Noël; J.-C. Baderot; J.-B. Balland; J.-B. Marcot; Pierre Colin, *député;* Dominique Litaize, *syndic, député.*

LA FRIMBOLLE

XCIII[A]

Procès-verbal.
18 mars 1789,
« Sont comparus au greffe de la municipalité de la Frimbolle ([1]), par-devant nous, Toussaint Bailly, syndic municipal. »
Communauté composée de 21 feux, tant pleins que brisés.
« Lecture qu'ils en ont ouï faire par M. le curé de Bertrambois, le 15 du courant, où ils se sont rendus à la messe comme paroissiens audit lieu. »
Député : Toussaint Bailly.
Signatures : Dominique Simon ; N. Boulanger, *greffier ;* Toussaint Bailly, *syndic ;* Bastian Schmitt.

XCIII[B]

Cahier contenant huit feuillets, coté et paraphé par première et dernière page, concernant les plaintes, doléances et remontrances de la communauté de la Frimbolle, suivant les lettres du Roi du 7 février 1789, et règlement y annexé, conformatif par ordonnance de Monsieur le président, lieutenant-général au bailliage de Vic, en l'absence de Monsieur le bailli d'épée au même siège, pour la convocation des trois États dudit bailliage, du 27 février 1789

₫ Situation du village

Le village de la Frimbolle est situé dans une colline de montagnes, et environné de coteaux et rochers les plus inaccessibles.
Dans le village il n'y a que six maisons, encore bien mal

---

1. *Impositions ordinaires et prestation des chemins* pour les *six* premiers *mois* de l'année *1790 :*

Imposition principale.	20 ₶	» s.	» d.
Accessoires de l'imposition principale.	39	16	8
Capitation et ses accessoires	45	11	3
Taxations des collecteurs.	1	10	2
Droit de quittance au receveur des finances.	2	1	4
Prestation des chemins.	15	11	2
TOTAL GÉNÉRAL	124 ₶	10 s.	7 d.

(Arch. Meurthe-et-Moselle, L. 677.)
Deux vingtièmes et quatre sous pour livre du premier pour *1790* : 365 ₶ 19 s. 6 d.
(*Ibid.,* L. 308.).

construites ; le surplus n'est que des baraques que les habitants se font eux-mêmes, n'ayant moyen à se loger autrement.

Les terrains sont si étroits que les maisons, pour la plupart, ne sont éloignées des rochers et côteaux de plus de trois à quatre toises : il en est que lesdits rochers font partie des murs, et par là il est aisé de conclure que c'est un séjour ténébreux, tant à cause de ce qu'à cause des forêts qui environnent.

Et par la même raison, il n'est endroit plus frais ; les gelées y sont très fortes et bien supérieures au plat pays, les deux tiers de l'année ; les neiges y sont très fortes, en sorte que rien n'est plus exposé aux injures des temps que ledit lieu de La Frimbolle.

Territoire

On ne peut nommer du nom de finage le territoire, attendu qu'il est par divisions et par collines ; aussi, il n'y a partie de dix journaux ensemble, et le tout situé tant dans les vallées qu'au revers desdits coteaux, et tout à la fois très peu de terre. Le plus fort propriétaire n'a pas six jours de terre à sa possession.

On comprend assez qu'un territoire d'une pareille situation et d'une si petite superficie ne peut être considéré sous la forme d'un finage.

Semailles

Les semailles ordinaires sont seigle, avoine, vascées et pommes de terre : quand le jour rapporte un résal et demi de seigle, deux résaux d'avoine, huit à dix de pommes de terre, les habitants se croient bien dédommagés et de leurs dépenses et de leurs peines.

On comprend assez que par la situation du terrain qu'il est rare de voir les récoltes comme nous venons de le dire ; l'affluence des neiges, leur longue durée, les grandes gelées, les brouillards, les intempéries si fréquentes dans ces lieux montagneux, et tout à la fois l'ingratitude du terrain prouvent assez le peu de récoltes : aussi tous les habitants ensemble ne pourraient en réunissant leurs seigles faire l'entretien de deux ménages, ce qui prouve la grande pauvreté, pour ne dire tous mendiants ainsi que leurs familles.

Ce que les temps et intempéries ne gâtent se trouve annuellement dégradé par les bêtes sauvages, comme sangliers, etc., qui se tiennent dans les montagnes qui leur servent de retraite ; et, d'ailleurs, le peu de grains et plantes qui y viennent ne sont jamais de bonne maturité, attendu que le soleil ne paraît presque point sur les côtes et les forêts qui environnent.

Prairies

Il ne sera pas difficile de faire connaître que les prés sont de petite étendue et de peu de valeur ; le sol est sauvage, ne produit que bruyères et autres herbes semblables dérivées des montagnes ; et, quoique de pareils fourrages soient peu profitables, la récolte en est encore moins abondante.

Les prés sont situés le long de la rivière de la Sarre et autres ruisseaux qui sortent des montagnes, exposés aux eaux, ce qui les gâte non seulement pour les récoltes, mais encore en ce que le sol se trouve très souvent chargé de pierres, cailloux, sables et autres matières semblables qui sortent desdites montagnes.

Et, par une suite inévitable, les habitants sont obligés à recourir chez l'étranger dont ils tirent presque tous leurs foins, pailles, etc., ce qui expose à des contributions considérables : première charge.

Malgré la petitesse du terrain et des prés, outre leur invalidité, Monseigneur le maréchal prince de Beauvau emporte vingt-quatre jours de terre, soixante et dix fauchées de prés ; Sébastien Maugel, quatre jours de terre, vingt fauchées de prés ; Nicolas et Dominique Maugel, tous de Bertrambois, en emportent proportionnellement ; Joseph Pierson, dudit lieu, de même ; Haumant, de Turquestein, dix fauchées ; la veuve Mathieu, Joseph Jacquot, de la Forêt, plus de vingt-quatre fauchées, et plusieurs autres. En réunissant, ils emportent ensemble les deux tiers et des terres et des prés, ce qui n'obère pas moins les impositions.

Et, par une suite d'autant plus malheureuse que les remontrants se trouvent retrécis dans toutes circonstances, c'est qu'à la faveur des déclarations du Roi, tous ces particuliers ont enclos leurs prés les uns par fossés, et d'autres par des tâches lendrières, ce qui emporte toute leur pâture et ne diminue en rien leurs tailles.

Il serait à souhaiter que Sa Majesté ordonnât que [dans] des communautés comme celle des remontrants les habitants fussent maîtres de disposer de leurs biens ; ils trouveraient en cela un acheminement en cherchant autant qu'il serait possible l'amélioration. En outre, que les particuliers comme on vient de l'observer ne jouissent que de la première faux, ensuite laisser libre la pâture aux habitants ; et, au cas particulier, obliger ceux-ci à contribuer à toutes charges communales, vu qu'ils sont propriétaires du territoire.

En partant de ce principe, le vœu des habitants serait que les tailles de Sa Majesté soient réversibles sur le bien-fonds, eu égard à leurs valeur, position et production ; les remontrants, accablés sous le poids des impositions, se trouveraient bien soulagés, parce que, dans de pareilles communautés, on ne peut taxer les biens, attendu leur invalidité ; outre cela, ils sont encore taxés, mais la plus saine partie desdites impositions devient personnelle, ce qui accable les pauvres habitants de ces lieux, et, au moyen de l'imposition foncière, ils seraient grandement dédommagés, et en cela Sa Majesté trouverait déjà un moyen principal au soutien de l'État et le soulagement de ses sujets.

Charges

Outre la première charge d'autre part, ce que Mgr le prince de Beauvau et les autres particuliers susmentionnés emportent dans le territoire, cette communauté paye encore annuellement à mondit seigneur une taille dite Saint-Remy : les laboureurs trois jours de charrue, les manœuvres trois jours de bras, outre les corvées sans fin à faire sur des étangs desquels le plus proche est éloigné dudit la Frimbolle de deux lieues ; trois poules par chaque habitant, deux quarterons d'avoine par chaque porc en pâture dès le huit de septembre ; deux quarterons chacun de fruits champêtres, et enfin un chapon par tous ceux qui nourrissent des bêtes rouges ; et, attendu que mondit seigneur laisse le tout à bail à des particuliers qui louent en détail, les corvées ne s'opèrent, il faut en payer la valeur ainsi que des autres objets ci-dessus, ce qui coûte annuellement au delà de deux cents livres à contribuer sur le nombre d'habitants nommés au procès-verbal qui forment la communauté.

On a observé ci-devant la petitesse du territoire, la non-pâture, vu qu'il est toujours chargé et le pré clos, comme nous l'avons dit. Maintenant qu'il est environné de taillis de part et d'autre, et jusque pour ainsi dire sous la gouttière des toits, il n'est possible lâcher le moindre bétail sans encourir de rapports ; aussi les amendes se montent annuellement à plus de douze louis, malgré leur zèle, l'exactitude et grand soin de ménager lesdites forêts et taillis.

Ils n'ont d'autres paturails que dans les hautes futaies des montagnes distanciées de deux lieues pour les plus proches, et ce depuis la Saint-Georges jusqu'à la Saint-Remy, il est aisé de voir que les habitants n'en profitent guère, vu la grande distance ; et, pour le surplus du temps, donnent neuf chapons au seigneur propriétaire.

Et, par la même raison, n'ont aucun droit pour y vain-pâturer soit leurs troupeaux soit les bêtes de harnais ; par conséquent, s'ils veulent nourrir un porc pour l'usage de leur ménage, ils sont obligés de payer à mondit seigneur le prix des pâtures dans lesdites hautes futaies, ce qui leur coûte encore au delà de cent livres annuellement.

C'est dans les montagnes, surtout un endroit comme celui des remontrants, où se trouvent de grands entretiens de chemins ; en effet, les leurs qui sont situés au pied des côtes se trouvent nivelés chaque fois par les eaux grossissant qui amènent en iceux pierres, sable et cailloux qui dérivent des côtes, ce qui leur coûte un entretien considérable par les bois qu'il faut, et la longueur du temps qu'ils emploient de temps à autre au rétablissement desdits chemins ; et souvent ce qu'ils auront fait aujourd'hui sera demain à recommencer, ce qui opère des corvées continuelles, et, par l'abondance des neiges, sont presque les hivers pleins sans pouvoir sortir avec leur bétail, et y avoir communication de leur village aux voisins.

Indépendamment de ce, et avant que les routes soient en enchère, ils ne pouvaient subvenir à faire leur entretien vu l'éloignement, [il] fallait venir aux endroits riverains de leur entretien, les marchander, ce qui opérait une dépense de plus de 300# par an, à prendre les habitants l'un dans l'autre. De présent, ils sont un peu soulagés ; mais, comme les impositions sont fort considérables pour l'endroit, ils ne laissent de s'en trouver considérablement chargés.

Il y a en sus leurs fontaines.

Cette communauté ne jouit d'aucun affouage; pour se le procurer, sont obligés à recourir aux adjudicataires des coupes de côté et d'autre; et, attendu les grands frais du climat, il en faut doublement que dans l'intérieur du royaume, qui n'est pas exposé avec tant de rigueur à la malignité des temps, ce qui emporte aux habitants au delà de 400# par an à ne les prendre qu'à 25# l'un dans l'autre.

La Frimbolle est paroisse de Bertrambois qui en est éloigné d'une lieue : il y a une chapelle depuis les époques les plus reculées ; autrefois, c'était la mère église de la paroisse ; les temps ont aboli cette possession, les habitants restent chargés de tout, et généralement l'entretien et fourniture d'icelles, indépendamment des mêmes charges envers l'église de Bertrambois, comme y étant paroissiens et proportionnellement des habitants.

Enfin, il n'y a personne à faire la moindre écriture dans l'endroit, il faut qu'ils fassent tout faire, ce qui occasionne beaucoup de voyages et de dépenses; outre ce, bien des autres objets inévitables et imprévus qui arrivent journellement.

Aussi, et au moyen de tant de charges, les deux principaux habitants du lieu s'en sont retirés à cause de l'impossibilité d'y subvenir, et par là rapportent une nouvelle charge à la communauté, étant soustraits des rôles ; et, indépendamment de tout ce, ont été la présente année augmentés de 20# de subvention, proportionnellement de capitation, et l'impôt dessus nommé à refondre: voilà tout à coup 60# d'augment pour seize habitants.

Cette communauté n'a aucun revenu quelconque ni autre moyen de parer à la moindre charge; pourquoi il faut venir partout aux voies d'impositions.

Nous avons observé ci-devant que le premier moyen de procurer aux besoins de l'État était au moyen de l'impôt territorial, et ménager les sujets; nous allons à présent montrer des moyens et pour la prospérité de l'État et des sujets.

Sa Majesté a dans chaque généralité quantité de receveurs des impôts desquels les pensions absorbent plus de deux tiers de ses deniers : en n'en laissant qu'autant qu'il est nécessaire, elle trouverait annuellement des sommes immenses réversibles dans ses trésors; et, par la suppression de tant de pensions, elle pourrait ménager les impôts et ses sujets sans empêcher les moyens du soutien de l'État.

Dans cette vaste étendue de son obéissance, il y a une quantité prodigieuse de toutes conditions et de personnes qui jouissent des franchises, les uns pour cause d'État, d'autres pour cause de résidence, et qui possèdent de grands fonds. Pourquoi, s'il arrivait qu'il lui plût ordonner les tailles foncières, combien ne trouverait-elle pas à soutenir l'État et à ménager les pauvres habitants de la campagne?

Combien d'abbés commendataires dans le royaume qui emportent des sommes immenses qu'ils sacrifient à des équipages somptueux, des dépenses inutiles ne restant dans leurs maisons? que si Sa Majesté s'en rendait dispensatrice, trouverait davantage pour le soutien de l'État et de ménagement à ses sujets en obligeant en outre ceux-ci à garder leurs maisons.

Combien encore d'abbayes dans son obéissance qui ont des revenus immenses; et, une fois en dépôt dans ces maisons, c'est de l'argent mort et dans l'État et dans la société des citoyens : en donnant à ces maisons des pensions suffisantes et obligeant de vivre régulièrement en communauté, leur interdire ces équipages, dépenses, etc.; et, ce faisant rentrer le surplus, bientôt l'État aurait de quoi à ne jamais manquer, et les charges des peuples seraient bien allégées; en supposant que Sa Majesté deviendrait chargée des charges de ces abbayes et communautés, elle trouverait après tout des ressources immenses sans incommoder aucune, qui aurait toujours à soutenir leur état.

Outre les moyens ci-devant indiqués, il en reste un encore plus intéressant et à l'État et à la prospérité du royaume. Combien de pensions inutiles pour tant de commis, capitaines, lieutenants, brigadiers, contrôleurs, etc., des Fermes? Combien de sujets épuisés à cause que les sels, tabacs et passages ne sont libres et égaux dans tout le royaume? Dans cette province, le sel vaut 8 sols la livre, le tabac 4″, et à deux lieues de distance, le sel ne vaut que 2 s. 6 d. au plus, le tabac à proportion : ce qui occasionne les contrebandes, et par là bien des reprises de la part desdits commis, qui épuisent les sujets ; souvent, pour n'avoir de quoi satisfaire aux contraventions, les prisons lui sont ouvertes, quelquefois des sentences plus rigoureuses, enfin souvent des rébellions entre les commis et les reprises, ce qui occasionne la mort de bien des hommes : on voit par là que le Père de la Patrie a continuellement la guerre avec ses enfants ; tandis qu'il jouit de la paix avec les États, l'intérieur des siens est toujours en guerre intestine et en agitation.

Quelle progression dans ses trésors ! s'il lui plaisait réformer les passages, rendre les sels communs dans toute son obéissance, et à un taux qui produirait autant, même plus que par ces ventes différentes, la suppression de tant de pensions inutiles deviendrait réversible dans ses coffres. Que d'avantages ! en ce que la condition de ses enfants ne tiendrait plus rien de la servile, plus encore en ce que le père et les enfants jouiraient d'une paix parfaite en écartant d'eux ces guerres qu'on ne saurait voir sans peine et douleur.

Un autre moyen encore de ménager dans les coffres de Sa Majesté de grandes ressources, ce serait de supprimer la milice dans ses États, ce qui opère des dépenses annuelles et qui ne ramène au service que des hommes sans zèle, sans attachement et intérêt pour la Patrie, en ordonnant que tous garçons nés Français, naturalisés ou de pays conquis fussent tenus de faire le service de six ou huit ans à compter de l'âge indiqué pour la milice ; et, dès qu'une fois ses intentions seraient connues, bientôt le sacrifice deviendrait volontaire. Et par cette loi se ménagerait beaucoup de dépenses qu'elle expose pour avoir des hommes, desquels grand nombre, après quelque temps, prennent le parti de la désertion. Exceptons les hommes sans goût, et ceux qui n'ont la taille : que ceux-ci paient une somme modique et suivant leurs moyens, avec quoi le Roi aura à faire des hommes de zèle et d'attachement ; et ceux-ci seront exempts des agitations que la milice leur cause et des dépenses qu'ils exposent en faisant tirer pour eux, qui absorbent infiniment ce qu'une fois ils paieraient.

Une chose qui nuit notablement au peuple, c'est les ventes des grains dans le royaume : il est grand nombre de ces commerçants qui achètent les grains ; ensuite il faut repasser par leurs mains à quel prix [que] ce fût, motif de la cherté ; la France qui est en abondance en toutes marchandises, surtout en grains, c'est un des royaumes où il est le plus cher.

Il serait à souhaiter qu'il plût à Sa Majesté interdire ces

sortes de ventes, en ordonnant que tous et un chacun de ses sujets ayant grains à vendre soient tenus les exposer eux-mêmes sous les halles et marchés publics.

On voit même quantité de particuliers qui vont au-devant des voitures et les achètent avant qu'elles soient arrivées en halles et marchés, en sorte que le pauvre peuple est obligé d'y passer : jusque même les meuniers font cette manœuvre en conciliant leurs intérêts avec ceux des vendeurs et imposent faussement que c'est pour obliger leur pratique qui n'a besoin d'un pareil ministère : il serait ici de la prudence des officiers de police à veiller à la réforme de cet abus.

Une autre circonstance qui est d'autant plus coûteuse qu'elle épuise bien souvent les sujets, c'est les justices seigneuriales : on observe qu'il en coûte plus pour faire décider les différends dans ces tribunaux que dans les tribunaux supérieurs, et souvent des décisions bien imparfaites, ce qui excite des appels ; et il arrive que tel à qui le droit aurait dû être adjugé s'en trouve forcément dépouillé pour n'avoir plus de moyen pour soutenir la cause soit dans les bailliages, soit dans les parlements.

On ne cherche point ici à intercepter les droits et des seigneurs et de leurs officiers, à qui toutes connaissances de délits, informations de procédure, et généralement tous objets réservés à leur connaissance et juridiction ne peuvent échapper suivant les lois générales.

Mais on demande que le grand nombre des différends qui naissent journellement entre les sujets et qui peuvent être décidés sans grande dépense le soient par des jurés dans les communautés, qui seraient tenus entendre les parties contradictoirement et dresser verbal de leurs dires respectifs pour de suite être statué ce que le cas exigerait. A ce moyen, on préviendrait bien des frais qui d'ordinaire viennent inutiles, ce qui n'empêcherait d'appeler du bien ou mal jugé dans les tribunaux supérieurs ; les dépenses inutiles exposées dans ces justices ménageraient des moyens aux parties pour voir décider sainement et supérieurement.

On finit enfin par faire connaître combien de sujets sont encore surpris ; c'est ceux qui contractent envers les Juifs ; cette nation si redoutée oblige les particuliers, leurs débiteurs, à satisfaire à leurs obligations incontinent l'échéance des termes, ce qui est incontestable ; mais souvent naissent des contestations à raison des doubles emplois qui se trouvent dans leurs créances, à raison des falsifications dans les écritures.

Pour sauver le droit des uns et des autres, il serait à souhaiter qu'il intervînt des règlements par lesquels il soit défendu à tous Juifs de passer titre de créance et tous autres titres [que] ce fût que par-devant notaire ou autre personnes publiques, ou si mieux n'aimaient, par-devant la municipalité de la résidence des contractants; en suivant cette voie, il ne serait rien à craindre pour le droit des uns et des autres.

Messieurs composant l'assemblée générale des trois États du bailliage n'approuveront que ce qu'ils croiront être pour le mieux : voilà ce qu'il nous a paru être important ; d'ailleurs, nos misères sont trop bornées que pour pouvoir éclaircir nettement ; c'est pourquoi nous nous en rapportons à leurs décisions qui seront toujours à l'avantage et la gloire de la Patrie.

Nous supplions Messieurs de faire attention à la sincérité de notre exposé ; nous pensons bien qu'une infinité de communautés dans l'intérieur du district fera de plus grande clameur que nous, mais moins sincère : notre cahier ne contient que le vrai, et, malgré notre misère et indigence, pour ne dire la mendicité, nous voulons bien être pauvres, et nous estimons encore plus la qualité de véridique.

Après avoir ainsi détaillé tous les moyens ci-devant, nous ne devons pas négliger celui qui est encore le plus nécessaire tant à l'Église qu'à l'État : ce dernier moyen est l'éducation des enfants.

Ces enfants, dont l'éducation est si nécessaire, s'en voient privés à notre très grand regret : nous les voyons grandir sans pouvoir leur procurer cet avantage, comptant de subir les charges et incommodités que nous avons tantôt démontrées ; nous serions au comble du bonheur si nous avions l'avantage de pouvoir les faire instruire soit par les moyens d'avoir un maître d'école, soit par la proximité des villages voisins, malheureux dans ces montagnes. Nos plaintes seront peut-être crues jusqu'aux pieds du Trône ; Sa Majesté qui n'a rien de plus à cœur qu'à chercher le bien de ses sujets pourra-t-elle en procurer un plus grand qu'à l'égard de ses enfants si chers à l'État et à l'Église? Non sans doute : animée d'un zèle qui surpasse encore celui de nos rois, ses prédécesseurs, sur ce genre, après avoir cherché tant de moyens pour procurer le bien de ses enfants, couronnera ses œuvres en procurant à la jeunesse des maîtres d'école pour l'instruire ; en attendant cet événement si heureux, nous prions dans nos vallons qu'il plaise au Tout-Puissant nous conserver un règne où le Roi témoigne ses intentions jusques à nous. Éloignés du Trône, nos vœux y sont sans cesse, à l'effet d'y prouver que nous sommes

De Sa Majesté très Chrétienne le Roi de France les plus humbles, obéissants, soumis, respectueux et fidèles sujets.

Dominique Simon ; N. Boulanger, *greffier ;* Toussaint Bailly, *syndic ;* Bastien Schmitt.

LA GARDE

XCIV*

Procès-verbal.
20 mars 1789,

« Sont comparus en l'auditoire de ce lieu (¹), par-devant nous, Antoine Thiébault, maire de justice et premier membre de la municipalité. »

Village composé de 88 feux, non compris les veuves.

Députés : Nicolas-Louis Crousse, avocat en parlement, châtelain de la châtellenie de la Garde,

Antoine Thiébault, maire et premier membre de la municipalité, rentier à la Garde.

Signatures : Crousse ; J. Christophe ; Christofell Braun ; Thiébault ; R. Contrest.

XCIV"

Communauté de la Garde

Remontrances, plaintes et doléances faites par ladite commu-

---

1. *Impositions ordinaires* pour les *six* premiers *mois* de l'année *1790 :*
Imposition principale. . . . . 397 ₶ » s. » d.
Impositions accessoires. 790   14   5
Capitation 904   4   4
  Total. . . . . 2 091 ₶ 18 s. 9 d.
Deux vingtièmes et quatre sous pour livre du premier pour *1790 :*
Biens-fonds. . { 1ᵉʳ cahier . . . 1 343 ₶ 19 s.
               { 2ᵉ cahier . . . 4 210   3
  Total. . . . . 5 544 ₶ 2 s.
(Arch. Meurthe-et-Moselle, L. 308.)

nauté en exécution des ordres émanés de Sa Majesté pour la convocation des États généraux, du 20 mars 1789.

Il est heureux pour nous de n'avoir à proposer des doléances que pour seconder les intentions bienfaisantes d'un Roi qui veut être le père de son peuple. Nous nous empressons de profiter de l'avantage précieux de pouvoir élever nos voix pour manifester notre vive reconnaissance et notre amour pour sa personne sacrée.

Nous ne pouvons atteindre à l'énumération de tous nos maux qui sont trop multipliés, et dont la plupart sont même trop invétérés pour pouvoir en espérer une réforme assez prompte ; mais nous devons nous attendre qu'il y sera suppléé par les lumières recueillies dans tout le royaume et que des dispositions sages prépareront les choses de manière à accélérer par degrés et efficacement le bonheur de la Nation.

Un des préalables, auquel nous pouvons coopérer autant qu'il est en nous, dépend du choix des députés : il est essentiel d'en exclure tous ceux dont les intérêts peuvent être compromis dans les plaintes et réclamations qui seront proposés ; et nous dénonçons à l'honneur et à la conscience d'un chacun des électeurs, comme gens indignes de ce choix, tous ceux qui (quel mérite ils aient d'ailleurs) auraient sollicité directement ou indirectement des voix : parce qu'ils cherchent à introduire l'abus le plus dangereux ; et que c'est se rendre leur complice que de se prêter à leur désir.

Nous demandons que, dans les règlements faits pour la discipline des États généraux, il soit déterminé qu'il sera extrait des cahiers des députés les objets qui ne sont que d'un intérêt général et commun, afin qu'ils soient délibérés par ordre selon le degré de leur importance et qu'ils soient parfaitement réglés et déterminés avant toute discussion d'objets plus ou moins compliqués avec des intérêts particuliers.

Art. I. — Nous demandons que les États généraux soient renouvelés à des époques fixes, au moins de dix ans en dix ans, et qu'il soit pris des précautions pour qu'à leur époque, leur convocation ne puisse en être retardée ni éludée. Et, comme les bailliages et autres établissements volontaires ne sont ni permanents ni uniformes, nous pensons que des arrondissements égaux d'un nombre déterminé de sujets, faits à former d'après les rôles d'impositions, conviendraient mieux dorénavant à la forme de leur convocation.

Art. 2. — Nous désirons qu'il soit fait un apurement net des dettes de l'État ; que la perception des impôts soit simplifiée; et que les comptes des finances soient rendus publics chaque année par la voie de l'impression.

Art. 3. — Nous demandons qu'il soit fait un examen général et rigoureux de tous les emplois à la charge de l'État, pour en supprimer successivement ceux qui sont inutiles ou qui peuvent se suppléer ; qu'il soit fait un pareil examen des pensions, pour retrancher celles qui n'auraient aucun motif honnête ou utile.

Art. 4. — La protection du Gouvernement se faisant sentir aux individus en proportion de leur aisance, il est juste que les frais nécessaires pour cette protection soient répartis indistinctement dans la même proportion; la disproportion des charges entre patriotes n'est due qu'aux efforts de la puissance contre la faiblesse et à l'effet d'une politique fiscale qui, dans ses combinaisons, ne se mesure très souvent que sur la résistance qu'elle peut éprouver ; on ne peut donc reconnaître dans les privilèges pécuniaires, à cet égard, qu'un abus invétéré, d'autant plus odieux qu'il ne fait constamment que d'enlever le nécessaire aux uns, pour ménager du superflu aux autres. Loin que ces privilèges injustes puissent donner de l'éclat à la vraie Noblesse, ils ne font que la compromettre et l'avilir, parce qu'ils sont un appât pour ceux dont la richesse fait le seul mérite, et ne deviennent très souvent que la récompense des extorsions et des injustices. D'après ces vérités constantes, nous demandons avec espoir de succès que les impôts de l'État soient généralement répartis sans distinction uniformément et dans une juste proportion entre tous les sujets du Clergé, de la Noblesse et du Tiers état. Le luxe en souffrira peut-être; mais les moyens en seront plus abondants pour favoriser la vraie Noblesse et le mérite indigent.

Art. 5. — Nous demandons avec empressement pour la province l'établissement des États provinciaux munis de pouvoirs suffisants, sous l'autorité immédiate de Sa Majesté; et que les membres n'en soient élus que par un choix libre et graduel de tous les individus de la province; nous réservant d'exposer notre vœu plus particulier, lorsqu'il sera question de l'organisation desdits États.

Art. 6. — Nous demandons qu'il soit confié par Sa Majesté à ces États provinciaux la surveillance de tous les traités exécutés dans la province à la charge de la Nation.

Le vrai bonheur du monarque ayant une connexion essentielle avec celui de la Nation, nous devons aimer et respecter l'autorité royale, qui, jusque dans ses effets onéreux, ne peut être réputée avoir que la nécessité ou le bien général pour objet. Mais si cette autorité est confiée à des particuliers qui, dans son usage, n'ont à consulter que leur propre intérêt, c'est un abus des principes et une source de vexations. C'est ce qui peut s'appliquer à la Ferme générale, dont le joug pèse plus particulièrement sur le pauvre dont la voix ne peut se faire entendre. Ce colosse rongeur accablé par son crédit, s'engraisse du monopole, ne combine que d'après ses intérêts, et s'inquiète peu de ce qu'il en coûte au peuple, pourvu que ses profits s'accroissent. Les plaintes ne peuvent qu'en être générales; mais nous avons particulièrement à nous plaindre du voisinage des salines; c'est par elles que la disette de bois équivaut pour nous à une famine, leur consommation s'augmentant en proportion du décroissement des forêts; elles cherchent à envahir de proche en proche tout ce qui est à leur convenance; un arrêt que leur crédit a surpris à la justice du Conseil affecte à leur usage les bois des ecclésiastiques et des communautés qui nous environnent; un autre arrêt leur accorde la préférence dans les adjudications; enfin, par un échange désastreux pour nous, elles nous ont enlevé les bois de l'Évêché de Metz. Nous sommes au milieu des forêts, et nous éprouvons le besoin cruel de bois de chauffage, de bois de construction et de bois de charronnage; notre misère en est aggravée par les frais; les incendies en sont plus désastreux; et l'agriculture en souffre tant pour la cherté des ustensiles que par les charrois qu'elles employent. Un pauvre misérable à qui l'on refuse les secours qui sont sous sa main se trouve contraint par nécessité à devenir coupable; s'il est repris en délit, sa ruine est consommée par la rigueur du tribunal de la Réformation des bois affectés aux salines. Cette juridiction, attachée au crédit de la Ferme, juge en dernier ressort jusqu'à la concurrence de toute la fortune du plus grand nombre de ceux qui lui sont assujettis, le cas d'appel équivalant à une prohibition à cause de leur attribution au Conseil; abandonnés ainsi à sa discrétion, les innocents ont à craindre ainsi que les coupables ; on décide avec moins de précaution lorsqu'on n'a aucune contradiction à essuyer, et la probité des chefs se trouve dépendante de celle des gardes et autres subalternes, dont l'instabilité et les passions connues ne peuvent inspirer de confiance. Enfin, la ruine de plusieurs, opérée par ce tribunal, et ses pouvoirs qui ne laissent aucun frein à l'arbitraire, justifient par une expérience journalière qu'il est aussi redoutable qu'inconstitutionnel.

Les droits de traite foraine, la marque de fers et les droits sur les cuirs n'ayant plus aucun objet entre la Lorraine et les Trois-Évêchés que le revenu qu'en retire l'État, la modicité de ce revenu ne mérite aucune comparaison avec la gêne, la crainte, le préjudice du commerce et les vexations ténébreuses que ces droits occasionnent ; on ne peut trop en désirer la suppression, sauf à y suppléer par des contributions moins gênantes et moins préjudiciables.

Art. 7. — D'après ces considérations et plusieurs autres, nous demandons que la Ferme générale, les gabelles et tout ce qui en dépend soient supprimés, qu'il soit pris des mesures de concert avec les provinces pour suppléer aux secours qu'en retirait l'État, par des moyens moins onéreux aux peuples ; que les salines soient réduites sous l'inspection de la province dans la proportion combinée du besoin de sel et de la rareté des bois, et à tout événement ; que les communautés entourées des forêts des salines soient autorisées à s'y procurer leur consommation en bois sur le prix d'une juste et commune valeur.

Art. 8. — Nous désirons avec instance la suppression constamment réclamée des huissiers-priseurs.

Art. 9. — La plus petite discussion judiciaire dans les campagnes occasionnant des frais ruineux, nous demandons que les communautés soient autorisées à choisir chaque année à la pluralité des voix des arbitres-jurés, qui, sans ministère de procureurs et d'avocats, décideront les contestations ; et, en cas d'appel, régler que si leur décision se trouve confirmée par sentence ou arrêt, il y aura contre l'appelant une amende particulière proportionnée à la valeur de la contestation.

Art. 10. — L'établissement des milices en temps de paix est encore l'effet d'une de ces spéculations stériles dont le bien, dans tous les cas, ne mérite aucune comparaison avec le mal qui en résulte. C'est maintenir gratuitement un jour anniversaire de détresse pour le peuple, c'est ôter à l'agriculture les plus beaux hommes pour en favoriser l'indolence des villes. Enfin, l'on ne saurait calculer ce qu'il en coûte à celui qui en souffre, soit dans son âme, par l'indignation des injustices qu'elles occasionnent, soit dans sa bourse par les faveurs et exemptions qu'il est forcé d'acheter. On ne peut mieux faire que d'en demander la suppression.

Art. 11. — Nous demandons que l'on considère les grands avantages que procurerait la formation d'une route depuis Juville à Maizières, comme elle avait été commencée sur la fin du règne de Stanislas, roi de Pologne : son avantage général serait sur cinq lieues d'étendue d'abréger de deux le trajet de Nancy à Héming et de le rendre pour le moins aussi aisé que par la route ; ajouter un avantage particulier pour les campagnes qu'elle traverserait, [qui] serait de faciliter le transport des différentes denrées aux deux villes principales de la province, Nancy et Lunéville, et cette route n'entraînerait qu'une dépense médiocre.

Nous remontrons que la communauté de la Garde, ainsi que d'autres, se trouve surchargée de corvées en main-d'œuvre, cultures, voitures de transports quelquefois longues et difficiles, qui concourent souvent avec des travaux nécessaires de l'agriculture, ce qui ne peut que les retarder et en diminuer le succès, et qu'il serait bien utile de faire de sages règlements qui éloignassent ces inconvénients.

Nous remontrons que le seigneur évêque de Metz percevant le tiers de tous les biens communaux, et que jouissant avec trois seigneurs de fiefs du droit de vaine pâture pour leurs troupeaux de bêtes blanches, formant la quantité d'environ 700 pièces, et pour quatre marcairies de 40 pièces l'une portant l'autre, et que ces troupeaux absorbent une pâture dont les habitants sont privés, et surtout les cultivateurs, il serait juste que ces seigneurs fussent tenus d'entrer proportionnellement dans les charges communes, et qu'il fût fait une réduction convenable de leurs troupeaux.

Art. 12. — Nous demandons qu'on daigne jeter des yeux compatissants et réformateurs sur la servitude si onéreuse de la banalité des moulins et fours, ainsi que des châtrages.

Art. 13. — Nous demandons que les gros décimateurs

soient chargés des gages des maîtres et maîtresses d'école des paroisses où ils perçoivent dîmes.

Art. 14. — Nous demandons un règlement fixe et rigoureux pour les jouissants de droits de colombiers, qui empêche le préjudice considérable qu'en souffre l'ensemencement des terres.

Art. 15. — Nous demandons qu'on établisse une exacte égalité entre les impôts pour les routes et la valeur des travaux qui y sont faits.

[Art. 16.] — Nous demandons que la communauté soit par le Conseil autorisée à prendre des arrangements pour le recurement ou l'utile rectification de la rivière du Sanon, et à y faire contribuer les riverains, sans autres moyens dispendieux que cette autorisation.

[Art. 17.] — Nous remontrons qu'un tiers du ban de la Garde étant cultivé par des étrangers voisins qui ne payent aucune taille à la Garde et que, n'ayant eu jusqu'ici aucun égard à cela dans l'imposition sur la communauté, elle doit nécessairement se trouver surchargée dans cette imposition.

[Art. 18.] — Nous demandons que l'édit des clos soit supprimé et que les cultivateurs jouissent des mêmes avantages qu'ils jouissaient des embanies avant l'édit, pour l'entretien de leurs bestiaux.

[Art. 19.] — Nous demandons que le tiers des biens communaux que le seigneur évêque de Metz perçoit soit rentré dans les communautés.

Fait et arrêté par nous, députés de la municipalité de la Garde, et ensemble les habitants composant la communauté dudit la Garde, soussignés, ledit jour vingt mars mil sept cent quatre-vingt-neuf.

R. Contrest; Thiébault; Christofell Braun; Crousse; J. Christophe.

LANDANGE

XCV[A]

Procès-verbal.
18 mars 1789,

« Sont comparus en l'auditoire de ce lieu (¹), par-devant nous, Nicolas George, syndic. »
Communauté composée de 75 feux.
Députés : Nicolas George, syndic,
  Jean-Claude Bard, maire et greffier.
Signatures : Laurent Callais ; Nicolas George, *syndic ;* Joseph Delor ; Jean Simon ; Jean-Claude Bard, *greffier municipal.*

XCV[e]

Cahier des doléances, plaintes et remontrances de la communauté de Landange

Art. 1. — Elle demande que la Noblesse, le Clergé et tous les privilégiés, avec le Tiers état, aident à supporter tous et généralement les impôts quelconques qui seront jugés nécessaires par Sa Majesté pour subvenir aux besoins de l'État.

Art. 2. — [Cf. ci-dessus, *cahier de Hattigny,* n° LXXVIe, art. 2.]

Art. 3. — [Cf. ci-dessus, *cahier d'Aspach,* n° IXe, art. 3, moins le dernier alinéa.]

Art. 4. — Observe à Sa Majesté que s'il lui plaisait accorder les sels et tabacs marchands et au prix de l'étranger, ils offrent de supporter pour subvenir aux besoins de l'État qu'il soit imposé telle imposition qu'il plaira fixer à Sa Majesté, c'est-à-dire comme de payer un taux par tête depuis l'âge de douze ans et au-dessus, si mieux n'aime les imposer sur le bétail comme chevaux, bœufs et vaches à compter dès l'âge de deux ans et au-dessus, de même que sur les bêtes à laine en en mettant quatre pour une, le tout au bon vouloir de Sa Majesté.

Art. 5. — [Cf. ci-dessus, *cahier d'Aspach,* n° IXe, art. 4.]
Art. 6. — [Cf. *id.,* art. 5.]

---

1. *Impositions ordinaires* pour les *six* premiers *mois* de l'année *1790* :
  Imposition principale. . . . . 120 ₶ » s. » d.
  Impositions accessoires. . . . . . 239 » »
  Capitation 273 6 3
      Total. . . . . 632 ₶ 6 s. 5 d.
  Deux vingtièmes et quatre sous pour livre du premier pour *1790* :
  Biens-fonds. . { 1ᵉʳ cahier . . . 790 ₶ 9 s. 3 d.
           { 2ᵉ cahier . . . 464 4 6
      Total. . . . . 1 254 ₶ 13 s. 9 d.
        (Arch. Meurthe-et-Moselle, L. 308.)

Art. 7. — Elle demande à Sa Majesté qu'il soit libre à tous ses sujets d'aller moudre dans tels moulins [qu'] ils jugeront à propos ; car c'est une servitude onéreuse au peuple. Les moulins ne satisfont point au peuple. Les meuniers savent que les sujets banaux y sont attenus sous peine d'amende considérable, et que plusieurs villages en sont éloignés jusqu'à deux lieues, n'osent cependant et ne peuvent se dispenser d'y conduire leurs grains. Les meuniers de ces moulins servent les sujets banaux comme ils s'avisent. Le plus souvent le pauvre vassal qui n'y trouve pas son compte ne peut s'en absenter. On demande donc à Sa Majesté la suppression de toutes ces servitudes.

Art. 8. — Demande à Sa Majesté la suppression des jurés-priseurs, à charge à tout le peuple, et leurs vexateurs jurés;

Art. 9. — Qu'il soit permis à tout propriétaire de jouir du bénéfice de ses terrains, prés ou terres arables sans clôture, comme en Alsace ; par ce moyen on pourrait faire des plantations d'arbres fruitiers et autres, qui procureraient des fruits et du bois de chauffage.

Observe à Sa Majesté qu'il y ait parcours dans lesdits terrains après la Saint-Remy dans les prés et terrains, excepté dans lesquels on aurait pu faire des plantations.

Art. 10. — Elle demande à Sa Majesté que les corvées soient abolies et maintenues dans l'état actuel.

Art. 11. — Elle demande à Sa Majesté que les justices subalternes et seigneuriales fussent anéanties comme inutiles et ruineuses, vu qu'on ne s'en tient jamais à leurs sentences ; à ne leur conserver qu'une justice foncière pour l'exercice de leurs droits seigneuriaux seulement.

Art. 12. — L'État se trouve surchargé par le nombre des receveurs des finances chargés de recevoir les sommes provenant des impositions royales ; les communautés elles-mêmes en souffrent. Sa Majesté est donc suppliée d'accorder à ces communautés la liberté de porter elles-mêmes les sommes provenant des impositions dans tels coffres de ses trésors qu'il lui plaira fixer, ce qu'elle offre de faire sans frais ; du moins, elle se verra quitte de voir passer cet argent en trois bureaux différents, qui en tirent leur bonne part ; en cas de contraintes, qu'elles soient toujours exercées par l'assemblée de district.

Art. 13. — Demande à Sa Majesté d'abroger les appointements dans les procès, autres sujets de remise bien clairs ; on est obligé d'attendre des dix à quinze ans après une pièce d'écriture, autant pour y répondre ; cela passe à des héritiers qui ne connaissent pas les moyens de leurs auteurs.

Sa Majesté est donc suppliée de détruire toute cette forme ruineuse de procéder ; d'ordonner et établir une jurisprudence nouvelle et irrévocable, des lois claires et précises, que les juges ne puissent interpréter.

Les droits de justice tarifés.

Art. 14. — Quant à ce qui regarde les affaires de moindre importance, comme celles d'injures, d'anticipations de terrain, vols de jardins, et police établie dans les lieux, Sa Majesté est suppliée d'accorder aux municipalités le pouvoir de décider de ces objets pour punir les délinquants, et que le tout soit [rédigé] et écrit sur papier libre.

Art. 15. — [Cf. ci-dessus, *cahier d'Aspach*, n° IXe, art. 13.]

Art. 16. — Elle observe à Sa Majesté que le finage de ce lieu est composé de trois dîmes différentes : la première est à dix, la seconde à onze, et la troisième à treize : cette dernière est pour la menue dîme, ce qui donne journellement des contestations et des procès ; au surplus, les décimateurs se font un abus de ne vouloir laisser enlever aux propriétaires aucune gerbe devant les vingt-quatre heures qu'ils n'aient auparavant enlevé la leur sur la dixième : il arrive que quand il se présente un orage, les pauliers découvrent les trézeaux, ce qui occasionne un dommage considérable sur les trézeaux qui ne sont plus couverts par la dixième gerbe : il résulte que cela occasionne un grand préjudice au propriétaire, au lieu que celui qui a la faculté de l'onzième, la gerbe reste à côté du trézeau qui est rempli et ne souffre aucun dommage. Les finages qui nous avoisinent sont sur le pied de l'onzième, même qu'il y a des terres arables qui donnent sur les deux finages, un bout est à dix, l'autre est à onze. Cela fait des contestations entre les parties, souvent même des procès. Sa Majesté est donc suppliée de vouloir accorder et d'ordonner que par toute la province ils seront tous tirés à l'onzième gerbe pour la facilité et le bien du public.

Art. 17. — Elle demande à Sa Majesté de vouloir accorder au propriétaire, pour la facilité du laboureur, de faire des prés artificiels dans les somards, en y semant des vesces et autres menues graines ; de leur décharger d'en payer la dîme, attendu qu'on les coupe sans être en maturité, ce qui serait d'un grand avantage pour la nourriture des bestiaux.

Et ont signé ceux qui savent signer.

Laurent Callais ; Nicolas George, *syndic ;* Jean Simon ; Joseph Delor ; Jean-Claude Bard, *greffier municipal.*

LA NEUVEVILLE-LES-LORQUIN

XCVIᵃ

Procès-verbal.

15 mars 1789,

« Sont comparus en l'auditoire de ce lieu de la Neuveville-les-Lorquin (1), par-devant nous, Jean Hanus, maire, syndic de ce lieu. »
Village composé de 30 feux.
Députés : Jean Hanus, maire, syndic,
François Jacque.
Signatures : Jean-Baptiste Callais ; Didier Champion ; Dieudonné Lospitallier ; François Jacque, *député ;* J. Hanus, *député.*

XCVIᵇ

Cahier des doléances et plaintes de la communauté de la Neuveville

Le commencement du règne d'un si auguste monarque a rempli tous les cœurs d'une parfaite confiance et de l'espérance flatteuse pour la sagesse d'une administration aussi étendue ; le respect et l'obéissance toujours guides d'un fidèle sujet nous auraient fait presque oublier à jamais les sujets de

---

1. *Impositions ordinaires* pour les *six* premiers *mois* de l'année *1790 :*

Impo ition principale. . . . . . . 45 ʰ ᵗ » s. » d.
Impositions accessoires. 89   12   7
Capitation 102   10   »
     Total . . . . 237 ʰᵗ 2 s. 7 d.

Deux vingtièmes et quatre sous pour livre du premier pour *1790 :*

Biens-fonds . . { 1ᵉʳ cahier . . . 210 ʰᵗ » s. 3 d.
     2ᵉ cahier . . . 73   14   »
     Total . . . . 283 ʰᵗ 14 s. 3 d.

(Arch. Meurthe-et-Moselle, L. 308.)

nos plaintes; trop flattés d'être les sujets de Sa Majesté, nous aurions passé sous silence tant d'abus qui se sont introduits dans un gouvernement qui de tout temps a été révéré et respecté, si la grande prévoyance de Sa Majesté, causée par la plus belle de toutes les vertus, ne nous eût ordonné de lui communiquer nos doléances et plaintes; remplis de la plus vive reconnaissance pour une bienveillance aussi marquée, nous avons formé celles qui suivent.

Art. 1. — Le zèle pour la gloire de Dieu, la rigueur des saisons, les chemins peu praticables nous ont presque imposé la dure nécessité de faire construire une église, de la munir du nécessaire, de demander un prêtre desservant, d'entretenir un maître d'école; pour parvenir à notre but, nous fûmes obligés de soutenir un procès considérable pendant très longtemps; c'est ce qui a été la cause de cinq mille livres de dettes que nous avons encore à payer, sans cependant avoir de biens qu'un pauvre pré, et des poiriers que nous avons vendus, dont, par esprit d'intérêt, on nous a saisi l'argent sans espérance de pouvoir le retirer de sitôt. En outre, notre propre misère est encore le plus grand obstacle, notre communauté n'étant composée que de veufs et de quelques particuliers dont la fortune est très médiocre. Nous supplions en conséquence Sa Majesté d'ordonner que nous soyons diminués dans nos impositions.

Art. 2. — Le peu de fortune provient encore par la petite production de nos biens, qui sont la plupart du temps ravagés par les eaux, qui enlèvent presque toutes les bonnes terres, et ne nous laissent que la mauvaise et les roches, ce qui ne peut provenir que par la proximité des montagnes et parce qu'ils sont situés sur des côtes qui causent l'impossibilité de bien les cultiver.

Art. 3. — Ce ne serait qu'à force d'améliorer nos terres par beaucoup d'engrais que nous pourrions espérer quelques petites récoltes; mais nous en sommes privés par la trop grande difficulté de nourrir des bestiaux, provenant de la cherté des sels qui sont presque absolument nécessaires pour faire des nourris : de là provient aussi la cherté des cuirs, puisque les tanneurs ne trouvent pas suffisamment de marchandises pour fournir au peuple. En outre, le sel étant de la première nécessité pour l'homme, il en résulte que bien des pauvres n'en peuvent point acheter. C'est ce qui les fait soupirer et répéter sans cesse qu'ils voudraient l'avoir au prix qu'on le livre à l'étranger. Sa Majesté accomplirait nos vœux et désirs s'il lui plaisait nous accorder la liberté des sels, comme étant un bien principal pour les nourris des bestiaux : de là nous viendrait la facilité d'engraisser nos terres et prés, la prospérité du sujet et la facilité de fournir aux besoins de l'État.

Art. 4. — La liberté des sels nous ramènerait en outre la délivrance des recherches trop fréquentes et douloureuses des employés de la Ferme, qui, bien loin de suivre les ordonnances de Sa Majesté, écoutent les mouvements de leurs propres têtes, d'où résulte quelquefois des spectacles qui font horreur à l'humanité, la ruine des sujets par les procès et les grandes sommes que les pauvres malheureux sont obligés de payer; Sa Majesté ferait le plus grand bien s'il lui plaisait de supprimer ces recherches et les employés, puisque par là les sujets jouiraient d'une tranquillité pour laquelle ils béniraient à jamais la mémoire de Sa Majesté.

Art. 5. — Nous souhaitons aussi que ceux qui sont contrevenus aux ordonnances de Sa Majesté par rapport à la contrebande soient jugés par les juges des lieux, qui ont une plus ample connaissance du contrebandier, et qui, en conséquence, sauront mieux peser la transgression du sujet.

Art. 6. — Il est constant que de tous temps le commerce est ce qui rend un empire florissant et le sujet heureux : s'il plaisait donc à Sa Majesté d'en ôter les obstacles comme sont les acquits pour aller d'une province à l'autre, les marques de cuirs et de fers et les droits de foraine, chacun serait bien aise si Sa Majesté voulait en leur place substituer une autre imposition.

Art. 7. — Les impositions pour les routes ne nous seraient pas à charge si les adjudicataires les mettaient en état; mais ils les ont tellement négligées que nous nous voyons avec peine être obligés à en payer l'entretien, tandis qu'on n'y met pas la main. Nous supplions en conséquence Sa Majesté d'ordonner que chaque assemblée municipale ait le pouvoir de faire elle-même l'adjudication de sa part des routes, à charge pour elle d'y veiller avec soin, d'ordonner en même temps que les travaux des routes soient tellement répartis que chaque communauté soit autant rapprochée de sa part qu'elle puisse y apporter ses soins ; et, comme il y a des routes qui ne sont que pour l'intérêt de quelques particuliers, qu'il plaise à Sa Majesté d'ordonner que ceux au profit desquels elles sont faites soient aussi obligés à les entretenir.

Art. 8. — Les bois de chauffage augmentent de jour en jour, de sorte que le particulier n'en peut presque pas acheter ; et cela provient de la trop grande quantité d'usines qui en font une consommation énorme : en conséquence, nous supplions Sa Majesté d'en diminuer le nombre des faïenceries, des forges et des verreries, d'ordonner qu'il y ait un certain nombre de fours qui soit suffisant pour le besoin commun, et de défendre qu'il y ait un plus grand nombre.

Art. 9. — Les seigneurs ont eu dans tous les temps des droits sur leurs sujets, mais le trop grand nombre de leurs droits, et ne sachent pas le sujet pour lequel ils ont été établis ; nous supplions Sa Majesté d'ordonner que tous les seigneurs aient à produire leurs titres pour prendre connaissance de leur légitimité et pour les annuler dans le cas où ils ne pourraient pas les démontrer suffisamment ; d'abolir les banalités des moulins qui sont très souvent de très grands inconvénients ; et, comme nous sommes obligés de donner des rançons considérables au seigneur annuellement sans en connaître la cause, comme en argent, poules et en corvées, nous supplions Sa Majesté de supprimer ceux qui n'auront pas été vérifiés par-devant celui que Sa Majesté voudra instituer pour cela. Il se trouve en outre que les seigneurs possèdent de grands bois sur les bans des communautés, desquels les sujets sont quelquefois obligés de payer le droit pour le bois de chauffage et de pâture sans qu'ils en retirent le moindre profit ; qu'il plaise à Sa Majesté d'ordonner aux seigneurs de remplir le sujet pour lequel il a des droits ou de supprimer les autres qu'il en tire. En outre, les seigneurs constituent des gardes auxquels ils donnent de très petites pensions et leur accordent le tiers des rapports ; c'est ce qui fait que ces gardes font des rapports à tort et à travers pour se faire un supplément à leur pension, ce qui cause quelquefois la ruine des pauvres sujets, tandis cependant que les bangards ne tirent pas le tiers des rapports qu'ils font dans les communautés.

Art. 10. — Comme des sujets fidèles et obéissants de Sa

Majesté, nous ne cherchons pas à nous soustraire des impositions qui doivent être levées sur nous pour l'utilité de l'État, trop flattés de pouvoir y contribuer : mais nous serions contents si ceux qui possèdent la plus grande partie des biens étaient aussi obligés à contribuer, comme les ecclésiastiques et les nobles, et si Sa Majesté faisait attention à ce que la répartition soit faite selon la qualité des biens : les bonnes terres méritent sans doute une plus grande imposition que les médiocres et mauvaises ; nous supplions en conséquence Sa Majesté d'ordonner que les ecclésiastiques et les nobles soient cotisés selon leurs revenus et que les impositions soient faites selon la qualité des lieux.

Art. 11. — Comme tout sujet doit se faire une gloire de contribuer aux besoins de l'État, il doit être intéressé cependant à ce que sa petite part puisse arriver en sûreté et, autant qu'il est possible, sans frais dans les trésors de Sa Majesté : le trop grand nombre de receveurs, desquels chacun tire, nous paraît un obstacle à nos désirs, et nous souhaiterions beaucoup qu'il plaise à Sa Majesté de destiner un nombre de trésors proportionné à l'étendue de chaque province et d'ordonner à chaque communauté d'y verser la somme des impositions sans frais.

Art. 12. — Les vingtièmes faisant une partie de nos impositions, mais comme il arrive qu'ils [ne] soient pas quelquefois aussi exacts qu'ils le pourraient être, nous supplions Sa Majesté d'ordonner aux assemblées municipales d'en faire la répartition dans chaque communauté, puisqu'elles ont une connaissance plus ample de la qualité et quantité des biens.

Art. 13. — Les procès étant les ruines des communautés et des particuliers par leur grand nombre, par les dépenses immenses que retirent les officiers de la justice, et par la lenteur avec laquelle on les juge, pour obvier à tout cela, nous supplions Sa Majesté d'ordonner : 1° qu'on ne puisse donner acte d'appel de la première instance à moins que le sujet du procès ne soit de la concurrence de 100#, et dans ce cas, que l'appelant fournisse bonne et suffisante caution pour réprimer l'opiniâtreté des plaideurs; 2° que les officiers de la justice soient taxés et qu'il y ait des peines contre les usurpateurs; 3° qu'aucun procès ne soit appointé par rapport à l'éternité qu'il dure et des grands frais qu'occasionnent les appointements ; 4° de diminuer les sièges qui, par leur proximité, facilitent les procès ; 5° que tous ces anciens procès qui traînent depuis dix, vingt, trente ans soient vidés dans le temps que Sa Majesté voudra fixer.

Art. 14. — Les contraintes étant encore un autre sujet de plaintes par rapport aux frais qui en résultent, nous supplions Sa Majesté de les supprimer et de donner aux assemblées municipales le pouvoir d'en décerner sans l'aide des huissiers, pour épargner les grands frais qui empêchent très souvent le sujet de s'acquitter totalement de ses impositions ; et, comme Sa Majesté [leur] a confié le soin de répartir les sommes imposées, nous la supplions aussi de leur confier celui de vérifier les rôles, sans qu'il soit nécessaire de recourir à Messieurs les subdélégués, vu que ce sont des frais que les communautés pourraient épargner.

Art. 15. — La sagesse de Sa Majesté nous a donné des lois qui font à jamais sa mémoire agréable : mais nous la supplions d'enjoindre à ses officiers d'y veiller avec plus de soin, surtout pour ce qui regarde les marchés de blé où il se commet bien des injustices.

Art. 16. — Les aubergistes, boulangers et bouchers retirent beaucoup de profit sur les autres particuliers. Nous supplions Sa Majesté d'ordonner qu'ils soient obligés, outre leurs impositions ordinaires, de contribuer quelque chose ou aux besoins de la fabrique ou aux besoins de la communauté.

Art. 17. — Nous supplions Sa Majesté de mettre un frein à la rapacité des Juifs qui, sous prétexte d'être utiles aux sujets, les ruinent en tirant des usures exorbitantes.

Art. 18. — La coutume de Metz, qui prive les enfants du second lit de la part de la succession de leur père, nous fait saigner le cœur : l'expérience trop funeste nous donne des exemples que trop fréquents, qui doivent exciter la compassion de tout le monde par l'indigence à laquelle ils sont livrés, tandis qu'ils ont la peine de se voir enfants d'un père doué d'une fortune considérable.

Art. 19. — Les enclos mettent encore un grand obstacle au bien-être des particuliers ; nous supplions en conséquence Sa Majesté de les supprimer, puisqu'il arriverait par là que des pauvres et des riches retireront un grand bien par la récolte des regains et pour la pâture.

Fait à la Neuveville par nous habitants dudit lieu, et avons signé ceux qui savent signer, après lecture faite : le double est déposé dans le greffe de ce lieu, le 15 mars 1789.

Le présent cahier contient onze pages cotées et paraphées, et dix-neuf articles.

François Jacque, *député;* J. Hanus, *syndic et député;* Jean-Baptiste Callais; Didier Champion; Dieudonné Lospitallier.

LANGUIMBERG

XCVII[A]

« Procès-verbal de l'assemblée de la communauté de Languimberg, du 15ᵉ mars 1789, de la nomination des députés. »

15 mars 1789,

« Sont comparus en l'auditoire de ce lieu([1]), par-devant nous, Claude Guerre, syndic de la municipalité de Languimberg. »

Communauté de 100 feux.

Députés : Joseph Jaquet,
          Dominique Blondeau.

Signatures : Louis Estienne; D.-M. Étienne; Barbier; Christophe Husson; Claude Guerre, *syndic;* Joseph Jaquet, *député;* D. Blondeau, *député;* J.-N. Mangin, *greffier.*

XCVIIᴮ

Cahier de plaintes, doléances et remontrances de la communauté de Languimberg, pour être présenté à l'assemblée de Vic le 23ᵉ du présent mois de mars 1789

Qu'il est consolant pour nous, vivant dans la plus grande obscurité, de pouvoir élever nos faibles voix et les porter jus-

---

1. *Impositions ordinaires* pour les *six* premiers *mois* de l'année *1790* :
Imposition principale. . . . . 465 ₶ » s. » d.
Impositions accessoires. 926 3   1
Capitation 1 059 1   9
                Total. . . . . 2 450 ₶ 4 s. 10 d.
Deux vingtièmes et quatre sous pour livre du premier pour *1790* :
Biens-fonds . . { 1ᵉʳ cahier . . . 1 209 ₶ 12 s. 9 d.
              { 2ᵉ cahier . . . 3 128 8   »
              Total. . . . . 4 330 ₶ » s. 9 d.
(Arch. Meurthe-et-Moselle, L. 308.)

qu'aux pieds d'un monarque que la Providence semble avoir placé sur le trône pour s'occuper du bien de son peuple. Ce roi bienfaisant veut bien descendre jusqu'aux dernières chaumières pour y apercevoir la misère où sont plongés ses sujets et leur porter les secours nécessaires à leur faible existence ; sa bonté paternelle nous donne donc le pouvoir de nous plaindre : que dis-je ? elle nous l'ordonne, et nous ne pouvons nous y refuser sans nous rendre coupables de désobéissance : c'est pour remplir ces vœux autant qu'il est en notre pouvoir que nous allons avec confiance en faire le détail le plus succinct. Nous ferons voir : 1° le nombre et la capacité de nos habitants ; 2° la progression énorme et accablante qu'ont faite les impositions royales et leurs accessoires depuis quelques années ; 3° les impôts mis sur le fer et le cuir, l'augmentation du sel et des bois, et enfin la désolation et la ruine de la partie souffrante de la Nation.

Art. 1. — Cette communauté a cent feux tant cultivateurs, fermiers, manœuvres et femmes veuves, vivant à peine de leur travail manuel, dans lesquels il s'y trouve 40 mendiants.

Art. 2. — Les impositions et tailles de cette communauté sont augmentées d'un tiers : cependant, les autres charges, bien loin de se diminuer, se sont accrues, et le rapport y est très médiocre.

Art. 3. — Depuis l'édit de 1766 qui remet les nefs et presbytères à la charge des communautés, qui en exempte les décimateurs, nous devient fort onéreux : malgré les grandes réparations que notre nef nous a déjà occasionnées, [elle] est encore en fort mauvais état.

Art. 4. — Depuis seize ans ou environ, la communauté paye annuellement au maître de poste aux chevaux d'Azoudange 125# pour leur part de 310# de gratification à lui accordée par M. l'intendant : il est bien surprenant que des pauvres cultivateurs uniquement occupés des travaux pénibles et laborieux, vivant avec peine du seul travail de leurs mains, soient contraints à ce qui ne leur est d'aucune utilité.

Art. 5. — La même communauté paye en outre annuellement pour le logement et encasernement de la maréchaussée dudit Azoudange 10# 16 s. Ces deux objets nous sont devenus en accroissement de charge depuis plusieurs années.

Art. 6. — En 1777, nous avons eu le malheur de perdre

toutes nos récoltes par un orage qui a dévasté toutes nos campagnes : nous avons réclamé, mais sans avoir pu obtenir aucune indemnité.

Art. 7. — En 1779, la gelée a enlevé une grande partie de nos moissons, comme il est évident par les visites et procès-verbaux dressés en conséquence : les grains sont cependant la seule ressource de nos cantons et le seul avantage dont jouissent nos pauvres habitants.

Art. 8. — Les impôts sur le fer ont fait doubler le prix de cette marchandise dont l'usage est cependant indispensable aux cultivateurs : cet objet détériore donc l'agriculture.

Art. 9. — La cherté excessive du sel, cet aliment de première nécessité, occasionne de grands maux ; situés aux portes de trois salines, qui peut s'imaginer que le sel nous est vendu plus chèrement qu'à tout étranger? De là qu'arrive-t-il? Le pauvre mercenaire, dans l'incapacité de se procurer si chèrement cette denrée, s'expose à user du sel prohibé. Une fois repris, ce pauvre père, seule ressource pour gagner la vie à sa famille, se voit enlevé de son foyer, diffamé et condamné aux travaux publics à défaut de pouvoir satisfaire à la sentence pécuniaire prononcée contre lui. Quoi de plus triste que cette mort civile? Laisser une femme veuve son mari encore vivant et des orphelins dont le père existe encore, quoi de plus inhumain ?

Art. 10. — Ces salines, outre leurs propres forêts, s'en affectent d'autres à une certaine distance de leur situation, et, par leur grande consommation, elles parviennent à dévorer et à dévaster tous les bois de leurs environs au point que nous nous trouvons dans l'impuissance de nous procurer les bois de marnage, charronnage, qui sont d'un objet si nécessaire au bien-être des citoyens et à l'agriculture.

Art. 11. — Les impôts sur le cuir ayant fait hausser le prix de cette marchandise au point que la plus grande partie de nos habitants sont dans l'affreuse nécessité de marcher pieds nus ou de se servir de sabots, ne pouvant plus avoir de quoi porter des souliers.

Art. 12. — Nous sommes à la porte de la Lorraine et de l'Alsace : il est bien dur à des sujets d'un même prince d'être obligés de payer à chaque bureau, si multipliés que je dirais presque à chaque pas, des droits de transit, acquits, traite foraine, passavant, etc., ce qui nuit considérablement au commerce et nous fait renchérir toutes les marchandises dont nous avons besoin.

Art. 13. — Un tiers du finage situé sur différents bans voisins dont ils sont privés du parcours, ce qui cause un préjudice considérable aux habitants pour la pâture de leurs bestiaux ; et, outre de ce qu'ils sont privés de la pâture, c'est qu'on les cotise, dans les lieux différents où ledit tiers de leur finage est situé, dans les réparations des églises et cimetières lorsqu'il y en a à faire. C'est pourquoi ils souhaiteraient qu'il y eût droit comme ci-devant d'aller pâturer sur leurs terrains.

Art. 14. — Il y a quatorze ans que l'on a compris les maisons du lieu que l'on occupe soi-même dans les rôles de vingtième ; ils souhaiteraient qu'ils ne payassent pour ce sujet non plus que les villages voisins et des environs qui ne payent point pour ce sujet.

Art. 15. — Dans les temps de moissons, les cultivateurs sont obligés de laisser leurs grains pendant vingt-quatre heures sur place après être liés et mis en trézeaux, s'ils ne sont point dîmés dans les vingt-quatre heures, ce qui leur cause un dommage considérable, surtout par des mauvais temps.

Art. 16. — L'arrêt des enclos porte un préjudice considérable, surtout pour la pâture des bestiaux ainsi que pour les foins, attendu que les meilleurs prés qui sont clos ne produisent plus de foin comme avant les clos ; ils souhaiteraient et [il] serait de l'utilité publique que le droit de clôture soit aboli.

Art. 17. — Outre la rareté de pâture, c'est que les troupeaux des moutons seigneuriaux et autres troupeaux appartenant à des entrepreneurs qui ont des troupeaux considérables qui ruinent toute la pâture, ils pâturent continuellement dans les prés avant aucuns autres troupeaux et bêtes de trait du lieu : ils demanderaient qu'il ne soit pas permis aux troupeaux de moutons d'aller pâturer dans les prés, attendu qu'ils arrachent jusque la racine des herbes, et les prés ne sont pas de grande valeur.

Nous osons espérer que toutes ces remontrances parvenues aux pieds du trône du meilleur et plus chéri de tous les monarques serviront à éclairer et instruire notre bon Roi de toutes les misères qui règnent parmi nous, et qu'en nous soulageant, il en résultera le bien de l'État et celui de tous les sujets du royaume.

Fait, clos et rédigé par nous, principaux habitants de la communauté de Languimberg, soussignés, avec Claude Guerre, notre syndic, qui l'a coté et paraphé par premier et dernier feuillet, ainsi qu'il nous est ordonné, le présent cahier contenant quatre feuillets.

Louis Estienne; D.-M. Étienne; Barbier; Christophe Husson; D. Blondeau, *député;* Joseph Jaquet, *député;* Claude Guerre, *syndic;* J.-N. Mangin, *greffier.*

LANING

XCVIII*

Cahier des plaintes de la communauté de Laning (¹)

L'an 1789, le 16 mars, la communauté de Laning, assemblée dans la maison de Jean-Michel Schang le jeune, syndic de la municipalité, à l'effet par elle de procéder à la rédaction du cahier de plaintes, doléances et remontrances qu'elle entend de faire à Sa Majesté, et présenter les moyens de pourvoir et subvenir aux besoins de l'État, ainsi qu'autant ce qui peut intéresser la prospérité du royaume et celle de tous et chacun les sujets de Sa Majesté, de charger les députés du nombre de plus notables habitants choisis par elle le 16 du courant de porter ledit cahier le 23 présent mois à l'assemblée générale au bailliage et lieutenant-général à Vic, ladite communauté présidée par les maire, syndic, élus, a dressé son cahier comme s'ensuit, l'a remis entre les mains de Jean-Michel Richard, laboureur, membre de l'assemblée municipale, et de Christophe Klein, habitant dudit lieu, ses députés, déposé le double au greffe de ce lieu, en leur enjoignant de s'acquitter fidèlement du pouvoir et de la procuration à eux donnés par ces présentes aux fins de présenter à l'assemblée générale le présent cahier, faire les plaintes et remontrances et réponses qu'il conviendra [conformément] en tout à la lettre de Sa Majesté donnée le 7 février dernier, à son règlement, et à l'ordonnance, et ont les habitants tous signé le présent cahier de tous ceux qui ont l'usage d'écrire, et compris dans les rôles des impositions, au nombre de quatre-vingt-trois feux.

---

1. Le procès-verbal et le cahier sont fondus ensemble.

CHAPITRE I

État des finances qu'il faut changer en supprimant la Ferme, en diminuant les impositions, et en abaissant la quantité de salines, usines en Lorraine, enfin en révoquant tous les droits sur le public.

Suppression de la Ferme en lui substituant des receveurs bailliagers provinciaux et un receveur général ou trésorier général.

Diminutions des impositions en le prenant sur le superflu des gros bénéficiers des abbayes, des abbés commendataires, ou sur la masse totale jusqu'à l'extinction du corps entier qui serait inutile à l'État, sur les pensions improportionnées aux mérites de ceux qui les perçoivent, pendant que le peuple gémit, sur les donations qu'ont faites Nos Seigneurs les ducs de Lorraine à la Noblesse et aux abbayes, qu'ont nos rois dûes depuis [*sic*]; sur les deniers généralement que perçoivent les gros bénéficiers séculiers, et sur celles [*sic*] que payent tous les sujets du Roi : les séquestres ou commissaires établis à cet effet en rendront compte de leur recette aux receveurs bailliagers, ceux-ci aux provinciaux, et ceux-là au général, le dernier au Roi.

Abolissement des salines que ne servant qu'[à] enrichir les Fermiers et commis et étrangers, qu'à appauvrir les sujets du Roi.

Le profit du Fermier et de ses adjoints est clair : l'étranger s'engraisse et ses bestiaux de la graisse des pauvres Français et Lorrains allemands. Il fait en conséquence un commerce rétrogressif chez les sujets du Roi, et lui emporte à bon prix son argent, en lui vendant ses bêtes grasses qu'il a engraissées moyennant le sel que le sujet du Roi lui a passé pour rien.

Le sujet du Roi, depuis la première jusqu'à la moyenne et dernière classe, en souffre considérablement jusqu'à la dernière misère : il se passe de soupe et légumes à cause de la cherté du sel, à faute de moyens d'en acheter.

Que mange-t-il donc? Des pommes de terre sans pain et sans sel avec du gros lait ou du petit lait ; ce fait est constant dans la plus grande partie de l'allemand français et de la Lorraine.

Qu'arrive-t-il? Le riche est surpris dans la contrebande, est pris, et ensuite privé des moyens à la subsistance de sa famille : des batailles entre contrebandiers et employés de la Ferme, des massacres de part et d'autre, la ruine totale des familles, et quelquefois infamie pour toute la postérité.

Cherté de bois de chauffage jusqu'à prix de 18" de France la corde plus et moins dans nos environs des salines et dans l'étendue de nos cantons.

Cessation du commerce; dans la France et la Lorraine, les bestiaux sont privés de sel qui contribue à bonifier les fourrages et autre nourriture. Ils restent sans appétit, sans augmentation et sans prix.

Les amendements des mêmes bestiaux sont moins gras, les terrains [moins] fertiles.

L'homme ainsi privé de sel et de nourriture salée est moins robuste, languissant, moins portant, sujet à toutes sortes de maladies, vient ainsi plus tôt qu'il doit à sa carrière. Pour se soustraire à tant de misères et incommodités, il devient traître à sa patrie, il vole, pille; il a sa ressource à l'émigration.

Moyens consistant en laissant subsister une partie des salines pour fournir le sel aux sujets du Roi, en en privant l'étranger, laisser le sel marchand et à bon prix, ainsi que le tabac, et prendre le profit qu'a le Roi sur ces deux objets sur d'autres impositions ordinaires; *

Ou en abolissant toutes les salines, et rendre le sel de la mer navigable et commerçant par le Rhin, la Sarre et la Nied, et d'autres rivières : il sera encore moins coûtant.

Suppression d'excès de droits sur les marchandises; sortie, entrée et passage. — Le commerce libre fait vivre les sujets; il est à voir comme tous les autres royaumes sont florissants, et ce par le commerce; qu'il n'y ait point de droits d'impôts dans l'intérieur, mais sur les frontières seulement pour l'entrée et pour la sortie : les grands commerçants porteront pour la plus grande partie les charges du médiocre et du pauvre : le commerce libre les récompensera d'ailleurs.

Pour le moyen, le Roi n'aura besoin que de garder les frontières et cela par les invalides et autres pensionnés du Roi ; la charge de solder cent mille hommes, sans compter les supérieurs, diminuera de beaucoup : on pense que le Roi en sera totalement récompensé.

CHAPITRE II

Remède aux maux de l'État et aux abus à réformer. — Établir des fabriques dans l'intérieur du royaume pour fournir à l'indigent et aux généralités de gagner sa vie, de nourrir sa famille ; point de mendiants où il y a fabrique, comme il est à voir en Empire [*sic*]...

Arrêter le plus efficacement le cours infâme du monopole et du prêt à usure excédant l'intérêt cinq par cent permis par l'usage et les lois : ces deux objets sont une perte de la république et la ruine totale des sujets à la campagne. Ils surviennent particulièrement entre les commerçants des grains et de bêtes à cornes et de tirage, et plus particulièrement par les Juifs.

Remèdes. — Faire une taxe des grains proportionnée à chaque année et à chaque saison de l'année : forcer d'ouvrir les greniers par des commissaires départis dans la province.

Établir dans chaque juridiction intéressée [un tableau] composé de tous les prêts à intérêts cinq par cent et non autrement, en donnant une sûreté du capital au déposant, et prendre une même sûreté du prenant, en affirmer de la justice en fera le commissaire.

CHAPITRE III

Abus dans l'administration de la justice. — Les huissiers-priseurs sont à charge du public et des huissiers du bailliage du public, parce qu'il doit l'intérêt pour ses propres biens qu'il est libre de vendre ou de garder ; c'est empêcher les sujets de s'établir dans une autre province ou paroisse et d'en point tirer profit de son bien ; des huissiers du bailliage parce qu'ils ont financé *ad hoc* et *pro hoc ;* c'est leur faire injustice manifeste : il faut rembourser les finances de ces charges nuisibles, celle des huissiers étant seule nécessaire.

Les inventaires, bien coûteux et ruineux au public, pourront se faire par justice locale ainsi que l'estimation des meubles, en déposant les extraits au greffe.

Les bailliages portent un très grand préjudice au public : manquez la moindre formalité, le pauvre homme est pour sa vache ; si vous devez six livres, bientôt vous êtes condamnés pour cent francs.

Remèdes. — Ayant égard au fond de l'affaire, que les formalités soient pour les membres de la justice ; et qu'ils en soient punis s'ils manquent, et non les pauvres sujets.

Retrancher les formalités dispendieuses, garder les plus essentielles.

Rétablir une espèce de justice dans chaque communauté où les affaires claires se détermineront sans appel, et où les délits seront punis provisionnellement et sans délai ; les punir avec tant de frais, c'est d'une certaine sorte les maintenir la partie et le révolté à faire une démarche coûteuse : c'est trop pénible pour le coupable : que les affaires, en conséquence et de droit, passent au bailliage : ce n'est que de juste.

La Maîtrise est un tribunal superflu dans le royaume : les officiers du bailliage et de haute-justice pourront remplir les mêmes fonctions, ainsi qu'il se pratiquait dans les anciennes hautes-justices ; à la réserve que la justice municipale marquera les pièces et fera le récolement, rien n'empêche les affaires contentieuses de passer au bailliage ; que ce siège est dispendieux au public, et hors de doute la procédure de ce[tte] charge [n']est anciennement conformé aux déclarations des communautés, ni proportionné au public [*sic*].

Besoin est que les coupes en nature viennent au profit des communautés, et que l'argent ne soit point déposé au greffe pour y faire des jeunes.

Qu'on n'allègue pas cette réserve pour subvenir aux besoins des communautés ; les vingtièmes qu'elles paient des coupes causent un double dommage ; ils devraient au moins se prendre dans le dépôt, outre payer rente au profit des communautés.

Que la communauté ne tire rien en forêt, peu par forme de tirer des rapports des délits qui se commettent dans leurs bois.

Que les fortiers transigent avec les délinquants, ne faisant point de rapports des dommages : irresponsables, la communauté n'en tire rien.

Quant à la subdélégation, la milice peut se lever et le tirage d'icelle se faire par un officier retiré, pensionné du Roi, pour ne faire un double emploi sur le public.

Les seigneurs, les abbayes possédant tous leurs droits à la charge du public, cause de l'émigration.

Monsieur le comte de Créhange, seigneur dudit lieu, est haut-justicier sans part d'autrui, et foncier.

Ledit seigneur a par chacune des trois saisons trente jours de terres labourables avec trente fauchées de prés, et cela depuis 1690, par accord fait par transaction avec Monsieur de Hautcour, bailli de Madame de Dostfris, et cela pour sa part et portion du ban, dont la communauté a été en procès pour cet objet.

En 1777, ledit seigneur nous ayant de nouveau attaqué pour le tiers des biens communaux et pour le tiers des ventes communales dont il nous a poursuivi jusqu'au parlement de Metz, et là où ledit seigneur a gagné le procès, et confirmé par Table de marbre en 1783. Ensuite il nous a fait saisir chez quatre des principaux de nos habitants.

Jamais ladite communauté ayant un troupeau à part que depuis 1777, que le seigneur nous ayant mis un troupeau, ladite communauté s'est de nouveau attaquée envers leur seigneur, croyant d'en être quitte pour le troupeau à part à cause de la transaction en 1690 avec Madame de Dotsfris. Ladite communauté a interjeté appel au grand Conseil à Paris. Pour cet appel, la communauté était obligée de déposer six cents livres de France entre les mains de notre procureur au parlement; et du depuis, la communauté n'a pas vu aucune nouvelle de son affaire.

La communauté voyait sa ruine, et, pour ne pas tout à fait être ruinée, elle a fait une nouvelle transaction avec Monsieur le comte en 1786.

Monsieur le comte n'avait point bergerie audit lieu : il a commencé à [en] bâtir une hors du village où il cause toujours aux voisins des dommages depuis 1780. Et depuis 1777 jusqu'à présent, les moutons vont dans nos prairies au moins tous les ans neuf mois, ce qui cause que nos prairies sont toutes gâtées, ce qui cause une perte considérable pour la communauté.

Ledit seigneur possède sur nos bans en propre des biens communaux consistant à 52 jours de terres depuis la dernière transaction, et il ne paye aucun vingtième, dont la communauté est toujours chargée de cet article.

Ledit seigneur tire par an de ladite communauté huit paires, c'est-à-dire huit quartes de blé et huit quartes d'avoine, 8$^{\scriptscriptstyle\#}$ de France avec trois poules par feux entiers, et une poule et demie par chaque veuve.

Ladite communauté ayant été condamnée par Messieurs les

officiers de la maîtrise des Eaux et Forêts de Metz à cinq cents livres de France à payer à Monsieur le comte pour du bois de bâtiment à sa bergerie, tandis que la communauté n'en ayant point elle-même pour bâtir, si l'un ou l'autre de nos habitants auraient le moyen aujourd'hui ou demain pour bâtir, ils seront obligés d'en acheter ailleurs.

Encore à observer que notre ban est une carrière pour arracher des pierres pour fournir des routes : depuis plusieurs années il fournit jusqu'à trois à quatre lieues de loin, tant sur la route de Dieuze-Sarreguemines que celle de Saint-Avold; ce qui cause que notre ban est tout gâté et abîmé encore pour la plus grande partie pour ce conduisage.

Le ban de Laning composé en général de douze cents jours de terres labourables avec six cent vingt-six fauchées de prés, desquelles Monsieur le comte, l'abbaye de Vadegasse et autres possédant en propre six cents jours de terres labourables et trois cents fauchées de prés.

Ladite communauté est chargée d'impositions royales tous les ans tant pour subvention, capitation, chaussées et vingtièmes, en tout trois mille neuf cent treize livres douze sols six deniers, ci . . . . 3 913# 12 s. 6 d.
et aussitôt le terme échu pour payer, et que les pauvres ne peuvent contribuer au payement au terme fixé, les contraintes viennent contraindre, qui coûtent tous les ans environ cent livres, ci . . . . 100# 0 s. 0 d.
En outre, ladite communauté est encore redevable huit mille huit cent soixante et dix-huit livres, reviennent de procédure avec Monsieur le comte, ci. . . . . 8 878# 0 s. 0 d.

L'abbaye de Saint-Avold a la grosse et menue dîme sur notre ban avec trois jours de terre et six fauchées de prés, et laquelle dîme est tous les ans enlevée par Monsieur Steinmetz de Téterchen, et laquelle dîme ledit Sr Steinmetz le fait tous les ans conduire les blés, orges et avoines, ainsi que les pailles à Saint-Avold; ce qui cause qu'il n'y a pas de denrées à notre village pour soulager nos habitants ; ce qui cause plus que trente feux des mendiants à notre communauté, et ils ne vendent le blé la quarte pas autrement que douze livres.

L'hôpital de Saint-Avold possède sur notre ban dix-huit jours de terres : sûrement que cela en a été donné pour l'entretien de nos pauvres malades de ladite communauté au temps de leurs besoins; et ils en tiraient d'aucunes choses, et que les rentes d'icelles sont tous les ans livrées à l'hôpital à Saint-Avold.

Encore à observer que ladite communauté a le droit de nommer et choisir les bangards et les rétablir par le maire : il y a environ trois ou quatre ans que Monsieur le comte ayant commis de sa part un garde surveillant sur tout notre ban de sa propre autorité, et que c'est une grande charge pour ladite communauté; observer que la communauté ne souffre point des surveillants, ou qu'ils soient nommés... par ladite communauté et non autrement.

Fait et achevé à l'assemblée à Laning, le dix-huit mars mil sept cent quatre-vingt neuf, après midi, et ont tous signé.

Hans-Michel Dudo; Christophe André; C. Klein; J.-M. Richart; Hans-Michel Schang, *syndic;* P. Zauer, *greffier.*

LARONXE

XCIX^A

Procès-verbal.

« Aujourd'hui, à Laronxe ([1]), 19 mars 1789, en l'assemblée convoquée par le commandement donné par le syndic dès la veille pour huit heures du matin, et au son de la cloche en la manière accoutumée, sont comparus en l'auditoire par-devant nous, Joseph Pertusot, syndic. »

Communauté composée de 65 habitants.

Député : Charles Pertusot, laboureur.

Signatures : Charles Pertusot; C. Crouteau; Claude Mounet; Jean-Pierre Thomas; Nicolas Bangard; F. Purel.

XCIX^B

Cahier de plaintes, de remontrance, doléance de la communauté de Laronxe

Art. 1. — Nous payons de subvention la somme de 810^{lt}

---

1. *Impositions ordinaires* pour les *six* premiers *mois* de l'année *1790 :*
Imposition principale. . . . . 240 ^{lt} » s. » d.
Impositions accessoires. . . . . . . 478 » »
Capitation 546 12 5
  Total. . . . . 1264 ^{lt} 12 s. 5 d.
(Arch. Meurthe-et-Moselle, L. 308.)

19 s. 8 d., et capitation la somme de 438# 10 s., et de vingtième la somme de 284# 1 s. 6 d., et de travaux des routes la somme de 203# 14 s. 11 d. Faisant lesdites sommes 1 737 # 6 s. 1 d.

Art. 2. — Nous payons pour les droits seigneuriaux à mondit seigneur l'évêque de Metz une taille appelée l'aide Saint-Remy, sur tous les habitants de la somme de 43# 16 s., et une rente de chacun un résal d'avoine et une poule à la Saint-Martin de chaque année. Les hommes veufs ne doivent point de poules, les femmes veuves ne doivent qu'un demi-résal d'avoine et une poule. Cette rente est appelée sauvegarde, et il n'en fournit point.

Art. 3. — Nous payons en outre une rente appelée terrage qui se monte à 25 résaux de seigle et 35 résaux d'avoine pour les habitants de Saint-Clément, Larouxe et Chennevières. Nous payons en outre le tiers-denier audit seigneur de tous nos biens communaux.

La rivière de Meurthe qui nous mange une partie de nos prés, tout terrain de sable, le seigneur s'en empare, et ce n'est pas seulement à perdre le terrain, il faut en payer les vingtième et les terrages au seigneur.

Art. 4. — Par arrêt rendu, les abbés de Senones, faisant leur résidence dans la principauté de Salm, sont décimateurs pour les deux tiers dans la grosse dîme et pour moitié dans la menue dîme, sur un rapport annuel de cent louis sur le ban de Saint-Clément, Chennevières, Larouxe. Du passé ils étaient chargés de l'entretien et réparation de l'église, et, aujourd'hui, ils n'entrent plus dans aucun frais, ni entretien ni réparation; et même, contre la coutume générale, la communauté est obligée à fournir les bêtes mâles, ce qui est très exorbitant et onéreux pour les particuliers.

Art. 5. — Le sol du ban de Saint-Clément, même ban et même finage à Larouxe, ne rapporte que du seigle, avoine et pommes de terre, n'étant que terrain de sable brûlant.

Art. 6. — Le sol de la prairie étant de même nature que les terres ci-dessus, ne produit que du mauvais foin, et très peu, et de petite qualité; la plus grande partie des laboureurs et habitants sont obligés à acheter du foin pour l'entretien de leurs bestiaux.

Art. 7. — Les bois sont très rares : nous sommes obligés à

l'acheter à douze livres de France la corde et l'aller chercher à cinq ou six lieues de loin, ce qui met la plupart des habitants dans la nécessité d'en avoir pour passer l'hiver.

Art. 8. — Dans nos portions d'affouages avec Saint-Clément, Chennevières, nous partageons à la tête. Nous n'avons qu'environ 1/2 corde de bois et environ 1/2 cent de fagots, pour lequel nous sommes obligés de payer pour la délivrance de chaque année à la Maîtrise de Vic une somme de 284#, de plus une somme de 147# et 10 s. pour un garde que la Maîtrise nous a donné, de plus une somme de 227# pour vingtième, ce qui fait que nous payons le bois aussi cher que celui qu'il nous faut acheter. Nous sommes environnés de toutes parts de manufactures, de faïenceries, de verreries, de forges qui en font une consommation étonnante, et tout près des salines, et nous sommes environnés de plusieurs villages qui nous dévastent nos bois, ce qui nous met dans le cas de recourir aux ventes.

Art. 9. — Laronxe est enclavée dans la Lorraine. Nous ne pouvons y entrer ni en sortir sans prendre acquit, le plus souvent, qui nous devient très gênant et très coûteux; et, très souvent il arrive que les particuliers de Laronxe, de même que les étrangers, sans savoir s'ils sont sur terre étrangère, sont repris, ce qui exerce des vexations à [ne] s'en retirer qu'à force d'argent.

Art. 10. — Nous payons le sel à huit sols la livre, tandis que si nous étions libres, nous l'aurions à deux sols; et si le tabac était libre, on l'aurait à très vil prix.

Art. 11. *Justice.* — Nous désirons tout unanimement que les choses de ce genre soient comme du passé : il y a environ treize ans que nous avions haute-justice à Saint-Clément; et, à présent, elle est à Baccarat trois lieues de distance, et de Baccarat au bailliage à Vic à 10 lieues, ce qui fait que cela nous devient très gênant et coûteux, rapport aux inventaires, appositions et levées de scellés, de même que pour les assignations, voyages des huissiers, rapport à l'éloignement et à la multiplication des frais, rapport à la lenteur de la justice pour la rendre.

Art. 12. — Depuis quelques années, on a établi des huissiers-priseurs qui coûtent considérablement; et il arrive le plus souvent que dans les ventes de meubles qu'ils font, il ne s'y trouve le plus souvent que pour payer leurs frais.

Art. 13. — Laronxe est éloignée d'environ 1/2 lieue de la paroisse de Saint-Clément, et on ne dit point de messe à Laronxe.

Qu'il plaise à Sa Majesté établir une constitution dans son royaume.

Que les ecclésiastiques, les nobles, les privilégiés du Tiers état contribuent à toutes les impositions et charges pécuniaires à raison de leurs biens, facultés et consommations, ainsi et de même que les autres sujets du Roi.

Fait à Laronxe, à quatre heures de relevée, le 19ᵉ mars 1789.

Charles Pertusot; C. Crouteau; Claude Mounet; Jean-Pierre Thomas; Nicolas Bangard; F. Purel.

LELLING (partie France)

C.ᴬ

« Procès-verbal de l'assemblée du village de Lelling pour la nomination des députés. »
15 mars 1789,
« Sont comparus en l'auditoire par-devant nous, syndic et gens de justice de ladite communauté. »
Village composé de 51 feux.
Député : André Burg.
Signatures : Peter Pierr ; George Lemel ; Paul Blanchard ; Pierre Becker ; André Burg, *zindich* (syndic).

C.ᴮ

Cahier des plaintes et doléances de la communauté de Lelling, partie française

Art. 1. — La communauté de Lelling prie très humblement Messieurs les députés de la province qui iront aux États généraux de solliciter vivement la suppression de la Ferme générale, et que le prix du sel soit diminué, car on fait payer le sel aux habitants de la campagne à un prix excessif malgré la proximité des salines, et on le donne aux étrangers à un prix très médiocre (chose que le commun ne peut comprendre); et cependant, de ce prix excessif du sel et de la grande quantité que l'on fournit aux étrangers, n'est-ce pas deux maux très préjudiciables à l'État ?

1° La rareté dans le bois, conséquemment la cherté, de façon qu'il y a fort peu d'habitants dans la campagne en état d'acheter leur provision pour un hiver ; 2° la cherté dans les bestiaux, car les habitants de la campagne sont privés du meilleur moyen à nourrir des bestiaux en rendant par le sel leur mauvais fourrage sain et nourrissant, et la campagne serait encore une fois plus fournie de bestiaux qu'elle n'est à présent ; et on se plaint même qu'on donne aux enfants de la famille sel de la plus mauvaise qualité et aux étrangers sel de la meilleure qualité, et le prix dont on nous fait payer la livre de sel est huit sols de France.

ART. 2. — Sollicite également ladite communauté une diminution sur le prix du tabac qui, par l'usage qu'on a contracté, est devenu en quelque façon de première nécessité.

ART. 3. — Elle sollicite aussi la suppression des bureaux des hauts-conduits, et d'acquits-à-caution qui mettent beaucoup de gêne aux transports de denrées d'un endroit à un autre, les voituriers étant obligés de déposer des gages dans ces bureaux, qui souvent sont perdus pour eux, particulièrement quand ils laissent écouler huit jours sans les retirer, ce qu'il leur est souvent impossible de faire, faute d'occasion, et préfèrent plutôt de sacrifier leurs gages que d'envoyer un exprès qui leur coûte la valeur de leurs gages déposés.

ART. 4. — Se plaint également la communauté que les buralistes paraissent avoir une taxe arbitraire, demandent tantôt plus, tantôt moins, ce qui leur procure la facilité de tromper le commun qui n'a aucune connaissance du tarif.

ART. 5. — Elle sollicite de même la suppression des huissiers-priseurs dont les honoraires absorbent la valeur d'une vente forcée, ce qui est une charge pour le peuple très onéreuse pendant que les officiers municipaux de chaque communauté pourraient faire les mêmes affaires avec bien moins de frais.

ART. 6. — Ladite communauté sollicite aussi la suppression de la marque des cuirs et des fers qui fait une augmentation trop considérable de dépenses pour les gens de la campagne sur les effets dont ils ne peuvent s'en passer.

Art. 7. — Elle se plaint aussi que les seigneurs et décimateurs mettent souvent les communautés dans la campagne dans des dettes considérables par des procès pour établir des droits ou soutenir des droits prétendus; preuve de cela : la communauté de Lelling a actuellement un procès pendant au parlement de Metz, qu'on a voulu surcharger leur ban avec un troupeau de bêtes blanches.

Art. 8. — Ladite communauté se plaint également que les seigneurs de leur ban et finage ont fait faire les démembrement et arpentage de leur ban il y a environ cent ans, et chacun a pris sa part et portion du surplus ou blanc de leur ban, qui a resté sans culture un certain nombre d'années; et après, voyant leurs biens sans rapporter du profit, ils ont fait conjointement avec les habitants de ladite communauté que les habitants doivent donner annuellement aux seigneurs pour ledit blanc un foural de froment et un foural d'avoine de chaque arpent planté ou non planté sur notre ban, et il a été arrêté dans ladite convention que ledit ban et finage de Lelling ne doit plus être jamais démembré et arpenté, moyennant ces deux fouraux. Nonobstant, les successeurs desdits seigneurs, il y a environ une quarantaine d'années, ont sommé et contraint ladite communauté par un procès, et les habitants, par leur peu de lumières et de connaissances qu'ils avaient dans cette affaire, ont été condamnés au démembrement de leur ban; et les seigneurs sont actuellement propriétaires du surplus des blancs de leur ban et tirent également ces deux fouraux, moitié froment et moitié avoine, ci-dessus mentionnés. Il est vrai qu'il n'y a aucun habitant dans la communauté qui ait connaissance de ladite convention parce que les pièces se sont perdues par le peu de soin des préposés; mais cela a été transmis du père au fils. Ainsi, si en cas ces seigneurs ont des titres plus authentiques, qu'ils nous les produisent.

Et le total des paires de quartes qu'ils tirent annuellement se monte à soixante-douze, moitié froment et moitié avoine, et l'abbaye de Saint-Avold est pour la moitié, laquelle tire encore de la moitié du ban de chaque arpent planté ou non planté deux picotins moitié froment moitié avoine.

Art. 9. — Elle se plaint aussi que la communauté est chargée de l'entretien du fossé qui vient de l'étang du Bischwald, et traverse le ban dudit Lelling, et pour faciliter la course des eaux, la communauté est obligée de le nettoyer trois ou quatre fois par an en fauchant et ôtant les herbes, et tous les trois ou quatre ans le faire réparer en neuf, et la communauté avait aussi autrefois la pêche dudit fossé ; mais, depuis une vingtaine d'années, les seigneurs profitent dudit droit et laissent la charge à la communauté : ainsi, elle demande que les [seigneurs] soient compris dans la charge desdits fossés.

ART. 10. — Elle se plaint également du moulin de Pontpierre, distance environ une lieue de notre ban sur les terres d'Empire, appartenant à Monsieur le comte de Créhange, qui occasionne des dommages considérables à ladite communauté, faute du meunier qui, en temps d'orages et de grandes pluies, ne lève pas les vantaux et glissoirs, et arrête les eaux et les fait rebrousser jusqu'à ce que nos prairies soient entièrement inondées, et encore celles de nos voisins, et cela pendant huit et souvent quinze jours ; c'est à ces causes que la communauté demande instamment un règlement pour ce moulin.

ART. 11. — La communauté sollicite aussi la suppression de la charge de l'entretien de l'église paroissiale, compris le clocher et cloche, attendu que nous avons nous-mêmes une église, des cloches et clocher à entretenir.

ART. 12. — Elle se plaint que les Bénédictins de Saint-Avold n'ont aucun droit seigneurial dans notre communauté. Cependant ils prétendent de jouir le droit de parcours sur notre ban le troisième jour, et cela sans avoir produit aucun titre ; et, outre cela, chaque laboureur est obligé de labourer trois jours par an pour lesdits Bénédictins dans les terres de leur cense, nommée Berfang, à une lieue de distance, et la communauté demande la suppression desdits droits.

ART. 13. — Se plaint aussi ladite communauté de Lelling de la charge onéreuse dont les maisons situées sur la partie de l'abbaye de Saint-Avold sont chargées, attendu [qu']indépendamment du vingtième assez considérable, ils sont tenus de donner tous les ans un bichet ras d'avoine et une poule ; c'est à cette cause que le propriétaire est dans sa maison comme dans une maison de louage.

Fait et arrêté le présent cahier de doléances le quinze du mois de mars, de la communauté de Lelling. Et lesdits habitants prions instamment Messieurs les députés aux États généraux d'avoir égard à tout son contenu, particulièrement sur la suppression des Fermes ; sans cela, les maux de l'État seront incurables ; et ladite communauté en conservera une éternelle mémoire ; et ont signé avec nous, syndic, et autres officiers de la municipalité, ceux qui savent écrire, comme il suit.

Peter Pierr; Paul Blanchard; George Lemel; André Burg, *indich* (syndic); Pierre Becker.

LE TOUPET

CI^A

Procès-verbal.
22 mars 1789,
« Par-devant nous, François Benoist, maire en la justice de Maizières et Videlange, sont comparus en l'auditoire tous les habitants du hameau ou fief du Toupet(¹), assis sur le ban de Videlange, au nombre de six. »
Hameau composé de 6 feux.
Députés : Nicolas Bade,   } tous deux laboureurs au fief du
         Dominique Conrad,   } Toupet.
Signatures : Dominique Conrad ; Nicolas Bade ; Paul Velot ; Louis Grandjean ; J. F. Paixhans, *greffier* ; F. Benoist, *maire*.

CI^B

Cahier dressé par les habitants du fief du Toupet pour être présenté à l'assemblée des trois Ordres du bailliage de Vic, conformément aux intentions du Roi, exprimées en sa lettre pour la convocation des États généraux, datée de Versailles, le 7 février 1789, et au règlement y annexé

Le Toupet est un fief provenant du Domaine de l'Évêché de

---

1. *Impositions ordinaires* pour les *six* premiers *mois* de l'année *1790* :
Imposition principale. . . . .   80 ᵗᵗ » s. » d.
Impositions accessoires. 159   6   9
Capitation   182   5   4
                    TOTAL . . . . 421 ᵗᵗ 12 s. 1 d.
(Arch. Meurthe-et-Moselle, L. 308.)

Metz, situé sur le ban de Videlange, et forme un hameau de la paroisse de Maizières.

Les habitants dudit hameau au nombre de six : trois laboureurs, un marcaire, un berger et un manœuvre, n'ont aucune propriété sur le ban de Videlange ; et cependant payent à raison de leurs exploitations des impôts aussi considérables que s'ils étaient propriétaires en même temps que fermiers, subvention, capitation, travaux des routes, gratification accordée au maître de poste d'Azoudange, logement de la brigade de maréchaussée placée au même lieu, assujettis aux réparation et reconstruction du clocher et de la nef de l'église de Maizières, leur paroisse, au loyer et salaire du maître d'école : leur situation est très fâcheuse ; aussi voit-on fréquemment des cultivateurs ruinés audit fief.

Ce qui en est la principale cause, et qui leur est le plus à charge, c'est l'impôt énorme mis sur le sel... [Le reste du cahier est identique à la partie correspondante du cahier de Xirxange. — Cf. ci-dessous, *cahier de Xirxange*, n° CLXVIII°.]

Fait et arrêté double en l'assemblée de la communauté du fief du Toupet, tenue aujourd'hui par-devant nous, François Benoist, maire en la justice de Maizières et Videlange, où ledit fief est situé, le 22 mars 1789, et lesdits habitants présents ont signé, excepté Louis Volontier qui ne sait signer.

L'établissement d'un magasin à sel à Maizières serait nécessaire, tant à cause du passage des troupes audit lieu qu'à cause de la proximité où nous en sommes, et de notre éloignement du village de la Garde, où est établi le magasin qui nous est fixé.

Dominique Conrad ; Nicolas Bade ; Paul Velot ; Louis Grandjean ; J. F. Paixhans, *greffier* ; F. Benoist, *maire*.

LEY

CII[A]

« Procès-verbal de l'assemblée de Ley pour la nomination des députés. »
20 mars 1789,

« Sont comparus en l'hôtel de ce lieu de Ley([1]), par-devant nous, maire, syndic de ce lieu. »
Communauté composée de 40 feux.
Députés : Joseph Masson,
  Nicolas Niclas.
Signatures : Joseph Masson ; J. Collin ; Louis Rigot ; C. Vautraint ; J.-B. Collin ; Nicolas Niclas.

CII[e]

Cahier des doléances

ART. 1. — A l'effet de notre communauté, nous avons l'honneur d'observer à Sa Majesté que toute petite qu'elle est, nous avons une surcharge considérable ; maintenant nous payons pour les deniers royaux par année seize cent cinq livres compris le rôle de subvention, de capitation, et pour le rôle de la route, et qu'il y a douze ou treize ans la communauté ne payait que la somme de onze cent et quelques livres, et ci-devant lesdites années, l'on payait encore moins, et qu'en ces temps-là, la plus grande partie des habitants étaient presque tous propriétaires. Actuellement, ils sont presque tous fermiers.

ART. 2. — A l'effet des salines qui sont dans notre province à deux lieues de distance, nous demandons qu'elles soient supprimées tant pour la cherté du sel que pour la rareté des bois, ce qui fait grand tort à tous les peuples ; voyant que douze à quinze lieues de distance on a le sel à deux à trois sols la livre, et nous qui sommes aux portes des salines, nous le payons à sept sols neuf deniers la livre ; la ruine des bois est si grande tant pour le chauffage que le nécessaire des ouvriers, et pour le bois de bâtiment, il est si rare qu'il est presque impossible d'en trouver une pièce convenable, car il n'y a pas la dîme qu'il en faudrait pour lesdites salines.

---

1. *Impositions ordinaires* pour les *six* premiers *mois* de l'année *1790* :
Imposition principale. . . . . 147 ₶ 10 s.
Impositions accessoires. 293   15
Capitation 462   »
         TOTAL. . . . . 903 ₶ 5 s.
Deux vingtièmes et quatre sous pour livre du premier pour *1790* :
Biens-fonds . . { 1er cahier . . . 878 ₶ 7 s. 6 d.
                { 2e cahier . . . 774   8   6
         TOTAL. . . . . 1 652 ₶ 16 s.
         (Arch. Meurthe-et-Moselle, L. 308.)

Art. 3. — A l'effet des sels, nous demandons à Sa Majesté qu'ils soient marchands dans tout le royaume.

Art. 4. — A l'effet de tous les biens, nous demandons à Sa Majesté qu'ils payent sans aucune distinction, tant les biens de nobles, qu'ecclésiastiques et que roturiers; enfin que tous les biens soient taxés à la même égalité.

Art. 5. — A l'effet d'une grande partie de couvents qui sont dans le royaume et qui ont les plus beaux bénéfices, surtout où ils sont décimateurs, l'on demande qu'ils soient chargés de la rebâtisse des églises.

Art. 6. — A l'effet des différents impôts, droits de foraine, acquits, marque de fers, de cuirs, etc., nous demandons qu'ils soient supprimés, tant pour la gêne des voituriers que chargés à dos.

Art. 7. — A l'effet des huissiers-priseurs, nous demandons qu'ils soient supprimés, tant pour leurs voyages que séance et autres droits, ce qui cause le ruinement des pupilles; et que tout soit remis à l'ancienneté et à l'usage des lieux.

Art. 8. — A l'effet d'une banalité de moulin à la distance de deux lieues et de chemins impraticables, qu'il est impossible aux pauvres mercenaires qui n'ont que leurs corps pour y porter d'y pouvoir aller, et que toutes banalités soient supprimées, ainsi que tous droits censés seigneuriaux.

Art. 9. — A l'effet des clôtures tant en pré qu'en terre et tout ce qui est nécessaire aux pâturages, nous demandons qu'ils soient supprimés, et que le droit de parcours soit remis à l'ancien usage.

Joseph Masson; J. Collin; Louis Rigot; C. Vautraint; J.-B. Collin; Nicolas Niclas.

LINSTROFF

CIII[A]

« Procès-verbal d'assemblée de villages et communautés pour la nomination des députés. »

16 mars 1789,

« Sont comparus en l'auditoire de ce lieu, par-devant nous, officier de l'assemblée municipale. »

Village ou communauté composé de 31 feux.

BAILLIAGE DE VIC

Députés : Pierre Jager, syndic,
Pierre Mederlet, élu, tous les deux d'assemblée municipale.

Signatures : Pierre Jager, *syndic;* Pierre Mederlet, *élu;* Christoffel Busch ; Frantz Bur ; Jacob Vendel.

CIII*

Résolution et question à proposer pour le bien de l'État par les députés à l'assemblée générale du Royaume

[Le *cahier de Linstroff* est identique au *cahier de Grostenquin*. — Cf. ci-dessus, n° LXV*.]

Signatures : Pierre Mederlet, *élu;* Frantz Bur ; Christoffel Busch ; Jacob Vendel ; Pierre Jager, *syndic*.

LORQUIN

CIV*

Procès-verbal.

15 mars 1789,

« Sont comparus en l'auditoire de la prévôté de Lorquin, par-devant nous, Pierre-Nicolas Colle, avocat en parlement, lieutenant en icelle... avec un grand nombre d'autres qui ne se sont point présentés, quoique convoqués à répétition du son de cloche, et habitants du bourg dudit Lorquin (¹), icelui composé de 270 feux. »

Députés : Charles Colle, avocat,
Joseph-Jean-Chrisostome Lefèvre, chirurgien,
Nicolas Brice, rentier.

Signatures : Colle ; Brice ; J. Joseph Lefèvre ; Jean Évrard ; Colle.

---

1. *Impositions ordinaires* pour les *six* premiers *mois* de l'année *1790* :
Imposition principale. . . . . . . 450 ₶ » s. » d.
Impositions accessoires. 896   5   9
Capitation 1 024 18 6
         Total. . . . . 2 371 ₶ 4 s. 3 d.
Deux vingtièmes et quatre sous pour livre du premier pour *1790* :
Biens-fonds. . { 1ᵉʳ cahier. . . 1 402 ₶ 14 s.
           { 2ᵉ cahier . . .   97   13
       Total. . . . . 1 500 ₶ 7 s.
(Arch. Meurthe-et-Moselle, L. 308.)

CIV[a]

[Le cahier des doléances de la communauté de Lorquin n'a pu être retrouvé aux Archives départementales de Meurthe-et-Moselle.]

MAIZIÈRES

CV[a]

Procès-verbal.
21 mars 1789.
« Sont comparus en l'auditoire de ce lieu(1), par-devant nous, François Benoist, maire en la justice de Maizières, près de Vic. »
Village composé de 211 feux.
Députés : Jean-Claude Pagny, avocat,
   Louis Friant, laboureur,
   François Benoist, tabellion.
Signatures : J. Estienne ; L. Friant ; Bach ; Joseph Gérard ; Pagny, *syndic* ; J.-F. Paixhans, *greffier* ; F. Benoist, *maire*.

CV[b]

Cahier dressé par les habitants du village de Maizières pour être présenté à l'assemblée des trois Ordres du bailliage de Vic, en se conformant aux intentions du Roi, exprimées en sa lettre pour la convocation des États généraux, datée de Versailles le sept février 1789, et au règlement y annexé

Le Roi veut bien par sa lettre nous faire part de l'embarras où il se trouve, relativement à l'état de ses finances ; Sa Majesté descend jusqu'à nous consulter sur les moyens de le sur-

---

1. *Impositions ordinaires* pour les *six* premiers *mois* de l'année *1790* :
Imposition principale. . . . . 595 ₶ 8 s. 10 d.
Impositions accessoires. 949   1   7
Capitation 1 444   16   6
            Total. . . . . 2 969 ₶ 6 s. 11 d.
Deux vingtièmes et quatre sous pour livre du premier pour *1790* :
Biens-fonds . . { 1ᵉʳ cahier . . . 3 099 ₶ 5 s. 6 d.
                { 2ᵉ cahier . . . 5 926   8   6
            Total. . . . . 9 025 ₶ 14 s.
(Arch. Meurthe-et-Moselle, L. 308.)

monter et d'établir un ordre constant qui fasse le bonheur de ses sujets et la prospérité de son royaume ; ce qui nous flatte le plus en cela, c'est son amour paternel qui nous procure cette marque de confiance.

Le Roi nous engage par la même lettre à lui notifier nos doléances et nos souhaits ; nous aurions beaucoup à nous étendre sur ce second objet, mais nous saurons en épargner les détails au cœur sensible et généreux de Sa Majesté.

Il est impossible et serait ridicule à nous, laboureurs, manœuvriers et artisans, de vouloir employer des raisonnements subtils, des citations savantes, des exemples brillants pour étayer nos opinions ; nous ne pouvons que les énoncer avec cette bonne foi et cette ingénuité qui caractérisent les personnes de nos états et professions.

Pour remédier à un mal quelconque, il faut commencer par en rechercher la cause ; nous ne pourrions faire que de vains efforts pour découvrir toutes les causes du mauvais état des finances de Sa Majesté ; il en est qui ne peuvent nous être connues que par des rapports souvent infidèles ou par des conjectures quelquefois trompeuses.

Nous ne pouvons l'attribuer aux dépenses des guerres que nous avons eu à soutenir, puisqu'on nous assure que c'est en pleine paix que la dette de l'État a pris le plus d'accroissement.

Nous sommes portés à croire ce qu'on nous dit de l'excès du luxe de la Cour par les effets que nous en voyons jaillir dans les grandes villes de notre province, d'où il reflue dans les villes du second ordre, et de là vient infecter nos campagnes.

De l'excès du luxe naît l'excès des récompenses ; on ne tient aucun compte d'une marque d'honneur si la pension ne lui est attachée ; la couronne civique est méprisée ; l'oisiveté s'arme de la flatterie et de l'impunité pour arracher au Souverain des dons, des largesses qui accablent le laboureur et le citoyen.

Si les ministres sollicitent eux-mêmes pour eux et pour leurs protégés ces dons et ces largesses du Souverain ; si, par une prévarication plus funeste, ils les dispensent de leur propre mouvement, alors la profusion est sans bornes, ils n'écoutent que leur intérêt qui leur crie de s'attacher les grands et de se faire des créatures pour se maintenir, ils ne ménagent rien pour contenter leur ambition et leurs autres passions ; c'est ainsi, pour comparer les grandes choses aux petites, que nous avons vu des intendants de seigneurs ruiner leurs maîtres ; cette ruine est toujours infaillible, lorsque le maître néglige de se faire rendre compte par son administrateur.

Nous sommes persuadés que les traitants et les gens d'affaires nagent dans les trésors par le faste insultant de leurs commis et préposés ; la rapidité de leurs fortunes nous les rend très suspects ; on nous assure que les traitants parvenus dans la première classe prêtent au Roi de grosses sommes, et qu'en feignant de se contenter d'un intérêt modique, ils exercent l'usure la plus horrible par les profits immenses, par les gains illicites qu'on leur permet dans les marchés, dans les affaires qu'ils entreprennent et qu'on leur laisse faire.

Au moyen de ces prêts, ils obtiennent une protection qui les met au-dessus des lois les plus sages et qui ont pour objet le salut public ; du moins ils parviennent à les éluder : nous en avons un exemple sensible et récent.

Un arrêt du Conseil du 23 novembre dernier défend à toutes personnes de faire des accaparements de blés et autres grains servant à la nourriture de l'homme, à cause de leur rareté ; et d'en vendre et d'en acheter ailleurs que sur les marchés publics : une compagnie de gens d'affaires, à la faveur d'un ordre du Roi donné en 1787, qui est suranné, fait faire par un nombre infini de préposés des levées de blé illimitées, qu'elle achète chez les particuliers, et jouit pour la facilité des enlèvements de quantité de privilèges qui ne peuvent manquer d'enrichir la compagnie en affamant la province.

Les emprunts ne peuvent être profitables qu'aux seuls commerçants ; ils sont ruineux pour les rentiers ; l'État, qui ne fait point de commerce, qui n'a que des revenus, ne peut être assimilé qu'aux rentiers : conséquemment, les emprunts usuraires entraînent nécessairement sa ruine.

Les privilèges ou exemptions de supporter les charges de l'État sont visiblement une des principales causes de la dette nationale ; car, quelqu'excessives qu'aient été les dépenses et les profusions, nous posons en fait que si tous les membres de l'État eussent payé des impositions proportionnées à celles que nous avons acquittées depuis vingt années seulement, l'État, bien loin d'être endetté, aurait des fonds considérables en argent.

Ces réflexions sur les causes du mauvais état des finances

de ce royaume nous induisent à croire que les moyens d'y remédier les plus efficaces, et en même temps les plus doux et les plus équitables, seraient : 1° la réduction des créances usuraires sur l'État à un intérêt légitime ; 2° que le créancier de l'État, ainsi que tout citoyen et tout étranger qui possède des biens dans le royaume, supporte la charge publique en proportion de ses possessions, forces et facultés ; 3° la diminution du luxe, principalement à la Cour ; jamais il n'y fut plus déplacé : le Souverain qui nous gouverne n'a le soin pour se faire admirer que de sa puissance, de sa justice, de sa clémence et de son jugement exquis qui lui a fait rappeler un ministre dont la droiture et les lumières nous font concevoir les plus flatteuses espérances ; 4° une juste proportion entre les récompenses et les services rendus à l'État, et le refus constant des grâces et faveurs aux personnes inutiles et sans mérite ; 5° la simplification des impôts, et de la manière de les lever, et d'en faire le transport et versement dans les caisses de l'État ; cette simplification diminuera le nombre des traitants et les frais d'administration ; 6° de ne recourir aux emprunts que dans les nécessités urgentes, et d'avoir autant d'empressement à s'acquitter que d'aversion pour emprunter.

Il y a sans doute beaucoup de précautions à prendre pour donner de la stabilité au plan de réforme et d'ordre qui sera adopté : nous nous bornerons à en indiquer trois : 1° d'assujettir les administrateurs principaux à rendre un compte public annuellement à un jour fixé ; 2° la liberté de la critique et de la presse ; 3° le renouvellement de l'assemblée des États généraux à des époques qui seront par elle déterminées et que l'on pourra néanmoins anticiper suivant l'exigence des cas particuliers.

C'est avoir assez parlé de choses qui sont pour nous très abstraites : venons à la seconde partie de ce cahier qui doit contenir nos doléances et souhaits.

Le zèle et la reconnaissance nous imposent beaucoup de réserve et de modération sur ces objets dans les circonstances actuelles.

Nous devons ne donner que des doléances indispensables, ne faire que des demandes discrètes et des souhaits raisonnables.

Il n'y a pas un pouce de terrain dans ce village et sur son ban qui ne soit assujetti aux vingtièmes et sols pour livre sur des estimations forcées de leurs revenus ; les maisons n'en sont pas exemptes, malgré qu'elles soient à l'usage du Roi pour le logement de ses troupes de passage ; le montant de la subvention, de la capitation et accessoires, des travaux des routes, est porté à un taux excessif à cause du grand nombre des habitants de ce village, sans faire attention qu'il n'y a qu'un très petit nombre de particuliers aisés, et que tout le reste gémit dans la pauvreté et dans la misère, sans ressource ni assistance, sinon de leurs concitoyens ; nous sommes chargés au pardelà d'une somme de 79# pour partie d'une gratification accordée à un maître de poste du voisinage, de 26# pour le logement de la brigade de maréchaussée placée à Azoudange, et de 36# pour le loyer d'une maison d'étape en ce lieu. Nous sommes assujettis au logement des gens de guerre, au tirage de la milice ; personne n'est plus exposé que nous à souffrir le froid et le chaud ; nous sommes continuellement occupés à des travaux pénibles, même dans l'état de maladie lorsqu'elle n'est pas accablante ; la disette nous oblige à recourir à des nourritures malsaines dont nous ne pouvons modérer les funestes effets par l'assaisonnement à cause de la cherté du sel ; il ne se fait ici d'autre commerce que la vente des blés de quelques laboureurs, et les ventes des fonds de terre assez fréquentes ; la cherté des droits de contrôle, et les contraventions qui résultent de son obscurité, mettent beaucoup d'entraves à ce dernier commerce ; nous sommes fort gênés par la foraine, étant voisins de la Lorraine de tous côtés ; nous ne pouvons en tirer une voiture de pierres, de bois à bâtir, de charronnage ou de chauffage sans prendre des acquits assez chers ou sans nous exposer à des confiscations et à de grosses peines pécuniaires, même à l'emprisonnement de nos personnes ; il faut pareillement être munis d'acquits et payer des droits pour le transport de plusieurs denrées nécessaires à notre sustentation, et pour le transport de toutes les marchandises qu'il faut pour nous vêtir ; l'impôt sur les cuirs grève fortement les gens de campagne à cause de la grande quantité de souliers qu'ils usent ; la marque des fers pèse beaucoup sur le cultivateur à cause du fréquent usage qu'il est obligé de faire de ce minéral ; nous sommes pillés et trompés journellement par les Juifs, vexés par les huissiers-priseurs dont les frais et salaires excessifs diminuent considérablement le montant des ventes publiques forcées ou volontaires qu'ils prétendent avoir droit de faire exclusivement, non seulement des meubles et effets appartenant aux particuliers, mais encore de tous les grains et foins sur pied ou coupés, et même des bois exploités appartenant soit aux particuliers, soit aux communautés.

Il ne nous est presque plus possible de nous faire rendre justice depuis vingt et un mois environ que le parlement de Metz a, de sa pure autorité, supprimé les hautes-justices de la châtellenie de la Garde dont nous dépendons et qui appartiennent à Monseigneur l'évêque de Metz, pour les réunir à son bailliage de Vic, sur la demande du seigneur évêque qui a été accueillie sans que nous ayons été entendus.

De tous ces maux, les plus insupportables sont sans contredit le prix énorme du sel, et le voisinage des salines : elles sont au nombre de trois, dont la plus éloignée est à cinq lieues de nous, c'est Château-Salins : les deux autres, Dieuze et Moyenvic, n'en sont qu'à trois lieues ; la saline de Moyenvic a une grande facilité pour tirer des bois de nos cantons, au moyen des canaux qu'elle a fait pratiquer à la suite de trois étangs qui nous avoisinent ; c'est sur les chantiers établis près de ces canaux que l'on rend tous les bois exploités dans ce pays, en sorte qu'il n'y en reste aucun pour le chauffage des habitants, ni pour faire les charrues, chars, et autres outils et instruments nécessaires au cultivateur ; nous sommes forcés de nous en pourvoir à des cinq ou six lieues de distance, ce qui en augmente prodigieusement le prix ; encore trouvons-nous une difficulté presque insurmontable pour ce qui est du bois de chauffage, parce que, dans cet éloignement de cinq à six lieues, on ne façonne que du bois de quatre pieds de longueur dont l'usage est défendu dans notre canton, pour que l'on puisse distinguer le bois des particuliers d'avec celui des salines.

Nous n'exagérons point lorsque nous disons que l'on ne façonne plus dans notre canton aucun bois de chauffage à l'usage des particuliers si ce n'est dans les coupes annuelles des forêts appartenant aux communautés laïques, qui ne suffisent pas pour le chauffage de la cinquantième partie des habitants du canton ; il faut donc que le reste périsse par le froid ou qu'il se garantisse en dépeuplant les forêts qui l'avoisinent, principalement celles appartenant aux communautés laïques, qui ne sont pas gardées avec la même exactitude que celles qui appartiennent au Roi, aux ecclésiastiques et aux particuliers ; nous l'avons éprouvé singulièrement depuis quelques années pour les bois de notre communauté qui sont dans le plus triste état de dévastation ; et, néanmoins, dans cette même communauté et les villages voisins, il y a péri un plus grand nombre d'habitants par le froid que par la faim.

Si l'on nous accordait le sel à un prix modique en considération des maux que le voisinage des salines nous cause, nous serions moins à plaindre ; mais, par un malheur dont nous ne pouvons pénétrer la cause, on nous fait payer le sel bien plus chèrement que dans les contrées qui nous avoisinent, savoir la Lorraine, la Comté et l'Alsace, provinces de France, et le Nassau, terre étrangère ; il arrive de là que ces contrées voisines prospèrent et s'enrichissent par la quantité de bétail qu'elles sont à même d'élever et de faire croître en ajoutant le sel à leurs nourritures, tandis que nous, étant privés de cette ressource, nous n'avons que du bétail de la petite espèce en très mauvais état ; et si, pour en avoir de la grosse, nous prenons le parti d'en acheter dans ces contrées voisines, bientôt il dépérit ou dégénère à cause de la privation du sel ; en sorte que, faute de bétail suffisant et en bon état, l'agriculture languit dans cette contrée fertile, elle languit également à défaut de bras vigoureux.

La privation du sel est encore plus nuisible aux hommes qu'aux bestiaux de ce canton, les eaux stagnantes, les boues, les marécages dont nous sommes entourés et investis, l'insalubrité de l'air qui en est la conséquence, exigent un usage de sel un peu plus copieux que dans les pays secs où l'air est plus pur ; les sources salées que la nature bienfaisante a répandues abondamment dans nos environs prouvent irrésistiblement que le sel y est de la plus grande nécessité ; et, cependant, l'État, non content de nous faire payer le sel à un prix exorbitant, nous empêche de jouir du bienfait, ou, pour mieux dire, de nous appliquer le remède que la nature nous présente dans les sources salées qui nous environnent.

Il y en avait une très abondante auprès du village de Lezey ; elle a été gardée jour et nuit pendant plusieurs années par la garnison de Marsal, ensuite par les employés des Fermes pour empêcher le peuple d'y puiser ; enfin les fermiers des salines sont parvenus à la détruire. Cet acte inhumain ressemble assez à celui d'une personne qui, ayant de grands amas de blé et étant appuyée de l'autorité, fait ravager les moissons de la contrée afin de vendre son blé à un prix démesuré.

Qu'est-il arrivé de ces menées ? les maladies de langueur se sont multipliées, ont empêché nombre de citoyens de s'acquitter de leurs travaux pénibles, nécessaires pour se sustenter : l'indigence a désolé la contrée, et l'espèce humaine y a dégénéré dans le physique et dans le moral.

Dans notre situation malheureuse il ne nous est pas possible de supporter de nouveaux impôts ni aucune augmentation sur ceux déjà établis ; si l'on augmentait nos charges, ce serait se conduire comme cet avare de la fable qui a tué sa poule qui lui pondait tous les jours un œuf d'or, croyant trouver un trésor dans son sein.

Nous ne demanderons néanmoins actuellement qu'un très petit allégement et qui sera peu coûteux à l'État ; c'est la décharge des vingtièmes de nos maisons, des 79# pour la gratification accordée annuellement au maître de poste de Bourdonnay, des 26# pour le logement de la maréchaussée, par la considération de ce que nous sommes assujettis au logement des gens de guerre ; cette charge particulière doit nous mériter quelque distinction à l'égard des charges ordinaires des communautés voisines.

Nous demanderons aussi la décharge du loyer de la maison d'étape, parce que le Juif étapier ne paye aucun tribut à notre communauté, et qu'à cette considération il peut bien payer ce loyer avec d'autant plus de raison que cette maison qu'on lui fournit n'est occupée pour la fourniture de l'étape que pendant un temps assez court, et que, le reste de l'année, il s'en sert pour ses commerces particuliers.

Il est aisé de pressentir par ce que nous avons exposé que la suppression d'une partie des salines et la diminution du prix du sel sont les objets qui nous touchent le plus et auxquels nous croyons devoir le plus insister ; cependant, nous savons que la gabelle rapporte beaucoup à l'État, et malgré cela nous ne craindrons pas de demander que les trois salines soient réduites à une seule, le nombre des poêles fixé à 20 et le prix du sel tellement diminué que les particuliers ne soient pas tentés d'en fabriquer avec les eaux salées que l'on trouve dans ce pays ; c'est le vrai moyen de prévenir toute contrebande au sujet du sel ; quant à la perte qui en résultera à l'État, on peut la rejeter sur un autre impôt moins onéreux ou sur la généralité des autres impositions. On peut en user de même à l'égard de la marque des cuirs, marque des fers, de la foraine et des droits de contrôle, jusqu'à ce que la dette nationale soit soldée.

Toutes les demandes et propositions qui vont suivre ne tendent qu'à des règlements généraux ou particuliers qui n'ont aucune influence sur les revenus de l'État. Ce sont : 1° La réforme de notre code criminel : il contient plusieurs dispositions injustes et barbares.

2° Aucun de nous ne connaît les lettres de cachet que par ouï-dire ; mais s'il est vrai que par leur moyen on peut priver un citoyen de sa liberté et le faire mourir dans les fers sans aucune forme de procès, il nous semble qu'on doit les bannir d'un État monarchique.

3° Nous demandons des États provinciaux dont l'organisation soit combinée par les trois Ordres de la province, revue et ratifiée par le ministre qui dirige les finances du royaume.

4° Nous pensons que, pour assurer le bon état des chaussées royales, il faut charger les communautés de leur entretien en leur répartissant équitablement les sommes qui seront levées pour ce sujet ;

5° Que l'on pourrait supprimer le tirage de la milice, obligeant les communautés à fournir au besoin un certain nombre de miliciens proportionné à celui des garçons en état de servir, qui se trouverait dans chaque communauté : elles pourraient se procurer des miliciens à des prix raisonnables par des adjudications au rabais de leurs services ;

6° Qu'il serait très avantageux pour cette province d'assujettir les Juifs à se faire passer des actes authentiques de toutes leurs créances au-dessus de 50# ; déclarer nuls tous les billets et actes sous seing privé passés à leur profit au-dessus de cette somme, afin d'éviter les falsifications de billets dont plusieurs Juifs font métier dans nos environs ; et, pour faciliter l'exécution de ce règlement, il serait nécessaire de diminuer les droits de contrôle à la condition ci-dessus proposée.

7° Pour faciliter et augmenter le commerce dans cette province où l'argent est très rare et pour y diminuer les usures énormes que les Juifs y commettent, il conviendrait d'y introduire la permission qui existe en Lorraine de prêter à intérêt au taux ordinaire sur simple obligation authentique ou sous seing privé et sans aliéner le fonds ; où il y a parité de raison, la loi doit être la même.

8° La réduction de l'argent de France en argent de Lorraine et de l'argent de Lorraine en argent de France ne fait que gêner le commerce, et il est aisé de lever cet empêchement par la suppression de l'argent de Lorraine.

9° Il serait très utile pour cette province d'y supprimer les huissiers-priseurs en la chargeant du remboursement de leur finance.

10° Ce serait un grand bien pour les habitants de la châtellenie de la Garde dont nous faisons partie, et plus grand encore pour ceux de la châtellenie de Fribourg fort éloignées du bailliage de Vic, d'y rétablir les hautes-justices supprimées par arrêt du 19 juillet 1787.

11° Il serait utile aux laboureurs de cette contrée que la tenue et la police du marché de Lorquin, le seul qui est à leur portée, fût modelée sur la tenue et la police du marché de Strasbourg ou d'un autre marché bien réglé.

12° Il devient indispensable de faire dans notre communauté de nouvelles déclarations pour le vingtième, à cause des nombreux changements arrivés dans les propriétés depuis les dernières déclarations, qui mettent une confusion extrême dans les cotes et un embarras infini dans la perception de cette imposition ; et de remettre au greffe de cette communauté un état détaillé de tous les biens imposés.

13° Il serait avantageux à cette communauté de supprimer les clôtures qui ont été faites sur son ban de plusieurs prés et héritages, d'après l'édit qui le permet, parce que toutes ces clôtures ne sont que des fossés où se perdent les égouts des terres si nécessaires à la fécondité de nos prairies ; et, pour tenir lieu de ces clôtures, il conviendrait de mettre en défense annuellement toutes les prairies du finage qui seraient dans la saison des avoines pour y faucher des regains au profit des propriétaires ou fermiers desdites prairies.

14° Nous demandons l'établissement d'un magasin à sel dans ce village ; on ne peut le mieux placer, et il y est nécessaire principalement dans le temps du passage des troupes.

15° Les bois de notre communauté étant d'un produit assez

modique, il serait à propos que le martelage des coupes annuelles et le récolement fussent faits par un inspecteur qui serait nommé à cet effet par les États provinciaux et qui serait tenu de se faire assister dans ses opérations de gardes desdits bois, afin d'épargner les frais de délivrance, martelage et récolement par la Maîtrise, qui absorbent une forte partie du produit des coupes.

Nous désirons que Sa Majesté fasse briller sa sagesse et ses vertus sur le trône français pendant une longue vie, toujours soulagé et aidé du travail et des conseils du ministre à qui la direction des finances est confiée ; c'est le moyen le plus assuré de rendre ce royaume florissant et de faire le bonheur des peuples qu'il renferme; c'est à quoi nous bornerons nos souhaits, et nous ne cesserons d'adresser au Ciel de ferventes prières pour qu'ils soient exaucés.

Fait et arrêté double en l'assemblée de la communauté de Maizières, convoquée au son de la cloche par-devant nous François Benoist, maire en la justice de Maizières, cejourd'hui vingt et un mars mil sept cent quatre-vingt-neuf, et les habitants présents qui savent signer ont signé avec nous.

L. Friant ; J. Estienne; Bach; Joseph Gérard ; J.-F. Paixhans ; F. Benoist, *maire;* Pagny, *syndic.*

MALAUCOURT

CVI

Procès-verbal d'assemblée de la communauté de Malaucourt pour la nomination des députés

Aujourd'hui, vingtième jour de mars mil sept cent quatre-vingt-neuf, en l'assemblée convoquée au son de la cloche en la manière accoutumée, sont comparus chez Claude Frecot, syndic de l'assemblée municipale de Malaucourt ([1]), par-devant

---

1. *Impositions ordinaires* pour les *six* premiers *mois* de l'année *1790* :
Imposition principale. . . . . 232 ₶ 8 s. 3 d.
Impositions accessoires. 633   4   5
Capitation . . . . 526 16   »
    Total. . . . . 1 392 ₶ 8 s. 8 d.
Deux vingtièmes et quatre sous pour livre du premier pour *1790* :
Biens-fonds. . { 1ᵉʳ cahier . . . 1 343 ₶ 11 s. 3 d.
                { 2ᵉ cahier . . .   398   6   3
    Total. . . . . 1 741 ₶ 17 s. 6 d.
(Arch. Meurthe-et-Moselle, L. 308.)

ledit Claude Frecot et les élus de la municipalité, les personnes de Nicolas Masson, Nicolas Riot,... (au total quarante-neuf comparants), tous nés français, âgés au moins de vingt-cinq ans, compris dans les rôles des impositions des habitants de Malaucourt, paroisse composée de soixante et quinze habitants, lesquels, pour obéir aux ordres de Sa Majesté par les lettres données à Versailles le vingt-quatre janvier mil sept cent quatre-vingt-neuf, pour la convocation et tenue des États généraux du royaume, et satisfaire aux dispositions du règlement y annexé, ainsi qu'à l'ordonnance de Monsieur le président, lieutenant-général, dont ils ont déclaré avoir une parfaite connaissance, tant par la lecture et publication faite au prône de la messe paroissiale par Monsieur le curé le quinzième jour du présent mois, et par la lecture et publication et affiche pareillement faites à l'issue de ladite messe devant la porte de l'église, nous ont déclaré que, conformément aux intentions paternelles de Sa Majesté, à laquelle ils offrent leurs plus humbles actions de grâces, ils allaient d'abord s'occuper de la rédaction de leur cahier de plaintes, doléances et remontrances; ils prient donc Sa Majesté d'être persuadée de leur entier dévouement à sa personne sacrée et du désir constant qu'ils ont et auront toujours de contribuer aux charges de l'État.

Cahier des plaintes, doléances et remontrances de la communauté de Malaucourt, coté et paraphé par nous soussigné, syndic de la communauté de Malaucourt, par première et dernière page, le vingtième jour de mars mil sept cent quatre-vingt-neuf.

CLAUDE FRECOT, *syndic.*

Les habitants de ladite communauté supplient Sa Majesté de leur permettre de lui représenter que la proportion des charges qu'ils supportent excède leurs facultés; ils ont l'honneur de remarquer :

ART. I. — Que leur ban contient mille quatre cents jours de terres arables et trois cent soixante fauchées de prés : c'est la totalité de leur ban, sur quoi il faut ajouter cent quatre-vingts jours de communes, dont Monseigneur l'évêque de Metz jouit du tiers, lesquelles communes ont été défrichées et cultivées par lesdits habitants, suivant l'ordonnance de Sa Majesté, lesquelles communes devraient appartenir à la communauté comme étant son fonds propre; mais ledit seigneur évêque ne s'est pas contenté dudit tiers, malgré qu'il ne l'ait obtenu que par un procès qui a coûté à la communauté environ mille écus cours du royaume; des admodiateurs, châtelain, fermier général de Monseigneur l'évêque ont ensuite suscité un autre procès auxdits habitants en leur répétant des arrérages dudit tiers qu'ils ont perçu, ce qui les a obligés de faire un emprunt de deux mille livres pour suivre ledit procès qui est à présent en sursis au parlement de Metz, la communauté ayant été autorisée de Monseigneur l'intendant pour faire ledit emprunt.

Il y a au surplus une marcairie qui ronge la pâture du ban, appartenant à M. de Glatigny.

Art. 2. — Les habitants de Malaucourt ne sont propriétaires que de deux cent quinze jours de terre et vingt-neuf fauchées de prés, ayant sur leur ban sept cent trente-quatre jours de terre cultivée et possédée par les particuliers des villages voisins, et qui jouissent de quatre-vingts fauchées de prés; sur ces maudites possessions, les habitants du lieu payent de subvention mille cinq cent trente-trois livres, de capitation huit cent trente livres, de vingtième mille trois cent vingt-trois livres, dont les propriétaires de la communauté payent deux cent vingt-trois livres qui forment une somme de deux mille cinq cent quatre-vingt-six livres : ces charges et la cherté excessive des denrées sont insupportables.

Art. 3. — Il faut ajouter à toutes ces charges six bichets de quartes de blé mesure de Vic, et trois bichets de quarte d'avoine même mesure, par chaque laboureur; et les manœuvres payent trois poules et deux gros chacun par chaque année; ledit seigneur évêque tire, en outre, chaque année une taille sur tous les habitants de la communauté, dite la taille de Saint-Remy, consistant à la somme de trente-neuf livres; les susdits demandent que tous ces prétendus droits soient abolis; ainsi qu'un droit appelé le droit de revêture de cinq sols par chaque acquéreur; chose qui paraît injuste, parce que si l'on acquiert par mort ou par achat, c'est une acquisition bien juste, à laquelle ce droit est une surcharge. Nous demandons qu'il soit supprimé, ainsi que tous autres qui ne peuvent être prouvés légitimes. — Les laboureurs sont ensuite chargés de conduire les foins d'un pré éloigné de deux lieues de Malaucourt, par corvée, par des chemins si difficiles qu'ils sont exposés à voir périr leurs chevaux à cause des mauvais fondoirs : tant de charges sont sans doute un fardeau trop pesant pour une communauté composée de soixante et quinze habitants, du nombre desquels il s'en trouve trente et plus qui gémissent sous le poids de la misère ; il est vrai qu'il y a six laboureurs fermiers qui payent des canons trop forts ; source trop féconde de la ruine de la plupart dont le sort paraîtra au cœur de Sa Majesté digne de cette tendre piété dont son amour pour ses peuples et ses sujets lui a fait donner tant de preuves.

Le même seigneur évêque ou ses officiers se sont approprié depuis peu de commettre et établir un garde surveillant sur les habitants ; un garde surveillant sur les habitants devient nuisible aux laboureurs, et ne peut être utile qu'à ceux qui le commettent ; puisque Sa Majesté a daigné accorder aux municipalités des villages de commettre des bangards, les représentants se tiennent contents des gardes commis par la municipalité et demandent la grâce que ce garde surveillant soit supprimé ; réclament aussi les mêmes représentants le tiers de leurs biens communaux, comme biens-fonds à eux appartenant ; se croient en droit de faire lesdites représentations et en espérer le succès de leur demande.

ART. 4. — Un objet de la plus grande importance et sur lequel ils présentent leurs très humbles remontrances, c'est le sel. La nature, en baignant pour ainsi dire tous leurs environs de sources salées, avait paru vouloir leur procurer un avantage essentiel ; il n'en est pas un : trois salines, employées à la cuisson, consument presque tous les bois du canton et en ont fait monter le prix au triple de sa valeur commune ; dans la province, le prix du sel est d'environ huit sols la livre, prix exorbitant pour un grand nombre de malheureux ; encore, s'il était cuit ; mais le bon est réservé pour l'étranger ou pour ceux qui jouissent du franc-salé ; il faut ajouter à cela les entraves et les persécutions que suscitent souvent aux plus honnêtes gens les employés des Fermes générales, toujours trop disposés à tracasser ; encore, si cela se faisait avec justice. Les représentants désirent, et c'est sans doute le vœu de toute la province, que le commerce du sel soit libre, comme étant de première nécessité.

ART. 5. — Les traites foraines sont un autre objet intéressant pour les susdits habitants : leur village est entouré presque de toutes parts de villes et villages de Lorraine ; on peut à peine sortir du ban sans être muni d'acquits. La crainte ou de la dépense ou de la contravention fait languir le commerce dans nombre de circonstances qui font hausser le prix des marchandises : il serait très avantageux pour les deux provinces que les traverses fussent entièrement libres.

Art. 6. — Un autre abus dont ils se plaignent, c'est par rapport à la châtre des animaux ; des gens dont on ignore les facultés et souvent la résidence viennent opérer sur le bétail ; ils exigent considérablement, sans montrer de taxe ; ils promettent la garantie de leurs opérations, partent et ne reparaissent plus. Le bétail qu'ils ont opéré périt, sans aucune ressource pour le malheureux qui le perd ; il conviendrait qu'ils fussent cautionnés et porteurs d'une taxe qu'ils seraient obligés de représenter, ou que les habitants fassent leur ouvrage, ou qui bon leur semblera.

Art. 7. — Malgré qu'il n'y ait point de colombier dans la communauté ou paroisse, le nombre en est si grand dans le voisinage que les pigeons nous occasionnent un tort considérable, et qu'au moins on devrait les tenir enfermés suivant les ordonnances ; il serait d'une grande nécessité pour les représentants.

Art. 8. — Les habitants représentent que des particuliers des villages voisins conjointement avec quelques-uns de la communauté font un clos dans un des meilleurs prés du ban, dont ils privent les autres habitants de la vaine pâture de ce terrain ; et la communauté demande que cela soit supprimé, attendu qu'il est assez malheureux pour les habitants de se voir privés de la première récolte tant des terres que des prés situés sur leur ban, dont les particuliers des villages voisins en tirent le produit, sans prétendre payer aucune rétribution dans la communauté ; les représentants espèrent que le droit de vaine pâture leur sera accordé dans toute l'étendue de leur ban et que les déforains qui ont des terres et prés sur le ban se contenteront d'une seule récolte, vu qu'ils ne sont contribuables dans la paroisse que du vingtième.

Art. 9. — Enfin la religion et la piété ne leur permet pas de taire un abus criant qui s'exerce sous l'ombre de l'autorité ; de tendres pupilles en sont les tristes victimes ; la loi avait pourvu à leur fournir des appuis dans la personne de leurs tuteurs et curateurs, mais son but est bien éludé : des priseurs, pour augmenter leurs revenus, abrègent le temps et par conséquent multiplient le nombre de leurs créances tant dans les inventaires que dans leurs ventes. Le produit de ces ventes est porté chez eux, et en est rapporté à grands frais ; de sorte que le mineur est privé de ces biens par des formalités qu'on tâche de lui persuader qu'elles sont en sa faveur. L'inventaire et la vente de ces effets pourraient se faire par des personnes établies sur les lieux et taxées, ce qui produirait des ressources aux mineurs.

Art. 10. — Les habitants de Malaucourt souhaiteraient pour le bien général de la communauté que les rapports des dél'ts champêtres faits sur le ban de Malaucourt soient réglés par les officiers municipaux conjointement avec les officiers de justice du lieu, attendu que la justice du lieu, commise par Monseigneur l'évêque ou ses admodiateurs, leur est suspecte. C'est un usage dans le lieu que les maire et échevins de la justice taxent les amendes, et à cause de leur suspection, aux seigneur ou admodiateurs ; les représentants demandent que l'assemblée municipale dudit Malaucourt soit admise avec lesdits membres de justice, comme il est dit ci-devant.

Art. 11. — Les représentants se croient en droit de mettre sous les yeux de Sa Majesté que la dîme se paye à l'onze sur les grains en gerbes du ban ; il y a même des endroits sur le ban qui dîment au seize, et les autres tout au onze ; et il y a des villages qui dîment au trente et au vingt-cinq ; et du passé les propriétaires de la dîme étaient attenus à la reconstruction et entretien de l'église paroissiale, dont on a eu un procès pour tâcher de ne pas être assujetti à ces sortes de charges. Malgré toutes les défenses, on a chargé la communauté de Malaucourt de la reconstruction de l'église paroissiale ainsi que de la maison curiale dudit lieu ; ce qui était ci-devant à charge aux propriétaires de la dîme devient enfin une surcharge pour la communauté. Une partie de ces dîmes appartiennent au chapitre de la cathédrale de Metz ; une autre partie à Monsieur le prieur de Silmont, une autre à Monsieur le curé de la paroisse, une autre à Mademoiselle Léopold de Corny, et une autre partie appartenant ci-devant à Monsieur Berment, notaire à Nancy ; ces deux dernières dénommées ne sont pas ecclésiastiques; enfin ils perçoivent la dîme de toutes les denrées, et des laines, et des petits cochons de lait, et cinq sols par chaque agneau.

Art. 12. — Les mêmes ont remarqué qu'il y a cinquante ans que les impositions royales n'étaient qu'à la moitié du taux qu'elles sont aujourd'hui; les revenus du ban n'en sont cependant pas plus grands, au contraire; les terres ne rapportent pas si copieusement que du passé.

Art. 13. — Un autre objet omis dans l'article troisième dudit cahier : de tout temps, l'usage s'est pratiqué dans le lieu que le seigneur ou son représentant a perçu une portion prélevée ; et même ils les ont perçues après le défrichement six ou sept ans; et quand les portions défrichées ont été en état, ils ont repeté le tiers, comme il est dit dans l'article troisième du cahier. Au surplus, le seigneur n'a aucun droit de troupeau quelconque sur le ban de Malaucourt, ni maison.

La communauté se plaint qu'il s'y trouve souvent des dégâts et dégradations dans les grains et autres denrées du ban, causées tant par le gibier que par les chasseurs et leurs chiens; que ces abus soient supprimés, tant les chasseurs et leurs chiens, et savoir à qui appartient légitimement le droit de chasse.

Les représentants ont la rivière de Seille qui flotte une partie de leur ban, et peut-être a son cours sur le ban; des seigneurs et communauté voisins se sont approprié le droit de pêche dans cette rivière, et, comme nous souffrons les dégradations dans nos prés tant par les mines causées par le cours de cette rivière que par le débordement, nous espérons que le droit de pêche sera accordé à ladite communauté de Malaucourt.

Et de suite lesdits habitants, après avoir mûrement délibéré sur le choix des députés qu'ils sont tenus de nommer en conformité desdites lettres du Roi et règlement y annexé, et les voix ayant été par nous recueillies en la manière accoutumée, la pluralité des suffrages s'est réunie en faveur des sieurs Claude Frecot et Claude Camus, qui ont accepté ladite commission et promis de s'en acquitter fidèlement.

Ladite nomination des députés ainsi faite, lesdits habitants ont en notre présence remis auxdits sieurs Claude Frecot et Claude Camus, leurs députés, le cahier, afin de le porter à l'assemblée qui se tiendra le vingt-trois mars mil sept cent quatre-vingt-neuf par-devant Monsieur le bailli d'épée au bailliage de Vic, ou, à son absence, Monsieur Vignon, lieutenant-général du bailliage de Vic, et leur ont donné tous pouvoirs requis et nécessaires à l'effet de les représenter en ladite assemblée pour toutes les opérations prescrites par ladite ordonnance de Monsieur Vignon, comme aussi de donner pouvoirs généraux et suffisants de proposer, remontrer, aviser et consentir tout ce qui peut concerner les besoins de l'État, la réforme des abus, l'établissement d'un ordre fixe et durable dans toutes les parties de l'administration, la prospérité générale du royaume, et le bien de tous et de chacun des sujets de Sa Majesté.

Et de leur part lesdits députés se sont présentement chargés du cahier des doléances de ladite communauté, et ont promis de le porter à ladite assemblée et de se conformer à tout ce qui est prescrit et ordonné par lesdites lettres du Roi, règlement y annexé et l'ordonnance susdatée; desquelle nomination de députés, remise de cahier, pouvoirs et déclarations, nous avons à tous les susdits comparants donné acte, et avons signé avec ceux desdits habitants qui savent signer et avec lesdits députés notre présent procès-verbal, ainsi que le duplicata que nous avons présentement remis auxdits députés pour constater leurs pouvoirs, et le pareil sera déposé aux archives de cette communauté, lesdits jour et an.

Arrête ladite communauté de Malaucourt que les députés aux États généraux seront priés de mettre les présentes au pied du Trône et de les soumettre aux lumières de l'illustre assemblée de la Nation les jour et an susdits, et lesdits habitants ont signé ledit cahier avec le syndic et les officiers municipaux.

Claude Frecot, *syndic;* Pierre Grandemange; N. Masson; J. Dauphin, sans entendre préjudicier aux droits du seigneur; Charles Perin; Jean Collin; C. Camus, *député;* Jean-Louis Obellianne; J.-Pierre Chardin, *greffier de l'assemblée;* Claude Frecot, *député.*

Noms des députés : Claude Frecot, n'ayant aucun métier, vivant sur son bien, et syndic; Claude Camus, maçon de son métier.

Délibération faite par les habitants de Malaucourt et suite des remontrances, plaintes et doléances faites par-devant

Nicolas Masson, premier élu de la municipalité, et Pierre Grandemange, aussi élu, et à l'absence du syndic, pour se conformer aux ordonnances de Sa Majesté. Les habitants se plaignent :

Art. 1. — Que le seigneur de Fossieux a des bois que les habitants de Malaucourt croient être posés sur le ban de Malaucourt; et les représentants demandent que le seigneur de Fossieux soit obligé de fournir des titres valables comme ces terrains sont à lui et lui appartiennent. Les habitants exposent que, selon les bornes du ban, lesdits bois sont des terrains des biens communaux et situés sur le ban; donc ils répètent lesdits bois comme appartenant à la communauté.

Art. 2. — La ferme de Monsieur de Glatigny qui est dénommé sur le cahier du 20 mars, qui a un fief dans notre communauté, cette ferme a environ six jours dont les héritiers de défunt Nicolas Mangeot en possèdent une partie; et la communauté déclare que cesdites terres sont sur le ban de Malaucourt, et ces terrains sont des biens-fonds des biens communaux; la communauté demande que Monsieur de Glatigny et les héritiers de Nicolas Mangeot produisent leurs titres justes et solides, attendu que ces dites terres sont entourées dans les biens communaux de Malaucourt.

Art. 3. — Pour donner plus d'éclaircissements au sujet de l'article des dîmes dénommé au cahier du 20 mars, premièrement la communauté a été obligée de se pourvoir pour la construction d'une église; et on a fait des sommations aux Messieurs du chapitre de la cathédrale et autres décimateurs; lesdits propriétaires de la dîme dont s'agit n'ont daigné répondre, les habitants espérant que peut-être ils tâcheraient de faire rendre quelque arrêt à leur avantage. Enfin ils ont laissé la communauté dix-huit ans environ dans l'inaction, sans que lesdits propriétaires des dîmes se soient acquittés de faire ce que les dîmes sont attachées ou étaient attachées; un arrêt est survenu, prévu sûrement pas; ces décimateurs, ils ont forcé de suite la communauté à la construction de l'église et entretien. La communauté demande que ladite dîme leur soit remise, ou qu'elle soit exempte de sujétions à ce sujet.

Art. 4. — Dans ce qui concerne la cure de Malaucourt, tant la dîme que les terres, elles sont affermées à quinze cents livres de France, par chaque année, non compris le casuel.

Art. 5. — Les habitants de Malaucourt du passé avaient le droit de chasse sur le ban dudit lieu, et à présent on veut les frustrer d'un droit qu'ils ont toujours eu de tout temps; ils réclament cedit droit comme à eux appartenant, et ne voulant être bornés de personne pour ce sujet; attendu que de tout temps ils ont eu ce droit, et que leurs seigneurs sont ecclésiastiques et ne doivent jouir des chasses. Cela est donc un droit des habitants. Des valets de chasseurs, qui s'attribuent le droit de chasse par le droit de leur maître, tuent les chiens des laboureurs, qui sont si nécessaires pour la conservation de leurs bestiaux.

Fait et arrêté par la communauté le 24 mars 1789, et lesdits soussignés ont donné pouvoir à leurs députés de mettre les susdits articles à leur entière exécution, selon l'ordonnance de Sa Majesté.

J.-Pierre Chardin, *greffier de l'assemblée;* N. Masson; Pierre Grandemange; Jean-Louis Obellianne; Charles Perin; Jean Collin.

Je prie le sieur Frecot de se souvenir que Monsieur de Ladonchamps a répété soixante jours dans les rapailles de Craincourt et ban de Malaucourt. Cela servira peut-être. J'attends réponse de lui. Les officiers municipaux ont autorisé François Madiesse pour porter le présent aux frais de la communauté. Ce que je certifie.

J.-Pierre Chardin, *greffier de l'assemblée.*

MANONVILLER (partie France)

CVII^a

Procès-verbal.

15 mars 1789,

« Sont comparus en l'auditoire de ce lieu ([1]), devant nous, François Decorny. »

---

1. *Impositions ordinaires* pour les *six* premiers *mois* de l'année *1790* :
Imposition principale. . . . . 40 ℔ » s. » d.
Impositions accessoires. 79   13   4
Capitation   91   2   1
TOTAL . . . . 210 ℔ 15 s. 5 d.
(Arch. Meurthe-et-Moselle, L. 308.)

Village composé de 11 feux.
Députés : Sébastien Aubry, } laboureurs.
Dominique Aubry,
Signatures : F. Decorny; Dominique Aubry ; Jean-Baptiste Masson ;
Sébastien Aubry ; Joseph François.

CVII[a]

Cahier des plaintes, doléances et vœux de Monsieur le curé de Manonviller, et de la partie française dudit lieu, confié aux députés choisis le 15 mars de l'année 1789, pour le remettre aux députés réunis à Vic, afin d'y faire tel droit qu'ils jugeront convenable

Art. 1. — Le bonheur d'une monarchie exige : que les pouvoirs des corps intermédiaires soient fixés avec précision, que la grandeur et l'étendue de l'autorité du monarque soient reconnues d'une manière authentique, afin de prévenir les maux qui ont affligé la France en 1788.

Art. 2. — Les impôts ont reçu des excroissements excessifs, et les besoins de l'État en exigent malheureusement une nouvelle augmentation ; nous désirons que, dans les États généraux prochains, il soit solennellement reconnu qu'aucune imposition nouvelle, soit directe, soit indirecte, ne pourra avoir lieu sans le consentement formel de la Nation réunie en États généraux.

Art. 3. — Les États généraux détermineront les époques auxquelles diverses impositions devront cesser : et elles ne pourront pas être prolongées au delà de ce temps sans le consentement de la Nation.

Art. 4. — La Province remettra aux receveurs de Sa Majesté la somme proportionnelle qui lui sera imposée, et elle la répartira avec justice entre les diverses communautés soit par les Assemblées provinciales, soit par des Etats provinciaux : il est peu important de quelle manière on voudra nommer ces assemblées, mais il est intéressant que les Fermiers généraux, les receveurs multipliés n'en absorbent pas la majeure partie.

Art. 5. — Les États généraux ne doivent pas être périodiques, parce qu'ils sont coûteux, et qu'ils seraient peut-être entièrement inutiles au terme fixé, tandis qu'une guerre, par exemple, les rendrait nécessaires l'année suivante : nous désirons en conséquence qu'il soit déterminé avec clarté quels sont les cas qui veulent leur convocation et de quelle manière elle devra se faire.

Art. 6. — Les lois françaises sont infinies en nombre, les commentaires plus multipliés encore prouvent leur obscurité qui reçoit de l'accroissement par les arrêts contradictoires ; nous désirons que le Roi dans les États généraux prochains choisisse des jurisconsultes éclairés et zélés qui travailleraient sans délai à la rédaction d'un code nouveau qui serait observé pendant quelques années dans une province, et lorsqu'on serait sûr de ses effets heureux, le Roi ordonnerait son observation dans le royaume.

Art. 7. — Les formes judiciaires ôtent l'arbitraire, mais elles sont excessivement multipliées ; elles augmentent les frais de procédure : en conséquence, l'homme sensé aime mieux perdre une partie de son bien, sans plaider, que d'en perdre une plus grande partie en gagnant son procès et d'être privé de sa fortune en le perdant.

En simplifiant les formes, les procureurs et les innombrables avocats diminueront, parce que les plaideurs ne les enrichiront plus en se ruinant, et les talents de ces hommes se dirigeront vers d'autres objets d'utilité publique.

Art. 8. — Il est sans doute intéressant d'indiquer des moyens efficaces pour mettre les avocats dans l'impossibilité de faire cesser l'administration de la justice, ou de substituer une manière sûre de les remplacer, lorsqu'ils refuseraient leur service.

Art. 9. — Les brevets de distillateurs d'eau-de-vie ont été une ressource faible et mesquine ; ils gênent la liberté du citoyen, ils sont nuisibles parce qu'ils empêchent l'amélioration de cette liqueur, qui est très imparfaite dans cette province et en Lorraine : il serait à désirer qu'on les remboursât.

Art. 10. — C'est par une opération fiscale mal combinée qu'on a établi des huissiers-priseurs dans chaque bailliage ; ces charges ont produit une faible somme à l'État, et elles continuent de peser sur les communautés ; la surfinance de ces charges, le trafic qu'on en fait sourdement prouvent combien elles sont lucratives et nuisibles : le vœu unanime des citoyens demande leur suppression ; la justice veut qu'on fasse le remboursement de la finance en argent comptant et en un seul payement, vu que la finance a été délivrée de cette manière.

Art. 11. — La surfinance des emplois dans la gruerie prouve également combien cesdits emplois sont lucratifs ; la détérioration sensible des forêts de cette province prouve combien sont fautives les lois relatives à cette partie de l'administration publique ; elles exigent donc un changement notable.

Art. 12. — La cherté des bois croît chaque année ; elle fait craindre l'avenir ; nous désirons en conséquence avec ardeur la suppression des salines, qui en consomment une quantité considérable. Les marais salants de nos côtes maritimes nous fourniraient un sel de qualité parfaite ; on diminuerait les frais de transport en le faisant par eau ; le profit pour l'État resterait le même ; le sel deviendrait marchand, lorsque les finances rétablies le permettraient ; il en résulterait de grands avantages.

Art. 13. — Les milices sont composées d'hommes enrôlés contrairement à leur volonté ; ce moyen d'avoir des soldats peut être nécessaire en temps de guerre ; mais, en temps de paix, ne peut-on se servir d'autres moyens ? En réunissant les petites sommes dépensées annuellement pour frais de voyage du syndic, des frais de secrétaire de subdélégation, etc., on aurait des sommes suffisantes pour enrôler des hommes librement : ils resteraient chez leur père, ou chez leur maître ; et, au temps convenu, on leur accorderait leur congé absolu.

Art. 14. — Les deux premiers Ordres se sont soumis volontairement aux charges publiques ; ils profitaient des avantages de la société, il leur paraît juste, en conséquence, de contribuer au payement des impositions de l'État proportionnellement à leurs facultés. Les nobles possédant des fiefs ou des seigneuries, qui profitent des ponts et d'autres avantages publics à la charge de la communauté, doivent donc contribuer aux reconstructions et réparations desdits ouvrages. Lorsqu'on emploiera les biens communaux d'une manière quelconque pour de semblables objets, conformément à leur destination naturelle, ne serait-il pas absurde et inconséquent que les seigneurs voulussent tirer le tiers-denier ?

Nous avouons que, dans la supposition du partage de ces

biens, cet usage féodal serait fondé, ou, pour mieux dire, serait moins absurde.

Nous sollicitons donc une loi qui porterait que toutes les fois que le bien communal sera employé pour un objet d'utilité commune aux seigneurs et à la communauté, les seigneurs n'auront aucun droit au tiers-denier.

Art. 15. — La banalité des moulins est une servitude; elle nuit à la liberté du citoyen; elle lui ôte le droit de choisir un meunier de bonne foi et entendu dans son art : en conséquence, une loi qui défendrait la construction de nouveaux moulins banaux ne serait-elle pas sage? vu que les raisons qui ont déterminé l'usage de la banalité ne peuvent plus avoir lieu.

Art. 16. — Les coutumes de ce canton attribuent le droit de pressoir banal à tous les seigneurs; ils disent que c'est un droit univoque; ne serait-il pas raisonnable de statuer que les seigneurs qui ne sont pas en possession de cette espèce de banalité, ne pourront pas établir cette nouvelle servitude? l'intérêt des particuliers, leur possession actuelle et la perfection des vins dictent cette disposition.

[En marge :] Toutes les coutumes qui entraînent plus d'inconvénients qu'il n'en résulte d'avantages sont des abus qu'il faut réformer.

Les coutumes ont force de lois; celles-ci sont abolies, elles ne sont pas lois proprement dites, dès qu'elles ne tendent pas au bien commun.

Art. 17. — Les colombiers sont encore un droit univoque des seigneuries; un seigneur ayant consommé ce droit, le coseigneur en construit un second; un quart de la seigneurie leur suffit pour prétendre à ce droit et pour l'exécuter; les communautés craignent leurs juges, et elles se taisent.

On ne doit donc pas être surpris que, dans une étendue de six quarts de lieue sur trois quarts de largeur, il existe onze colombiers.

Une loi qui défendrait d'ériger de nouveaux colombiers (au moins à ceux qui n'ont pas la seigneurie totale) ne serait-elle pas équitable? Chacun connaît le mal résultant de la servitude des colombiers trop nombreux. Les seigneurs ont un exemple à suivre dans le Roi qui nous gouverne, qui abolit les servitudes dans ses domaines au lieu d'en établir de nouvelles.

Le grand duc Léopold ordonna que les pasteurs prouveraient une possession de 50 ans au moins, afin de conserver les colombiers de leur presbytère.

Art. 18. — Les terres évêchoises et lorraines s'entrecoupent sans cesse dans nos cantons : de petits villages même, tels que Manonviller, sont tellement mi-partis que de deux maisons ayant une grange commune, l'une est France et l'autre Lorraine. Les inconvénients qui résultent de cette bigarrure sont sans nombre : nous n'en donnerons pas le détail, parce qu'ils sont trop aisés à saisir... Nous formons des vœux sincères pour obtenir de Sa Majesté des arrondissements plus profitables aux habitants de l'une et de l'autre provinces.

Art. 19. — Nous désirons que les épices soient rétablies pour les officiers des parlements, mais qu'elles soient fixées par la loi et qu'elles ne soient jamais arbitraires : il nous paraît peu raisonnable que l'homme qui ne plaide jamais paye des honoraires, à la décharge de l'homme injuste.

Art. 20. — Les impôts sur le cuir et la marque de fers sont une charge bien pesante pour nos communautés. Ne serait-il pas possible d'asseoir cet impôt sur un objet qui ne soit pas d'indispensable nécessité ?

Art. 21. — Une loi qui accorderait aux propriétaires la première et seconde récolte des prairies et par laquelle les prairies seraient censées closes jusqu'au moment de la seconde récolte finie, contribuerait à perfectionner lesdites prairies ; elle serait utile aux propriétaires et à la société[1].

MARIMONT

CVIII[A]

Procès-verbal.

« 21 mars 1789, sont comparus en l'auditoire de ce lieu, par-de-

---

1. Ce cahier n'est ni daté ni signé ; cependant, il a été coté et paraphé par F. Decorny, l'officier public qui a tenu l'assemblée pour l'élection des députés ; enfin, ce cahier est celui qui a été porté à l'assemblée des trois Ordres du bailliage de Vic et qui a été dépouillé par les commissaires préposés à la réduction des cahiers de doléances des communautés ; les suscriptions qu'il porte en font foi.

vant nous, Joseph Barbier, laboureur, demeurant à Marimont, notable en l'assemblée municipale dudit Marimont... (1), communauté composée de 12 feux. »

Député : Jean Jeanpert, syndic de l'assemblée municipale de Marimont, laboureur.

Signatures : J. Barbier, *notable ;* François Parmentier ; J. N. Jeanpert ; Nicolas Piquard.

CVIII

Doléances, dires et remontrances des habitants de la communauté de Marimont du vingt et unième mars mil sept cent quatre-vingt-neuf

ART. 1. — Les habitants de la susdite communauté demandent que le rebâti de l'église paroissiale de Bourdonnay, dont ladite communauté est annexe, soit dès à présent et pour toujours à la charge des décimateurs dudit Bourdonnay.

ART. 2. — Ils demandent une diminution des impositions affectées sur la communauté, vu les objets qu'ils sont obligés de payer en communauté, et étant déjà surchargés suivant les objets détaillés ci-après, savoir :

	Cours de France	
Ils ont payé pour le rebâti du presbytère de Bourdonnay.	359#	» s.
Pour la réparation du cimetière, 135#, ci	135	»
Pour la réparation de la nef de l'église paroissiale, 116#, ci	116	»
Pour le logement des cavaliers de maréchaussée au poste d'Azoudange, par année 3 livres 10 sols, ci	3	10
Et pour gratification par eux payée par année au Mᵉ de poste aux chevaux de Bourdonnay, 13#, ci	13	»
Tous ces objets faisant le tout ensemble	626#	10 s.

qui a épuisé notre communauté.

---

1. *Impositions ordinaires et prestation des chemins* pour les *six* premiers *mois* de l'année *1790* :

Imposition principale	112#	10 s.	» d.
Accessoires de l'imposition principale	224	1	5
Capitation et ses accessoires	256	4	7
Taxations des collecteurs	8	9	7
Droit de quittance au receveur des finances	»	»	»
Prestation des chemins	86	3	8
TOTAL	687#	9 s.	3 d.

(Arch. Meurthe-et-Moselle, L. 677.)

Deux vingtièmes et quatre sous pour livre du premier pour *1790* :

Biens-fonds . . { 1ᵉʳ cahier . . . . . 511# 13 s. 6 d.
{ 2ᵉ cahier . . . . . 11 4 »

TOTAL . . . . 522# 17 s. 6 d.

(*Ibid.*, L. 308.)

Art. 3. — Il désirerait [sic] qu'à l'avenir il soit payé le dommage et intérêt qu'on leur cause dans l'étendue du ban et finage dudit Marimont par les pierres que l'on arrache dans leurs terres pour l'entretien des chaussées et bâtiments, ce qui leur porte un préjudice considérable tous les ans; ils espèrent en être dédommagés.

Art. 4. — Ils demandent que les jurés-priseurs soient révoqués, voyant qu'une grande partie du mobilier de plusieurs pauvres enfants mineurs est consommé en frais, et qu'il est préjudiciable au public.

Art. 5. — Nous demandons que les salines de Moyenvic et de Château-Salins soient supprimées et celle de Dieuze réduite à la quantité de sept à huit poêles, comme elle y était ci-devant, voyant la grande consommation de bois que ces trois salines consument, ce qui met le bois dans une rareté à n'en pouvoir plus trouver pour l'entretien du public, même du bois de charronnage, ce qui portera un grand préjudice aux laboureurs et à tout le peuple du Tiers état;

Art. 6. — Que le sel soit remis au même prix qu'il était ci-devant, vu que l'étranger, qui n'est point de la nation, ne le paye point si cher que ladite nation française, et que le tabac soit mis en pleine liberté au même prix qu'il était ci-devant;

Art. 7. — Que l'on ne puisse dès à présent former ni imposer aucun impôt que du consentement de la Nation;

Art. 8. — Que les droits de foraine, marque de fers, cuirs, et autres de cette espèce soient également révoqués; et que les employés des Fermes étant en trop grande quantité, et qu'ils soient tous retirés du centre de la France, remis sur les frontières;

Art. 9. — Que les propriétaires des biens ne puissent les louer qu'à ceux qui les cultiveront par eux-mêmes, étant la ruine de plusieurs laboureurs par rapport que la plus grande partie des métairies sont surfermées deux ou trois fois avant qu'elles ne parviennent à celui qui la cultive, ce qui est souvent le cas de sa ruine;

Art. 10. — Que les trois Ordres payent les impositions royales à proportion de leurs biens et revenus comme le Tiers état.

Qui sont tous les doléances, dires et remontrances, lesquels nous prions tous messieurs qui seront employés à réformer les abus et à faire renaître le bon ordre et le bien public que le Tiers état attend avec une grande consolation ; par lequel ce faisant, vous ferez justice. Fait lesdits jour et an énoncés d'autre part, le tout après lecture faite : les présentes faites doubles.

J. Barbier, *notable ;* François Parmentier ; J. N. Jeanpert ; Nicolas Piquard.

MERVILLER

CIX^A

« Procès-verbal d'assemblée de la communauté de Merviller, pour la nomination des députés. »

« 19 mars 1789, sont comparus en la maison de Christophe Jeandel, syndic de ce lieu (¹). »

Communauté composée de 106 feux.

Députés : Christophe Jeandel, syndic,
    Jean-Baptiste Bedel.

Signatures : C. Jeandel, *syndic ;* Nicolas Cuny ; Dominique Urbain ; J.-B. Bedel ; François-Nicolas Thomas ; Joseph Decelle.

CIX^B

Cahier des doléances, plaintes et remontrances que la communauté de Merviller prend la liberté de présenter aux États généraux

Art. 1er. — On se plaint de l'indifférence de Messieurs les intendants dans les décisions des affaires, et plus encore de leurs commis qui, le plus souvent, sont les seuls juges des affaires. Ne serait-il pas avantageux que l'administration qui leur est

---

1. *Impositions ordinaires et prestation des chemins* pour les *six premiers mois* de l'année *1790* :

Imposition principale.	110 ₶	» s.	» d.
Accessoires de l'imposition principale . . .	219	1	10
Capitation et ses accessoires	250	10	9
Taxations des collecteurs.	8	5	11
Droit de quittance au receveur des finances.	2	1	4
Prestation des chemins.	84	5	6
Total	674 ₶ 5 s. 4 d.		

(Arch. Meurthe-et-Moselle, L. 678.)

Deux vingtièmes et quatre sous pour livre du premier pour *1790* : 1 036 ₶ 14 s. 9 d.
(*Ibid*, L. 308.)

confiée fût entre les mains des États provinciaux qui seraient priés d'établir des bureaux de distance [en distance] auxquels on serait plus à portée de recourir dans le besoin ?

Art. 2. — Le finage de notre communauté est un terrain froid et sauvage qui ne produit que seigle, avoine, peu de blé : les prés, terres sauvages environnés de bois de Lorraine, dont nous avions le droit de parcours autrefois et nous sommes repris et amendés aujourd'hui, dont Brouville, notre mère église, en jouit, n'ayant pas plus de droits que nous.

Art. 3. — Merviller composé de cent six habitants, quatorze laboureurs dont un seul propriétaire, les autres simples fermiers, et le reste des terres cultivées par les manœuvres, les uns plus, les autres moins, et peuvent à peine avec leurs dettes acquitter les charges annuelles qui sont : 1° l'entretien d'une maison vicariale pour laquelle nous sommes redevables d'une somme de deux mille deux cents livres; 2° l'entretien d'une maison d'école avec les gages d'un maître d'école qui sont de quarante livres; 3° les gages des gardes des forêts de la communauté de dix-huit livres; 4° l'entretien des fontaines de trente livres; 5° cinquante écus pour les dépenses que les maire, syndic sont obligés de faire; 6° septante-cinq livres pour la décoration de l'église, faute de fabrique; 7° la perte des regains sur une colline de prés de vingt-neuf fauchées qu'elle est privée, faute de pouvoir rembourser, n'ayant pour satisfaire à toutes ces charges qu'un pâquis valant trois cents livres de revenus, dont Monseigneur l'évêque de Metz tire le tiers, la communauté les deux autres tiers, et paye les vingtièmes de quinze livres; en outre, une somme de cinquante-neuf livres qui doit être levée sur ladite communauté pour mondit seigneur évêque, ce qui met ladite communauté dans la nécessité de faire et imposer des rôles tous les ans sur les contribuables pour y satisfaire : il faut observer à l'article ci-dessus qu'il y a dix demi-charrues.

Art. 4. — Pour ce qui est des bois ou affouages, on les partage au marc la livre dans la châtellenie de Baccarat; cependant, nous ne percevons qu'un quart et demi de bois par chaque habitant, et moitié pour les veufs, tandis que les autres communautés en ont une, deux ou trois cordes chaque habitant; nous payons cependant vingt-sept livres de vingtième, outre la marque, de vingt et une livres, pour la Maîtrise : c'est pourquoi, s'ils étaient partagés par tête, nous n'en serions pas victimes.

Art. 5. — Pour l'entretien des chemins : ils reviennent très coûteux à la communauté par le transport des pierres et des bois que les étrangers viennent y faire dans les carrières dites Merviller, appartenant à Mgr l'évêque de Metz, qui sont de cent sous de terre, sans pâture et sans culture, dont le profit de la pierre retourne audit S^r évêque.

Art. 6. — Les habitants de ladite communauté pour la dîme sont obligés de donner la douzième gerbe sans pouvoir les enlever avant les vingt-quatre heures, ce qui nous oblige à en laisser pourrir par le mauvais temps et périr par les troupeaux ; quand on a moins de la douzaine, les décimateurs prennent la onzième, la dixième, et la neuvième devant les vingt-quatre heures ; et après les vingt-quatre heures, premier vient premier prend, ce qui nous cause un intérêt considérable.

Art. 7. — Pour les travaux du Roi que nous appelons routes ou chaussées, nous coûtent considérablement depuis qu'on les marchande, tandis que ci-devant nous les faisions par nous-mêmes, et lesdites routes étaient mieux entretenues.

Art. 8. — Les droits seigneuriaux sont que chaque charrue tournante paye 12 quarterons de seigle, 12 quarterons d'avoine, trois poules et six livres d'argent ; les manœuvres payent trois poules et une somme d'argent qui se tire au tiers de la subvention dudit lieu. Le refus qui a été fait aux habitants de la châtellenie de Baccarat des bois d'affouage et de marnage dans les bois considérables de Mgr l'évêque de Metz les a mis dans le cas d'intenter un procès audit seigneur évêque ; et, depuis plus de trente ou quarante ans, ils sont frustrés de leurs dits droits parce que le procès a été évoqué au Conseil, qu'il serait à souhaiter que les grands seigneurs n'obtinssent pas si souvent ces évocations : les faibles n'auraient pas le malheur de succomber sous le crédit et l'autorité.

Art. 9. — Malgré le droit d'avoir des passavants gratis pour les objets que les Évêchois certifient devoir être consommés à leur usage, les employés obligent de se munir de hauts-conduits, d'acquits de traites, d'acquits-à-caution, et de se détourner pour aller prendre ces acquits dans les bureaux lorrains, et vexation qui oblige de faire des soumissions humiliantes et coûteuses.

Art. 10. — Un abonnement qui, en conservant au Roi ce qu'il tire des fermes du sel et du tabac, serait très avantageux et mettrait les sujets à même de fortifier le bétail qu'ils élèvent en lui donnant du sel qui rendrait la viande plus saine, plus savoureuse et moins chère, si le sel était commerçable.

Art. 11. — Le prix du bois a augmenté de deux fois plus depuis vingt ans : on en attribue le haussement à la multiplicité d'usines à feu établies récemment dans les environs de Baccarat, Lunéville, Badonviller, et aux salines dont on demande la suppression.

Art. 12. — On pourrait peut-être supprimer beaucoup de procédures minutieuses et coûteuses, en faire une réforme, et envoyer un tarif de dépens dans toutes les municipalités pour y avoir recours au besoin ; et il ne paraît pas y avoir d'inconvénient d'attribuer auxdites municipalités l'apposition des scellés, la confection des inventaires qui, dans la manière dont ils procèdent, ruinent les mineurs : il serait aussi bien expédient de supprimer les huissiers-priseurs et de rétablir les choses sur le pied où elles étaient avant leur établissement.

Art. 13. — La municipalité pourrait peut-être empêcher bien des procès d'injures, d'anticipations, de troubles ; et, si on lui confiait la connaissance dans l'espace de trois jours, ils connaissent mieux que personne les propriétés des uns et des autres, et ce n'est que sur les informations que les juges font auprès des personnes de campagne qu'ils décident ces sortes d'affaires, et par des descentes et vues de lieux fort coûteuses : pourquoi le bon sens et la probité des officiers municipaux ne les guideraient-ils pas dans les décisions qu'ils donneraient dans ces occasions ? Le délai de trois jours avant que les plaignants puissent se pourvoir aux juges ordinaires empêcherait presque tous les procès de cette espèce, parce que la fougue de la colère et de l'animosité serait passée.

Enfin ladite communauté à Sa Majesté par chacune année doit :

Subvention	742ʰ	2 s.	11 d.
Capitation	401	4	»
Les routes	190	7	10
Vingtième	703	3	3

C. Jeandel, *syndic ;* Nicolas Cuny ; J.-B. Bedel ; Dominique Urbain ; François-Nicolas Thomas ; Joseph Decelle.

MIGNÉVILLE

CX^A

« Procès-verbal de l'assemblée municipale de la communauté de Mignéville. »
« 21 mars 1789, sont comparus en l'auditoire de ce lieu ([1]), pardevant nous, Nicolas Laurent, syndic. »
Communauté composée de 40 feux.
Députés : Nicolas Laurent, syndic,
Nicolas Jacque.
Signatures : J. Tisserant, *greffier* ; J. Badenot ; J.-C. Delubin ; Gabrielle Chrisman ; N. Laurent, *syndic* ; Nicolas Jacque.

CX^B

Cejourd'hui, vingt et un mars mil sept cent quatre-vingt-neuf, à Mignéville, bailliage de Vic ;
En conséquence de la lettre du Roi pour la convocation des États généraux le vingt-sept avril prochain, par laquelle Louis Seize, notre gracieux souverain, déclare être disposé à écouter les avis, plaintes et remontrances des pasteurs du royaume et de tous ses sujets, les curé et officiers municipaux dudit Mignéville font les observations et demandes suivantes :

Art. 1. — Que les Trois-Évêchés et le Clermontois soient régis par les États provinciaux.

Art. 2. — Les États feraient la répartition et la réception de tous impôts et les déverseraient immédiatement dans les coffres du Roi.

---

1. *Impositions ordinaires et prestation des chemins* pour les *six* premiers *mois* de l'année *1790* :
Imposition principale. . . . . 92 ₶ 10 s. » d.
Accessoires de l'imposition principale. . . . 184   4   9
Capitation et ses accessoires 210 13   7
Taxations des collecteurs. 6 19   6
Droit de quittance au receveur des finances.   2   1   4
Prestation des chemins. 70 18   3
       Total. . . . . 567 ₶ 7 s. 5 d.
(Arch. Meurthe-et-Moselle, L. 677.)
Deux vingtièmes et quatre sous pour livre du premier pour *1790* :
1er cahier . . . . . . 655 ₶ 17 s. 9 d.
                           (*Ibid.*, L. 308.)

Art. 3. — Il paraît du bien public qu'il n'y ait dans le royaume qu'une coutume, qu'un poids, qu'une mesure et qu'une aune ;

Art. 4. — Que tous les sujets du royaume, sans exception quelconque, soient taxés au prorata de leurs possessions, arts et industries.

Art. 5. — Non seulement les hommes, mais le bétail souffrent beaucoup du prix excessif du sel : il conviendrait de le rendre marchand, le tabac de même.

Art. 6. — Les banalités accablent le pauvre à qui le meunier arrache le pain, parce que le pauvre n'a pas le moyen de réclamer en justice.

Art. 7. — La multitude des usines, l'avarice et le monopole des accapareurs de bois ont quadruplé le prix de cette marchandise; le peuple se trouve par là forcé de piller les bois de commune et du Domaine ; il serait avantageux de supprimer plusieurs faïenceries, verreries, et que l'on ne vendît plus le bois qu'en détail.

Art. 8. — L'État hérissé d'impôts qu'ils seraient réduits en petit nombre [sic], en abolissant les noms de subvention, capitation, ponts et chaussées, vingtième, dixième, imposition accessoire, les sols pour livres, les impôts sur les denrées de première nécessité ; que les grains déchargés des droits de coupelles circulent librement hors du royaume quand ils sont à bas prix, et qu'ils soient retenus lorsqu'ils sont devenus chers.

Art. 9. — Qu'on fasse cesser les impôts sur le fer, les cuirs, papiers, tabacs, toiles, fil, chanvre, mousselines, laines, légumes, s'ils sont employés sans luxe, comme chez les laboureurs, manœuvres et artisans et toutes personnes mal aisées dans leur état.

Art. 10. — Laisser la liberté, en cas de vente de meubles et immeubles, d'employer tel notaire, huissier, sergent qu'on voudra, pour faire cesser l'avidité des huissiers-priseurs et autres qui portent leurs droits plus haut que le prix des petites ventes, multiplient et abrègent les séances quand ils voient beaucoup d'acheteurs, vendent quand il n'y a plus que des revendeurs avec qui ils s'entendent.

Art. 11. — Que les possesseurs de fiefs et droits seigneuriaux ou semblables servitudes se renouvellent tous les vingt ans leurs titres amiablement ou contradictoirement avec leurs vassaux : qu'on fasse connaître quelles sont les charges des décimateurs ecclésiastiques ou laïcs envers les églises, presbytères et les pauvres, pour lesquels il faudrait répandre des drogues contre leurs maladies, surtout dans des lieux éloignés des médecins et des chirurgiens ; qu'on évite surtout les évocations aux tribunaux supérieurs, que les riches font afin d'ôter les ressources des pauvres et des communautés.

Art. 12. — Point de lettres de cachet sans crime prouvé ; point de grandes charges héréditaires ; que tous les bénéfices soient électifs; point de pensions sans raison valide; que les grandes charges et les grands emplois soient ôtés s'ils ne sont dignement occupés.

Art. 13. — Pour éteindre les dettes de l'État, qu'on supprime les emplois sans utilité, qu'on aliène avec droits de rachat les grandes fermes, bois et domaines ; qu'on y emploie les bénéfices en commende, quelques biens des religieux; qu'on supprime les usines à feu qui ne sont pas royales.

Art. 14. — Qu'on mette des impôts sur les denrées de luxe ; qu'on charge surtout ce qui conduit à la débauche, spectacles, bals, représentations, comédies ; qu'on favorise en tout temps les plus pauvres, ceux qui exercent des professions pénibles, nécessaires au bien public.

Art. 15. — Qu'on empêche les troupeaux de brebis de vainpâturer dans les prés : [ce] sont des animaux qui broutissent et arrachent la racine du foin.

Art. 16. — Cette communauté est chargée de droits seigneuriaux qui accablent les habitants, tant en rentes que corvées personnelles. 1° Nous payons annuellement à M. Defaye, seigneur de ladite communauté, la somme de cinquante livres, ce qui fait plus de vingt sols par chaque habitant; 2° chaque laboureur doit annuellement audit seigneur un quarteron de seigle et avoine chaque cinq jours de culture, outre quatre fois l'année qu'ils vont à la charrue pour ledit seigneur; de plus, ils sont chargés, de même que tous autres habitants, de lui faire des corvées personnelles une journée l'homme et la femme pour les foins, et une pour la moisson des blés, et l'on est chargé de plus aux corvées de l'entretien du château, les laboureurs aux voitures ; chaque habitant doit annuellement audit seigneur trois poules et le guet, et la taille Saint-Remy, droits de feu, outre les bêtes qui doivent encore audit seigneur.

Fait à Mignéville les an et jour susdits, où la municipalité adresse ses vœux les plus sincères et les plus ardents pour la conservation du seigneur Roi, et pour la prospérité des trois Ordres de son royaume, et a signé au nom de toute la communauté assemblée.

J. Tisserant; J. Badenot; J. C. Delubin; Gabrielle Chrisman; N. Laurent, *syndic;* Nicolas Jacque; P. Convoux, *curé de Mignéville.*

MONCEL

CXI ᴬ

« Procès-verbal d'assemblée de la communauté de Moncel, pour la nomination des députés. »

« 16 mars 1789, sont comparus en l'auditoire de Moncel-sur-Seille([1]), par-devant nous, Nicolas Miller, syndic. »

Village composé de 115 feux.
Députés : Joseph Grandidier,
          Nicolas Miller.
Signatures : Joseph Grandidier; Nicolas Gény; Nicolas La Fontaine; N. Miller, *syndic;* Nicolas Aubert; Christophe George.

CXI ᴮ

Au Roi

Sire,

Le moment heureux est donc arrivé où il est permis aux fidèles sujets de Votre Majesté de porter aux pieds du Trône

---

1. *Impositions ordinaires* pour les *six* premiers *mois* de l'année *1790* :
Imposition principale. . . . . 413 ℔ 11 s. 6 d.
Impositions accessoires. 620   15   »
Capitation 586   14   6
   Total. . . . . 1 621 ℔ 1 s.
Deux vingtièmes et quatre sous pour livre du premier pour *1790* :
Biens-fonds. . { 1ᵉʳ cahier . . . 1 443 ℔ 4 s. » d.
      { 2ᵉ cahier . . . 1 942   11   9
   Total. . . . . 3 385 ℔ 16 s. 9 d.
(Arch. Meurthe-et-Moselle, L. 308.)

leurs doléances, leurs charges, leurs peines, et découvrir les abus qui se rencontrent dans l'étendue du royaume. C'est Votre Majesté qui non seulement le permet, mais l'ordonne, par des vues paternelles et bienfaisantes, dont ce peuple est pénétré de la plus humble et de la plus vive reconnaissance.

Le Tiers état de la communauté du village de Moncel-sur-Seille, dépendant du bailliage de l'Évêché de Metz à Vic, composé d'environ cent habitants, va le faire le plus succinctement possible.

Doléances

Les remontrants payent au trésor royal de Votre Majesté annuellement tant pour subvention, capitation que pour les grandes routes, ci.	3 195#	16 s.
A Monseigneur l'évêque de Metz, ci	25	14
Pour vingtièmes de la communauté environ, ci.	40	»
Aux Pères chartreux de Bosserville, leurs seigneurs, tant en grains qu'autres prestations, ci.	900	»
Total.	4 161#	10 s.

Indépendamment de cette charge considérable, les remontrants sont obérés d'ailleurs, ayant eu un procès considérable avec le village de Pettoncourt, qui les avoisine, pour la vaine pâture, les remontrants ont eu le malheur d'échouer.

Les frais de ce procès se sont portés à la somme de 1 500 livres : les RR. PP. chartreux, leurs seigneurs, leur ont fait le prêt de cet objet qu'ils leur doivent encore aujourd'hui, ci. . .	1 500#	» s.
Enfin, ils sont encore reliquataires d'environ 246#, tant pour réparations faites à la maison de leur vicaire, à celle de l'école, que pour différents autres objets, ci.	246	»
Ces trois objets forment la somme grosse de.	6 007#	10 s.

Comment donc subvenir à l'acquittement d'une somme aussi considérable? Les remontrants n'ayant aucuns biens communaux, et leur village n'étant composé que de dix laboureurs, et le reste de pauvres manœuvres qui n'ont pour tout bien que leurs bras et des familles nombreuses, pour la plupart.

Les choses dans cet état, les remontrants ne doutent pas d'un moment que le cœur tendre et paternel de Votre Majesté ne fût frappé de commisération si cet écrit avait le bonheur de parvenir jusque sous les yeux de Votre Majesté ; en tout cas, on espère que sa substance sera relatée dans le cahier général de la dépendance du bailliage de Vic qui sera présenté aux États généraux du royaume, et qu'on y aura tel égard que de raison.

Dommages, préjudices et abus

Art. 1. — Les trois salines de Lorraine et de l'Évêché, qui ne sont qu'à environ deux lieues les unes des autres, causent un préjudice considérable aux habitants qui les avoisinent, surtout par la trop grande quantité de poêles dont elles sont composées ; par la cherté des bois de chauffage, parce que les bois de Votre Majesté ne suffisant pas à l'entretien de ce grand nombre de fournaises désastreuses, les officiers d'icelles se rendent adjudicataires très souvent des ventes de bois des communautés et des particuliers à quelque prix ces ventes puissent se porter, en sorte que, le public étant frustré par là de l'usage des bois qu'il consumait autrefois, le bois est à un prix aujourd'hui à plusieurs lieues de ces salines où jamais il n'a été porté, et le sel est hors de prix pour les remontrants, et l'étranger l'a à vil prix.

Art. 2. — Les prairies sont closes de haies ou de fossés par autorité souveraine ; ces clôtures préjudicient aux propriétaires et au public ; aux propriétaires, parce que les fossés ne procurent que la sécheresse, l'aridité, tandis que le pré ne demande que l'humidité ; au public, parce que les clôtures de toutes sortes lui ôtent la vaine pâture, et que le peuple sans propriété ne peut plus nourrir de bêtes à cornes et à laine, qui est la seule ressource de sa subsistance, et pour payer les subsides et deniers royaux.

Art. 3. — Les Maîtrises coûtent infiniment aux communautés et aux particuliers propriétaires par les sommes qu'elles perçoivent des uns et des autres pour les vacations que Votre Majesté ou le monarque précédent leur a attribuées ; Votre Majesté est suppliée de les supprimer, pour que les propriétaires redeviennent maîtres de leurs forêts comme ils l'étaient autrefois, sous certaines modifications.

Art. 4. — Autrefois, le tabac de toutes les qualités était à un prix modique, et actuellement il est à un prix où on ne l'a jamais vu; et si l'on en vend ou si on en achète de l'étranger à cause de la cherté de celui du royaume, il ne reste aux vendeurs que leur ruine ou la galère suivie de la désolation d'une mère éplorée, abandonnée souvent avec une famille nombreuse, et aux acheteurs une ruine inévitable par le prix énorme des contraventions.

Art. 5. — Un abus sans exemple gît dans les traites foraines; les Trois-Évêchés et la Lorraine sont enclavés les uns parmi les autres; ils sont tous sujets de Votre Majesté, et, nonobstant cette égalité, vos sujets, Sire, sont traités les uns et les autres comme des étrangers, par les confiscations des marchandises et par le prix des contraventions édictées; il en est ainsi de la marque des cuirs; voilà des entraves mises au commerce et à la circulation des espèces, que Votre Majesté est suppliée d'abolir.

Art. 6. — La dîme se perçoit au douze sur le ban de Moncel, tant en grains, en vin que sur les menues dîmes; et, si on défalquait la dépense nécessaire pour parvenir aux récoltes, il n'est pas douteux que la dîme ne soit portée au sixième; il paraît que cette partie a été permise non seulement pour coopérer à la subsistance des ministres des autels, mais pour le soulagement des pauvres de chacun des lieux où on la perçoit: Moncel, tant ses habitants que par les forains, ont des dîmes assez considérables; il paraît qu'il serait du bon ordre qu'il restât dans chaque village, quoique administré par des vicaires, la plus saine partie des dîmes pour être employée au soulagement des vieillards, des pauvres et de tous ceux qui sont réduits dans l'indigence, parce qu'il n'y a point de fabrique dans le lieu.

Art. 7. — Le village des remontrants est astreint à la banalité pour le moulin du lieu, appartenant aux seigneurs; ils se flattent qu'il plaira à Sa Majesté ou à Messieurs des États généraux de les décharger de cette servitude onéreuse; il y a pareille banalité pour le pressoir seigneurial; ils demandent également d'être affranchis de cette servitude.

Il passe un ruisseau qu'on pourrait appeler une petite rivière, sur lequel il y a deux ponts qui tombent en ruines par vétusté; les remontrants ne peuvent les faire réparer par le défaut des biens communaux et par la pauvreté des habitants.

Art. 8. — Il s'étend dans ce village chaque année des procès qui ont des suites dispendieuses, au sujet des anticipations qui se commettent par les uns sur les héritages des autres. Il résulterait un bien public s'il plaisait à Messieurs des États généraux d'ordonner que trois prud'hommes seront autorisés aux plaids-annaux des seigneurs pour terminer les difficultés qui engagent ordinairement à des actions possessoires, les décisions desquels seraient sans appel.

Art. 9. — Enfin les huissiers-priseurs établis par lettres-patentes de Votre Majesté, par le droit qu'ils ont de faire toutes les ventes de meubles dans leur district, tiennent vos peuples, Sire, dans les entraves les plus gênantes ; et, par les droits qui leur sont attribués, ils absorbent très souvent le montant du prix des ventes des gens de la campagne, et notamment des mineurs, l'intérêt desquels a toujours été à l'abri par la justice ordinaire.

Ce considéré, Sire, plaise à Votre Majesté ordonner :

1° Que chacune des salines de la province sera réduite à trois poêles, et que le prix du sel sera modéré, et vendu au prix où il était sous les anciens règnes ; faire défenses aux officiers desdites salines de se rendre à l'avenir adjudicataires des bois desdites communautés et des particuliers ;

2° Ordonner le comblement des fossés et défendre les clôtures en haies ou en manières quelconques, et que la vaine pâture des bestiaux sera libre après les récoltes comme auparavant ;

3° Supprimer les Maîtrises pour que les communautés et les particuliers puissent disposer des bois de leurs forêts, ainsi qu'ils le faisaient avant la création desdites maîtrises, sous les restrictions des modifications qu'il plaira à Votre Majesté d'ordonner ;

4° Taxer le prix du tabac de toutes les qualités à un prix modique, pour que les fidèles sujets de Votre Majesté puissent s'en servir, tant pour remèdes de leurs bestiaux que pour leur usage particulier ;

5° Supprimer les traites foraines, ainsi que tous les buralistes et les gardes, ou envoyer ceux qu'il plaira à Votre Majesté de conserver sur les frontières de la province où peut entrer la contrebande ; supprimer pareillement les marques de fers et de cuirs pour rendre la liberté du commerce, ainsi que les choses étaient avant cet établissement ;

6° Réduire la perception de la dîme de toutes les sortes à un degré honnête, pour que les propriétaires et cultivateurs puissent profiter de leurs revenus et de leurs labeurs ;

7° De supprimer les banalités de moulins et pressoirs de leur village pour leur laisser leur liberté en l'un et l'autre cas et éviter la perte des vins de leurs marcs de raisins ;

8° Ordonner que trois prud'hommes nommés aux plaids-annaux des seigneurs du lieu décideront sans appel des actions possessoires qui se rencontreront sur le ban de Moncel ;

9° De supprimer les huissiers-priseurs du bailliage d'où dépendent les remontrants et permettre aux particuliers de vendre leurs meubles et effets avec affiches, comme ils aviseront bon être, sans obstacles quelconques, ni par lesdits huissiers, ni par ceux ordinaires ;

10° Et comme les pigeons sont des animaux qui causent des dommages considérables dans le finage, tant aux temps des semailles, des blés et de toutes les sortes de grains que peu avant les récoltes, et au moment d'icelles, faire défense à toutes personnes de qualités elles soient d'en nourrir de campagnards sous telles peines que de droit.

Outre les servitudes desdits habitants, les laboureurs sont encore chargés de charroyer annuellement le foin d'environ 24 fauchées de prés d'une prairie sur le ban appartenant à Mgr l'évêque de Metz et rendre le foin à Vic sous la chétive rétribution d'un sol par voiture, et le plus souvent lès laboureurs sont obligés de laisser périr leurs foins pour conduire celui-là à sa destination, et après lecture du présent cahier lesdits habitants ont signé.

J. Grandidier ; Nicolas Gény ; Nicolas La Fontaine ; N. Miller, *syndic ;* Nicolas Aubert ; Christophe George.

MONTCOURT

CXII[A]

« Procès-verbal de l'assemblée de la communauté de Montcourt. » 15 mars 1789,

« Sont comparus en l'auditoire de ce lieu(¹), par-devant nous, Joseph Thiesselin, syndic. »
Village ou communauté composé de 49 feux.
Députés : Joseph Thiesselin, syndic,
Antoine Bérard.
Signatures : J. Thiesselin, *syndic;* Christophe Bénédic ; A. Bérard ; R. Bourdon ; Michel Barbier ; Eloy Leclerc.

CXII[e]

Cahier des demandes, plaintes et doléances de la communauté de Montcourt, dressé, consenti et approuvé à la pluralité des voix en l'assemblée générale de ladite communauté convoquée et réunie en la maison du syndic le 15 mars 1789, sur l'heure du midi, en conséquence de l'édit et du règlement du Roi et de l'ordonnance de M. le lieutenant-général de Vic

Représente ladite communauté :

Qu'il plaise au Roi et aux États généraux accorder à la France les États provinciaux ;

Que les impôts aujourd'hui établis soient supprimés, pour n'en être plus à l'avenir qu'un seul également supporté par tous les citoyens, de quelqu'Ordre ils soient, à proportion de leurs propriétés et facultés ;

Que la levée de cet impôt soit confiée à la province, qui sera tenue de le verser sans frais au trésor royal ;

Que les frais pour l'entretien des routes et construction des ponts, canaux, soient supportés par les trois États, les personnes de finance, la Ferme générale qui les détériore par la conduite des sels, si la prestation en argent persévère et ne préfèrent les États convenir avec les troupes en garnison de la

---

1. *Impositions ordinaires* pour les *six* premiers *mois* de l'année *1790* :
Imposition principale. . . . . 388 ₶ 10 s. 6 d.
Impositions accessoires. 418   5   4
Capitation 478   6   »
   TOTAL. . . . . 1 285 ₶ 1 s. 10 d.
Deux vingtièmes et quatre sous pour livre du premier pour *1790* :
Biens-fonds . . { 1ᵉʳ cahier . . . 763 ₶ 3 s. 9 d.
                { 2ᵉ cahier . . . 911 . 18   3
   TOTAL. . . . . 1 675 ₶ 2 s.
(Arch. Meurthe-et-Moselle, L. 308.)

confection et entretien des ponts et routes au moyen d'une augmentation modique de la solde, ainsi que les troupes romaines étaient occupées au temps de paix;

Que la grande quantité d'usines destructives du bois sera diminuée, notamment dans les salines, ne devant y avoir de poêles qu'autant qu'il en faut pour la fabrication du sel nécessaire à la province, jusqu'à ce que les États avisent s'il ne serait pas plus à propos de se servir du sel de mer rendu marchand, ce qui ferait diminuer dans la province le prix du bois;

Que la France dans l'achat du sel payant trop cher son eau et son bois, le prix du sel sera diminué, rendu marchand dans chaque paroisse, ainsi que le poivre et autres marchandises, les villages étant obligés de faire plus de deux lieues pour se procurer du sel déjà trop cher tant par les mauvais temps que dans les eaux, d'où il résulte que la plupart perd une partie de ses travaux pour s'en procurer : le sel étant à meilleur compte, il en résultera un bétail plus vigoureux, plus nombreux, par là plus de richesse dans la province;

Que les sujets Évêchois, étant sous la même domination, ne doivent plus être assujettis à l'entrave des acquits, et que ce qui peut gêner le commerce de village à village, de province à province, doit être supprimé, les bureaux de ces acquits ne rapportant au Roi que le dixième de ce que coûtent les employés;

Que la Maîtrise soit supprimée d'autant qu'elle tire trop sur les communautés pour le peu de temps qu'elle emploie pour la délivrance des affouages, et ne cherche qu'à vendre la haute futaie;

Qu'il sera usé d'un très grand ménagement dans la concession des pensions qui deviennent une charge pour les autres citoyens; que la somme des impositions, subvention, ponts et chaussées, vingtièmes, dîmes, octrois et charges, surpasse de beaucoup le produit de ses revenus et de son territoire;

Que les règlements faits par la province au sujet des colombiers seront mis en exécution, et que dans les paroisses il y aura des préposés autres que le maire à veiller à leur observation;

Que les clôtures soient supprimées, et le parcours permis et rétabli comme du passé, la rareté, l'âcreté des fourrages et vaines pâtures étant si considérable qu'il est impossible de nourrir du bétail ce qu'il en faut pour le nécessaire ; que, depuis l'arrêt des clôtures, une partie des laboureurs sont tombés en ruine par la perte de leurs chevaux ;

Qu'une grande partie des cultures dudit Montcourt se fait sur les bans voisins, ainsi que les prés : par là ils se trouvent privés des vaines pâtures de leurs terrains, n'en étant pas de même des voisins qui ne cultivent aucune terre sur notre ban et des prés de même ;

Que les terres dudit finage étant toutes accensées au seigneur, payant par chaque dix-neuf jours une paire de quartes, moitié blé moitié avoine, vides comme pleins, et les maisons chargées de cens en chapons de même que les héritages, et payent les vingtièmes aussi fort que les villages voisins qui sont exempts de cens ;

Qu'il se trouve un bois du Roi exposé sur le ban dudit lieu ; du passé, ladite communauté jouissait des pâtures dudit bois, et à présent ils en sont privés, sinon en payant vingt-quatre sols par bête ;

Qu'il n'y a aucune fabrique dans ledit lieu ; les habitants demandent que les luminaires pour l'église et les vins pour les messes et les frais des synodes soient tirés sur les grandes dîmes ;

Que le finage dudit lieu est très petit ; que, depuis l'arrêt des partages des biens communaux, les seigneurs en ont un tiers et continuent les mêmes nombres de bêtes et de troupeaux, ce qui fait que la pâture est toujours plus rare : les habitants demandent qu'il n'y ait qu'un seul et même troupeau tant des seigneurs que de la communauté ;

Qu'il se trouve un petit bois sur ledit ban accensé au seigneur à vingt-deux paires et demie, moitié blé moitié avoine, dont le revenu des années l'une portant l'autre est de dix cordes de bois, et environ huit cents de fagots partageables entre toute la communauté, dont on paye le vingtième comme s'il n'était point accensé ; on demande qu'il soit arraché et mis en terres labourables, et distribué à ladite communauté ;

Que la communauté paye une taille au seigneur de soixante et douze francs qui se paye par les habitants de la communauté tous les ans : on demanderait qu'elle soit supprimée, de même que les cens dont les terres du finage sont chargées, et le cens du bois, dont lesdits habitants sont chargés de voiturer et délivrer sur les greniers des seigneurs à Bosserville, distance de huit lieues. Ladite communauté demande qu'il leur soit libre d'en faire la délivrance desdits cens dans les greniers desdits seigneurs audit Montcourt;

Que le finage dudit lieu est exposé sur une hauteur dont les terres sont fort dévastées par de gros ravins occasionnés par les grandes eaux, dont plusieurs terres ne peuvent plus être cultivées; et la communauté demande qu'elle soit diminuée des tailles, subvention et vingtième, se trouvant surchargée pour le peu d'habitants qui sont en ladite communauté;

Lesdits habitants demandent qu'il leur soit permis de faire des prairies artificielles sans qu'ils soient obligés de faire des clôtures, parce qu'il n'est pas possible de les clore à cause de la rareté des bois.

Il se trouve plusieurs habitants dudit Montcourt qui possèdent et cultivent des terres sur le ban de Xures avoisinant le nôtre qui paye un bichet de grains comme il est ensemencé qui se paye aux seigneurs voués, dont les habitants de Xures en sont exempts, et, en outre, un quart de bichet par journal qui se paye au seigneur dudit Xures tous les ans, vide comme plein, et, si le propriétaire vient à mourir, on est obligé de relever de pots de vin par chaque héritier : on demande que ces droits de seigneur voué ou non voué soient supprimés;

Que toutes les terres qui payent cens aux seigneurs, et qui payent la dîme au douze, comme les terres qui ne payent point de cens aux seigneurs, ne payent plus à l'avenir qu'au vingt-quatre, ou que la dîme soit supprimée, afin que l'on paye les vingtièmes au Roi comme il faut le payer;

Que les huissiers-priseurs qui règnent dans le royaume présentement soient supprimés, parce qu'ils ruinent les pupilles des pauvres familles.

Fait audit Montcourt en l'assemblée de la communauté, ce 13 mars 1789.

J. Thiesselin, *syndic;* A. Bérard; R. Bourdon; Michel Barbier; Christophe Bénédic; Éloy Leclerc.

MONTIGNY

CXIII*

« Procès-verbal de l'assemblée municipale de la communauté de Montigny. »

« 15 mars 1789, sont comparus en l'auditoire, par-devant nous, Dominique Dufour, syndic de ladite communauté(¹)..., composée de 38 feux. »

Députés : Joseph Paulus,
Jean Vigneron.

Signatures : Claude Duba, *député;* Claude Mangin, *député;* Nicolas-François Lecomte, *député;* D. Dufour, *syndic;* J. Paulus ; Jean Vigneron ; C. Mangin, *greffier.*

CXIII"

Cejourd'hui vingt et un mars mil sept cent quatre-vingt-neuf, à Montigny, bailliage de Vic.

En conséquence de la lettre du Roi pour la convocation des États généraux le vingt-sept avril prochain, par laquelle Louis seize, notre gracieux souverain, déclare être disposé à écouter les avis et plaintes et remontrances des pasteurs du royaume et de tous ses sujets, les curé et officiers municipaux dudit Montigny font les observations et les demandes suivantes :

Art. 1. — Que les Trois-Évêchés et le Clermontois soient régis par les États provinciaux ;

Art. 2. — [Cf. ci-dessus, *cahier de Mignéville*, n° CX", art. 2.]
Art. 3. — [Cf. *id.*, art. 3.]
Art. 4. — [Cf. *id.*, art. 4.]
Art. 5. — [Cf. *id.*, art. 5.]
Art. 6. — [Cf. *Id.*, art. 7.]

---

1. *Impositions ordinaires et prestation des chemins* pour les *six* premiers *mois* de l'année *1790* :

Imposition principale.	92 ℔	10 s.	» d.
Accessoires de l'imposition principale.	184	4	8
Capitation et ses accessoires	210	13	9
Taxations des collecteurs	6	19	6
Droit de quittance au receveur des finances.	2	1	4
Prestation des chemins	70	18	3
Total	567 ℔	7 s.	6 d.

(Arch. Meurthe-et-Moselle, L. 678.)

Deux vingtièmes et qua're sous pour livre du premier pour *1790* : 855 ℔ 19 s. 9 d.
(*Ibid.*, L. 308.)

Art. 7. — [Cf. *id.*, art. 8.]
Art. 8. — [Cf. *id.*, art. 9.]
Art. 9. — [Cf. *id.*, art 10.]
Art. 10. — Que les possesseurs de fiefs et droits seigneuriaux ou semblables servitudes se renouvellent tous les vingt ans leurs titres amiablement ou contradictoirement avec leurs vassaux : qu'on fasse connaître quelles sont les charges des décimateurs ecclésiastiques et laïques envers les églises, presbytères, et bêtes mâles qu'ils doivent fournir, et les pauvres pour lesquels il faudrait répandre des drogues contre leurs maladies, surtout dans les lieux éloignés des médecins et chirurgiens ; qu'on évite surtout les évocations aux tribunaux supérieurs, que les riches font afin d'ôter les ressources des pauvres et des communautés ;

Art. 11. — [Cf. ci-dessus, *cahier de Mignéville*, n° CX^e, art. 12.]

Art. 12. — Qu'on fasse rentrer notre troisième charrue pour le maître d'école, chantre et marguillier, comme elle était du passé : les décimateurs nous l'ont enlevée en leur faveur.

Art. 13. — [Cf. ci-dessus, *cahier de Mignéville*, n° CX^e, art. 13.]

Art. 14. — [Cf. *id.*, art. 14.]

Art. 15. — Cette communauté se trouve écrasée de droits seigneuriaux : chaque laboureur paye annuellement au seigneur évêque de Metz douze quarterons de blé, autant d'avoine pour chaque charrue de six bêtes, et six livres dix sols, outre la taille Saint-Remy et trois poules chaque habitant, outre le tiers de la subvention qu'il faut encore payer audit seigneur ; en outre nous sommes chargés de lui faucher un pré qui nous coûte 9[#], et de plus les droits de feu ; et lui, de son côté, nous abolit les droits que nous avions dans ses bois, et voilà la justice rendue par les seigneurs au sujet de leurs vassaux.

Fait à Montigny, les an et jour susdits, où la municipalité adresse les vœux les plus sincères et les plus ardents pour la conservation du seigneur Roi et pour la prospérité des trois Ordres de son royaume, et a signé et la communauté.

Claude Duba, *député ;* Claude Mangin, *député ;* Nicolas-François Lecomte, *député ;* D. Dufour, *syndic ;* J. Paulus ; Jean Vigneron ; C. Mangin, *greffier.*

MOUSSEY

CXIV^A

« Procès-verbal d'assemblée de la communauté de Moussey, pour la nomination des députés. »
« 21 mars 1789, sont comparus en l'auditoire de ce lieu(1), pardevant nous, François Germain, syndic. »
Communauté composée de 106 feux.
Députés : François Germain, syndic,
  Jean-Nicolas Striffleur.
Signatures : F. Germain, *syndic;* J. N. Striffleur ; Nicolas Gilet ; Claude Boiselle ; François Christophe ; Leger Fleur.

CXIV^B

Mémoire et doléance de la communauté de Moussey

La municipalité de la communauté de Moussey pense que, pour acquitter les charges et dettes de l'État, il conviendrait qu'il n'y eût qu'un seul impôt qui soit réparti sur tous les biens, de quelque nature qu'ils soient, à tant le jour, à proportion de la valeur des terrains, et sur la dîme suivant l'estimation qui en serait faite, avec une petite cote personnelle sur chaque habitant, non compris une légère industrie sur les gens d'arts et métiers, marchands, aubergistes de la campagne, proportionné à leur négoce et au local, attendu que toutes les dépenses ne se font que pour leur conservation : il en résulterait que chacun se rendrait justice, sachant ce qu'il doit payer,

---

1. *Impositions ordinaires et prestation des chemins* pour les *six* premiers *mois* de l'année *1790* :

Imposition principale.	165 ₶	» s.	» d.
Accessoires de l'imposition principale	328	12	10
Capitation et ses accessoires	374	16	9
Taxations des collecteurs.	12	8	6
Droit de quittance au receveur des finances.	2	1	4
Prestation des chemins.	126	2	7
TOTAL.	1 009 ₶	1 s.	2 d.

(Arch. Meurthe-et-Moselle, L. 677.)
Deux vingtièmes et quatre sous pour livre du premier pour *1790* : 1 260 ₶ 4 s. 9 d.
(*Ibid.,* L. 308.)

qu'il n'y aurait plus de cabale pour jeter les tailles, par conséquent plus de haine ni de jalousie, et plus de plaintes à former ; que les États provinciaux aient lieu et soient chargés de procurer un receveur à qui on donnerait des appointements proportionnés à son travail, chez qui on verserait tous les deniers royaux de la province ; que la dépense à laquelle ladite province serait assujettie tant pour les troupes que pour les villes de guerre, pensions, hôpitaux, etc., soit tirée de ladite caisse, et le surplus renvoyé au trésor royal, ou dans les provinces voisines dont le tribut ne suffirait pas pour acquitter leurs charges ; que les communautés à qui il arriverait quelque malheur soient diminuées à proportion de leur perte, et, qu'après le déficit rempli, l'impôt sur les biens soit diminué : que les États provinciaux soient chargés de rendre justice aux communautés, et leur servir de père ; que ce soient eux qui augmentent ou diminuent l'impôt lorsqu'il sera nécessaire, qui payent les ingénieurs pour veiller à l'entretien des travaux publics, enfin que tout ce qui regarde le bien de la province soit commis à leur soin ;

Qu'il n'y ait que les routes publiques à la charge de la province ; que toutes celles qui ne sont établies que pour l'utilité de certains châteaux soient entretenues aux frais de ceux qui les ont obtenues ;

Que les ingénieurs qui seront établis pour veiller à la construction et entretien des ponts et chaussées aient des appointements honnêtes, à charge par eux de faire rétablir les brèches aussitôt qu'elles paraîtraient et de ne pas laisser écraser les ponts faute de réparations, comme cela se pratique, pour s'enrichir et les entrepreneurs aux dépens du public ; car rien de plus odieux que de voir l'argent que le peuple fournit pour ces objets et de n'en pas connaître l'emploi ; et faute de ce, qu'ils soient privés de leurs appointements et remplacés par d'autres ;

Que les barrières soient reculées sur les frontières, pour que toutes les provinces du royaume puissent se secourir sans payer aucune maltôte, attendu que nous sommes tous Français et que nous appartenons au même souverain : on ne doute nullement que les négociants de certaines provinces y formeront opposition, mais faut-il pour quelques individus qui cherchent à s'enrichir [que] tous les autres souffrent ?

Que le sel soit marchand et vendu à meilleur compte ; il en résulterait moins de maladies, attendu qu'une grande partie du peuple en use peu à cause de sa cherté ; que s'il était à meilleur compte, les habitants de la campagne en donneraient à leurs bestiaux, ce qui leur donnerait plus de force pour la culture, occasionnerait moins de maladies dans le bétail, par conséquent plus de nourri ; les viandes en seraient plus succulentes, à la suite plus abondantes et à meilleur prix ;

Art. 2. — Que le tabac soit à meilleur compte ; car, combien ne voit-on pas périr de bestiaux, parce que la cherté empêche les pauvres gens de la campagne de procurer à leur bétail des remèdes dont le tabac est le fondement ?

Art. 3. — Que la maltôte des cuirs soit abolie ; qu'on réfléchisse sur ce qu'il en coûte de plus à l'État pour l'entretien de l'armée, etc., depuis son établissement, on verra qu'après les appointements des commis proposés pour ce, qui sont considérables, il n'y aura de reste que les gémissements d'un peuple qui, par ce fardeau, se trouve extrêmement lésé ;

Art. 4. — Que les jurés-priseurs n'aient plus lieu, vu que dans les successions le plus souvent il ne reste plus rien pour les pupilles, après qu'ils ont tiré leurs vacations, voyages, etc. et que plusieurs particuliers, voulant se libérer par des ventes volontaires, se trouvent hors d'état de satisfaire leurs créanciers, à cause des frais qui sont considérables : nous en avons plusieurs exemples dans nos cantons ;

Art. 5. — Que les personnes établies pour rendre justice en dernier ressort soient tirées des avocats les plus éclairés et d'une conscience inébranlable ;

Art. 6. — Que toutes reconnaissances de promesses, et anticipation de terrains ou de chemins, plaintes pour injure, menace, etc., soient jugées par la municipalité des lieux, sans appel, et que la sentence soit exécutoire et à peu de frais ; cela empêcherait la ruine de quantité de sujets ;

Art. 7. — Que toutes personnes en place qui feraient des fraudes soient punies comme des gens du commun ;

Art. 8. — Qu'il serait du bien public de remédier à la cherté excessive du bois dont le peuple ne peut se passer, au moins de la diminution des salines, attendu que ces salines se saisissent de toutes les coupes ;

Art. 9. — Que l'usage des bois de quatre pieds soit libre ;

Art. 10. — Que les acquits soient supprimés et le commerce libre ;

Art. 11. — Que là où il n'y a point d'officiers de seigneurs présents, la municipalité puisse exercer la police, refuser l'entrée dans la paroisse aux mauvais sujets qui viendraient s'y établir ;

Art. 12. — Qu'il soit mis un frein absolu aux usures excessives des Juifs qui appauvrissent chaque jour nombre de particuliers ;

Art. 13. — Que les devis et marchés pour les ouvrages des communautés soient faits par les notables des lieux.

Doléances de la communauté de Moussey

Art. 14. — Le village de Moussey, placé dans un sol aquatique, mérite, par sa situation, une considération particulière de la part du Gouvernement ; son ban a peu d'étendue, il est fort resserré par les bans de Xirxange et d'Avricourt ; le premier n'est éloigné des jardins de Moussey que d'environ deux cents toises.

Art. 15. — Il faut remarquer, en outre, que ses terres sont maigres et faibles ; et, malgré leur médiocrité, environ le quart du finage paye un grand bichet par jour, mesure de Saint-Avold, de cens annuel au seigneur ;

Que la meilleure et majeure partie de ses prés appartiennent à des étrangers qui, non contents les foins, en tirent encore avidement les regains, après avoir durement molesté les bangards au moindre dommage qu'on y trouve ; aucun village n'a plus souffert par la défense du parcours que celui de Moussey ; dès lors, on l'a vu s'appauvrir sensiblement par l'impossibilité où se sont trouvés les habitants de nourrir des bestiaux, leur unique ressource, faute de pâturage et de fourrage ; et il est notoire qu'il n'y a point de village, dans le ressort de Vic, où il se trouve un aussi grand nombre de pauvres.

Les habitants ne peuvent cultiver ni fertiliser leurs terres sans engrais ; pour engraisser les terres, il faut nourrir des bestiaux ; pour faire ce nourri, il faut des pâturages et des fourrages : aussi cette communauté manque-t-elle de bon cultivateur.

Le seul moyen de remédier à ces inconvénients est de mettre

lesdits habitants en état de supporter les impôts et autres charges. C'est :

ART. 16. — De leur laisser libre le parcours sur les bans voisins; d'empêcher les propriétaires étrangers de faire des regains dans les prés qui sont sur le finage dudit Moussey.

La communauté est chargée d'entretenir une chaussée d'environ deux cents toises, une autre d'environ cent toises, qui sont aux entrée et sortie du village ; que, sans ces chaussées, les chemins seraient absolument impraticables.

Elle est, en outre, chargée de l'entretien de trois ponts de pierre contenant six arcades et de deux ponts de bois qui sont très coûteux, attendu que les pierres que l'on tire d'Avricourt pour entretien de la grande route passent toutes sur nos chaussées et nos ponts.

Les laboureurs sont obligés quatre fois l'an d'aller à une lieue de distance avec leurs charrues cultiver la corvée du seigneur, et herser deux fois.

Pour acquitter toutes ces charges, la communauté n'a qu'un modique revenu d'environ 120 livres, dans lesquelles le seigneur tire le tiers sans entrer dans les charges.

La communauté de Moussey, dépendant du comté de Réchicourt-le-Château, selon ses titres avait droit anciennement et jouissait du bois mort et mort-bois pour leurs usages. Les seigneurs leur ont refusé la jouissance : il y a eu procès pendant au Conseil ; et, faute de pouvoir, les communautés n'ont pu parvenir à le faire finir, ce qui fait gémir les vassaux.

Le présent *cahier de doléances* a été par nous, aujourd'hui vingt et un mars, coté et paraphé par premier et dernier feuillet, contenant sept pages.

F. Germain, *syndic ;* J. N. Striffleur ; Nicolas Gilet ; Claude Boiselle ; François Christophe ; Leger Fleur.

MOYEN

CXV[a]

Procès-verbal.
16 mars 1789,
« Sont comparus en l'auditoire de ce lieu, par-devant nous, Fran-

çois Ga, syndic de l'assemblée municipale de la communauté de Moyen (¹). »

Communauté composée de 244 feux.

Députés : Alexandre-Léopold Demetz, curé de la paroisse,
François Ga, syndic de l'assemblée municipale,
Martin Boulanger, maire.

Signatures : Clément Cherrier ; François Hellé ; F. Louis ; M. Boulanger, *maire ;* A. L. Demetz, *prêtre, curé de Moyen ;* Simon Poirine ; F. Ga, *syndic ;* J. Vigneron.

CXV[a]

Cahier des plaintes, doléances et remontrances des moyens de pourvoir et subvenir aux besoins de l'État, que la communauté de Moyen entend faire à Sa Majesté

ART. 1. — Remontre que les frais considérables qui résultent nécessairement de l'administration de la justice rendue à Baccarat, distant de Moyen de quatre lieues, frais que ladite communauté ne supportait pas auparavant, puisque l'on y tenait une haute-justice par le maire du seigneur évêque de Metz, pourraient être diminués de plus des trois quarts, si on supprimait la haute-justice et qu'on voulût [l']attribuer aux assemblées des notables.

ART. 2. — La connaissance de tout ce qui concerne les tutelles, curatelles, comme apposition et levée de scellés, établissement de tuteur et curateur, reddition de compte des mineurs, prestation de serment des bangards et pauliers, ainsi que tout ce qui demande de la justice ou du bon sens pour en connaître.

ART. 3. — La connaissance des procès sur les reconnaissances de promesses ; la connaissance des anticipations, tant

---

1. *Impositions ordinaires* pour les *six* premiers mois de l'année *1790* :
Imposition principale. . . . . 810 ₶ » s. » d.
Impositions accessoires. 1 613   6   4
Capitation 1 844 17   4
                          TOTAL . . . . 4 268 ₶ 3 s. 8 d.
Deux vingtièmes et quatre sous pour livre du premier pour *1790* :
Biens-fonds . . { 1ᵉʳ cahier . . . 2 695 ₶ 16 s. 9 d.
                { 2ᵉ cahier . . . 1 546 16 »
                          TOTAL . . . . 4 242 ₶ 12 s. 9 d.
(Arch. Meurthe-et-Moselle, L. 308.)

sur les biens des particuliers que sur ceux de la communauté, ainsi que cela se pratiquait lors de la rédaction de la coutume générale de l'Évêché de Metz, par l'article 19, titre 5°, de ladite coutume.

Art. 4. — La connaissance des procès qui proviennent de querelles, batailles, carillons, insultes, vexations qui se commettent dans le village par l'inconduite des uns et des autres; qui, se punissant par amendes, se corrigeraient à peu de frais; frais qui deviennent considérables, si on est obligé d'aller se faire rendre justice à Baccarat, tant à cause que les parents, pour tutelle, curatelle, reddition de comptes, que témoins, en mille autres occasions, n'étant pas obligés de sortir du lieu, ne coûteraient presque rien, pour les voyages des officiers, huissiers, etc., voulus en pareil cas, voyage au contrôle; observant qu'il serait facile d'établir un bureau de contrôle dans ce lieu composé de 250 feux, et par cet endroit plus considérable que Baccarat même.

Demande la communauté la suppression des huissiers-priseurs qui coûtent aux parties aussi considérablement qu'inutilement.

Art. 5. — Il serait encore à souhaiter que les affouages des portions de bois, récolement desdites portions, et quand ils sont obligés de faire déclarer des taillis défensables pour la vaine pâture, ainsi que quand il est question des attributions de glandée, tout cela puisse se faire par les officiers des lieux; ce qui ne coûterait pas la sixième partie de ce que ces objets coûtent annuellement.

Art. 6. — Ne pourrait-on pas aussi les autoriser à échaquer les amendes pour délits commis dans leurs bois et autres biens communaux?

Art. 7. — Selon la coutume générale de l'Évêché de Metz, conçue en ces termes, titre 1, article 15° : les personnes mariées, femmes veuves, jeunes fils et jeunes filles, âgées de vingt ans, sont en leur puissance... [*sic*]; et cependant on exige aujourd'hui qu'on leur crée des tuteurs et curateurs, ce qui engage à des frais considérables, comme appositions et levées de scellés, inventaires, etc., comme à des mineurs, ce qui ne s'est jamais fait que depuis que la haute-justice de Moyen est réunie à Baccarat.

Art. 8. — La communauté croit être surchargée de la quote-part qu'on lui donne pour le logement des cavaliers de la maréchaussée de la brigade de Vic, se montant à 11 fr.

Art. 9. — Le seigneur n'étant plus obligé et ne pouvant plus nous tenir en sûreté en temps de guerre, le droit de sauvegarde qui se monte à Moyen à un résal d'avoine annuellement par chaque habitant indistinctement pauvre ou riche et les femmes veuves à moitié, ce droit ne devrait plus avoir lieu, les charges seigneuriales étant déjà exorbitantes, comme on pourra le voir dans l'article des charges de la communauté.

Art. 10. — Le seigneur, tirant son tiers dans les biens communaux de Moyen, devrait aussi contribuer par une juste proportion aux charges de ladite communauté, comme vingtièmes des biens communaux, à l'exception de celui des bois, parce qu'il participe par ses troupeaux à la pâture dans tous les vains pâturages, comme aussi à l'entretien des ponts et fontaines d'un entretien considérable, en ayant l'usage par ses fermiers aussi bien que les autres particuliers.

Art. 11. — La communauté, se trouvant enclavée dans les villages lorrains, demande la suppression des droits de foraine qui la gênent considérablement, surtout pour le commerce de ses vins, puisque les tonneaux vides et pleins, en entrant et en sortant, et s'ils sont liés de cercles de fer, sont sujets à imposition, malgré qu'on en ait déjà payé la marque des fers non façonnés.

Art. 12. — Ne pourrait-on pas encore donner une certaine somme modique pour chaque homme que l'on demande à la milice tous les ans, pour obvier aux frais des conducteurs de ces hommes allant tirer au sort à huit lieues de leur domicile, et aux frais de chacun de ceux que l'on y conduit, somme que supporteraient les garçons qui sont obligés de tirer au sort de la milice ?

Art. 13. — On demande la suppression de la banalité des moulins, comme très onéreuse ;

Art. 14. — La suppression des employés de la Ferme ;

Art. 15. — La suppression des receveurs généraux et particuliers ;

Art. 16. — La suppression des intendants ;

Art. 17. — La suppression des maîtrises des Eaux et Forêts ;

Art. 18. — La suppression des hautes-justices ;

Art. 19. — La suppression des droits de chasse, pour les dommages que cause le grand gibier, surtout les sangliers ;

Art. 20. — La suppression des vingtièmes sur les maisons de Moyen, qui n'a pas lieu dans tous les autres villages, et qui n'a lieu à Moyen que depuis environ quatorze ans;

Art. 21. — La réduction du sel à un prix modique, parce qu'on en ferait une consommation considérable qui ferait valoir le bétail;

Art. 22. — La réduction du tabac à un prix modique, et le rendre marchand;

La suppression de quelques manufactures usant trop de bois.

Art. 23. — Enfin les moyens de pourvoir et subvenir aux besoins de l'État, serait l'impôt territorial où cela pourrait avoir lieu.

Lequel cahier rédigé par nous et fait double, avons signé en communauté le dix-neuf mars 1789.

Clément Cherrier; François Hellé; F. Louis; M. Boulanger, *maire;* A. L. Demetz, *prêtre, curé de Moyen;* F. Ga; Simon Poirine; J. Vigneron.

MOYENVIC (Ville de)

CXVI*

Procès-verbal.
14 mars 1789,

« Sont comparus en l'hôtel de ville de Moyenvic(¹), et par-devant nous, Jean-Baptiste Mathé, conseiller du Roi, maire, président le siège de police de ladite ville(²)..., les bourgeois et habitants de cette ville. »

---

1. *Impositions ordinaires* pour les *six* premiers *mois* de l'année *1790* :
Imposition principale. . . . . 515 ₶ » s. » d.
Impositions accessoires 1419 5   2
Capitation . . . . 1175 » 10
   Total . . . . 3109 ₶ 6 s.
Deux vingtièmes et quatre sous pour livre du premier pour *1790* :
Biens-fonds. . { 1ᵉʳ cahier . . . 2705 ₶ 16 s. 9 d.
     { 2ᵉ cahier . . . 5122   3 »
   Total . . . . 7827 ₶ 19 s. 9 d.
Industrie. . . . . 270 ₶ 1 s.
Offices et droits . . . . 372 »
   Total . . . . 642 ₶ 1 s.
(Arch. Meurthe-et-Moselle, L. 308.)

2. L'attribution de la présidence de l'assemblée de la commune de la ville de Moyenvic avait été l'objet d'une contestation entre Antoine R's, avocat en parle-

360 feux.

Députés : Antoine-François-Alexandre Paillart, directeur des postes,
Antoine Ris, avocat en parlement,
Joseph Pierrat, laboureur,
Pierre Heurteux, négociant et cultivateur.

Signatures : F. Mandel ; Ris ; Paillart ; Rolin ; F. Gauché ; Bastien Munier ; Heurteux ; Gossin ; Bizet ; P. Collard ; Mathé.

CXVI[e]

Objet des doléances, plaintes et remontrances à porter dans le cahier de l'assemblée générale de la ville de Moyenvic

ART. 1. — L'établissement d'États provinciaux.

ART. 2. — La suppression des jurés-priseurs.

ART. 3. — Le reculement des barrières et, en conséquence, la suppression des droits de traite dans l'intérieur du royaume.

ART. 4. — Les moyens de diminuer le prix des bois dont actuellement la consommation des salines et des manufactures en porte la cherté à un prix insupportable pour le peuple.

ART. 5. — La diminution du prix du sel pour en être le

---

ment, juge-gradué de la justice de Moyenvic, et les officiers municipaux de la même ville. Celle-ci n'étant pas comprise dans l'état des villes de la province des Trois-Évêchés et du Clermontois qui doivent envoyer plus de quatre députés à l'assemblée de leur bailliage (BRETTE, *op. cit.*, t. I, n° CXLIII°), état annexé aux lettre et règlement du Roi, concernant la convocation de la province des Trois-Évêchés et du Clermontois du 7 février 1789, la susdite assemblée, aux termes de l'article 25 du règlement général du 24 janvier 1789 (ID., *ibid.*, n° XXXVIII[a], pp. 76-77), devait être tenue « devant le juge du lieu, ou, en son absence, devant tout autre officier public ». Quoi qu'il en fût, les officiers municipaux de Moyenvic dénièrent, à leur profit, au juge-gradué de leur justice, la préférence que lui concédait l'article 25 précité du règlement général.

Pour en « jouir », et « prévenir toute difficulté qui pourrait retarder ou troubler l'assemblée de la commune de cette ville », Antoine Ris se pourvut par-devant le lieutenant-général du bailliage de Vic, sollicitant de lui une ordonnance confirmative de son droit, laquelle serait exécutée par provision, suivant la disposition de l'article 51 du règlement général du 24 janvier 1789 (ID., *ibid.*, n° XXXVIII[a], p. 87).

Sur la requête du procureur-général fiscal du bailliage, du 14 mars 1789, qu'il fût fait droit à la demande du suppliant, Claude-François Vignon, lieutenant-général, rendit à Vic, le 14 mars 1789, une ordonnance aux termes de laquelle l'assemblée de la commune de la ville de Moyenvic serait tenue devant Antoine Ris en sa qualité de juge du lieu ; en conséquence de quoi il était défendu « à toutes personnes d'apporter et causer ni retard ni trouble dans la tenue de ladite assemblée ».

(Cf. Arch. Meurthe-et-Moselle, *États généraux*, loc. cit. : « *Ordonnance portant que l'assemblée de la commune de Moyenvic sera présidée par Me Ris, juge audit lieu. Du 14 mars 1789.* »)

Cette ordonnance devait rester lettre morte, devant l'entêtement des officiers municipaux de Moyenvic.

peuple en état d'en faire une consommation proportionnée à ses besoins, tant pour les hommes que pour le bétail.

Art. 6. — Que les eaux du puits principal des salines de Moyenvic, et dont on ne fait plus d'usage pour la formation des sels depuis qu'on y a introduit dans ces salines les eaux du puits de Dieuze, parce qu'elles sont plus riches en salion, soient exactement et continuellement extraites, afin d'éviter le dommage que leur reflux et exhaussement dans le puits, faute d'en être tirées, causent dans les prairies voisines qui sont devenues stériles depuis ce reflux.

Art. 7. — Le défrichement des marais en amont et en aval de la ville par le curement de la rivière de Seille et autres moyens déjà indiqués dans différents mémoires adressés au gouvernement à l'effet de rendre l'air salubre, éviter la mort des habitants et rendre aux propriétaires la jouissance de leurs héritages dont les inondations les privent depuis longtemps.

Art. 8. — La réformation des lois civiles et criminelles et des formes judiciaires.

Art. 9. — L'égalité de répartition des impôts sur tous les Ordres, et la suppression de tous les privilèges à cet égard.

Art. 10. — La suppression des colombiers et des droits de chasse.

Art. 11. — La suppression des offices municipaux, et droit aux villes de se choisir des administrateurs.

Art. 12. — Que toutes les prestations et les cens seigneuriaux soient déclarés rachetables par les débiteurs au denier vingt-cinq.

Art. 13. — La suppression de la vaine pâture sur les terres, prés et bois.

Art. 14. — La plantation générale d'arbres à côté des bornes des grand'routes pour empêcher les voyageurs de s'exposer aux accidents pendant la nuit et dans le temps des neiges et des inondations.

Art. 15. — La suppression des droits sur la marque des fers et des cuirs.

Art. 16. — La suppression du vingtième d'industrie, attendu qu'il n'y a aucune maîtrise d'arts et métiers dans la ville de Moyenvic.

Art. 17. — Que, dans les instructions et pouvoirs qui seront donnés aux députés aux bailliages secondaires, soit à celui de Toul, il soit inséré qu'ils ne consentiront aucun impôt qu'il ne soit préalablement décidé que la répartition en sera faite également sur tous les Ordres du royaume.

Art. 18. — Que la taille de protection qui se perçoit au profit de Mgr l'évêque de Metz, sous la dénomination de taille Saint-Remy, qui a pris son origine au temps dont MM. les évêques de Metz jouissaient des droits régaliens, soit supprimée comme n'ayant plus d'objet depuis que les bourgeois de cette ville sont passés sous la protection immédiate du Roi, et encore en considération de ce que M. de Metz jouit par ses admodiateurs du tiers de la pâture et autres droits attribués à la qualité de seigneurs.

Art. 19. — L'uniformité des poids et mesures dans tout le royaume.

Art. 20. — Que les opinions aux États généraux soient comptées par tête et non par Ordre.

Art. 21. — Que la vente en détail des vins du cru de ceux qui l'exerceront à Moyenvic soit affranchie de tous impôts et droits de gabelle.

Fait et arrêté en l'hôtel commun, chambre de police de la ville de Moyenvic, le quatorze mars mil sept cent quatre-vingt-neuf.

Avant signer, les manœuvres ont protesté contre l'article 13 concernant la suppression de la vaine pâture : lesquels manœuvres composent la plus nombreuse partie de la communauté, tandis que les propriétaires et cultivateurs insistent à ce que ledit article 13 subsiste : les uns et les autres déclarent s'en rapporter à la décision des États généraux.

F. Mandel; Ris; Paillart; Rolin; F. Gauché; Bastien Munier; Heurteux; Gossin; Bizet; P. Collard; Mathé.

MUSSY-L'ÉVÊQUE

CXVII[A]

« Procès-verbal de l'assemblée municipale de la communauté de Mussy-l'Évêque, pour la nomination des députés. »

16 mars 1789,

« En l'assemblée convoquée, à la manière accoutumée, devant l'assemblée de ce lieu. »
Communauté composée d'environ 16 feux.
Députés : Étienne Antoine, boucher,
Pierre Clément, tailleur d'habits.
L'officier public de l'assemblée... est Monsieur Jean-Louis Caillou de Valmon, ancien lieutenant-colonel d'infanterie, résidant dans sa maison franche, à Charleville.
Signatures : De Caillou de Valmon, *chevalier de l'ordre militaire de St-Louis, lieutenant-colonel d'infanterie, seigneur en partie de Mussy-l'Évêque ;* Jean Prilliet ; Joseph Tresse, *syndic ;* François Hocquart ; Estienne Antoine ; Pierre Clément.

CXVII^e

Cahiers des remontrances, plaintes et doléances du village de Mussy-l'Évêque pour être présenté à l'assemblée générale au bailliage de Vic, tenue dans ladite ville, suivant les ordres de M. le président, lieutenant-général dudit bailliage, savoir :

ART. 1. — Le village de Mussy-l'Évêque, dépendant du bailliage de Vic, ce village étant entremêlé dans la multitude des villages de la Lorraine, ce qui fait qu'ils ne peuvent presque aller d'un village à l'autre sans s'approvisionner d'acquits, la plus grande part des pauvres habitants n'ayant pas le sol, pour porter un peu de fil qu'il a pour faire un petit bout de toile chez un tisserand d'un village voisin, tâche d'échapper sans acquits : il se trouve surpris par les employés des Fermes générales du Roi, [qui] lui saisissent sa marchandise, lui font des dépens plus que sa marchandise ne vaut, ce que nous trouvons très mal, voyant que c'est pour son usage, et ainsi de tous autres petits commerces semblables.

ART. 2. — Nous payons le sel 8 sols moins un liard la livre, tandis que l'étranger l'enlève à vil prix, ce qui fait que le bois pour la fourniture des salines rend le bois d'une cherté qui n'est pas à dire, ce qui fait la ruine de tout le peuple de ces cantons-ci.

ART. 3. — La Ferme nous force à prendre du tabac à cinq sols l'once, tandis qu'on en aurait à deux sols chez les étrangers Impériaux, qui sont nos voisins.

ART. 4. — Les marques de cuirs sont encore un sujet de

plainte à cause des droits de marque, ce qui enchérit les cuirs très considérablement, et ce qui fait la ruine de tout le peuple.

Art. 5. — Par les ordonnances du Souverain pour assurer dans les successions le bien des mineurs, il est voulu que le procureur du Roi, avec greffier et huissier-priseur, se transporte dans la maison mortuaire pour vaquer à la confection des inventaires ; cette sage attention est supportable sans doute dans les opulentes successions ; mais, comme les pauvres laboureurs et manœuvres des campagnes ne sont point exemptés de la loi, le plus souvent toute la succession de ces derniers ne suffit pas, ou à peine, pour satisfaire aux vacations des officiers ; et les enfants mineurs ou sont dépouillés des guenilles ou plumons que le père leur avait laissés à sa mort, ou, s'il y a de plus, le plus beau et le plus clair de ce plus est mangé en frais.

S'il arrive qu'après les inventaires il fallût faire une vente pour en mettre le produit à rente au profit des mineurs, ces ventes, de même que celles qui sont volontaires pour acquitter des dettes, doivent être faites par des huissiers-priseurs, à peine de nullité et de contravention : le plus beau et le plus comptant de ces ventes est donc emporté au profit des huissiers-priseurs.

Ne pourrait-on pas venir au-devant de ces abus ruineux en ordonnant que les maires des lieux, avec le greffier, sous les yeux du curé ou autres, fissent le mémoire des effets d'une succession délaissée par les habitants des villages, et en déposer un exemplaire de ce mémoire au greffe du lieu, et un second entre les mains du tuteur choisi dans les familles, sans frais ? On dit que ce mémoire serait fait gratis, parce qu'il devient un service de confraternité qu'ils se rendraient l'un à l'autre dans les occasions.

Art. 6. — Les enclos des prairies sont encore un grand sujet de plaintes, parce que, depuis qu'on a permis d'enclore les prés, cela a fait la ruine de tout le peuple, parce que la moitié des habitants ne peuvent plus nourrir de vaches, ce qui fait que les bestiaux sont d'une cherté terrible, ainsi que les fourrages, et ce qui fait la ruine des cultivateurs qui sont obligés d'acheter le foin fort cher, ce qui fait qu'ils ne peuvent point faire de nourris en chevaux, bœufs et vaches, ce qui porte un grand préjudice à l'agriculture ; et que le pauvre manœuvre ne peut faire aucun nourri de bêtes, ce qui les réduit à ne plus pouvoir subvenir au recouvrement des deniers royaux : de plus, faute de nourriture, l'on ne fait presque plus de fumier, ce qui fait que la terre ne produit plus comme du temps passé en graines.

Charges de ladite communauté pour les deniers royaux, savoir :

Pour la subvention nous payons la somme de . . 387# » s. 3 d.
tout pour des biens qui sont accensés fort cher, n'ayant aucun bien ;
Pour la capitation : . . . . 208 » »
Pour la corvée 99 6 1
Pour le vingtième . . . . 317 » 3
y compris les seigneurs.

Dettes de la communauté, savoir :

Ladite communauté a des dettes pour 700# qu'on a été obligé d'emprunter pour soutenir un procès qu'un nouveau seigneur depuis 3 ans nous a intenté au sujet d'un droit de vaine pâture que nous avons par accensement dans les bois du seigneur depuis 1597, ce qui fait la ruine entière de ladite communauté à cause qu'ils n'ont aucuns biens communaux, et qu'il faut tout prendre de leur poche, étant la plus pauvre communauté de la généralité de Vic et de tout le Pays messin.

De Caillou de Valmon, *chevalier de l'ordre militaire de Saint-Louis, lieutenant-colonel d'infanterie, seigneur en partie de Mussy-l'Évêque.*

Arrêté dans l'assemblée municipale, à Mussy-l'Évêque, ce seize mars mil sept cent quatre-vingt-neuf.

Joseph Tresse, *syndic;* Jean Prilliet ; François Hocquart ; Estienne Antoine ; Pierre Clément.

NEUFMAISONS

CXVIII[a]

Aujourd'hui, dix-huit mars dix-sept cent quatre-vingt-neuf, en l'assemblée convoquée au son de la cloche, en la manière accoutumée, sont comparus en l'auditoire de ce lieu, pardevant nous, Joseph Saint-Martin, syndic de la municipalité de

Neufmaisons ([1]), J.-B. Demetz, ... [au total 44 comparants], tous nés français ou naturalisés, âgés de vingt-cinq ans, compris dans les rôles des impositions, habitants de cette communauté, composée de quatre-vingt-dix-sept feux; lesquels, pour obéir aux ordres de Sa Majesté, portés par ses lettres données à Versailles le 7 février 1789 pour la convocation et tenue des États généraux de ce royaume, et satisfaire aux dispositions du règlement y annexé, ainsi qu'à l'ordonnance de M. Vignon, le président, lieutenant-général, dont ils nous ont déclaré avoir une parfaite connaissance, tant par la lecture qui vient de leur en être faite que par la lecture et publication ci-devant faites au prône de la messe de paroisse par M. le vicaire résidant, le 25 du présent mois, et par la lecture et publication et affiche pareillement faites le même jour, à l'issue de ladite messe de paroisse, au-devant de la porte principale de l'église, nous ont déclaré qu'ils allaient d'abord s'occuper de la rédaction de leur cahier de doléances, plaintes et remontrances : et, en effet, y ayant vaqué, ils nous ont représenté ledit cahier, qui a été signé par ceux desdits habitants qui savent signer, et par nous, après l'avoir coté par première et dernière page et paraphé au bas d'icelles.

Et de suite lesdits habitants, après avoir mûrement délibéré sur le choix des députés qu'ils sont tenus de nommer, en conformité desdites lettres du Roi et règlement y annexé, et les voix ayant été recueillies en la manière accoutumée, la pluralité des suffrages s'est réunie en faveur des sieurs Joseph Saint-Martin, syndic, et Joseph Crouvezier, qui ont accepté ladite commission et promis de s'en acquitter fidèlement.

Ladite nomination des députés ainsi faite, lesdits habitants

---

1. *Impositions ordinaires et prestation des chemins* pour les *six* premiers *mois* de l'année *1790* :
Imposition principale. . . . . 130 ₶ » s. » d.
Accessoires de l'imposition principale. . . . 258   18   7
Capitation et ses accessoires 295   2   »
Taxations des collecteurs.   9   16   »
Droit de quittance au receveur des finances.   2   1   4
Prestation des chemins. 99   10 11
                                TOTAL . . . . 796 ₶ 8 s. 10 d.
(Arch. Meurthe-et-Moselle, L. 678.)
Deux vingtièmes et quatre sous pour livre du premier pour *1790* .
1ᵉʳ cahier . . . . . . 1440 ₶ 12 s. 6 d.
(*Ibid.*, L. 308.)

ont, en notre présence, remis auxdits sieurs Joseph Saint-Martin et Joseph Crouvezier, leurs députés, le cahier, afin de le porter à l'assemblée qui se tiendra le 23 devant M. le président, et leur ont donné tous pouvoirs requis et nécessaires à l'effet de les représenter en ladite assemblée pour toutes les opérations prescrites par l'ordonnance susdite de M. le président, comme aussi de donner pouvoirs généraux et suffisants de proposer, remontrer, aviser et consentir tout ce qui peut concerner les besoins de l'État, la réforme des abus, l'établissement d'un ordre fixe et durable dans toutes les parties de l'administration, la prospérité générale du royaume et le bien de tous et chacun des sujets de Sa Majesté.

Art. 1. — Nous désirons qu'à l'avenir on ne puisse établir ou proroger aucun impôt que du consentement de la Nation, et que l'administration en soit confiée aux États généraux et aux provinciaux.

Art. 2. — Il y a vingt ans que la corde [de] bois, hêtre quartier, se vendait trois livres de France. Aujourd'hui, nous avons peine à en avoir à douze. Pourquoi ? 1° Parce que la multiplicité des usines, telles que les verreries, fayenceries et forges en pays étranger absorbent presque tous les bois de notre continent; 2° la mauvaise administration des coupes outrées, et la facilité que les adjudicataires ont pour le flottage, sont cause de sa cherté; parce que la Meurthe qui conduit ses eaux jusqu'à Nancy fait qu'ils nous privent de bois d'affouage, marnage et autre entretien de bâtiment, et bois de travail.

Art. 3. — Les inventaires sont très préjudiciables aux mineurs et gens de famille parce que les séances de cinq officiers de justice, qui ne durent que deux heures le matin et deux heures le soir, sont cause qu'ils emploient trois jours d'opérations, tandis que cette partie, confiée aux officiers municipaux de chaque paroisse, ne demanderait qu'un jour de travail; ce qui augmente infiniment les frais de vente de meubles ou immeubles, c'est la création des jurés-priseurs dont les frais outrés, joints à ceux que font les officiers de justice pour les inventaires, absorbent la plus grande partie des biens des mineurs et pères de famille; nous désirons que les greffiers et sergents locaux soient chargés de cette opération.

Art. 4. — Nous sommes éloignés de douze lieues de notre bailliage et de vingt-deux du parlement, ce qui nous oblige à des frais considérables toutes les fois que nous sommes contraints d'y avoir recours.

Art. 5. — La traite foraine est d'autant plus nuisible au public qu'elle oblige à des retards en chemin, et que la plus grande partie des Français, ignorant les droits, se trouvent arrêtés inopinément par les employés de la Ferme avec qui il faut composer; ce qui leur cause des frais, des retards et qui nuit infiniment au commerce.

Art. 6. — Le sel, qui est de première nécessité à chaque individu, est porté à un prix si exorbitant que nous sommes persuadés que tous les sujets de Sa Majesté ont à s'en plaindre; dans notre châtellenie de Baccarat, nous le payons huit sols de France la livre, et ne se vend que 6 sols trois deniers en Lorraine. Ne sommes-nous pas les sujets du Roi, comme les Lorrains? Pourquoi donc leur préférence? vu que nous sommes éloignés de deux lieues de notre magasin, et qu'une lieue de celui de Lorraine.

Art. 7. — Le tabac (tout mauvais qu'il est) est trop cher, ce qui oblige souvent plusieurs personnes qui en usent à prévariquer à leurs dépens.

Art. 8. — La marque outrée des cuirs et fers fait que la paire de souliers qui se vendait trois livres il y a six ans se vend aujourd'hui quatre livres treize de France, que le cent de fer qui se vendait, il y a vingt-six ans, dix-sept livres de Lorraine, se vend aujourd'hui trente-six. Quelle en est la cause? la cherté des bois, les acquits pour le charbon, et la marque des fers.

Art. 9. — Nous payons à Sa Majesté annuellement 810# 19 s. de subvention, 438# 11 s. de capitation, 208# 8 s. pour l'entretien des routes, que nous désirerions faire par nous-même comme d'ancienneté, 748# 11 s. 6 d. de vingtièmes; noter que les particuliers qui jouissent seulement d'une mauvaise baraque payent quarante-quatre sols de vingtièmes sur l'usufruit du fonds valant au plus 200#, sans faire distraction des réparations qui sont à y faire.

Art. 10. — Nous payons aussi annuellement des rentes ou droits seigneuriaux à M. l'évêque de Metz qui se portent à la somme de 746# 6 s. 8 d. : il est clair que de pareilles redevances n'ont pu être dues que pour des droits et des franchises extraordinaires, dont nous ne jouissons plus depuis le jugement rendu en 1746 par les commissaires établis pour la réformation des bois du domaine de l'Evêché de Metz. Nous sommes donc privés aujourd'hui du privilège de prendre pour nos affouages dans les bois dudit domaine tous les bois mort et mort-bois, outre les bois de marnage, couverture et entretien de nos maisons, bois pour construire et reconstruire chariots, charrues, et herses, etc., nécessaires aux laboureurs; et nous ne cessons de payer les rentes ci-dessus. Nota : nous désirerions avoir communication des titres qui nous obligent à payer la taille appelée l'aide Saint-Remi, vu que d'autres communautés plus aisées que nous payent moins que nous.

Art. 11. — Par édit de 1772, nous sommes assujettis à l'entretien et reconstruction de la nef de l'église de notre paroisse, qui, auparavant, était à la charge des décimateurs, et nous n'en sommes nullement indemnisés : nous sommes assez grevés par l'entretien et reconstruction de la tour, etc., n'ayant aucun revenu commun. Si les décimateurs étaient aussi exacts à la fourniture des objets à leur charge qu'à la perception de la dîme, ils nous éviteraient souvent des procès pour les y contraindre. Les vœux de tous les sujets de notre communauté sont : 1° d'avoir un curé à notre paroisse, qui, connaissant mieux les besoins des pauvres que le curé de la mère église, serait plus à portée de leur faire du bien dans leur indigence; 2° pour y parvenir, nous demandons avec instance que la dîme en totalité soit employée, partie pour l'honnête entretien dudit curé, partie pour les réparations, fournitures et reconstruction de notre église, partie enfin pour le soulagement des pauvres, pour lequel il faudrait établir en notre communauté un bureau de charité, conduit par quatre principaux auxquels le curé présiderait.

Art. 12. — La dîme en général est de douze une. Notre finage, situé dans un climat sauvage et aride, ne produit que très peu de choses. Sa situation dans un fond environné de toutes parts de montagnes et de forêts, à la faveur desquelles le moindre orage de pluies entraîne les terres de nos campagnes, jusqu'à découvrir les rocs ; et les mêmes terres roulées sur nos prairies, couvrant l'herbe de trois à quatre pouces, nous privent de récoltes de foin pendant près de deux ans.

Art. 13. — Le droit de coupelle est très nuisible au public, puisque l'on paye à Raon-l'Étape (marché le plus près) un résal de quarante. Nous demandons aussi l'uniformité des poids et des mesures.

Art. 14. — Nous demandons que ceux qui ont des colombiers de droit et d'usage constant retiennent leurs pigeons dans les temps voulus par l'ordonnance, et que ceux qui n'ont aucun droit de colombier en soient privés.

Art. 15. — Nous désirons être autorisés à faire marquer nos chétifs et petits bois d'affouages annuels par nos officiers municipaux, comme il était d'usage jadis, pour éviter des frais de marnage qui absorbent la moitié des petits revenus de nos bois.

Art. 16. — Nous demandons que le Clergé et la Noblesse payent proportionnellement à leurs revenus, afin de soulager le Tiers état.

Et, de leur part, lesdits députés se sont présentement chargés du cahier des doléances de ladite communauté, et ont promis de le porter à ladite assemblée, et de se conformer à tout ce qui est prescrit et ordonné par lesdites lettres du Roi, règlement y annexé et ordonnance susdatés. Desquels nomination de députés, remise de cahier, pouvoirs et déclarations, nous avons à tous les susdits comparants donné acte, et avons signé avec ceux desdits habitants qui savent signer, et avec lesdits députés, notre présent procès-verbal, ainsi que le duplicata que nous avons présentement remis auxdits députés, pour constater leurs pouvoirs ; et le présent sera déposé aux archives du secrétariat de cette communauté, lesdits jour et an.

Henry Colin ; N. Didier ; J. Valentin ; J.-B. Chanot ; J.-B. Demetz ; D. Mathieu ; J. Crouvezier, *député;* Joseph Didier, *membre;* J.-B. Job, *maire;* N. Mathieu, *greffier.*

NEUFMOULIN

CXIX ᴬ

Procès-verbal.

« 15 mars 1789, sont comparus par-devant nous, Joseph L'huillier, syndic municipal de la communauté de Neufmoulin (¹). »
Communauté composée de 14 feux.
Députés : Joseph L'huillier, syndic municipal,
Jacques Jeanmaire.
Signatures : Jacques Jeanmaire ; J. J. L'huillier, *greffier ;* Joseph Muller ; Joseph L'huillier, *maire et syndic ;* C. Simon.

CXIX ᴮ

Cahier des doléances, plaintes et remontrances que les habitants de la communauté de Neufmoulin ont l'honneur de présenter à Sa Majesté en l'exécution de ses lettres de convocation données à Versailles le 7 février 1789 pour la tenue des États généraux de ce royaume, et satisfaire aux dispositions du règlement y annexé, ainsi qu'à l'ordonnance de Monsieur le président, lieutenant-général-fiscal au bailliage de la ville de Vic ; observent :

Art. 1. — Qu'il est constant que les fonds, fiefs et domaines de la Noblesse forment la plus grande partie des biens et revenus du royaume ; pourquoi ces biens ne seraient-ils pas cotisables aux besoins de l'État comme ceux du Tiers état et de la même manière que ceux du Tiers état, de même que les biens ecclésiastiques du haut et bas Clergé ? Chaque noble ou roturier, laïque ou ecclésiastique, doit indistinctement se faire un devoir de soutenir la gloire de la Couronne et subvenir aux frais du royaume ; en conséquence, ladite communauté supplie

---

1. *Impositions ordinaires* pour les *six* premiers *mois* de l'année *1790* :
Imposition principale. . . . . 27 ₶ » s. » d.
Impositions accessoires. 54   15   6
Capitation 62   12   9
　　　　　　Total . . . . 144 ₶ 18 s. 3 d.
Deux vingtièmes et quatre sous pour livre du premier pour *1790* :
Biens-fonds . . { 1ᵉʳ cahier . . . 111 ₶ ·4 s. » d.
　　　　　　　　{ 2ᵉ cahier . . . 89   13 9
　　　　　　Total . . . . 200 ₶ 17 s. 9 d.
(Arch. Meurthe-et-Moselle, L. 308.)

Sa Majesté d'ordonner que tous les biens des nobles et ceux des ecclésiastiques seront indistinctement cotisés comme ceux du Tiers état : et que, pour parvenir à une juste répartition, que les trois Ordres seront tenus de faire une juste déclaration de tous leurs biens et revenus pour en éclaircir les municipalités et leurs adjoints, qui sont chargés de la répartition et rédaction des rôles.

Art. 2. — Que les biens des maîtres de poste soient assujettis aux impositions de même que les fermiers des dîmes, dans la même règle que tous les autres propriétaires ou rentiers. Pourquoi ces sortes de biens auraient-ils des privilèges ou des modérations, tandis que ce sont ces sortes d'états qui font les plus grands profits qu'aucuns des gens de la campagne ?

Art. 3. — Le Tiers état observe à Sa Majesté que la plus grande partie des seigneurs perçoivent annuellement de leurs vassaux des rentes en grains et en argent, corvées, et autres objets semblables, et que la plupart n'ont acquis ce droit que par des conventions faites entre lesdits seigneurs et leurs vassaux, par des engagements réciproques que les seigneurs fourniraient à leurs vassaux leurs forêts pour la grasse et vaine pâture de leurs bestiaux, bois de chauffage et de charronnage. Cependant, depuis plusieurs années, les mêmes seigneurs se refusent à leurs obligations, et, comme ayant lesdits titres, perçoivent néanmoins leurs droits. Le Tiers état supplie Sa Majesté d'ordonner que tous seigneurs, avant toutes nouvelles perceptions, seront tenus de produire leurs titres, à la vue desquels il sera remarqué qu'il y a des engagements réciproques, et, faute auxdits seigneurs de satisfaire aux leurs, que leurs prétentions soient anéanties sans qu'ils puissent prétexter des possessions.

Art. 4. — Qu'il est d'une grande nécessité pour le bien de la province de Metz que les salines de Moyenvic et de Château-Salins soient supprimées : on assure Sa Majesté que celle de Dieuze est suffisante pour la province et les provinces étrangères qu'elle fournit. Le Roi pourrait tirer d'autres avantages des forêts que ces deux salines épuisent, en faisant faire, après leur suppression, des bois de bâtiments, charronnage, bois de Hollande et d'affouage, si nécessaires à la province ; car il est certain que dans peu les peuples de cette contrée se verront dans l'impossibilité d'avoir des bois de chauffage, tant pour raison desdites salines que pour une quantité d'autres usines qui, pour ainsi dire, se touchent les unes aux autres comme forges, verreries et faïenceries.

Art. 5. — L'objet principal à supprimer, ce sont les Fermes générales, fardeau sous lequel le peuple gémit, mais que les Fermiers supportent avec plaisir aux dépens de Sa Majesté, et à la destruction de son peuple : toute la nation crie à cette suppression en suppliant Sa Majesté ordonner que les barrières seront reculées à toutes les clefs du royaume, que les impôts seront supprimés, ainsi que les gabelles, en permettant les sels libres et marchands, plus de traites foraines, plus d'employés dans l'intérieur du royaume, enfin tous les objets concernant les Fermes du Roi, aux offres que font les sujets de contribuer volontiers par imposition une somme au delà de celle que Sa Majesté perçoit de ses fermiers généraux. La circulation des denrées et marchandises sera libre dans l'intérieur du royaume; les différentes provinces pourront se procurer plus facilement les unes les autres leur nécessaire, et cela évitera le peuple d'être dans le cas de désobéir à Sa Majesté en faisant la contrebande, et aussi de se voir punir par des emprisonnements, des amendes, des galères, enfin des destructions de familles, telles que cela se pratique journellement.

Art. 6. — Si l'édit concernant les enclos est avantageux à quelques provinces, ce ne peut être que dans celles où les biens des propriétaires sont réunis et dans des lieux plats où les fossés sont nécessaires. Mais, dans la province de Metz et de Lorraine, il y est tant plus pernicieux et désavantageux pour plusieurs raisons : 1° en ce que les terres et prés sont divisés en de très petites portions entremêlées les unes dans les autres, les prés d'un modique rapport dont les frais de clôture excèdent le produit de la seconde récolte; 2° qu'en les fermant par fossés, c'est lui interdire les écoulements des eaux et les égouts des champs qui font l'amélioration ordinaire des prés; 3° qu'il n'y a que les seigneurs et quelques riches qui ont des fonds de prés qui puissent et méritent se fermer; ils y sont pour leurs profits au préjudice de tous les autres cultivateurs, parce qu'ils conservent les leurs et mangent ceux des autres : l'on demande que tous propriétaires et fermiers jouissent de leurs prés pour la première et seconde récolte, sans clôture, lesquelles seront faites pour le premier octobre, et, ce temps passé, il soit libre à un chacun d'y envoyer pâturer jusqu'au vingt-cinq mars suivant, ainsi qu'il est déjà d'usage dans la province d'Alsace.

Art. 7. — Que le parcours soit rétabli d'un ban à autre en tout temps pour les terres versaines, et après les récoltes des moissons dans les étoubles ; cela évitera des amendes que des rapports fréquents occasionnent et ruinent les peuples.

Sa Majesté est suppliée d'agréer les vœux que les habitants de ladite communauté ont insérés dans le présent cahier, fait et délibéré audit lieu, cejourd'hui 20ᵉ mars 1789; et les habitants qui savent signer ont signé après lecture faite.

Jacques Jeanmaire ; J. J. L'huillier, *greffier*; Joseph Muller; Joseph L'huillier, *maire et syndic*; C. Simon.

NEUVILLER

CXX*

Procès-verbal.

« 15 mars 1789, sont comparus par-devant nous, Dominique Lemoine, syndic de la municipalité. »

Communauté (¹) composée de 50 feux.

Députés : Dominique Lemoine,
            Joseph Thiriet.

Signatures : P. Allain, *maire* ; J. C. Thiriet ; Bernard ; D. Lemoine, *syndic* ; C. Thierry, *greffier*.

CXX*

[Le cahier des doléances de la communauté de Neuviller ne paraît pas exister aux Archives départementales de Meurthe-et-Moselle.]

---

1. *Impositions ordinaires et prestation des chemins* pour les *six premiers mois* de l'année *1790* :

Imposition principale.	68 ᶠˡ	10 s.	» d.
Accessoires de l'imposition principale.	136	8	8
Capitation et ses accessoires.	156	»	6
Taxations des collecteurs	5	2	5
Droit de quittance au receveur des finances.	2	1	4
Prestation des chemins.	52	11	10
Total	420 ᶠˡ	14 s.	9 d.

(Arch. Meurthe-et-Moselle, L. 678.)

Deux vingtièmes et quatre sous pour livre du premier jour *1790* : 711 ᶠˡ » s. 3 d.
(*Ibid.*, L. 208.)

NIDERHOFF

CXXI^A

« Procès-verbal de l'assemblée du village et communauté de Niderhoff, pour la nomination des députés. »
15 mars 1789,
« Sont comparus au domicile de Dominique Cheulet, greffier de la municipalité, par-devant nous, Joseph Haumant, syndic. »
Communauté(1) composée de 87 feux.
Députés : Joseph Haumant,
Dominique Cheulet.
Signatures : George Mathis ; Joseph Haumant ; D. Cheulet ; Dominique Maire ; François Mangin.

CXXI^B

[Le cahier des doléances de la communauté de Niderhoff ne paraît pas exister aux Archives départementales de Meurthe-et-Moselle.]

NIEDERWISSE

CXXII^A

« Procès-verbal de l'assemblée de la communauté de Niederwisse, pour la nomination des députés. »
20 mars 1789,
« Sont comparus en l'auditoire de ce lieu. » (17 comparants.)
Communauté composée de 20 feux.
Députés : François Causem, syndic.
François Zimmermann, greffier.
Signatures : Gorg Causem ; Jean Calmes ; Andreas Causem ; Meyer, *membre;* Franz Causem, *syndic ;* F. Zimmermann, *greffier.*

---

1. *Impositions ordinaires* pour les *six* premiers *mois* de l'année *1790* :
Imposition principale. . . . . 60 ℔ 10 s.
Impositions accessoires. 120 10
Capitation 137 16
    Total . . . . 318 ℔ 16 s.
Deux vingtièmes et quatre sous pour livre du premier pour *1790 :*
Biens-fonds . . { 1er cahier . . . 389 ℔ 18 s. 3 d.
       { 2e cahier . . . 479 19 6
    Total . . . . 869 ℔ 17 s. 9 d.
    (Arch. Meurthe-et-Moselle, L. 308.)

CXXII[e]

Cahier des plaintes et doléances de la communauté de Niederwisse, présenté à l'assemblée du bailliage de Vic par François Causem, syndic, et François Zimmermann, greffier de notre village, tous les deux élus députés par nous soussignés, habitants de ladite communauté

Grâces à notre gracieux Roi de ce qu'il nous permet de lever nos voix pour expliquer à toute la nation française les raisons qui nous ont causé la misère à laquelle nous sommes réduits, afin d'y remédier : la Ferme générale, la chicane, l'usure, les privilèges des deux premiers États du royaume en sont les principales.

Nous demandons donc *premièrement* la suppression de la Ferme générale et de toutes ses dépendances, parce qu'elle ôte tant de mille bras à l'agriculture qu'elle a d'employés ; elle ruine les gens de campagne et empêche la fertilité des terres labourées par la cherté du sel ; elle gêne le commerce par les détours que les acquits causent aux commerçants ; et souvent même nous sommes faussement accusés par des employés de mauvaise foi ; traitement qui est d'autant plus cruel qu'il est jugé par la Ferme même, qui est notre partie adverse, et personnellement intéressée. La liberté du sel, du tabac et de tout autre commerce dans l'intérieur du royaume, des barrières sur les frontières, qui favoriseraient le commerce national qui donnerait de l'ouvrage à tout le monde et en tout temps, nous conviendraient infiniment mieux.

2° Il est nécessaire de supprimer les huissiers-priseurs qui, au lieu de veiller à la conservation des biens des mineurs, les dévorent ; les inventaires faits par les officiers des bailliages causent souvent plus de frais que les successions valent. Les assemblées municipales pourraient faire tout cela à peu de frais. Le grand nombre d'avocats, procureurs et huissiers ne pourraient pas vivre s'ils ne faisaient pas de frais mal à propos à leurs clients. Il faut commencer par réduire le nombre de ces messieurs et laisser finir les dimanches et fêtes toutes les petites affaires sans frais dans les assemblées municipales ; on condamnerait celui qui a tort à une modique charité pour les pauvres de la paroisse ; en y ajoutant les aumônes volontaires, on pourrait presque dans tous les villages parvenir à soulager les pauvres, sans qu'ils aient besoin de perdre leur temps en allant mendier d'un endroit à l'autre. Dans les affaires de conséquence, l'assemblée municipale tâcherait d'accommoder les parties ; on leur donnerait un certificat comme quoi ils s'y avaient présentés ; mais il faudrait pour cela qu'aucun plaignant soit écouté dans les bailliages, s'il n'a auparavant obtenu ou requis ledit certificat. Par ce moyen, un grand nombre de procès serait évité ; on [ne] commencerait plus légèrement pour une petitesse une affaire ruineuse dans la première chaleur.

3° Au sujet des Juifs, nous ne savons par où nous devons commencer pour mettre au clair les malheurs que cette maudite nation nous cause ; nation qui n'est pas capable de devenir jamais utile à l'État, et qui est propre à rien qu'à mettre les bons citoyens hors d'état de contribuer au bonheur commun. Ils ont ruiné nos pères par leur usure ; et, parce que nous n'avons hérité que de la misère, ils ont bien aisé de nous attraper par leurs ruses dans nos besoins : aussi sont-ils nos maîtres ; ils sont vingt-quatre feux contre nous vingt, sans parler d'une multitude de jeunes gens dont un grand nombre est au point de s'établir parmi nous, et, comme nous leur devons tout, nous n'oserons jamais leur refuser de les admettre. Il est vrai que l'État n'en perdrait pas beaucoup, si nous étions les seuls qu'ils empêchent de parvenir à quelque chose ; mais malheureusement tout le pays en souffre ; ils profitent de la nécessité d'un père de famille et de l'imbécillité de l'autre pour ruiner des familles entières. Nous disons que l'État en souffre pour plusieurs raisons : les bons sujets sont par là mis hors d'état de payer les deniers publics, leurs enfants sont mal élevés, et l'homme de campagne une fois appauvri ne tire plus de ses terres ce qu'elles devraient produire naturellement ; cela ne sont-ils pas des obstacles bien sensibles à la félicité publique ? Les Juifs ont poussé l'audace jusqu'à bâtir dans notre village un temple séparé de tout autre bâtiment, et uniquement destiné au culte de leur religion, ce qui est contre les ordonnances, même contre le dernier édit de tolérance.

Nous supplions donc les États généraux d'établir le bon ordre, et de nous débarrasser de nos Juifs ; ou, du moins, de les exclure de la tolérance accordée aux acatholiques, et de les mettre hors d'état de nous nuire désormais, en diminuant le nombre exorbitant qui nous environne. Il est pour cela absolument nécessaire de faire abattre leur temple, de leur faire une nouvelle défense de s'attirer des biens immeubles et de mettre fin à leur usure, en annulant toute promesse écrite en leur faveur; on pourrait au plus excepter celles qui sont faites devant l'assemblée municipale du lieu ou devant un notaire royal et des témoins, à charge et condition que le Juif n'ose toucher la promesse avant que le promettant ait touché tout l'argent comptant marqué dans la promesse. Et enfin, pour qu'ils [ne] ruinent pas totalement leurs débiteurs actuels, il faut leur accorder un crédit de dix ans sans le moindre intérêt; parce que toutes ces dettes sont déjà doublées, quadruplées, etc., par les vingt-cinq ou trente pour cent qu'ils font tous les ans ajouter à l'ancienne somme par des nouvelles promesses.

4° Plus d'exemption pécuniaire : nous désirons que les ecclésiastiques, les nobles, à plus forte raison les autres privilégiés soient tous, sans la moindre exception, irrévocablement tenus de payer à l'Etat comme le Tiers ordre, chacun selon ses facultés, et cela dans chaque communauté sur le ban de laquelle leurs biens sont situés. Les bâtiments, les cours et les jardins de luxe ou de plaisir contribueront comme les terres labourées les plus fertiles. Nous remarquons ici que les déclarations des biens n'ont pas été exactes jusqu'ici.

5° Nous trouvons que les États provinciaux seraient d'une grande utilité publique; nous demandons par conséquent la suppression totale des intendances, de leurs subdélégués, de la gruerie, ainsi que des directeurs des ponts et chaussées et des bâtiments publics, parce qu'ils sont autant de fléaux des gens de campagne, qui font monter au double les dépenses publiques de leur ressort.

6° Nous supplions les États généraux de faire une règle fixe et constante au sujet des corvées, afin qu'elles soient toujours payées en argent conformément au nouvel édit, et jamais plus faites en nature comme ci-devant, quand les pauvres en étaient injustement surchargés.

7° Les clôtures dans les prés et champs font un grand tort au plus grand nombre des sujets : ce ne sont que les riches qui ont les moyens d'en faire pour conserver leurs regains, tandis que leurs bestiaux mangent la pâture ouverte des pauvres.

8° Comme le blé est excessivement cher, nous remarquons que la cause en est qu'il n'y a pas assez de magasins au pays, qui seraient une ressource dans les chertés extraordinaires ; une seconde raison est que l'on a trop de blé exporté hors du royaume l'année passée et l'année présente ; cela se pratique par fraude : nous demandons donc que le prix de la quarte du blé, froment, n'excède jamais sept ou huit livres, et que l'on exige à cette fin dans chaque bourg de la province un magasin à blé, et qu'il soit jamais permis d'en exporter chez l'étranger avant que tous les magasins en soient remplis ; il est aussi nécessaire de prendre plus de précautions à l'avenir pour prévenir toutes les ruses des commerçants en blé.

9° La rareté du combustible mérite une attention particulière des États généraux. Les pauvres, qui sont le plus grand nombre, peuvent pas payer douze livres de la corde de bois, ni pour faire venir un chariot de houille ; ils peuvent pas non plus se laisser geler de froid avec leurs familles ; ils cesseront donc pas de détruire les arbrisseaux dans les bois déjà trop dégradés, si on leur procure pas du combustible vénal en détail ; il faudrait engager quelque particulier dans chaque communauté à faire ce commerce, et ne plus laisser consommer des si grandes quantités de bois par les forges et les verreries, les salines, etc.

10° L'édit qui décharge les décimateurs de la construction de la nef des églises paroissiales et en charge les paroissiens nous paraît aussi être abusif ; les décimateurs ont eu leurs dîmes avec cette charge, et ils sont d'ailleurs plus en état de bâtir que les pauvres communautés.

11° L'inégalité des aunes, des poids et des mesures dont on se sert dans les différentes provinces du royaume, ainsi que l'argent de Lorraine, sont d'aucune utilité, mais causent souvent des gênes et des difficultés dans le commerce.

Dans ces onze articles sont comprises nos plaintes, doléances et remontrances, que nous enjoignons à nos susdits députés de proposer en nos noms à l'assemblée de notre bailliage de Vic, et nous voulons qu'ils soutiennent avec la plus grande fermeté toutes celles de nos demandes qui se trouveront confirmées par la pluralité des voix.

Nous les autorisons, en outre, de consentir à toutes les autres propositions non comprises dans le présent cahier qu'ils jugeront en leur conscience pouvoir être utiles à la Nation. Foi de quoi nous tous, habitants de Niederwisse, qui savons signer, signons à Niederwisse, ce 20 mars 1789. *Pro duplicata.*

Gorg Causem ; Jean Calmes ; Andreas Causem ; Meyer, *membre;* Franz Causem, *syndic;* F. Zimmermann, *greffier.*

OBERWISSE

CXXIII[A]

« Procès-verbal de l'assemblée de la communauté pour la nomination de députés. »

20 mars 1789,

« Sont comparus en l'auditoire de ce lieu.... » (31 comparants.)

Communauté composée de 30 feux.

Députés : Pierre Wagner, syndic, laboureur,
François Malhomme.

Signatures : Gorge Girard ; Nicolas Klotz ; François Malhomme, *membre;* Petter Wagner, *maire et syndic municipal;* Johan-Jacob Lacroix, *greffier.*

CXXIII[B]

Cahier de plaintes et doléances de la communauté d'Oberwisse, présenté à l'assemblée du bailliage de Vic par Pierre Wagner, syndic, et François Malhomme, membre de notre village, tous les deux élus députés par nous soussignés, habitants de ladite communauté

Grâces à notre précieux Roi de ce qu'il nous promet de lever nos voix pour expliquer à toute la nation française les raisons qui nous ont causé la misère à laquelle nous sommes réduits, afin d'y remédier : la Ferme générale, la gêne, l'usure, les privilèges des deux premiers États du royaume en sont les principales.

Art. 1. — Nous demandons premièrement la suppression de la Ferme générale et de toutes ses dépendances, parce qu'elle ôte tant de mille bras à l'agriculture qu'elle a d'employés ; elle ruine les gens de campagne et empêche la fertilité des terres labourées, par la cherté du sel ; elle gêne le commerce par les détours que les acquits causent au commerce ;

et, souvent même, nous sommes faussement accusés par des employés de mauvaise foi, traitement qui est d'autant plus cruel qu'il est jugé par la Ferme même qui est notre partie adverse, et personnellement intéressée. La liberté du sel, du tabac, et de tout autre commerce dans l'intérieur du royaume; les barrières sur les frontières, qui favoriseraient le commerce national, qui donneront de l'ouvrage à tout le monde et à tout temps, nous conviendront infiniment mieux, puisque en notre frontière nous sommes entremêlés entre le village de Lorrains [*sic*]..., et quand nous partirons seulement hors de notre village, nous sommes obligés de prendre un acquit soit en retour ou en charge, autant auxquelles denrées ou marchandises qu'il soit.

Art. 2. — Il est nécessaire de supprimer les huissiers-priseurs qui, au lieu de veiller à la conservation de biens des mineurs, les dévorent : les inventaires faits par les officiers du bailliage causent souvent plus de frais que les successions valent. Les assemblées municipales pourraient faire toutes ces affaires en peu de frais, car les avocats, les procureurs et les huissiers ne pourraient pas vivre s'ils ne faisaient point de frais mal à propos à leur bien.

Art. 3. — Au sujet des Juifs, nous ne savons par où nous commencerons pour mettre au clair les malheurs que cette maudite nation nous cause, nation qui n'est pas capable de devenir jamais utile à l'État, qui ne servira de rien que de mettre les bons citoyens hors d'état de contribuer au bonheur commun ; car ils ont ruiné nos pères par leurs usures, parce que nous n'avons hérité que de la misère, car ils ont bien aisé de nous attraper par leurs ruses dans nos besoins ; car ils ont tout de quoi, et l'argent, et qu'ils font estimer par rapport de leur argent qu'ils tirent de nous des intérêts inconsidérables par rapport ; ils ont ruiné nos endroits depuis quarante et cinquante ans. Ne sont-ils pas des obstacles bien sensibles à la félicité publique que les Juifs ruinent par leur finesse les pays du royaume ? Nous supplions donc les États généraux d'établir le bon ordre contre la nation des Juifs : qu'ils ne pourront plus à l'avenir ruiner les pays du royaume.

Art. 4. — Plus d'exemption pécuniaire. Nous désirons que les ecclésiastiques, les nobles, à plus forte raison les autres privilégiés soient tous, sans la moindre exception, irrévocablement tenus de payer à l'État comme le Tiers ordre, chacun [selon] ses facultés, et cela dans chaque communauté sur les bans de laquelle leur bien [est] situé ; les bâtiments, les cours et les jardins de luxe ou de plaisir contribueront comme les terres de laboureurs les plus fertiles ; nous remarquons ici que les déclarations des biens n'ont pas été exactes jusqu'ici.

Art. 5. — Nous trouvons que les États provinciaux seront d'une grande utilité publique : nous demandons par conséquent suppression totale des intendants, de leurs subdélégués, de la gruerie, ainsi que des directeurs des ponts et chaussées et de bâtiments publics, parce qu'ils sont autant de fléaux des gens de campagne, qui font monter au double la dépense publique de leur ressort.

Art. 6. — Nous supplions les États généraux de faire une règle fixe et constante au sujet des corvées, afin qu'elles soient toujours payées en argent conformément aux nouveaux édits, et jamais plus faites en nature comme ci-devant, quand les pauvres en étaient injustement surchargés.

Art. 7. — Les clôtures dans les prés et champs font un grand tort au plus grand nombre des sujets : ce ne sont que les riches qui ont les moyens d'en faire pour conserver leurs regains, tandis que leurs bestiaux mangent la pâture ouverte des pauvres et réservent leurs clôtures.

Art. 8. — Comme les blés et grains sont extrêmement chers, remarquons que la cause en est qu'il n'y a pas assez de magasins au pays, qui seraient une ressource dans les chertés extraordinaires ; une seconde raison est que l'on a trop de blé exporté hors du royaume l'année passée et l'année présente. Cela se pratique par fraude. Nous demandons donc que les prix de la quarte de Metz de blé, froment, n'excède jamais que entre sept et huit livres, et que l'on érige à cette fin dans chaque bourg de la province un magasin en blé, seigle ou méteil, et qu'il soit jamais permis d'en apporter chez des étrangers avant que tous les magasins en soient remplis ; il est aussi nécessaire de prendre plus de précautions à l'avenir pour prévenir toutes les ruses des commerçants en blé.

Art. 9. — La rareté du combustible [mérite] une attention particulière des États généraux : les pauvres qui sont le plus grand nombre peuvent pas payer douze livres la corde de bois [ni] pour faire parvenir une charge de houille ; ils peuvent pas non plus se laisser geler de froid avec leurs familles. Ils cesseront donc pas de détruire des arbrisseaux dans les bois déjà trop [dégradés]. Il est très bien à plaindre que nous avons en notre province [trop] de salines, de forges, de verreries, qu'ils nous font beaucoup du tort pour la cherté du bois, et que nous payons les sels, fers, plomb et toute autre marchandise plus cher que en d'autres pays à cause des gênes de la Ferme générale par rapport des acquits de transport, etc., de Lorraine et France qui sont entremêlées.

Art. 10. — Il est encore particulier à plaindre que notre village a bâti une propre chapelle, croyant être servi tous les dimanches la messe par un vicaire : après tout le possible et beaucoup d'argent qu'il nous coûtait, nous n'aurons point la messe ; et la dîme de sur notre ban est aussi suffisante pour avoir toutes les fêtes et dimanches la messe en notre dite chapelle ; et,... [*sic*] contre la règle, nous sommes obligés d'aller trois quarts de lieue par une mauvaise chemin jusqu'à Boucheporn. C'est pourquoi nous prions les États généraux de nous assister dans cette dite plainte comme dans d'autres demandes, car nous avons bien de la peine pour avoir des servantes et des domestiques par rapport d'un si mauvais chemin, et les vieilles personnes ne peuvent point aller à la messe au pareil cas.

Art. 11. — Il est encore beaucoup à plaindre que notre village se trouve en arrérage de deux ans du vingtième, savoir 1786 et 1787, ce qui fait ensemble neuf cent vingt-deux livres deux sols deux deniers. Cet arrérage provient de trois malheureuses années : en fait, les deux premières que nous avons perdu par des grêles tous nos blés, grains et toutes autres denrées, et la troisième également perdu tous nos blés, froments et seigles, ainsi tout suivant nos requêtes et visites. En même temps de tout quoi, notre village est très pauvre, et hors d'état d'acquitter et de payer lesdits arrérages : supplions les messieurs des États généraux à nous et à tous les malheureux comme nous d'assister en pareil cas.

Art. 12. — Pour la régie des cuirs, qu'elle fait un tort aux provinces, car les cuirs sont terriblement chers, et augmentent par rapport des marques de cuirs ; et, pour la moindre peau et cuir, on est obligé de prendre un acquit, même si on le fait tanner ou chamoiser pour soi-même.

Art. 13. — Notre village du présent cahier est un [des] plus malheureux, parce que voilà six années, depuis les malheurs, grêles, [que] notre ban n'a plus donné pour la semence et les rentes seigneuriales.

Dans les articles ci-dessus, et d'autre part, sont compris nos plaintes, doléances et remontrances que nous enjoignons à susdits députés de proposer en nos noms à l'assemblée de notre bailliage de Vic, et nous voulons qu'ils soutiendront avec la plus grande fermeté toutes celles de nos demandes qui se trouveront conformes par la pluralité des voix.

Nous les consentons et autorisons en outre de consentir à tous les autres propositions non compris dans le présent cahier qu'ils jugeront en leur conscience pouvoir [être] utiles à la Nation : foi de quoi, nous tous habitants dudit village et communauté d'Oberwisse, qui savons signer, signons à Oberwisse, le 20 mars l'an 1789. *Pro duplicata.*

Gorge Girard; Nicolas Klotz; François Malhomme, *membre;* Petter Wagner, *maire et syndic municipal;* Johan-Jacob Lacroix, *greffier.*

OBRECK

CXXIV^a

« Procès-verbal fait en une assemblée de la communauté d'Obreck, bailliage de Vic. »
15 mars 1789,
« Claude Nondier, syndic en la communauté d'Obreck (1), en l'assemblée convoquée par la voie dudit syndic et au son de la cloche en la manière accoutumée, sont comparus par-devant nous en notre assemblée dans la maison dudit Nondier les personnes de... tous artisans et manœuvres, domiciliés dans notre communauté, avec trois femmes veuves... »

---

1. *Impositions ordinaires* pour les *six* premiers *mois* de l'année *1790 :*
   Imposition principale. . . . . 103 ₶ 10 s. 8 d.
   Impositions accessoires. 285   5   2
   Capitation 237   7   »
              Total . . . . 626 ₶ 2 s. 10 d.
   Deux vingtièmes et quatre sous pour livre du premier pour *1790 :*
   Biens-fonds . . { 1ᵉʳ cahier . . . 480 ₶ 2 s. 6 d.
                   { 2ᵉ cahier . . . 322 11 6
              Total . . . . 802 ₶ 14 s.
   (Arch. Meurthe-et-Moselle, L. 308.)

Communauté composée de 27 feux, y compris les trois femmes veuves.
Députés : Dominique Étienne, laboureur audit lieu,
Claude Nondier, syndic en notre communauté.
Signatures : Claude Nondier, *syndic ;* C. Beaudoin ; D. Étienne ; Joseph Krieg ; F. Dedun ; J. C. Nondier, *greffier ;* J. N. Cézard.

CXXIV^e

Communauté d'Obreck, bailliage de Vic, paroisse de Hampont. Plaintes, doléances et remontrances rédigées dans le présent cahier en l'assemblée des membres composant la municipalité et en présence du plus grand nombre des habitants de la communauté d'Obreck, et assistés de Dominique Étienne, laboureur, et de Claude Nondier, manœuvre, tous les deux députés nommés à la pluralité des voix en assemblée des habitants, à l'issue des vêpres, le dimanche 15 mars 1789, lesquels députés se sont volontairement chargés du présent cahier et ont promis de se transporter le 23e mars, dès le matin, en la ville de Vic, où une assignation est donnée pour comparaître et avoir l'honneur de présenter le présent cahier au nom de ladite communauté d'Obreck à Messieurs composant l'assemblée ordonnée en conséquence de la lettre de Sa Majesté le Roi de France, du 7 février 1789, concernant la convocation des États généraux, lesquels députés ont promis de bien fidèlement, en honneur et conscience, s'acquitter de ladite commission et répondre sur chacun des articles exposés audit cahier, au cas qu'ils soient interrogés, en assurant la sincérité

Observations sur le village d'Obreck

Le village d'Obreck est annexé à la paroisse de Hampont de laquelle il est éloigné de 650 toises de Lorraine ; notre communauté est en usage de payer le cinquième des charges de la paroisse conjointement avec les deux communautés composant la paroisse de Hampont.

Les peines d'être obligé d'aller pour les offices à 650 toises nous obligent d'exposer aux pieds du trône de Sa Majesté que nous espérons que le s^r curé de Hampont nous fournira un vicaire à ses frais, vu les cas périlleux où nous sommes exposés du passage des eaux qui s'inondent souvent de la largeur d'environ cent toises, où on est souvent obligé de conduire les enfants nouveau-nés sur des chevaux ou voitures à la paroisse pour les baptiser; les enfants restent sans instruction, à défaut d'avoir un prêtre sur les lieux, et souvent plusieurs personnes meurent sans recevoir les derniers sacrements de l'Église. Nous espérons de Sa Majesté qu'il voudra bien nous écouter sur cet article.

Mgr l'évêque de Metz est seigneur haut-justicier à Obreck, n'y possède point de maison, n'a que les droits seigneuriaux et une pièce de terre seule, de 48 jours, simple, sur une côte nommée autrefois bois communal, sur lequel était affecté un cens de cinq francs barrois que la communauté payait au châtelain de mondit seigneur à Haboudange.

Il y a environ 50 ans que notre communauté jouissait encore de cette pièce de terre ; le nommé Noblemaire, alors châtelain d'Haboudange, s'est emparé de cette pièce ; la communauté a craint de s'opposer, l'ayant abandonné, et n'a plus payé ledit cens depuis ce temps : elle regrette cependant cette dite pièce, ainsi que les privilèges desquels ils jouissaient jusqu'en l'année 1777.

La communauté d'Obreck est en usage de payer annuellement au Domaine de mondit seigneur l'évêque à la Saint-Georges six quartes de blé : l'on ne sait d'où vient l'origine de cette servitude, que l'on nomme droit du guet. Nous demandons la suppression de ce droit ;

Ainsi que de lui payer 4$^{#}$ 13 sols le jour de Saint-Remy que l'on lui paye annuellement, dit la taille de Saint-Remy.

Notre communauté paye à mondit seigneur à Noël quatre livres seize sols dit la Chasse.

Mondit seigneur l'évêque possède à Haboudange, éloigné d'Obreck d'une lieue et demie, un gagnage laissé à un fermier, lequel oblige tous les laboureurs des communautés dépendantes de cette châtellenie d'aller cultiver sur ledit ban un jour de terres pour les marsages et un jour à chacune des trois cultures pour les semailles des blés.

Il oblige chaque laboureur d'aller voiturer chacun trois quarts de bois de la forêt d'Albestroff à Haboudange, éloigné de six lieues.

Il oblige chaque laboureur d'aider à voiturer tous les grains crus et concrus sur son gagnage d'Haboudange et de les transporter à sa réquisition à trois lieues de distance.

Il oblige les manœuvres d'aller avec ceux des autres communautés faucher le breuil de son gagnage à Haboudange.

Pour toutes lesquelles servitudes, quoique affligeantes, le fermier n'en donne aucune reconnaissance que quatre sols six deniers à notre communauté. Nous en demandons la suppression pour l'avenir.

Observation sur les biens communaux

Jusqu'en l'année *1777*, les habitants d'Obreck étaient en usage de se partager leur pâquis communal portion égale à chacun, et d'en délivrer une portion double au fermier du seigneur; en ladite année, ledit fermier proposant un abonnement, ou que, si l'on lui refusait, qu'il demanderait le tiers dans tous les biens, la communauté, craignant des frais et voyant que la demande n'approchait pas de la valeur du tiers, elle lui a accordé quelques parties de terrain pour jouir seule des autres.

Et, en l'année *1787*, le fermier actuel a signifié sa demande du tiers dans tous les biens communaux, la communauté lui a refusé : l'affaire est indécise et actuellement au bailliage de Vic.

Jusqu'à présent, les biens communaux ont été le seul soutien des pauvres : les seigneurs, qui paraissent les oublier et n'exercer à leur égard aucune œuvre de miséricorde, cherchent encore d'augmenter leurs grands biens au grand préjudice de ces pauvres habitants.

Depuis quelques années, ces seigneurs ont augmenté les canons de leurs fermes par les promesses qu'ils ont faites aux fermiers de les faire jouir du tiers des biens communaux. Ah! ne seront-ils jamais rassasiés ?

Un seigneur tel que Mgr l'évêque de Metz, duquel nous avons l'honneur d'être sujets, lequel a des revenus infinis, permettra-t-il que ces fermiers ruinent les pauvres communautés? Si la bonté de Sa Majesté n'arrête et ne borne les seigneurs de se contenter des terres de leurs propres domaines, l'on verrait en peu de temps ces seigneurs par leur puissance dominer sur leurs sujets et les obliger à leur accorder toutes servitudes sur eux et sur leurs biens.

·Ce qui est de plus ridicule encore, c'est que ces fermiers veulent jouir de ces tiers des communaux exempts de tout sans acquitter le tiers des vingtièmes de l'article au rôle, voulant persuader qu'ils sont exempts de toutes charges.

Nous espérons qu'il plaira à Sa Majesté avoir la bonté de nous accorder l'usage ancien de partager nos biens communaux portion égale, avec une double au fermier du seigneur, et la liberté de louer une partie de iceux pour acquitter les charges communales de la paroisse sans qu'il en tire le tiers.

Le fermier de mondit seigneur à Haboudange envoie souvent son troupeau de brebis parcourir sur le ban d'Obreck. Nous demandons l'interdit de ce parcours.

Observation sur une servitude à M. de Montluc

M. de Montluc possédant un fief et résidant à Haboudange, à une lieue et demie de distance, était en usage, jusqu'en l'année 1767, de faire charger, voiturer et décharger le foin annuellement à la fenaison de quinze fauchées de pré dans un breuil à lui appartenant sur le ban d'Haboudange. Les habitants s'y sont refusés; [il] a obtenu une sentence le 24 novembre 1769, qui condamne les laboureurs d'Obreck de conduire chacun trois voitures de foin dudit pré dans le château dudit sieur de Montluc à Haboudange. Il ne s'est pas contenté. Il a appelé de cette sentence au parlement de Nancy (celui de Metz était alors supprimé); il a obtenu un arrêt le 27 juin *1775,* qui condamne lesdits laboureurs de voiturer la totalité du pré contenant environ 60 fauchées, et qui peuvent produire 50 à 60 voitures : l'on ne sait d'où vient l'origine ni la cause de cette servitude qui a varié dans tous les temps ; ce M. n'a cependant aucun droit seigneurial et ne possède aucun bien sur notre ban : l'on a toujours cru que cette servitude était abusive. Nous supplions Sa Majesté de nous en délivrer à l'avenir.

L'on paye avec soumission les impôts royaux, parce que l'on sait qu'ils sont employés à acquitter les charges du royaume. Nous sommes cotisés en notre petite communauté à la subvention et capitation à 1 080$^{\#}$, qui épuise les habitants, pour les fermes et les servitudes exposées ci-devant avec les charges communales et de la paroisse formerait encore une pareille somme ; il est impossible d'y subvenir, les récoltes ne sont pas suffisantes pour tirer d'acquitter ces impôts : il faut que chacun s'épuise par son travail.

Observations sur les moulins

[Cf. ci-dessus, *cahier de Hampont* (partie France), n° LXXIII ª, *Observations sur les moulins*.]

Observations sur les bénéfices des dîmes

L'église et le presbytère de Hampont, notre paroisse, sont situés en la partie Lorraine ; la nef, le chœur et le calice ont été jusqu'à présent à la charge de MM. les chanoines du chapitre de l'église cathédrale de Metz qui tirent toute la grosse dîme à Hampont.

La dîme d'Obreck appartient un tiers à M. le curé de Hampont, un tiers à Mgr l'évêque de Metz, et un tiers à mesdits sieurs les chanoines de la cathédrale. La menue dîme se lève au douzième fixe, et la grosse de l'onzième à la douzième.

Il y a à Obreck une église qui, jusqu'à présent, a été entretenue par les soins des habitants et d'un petit revenu de la fabrique d'icelle.

Le village d'Obreck a contribué jusqu'à présent pour un cinquième dans les réparations à faire à la paroisse de Hampont, ce qui occasionne souvent des discordes dans les communautés.

S'il était possible de charger à l'avenir les bénéficiers des dîmes de l'entretien des église, calice et presbytère, laissant la tour, les cloches, la sacristie et le cimetière à la charge des paroissiens, ceci paraîtrait peut-être répondre aux intentions des fondateurs des bénéfices.

Les revenus des bénéfices augmentent plutôt que de diminuer par les soins que chacun s'empresse de faire produire la terre ; leurs charges ne sont cependant que les mêmes ; et, en les chargeant de l'entretien de la nef, chœur et calice des églises et presbytères, ce ne serait qu'un petit objet nouveau et qui souvent devient très coûteux aux paroissiens, car l'on remarque que, dans toutes les paroisses où l'on reconstruit des églises et presbytères, l'on est obligé d'engager les biens communaux pour longues années, au préjudice des pauvres qui n'ont partout d'autres terrains pour se procurer le nécessaire.

Observations sur les terres labourables

[Cf. ci-dessus, *cahier de Hampont* (partie France), n° LXXIII^a, *Observations sur les terres labourables*.]

Observations sur les prairies

Les prairies de notre ban sont situées dans deux collines, l'une séparée par le canal venant de l'étang d'Arlange, et l'autre aussi par un canal venant du neuf étang de Morhange, et tous les deux servant à flotter les bois allant à la saline de Château-Salins. La colline des prés allant du côté d'Haboudange n'a point de pente pour l'écoulement des eaux, lesquelles sont retenues dans les deux rivières par l'écluse du moulin dit de Hampont, et dont les petits ruisseaux ne peuvent s'écouler dans ces rivières; au contraire, celles de ces rivières y refluent, ce qui fait de nos prairies des marais presqu'inhabitables et très préjudiciables à la fertilité de l'herbe; l'eau en détruit les bonnes semences, et les prairies ne produisent qu'une mauvaise herbe souvent pernicieuse à la nourriture des bestiaux, ayant toujours grande peine d'en tirer les foins, étant souvent obligés d'en tirer et conduire l'herbe hors des prairies et dans les terres pour la faire sécher.

Les habitants de Burlioncourt sont de même que nous gênés pour leurs prairies : ils désireraient ainsi que nous que le moulin susdit de Hampont, auquel il n'y a aucune banalité annexée, soit aboli de l'endroit où il est placé, parce qu'il est très nuisible à nos prairies; il serait mieux d'être placé à environ 350 toises plus bas à l'occident, [lieu] dit à la Fosse de mille, où l'eau aurait plus de pente et ne gênerait aucune prairie.

Ce moulin appartient au domaine de Mgr l'évêque de Metz.

Une autre cause qui est nuisible à nos prairies sont les clos que l'on y a faits, tous entourés de fossés qui ont pour ainsi dire massacré nos prairies, en retiennent encore les eaux qui n'ont point de pente et détruisent plus du huitième de la production de l'herbe.

Ces clos n'occasionnent que des dommages par ceux qui veulent en jouir, ravageant tous les environs pour envoyer pâturer leurs bestiaux sur lesdits clos; si Sa Majesté connaissait combien ces clos sont gênants et préjudiciables, elle ne pourrait s'empêcher d'en déclarer l'interdit.

Il serait avantageux, pour mettre tous les propriétaires à même de jouir des mêmes privilèges, de supprimer toutes les clôtures de prés; si l'on juge que la récolte de la fenaison en foin ne soit pas suffisante pour nourrir les bestiaux pendant l'année, il est bon de s'assurer de précaution, parce que le parcours accordé sur le général des prés, après la fenaison faite, ne ménagerait rien pour l'hiver : le parcours détruit tout, ne sert que pour la saison de la croissance de l'herbe.

Si l'on désire ménager pour l'avenir, il serait prudent d'accorder de faire deux récoltes dans l'année en foin et regain dans les prés propres pour ce, et qui ne gênerai[en]t pas les abreuvoirs et parcours des troupeaux : ce qui paraîtrait être à l'avantage des uns et des autres, sans privilège.

L'usage ancien est regretté par ceux qui n'ont pas de clôture, qui était de laisser en parcours après la fenaison les deux tiers des prés et un tiers pour embanies aux laboureurs seuls.

Observations sur les bois

Les forêts appartiennent dans ce canton plus des trois quarts au Roi, et le restant aux seigneurs; il y a quantité de forêts; les directeurs des salines de Dieuze, Moyenvic et Château-Salins en tirent tout le produit des bois pour l'approvisionnement desdites salines, ainsi que des bois des seigneurs desquels ils sollicitent la préférence, que l'on leur accorde souvent dans l'espérance d'être plus exactement payé. Nous sommes voisins des forêts et des salines et privés de l'aisance d'avoir du bois pour notre nécessaire, étant souvent obligés d'aller le chercher jusqu'à cinq lieues du côté de Morhange, et surtout pour les bois de charpente et charronnage que l'on ne trouve pas dans notre canton.

Les pauvres, n'étant pas en moyen de payer les frais de se procurer du bois de si loin, sont forcés d'aller ravager les forêts et réduits à brûler de la paille, qui prive de l'engrais tant nécessaire aux terres.

Les salines sont des usines royales et qui sûrement rapportent beaucoup à son domaine, mais sont très préjudiciables à la production de la terre : les laboureurs s'occupent à voiturer pour les salines et négligent les cultures de leurs terres.

La nécessité en oblige le grand nombre d'aller demander du secours aux officiers des salines, lesquels ont soin de saisir les moments de leur besoin d'argent pour leur en délivrer et leur proposer des traités de voitures : le traité étant passé et payé, les bons moments de cultiver viennent ; mais ces officiers forcent les laboureurs d'abandonner leurs cultures pour voiturer ces bois ; leurs cultures négligées, leurs récoltes ne rapportent pas pour s'approvisionner de chevaux et payer leurs canons ; c'est ainsi la perte des laboureurs de notre canton, et qui reflue sur tout le public. Si cesdites salines étaient approvisionnées de bois par des chevaux à leur compte, les cultivateurs resteraient libres pour leurs cultures ; ou, si l'on réduisait lesdites salines à la moitié de la consommation des bois que chacune consomme, laissant en chaque canton les cimes d'une coupe pour les rendre aux habitants, ils pourraient y tirer leur provision, et les pauvres qui sont hors d'état de payer les frais d'envoyer des voitures à cinq lieues ne seraient pas forcés d'aller ravager les forêts voisines.

Dans les forêts du Roi il y a des bois propres à charpente, charronnage et à tous ouvrages ; l'on découpe cependant toutes ces belles pièces pour du bois de quatre pieds pour lesdites salines ; l'on ne sait présentement où aller pour avoir du bois de bâtiment et charronnage. Ah ! quel dommage de découper ces belles pièces aux yeux de ceux qui en ont si grand besoin, qui les payeraient volontiers, et n'en trouvent point aux environs qu'à cinq et six lieues, éloignés des canaux desdites salines.

S'il était possible de pouvoir accorder au public et à chaque canton une coupe de cimes chaque année dans les bois du Roi, ainsi que du bois de charronnage et charpente, ce serait rendre un grand service au public qui en payerait volontiers le prix.

Observations sur le prix du sel

[Cf. ci-dessus, *cahier de Hampont* (partie France), n° LXXIII*, *Observations sur le prix du sel*.]

Observations sur le commerce

Les sujets français ainsi que les lorrains ont tous le bonheur d'appartenir au même souverain ; ceux qui, par leur industrie, veulent se mêler de commercer dans l'intérieur du canton, qui est mélangé par des villages et des bans lorrains et français, sont exposés tous les jours d'encourir des contraventions.

Il y a des bureaux établis en différents endroits pour y distribuer des acquits à ceux qui traversent ces cantons mélangés de Lorraine et de France. Ces bureaux sont, pour ainsi dire, des filets tendus pour y arrêter les commerçants et ceux qui se procurent leur provision du nécessaire. La première étude que les commerçants doivent faire pour se parer des contraventions, c'est de s'informer où sont placés les bureaux du canton; car il y a des employés en grand nombre dispersés en différents endroits, qui veillent pis que les chats ne font après les souris, pour faire des reprises : souvent les commerçants ne connaissent pas la limite des bans français et lorrains, sont repris sans qu'ils aient cru avancer contre les ordonnances. Il peut arriver que l'homme le plus fidèle à son roi pourrait être repris; c'est, pour ainsi dire, faire des commerçants un esclavage, de les assujettir dans l'intérieur des provinces du royaume à ces bureaux. Plaise à Sa Majesté nous en délivrer, qui est, pour ainsi dire, un fléau que tous les sujets de notre canton désirent depuis longtemps d'être délivrés, et avoir la liberté du commerce et de s'approvisionner dans l'intérieur du royaume. Ce serait sans doute un moyen d'encourager l'agriculture en obligeant ce nombre infini d'employés de travailler plutôt que d'être souvent couchés derrière les haies, croyant s'acquitter de leurs commissions.

Ce serait aussi un moyen de pouvoir diminuer les impôts en y employant le prix de leurs appointements, qui était un argent perdu pour l'État.

Observations sur les routes

Notre village est placé dans un canton où les chemins sont impraticables dans les temps pluvieux, étant éloigné d'une lieue et demie des grandes routes.

Nous nous souvenons d'avoir travaillé aux travaux des routes qui dans ce temps étaient critiqués par les pauvres. Présentement, par le règlement nouveau, la répartition des frais relatifs aux routes se fait au marc la livre : l'intention de Sa Majesté a été sans doute de soulager les pauvres, lesquels, avant ce règlement, étaient obligés d'y travailler autant que la 1re classe.

Nous croyons prudent de représenter que les routes servent plus au Clergé, aux seigneurs, aux salines et aux commerçants qu'aux gens du Tiers état.

Dans une armée, chacun s'empresse de travailler à vaincre, parce que l'on voit que les grands ainsi que les petits partagent les peines.

Si l'on voyait tous les entretiens des charges, des chemins des bans, et des routes répartis sans privilège sur tous ceux qui les fréquentent, depuis le berger jusqu'au Souverain, sans exception du Clergé, ni des nobles, chacun s'empresserait de payer de bonne volonté, et alors ce serait le moyen de faire cesser les critiques.

De l'état des sujets de la province

[Cf. ci-dessus, *cahier de Hampont* (partie France), n° LXXIIIe, *De l'état des sujets de la province*.]

Observation à l'occasion des huissiers-priseurs

Depuis quelques années l'on a annexé aux huissiers dits priseurs des bailliages le privilège d'être présents aux inventaires et de faire seuls les ventes publiques des meubles; toutes les familles qui ont déjà passé par les mains de ces huissiers assurent que l'usage ancien est à regretter, que les grands frais que coûtent ces huissiers, et le préjudice qu'ils sont exposés de souffrir à les attendre et de trouver bien tout ce qu'ils font, excitent tous les sujets de supplier Sa Majesté de leur accorder l'usage ancien d'être libre[s] de choisir celui en qui l'on aura plus de confiance.

Observation sur les terrains du ban en général

Les terres labourables sont légères, pierreuses et d'un petit produit, environnées de toutes parts des collines, des prés remplis d'eau dans tous les temps humides qui occasionnent des brouillards qui détruisent la production des grains.

Les prairies dans les années humides sont aussi d'un mauvais produit, presque toujours remplies d'eaux y retenues, n'ayant point de pente pour s'écouler.

Il y a peu de chènevières et point de vergers, vignes ni bois. Cependant, cette communauté, privée des aisances et privilèges des autres communautés dans lesquelles sont les églises paroissiales, est cotisée pour le petit nombre de 24 habitants et 3 veuves qu'ils sont à 1080 [#] de subvention et capitation, à

180 # 2 s. de montant du rôle du vingtième ; les charges et servitudes seigneuriales montent encore à pareille somme ; les canons des fermiers avec les rentes et dettes qu'ils sont tous chargés, les peines d'aller au service divin par tous les mauvais temps à Hampont, village éloigné, barré par des mauvais chemins, font de leur état un esclavage ; nous supplions très humblement Sa Majesté de nous modérer dans les impositions et nous accorder ce que nous osons lui demander.

Le présent cahier a été rédigé en l'assemblée de la communauté d'Obreck et la maison de Claude Nondier, syndic, lesquels habitants déclarent tous les articles y exposés sincères, l'ayant remis aux nommés Dominique Étienne, laboureur, et Claude Nondier, manœuvre, tous les deux députés par la communauté pour avoir l'honneur d'aller le présenter à Messieurs composant l'assemblée à Vic, le 23ᵉ mars 1789 : plaise à mesdits sieurs le recevoir, l'appuyer de leur autorité, et vouloir s'intéresser avec nous pour nous obtenir l'effet de nos demandes ; c'est dans cette espérance que nous ne cesserons de faire des vœux pour eux et pour notre auguste monarque ; plaise au Seigneur lui accorder, et à la famille royale, une longue vie, des jours heureux, des peuples dociles et soumis, et de vaincre partout les ennemis de la religion catholique et de la France, et, après cette vie, le bonheur d'être réuni au grand Saint Louis dans le royaume du Ciel ; et avons signé à Obreck, le 22ᵉ mars 1789.

Claude Nondier, *syndic ;* D. Étienne ; C. Beaudoin ; J. N. Cézard ; Joseph Krieg ; F. Dedun, *maire ;* J. C. Nondier, *greffier.*

OBRICK

CXXV[a]

« Communauté d'Obrick. Procès-verbal de la nomination des députés. »
16 mars 1789,
« Sont comparus par-devant nous, Jean-Pierre Thiss, maire à Obrick. »
Village composé de 20 feux.
Députés : Jean Kolb,
          Michel Jacob.

Signatures : Michel Jacob, *syndic ;* Jean Kolb ; Hans (Jean) P. Thiss, maire ; J. G. Zimmermann, *greffier ;* Chabor, curé de Virming et d'Obrick.

CXXV^e

Cahier de doléances de la communauté d'Obrick, district de Vic, par les officiers municipaux et autres habitants dudit lieu, conformément à la lettre du Roi du 7e février 1789

Communauté d'Obrick. Procès-verbal

Cejourd'hui 16 mars, l'an 1789, en l'assemblée convoquée en la manière ordinaire et accoutumée, sont comparus par-devant nous, Jean-Pierre Thiss, maire à Obrick... [Cf. procès-verbal ci-dessus.]

Desquelles nomination de députés, remise de cahier, pouvoirs et déclarations nous avons à tous les susdits comparants donné acte, et avons signé avec ceux desdits habitants qui savent signer, et avec lesdits députés, notre présent procès-verbal, ainsi que le *duplicata* que nous avons présentement remis auxdits députés pour constater leur pouvoir.

Cejourd'hui 16 mars 1789, par nous, maire, syndic et élus de la communauté d'Obrick, attestant que, pour satisfaire à la lettre du Roi et à son règlement du vingt-quatre janvier dernier, ainsi qu'à l'ordonnance de M. Vignon, président et lieutenant-général du bailliage de Vic, du vingt-sept février dernier, nous avons fait convoquer à une assemblée générale ledit jour, deux heures de relevée, tous les sujets de notre communauté ; et, après leur avoir fait donner lecture des règlement et ordonnance, en conséquence et pour y satisfaire, ont conféré sur les doléances, plaintes et remontrances qu'ils avaient à porter, et aussi tant pour le soutien que pour le bien de l'Etat. En effet, après y avoir vaqué, conféré, ils nous ont représenté un cahier qui a été signé par ceux desdits habitants qui savent signer et par nous comme s'ensuit.

Art. 1. — Se trouvant surchargés dans les tailles par le peu de contribuables de cette communauté qui ne sont qu'au nombre de vingt, et payent 1 075[#] 2 s. 2 d. ; et les revenus du ban ne peuvent rapporter que 2 876[#], ce qui n'est pas suffisant pour l'entretien des familles, et cause que le village est devenu extrêmement pauvre depuis plusieurs années, tant par la surcharge des tailles que par la plus forte partie et enlèvement de la récolte au profit du seigneur par ses fermiers et autres étrangers ayant des biens-fonds sur notre ban : par conséquent, il est à désirer qu'ils payeraient la taille de leurs biens de cette communauté, ce qui n'a pas été fait depuis, et fait grande injustice aux habitants,

Art. 2. — Se plaignant que la totalité de la dîme se conduit à l'étranger et cause que l'amendement des terres y manque; en outre, que les décimateurs ne fournissent point de bêtes mâles, ce qu'on prétend par la dîme qu'ils profitent, la communauté n'ayant point d'autres titres, si bien qu'ils sont obligés de donner la dîme des oies, ce qu'ils trouvent trop injuste.

Art. 3. — Il est à désirer qu'on profiterait les prés, comme avant trente ans, après la première faux, au profit de la communauté, sans clôture ni fossés, les embanies réservées suivant l'ordonnance.

Art. 4. — Serait bien nécessaire pour le soulagement du peuple que la Noblesse et les abbayes payeraient de la taille et autres impositions de leurs terres et revenus en décharge des communautés tant qu'au profit de Sa Majesté.

Art. 5. — Remontrant que le bois est extrêmement cher, en sorte que le menu peuple ne peut presque plus en acheter, ce qui provient de l'enlèvement des bois de salines tous les ans dans nos cantons, et très préjudiciable, vu que nous sommes obligés à l'entretien des chaussées servant à la conduite de ces bois et houilles en icelle, sans aucune indemnité ; au contraire, obligés de payer le sel à 8 s. la livre, ce qui nuit beaucoup aux familles, et très répugnant avec le préjudice, et nuisible à ne pouvoir s'en servir pour l'entretien des bestiaux qui est cependant une des meilleures ressources de cette province; et, au lieu, qu'on nous délivre toujours le plus mauvais sel, et la fleur à l'étranger.

Art. 6. — On a grand sujet à se plaindre contre l'administration de la justice par la prolongation des affaires et procédures, augmentation des frais qui s'en font, ce qui cause la ruine de bien des familles de cette province à nous très bien connues; au lieu que toutes les affaires civiles pourraient se terminer dans les lieux par les gens de justice et municipalité qu'il a plu à Sa Majesté établir, comme ils pourraient en avoir la connaissance juste ; et terminer les difficultés sans frais, ce qui éviterait beaucoup d'inconvénients, des murmures, scandales et ruines de bien des sujets, et, qu'au cas d'affaire très considérable, que les parties ne voudraient pas se tenir aux décisions en icelle, qu'ils pourraient aller à la justice des grands bailliages ; qu'il plaise arrêter sur la concurrence des sommes à fixer, [ce] qui serait bien, attendu que bien du monde estime mieux perdre le fond que d'y encourir, craignant les trop grands frais.

Art. 7. — Pour et à l'égard des inventaires, pourraient être pourvus par la même justice et municipalité pour ménager un morceau de pain aux pauvres orphelins que l'abus de cette province court à de trop grands frais ; et nous estimons aussi que l'abus des experts-priseurs soit aboli, vu le préjudice si considérable.

Art. 8. — Serait à désirer, tant pour le bien de l'État que celui du public, et même très inutile d'un si grand nombre des gardes ou employés dans notre province, qui ne mangeraient bien des deniers à l'État, vivres et habillements qu'ils consument mal à propos, et portent un grand préjudice dans un canton tant par bouleversement des effets qu'épouvante au sexe dans les maisons qu'ils causent journellement, et qui ne pourraient être utiles que sur les frontières, vu le commun des sujets de Sa Majesté entremêlés et enclavés de France avec la Lorraine; et que l'abus des acquits devrait être aboli, de même que les marques de fers et de cuirs hors de prix, en sorte que les pauvres gens ne peuvent plus se prévoir à des souliers, ce qui augmente donc l'indigence des pauvres.

Art. 9. — Plaignant que les officiers gruyers de Monsieur le comte d'Helmstatt veulent dominer dans nos forêts, de même que ceux de la Maîtrise de Vic ; et différents rapports l'un fait contre l'autre, faits contre notre communauté, qui nous ont fait un préjudice très considérable tant pour frais qu'amendes jugées et réglées par les juges dudit sieur comte, et ainsi vexés en tout temps, tandis que nous avons nos fortiers propres de la Maîtrise de Vic que nous reconnaissons seuls pour en avoir l'autorité, au lieu que ceux du comte, étant à son gage, viennent nous gager injustement.

Art. 10. — Serait à désirer que défense soit faite aux usuriers et revendeurs du blé à ne plus enlever les vivres hors de cette province, attendu que cela concourt à de grandes misères, famines, et manifeste un grand mal ; le blé, étant hors de prix pour le menu peuple, cause aussi que tous les seigneurs ont augmenté le canon de leurs fermes, et non par les mauvaises années, reconnaissant qu'il y en aurait tous les ans suffisamment s'il n'irait pas à l'étranger.

Art. 11. — Déclarant que les bêtes sauvages font des ravages considérables sur le ban, qu'il serait nécessaire que les habitants fournissent des gardes pour les chasser avant la moisson ; mais, à craindre d'être gagés par les chasseurs de M. le comte, il faut les laisser courir.

Art. 12. — Remontrant que M. le comte d'Helmstatt a deux colombiers dans le voisinage ; ses pigeons en très grand nombre, qu'on laisse voler à la campagne, font tort très considérable, et surtout pendant la semaille, et quand le blé vient en maturité, dont M. le comte fait un profit considérable en les vendant ; espérant une règle à cet égard, étant embarrassés pendant toute l'année.

Art. 13. — De plus, nous sommes obligés de payer annuellement audit sieur comte chaque habitant une demi-quarte d'avoine, mesure de Metz, et deux poules, pour droit de fumée ; et, en réciprocité, ledit sieur comte devrait nous fournir le bois de chauffage, mais qu'il refuse tous les ans, et qu'il met presque tous ses bois en taillis pour vendre ; et nous prétendons qu'il nous doit le délivrer comme du temps passé, attendu que nous acquittons à ses droits.

Art. 14. — L'on nous fait contribuer chaque année à une somme de quinze livres par chaque laboureur, et six livres par chaque manœuvre ; et, en outre, chacun laboureur est obligé tous les Quatre-Temps de conduire une voiture de bois à Hingsange au château, qui se dit être par un accord fait au profit dudit sieur comte, et pour être déchargé d'une corvée de six jours par chacun que nous aimions mieux faire, si nous y sommes obligés, que de payer ; et, comme M^r n'occupe point sondit château de Hingsange, cette fourniture et contribution doit être annulée.

Art. 15. — Nous nous plaignons à ce qu'il n'y a point de juge-garde audit Hingsange, lieu de justice depuis un temps immémorial, et que nous sommes obligés d'aller à Morhange, à deux lieues de distance, attendu que nous n'avons qu'un quart de lieue de notre village audit Hingsange, ce qui nous est préjudiciable.

Art. 16. — On nous fait contribuer au relèvement et recurement d'un ruisseau sur notre ban, et, conséquemment, nous prétendons que la pêche doit nous appartenir; et, quand un enfant voudrait seulement attraper une grenouille ou un poisson, on lui fait payer des amendes exorbitantes, de ce que le sieur comte a des forestiers et des gardes-chasses sur notre finage, qui font des rapports de peu de conséquence, ce qui n'est pas nécessaire, ayant même nos gardes et bangards dans le lieu.

Art. 17. — Le même sieur comte veut nous obliger à lui donner le tiers de tous les biens, émoluments que nous pouvons avoir à partager en communauté, ce qui n'était jamais autrefois; et nous n'entendons lui devoir le tiers qu'en cas de vente, et double portion en cas de partage; mais, qu'il soit obligé de payer sa quote-part pour les dettes et charges communales à proportion et au prorata de ce qu'il nous a refusé avant deux ans pour le payement de la tour de notre paroisse, tandis qu'il a tiré la somme de 840# de Lorraine, tiers de la somme provenant de notre quart de réserve vendu pour subvenir au payement de cette tour : en conséquence, avons fait adresser plusieurs requêtes et remontrances à Mgr l'intendant, voyages et beaucoup d'autres frais, sans avoir obtenu aucun droit; ce que cependant nous prétendons être dû par ses terres situées sur notre ban.

Art. 18. — Le sieur comte a fait faire un arpentage sur notre ban en 1697, et, au lieu de mesurer par la toise et mesure de l'Évêché, il a fait mesurer à la toise de Lorraine; et que, par ouï dire et affirmations de nos ancêtres, nous avions des titres de différentes pièces, canton de bois de 24 jours 1/4, environ 4 jours en pâquis, et 9 jours de terre au canton dit Nachtveid, que ces titres s'étant égarés, M. le comte s'est emparé de cesdites pièces et terres, ce qui nous porte aussi un préjudice considérable.

Art. 19. — Il est à désirer que les notaires et tabellions se contentent avec un prix modique et raisonnable pour les contrats de vente et autres, de même que Messieurs les curés pour les mariages et enterrements.

Fait et achevé audit Obrick, les an, mois et jour avant dits, suppliant Messieurs nos supérieurs d'y avoir tel égard que de droit, et avons signé.

Michel Jacob, *syndic;* Hans P. Thiss, *maire;* Jean Kolb ; Chabor, *curé de Virming et d'Obrick,* sans préjudice à mes droits; J. G. Zimmermann, *greffier.*

OMMEREY

CXXVI^A

« Ommerey, 1789. Procès-verbal d'assemblée des habitants. »
15 mars 1789,
« Sont comparus par-devant nous, Nicolas Salmon, syndic du village et municipalité d'Ommerey ([1]). »
Communauté composée de 97 feux.
Députés : Nicolas Salmon, syndic, laboureur,
    Nicolas Demange.
Signatures : J. J. Gorius ; E. Bourdon ; A. Masson ; H. Clément ; N. Demange, *député;* Salmon, *syndic et député.*

CXXVI^B

Remontrances et doléances faites au Roi par les habitants et communauté d'Ommerey, bailliage de Vic

ART. 1. — Qu'il plaise à Sa Majesté accorder au pays des Trois-Évêchés des États provinciaux pour réprimer les abus qui se glissent dans les levées et impositions des deniers royaux et autres ;

ART. 2. — De vouloir supprimer les droits de traite foraine, comme étant très contraires aux cultivateurs, au commerce, et généralement à toutes les personnes qui sont obligées de

---

1. *Impositions ordinaires* pour les *six* premiers *mois* de l'année *1790 :*
Imposition principale. . . . . 485 ℔ 4 s. 10 d.
Impositions accessoires. 547 14 7
Capitation . . . . 626 7 »
         TOTAL . . . . 1659 ℔ 6 s. 5 d.
Deux vingtiemes et quatre sous pour livre du premier pour *1790 :*
Biens-fonds. . { 1er cahier . . . 883 ℔ 14 s. 3 d.
              { 2e cahier . . . 883 14 3
         TOTAL . . . . 1767 ℔ 8 s. 6 d.
         (Arch. Meurthe-et-Moselle, L. 308.)

transporter leurs denrées ; ainsi que la suppression des marques de fers et de cuirs, bien nuisibles à tous les sujets de Sa Majesté, et surtout aux cultivateurs ;

Art. 3. — De vouloir également supprimer les huissiers-priseurs qui ne sont établis que pour la ruine des veuves, des orphelins, et même aux créanciers qui, avec leurs bons droits, craignent de tomber entre leurs mains ;

Art. 4. — Également supprimer les états-majors, surtout ceux des villes où il n'y a point de troupes que des invalides ; les communautés à 4 et à 5 lieues de distance, sur un ordre du subdélégué ou du seigneur intendant, leur conduisent à corvée leurs bois de chauffage, à prendre quelquefois dans des forêts éloignées de près de six lieues de distance de ces mêmes communautés, et cela se fait ordinairement dans les temps les plus pressants aux cultures.

Art. 5. — Les grains de toute espèce sont dans cette province d'une cherté et rareté que l'on a peine à s'en procurer, et cela par l'exportation de ces grains que l'on fait à l'étranger.

Art. 6. — La corde de bois depuis vingt ans a augmenté de prix de plus de trois fois le double ; pourquoi cette haute augmentation ? Ce sont les salines de Dieuze, de Moyenvic et Château-Salins, ainsi que d'autres usines, comme forges, faïenceries, poteries, verreries et autres qui font de grandes consommations de bois ; et, quoiqu'environné de ces trois salines, l'on paye le sel que l'on lève chez un magasinier au prix de huit sols la livre. Sa Majesté est bien humblement suppliée d'accorder la levée de ce sel à la saline à ceux qui sont dans le cas d'en consommer une quantité, et qui sont en état de s'en procurer pour un an ou quelques mois et de le payer au prix de l'étranger, puisque l'on souffre de l'augmentation des bois dont ces salines en sont la principale cause ; de sorte que les charrons et autres ouvriers de ce genre ont peine de se procurer les bois propres à leur métier ; ce qui gêne et coûte aux cultivateurs et voituriers. Sa Majesté est également suppliée d'accorder à ces gens de métier de leur délivrer des bois dans ses forêts à leur proximité, comme aussi aux personnes qui en ont besoin pour la reconstruction et construction d'habitations et maisons, au prix de la corde, comme Sa Majesté l'abandonne pour ses usines, attendu qu'on ne peut s'en procurer ailleurs.

Art. 7. — La communauté, depuis trente-huit ans, a été obligée de reconstruire le presbytère et ses dépendances, c'est-à-dire l'engrangement, la nef et la tour de leur église, ainsi que les murs du cimetière, quoique dans ce moment il est en ruine, et le tout à ses frais ; ayant un pâquis d'un petit rapport qui n'était point cultivé et qui servait aux pâturages des bestiaux, elle l'a vendu avec un chétif quart de bois en réserve, contenant environ seize arpents, qu'elle a également vendu sous l'agrément du Conseil ; mais ni le produit de ce quart en réserve, ni le prix des pâquis dont elle s'est privée n'ont produit environ que moitié des adjudications du presbytère et de l'église ; ainsi, les habitants n'ont eu d'autre ressource qu'en levant sur eux des impositions au marc la livre, et par un emprunt que la communauté doit encore aujourd'hui par contrat de constitution, une somme de sept cent seize livres argent de France.

La communauté espérait au moment de la bâtisse de son église que les religieux bernardins de l'abbaye de Haute-Seille, comme décimateurs pour les deux tiers des grosses et menues dîmes de son ban et finage, entreraient pour une partie de cette bâtisse ; mais ils n'ont rien voulu payer, quoique la communauté se soit pourvue, et a été déboutée.

Art. 8. — La communauté a perdu après des consultations de célèbres avocats, et autorisée du commissaire départi, trois procès : deux avec le seigneur du fief d'une clôture de prairie avant l'édit, que cette clôture gênait l'entrée et sortie des bestiaux, le second pour l'agrandissement d'une bergerie et par le nombre des bêtes blanches qui excédait la quantité qu'il devait avoir de près de moitié et qu'il a encore aujourd'hui, ce qui nuit beaucoup à la pâture des bêtes de trait ; le troisième contre le seigneur évêque de Metz, plus coûteux que les deux autres, non seulement par les frais qui se sont montés à près de mille écus, et qui n'est pas encore terminé pour les intérêts ; ce procès est par le titre onéreux de banalité au moulin situé sur l'étang de la Garde que l'on cultive chaque trois ans, à laquelle banalité cette communauté avec celle de Bourdonnay et de Ley ont été condamnées par arrêt du 8ᵉ juillet 1785 ; ces communautés ne connaissant point cette même banalité, ne laissaient point d'y aller porter leur grains pour y être moulus ; mais les vexations des meuniers à qui les châtelains sous-louent ce moulin ont révolté et rebuté les habitants de ces communautés, et n'ont plus allé au moulin ; se croyant même si bien fondées à soutenir ce procès que l'étang et le moulin appartenaient anciennement à l'abbaye de Salival qui n'a jamais eu aucun droit sur ces communautés ; et, même aujourd'hui, il n'est pas en état de banalité ; depuis cette perte, la communauté s'est appauvrie, et n'a aucune ressource pour payer ses dettes et entretien de son église qui n'a aucune fabrique ; elle s'est imposée, sous l'agrément de Monseigneur l'intendant, une somme de 450# sur les partages des deux tiers de ses chétifs pâquis entre soixante et quinze habitants ; le seigneur évêque et celui du fief ont exigé l'autre, [qu'ils] se sont partagé entre eux, et n'en veulent point payer les vingtièmes sous prétexte qu'ils payent un don gratuit.

Dans cette somme de 450#, la communauté est obligée de payer au maître de poste de Bourdonnay 46#, et, pour la location de la maison des cavaliers de maréchaussée d'Azoudange, 12# 12 s. Est-ce donc à cause que la communauté en est à proximité qu'elle est plus obligée de supporter ces sommes que d'autres ? La communauté paye en outre au seigneur évêque annuellement une somme de 49# 2 s., appelée taille Saint-Remy ; chaque laboureur lui fait quatre attelées de charrue pour la culture des terres de ladite châtellenie ; on les oblige même à faire toutes les corvées pour les usines de cette châtellenie comme bois, pierres, chaux, sable, conroy et fascines pour le clayonnage des étangs, dans des temps souvent très pressants à la culture et semaille ; suivant la volonté du châtelain, on oblige même les manœuvres d'aller charger et décharger lesdites voitures ; conduisent, en outre, lesdits laboureurs les bois de chauffage pour le château de Vic, à prendre dans les forêts de l'Évêché, au Roi, à une distance de cinq à six lieues, souvent dans les temps précieux à la récolte des foins. Les receveurs de l'Évêché exigent par un commis le châtrage des bestiaux. Le seigneur évêque tire encore en ce lieu seize paires et demie de quartes, mesure de Vic, pour les terres en deshérence, et sans payer aucun droit à la décharge de la communauté.

Non seulement les grains sont mal moulus dans le moulin de la Garde auquel on est obligé d'être banaux deux ans, le troisième l'étang fait versaine, l'on est obligé d'être errants dans d'autres moulins où on n'est point connu ; et, comme cela ne se pratique que pour un an, on est obligé d'attendre pour moudre son grain; après les peines qu'un pauvre manœuvre a d'amasser deux ou trois bichets de blé ou d'autres grains, il est encore obligé de se procurer un moulin pour les y porter moudre, où on est quelquefois trois jours à attendre : il faut donc gémir sans pain avec sa famille, et cela pour un droit onéreux de banalité.

Art. 9. — La communauté est composée de quatre-vingt-dix-sept feux, dont 13 laboureurs de 17 qu'ils étaient, soixante manœuvres tant vieux que jeunes, et dix-neuf femmes veuves. La subvention se monte à 1 791# 18 s. ; la capitation à 774# 9 s. ; pour les chaussées 456#, et les vingtièmes enfin à celle de 1 234# 9 s. Toutes ces sommes jointes ensemble, sans comprendre celle que l'on a ci-devant citée, se montent à celle grosse de 4 257# 6 s., que, pour ne point surcharger le menu peuple dans l'imposition, cependant au delà de ses facultés, on est obligé de comprendre le jour de terre propre à 12 s., la fauchée de pré 18 s. ; le jour de terre ferme moitié du propre, la fauchée de pré de même ; avec des fortes cotes personnelles aux laboureurs et propriétaires; les terres sont très difficiles à cultiver, et [de] peu de rapport, ainsi que les prairies, ce qui est cause en partie de la ruine des laboureurs chaque année ; il leur faut une quantité de bêtes de trait, ce qui les met dans la nécessité d'acheter du foin dans les villages voisins ; un autre manque du nécessaire à leurs bestiaux, c'est le ban et finage de Marimont, voisin, et qui traverse celui d'Ommerey, où presque tous les laboureurs y cultivent une quantité de terre et y ont une quantité de prés dépendant de leur ferme ; cependant, ils n'osent en aucun temps y faire pâturer leurs bestiaux ; et, s'ils s'échappent, ils sont gagés et condamnés à l'amende comme transfinant. Au moins, devraient-ils avoir le privilège de manger sur leur bien.

Art. 10. — La communauté supporte encore sur son ban un grand et vaste chantier, ce qui nuit encore à la pâture des bestiaux ; ce chantier est pour déposer les bois aliments de la saline de Moyenvic ; ce dépôt se monte, année commune, entre 7 à 8 mille cordes de bois ; ensuite de ce chantier qui est au[de]ssous de l'étang, et qui anciennement était des prés, règne un grand canal qui sort de cet étang, construit pour le flottage de ces mêmes bois, et traverse une grande prairie qui, avant la construction de ce canal, était la meilleure du finage ; aujourd'hui, elle est desséchée par la profondeur de ce canal et ne produit presque plus rien ; cependant l'on en paye les impositions, vingtièmes et autres charges, comme si elle était d'un bon rapport ; l'étang ne nuit pas moins à la pâture, parce que, l'eau n'étant que pour le flottage de ces bois de saline, on la retient haute, et, par cette hauteur qui surpasse presque la chaussée de cet étang, par ce moyen, l'eau s'étend dans son contour, jusque quelquefois et le plus souvent elle entre dans les terres et dans les prairies de vingt à trente toises, et conséquemment nuit et gâte où elle croupit, sans cependant payer aux propriétaires aucune indemnité.

Cet étang, ces bois, ce canal et ces flottes attirent à Ommerey des commis qui mettent sur la pâture une quantité de bestiaux, prennent même des fermes à bail, et ne veulent rien payer, sous prétexte d'être privilégiés.

ART. 11. — La dîme d'Ommerey appartient pour les deux tiers aux religieuses de l'abbaye de Haute-Seille, et l'autre tiers au s^r curé d'Ommerey, qui se perçoit au douze. C'est un droit ancien, mais il s'y glisse bien des abus, comme à la passation des baux : on réserve un chapeau qui ne paye rien au Roi, ni à la communauté ; souvent ce sont des commerçants qui les prennent à bail, de qui les communautés n'en tirent aucune ressource : l'on voit très souvent dans les campagnes que des pauliers prennent la dîme au milieu du champ, et cela parce que le blé en est meilleur ; et, d'autres fois, le cultivateur est obligé de laisser périr son grain par l'entêtement des pauliers qui n'ont pas dîmé son champ ; il serait plus avantageux aux cultivateurs et aux propriétaires de payer cette dîme en argent qu'en espèce, ou nature : alors l'on [n']aurait plus besoin de pauliers ni de fermiers de dîmes, puisque les cultivateurs et les propriétaires en tiendraient place ; la denrée resterait dans le lieu, ainsi que les pailles qui serviraient d'engrais, et feraient l'avantage du cultivateur et du propriétaire : les religieux ne tirent leurs droits de dîme qu'en argent.

ART. 12. — L'on demande que les impôts de l'État soient supportés par les nobles, le haut et le bas Clergé conjointement avec le Tiers état, à proportion des revenus et des biens. Qui supporte les charges et les pertes dans l'État ? [Ce] sont les peuples du Tiers état.

Art. 13. — Les haras ont été nuisibles à la province depuis leur établissement : premièrement, en ce qu'il était défendu aux laboureurs d'élever des entiers de la race ancienne de leurs chevaux, que conséquemment les juments ne donnaient plus de poulains ; secondement, que, dans le nombre, des juments annexées à ces haras ne faisaient point de poulains, et celles qui en avaient n'ont pu croître de l'espèce, à cause du peu de fourrage en cette province ; et dont le tout lui a porté et lui porte encore aujourd'hui un grand préjudice.

Fait et arrêté à l'assemblée du quinze mars 1789.

Salmon, *syndic et député;* N. Demange, *député;* A. Masson ; H. Clément ; J. J. Gorius ; E. Bourdon.

ORON (partie France)

CXXVII^A

« Procès-verbal d'assemblée de la communauté pour la nomination des députés. »

16 mars 1789,

« Sont comparus par-devant nous, J. Vincent, syndic de la municipalité. »

Communauté (¹) de 65 feux.

Députés : François Gentilhomme,
 Jean Vincent.

Signatures : J. Trompette ; J. Cherrier ; François Petit ; Jean-François Noblemaire ; Christophe Dauphin ; Michel Canteneur.

CXXVII^B

Cahier contenant six feuillets, coté et paraphé par nous, Jean Vincent, syndic de la municipalité d'Oron, où sont écrites

---

1. *Impositions ordinaires* pour les *six* premiers *mois* de l'année *1790* :
Imposition principale. . . . . 247 ₶   » s.   » d.
Impositions accessoires. 434   7   »
Capitation 455   10   6
         Total. . . . . 1 136 ₶ 17 s. 6 d.
Deux vingtièmes et quatre sous pour livre du premier pour *1790 :*
Biens-fonds . . { 1ᵉʳ cahier . . . 757 ₶ 7 s. 6 d.
             2ᵉ cahier . . . 397   9   »
        Total. . . . . 1 154 ₶ 16 s. 6 d.
                                 (Arch. Meurthe-et-Moselle, L. 308.)

les plaintes, doléances, remontrances à proposer dans les États généraux, dans la personne des députés pour ladite communauté d'Oron, en date du quinzième mars mil sept cent quatre-vingt-neuf.

J. VINCENT, *syndic.*

Les habitants de la communauté d'Oron, prosternés au pied du Trône dans les États généraux, ont l'honneur de faire à Sa Majesté leurs très humbles remontrances.

ART. 1. — Les impositions sont trop considérables à Oron. On voit par les anciens rôles que l'on ne payait que 435 livres en 1729. Ce village, quoique une partie Lorraine, paye au Roi trois mille six cents livres, tant subvention, vingtièmes, capitation et route, pour soixante et cinq habitants qui la composent, dans lesquels il y a vingt-cinq chefs mendiants, et dont le ban ne contient que neuf cents jours de terres pour les trois saisons, et deux cent cinquante fauchées de prés, et soixante-deux arpents de bois : pour alléger le poids de cette surcharge, il faudrait y faire contribuer les ecclésiastiques, les nobles et les propriétaires qui ne résident point dans le lieu proportionnellement aux biens qu'ils y possèdent.

ART. 2. — Il serait à désirer par tout le monde que les clôtures des prés n'eussent plus lieu. Alors le bétail reviendrait plus commun et la pâture éprouverait alternativement l'abondance et la disette ; les seigneurs seuls et les grands propriétaires jouissent du bénéfice qu'ils peuvent produire, tandis que les simples particuliers, dont les propriétés sont éparses, ne peuvent pas en profiter, parce que les frais de clôture absorberaient le produit : il serait donc du bien public de supprimer cet édit.

ART. 3. — Le sel étant un objet de première nécessité, une production particulière de cette province, le prix devrait être diminué, et la liberté accordée à un chacun de s'en pourvoir comme il jugerait à propos : il conviendrait aussi de laisser le commerce du tabac libre, et, pour indemniser l'État, imposer sur chaque consommateur telle somme il plairait au Roi.

ART. 4. — On est enclavé dans le territoire de Lorraine, ne peut rien faire entrer ni sortir sans payer des droits d'acquits fort onéreux qui, malgré que les Évêchois sont dits être exempts, il n'est pas moins vrai qu'ils payent ce droit exorbitant, et à chaque instant éprouvent à cet égard des contraventions, vexations très coûteuses, et préjudiciables au commerce. Il serait avantageux pour la province que ces droits fussent supprimés, de même que les gabelles, marques de cuirs, de fer, d'or et d'argent, et aussi tous les employés qui sont en trop grand nombre et occasionnent une grande dépense à l'État.

Art. 5. — Le bois est très rare, les pauvres ne pouvant plus s'en procurer, ce qui occasionne les dégradations dans les bois et les amendes qui en résultent; les laboureurs, ne pouvant avoir leur chauffage, sont forcés à brûler leurs pailles, ce qui dégraisse les terres et les empêche de produire; la rareté du bois est occasionnée par la grosse consommation des salines qui s'emparent de toutes les coupes. Il conviendrait donc de supprimer ces salines : on se procurerait facilement du sel de mer qui ne coûterait pas le quart de celui des salines.

Art. 6. — La dîme étant une grosse taxe sur les terres, autrefois elle entretenait, réparait et redressait les églises : il serait bien juste qu'actuellement les décimateurs, par un nouvel édit, fussent chargés non seulement des nefs, mais encore des chœurs, tours, murs de cimetières, et de tout ce qui a rapport aux églises, même du luminaire.

Art. 7. — L'établissement des jurés-priseurs vendeurs de meubles est très nuisible aux gens de campagne; la loi exige qu'il soit fait inventaire au décès d'un chef, et la prisée de cet inventaire ne peut plus être faite que par les priseurs qui résident fort éloignés, ce qui coûte considérablement; lorsqu'il s'agit de procéder à la vente, les droits de ces priseurs consomment la plus forte partie du prix. Il conviendrait donc de le supprimer.

Art. 8. — Il serait à désirer qu'on ne puisse à l'avenir établir ni proroger aucun impôt que du consentement de la Nation, qui ne serait plus vexée par tant de droits dont on ignore les motifs; pareillement, il serait à désirer que chaque province soit chargée de l'administration confiée aux intendants; le nombre de tant d'officiers porte un préjudice considérable.

Art. 9. — La justice est trop lente à obtenir dans [les] tribunaux; les frais trop multipliés pour des affaires de peu de conséquence : il serait à désirer que les districts et municipalités soient maintenus, attendu qu'ils empêchent les communautés de consumer leurs revenus en pure perte, comme l'expérience l'a fait remarquer. Que les officiers municipaux soient proposés pour juger les reconnaissances de signatures et les délits champêtres. L'on a vu des procès de cette compétence coûter des milliers de livres. Que les mêmes officiers soient proposés pour faire inventaire, établir tuteur et curateur, afin d'épargner les frais que l'on voit souvent en peu de temps consumer le bien des pupilles.

Art. 10. — Il serait à désirer que les Maîtrises soient supprimées : elles sont trop coûteuses aux communautés par l'éloignement de leur ressort, de sorte que les communautés où il y a peu de bois, les frais de voyage et de délivrance, et récolement qui ne se fait ordinairement que six mois après la vuidange des coupes, absorbe la moitié du produit de ces bois. Il serait à souhaiter que les officiers municipaux avec un officier de district soient chargés de faire la délivrance des coupes ordinaires ; que les requêtes pour obtenir des coupes extraordinaires soient portées aux États de la province.

Art. 11. — Ni les personnes ni les propriétés des sujets ne peuvent être gênées qu'en vertu des lois du royaume ; leur liberté individuelle réservée en conséquence des lettres de cachet.

Art. 12. — La suppression de la vénalité de tous les offices, lesquels seront accordés au mérite personnel.

Art. 13. — La suppression des Fermes générales qui seront mises en régie par la province, afin de verser le revenu dans les coffres de la Nation directement et sans frais.

Art. 14. — La suppression des usines préjudiciables aux propriétés des sujets.

Art. 15. — La suppression du tiers dans les biens communs et des banalités de toute espèce envers les seigneurs, ainsi que les cens et rentes.

Art. 16. — La suppression des haras.

Art. 17. — Que les villages lorrains et français ne soient plus que d'une seule juridiction.

Ainsi arrêté et délibéré à Oron par les habitants de cette communauté, convoqués par Jean-Dieudonné Vincent, syndic de ladite communauté, ce qui compose le Tiers état, nés Français, âgés de vingt-cinq ans, domiciliés et compris au rôle des impositions, lesquels ont tous avoué à ce qui en est relaté dans ledit cahier, après lecture faite, le quinzième jour de mars mil sept cent quatre-vingt-neuf, le double restant au greffe de la communauté.

J. Trompette; J. Cherrier; François Petit; Jean-François Noblemaire; Christophe Dauphin; Michel Canteneur; J. Vincent, *syndic;* Fr. Gentilhomme.

PETITMONT

CXXVIII*

« Procès-verbal d'assemblée de la communauté de Petitmont, pour la nomination des députés. »
16 mars 1789,
« Sont comparus en la maison du sieur Jean Claude, syndic de ladite communauté ([1]), par-devant nous, syndic susdit et membres de la municipalité. »
Communauté composée de 102 feux.
Députés : Pierre Claude l'aîné, laboureur,
François L'hôte.
Signatures : J.-B. Cheriere; Dominique Mansuis; François L'hôte; Pierre Claude; J. de Poutet; Jean Claude, *syndic;* N. Sielte; Nicolas Tisserant.

CXXVIII*

Cahier de remontrances, plaintes et doléances des habitants de Petitmont

Cejourd'hui seizième mars mil sept cent quatre-vingt-neuf, nous soussignés, habitants de Petitmont, tous Français de

---

1. *Impositions ordinaires et prestation des chemins* pour les *six* premiers *mois* de l'année *1790 :*

Imposition principale	94 ₶	10 s.	» d.
Accessoires de l'imposition principale	188	4	5
Capitation et ses accessoires	215	4	9
Taxations des collecteurs	6	2	7
Droit de quittance au receveur des finances	2	1	4
Prestation des chemins	72	6	»
TOTAL		578 ₶	9 s. 1 d.

(Arch. Meurthe-et-Moselle, L. 679.)
Deux vingtièmes et quatre sous pour livre du premier pour *1790 :*
1ᵉʳ cahier . . . . . . 1 212 ₶ 4 s. 6 d.
(*Ibid.*, L. 308.)

naissance et de cœur, d'affection et de respect pour notre bon Roi et pour l'État, et tous compris dans les rôles des impositions, âgés de vingt-cinq ans, mariés, pour obéir et répondre aux ordres, aux bontés du Roi, à nous manifestés par ses lettres données à Versailles le 7 février 1789 pour la convocation et tenue des États généraux de ce royaume, par le règlement y annexé, et par l'ordonnance de Monsieur Vignon, président, lieutenant-général de Vic, lesquelles ont été lues au prône de dimanche dernier, lues aussi et publiées et affichées le même jour devant et aux portes de l'église de cette paroisse, et dont on vient encore de faire lecture, et dans ce moment, dans la maison du sieur Jean Claude, syndic, lieu où nous avons été convoqués au son de la cloche, et par avertissement particulier de Monsieur le syndic, et où nous nous sommes tous assemblés, et en la manière accoutumée, nous avons procédé à rédiger nos remontrances, plaintes et doléances comme s'ensuit :

Art. 1. — Nous remontrons que, pour subvenir aux besoins pressants de l'État, tous les citoyens des trois Ordres du royaume doivent contribuer également, en proportion de leurs propriétés et revenus, aux charges et impositions quelconques sans aucune exception ni privilège, même de pensions, appointements, etc.; qu'en conséquence, les déclarations de tous et un chacun soient faites exactement, à peine, etc.;

Que la multiplicité des impôts révolte en accablant surtout le peuple sur qui ils tombent principalement; qu'il faudrait les réduire à un, s'il était possible; qu'il faut au moins les diminuer en nombre...; que, pour le bien de l'État, il faut simplifier la manière et dans les impositions, perceptions et dans la recette, afin que les produits ne soient point absorbés en grande partie avant que de parvenir au trésor royal;

Que dans la distribution des impôts, soit tailles, soit vingtièmes, on ait égard non à la qualité des terres, prés, bois, etc., mais à la qualité : ici où ce sont des terres froides qui ne produisent qu'à force d'engrais qui manquent ou plutôt sont rares, et de chaux qui est fort chère, et encore peu de chose en seigle, avoines et pommes de terre; des prés qui ne donnent rien, et que les habitants de la plaine ne voudraient pas prendre la peine de les faucher; si on nous imposait et nos voisins de la montagne comme pour les terres et prés de la plaine, l'injustice serait palpable et criante;

Art. 2. — Que, pour le bien des communautés et conséquemment de l'État, il faudrait couper la racine à bien des procès ; qu'un moyen serait d'autoriser les officiers municipaux à terminer tout ce qui regarde les anticipations de terrain, les troubles, et ce qui demande enquête, etc., à condition que si quelqu'un des membres de la municipalité était dans le cas, les autres nommeraient pour les suppléer d'autres pour discerner avec eux ;

Qu'un autre moyen serait d'obliger tous les jeunes avocats de campagne de résider dans les villes où il y a bailliage pour y apprendre leur métier si estimable, plutôt que d'être aux aguets dans les campagnes pour tirer l'argent du peuple bon ou méchant, et souvent y souffler le feu de la discorde ; il serait très bon aussi de pouvoir passer les juridictions seigneuriales pour plusieurs bonnes et très fortes raisons qui frappent même l'homme de campagne un peu clairvoyant : on en voit quelquefois plus instruits et plus équitables que ceux qui les jugent ; on sent les suites ruineuses de ces juridictions pour le pauvre peuple ; il ne faudrait pour juger que des hommes de mœurs, équitables, instruits et qui eussent exercé la noble fonction d'avocat pendant plusieurs années, à moins que ce ne soient des génies précoces ; encore faut-il connaître les lois et les formalités, ce qui ne s'acquiert que par l'étude et la pratique, sans quoi l'honneur et la fortune des citoyens sont en grand danger.

Il faudrait encore retrancher toutes les formalités qui tirent les procès en longueur, et tous les abus de la chicane qui ruinent tant de plaideurs. On se plaint aussi de la trop grande distance des bureaux de contrôle, des frais considérables pour une simple reconnaissance de promesse, sommation, etc. ; il faudrait modérer les droits des uns et des autres, et obliger de donner des mémoires, quittances de tout ce que l'on tire, surtout dans les [petites] juridictions : cela se fait dans les grandes.

On se plaint des traites de foraine, des acquits si multipliés, et sous tant de dénominations : on est étonné que, dans nos villages enclavés dans la Lorraine, nous soyons accablés par ces acquits, et les Lorrains de même ; que de vexations ! En conséquence, on en demande la suppression, ainsi que de la Ferme et de tous ses suppôts, et on espère que les États y travailleront efficacement.

Le sel est un autre sujet de plaintes. Nous sommes au milieu des Lorrains qui ont le sel à meilleur marché que nous ; cela occasionne quantité de reprises ; l'on désire et on demande que le sel soit marchand et à un prix raisonnable ; on connaît la nécessité du sel pour la santé de l'homme et des bestiaux, pour l'agriculture même, ce nerf de la richesse de l'État, fondé sur les engrais. D'ailleurs, que d'avantages pour les particuliers qui élèvent ces bestiaux et pour tout le public ! que de bœufs, veaux, moutons, porcs bien gras seraient conduits dans les boucheries, si le sel était libre et commun ! que de pauvres soulagés ! tandis qu'au prix où il est, à peine peuvent-ils gagner pour avoir ce sel aussi nécessaire que le pain qui est déjà si cher ; que d'avantages de la liberté du sel ! le détail plus long est inutile ; tout le monde le sent.

L'on désirerait aussi que le tabac fût libre. Combien de reprises occasionnées par la cherté de ce tabac devenu presque aussi nécessaire à plusieurs que le sel ; non seulement les hommes usent du tabac, mais il est employé avec succès dans différentes maladies des hommes et pour les noyés, mais encore pour les bêtes à cornes, les chevaux et particulièrement contre la gale des brebis : bonne raison pour le rendre moins cher, sinon libre ; d'ailleurs, que de malheureux ruinés ou envoyés aux galères, quelquefois même tués, pour le sel ou le tabac de contrebande ! que de malheurs pour enrichir les partisans !

Art. 4. — On voit avec douleur l'établissement des huissiers-priseurs ; on le regarde comme un établissement infernal ; en effet, quoi de plus révoltant que de voir emporter par ces huissiers une partie considérable des ventes faites pour des orphelins ou de celles faites volontairement, ou forcément au préjudice des créanciers ? Les orphelins et autres ne souffrent-ils pas déjà assez pour les scellés et les inventaires et encans ordinaires, sans y ajouter cette concussion ?

L'on se plaint aussi des marques de cuirs, de fers, etc., impositions lourdes, si onéreuses à chaque membre de l'État qui en gémit en secret et éclate en murmures publiquement.

Art. 5. — L'on se plaint comme autrefois, et bien plus fortement, des banalités, de moulins surtout ; et ces plaintes ne sont que trop fondées partout. Le Roi et les États sont très humblement suppliés d'apporter des remèdes efficaces à un abus de ces banalités ; il n'y en a guère d'autre que leurs suppressions ; les seigneurs sont priés de considérer que s'ils suppriment la banalité, qu'ils mettent de bons et fidèles meuniers dans leurs moulins, qu'ils en tireraient au moins autant qu'avec la banalité, et que leurs sujets ne seraient point écrasés comme ils le sont presque toujours.

Sont encore priés les États d'engager les seigneurs à ne pas priver leurs sujets des droits de vaine pâture et autres dans leurs bois, surtout dans les sapinières, mais de les laisser jouir de ces droits dont ils sont en possession ; sans quoi les laboureurs ne pourront plus nourrir assez de bestiaux pour cultiver leurs terres, et les manœuvres pour se nourrir, etc. ; sont priés encore de modérer les taxes des amendes dans leurs bois et les frais de poursuite, etc.

Art. 6. — Quoique nous n'ayons aucune plainte à faire, mais au contraire que nous n'ayons qu'à nous louer de la bonne façon de Messieurs les officiers de la Maîtrise dans nos cantons, il ne nous est pas possible de ne pas nous plaindre des frais qu'emportent les rapports. Nous sommes à dix lieues de Vic : les voyages de nos gardes ou autres à Vic, ceux des huissiers, les frais de sentences, la perception du tout par le garde-général, nos voyages à Vic au sujet de nos rapports, que de frais, que de dépenses, que d'argent souvent pour un chétif rapport, quelquefois injuste, au moins pour chose de nulle ou peu de valeur ! Les visites des officiers dans les bois, les marques, etc., emportent considérablement d'argent des communautés, et quelquefois autant ou presqu'autant que vaut le bois marqué. Les États sont très humblement et très instamment suppliés de prendre ceci en grande considération : un remède tranchant serait de rendre aux communautés l'administration de leurs bois ; elles en auraient un soin particulier comme de leurs biens propres, et ils seraient mieux gardés qu'ils ne le sont, parce qu'elles ne les regardent plus comme à elles appartenant proprement, à cause des entraves mises à leur propriété.

Avant l'établissement des Maîtrises, on a vu dans quelques provinces combien était belle et bonne l'administration des communautés ; les délits y étaient très rares, et l'argent que l'on est obligé actuellement de délivrer aux Maîtrises restait dans la communauté, n'étant pas employé à acheter l'usage du bois dont les habitants étaient propriétaires, comme ils le sont encore. Il est vrai que ces messieurs ont financé ; mais, que l'on tire pendant quelques années dans tous les villes et villages qui ont des bois le montant des vacations annuelles de ces messieurs, la finance sera bientôt remboursée, et le peuple libéré de cette effrayante imposition annuelle, et sera plus en état de payer ses impositions de l'État.

Art. 7. — Il n'est point de communauté où il ne s'est trouvé quelque argent qui n'ait toujours crié à l'injustice contre la méthode de laisser cet argent entre les mains des receveurs ou trésoriers, sous prétexte de conserver cet argent pour les besoins des communautés, ce qui est manifestement illusoire ; on le consume par les droits que perçoivent ces messieurs. En effet, s'ils perçoivent un sou par livre, dans dix ans il n'y a plus que la moitié de la somme, et dans vingt, tout est perdu pour les communautés. Comment appellerons-nous cette méthode de s'enrichir ?

D'ailleurs, que de frais, que de requêtes, que de placets, que de voyages, que de démarches, que de refus avant de pouvoir obtenir cet argent pour des emplois nécessaires ou utiles ! Ne serait-il pas aussi bien et même mieux entre les mains des communautés, surtout à présent, qu'en celles des receveurs ou trésoriers ; et ne l'employeraient-elles pas dans le commerce si elles n'en avaient pas besoin ? Les États sont priés d'écouter les plaintes et d'y avoir l'égard qu'elles méritent.

Le Roi fait distribuer chaque année des remèdes pour les pauvres des paroisses ; celle-ci n'a pas encore pu en avoir ; nous en portons plainte, et nous espérons que cette paroisse, étant considérable, aura part aux bienfaits de Sa Majesté comme elle a part aux charges de l'État.

Tout le monde se plaint de la multitude des mendiants. N'y aurait-il donc pas moyen d'y remédier ? On peut bien établir des bureaux de charité, mais ce moyen ne suffit pas et n'est pas possible pour bien des paroisses, principalement la nôtre. L'autorité peut seule empêcher les paresseux de mendier en les forçant au travail.

Art. 8. — Il serait à souhaiter que tous les peuples de la France qui ont succédé aux Gaulois lorsque les Français s'emparèrent des Gaules qu'ils appelèrent France de leur nom, ils ne quittèrent point leur liberté, et ne s'assujettirent à aucune servitude ; ils y assujettirent les Gaulois qu'ils venaient de subjuguer, et ne leur distribuèrent une partie des terres dont ils venaient de se rendre maîtres qu'à condition que ces Gaulois leur payeraient des cens et redevances, soit en argent, grains, corvées, etc. Mais actuellement que tous les habitants du royaume ne font plus qu'un même peuple, sans distinction de Gaulois, et que tous portent le beau nom de Français, qui vient de celui de France, pourquoi ne sont-ils Français que de nom? car tous ces cens, ces redevances, ces corvées, ces gabelles et toutes ces autres servitudes auxquelles ils sont assujettis sont des preuves non équivoques qu'ils ne sont rien moins que libres : il faudrait donc supprimer toutes ces servitudes, afin que les Français pussent dire avec vérité qu'ils sont Français.

Mais les seigneurs, loin de vouloir entrer dans ces idées si relatives à notre nom de Francs, cherchent au contraire à empiéter sur les droits de leurs sujets, au moins leurs officiers, en formant de nouveaux droits en leur faveur; c'est ainsi que nous voyons s'en établir contre nous, et contre lesquels nous portons plaintes et faisons nos doléances ; nous nous plaignons d'abord de ce que les francs barrois et les gros barrois auxquels on condamne les mésus aux plaids-annaux soient convertis en argent de France, c'est-à-dire qu'au lieu de huit sols six deniers de Lorraine pour les francs et neuf deniers de Lorraine pour les gros, on nous fait payer huit sols six deniers de France : voilà une injustice.

La deuxième plainte est que les rifleurs ne tiraient ci-devant que deux francs barrois pour dépouiller un bœuf, vache, cheval, ils tirent actuellement trente sols de France, ce qui, joint au voyage qu'il faut faire pour les avertir à une grande lieue, fait une dépense à retrancher. C'est pourquoi nous demandons :

1° Que ce droit du rifleur soit réduit à deux francs barrois comme ci-devant, ou autrement réglé par les Etats ;

2° Qu'il ait ici dans le village une personne que l'on puisse avertir, sans être obligé d'aller le chercher, et que l'on ne soit sujet à aucune poursuite de la part du rifleur;

3° Qu'il ne puisse poursuivre personne pour porcs, brebis, chèvres, chiens morts, etc. ; et qu'il soit libre de donner les peaux ou peu de chose, pour peine ;

4° Qu'en cas de maladies épidémiques, soit de bêtes à cornes, chevaux, surtout de porcs, brebis, ce qui arrive trop souvent, les propriétaires soient autorisés et obligés à les enterrer à une profondeur suffisante loin du village, sans que le rifleur puisse intenter aucune action contre eux, et même défendu de les dépouiller.

La troisième plainte est au sujet des châtreurs ; le seigneur a voulu établir un châtreur pour ici, quoique nous soyons en possession de prendre qui nous voulons ; ce châtreur a prétendu tirer trente sols de France par grosses truies et quinze sols pour les petites, tandis que nous ne donnons que douze sols de Lorraine pour les grosses et six sols de Lorraine pour les petites ; il y a procès à ce sujet entre le seigneur et notre communauté.

Nous demandons aussi que les États détermineront les droits des tabellions et notaires, s'ils ne le sont pas encore, que l'on ne voie plus de différence entre les perceptions des différents tabellions, et d'ordonner l'exécution des règlements faits, à peine de concussion et de restitution et suppression des droits de sceaux qui ne servent qu'à ceux qui perçoivent les droits. Nos contrôles n'assurent-ils pas les contrats, etc., mieux que scel que l'on perd ou que l'on arrache ?

L'on se plaint aussi de l'article de notre coutume qui donne aux enfants d'un premier lit tous les immeubles de leur père au préjudice des enfants du deuxième ou troisième, comme s'ils étaient bâtards : l'on sent que cela a été réfléchi et fait contre les marâtres ; mais il y a bien des raisons fortes contre. On voit des enfants du deuxième lit très pauvres, et leurs frères du premier riches : cela empêche que des hommes veufs ne trouvent point de seconde femme comme ils le désireraient, à cause des enfants du premier lit : cette coutume engage les femmes du deuxième lit à piller le ménage, et à frustrer les premiers, et à les détester et les maltraiter. Mais la principale raison, c'est que cela engage les pères à faire des fausses ventes à ou en faveur des enfants du second lit, et ces ventes frauduleuses portent préjudice et très grand préjudice aux enfants du premier lit ; et de là viennent des procès et de faux serments.

L'on parle de bien des plaintes formées par diverses communautés au sujet de l'édit qui ordonne l'imposition au sixième des impôts pour suppléer aux corvées sur les chaussées : ces plaintes sont une preuve de l'injustice dans l'ancienne répartition de ces travaux publics; en effet, nous connaissons des communautés riches, même de cette généralité de Metz, à qui il ne coûtait pas cent livres par année, estimation faite de leurs ouvrages sur les chaussées, tandis que celle-ci qui est pauvre et qui n'a que des terres froides et des prés stériles, comme il a été observé article premier, notre communauté a payé soit en argent, soit par ouvrages faits et estimés, depuis quatorze à dix-huit ans, douze, treize, quatorze, quinze cents livres de France, et la dernière année avant l'édit, cela est allé à près de dix-huit cents livres, y compris ce que nous avons fourni pour le pont de Sarrebourg. Quelles injustices, et que d'horreurs! De peur que nous ne soyons exposés à de nouvelles injustices, nous demandons que l'édit subsiste dans toute sa force, sauf à diminuer, comme il est porté par ledit édit.

Si cependant il arrivait malheureusement pour nous que l'on rétablît l'ancienne manière, nous supplions qu'il n'y ait plus d'injustices si criantes : nous sommes déjà surchargés par l'entretien de nos chemins; on ne peut venir dans notre village qu'en montant; des pluies, des nuées seules forment des torrents dans tous les chemins : autant de nuées ou de grandes pluies, autant de grosses et grandes réparations à faire; ce qui mérite attention pour nous diminuer de bien des toises sur les chaussées, si malheureusement nous étions obligés d'y travailler dans la suite; nous le répétons, nous désirons que l'édit subsiste.

Nous aurions encore bien des demandes, plaintes et doléances à faire; mais nous finissons ce mémoire en demandant la suppression de la vénalité des charges; qu'il n'y ait plus d'inamovibilité que celle fondée sur la conduite intègre des magistrats et autres, ou sur la loi; qu'il y ait des arrondissements pour les juridictions, bailliages, afin d'éviter les grands frais de voyages des huissiers et plaideurs, à condition néanmoins que les bailliages soient composés de juges et conseillers tels qu'on les demande dans l'article second du présent mémoire : ce qui sera facile en supprimant la vénalité et l'inamovibilité. Au surplus, nous adhérons à toutes plaintes, demandes et doléances qui tendent au bien de l'État et de ses membres; en foi de quoi, avons signé à Petitmont, assemblée tenant, les jour et an avant dits.

J.-B. Cheriere; Dominique Mansuis; François L'hôte; Pierre Claude; J. de Poutet; Jean Claude, *syndic;* N. Sielte; Nicolas Tisserant.

PETTONCOURT

CXXIX[A]

« Procès-verbal de la communauté de Pettoncourt ([1]), pour la nomination des députés. »
15 mars 1789,
« Sont comparus à l'auditoire de Joseph Odille, par-devant nous, habitant de ce lieu. »
Communauté composée de 45 feux et 9 veuves.
Députés : Joseph Odille,
  Joseph Parmentier.
Signatures : Joseph Odille; Devaux; Joseph Humbert; Claude Fagant; Sigisbert Ancillon; Joseph Parmentier.

CXXIX[B]

Communauté de Pettoncourt

A Sa Majesté Louis Seize, roi de France et de Navarre, supplie très humblement votre fidèle communauté de Pettoncourt, de la province des Trois-Évêchés.
Disant que Sa Majesté, ayant voulu consulter tout son peuple pour l'aider à surmonter toutes les difficultés où elle se trouve relativement à l'état des finances et pour établir suivant ses vœux un ordre constant et invariable dans toutes les parties du gouvernement qui intéressent le bonheur de ses sujets et la prospérité de son royaume; pour concourir

---

1. *Impositions ordinaires* pour les *six* premiers *mois* de l'année *1790* :
Imposition principale. . . . . 160 ℔ » s. » d.
Impositions accessoires. 318 13 7
Capitation 364   8 6
   Total. . . . . 843 ℔ 2 s. 1 d.
Deux vingtièmes et quatre sous pour livre du premier p ur *1790* :
Biens-fonds . . { 1er cahier . . . 1152 ℔ 10 s. 6 d.
                 { 2e cahier . . . 222   9   3
   Total. . . . . 1374 ℔ 19 s. 9 d.
(Arch. Meurthe-et-Moselle, L. 308.)

aux [vues] bienfaisantes de Sa Majesté, voilà le cahier des plaintes, doléances et remontrances que ladite communauté ose présenter sous les yeux de Sa Majesté, et le moyen de subvenir au besoin de l'État. Savoir :

Art. 1. — Ladite communauté représente à Sa Majesté la doléance et plainte des recouvrements des deniers de l'État qui se montent pour la subvention à 1 103# 12 s. 5 d., capitation 597# 2 s. 2 d., à rétribuer sur 45 habitants et neuf veuves, la plus forte partie des malheureux ne pouvant satisfaire, vu la cherté des denrées qui sont hors de prix.

Art. 2. — L'imposition des routes, qui se monte à 299 #, formant en toute imposition 1 999# 14 s. 5 d., dont la Noblesse et le Clergé ne payent aucune rétribution : le tout tombe toujours sur les plus malheureux de l'État.

Art. 3. — Ladite communauté représente qu'il est trop surchargé envers leur seigneur : chaque habitant lui paye personnellement par année deux bichets de blé, deux d'avoine, deux poules, cinq sols d'argent, la veuve par moitié ; en outre, ledit seigneur exige encore un bichet de blé par habitant sur un bois qui appartient à ladite communauté. Ledit seigneur s'a approprié du tiers et fait toujours payer le même cens ; puisqu'il profite du tiers du bois, le cens devrait être mis bas depuis environ quarante ans qu'il jouit de ladite partie ; il exige encore à chaque mutation pour droit de revêture huit pots de vin sur les immeubles qui restent à leur profit quoiqu'il n'y aurait que le huitième d'un journal.

Art. 4. — Les laboureurs représentent qu'ils sont trop chargés envers le seigneur pour des rentes affectées envers leurs chevaux, payant par chaque année deux bichets de blé, deux bichets d'avoine par pièce de chevaux : n'osant tenir le nombre des chevaux qu'il leur serait nécessaire pour bien cultiver les terres qui sont très difficiles ; il faudrait pour deux charrues vingt chevaux : les rentes les empêchent d'en avoir le nombre nécessaire pour rendre les terres en bons produits.

Art. 5. — Ladite communauté représente qu'elle est attenue à la moitié des frais de la mère église de Grémecey tant pour les ornements, pain et vin de messe, presbytère et les murs du cimetière. L'on demande d'être soustrait de ladite église, vu que nous avons notre annexe à entretenir entièrement, qui a les mêmes droits que la mère église pour les enterrements, baptêmes, mariages, messes de paroisse toutes les fêtes et dimanches : nous sommes cinquante habitants dans ladite annexe; nous sommes encore attenus à payer la location du vicaire qui a son logement dans la maison de cure dudit Grémeccy : l'on demande que ladite location soit payée par le Clergé.

Art. 6. — Demande à Sa Majesté à l'égard des salines qui et à notre feu [*sic*] dont nous payons les sels à sept sols neuf deniers la livre, attendu que les sels éloignés desdites salines sont à meilleur marché que nous qui sommes à la porte ; au sujet du bois qui est d'une consommation extraordinaire dans lesdites salines, cela empêche le pauvre peuple à en avoir, vu que cesdites s'approprient de toutes les coupes des environs;

Art. 7. — De supprimer dans ladite province les huissiers-priseurs, vu que c'est la perte des pauvres malheureux mineurs qui perdent assez en perdant leurs pères et mères, attendu que lesdits priseurs emportent le principal desdits mineurs;

Art. 8. — D'imposer la Noblesse et le Clergé dans toutes les impositions accessoires et travaux des routes, comme le Tiers état;

Art. 9. — De lever les revenus de l'État sur les biens-fonds comme terres, prés, vignes, bois, maisons, usines, censes, rentes; cependant, les biens sujets aux inondations soient légèrement chargés; de laisser aussi dans chaque province des fonds tirés sur elle-même destinés à dédommager ceux qui auront éprouvé des pertes par orages, incendies, perte d'animaux; enfin, que les malheureux qui ont essuyé des pertes soient soulagés par quelques moyens;

Art. 10. — De supprimer dans les biens communaux le tiers aux seigneurs, attendu qu'ils ont déjà la plus forte partie du ban; les reconnaître pour double portion dans les partages;

Art. 11. — D'abolir toutes les clôtures de prés;

Art. 12. — De faire payer à tout sujet indistinctement les corvées des chemins royaux, de faire entrer dans cette charge les postes, diligences et toutes voitures publiques qui ne sont point pour les affaires d'État. Cependant, Sa Majesté aura la bonté d'avoir égard aux villages dont les situations sont marécageuses, exposées à beaucoup de dépenses pour ses ponts et ses propres chemins;

Art. 13. — Que la location du vicaire qui a la charge des communautés soit mise à la charge du Clergé, ainsi que le pain et le vin de messe ;

Art. 14. — Que les villages, qui ont des vicaires et qui ont chez eux la messe paroissiale soient exempts de contribuer à la bâtisse ou entretien des mères églises, des maisons curiales, de la fourniture des ornements, du luminaire, dans lesdites églises ;

Art. 15. — Qu'il n'y ait qu'un seul colombier dans chaque village, quoiqu'il soit plusieurs seigneurs; que les colombiers soient fermés dans tous les temps prescrits par les lois ; qu'il soit libre à tout le monde de faire mettre cette loi en exécution ;

Art. 16. — De favoriser les laboureurs, la partie la plus essentielle dans l'État ; d'ôter tout obstacle et de donner toute facilité à l'agriculture.

Art. 17. — Les laboureurs de ladite communauté sont attenus envers le seigneur de trois corvées de labourage avec une charrue chaque année : ont pour la rétribution d'icelle une livre et demie de pain par homme.

Art. 18. — Lesdits laboureurs sont encore attenus envers Monseigneur l'évêque de Metz de lui vider un canton de prés sur le ban de Moncel, de voiturer les foins à la distance de deux lieues, ce qui cause souvent des procès, attendu que ladite prairie est fort souvent couverte par les eaux, à la rétribution d'un demi-setier de vin par voiture, ou six liards d'argent.

Art. 19. — Ladite communauté représente qu'il y a un petit canton de vigne sur ledit ban qui contient environ cent jours, qui est imposé à plus que son rapport, paye la dîme au douze, trente-quatre sols pour le dixième ; souvent la récolte est fort mince, ne faisant pas pour la façon ; il y en a trente ou quarante jours qui appartiennent aux gens du dehors : ladite communauté en paye les impositions à Sa Majesté.

Art. 20. — De faire abolir pour toujours les acquits, de quelle sorte qu'ils puissent être, établis pour l'introduction des marchandises d'une province à une autre.

Art. 21. — De supprimer les employés des Fermes établis pour empêcher les commerces d'une marchandise qu'ils prétendent prohibée; de laisser les habitants libres de prendre leurs sels ou tabacs soit dans les magasins de la Lorraine, ou dans ceux des villages français. Il y a des villages qui sont à trois lieues de distance attendu qu'il y a des magasins lorrains qui ne sont qu'à une lieue. Cela est bien gênant pour les villages français. Cela occasionne souvent des contraventions : les pauvres malheureux qui n'ont pas le moyen de payer, on les renferme dans des prisons au pain de Sa Majesté.

Art. 22. — Demande ladite communauté que la province des Trois-Évêchés soit mise en province d'États, dans tout [ce] qui regarde la juste répartition des deniers royaux; en conséquence, supprimer toutes les personnes employées à ces répartitions.

Art. 23. — Demande ladite communauté le recurement de la rivière de Seille qui porte un grand préjudice à la prairie, qui est souvent inondée par les eaux de ladite rivière, attendu qu'elle a très peu de pente, qu'elle ne peut pas évacuer ses eaux, ce qui porte un grand préjudice aux propriétaires qui sont ses voisins.

Nous supplions donc de nouveau Sa Majesté de jeter un regard favorable sur nos demandes légitimes, afin d'arrêter notre misère : ils ne cesseront d'estimer sa bienfaisance, et nous ne cesserons de prier pour la conservation de sa vie qui sera toujours chère à des sujets aussi soumis et fidèles que ceux de la communauté de Pettoncourt.

Et de suite lesdits habitants, après avoir mûrement délibéré sur le choix des députés qu'ils sont tenus de nommer en conformité desdites lettres du Roi, les voix ayant été par nous recueillies en la manière accoutumée, la pluralité des voix s'est réunie en faveur de Joseph Parmentier et Joseph Odille, qui ont accepté ladite commission et ont promis de s'en acquitter fidèlement du présent cahier.

Fait et arrêté par nous, députés de l'assemblée municipale dudit Pettoncourt, le 18 mars 1789.

Officier public : Léopol Hilaire.

Nombre des feux : 45, neuf veuves.

Signatures des comparants : Joseph Parmentier; Joseph Odille; Sigisbert Ancillon; Joseph Humbert; Devaux; Claude Fagant.

PORCELETTE

CXXX^A

« Procès-verbal d'assemblée pour la nomination des députés. »
20 mars 1789,
« Sont comparus en la maison du syndic de la municipalité de ce lieu de Porcelette, par-devant nous, Jean-François Couturier, syndic de ladite municipalité. »
Communauté composée de 112 feux.
Députés : Jean-François Couturier, syndic de la municipalité,
  Mathis Kœlle.
Signatures : J.-F. Couturier, *syndic ;* Nicolas Henin ; Jean Fischer ; M. Kœlle ; François Henry.

CXXX^B

Porcelette

Cahier de doléances

Cejourd'hui, 20 mars 1789, du matin, la généralité des habitants de la communauté assemblée au son de la cloche, en la manière ordinaire et accoutumée, en exécution des ordres du Roi du sept février dernier, de l'ordonnance de M. le président, lieutenant-général du bailliage de Vic, à nous adressés au domicile du sieur Jean-François Couturier, syndic de la municipalité, pour délibérer sur les vœux qu'ils sont dans le cas de former pour la régénération prochaine de la monarchie française, ont arrêté qu'ils demanderont à Sa Majesté et à Messieurs les députés aux États généraux :

1° Une constitution nationale fixe et invariable, donnant à tous les citoyens la liberté de sa personne, de sa conscience et une pleine jouissance de ses propriétés ;

2° Aucun impôt ne pourra être consenti que par la Nation représentée par les États généraux, auxquels seuls appartiendra le droit de faire des lois avec la sanction du Souverain ;

3° Le retour périodique des États généraux, qui sera arrêté à telle époque qu'on le jugera convenable ;

4° Un nouveau code, tant civil que criminel, et succinct, qui aura pleine et entière exécution dans tout le royaume ;

5° L'abrogation de notre coutume qui contient des dispositions iniques, en faisant sortir de la famille des biens de ligne et en excluant les héritiers du sang ;

6° La suppression à une époque certaine de tous les impôts généralement quelconques actuellement existants ; la substitution en leur lieu et place d'un seul impôt appelé national, dont personne ne sera exempt, riches, pauvres, ecclésiastiques, séculiers, réguliers, nobles, roturiers, hommes, femmes, filles ou garçons ; tout le monde sera obligé d'y contribuer au prorata du moyen terme de ses revenus nets, en quoi [qu']ils puissent consister, soit de l'exploitation des terres, de l'industrie, des capitaux placés à intérêt, à raison de quoi ils seront tenus d'en donner une déclaration juste et exacte, signée d'eux, à peine d'amende en cas de recélé ;

7° L'érection de toutes les provinces en États provinciaux, dont une des principales fonctions sera la juste répartition de la cote d'impositions nationale sur tous les contribuables de leurs provinces respectives, et le versement franc et net, par quartier, au trésor royal du montant de ladite imposition ; l'imposition et entretien des routes pourra être encore de sa compétence ;

8° La suppression particulière des huissiers-priseurs, et, en général, l'abolition totale de la vénalité des offices de judicature, dont l'idée répugne. Comment ? Parce que tel et tel a 50 000 fr. à donner au Roi et à l'État, [il] acquerra, le plus souvent sans science ni talent, le droit de juger de la vie et de la fortune de ses semblables ? Il serait mieux ordonné de les donner gratuitement à ceux qui ont acquis l'estime publique ;

9° Le reculement des barrières aux extrémités du royaume ; tout ce qui aura franchi aura acquitté ou sera censé avoir acquitté les droits, qui seront transcrits dans un tableau imprimé et rendu public. De là, plus d'entraves dans l'intérieur du royaume, point d'acquits, point de visites de paquets, ni de voitures ; pleine et entière liberté de commerce, même du sel et du tabac, dont la plantation sera permise ; plus de Fermiers généraux, et ce n'est pas sans raisons. Il en est de l'administration des biens d'un grand royaume comme d'un bien particulier : personne n'ignore qu'en l'affermant, c'est donner le bénéfice à un tiers ; mais ce bénéfice considérable qu'on donne aux Fermiers généraux de la France, quel est-il ? C'est le prix des sueurs du citoyen, dont la légitime destination doit être le soutien tant de la splendeur du Trône que des forces de l'État;

10° L'encouragement du commerce et de l'agriculture; que l'un et l'autre seront permis, sans déroger, à la Noblesse;

11° La manière de voter aux États généraux ne pourra être adoptée que par tête;

12° Les bâtiments et entretiens des églises, qui sont aujourd'hui au compte des communautés, doivent tomber sur les gros décimateurs;

13° L'encouragement de l'agriculture demande qu'il soit permis de faire des prés artificiels en trèfle ou luzerne, sans être obligé de clore son terrain; et que le terrain ainsi emblavé soit défensable par lui-même, et la vaine pâture interdite de droit;

14° L'abolition de la banalité qui nuit à la liberté, les précautions de la loi ne suffisant pas pour être exempt d'être trompé par les meuniers banaux;

15° L'abolition des colombiers, comme nuisibles à l'agriculteur; les pigeons campagnards n'étant point enfermés pendant les semailles, l'agriculteur se trouve dans le cas de semer deux fois, et les récoltes le plus souvent diminuées;

16° Les Juifs, dont l'usure est publiquement reconnue, ne pourront plus contracter que par acte authentique dont les deniers seront comptés et nombrés, et sous seing privé, par devant les maires et gens de justice et notables du domicile du débiteur, et les prêts seront à cinq pour cent.

Fait à l'assemblée de communauté tenue à cet effet, cejourd'hui le vingt mars mil sept cent quatre-vingt-neuf, en exécution des lettres de Sa Majesté, données à Versailles le sept février dernier, du règlement y joint, et de l'ordonnance de M. le président, lieutenant-général du bailliage de Vic, rendue en conséquence, le présent cahier ayant été coté et paraphé par première et dernière page par le sieur Couturier, syndic de la municipalité de cette communauté, et ont lesdits habitants signé avec nous après lecture et interprétation faites.

J.-F. Couturier, *syndic;* Nicolas Henin; Jean Fischer; M. Kœlle; François Henry;

Coté et paraphé, *ne varietur,* par le soussigné, contenant quatre pages, celle-ci comprise.   J.-F. Couturier.

PORT-SUR-SEILLE

CXXXI^A

« Procès-verbal de l'assemblée composant la communauté de Port-sur-Seille, pour la nomination des députés. »
21 mars 1789,
« Sont comparus au logis et domicile du s^r Jean Pichard, notre syndic actuel. »
Lieu composé de 63 feux.
Députés : Jean Pichard, syndic de l'assemblée municipale, et marchand et serrurier,
François Marcus, greffier de la haute-justice et gruerie de ce lieu, et receveur domanial.
Signatures : Pierre Donnot, *député ;* François Calba, *député ;* Pichard, *syndic ;* Jacque Jacob, *maire ;* Nicolas Parisot, *adjoint ;* François Donnot ; Nicolas Grandidier ; Marcus, *greffier.*

CXXXI^B

L'esprit de justice et de bonté qui porte notre souverain à nous consulter sur ce qui peut rendre les fidèles sujets plus heureux, les engage à faire avec respect les demandes ci-jointes

ART. 1. — On demande une loi fondamentale qui assure inviolablement la constitution du royaume ;
ART. 2. — Le retour périodique des Etats généraux tous les cinq ou six ans.
ART. 3. — On demanderait un seul et unique impôt ;
ART. 4. — L'égalité de l'impôt qui sera décidée aux États généraux avec les deux premiers Ordres, chacun selon ses facultés ; et que tous les mêmes impôts soient portés sur une seule et unique feuille ;
ART. 5. — La suppression des intendants ;
ART. 6. — La communauté demande de ne dépendre à l'avenir que des États provinciaux ;
ART. 7. — Un règlement pour abréger les frais de justice, et que tous les actes puissent être faits et signifiés sur papier libre ;

Art. 8. — La suppression totale des huissiers-jurés et priseurs, ce qui fait le plus grand tort;

Art. 9. — Un règlement pour avoir du meilleur cuir à l'avenir : ceux que l'on a aujourd'hui ne durent point et occasionnent beaucoup de maladies.

Art. 10. — Nous demandons que les portions des biens communaux restent partagées comme elles sont, vu la qualité du terrain.

Art. 11. — Nous demandons la suppression de l'édit des enclos;

Art. 12. — La suppression de la banalité des moulins, comme tenant à un objet de première nécessité : le seigneur en est d'accord.

Art. 13. — On demande de trouver des moyens d'avoir le sel à meilleur marché, comme objet de première nécessité et pour l'amélioration des bestiaux;

Art. 14. — La suppression des droits de traites foraines, transit, acquits, et haut-conduits;

Art. 15. — Que les denrées de première nécessité soient affranchies de tout impôt.

Art. 16. — On demande la sûreté dedans le commerce et de l'encouragement pour l'agriculture.

Art. 17. — On demande d'être du ressort de Metz, vu l'éloignement de cette communauté à Vic dont la communication n'est point praticable l'hiver.

Art. 18. — On demanderait qu'il soit permis à tout le peuple de planter du tabac pour leur consommation, ce qui en résulterait un grand bien aux sujets.

Art. 19. — On demanderait que ceux qui sont séparés de biens d'avec leurs femmes, ou dissout communauté, soient exclus du commerce, ou au moins soient obligés de porter des marques vulgaires et connues à tout le monde, pour éviter l'abus qui se pratique dedans notre pays.

Art. 20. — L'objet principal des États généraux étant de liquider les dettes de l'État, on pense que l'on trouverait de grands moyens en supprimant les ordres religieux qui ne rendent aucun service à l'État, les ordres contemplatifs surtout, en diminuant aussi les revenus du haut Clergé, et qu'il soit obligé à résidence; donner au bas Clergé un traitement qui puisse les mettre à même de faire du bien dedans les campagnes et soulager les malheureux ; abolir leur casuel, ce qui ne pourrait que faire honneur à la religion, car il n'est pas naturel que la plus chétive famille prenne sur ses besoins pour procurer un bien-être à celui de qui elle doit en attendre; faire un règlement qui assurerait que Messieurs les curés rempliraient l'objet que l'on se propose, ce qui serait facile en chargeant, non pas un ecclésiastique, mais un vieux militaire ou un homme de loi, de venir tous les ans dans chaque communauté la faire assembler et leur demander si les indigents et les malades recevaient des secours de leurs curés. On saurait par ce moyen la vérité.

Art. 21. — On désirerait que la bonté paternelle de notre Souverain, qui nous est connue, le porte à faire trouver des moyens de soulager les malheureux habitants des campagnes qui tombent malades et sont sans recours de gens de l'art, ce qui en fait périr infiniment.

Art. 22. — On désirerait que la milice fût abolie. Elle fait le plus grand tort dans les campagnes, les jeunes gens, pour s'y soustraire, se mariant trop jeunes. Ne pourrait-on pas la remplacer par une prestation en argent avec les deux premiers Ordres, tout le monde devant contribuer à la défense de l'État? L'Ordre de la Noblesse, qui sert dans les armées de Sa Majesté, a pour objet la gloire et une ambition louable : l'Ordre du Tiers état fournisse des sujets qui remplissent les deux objets de la Noblesse ; il ne reste aux père et mère dedans les campagnes que les vœux sincères qu'ils forment pour la prospérité du royaume et du meilleur des rois.

Art. 23. — On demanderait que l'on puisse faire un traitement honnête à une femme que l'on choisirait pour sage-femme, qu'elle fût instruite. On éviterait de grands accidents, et la population en serait plus assurée.

Art. 24. — On désirerait des greniers d'abondance dans la province pour une année d'avance, ce qui procurerait la tranquillité publique et ferait tenir le prix du blé à un taux où le malheureux pourrait s'en procurer.

Art. 25. — On demande qu'il ne sorte plus d'argent du royaume pour porter à la cour de Rome.

Art. 26. — On demande, s'il était possible, qu'il y ait même poids, même mesure et même aunage et même argent.

Fait et arrêté par nous, syndics, et membres et adjoint de

l'assemblée municipale de Port-sur-Seille, ensemble par nous maire et gens de la haute, moyenne et basse-justice du même Port-sur-Seille, et tous les habitants qui savent signer ; la communauté assemblée aux logis et domicile du sieur Jean Pichard, notre syndic, audit Port-sur-Seille, le 21ᵉ mars 1789.

Pierre Donnot, *député;* François Calba, *député;* Pichard, *syndic;* Jacque Jacob, *maire;* Nicolas Parisot, *adjoint;* François Donnot; Marcus, *greffier;* Nicolas Grandidier.

RÉCHICOURT-LA-PETITE

CXXXIIᴬ

Procès-verbal.

15 mars 1789,

« Sont comparus au greffe de notre municipalité (¹), par-devant nous, Jean-François Marcel, maire de la justice, et syndic de la municipalité. »

29 feux.

Députés : Jean-Joseph Hannezo,
           Nicolas Fouquignon.

Signatures : Jean Griphaton ; J.-François Marcel, *maire, syndic;* J. Hannezo ; N. Fouquignon ; J. Gaspard Simon.

CXXXIIᴮ

Cahier des doléances, plaintes et remontrances de la communauté de Réchicourt-la-Petite pour les États généraux de la présente année

Les habitants de la communauté de Réchicourt-la-Petite, soussignés, demandent humblement à Sa Majesté, conformé-

---

1. *Impositions ordinaires* pour les *six* premiers *mois* de l'année *1790* :
Imposition principale. . . . . 130 ₶ » s. » d.
Impositions accessoires. 258   18   7
Capitation 407   10   3
              TOTAL. . . . . 796 ₶ 8 s. 10 d.
Deux vingtièmes et quatre sous pour livre du premier pour *1790* :
Biens-fonds . . { 1ᵉʳ cahier . . . 666 ₶ 3 s. 9 d.
             2ᵉ cahier . . . 1040   10   9
            TOTAL. . . . . 1706 ₶ 14 s. 6 d.
(Arch. Meurthe-et-Moselle, L. 308.)

ment à ses intentions énoncées dans ses lettres du 27 février 1789 :

1° La suppression des salines à raison de la cherté des bois. Les poêles y sont beaucoup multipliées depuis quelques années, et les forêts s'abroutissent de jour en jour ;

2° De rendre le sel commerçable ; la cherté de cette denrée de première nécessité, tant pour les hommes que pour les bestiaux, est très nuisible à la santé des habitants et de l'agriculture ;

3° La suppression des acquits de Lorraine pour les marchandises dudit pays qui se consomment dans les Trois-Évêchés. L'édit de Léopold de 1725 dit que, moyennant un certificat, comme les denrées tirées de Lorraine sont pour les Trois-Évêchés, on doit recevoir un passavant sans frais, même de timbre. Cependant les buralistes exigent deux sols de France pour chaque voiture, malgré certificat en forme ;

4° L'examen et la suppression, (s'il échet), de plusieurs péages à Arracourt, à Einville-au-Jard, à Bauzemont, Bénaménil et à Lunéville ;

5° Suppression du tiers des seigneurs dans la vente des biens de communauté, s'ils n'aiment mieux contribuer au tiers des charges ;

6° La permission de couper sans frais de Maîtrise et sur délibération en municipalité des poiriers champêtres dépérissant de vieillesse, et de les vendre pour frais de communauté sans tiers aux seigneurs ;

7° Établir un ordre fondé sur l'humanité dans les contraintes pour deniers royaux. On a vu des porteurs de contraintes aller et revenir de village en village en passant jusqu'à quatre jours de suite dans le même et exigeant 20 s. par jour dans chacun. On a vu arriver des contraintes à midi le lundi, le rôle n'ayant été publié que le dimanche, et sans délai. Le Roi ignore toutes ces vexations ;

8° Supprimer l'édit des clôtures et rétablir le droit de parcours ;

9° La suppression du droit de châtrage dû au seigneur évêque de Metz, ou du moins permettre à chacun de châtrer ses propres bestiaux, mâles et femelles ; les châtreurs jurés ne viennent que deux fois par an ;

10° Partager les charges publiques dans une répartition égale et proportionnelle aux possessions entre les trois Ordres ;

11° Défendre aux employés des Fermes de venir fouiller dans les maisons sans être accompagnés d'un officier public;

12° Etablir un nouvel arrondissement entre les bans et finages de Riouville, de Juvrecourt et de Réchicourt pour le droit de parcours et de vaine pâture seulement, sans nuire aux propriétés des dîmes et autres; et proportionner l'étendue desdits finages au nombre des charrues tournantes de chaque endroit et à l'étendue de la culture. Riouville était jadis un village avec paroisse, et il n'y a plus aujourd'hui que deux censes de la paroisse d'Arracourt pour un ban fort étendu dont les terres sont cultivées en grande partie par des laboureurs de Réchicourt et des endroits voisins. Anciennement, les troupeaux de Réchicourt avaient droit de parcours jusqu'à l'angle du clocher dudit Riouville, qui n'existe plus aujourd'hui;

13° La suppression d'un colombier à pied à Réchicourt, possédé par un roturier n'ayant qu'un bien roturier. Mgr l'évêque de Metz, seigneur du lieu, n'y possédant pas un pouce de terre, ne peut y avoir de colombier, ni, par conséquent, céder son droit à un autre.

14° La cote particulière de Réchicourt dans les impositions royales est exorbitante. Nous en avons présenté le tableau à M^{rs} les officiers de l'Assemblée de district : il n'y a aucun bien de communauté partagé ni partageable, ni bois, ni pâtis, ni même de fabrique; et, cependant, tous les habitants sont des deux premières classes, n'y en ayant qu'un seul de la 3e classe payant deux sols moins de douze livres, et aucun de la 4e ni de la 5e. Cependant, il y a plusieurs manœuvres ne vivant que du travail de leurs mains, sans aucunes propriétés : ils demandent en conséquence une diminution considérable. L'intention du Roi, dans ses instructions à la première Assemblée des notables, était qu'un manœuvre sans propriété ne fût taxé qu'au prix d'une de ses journées de travail.

15° Nous désirerions des États provinciaux avec des Districts subordonnés; mais nous craignons que ceux qui auront l'honneur de représenter leurs concitoyens n'exigent de trop fortes pensions qui augmenteraient encore la surcharge des impositions, déjà si onéreuse. Nous désirerions de plus que la province pût être consultée sur le projet d'organisation à leur donner : ce serait un moyen de supprimer les grosses pensions des intendants et subdélégués qui, par là, deviendraient inutiles.

16° Les États provinciaux seraient un moyen de supprimer la Ferme générale en y substituant des régies particulières, même pour les domaines du Roi dont ils pourraient être chargés;

17° Supprimer les deux tiers des trésoriers, et diminuer les fortes rentes qu'ils perçoivent sur les sommes déposées en leurs caisses;

18° Supprimer la marque des cuirs et des fers qui sont de première nécessité pour le peuple, et surtout pour l'agriculture;

19° Établissement du tarif et reculement des barrières aux frontières, et, par conséquent, suppression de la plus grande partie des employés. Ce sera délivrer le peuple d'un grand fléau. Ils deviendront inutiles dans l'intérieur du royaume, s'il n'y a plus de contrebande;

20° Supprimer les justices seigneuriales et même les petits bailliages. La facilité de trouver des justices trop multipliées multiplie aussi les procès : il serait à souhaiter que personne ne fût reçu à plaider dans aucune justice sans avoir auparavant pris l'avis de sa municipalité, qui ne pourrait être donné sans avoir entendu les deux parties. Que de procès seraient étouffés par là!

21° Réduction du traitement des gouverneurs, des commandants, et des pensions et appointements trop considérables. C'est ce qui produit le luxe qui insulte le peuple et l'écrase;

22° Fixer les impôts sur tous les objets de luxe, en les diminuant d'autant sur les denrées de première nécessité;

23° Supprimer les privilèges de quelques villes et les soumettre toutes également à la subvention. Ce sont des gouffres qui dépeuplent la campagne en attirant à eux ses habitants;

24° Supprimer les abbayes en commende et en abandonner les revenus aux provinces pour supporter les charges de l'État;

25° Suppression des jurés-priseurs;

26° Abolition d'une partie des verreries, faïenceries et brasseries;

27° Suppression de 16ʰ 5 sols 8 deniers de cens annuel et de quelques chapons payés au seigneur évêque de Metz;

28° Abolition du payement de plusieurs chapons de rente annuelle et de quelque argent payé à l'abbaye de Salival et au sieur curé par plusieurs particuliers, et de cinq paires et demie de quartes moitié blé, moitié avoine, et douze sols messin payés au prieur commendataire de Saint-Christophe de Vic;

29° Abolition d'un impôt de 3ʰ 12 s. payé annuellement pour le logement des cavaliers de maréchaussée. C'est une imposition nouvelle, établie depuis 4 ou 5 ans.

Fait et arrêté à Réchicourt-la-Petite en assemblée de communauté, le 15ᵉ mars 1789.

J. Hannezo; N. Fouquignon; Jean Griphaton; J.-Gaspard Simon; J.-François Marcel, *syndic*.

RÉCHICOURT-LE-CHÂTEAU

CXXXIII ᴬ

« Procès-verbal d'assemblée des habitants et communauté de Réchicourt-le-Château (¹), pour la nomination des députés. »
15 mars 1789,
« Sont comparus au greffe de ce lieu, par-devant nous, Jean-Nicolas Callot, syndic, et président de l'assemblée. »
Communauté composée de 160 feux.
Députés : Joseph Grandmougin, laboureur,
François Louis, greffier.
Signatures : Marchal ; M. Ancel ; Joseph Grandmougin ; J. Méline ; Louis, *greffier et député*; J.-N. Callot, *syndic*.

CXXXIII ᴮ

Plaintes, doléances et remontrances des habitants et communauté de Réchicourt-le-Château

1° *État de la communauté.* — La communauté est composée

---

1. *Impositions ordinaires et prestation des chemins* pour les *six* premiers *mois* de l'année *1790* :

Imposition principale.	420 ʰ	» s.	» d.
Accessoires de l'imposition principale.	836	10	9
Capitation et ses accessoires	956	12	»
Taxations des collecteurs.	31	13	1
Droit de quittance au receveur des finances.	2	1	4
Prestation des chemins.	320	19	5
TOTAL GÉNÉRAL	2567 ʰ	16 s.	7 d.

(Arch. Meurthe-et-Moselle, L. 677.)
Deux vingtièmes et quatre sous pour livre du premier pour *1790* : 1903 ʰ 3 s.
(*Ibid.*, L. 308.)

de 163 feux, dont 29 laboureurs, 4 charretiers, 98 manœuvres, et 30 veuves, bien peu de gens de métiers : le commerce n'y est point exercé.

2° *Ses revenus et ses charges.* — Elle ne possède aucun affouage... (¹) Elle loue des jardins et un ancien chemin pour 190#; elle n'a que ce faible revenu pour satisfaire à l'entretien des fontaines, ponts et chemins, église et tour de la paroisse... Le tiers de cette somme est exigé par le seigneur, et il ne veut contribuer à aucun de ces entretiens.

3° *Ses impositions.* — Elle paye en la présente année 4612# d'impositions foncières et personnelles, sans comprendre les vingtièmes... Impositions exorbitantes... Le seigneur possède le sixième du finage... Les habitants sont chargés de corvées onéreuses envers lui... Et 350 paires de réseaux sont dûs annuellement par les fermiers du lieu à l'étranger.

4° *Facilité à obtenir diminution.* — Les plaignants, injuste en surtaux pour la subvention, ont toujours été accueillis par la justice de Mr l'intendant, pourvu que la requête ait été assistée d'un écu pour certain secrétaire : autrement la requête se trouvait perdue. Et les défenses justes des asseyeurs n'ont jamais été admises par Mr l'intendant.

5° *Vexations.* — Dix mille arpents de bois appartiennent à la terre de Réchicourt, dans lesquels ses habitants ont le droit de vaine et grasse pâture, avec leurs bois d'usage sur le bois mort avant d'attaquer le mort-bois, selon l'arrêt à eux signifié par les seigneurs en 1717. Cette terre a toujours été possédée par des seigneurs très puissants... Les officiers, dans les poursuites qu'ils ont exercées injustement contre les usagers, ne les ont jamais attaqués que seul à seul ; et ces derniers, se sentant trop faibles pour soutenir leurs droits contre de telles puissances, préféraient à supporter les condamnations prononcées contre eux, au préjudice de leurs droits, que de soutenir des procès qui les auraient ruinés sans ressource... Ces faiblesses ont servi aux officiers des seigneurs pour anéantir le droit de leurs paisibles vassaux... Plus de bois mort que celui qu'ils leur permettent d'enlever : s'il est par eux prétendu trop gros, c'est un rapport. Plus de taillis pour la pâture, qu'à prix

---

1. Les points de suspension sont dans l'original.

d'argent... Ils entretiennent dans ces vastes forêts un nombre prodigieux de bêtes sauvages qui ravagent leurs moissons... Les pigeons de leurs colombiers ne sont jamais retenus et, dans les temps des semailles, enlèvent une partie du grain que le cultivateur répand... Les plaintes que le pauvre peuple leur porte de tant de maux ne servent qu'à exciter leurs railleries, et rien ne respire tant l'esclavage; les seigneurs les privent de leurs droits et les forcent à leur rendre ce qu'ils leur doivent sans aucune remise... Les petits pécuniaires sont punis à toute rigueur, et les brigandages et quelques choses encore pires restent impunis.

6° *Salines.* — Les salines sont la ruine du finage de ce lieu : 4000 cordes de bois destinées à la cuite des sels sont tirées tous les ans des forêts de Réchicourt, voiturées par ses laboureurs et façonnées par ses manœuvres; les laboureurs négligent leurs cultures, et le finage ruiné ne produit plus que moitié. Le village n'est composé que de bûcherons et laboureurs; les arts et métiers y sont négligés... Au centre des forêts la disette du bois est si grande et le prix est si fort qu'il est impossible au peuple de pouvoir s'en procurer : l'édit du Roi défend l'usage du bois de quatre pieds, et on n'en fait point d'autre, parce que ces salines enlèvent tous les bois à 10 lieues de leur portée. Ah! qu'il serait à souhaiter que Sa Majesté voulût bien les supprimer et nous donner le sel de mer qui nous deviendrait bien moins coûteux.

7° *La justice.* — Que de malheureux sont réduits à la mendicité par la longue durée d'un procès, et souvent par l'injustice des juges! Qu'y a-t-il de plus injuste que de voir une partie gagner son procès et être ruinée par les dépens auxquels elle est condamnée? Un chicanier insolvable intente une affaire injuste, il perd sa cause; mais le juge condamne aux dépens la partie innocente, sauf son recours! Et qu'aurait-il plus coûté à cet innocent de donner à ce coquin son injuste répété, ou de le donner à la justice? Les avocats ou procureurs devraient devenir responsables de leurs parties, sauf à leur faire consigner de l'argent avant d'intenter le procès.

8° *Les acquits.* — Les acquits sont des pièges pour le pauvre peuple et pour tout le monde : leur abolition tendrait au bien du public.

9° *Huissiers-priseurs.* — Les huissiers-priseurs sont la ruine de la veuve et de l'orphelin ; leurs tyrannies mettent à la mendicité les personnes qui se servent d'eux.

10° *Pâture de nuit.* — Les pâtures de nuit sont très préjudiciables ; il en dérive quantité de brigandages ; leur abolition serait d'une grande utilité.

11° *Les regains.* — L'édit concernant les regains est très préjudiciable à la production des prairies, et, s'il existe davantage, les prés ne produiront plus rien ni en foin ni en regain.

12° *Troupeaux de moutons.* — Les troupeaux de moutons des bergeries seigneuriales de ce lieu fréquentent les prairies et, en broutant l'herbe, la déracinent, ce qui ruine les prairies l'exclusion de ces troupeaux dans ces prairies serait très nécessaire pour le bien public ; et, comme les amendes encourues par leurs fréquentations sont remises aux bergers et qu'ils ne payent rien, ils commettent journellement des délits qu'ils ne commettraient point s'ils payaient. La communauté demanderait que ces amendes soient applicables à la décoration de l'église.

Les présentes plaintes, doléances et remontrances ont été ainsi conclues et arrêtées au présent cahier, contenant douze articles, par les habitants et communauté de Réchicourt-le-Château assemblés à ce sujet, pour être icelui remis aux députés. Fait audit Réchicourt, au greffe de la communauté, le 15 mars mil sept cent quatre-vingt-neuf.

Marchal ; M. Ancel ; J. Méline ; Joseph Grandmougin ; J.-N. Callot, *synd'c.*

REHERREY et HADOMEY

CXXXIV^a

« Procès-verbal de l'assemblée municipale de la communauté de Reherrey et Hadomey (1). »

---

1. *Impositions ordinaires et prestation des chemins* pour les *six* premiers *mois* de l'année *1790* :

Imposition principale.	120 ₶	» s.	» d.
Accessoires de l'imposition principale	239	»	2
Capitation et ses accessoires	273	6	3
Taxations des collecteurs.	9	»	11
Droit de quittance au receveur des finances.	2	1	4
Prestation des chemins.	91	18	2
TOTAL GÉNÉRAL	735 ₶	6 s.	10 d.

(Arch. Meurthe-et-Moselle, L. 677.)

Deux vingtièmes et quatre sous pour livre du premier pour *1790* : 856 ₶ 12 s.

(*Ibid.*, L. 308.)

20 mars 1789,
« Sont comparus en l'auditoire de ce lieu, par-devant nous, Claude Voinot, syndic. »
Communauté composée de 48 feux.
Députés : Pierre Voinot, laboureur,
Dominique Marchal, manœuvre.
Signatures : Claude Voinot, *syndic ;* Pierre Voinot, *député ;* Dominique Marchal, *député ;* D. Jandel ; Hydulphe Michel ; Jean Lallemant.

CXXXIV

Reherrey

Cahier des doléances, plaintes et remontrances de la communauté composée des villages de Reherrey et Hadomey, pour être présentées à l'assemblée du bailliage de Vic le 23ᵉ mars 1789

ART. 1. — La communauté des villages de Reherrey et Hadomey ne comprend que douze laboureurs, trente-deux manœuvres et quatre femmes veuves, ce qui fait en tout quarante-huit habitants ; néanmoins elle paye en tailles, vingtièmes, etc., la somme de 1 774# 17 s. 5 d. ; à Monseigneur l'évêque de Metz, seigneur desdits lieux, la somme de 685# 2 s., et à peine peut-elle acquitter avec 500# ses autres charges. Qu'on compare maintenant cette contribution avec celle que supportent tant de grands propriétaires, de riches commerçants et de gens munis d'emplois très lucratifs ; qu'on compare ensuite les peines et les travaux des uns et des autres, les biens qu'ils possèdent, l'aisance dont ils jouissent ; qu'on compare aussi la tranquillité de ces gens riches et à l'aise avec le mépris dont ils accablent trop souvent les gens de la campagne : toutes ces comparaisons faites, il sera aisé de voir que, si le fardeau des impositions publiques doit encore s'appesantir, ce n'est pas sur les habitants des campagnes qui, au contraire, sont déjà surchargés, ont droit de s'attendre à des adoucissements quand l'état des finances du royaume permettra au Roi de manifester à leur égard sa bonté et son amour.

A la vérité, la distance des lieux et l'appareil du Trône semblent les éloigner de leur Souverain ; mais ils sont assurés qu'il les aime, et ils espèrent que leurs réclamations lui parviendront.

Art. 2. — Les communautés de la châtellenie de Baccarat ont déjà présenté leurs vœux pour avoir des États provinciaux; nous le réitérons aujourd'hui dans la ferme espérance que ces assemblées étant plus à portée de connaître les abus seront plus empressées d'y remédier, et que, connaissant mieux aussi nos besoins et nos facultés, elles feront attention à ces besoins pour proportionner ces charges à ces mêmes facultés.

Art. 3. — Les États provinciaux devant être composés de personnes à qui le vœu des trois Ordres de la province aura déféré cet honneur, il paraît très désirable que, par une suite de cette même confiance, on charge ces États provinciaux de l'administration ci-devant confiée aux intendants, en les priant d'aviser aux moyens de rendre la dépêche des affaires plus expéditive et plus sûre qu'elle ne l'a été jusqu'à présent; il est à désirer surtout qu'un commis ne décide pas seul une affaire; qu'on ne confie des requêtes qu'à des personnes qui les remettront certainement à leur destination; qu'on n'en décrète aucune définitivement malgré les réponses des défendeurs, si elle n'est munie des répliques du demandeur. Qu'on évite ainsi beaucoup d'abus dont on a eu lieu de se plaindre contre les bureaux d'intendance.

Art. 4. — Nous désirons ardemment qu'on effectue le projet de réforme dans l'administration de la justice; qu'on supprime une foule de petites opérations très coûteuses dont les moindres procédures sont surchargées; il est bien désagréable de se ruiner en frais, et quelquefois même de perdre son procès dans le fond, parce que, par ignorance ou par la mauvaise foi d'un chicaneur, on aura omis quelque chose qui ne regarde que les formes et qui, souvent, n'a de prix que celui qu'y attachent des personnes intéressées à les conserver.

Il serait aussi très avantageux qu'on imprimât et qu'on envoyât dans chaque communauté une taxe de tous les dépens nécessaires dans toute espèce de procédure, à laquelle chacun pourrait recourir, le cas échéant; les gens de justice et vraiment justes ne se plaindront pas de cette demande, parce qu'ils n'outrepasseront jamais cette taxe; ceux, au contraire, qui ne méritent pas le nom de gens de justice ne méritent pas non plus qu'on craigne de leur déplaire en la faisant.

Art. 5. — Quand des enfants ont le malheur de perdre leurs parents, il semble qu'on tâche de leur faire oublier cette perte en leur en occasionnant aussitôt une autre dans leurs biens, par les frais considérables qu'entraînent l'apposition des scellés, l'inventaire des biens, leur estimation, leur vente, etc. Ne serait-il donc pas possible, et très utile surtout, d'attribuer aux municipalités l'apposition des scellés, la confection des inventaires, et de rétablir pour les ventes les choses sur le pied où elles étaient avant l'établissement des huissiers-priseurs dont on demande la suppression?

Art. 6. — Rien de si fréquent que les procès d'injures, ou les procès suscités pour de petites anticipations sur un champ, un pré, etc., ce qui occasionne souvent des enquêtes et contre-enquêtes, des descentes et vues de lieux fort coûteuses, etc.; c'est sur les connaissances que les gens de campagne donnent aux juges dans ces circonstances que ces procès sont décidés, puisqu'il ne faut que de la bonne foi et de la probité pour juger ces affaires. Pourquoi n'en attribuerait-on pas la connaissance et la décision première aux membres municipaux, en réservant aux condamnés le pouvoir d'en appeler aux juges ordinaires trois jours ou plus après ce premier jugement? Ce délai de trois jours pendant lesquels la colère, l'animosité et les fougues du premier moment se seraient calmés, empêcherait au moins les trois quarts des procès de cette espèce.

Art. 7. — Il est bien à désirer pour les peuples, et nous le désirons ardemment, que les évocations au Conseil ne soient pas si faciles, ou, du moins, qu'alors les affaires ne tardent pas tant à être jugées audit Conseil; les grands seigneurs les obtiennent trop aisément, et les faibles succombent sous leur pouvoir et leur crédit.

Nous sommes nous-mêmes les victimes de cet abus: les communautés de la châtellenie de Baccarat, dont nous faisons partie, avaient toujours eu des portions de bois d'affouage et de marnage dans les forêts de Monseigneur l'évêque de Metz; ce n'est que pendant l'épiscopat de Mgr de Saint-Simon qu'on leur a refusé ce droit, ce qui a obligé les communautés de se pourvoir contre ce refus; cette affaire a été évoquée au Conseil où elle est pendante depuis au moins trente ans; et, depuis ce temps, les habitants sont frustrés de cette ressource, tandis que toutes les autres châtellenies qui appartiennent audit seigneur évêque continuent de jouir de leurs droits.

Art. 8. — La Ferme fait payer fort cher le papier timbré;

d'ailleurs, ce papier timbré est destiné à contenir ce qu'il importe souvent le plus aux familles de conserver longtemps ; ces deux raisons prouvent qu'il devrait être excellent ; et, au contraire, loin d'être bon, il n'est pas même comparable au papier le plus commun qui se trouve dans les boutiques des marchands.

Art. 9. — Nous avons droit, étant dans le territoire de l'Évêché, d'avoir des passavants gratis pour les objets que nous certifions être pour notre consommation ; cependant, au lieu de donner ces passavants dans les bureaux lorrains, on nous oblige à nous détourner de notre chemin pour prendre un haut-conduit, un acquit de traite, un acquit-à-caution, etc., le tout en payant ; et, si on n'est pas muni de ces acquits, on est forcé de faire des soumissions humiliantes et coûteuses ; et, quelque droit qu'on ait, on aime mieux payer cette amende arbitraire que de s'exposer à de plus grands frais pour faire valoir son droit.

Art. 10. — On nous parle souvent du soin que nous devrions avoir pour élever le bétail. Pense-t-on que le sel est peut-être le moyen le plus efficace pour y parvenir, ou, si l'on y pense, comment peut-on croire qu'en payant huit sols la livre de sel, nous pouvons en donner une quantité suffisante à notre bétail pour le fortifier, pour guérir ou prévenir les maladies auxquelles il est sujet ? En conservant au Roi, par un abonnement, la somme qu'il tire des fermes à sel, en augmentant même ces sommes, en supprimant les salines, et en rendant le sel de mer un objet commerçable, le peuple y gagnerait beaucoup et le Roi n'y perdrait rien.

Art. 11. — Le prix du bois est deux fois plus grand qu'il ne l'était il y a vingt ans : nous attribuons cette augmentation de prix à la multiplicité d'usines à feu établies autour de nous.

D'ailleurs, la pauvreté des peuples qui sont privés de bois d'affouages et qui ne sont pas assez riches pour en acheter pour leur consommation, le peu de soin des gruyers à observer les lois concernant l'exploitation des forêts, la négligence des gardes à veiller à leur conservation, voilà autant de causes qui contribuent à leur dévastation ; et, les forêts une fois dévastées, le prix du bois ne peut qu'augmenter de plus en plus.

Art. 12. — Il en coûte maintenant 12# à un laboureur pour être libéré des corvées qu'il faisait autrefois lui-même dans une journée; la conversion des corvées manuelles en prestation d'argent nous est donc bien nuisible ; nous savons, à la vérité, qu'elle est avantageuse à d'autres cantons que le nôtre qui n'ont pas la même facilité que nous d'entretenir les routes ; mais, du moins, nous demandons au Roi de ne pas entretenir seuls les routes que nous usons le moins ; pourquoi le pauvre peuple seul serait-il obligé de retrancher de son nécessaire ou de quitter ses travaux ordinaires pour entretenir ou pour baigner de ses sueurs des routes sur lesquelles tant d'autres promènent continuellement leur luxe, leurs richesses et leur indolence ?

Art. 13. — Pour peu que l'on réfléchisse sur la nature de beaucoup d'impôts qu'on a établis ou augmentés jusqu'à présent, il est aisé de voir qu'ils pèsent surtout sur ceux qui sont le moins en état de les supporter, je veux dire le peuple, et le peuple des campagnes; un campagnard use plus de souliers qu'un riche commerçant, et il est moins en état d'en acheter ; il est donc trop chargé par la marque des cuirs; il en est de même du fer, etc. Il est donc bien à désirer pour nous et, [d']ailleurs, il paraît bien juste qu'en distinguant les choses de nécessité de celles du luxe, on impose moins les premières, à raison de leur nécessité, et les dernières d'autant plus qu'elles seront plus de luxe, et par conséquent moins nécessaires ; ce qui prouverait l'utilité de ce règlement mis en pratique, c'est que l'aisance et le bonheur semblent abandonner les campagnes à mesure que le luxe y fait des progrès.

Art. 14. — En ce qui concerne le rétablissement des églises, on demande que les réparations desdites églises soient faites par les décimateurs qui tirent les revenus dans les communautés, comme il était d'usage ancien dans la province : il est malheureux pour des pauvres habitants de campagne, qui ne tirent aucun bénéfice dans les paroisses, d'être surchargés de ces sortes de réparations par la déclaration du Roi donnée à Versailles le 11 janvier 1772, enregistrée en la Cour du parlement de Metz le 16 mars suivant. Il est aussi bien sensible au pauvre peuple de voir des revenus aussi considérables, qui se montent annuellement à la somme de 1 364# pour les susdits décimateurs qui sont le s^r prieur abbé de Senones et Monsieur le curé de Brouville, ce qui mériterait bien qu'ils en fassent les réparations nécessaires, tandis qu'ils jouissent des bénéfices susdits.

Claude Voinot, *syndic;* Pierre Voinot, *député;* Dominique Marchal, *député;* D. Jandel; Hydulphe Michel; Jean Lallemant.

RÉMÉRÉVILLE

CXXXV[A]

« Procès-verbal d'assemblée du village de la communauté de Réméréville ([1]), pour la nomination des députés. »
15 mars 1789,
« Sont comparus en l'auditoire dudit lieu. »
Communauté composée de 80 feux, compris les veuves.
Députés : François-Léopold Gervais,
          Joseph Geoffroy.
Signatures : J. C. Voinier; Jean Masson; F. Vogin; Joseph Geoffroy, *syndic et député;* F. Gervais, *député.*

CXXXV[B]

Mémoire des doléances de la communauté de Réméréville pour porter aux députés des États généraux pour être présentés à Sa Majesté notre bon Roi très chrétien

Art. 1. — Le village de Réméréville est isolé à 4 lieues de Nancy, 4 lieues de Vic, et autant de Lunéville; et, pour conduire toute espèce de denrées, on ne peut profiter d'aucune route.

Art. 2. — Les bois des salines sont tout autour du village, ce qui fait que l'on paye le bois trois fois aussi cher qu'il y a

---

1. *Impositions ordinaires* pour les *six* premiers *mois* de l'année *1790* :
Imposition principale. . . . .   250 ## 2 s. » d.
Impositions accessoires.   497   18   8
Capitation.   569   8   3
                    Total. . . . . 1 317 ## 6 s. 11 d.
Deux vingtièmes et quatre sous pour livre du premier pour *1790* :
Biens-fonds. . { 1ᵉʳ cahier . . . 1 536 ## 15 s. 3 d.
               { 2ᵉ cahier . . .   637   3   6
                    Total. . . . . 2 173 ## 18 s. 9 d.
                        (Arch. Meurthe-et-Moselle, L. 308.)

quinze ans, tous les autres bois étant absolument délabrés et ruinés.

Art. 3. — Les quatre villages de la mairie de Réméréville, dont l'un s'appelle Réméréville, un autre Velaine, un autre Buissoncourt, et enfin l'autre Erbéviller, qui ont été échangés, sont actuellement terre d'Évêché de Metz, payent le sel à raison de seize sols le pot, et les Lorrains le payent douze sols six deniers, ce qui est trop cher: on vous demande, Sire, de le faire diminuer, et en faire venir des pays étrangers, ou sel de mer, abolir les salines, aussi à raison des bois, ou permettre la circulation des eaux salées.

Art. 4. — On ne peut sortir d'un quart de lieue du village sans prendre des acquits, qui deviennent dispendieux; et, misérablement, si on oublie de prendre des mêmes acquits, les employés appelés gardes de tabacs mettent en contravention, et ils confisquent les bestiaux, chars et marchandises.

Art. 5. — Nous prions le Roi de reculer les barrières, de supprimer les Fermiers généraux et les employés, et d'ôter les traites foraines, les acquits; et la liberté du tabac.

Art. 6. — Nous prions Sa Majesté de supprimer les juréspriseurs qui ruinent la veuve et les orphelins en tirant des journées trop fortes, et ordinairement de faire beaucoup de séances et de journées, pour tirer plus d'argent, pour des meubles modiques à vendre.

Art. 7. — Nous prions le Roi d'abolir les droits sur les cuirs, papiers et cartons, et de supprimer les marques des fers: tous ces articles coûtent beaucoup aux laboureurs.

Art. 8. — Nous prions Sa Majesté d'ordonner de supprimer trois gros colombiers qui sont dans notre petit village, ou ordonner qu'ils tiendront leurs pigeons enfermés dans tous les temps des semailles de toutes espèces de graines et pendant un peu avant la moisson.

Art. 9. — Nous prions le Roi d'ordonner que les curés enterreront gratis tout le monde de leurs paroisses, qu'ils diront une messe d'enterrement aussi gratis, et qu'ils feront toutes espèces de casuels aussi gratis, à raison qu'ils tirent de très gros bouverots de leurs cures, en terres, prés, maisons, chènevières, gros clos, dîmes, etc., qu'ils ramassent des trésors pour enrichir avec orgueil leurs parents et tous autres qui leur plaisent.

Art. 10. — Quand lesdits curés font labourer leurs terres par des fermiers, ces mêmes fermiers payent de toutes sortes d'impositions; et, quand ils laissent à bail leurs dîmes, le fermier paye six deniers pour livre du prix de ses baux, ce qui soulage les habitants ; actuellement ils lèvent par eux-mêmes et ils ne payent rien, ce qui est onéreux pour les pauvres habitants.

Art. 11. — Il y a deux fiefs dans cette communauté, que leurs fermiers payent par des cotes séparées de la communauté de toutes sortes d'impositions ; il y en a un de ces deux fiefs qui est cultivé par lui-même, et il va être quitte de toute imposition à raison de ses titres de noblesse : nous prions Sa Majesté de nous exempter de payer les charges que ce fermier payait.

Art. 12. — Il n'y a dans nos villages d'Évêché de Metz aucune exemption de milice pour les fils et domestiques des pauvres cultivateurs, à moins que le père ne soit incommodé ou qu'il n'ait l'âge de 65 ans, tandis que nos voisins Lorrains ont un garçon par charrue exempt; cela est cause dans nos villages que les cultivateurs n'ont que des mauvais domestiques.

Art. 13. — Il est à désirer que les prévarications des ministres et de tous les gens en place soient à l'avenir punies comme celles des gens du commun ; et de ne donner aucune récompense qu'après l'avoir bien méritée par de belles actions pour le Roi et ses États.

Art. 14. — La communauté dudit lieu accensa jadis, il y a au moins 60 ou 80 ans, la quantité de huit à neuf cents arpents de bois pour 1600 ou 1800 francs barrois à des seigneurs de près de chez nous; la même communauté se réserva dans l'accensement le droit d'y pâturer dès l'âge de 5 ans de crute ; et, aujourd'hui, lesdits seigneurs viennent d'échanger les mêmes bois avec Votre Majesté pour les domaines d'Amance ; et, dorénavant, ont fait des rapports contre les bestiaux de la même communauté que l'on trouve dans lesdits bois, et encore dans des futaies de l'âge de 30 ans et au-dessus ; nous prions Sa Majesté de réformer ces abus de rapports et ordonner que ladite communauté rentrera dans ces mêmes bois ; en rendant le prix de l'accensement, Votre Majesté nous rendra justice ; bien entendu que Votre Majesté rentrera dans ses domaines d'Amance, et vous y gagneriez plus que de tenir les bois ; les deux seigneurs dénommés dans le présent article sont les messieurs comtes d'Ourches.

Art. 15. — Il y a beaucoup de couvents fort rentés qui tirent les dîmes dans notre village, et qui emportent le bénéfice des campagnes; qu'ils soient attenus de payer à Votre Majesté en décharge des pauvres cultivateurs.

Nous payons de subvention, 1 344# 10 s. 8 d.
Nous payons de capitation, 751# 14 s. 6 d.
Le sixième de ces deux sommes pour corvées, 350# o s. o d.,
sans préjudice à deux fiefs qui payent de grosses cotes et qui ont leurs feuilles à part de la communauté.

Nous payons pour le logement des cavaliers de maréchaussée, 5# 8 s. o d.

Nous payons pour cire à l'église, 50# o s. o d.
On paye de vingtièmes la somme de 1 534# 16 s. 3 d.

Art. 16. — Dans les années médiocres, après payer les canons des propriétaires, tout cultivateur est endetté.

Art. 17. — Il conviendrait, s'il vous plaît, Sire, d'ôter cette multitude de gouvernements; de places, d'offices, de trésoriers, de recettes, des dons, des pensions et autres qui sont onéreux à l'État.

Art. 18. — Diminuer les subventions et toutes autres impositions, et ordonner qu'elles seront supportées par les trois états sans aucune distinction.

Art. 19. — Changer l'administration des Eaux et Forêts, attendu que celle des officiers actuels est trop dispendieuse et absorbe le produit des bois et nuit à leurs reproductions ; tandis que l'on peut adopter une régie économique aux officiers de vos bailliages.

Art. 20. — Diminuer le nombre, et retranchement de ces dévorantes armées de Fermiers généraux, régisseurs, directeurs, receveurs, contrôleurs, employés, etc., dans les mains desquels vos finances s'affaiblissent avant que d'être rendues dans vos trésors royaux.

Art. 21. — La pauvre communauté n'ose parler de ses dettes qu'elle doit à différents particuliers, qui sont énormes : elle craint d'abuser de vos précieux moments de patience.

Art. 22. — *Charge que nous payons à Monseigneur l'évêque*

de Metz, seigneur de ce village. — Il tire une taille, le tout en argent de France, de 113# 11 s. 3 d., sur tous les habitants; il tire trois paires et demie de résaux, mesure de Nancy, sur chaque laboureur, et rendu par lesdits laboureurs sur des greniers à Nancy, ou à pareille distance de 3 lieues, à leurs frais; il tire un sol sur chaque cheval, autant sur chaque bœuf et vache du village; il tire deux liards sur chaque porc, et autant par chaque brebis; il tire trois poules sur chaque habitant; il tire le tiers de tous pâquis communaux partagés; son admodiateur, qui réside à 6 ou 7 lieues de l'endroit, répète à la pauvre communauté 130 louis d'or pour des non-jouissances de 12 ou 13 années qu'il n'a pas tiré de tiers, sur lequel *obiit* il y a procès pendant au parlement de Metz.

Art. 23. — Tous les habitants prient Votre Majesté de faire décharger les pauvres cultivateurs et habitants de ce village des terres chargées, comme celle-ci, d'une foule de droits seigneuriaux exorbitants. Le moyen dont Votre Majesté peut donner l'exemple de faire décharger lesdits habitants de beaucoup de ses droits que Mgr l'évêque tire sans vouloir produire aucun titre : les pauvres habitants payent, plutôt que de se mettre en procès avec un seigneur aussi puissant que le nôtre. On supplierait vos bontés d'ordonner qu'il lui serait refusé toutes espèces de répétitions sans qu'au préalable il ne montre de bon titre ancien.

Jean Masson; J.-C. Voinier; F. Voqin; Joseph Geoffroy, *syndic et député;* L. Gervais, *député.*

REMILLY

CXXXVI[A]

Procès-verbal.

15 mars 1789,

« Sont comparus en l'auditoire du ban et châtellenie de Remilly, par-devant nous, Pierre-Augustin Bauquel, juge. »

136 feux, en y comprenant 18 veuves.

Députés : Gabriel-François Lapointe, conseiller,
    Jean-François Rolland, tabellion.

Signatures : Nicolas Gaspar; Jean-Dominique Seichepine; D. Gillet; Pierre Chapelier ; François Noël ; Jacques Lespingal ; Nicolas Bouchy ; Jacque Morhain ; Lapointe ; Rolland ; Bauquel.

CXXXVI[e]

Plaintes et doléances de la communauté de Remilly

Art. 1. — Les impositions sont si considérables que près d'un quart du revenu des biens est employé à les acquitter ; il en résulte que les habitants des campagnes s'appauvrissent tous les jours. Pour ramener l'abondance, le seul moyen serait de diminuer les subsides.

Art. 2. — Les exemptions dont jouissent le Clergé, la Noblesse et les privilégiés font refluer la masse des impôts sur le peuple ; il paraîtrait beaucoup plus juste d'imposer tous les biens sans distinction, proportionnellement à leur revenu.

Art. 3. — Les propriétaires étrangers, singulièrement ceux des villes, ne payent pas autant que ceux résidant sur les lieux ; on désirerait que toutes les terres d'un ban fussent également imposées dans le lieu, sans égard à la résidence des propriétaires.

Art. 4. — La répartition des impôts se fait le plus souvent d'une manière inégale ; on demande l'établissement d'États provinciaux qui seront spécialement chargés de cette répartition et de l'administration des affaires communes.

Art. 5. — L'édit des clôtures est désastreux pour les campagnes ; les seigneurs seuls et les grands propriétaires jouissent du bénéfice qu'il peut produire, tandis que les simples particuliers, dont les propriétés sont éparses, ne peuvent en profiter, parce que les frais de clôture absorberaient le produit du pré ; les clos sont d'ailleurs très nuisibles, en ce qu'ils diminuent la vaine pâture ; il serait donc du bien public de supprimer cet édit.

Art. 6. — L'entretien des grandes routes est très dispendieux pour les habitants des campagnes à cause de la mauvaise répartition qui s'en fait ; il paraîtrait plus juste de le faire supporter aux propriétaires, au commerce, aux postes, etc., etc., proportionnellement à l'utilité et à l'usage que chacune de ces parties en fait.

Art. 7. — Les chemins de communication de village à autre sont de la plus grande utilité ; ils sont presque tous impraticables dans les temps humides, parce que les revenus des communautés ne sont pas suffisants pour subvenir aux frais d'entretien de ces chemins et des ponts qui se trouvent sur les bans; il serait à désirer qu'on prélevât sur les impôts de la province les deniers nécessaires à ces dépenses.

Art. 8. — Le sel étant un objet de première nécessité et une production particulière de cette province, on se plaint que les habitants le payent plus cher que les étrangers; on demande en conséquence une réduction sur le prix de cet objet et la liberté de s'en pourvoir où et comme on jugera à propos.

Art. 9. — Les acquits auxquels on est assujetti en passant sur les terrains lorrains qui avoisinent, et sont enclavés dans la France, interceptent la circulation libre des productions; il serait bien important que les acquits fussent supprimés et que le transport fût permis sans obstacle dans l'intérieur du royaume.

Art. 10. — Autrefois la dîme était chargée de la réparation et reédification des nefs, etc.; aujourd'hui les communautés y sont astreintes; celle de Remilly s'en plaint parce qu'elle croit ne devoir pas les supporter; elle demande donc qu'elle soit de nouveau remise au compte du décimateur.

Art. 11. — Quand la communauté obtient la coupe de ses bois, les frais de délivrance absorbent une forte partie de la valeur; pour remédier à cet abus, il conviendrait d'en permettre l'exploitation sur la surveillance de la municipalité du lieu qui agirait sans rétribution, en se conformant à l'ordonnance.

Art. 12. — L'établissement des haras est nuisible à l'agriculture : l'intérêt des cultivateurs demanderait qu'il fût supprimé.

Art. 13. — La milice, qui se tire annuellement, occasionne aux habitants des campagnes beaucoup de dépenses soit pour leurs voyages, soit pour faire tirer leurs billets; elle gêne ou précipite les établissements et surcharge la communauté par les avantages que les miliciens tirent dans les biens communaux; on demande que les milices ne se tirent plus que dans les cas de nécessité.

Art. 14. — La différence des poids et des mesures occasionne souvent des erreurs ou des tromperies; elle donne ouverture aux abus et nuit à la liberté du commerce; il serait beaucoup plus simple et plus juste d'établir l'uniformité pour ces objets dans le royaume.

Art. 15. — L'exportation des grains occasionne ordinairement une augmentation de prix très nuisible au peuple; on désire que désormais elle ne soit plus permise.

Art. 16. — Que les habitants de la châtellenie de Remilly sont chargés d'une taille sur la dénomination d'une taille de Saint-Remy, perçue au profit du Domaine de l'Évêché de Metz; que cette taille supprimée deviendrait à la décharge de celle qu'ils payent annuellement.

Art. 17. — Qu'il se trouve sur la rivière de Remilly, dite la Nied française, un moulin sous la dénomination de moulin de Richary qui, par sa position, occasionne un dommage considérable aux prairies qui aboutissent sur ladite rivière; qu'il serait à propos et très avantageux aux habitants de Remilly que ce moulin fût supprimé aux offres que font lesdits habitants d'indemniser le seigneur, le cas échéant.

Fait et arrêté en l'assemblée de la communauté, le 15 mars 1789.

D. Gillet; Nicolas Bouchy; Pierre Chapelier; Jacques Lespingal; Jean-Dominique Seichepine; Nicolas Gaspar; Lapointe; Rolland.

Coté et paraphé par première et dernière par nous Pierre-Augustin Bauquel, avocat en parlement, juge-gruyer et juge-gradué des ban et châtellenie de Remilly, *ne varietur*, à Remilly, le 15 mars 1789.   Bauquel.

RHODES

CXXXVII*

Procès-verbal.

15 mars 1789,

« Sont comparus en l'auditoire de ce lieu, par-devant nous, Jean Mirgon, syndic. »

Village et communauté (1) composés de 40 feux.

---

1. Rhodes, Sainte-Croix et Adelhouse, et les Bachats
Impositions ordinaires pour les *six* premiers *mois* de l'année *1790* :

	Rhodes			Sainte-Croix et Adelhouse			Les Bachats		
Imposition principale. .	105 ₶	» s.	» d.	86 ₶	» s.	» d.	50 ₶	» s.	» d.
Impositions accessoires.	209	2	7	171	6	8	99	11	8
Capitation	239	3	»	195	17	5	113	17	3
Total.	553	5	7	453	4	1	263	8	11

Députés : Jean Mirgon, syndic, de Rhodes,
Jean Grisse, de Sainte-Croix.
Signatures : Nicolas Biget ; Nicolas Humbert ; D. Majot ; Jean Masson ; Beaumont ; Martin Legrand ; J.-L. Jacquot.

CXXXVII°

Doléances, plaintes, dires, instructions et pouvoirs donnés par les habitants de la communauté de Rhodes aux deux députés Jean Mirgon, syndic, et Jean Grisse, fermier de Sainte-Croix, envoyés à l'assemblée des trois États de Vic aux fins de députer aux États généraux

Art. 1. — Demander que la religion catholique soit la seule publiquement professée en France, que jamais il ne soit permis aux non-catholiques d'avoir des temples ni ministres ;

Art. 2. — Que la justice soit rendue plus exactement, plus promptement et d'une manière bien moins coûteuse ; que les temps des jugements définitifs soient fixés, et proportionnés aux affaires ; qu'il soit défendu aux parlements, bailliages, et autres sièges de jamais prolonger au-delà ;

Art. 3. — Que les deux premiers Ordres de l'État, le Clergé et la Noblesse, aident au Tiers à supporter le fardeau énorme sous lequel il est seul accablé depuis si longtemps, en contribuant également, et sans distinction ni privilège, à toutes les impositions et charges de l'Etat ;

Art. 4. — Que la majeure partie des impositions soit assise sur tous les objets de luxe et de vanité, et qu'on en décharge les choses de première nécessité ;

Art. 5. — Qu'on fasse un règlement sévère pour arrêter les friponneries des Juifs ; qu'on mette un frein à leur rapacité et à leur usure : ce sont des sangsues qui épuisent et ruinent totalement les peuples et les campagnes ;

Art. 6. — Que les barrières soient reculées aux extrémités du royaume ;

Deux vingtièmes et quatre sous pour livre du premier pour *1790* (un seul rôle) :
Biens-fonds . . { 1ᵉʳ cahier . . . 690 ₶ 7 s. 3 d.
2ᵉ cahier . . . 1 173 17 9
TOTAL . . . . 1 864 ₶ 5 s.
(Arch. Meurthe-et-Moselle, L. 308.)

Art. 7. — Que les droits de péages et d'acquits, si préjudiciables au commerce, soient abolis ;

Art. 8. — Que le sel, objet de première nécessité, soit diminué, de manière que les habitants des campagnes puissent en donner aux bestiaux, pour suppléer au peu de fourrage, d'ailleurs de très mauvaise qualité dans bien des cantons du royaume, surtout dans cette partie de la province, dont les terres d'ailleurs passables sont de peu de rapport faute de bons fourrages ;

Art. 9. — Qu'il soit remédié incessamment à l'immense consommation de bois faite par les salines de Dieuze, Château-Salins et Moyenvic, qui priveront dans peu toute la province de bois de chauffage : il est temps d'y songer et d'y mettre un ordre invariable. Pour y parvenir, il faut défendre aux salines de vendre du sel à l'étranger, et de n'en fabriquer que pour l'intérieur. Il est bien dur à des concitoyens de payer plus cher que les étrangers un sel produit dans le sein de leur patrie ;

Art. 10. — Que toutes charges d'huissiers-priseurs qui n'ont été établies que pour la ruine des peuples et des campagnes, soient à jamais supprimées ;

Art. 11. — Que chaque paroisse ait un terrier, afin d'assurer les possessions aux propriétaires et de pouvoir asseoir plus facilement et plus également les impositions ;

Art. 12. — Que les marques de fers et de cuirs, qui ont tant de fois excité les cris et les gémissements des peuples, soient à jamais abolies ;

Art. 13. — Qu'on supprime les chasses, ou qu'au moins on établisse des règlements si sévères, et si strictement exécutés, que jamais le laboureur ne soit frustré du fruit de ses sueurs et de ses travaux : il est bien dur à un pauvre fermier d'être forcé à faire garder à grands frais des champs qu'il a eu tant de peine de cultiver et d'ensemencer ; que lui reste-t-il après avoir payé son maître et la dîme? à peine de quoi exister. Encore, faut-il se résoudre à se le voir arracher ou abîmer par le gibier qui inonde les campagnes, gibier que, loin de pouvoir attaquer et chasser, il ose à peine regarder, et qui cependant n'existe que pour le luxe des grands et pour le malheur des peuples des campagnes ;

Art. 14. — Que la mendicité soit à jamais supprimée dans tout le royaume ; que chaque paroisse soit chargée de ses pauvres, surtout des pauvres malades, et que, pour y subvenir, tout propriétaire présent ou absent soit cotisé au prorata de ses possessions et revenus locaux ; car, de quelle utilité sont aux paroisses tant de grands et de nombreux propriétaires qui tirent tout le fruit des travaux et des sueurs des pauvres fermiers, pour les prodiguer au loin dans le luxe et la vanité, et qui leur laissent à peine de quoi à exister eux-mêmes ? Tous les fruits et revenus sortent des paroisses, et toutes les charges leur restent ;

Art. 15. — Que toute banalité soit abolie ; qu'il soit remédié, si faire se peut, à l'éloignement des moulins, qui fait un tort immense à bien des cantons du royaume ; qu'il soit établi une police plus exacte et plus sévère pour les meuniers, et qu'il soit veillé à l'exactitude de son exécution. Cet objet mérite attention, vu la cherté ordinaire des denrées : le transport de ces denrées à des moulins éloignés, la rançon des meuniers et la perte de temps absorbent un huitième ;

Art. 16. — Que les clôtures des terres et prés soient supprimées ; que le parcours, qui fertilise les uns et les autres, reste et demeure à jamais libre.

Art. 17. — Les étangs méritent aussi de fixer l'attention de la province. Beaucoup de ces étangs font un tort très irréparable aux terres, prés et fossés qui les avoisinent, ce qui provient du rehaussement des relais ; les cris, les gémissements que poussent sans cesse ceux qui se trouvent lésés frappent inutilement les oreilles des grands et puissants possesseurs. La loi du plus fort l'emporte : le faible souffre, mais en maudissant ses oppresseurs. Demander en conséquence que tout propriétaire d'étang soit obligé de produire les règlements des relais, pour statuer ce que de raison ;

Art. 18. — Qu'il soit établi un règlement qui fixe d'une manière invariable la vaine pâture des campagnes. Beaucoup de seigneurs, coseigneurs et seigneurs de fiefs couvrent les champs de nombreux troupeaux de moutons qui absorbent une pâture qui devrait être réservée aux bestiaux des laboureurs et des pauvres habitants des campagnes.

Jean Mirgon, *syndic* ; Jean Grisse ([1]).

---

1. Le *cahier de Rhodes* ne porte que ces deux signatures.

RICHEVAL

CXXXVIII*

« Procès-verbal d'assemblée de la communauté de Richeval, pour la nomination des députés. »
15 mars 1789,
« Sont comparus par-devant nous, Jean-Fidèle L'huillier, syndic de la communauté de Richeval (1). »
Communauté composée de 22 feux.
Députés : Christophe George,
 Nicolas Bridey.
Signatures : Nicolas Bridey ; Christophe George ; Étienne Jacquot ; Nicolas Houbre ; J.-F. L'huillier.

CXXXVIII^B

Cahier de doléances, plaintes et remontrances de la communauté de Richeval, paroisse d'Ibigny

Les habitants de Richeval, soussignés, s'étant assemblés, aux ordres de Sa Majesté, pour travailler à la rédaction de leur cahier de remontrances pour tout ce qui peut intéresser la prospérité du royaume, après un mûr examen, ont arrêté unanimement d'exprimer leurs vœux et remontrances pour les États généraux fixés à Versailles au 27° avril 1789.

Art. 1. — Ils désirent ardemment que chaque sujet de Sa Majesté soit imposé à proportion de ses revenus, soit noble, soit ecclésiastique, soit privilégié indistinctement ;

Art. 2. — Que ce soit aussi le moment où ils ne reconnaissent plus d'autres souverains que leur Roi en ce qui concerne

---

1. *Impositions ordinaires et prestation des chemins* pour les *six* premiers *mois* de l'année *1790* :

Imposition principale	47 ₶	10 s.	» d.
Accessoires de l'imposition principale	94	12	2
Capitation et ses accessoires	108	3	9
Taxations des collecteurs	3	11	9
Droit de quittance au receveur des finances	2	1	4
Prestation des chem ns	36	11	3
TOTAL GÉNÉRAL	292 ₶	10 s.	3 d.

(Arch. Meurthe-et-Moselle, L. 678.)
Deux vingtièmes et quatre sous pour livre du premier pour *1790* : 496 ₶ 16 s.
 (*Ibid.*, L. 308.)

les impôts seulement, et qu'il soit le seul pour lequel ils puissent être imposés pour subvenir à tous les besoins de l'État, et ils attendent de la générosité de leurs seigneurs particuliers à les voir renoncer eux-mêmes tant à des impôts en argent qu'à d'autres servitudes, sauf à Sa Majesté de les dédommager comme il lui avisera bon être;

Art. 3. — Que la procédure civile soit simplifiée, plus expéditive et moins dispendieuse;

Art. 4. — Que toutes les Fermes générales soient supprimées comme préjudiciables à l'État et absorbant une grande partie des revenus de Sa Majesté au détriment de son peuple;

Art. 5. — Que tous les impôts qui gênent la circulation et le commerce dans le royaume soient remplacés et fixés sur d'autres objets : l'assemblée des États généraux ne peut être embarrassée que sur le choix;

Art. 6. — Que la banalité soit supprimée comme inutile et occasionnant tous les jours des reprises, des contestations et des procès;

Art. 7. — Qu'il y a dans les environs beaucoup d'usines à feu qui ne sont point toutes nécessaires; d'en supprimer au moins les inutiles, pour prévenir une disette de bois qui nous menace de tout près;

Art. 8. — Qu'il soit pris des moyens efficaces pour favoriser l'agriculture; de laisser à tout propriétaire la liberté de ses prés, à l'exclusion de tous autres, pour les faire valoir, et de supprimer surtout l'article des clôtures comme préjudiciables si elles sont en fossés, et comme trop dispendieuses pour les trois quarts et demi des cultivateurs si elles sont en bois ou murs;

Art. 9. — Qu'en conséquence de cette autorisation, il y ait des peines fixées contre tous les contrevenants, et sur le champ, comme confiscation, etc., etc.;

Art. 10. — Qu'ils soient dispensés pour tout ce qui concerne les petits procès qui peuvent s'élever entre eux, comme, par exemple, de simple reconnaissance de promesse, ou denrées de petite conséquence, de recourir dans ce cas à leur tribunal de justice ordinaire : on obvierait par là à bien des frais qui excèdent souvent au principal; et, en conséquence, ils demandent que, sans aucuns frais, ils soient jugés chacun dans leurs communautés par les notables du lieu;

Art. 11. — Que, puisque Sa Majesté veut bien étendre ses soins jusqu'au point d'envoyer des remèdes propres à soulager son pauvre peuple de la campagne, et qui serait hors d'état de recourir aux médecins et aux chirurgiens, non seulement à raison de la dépense, mais encore à celle de l'éloignement, ils désireraient aussi qu'il y eût dans chaque village une personne intelligente capable d'appliquer les remèdes dans chaque maladie, qui, de plus, sache saigner, etc., ce qui serait d'un grand secours dans chaque paroisse de campagne ; et il n'y en aurait point qui seraient plus en état de remplir cette fonction que les maîtres d'école ; ils ne pourraient faire un meilleur usage de leurs loisirs que de soulager les malades. Leurs opérations pourraient être taxées à un prix modique qui rendrait encore leur situation plus douce ; et il serait intéressant d'exiger à l'avenir que tout maître d'école sache au moins saigner.

Art. 12. — Ils finissent par adresser les vœux les plus sincères pour la conservation de la santé de Louis seize régnant, ce bon Roi qui, du moment qu'il est monté sur le trône, n'a jamais désiré que le bien de son peuple ; et ils espèrent que l'assemblée des États généraux va lui procurer tous les moyens de satisfaire ses désirs ; et, en reconnaissance, lui offrent dès ce moment non seulement leurs biens, mais leur vie même, s'il le faut, pour l'affermissement de la couronne sur sa tête et la prospérité de son royaume.

Tels sont les vœux et remontrances de la communauté de Richeval, paroisse d'Ibigny, qui ont tous signé.

Christophe George ; Nicolas Bridey ; J.-F. L'huillier ; Étienne Jacquot ; Nicolas Houbre.

RIOUVILLE

CXXXIX*

Procès-verbal (sur modèle imprimé).
20 mars 1789,
« Je soussigné, George Picard, admodiateur à Riouville, déclare qu'étant seul habitant du lieu, il n'y a pas eu de choix ; que, conséquemment, je me présenterai seul.
Riouville, le 20 mars 1789.   George Picard. »

CXXXIX°

Aujourd'hui, Picard, fermier de la cense de Riouville, se trouvant seul par la mort du s^r Étienne Poirson, dont la seconde ferme est exploitée par sa veuve, pourquoi ledit Picard se trouve seul pour rédiger ses doléances.

Il observe qu'il est surchargé en impositions; qu'il demande une répartition plus égale des impositions pour qu'il ne soit plus fait de surcharge sur les fermiers des censes; quant au surplus des abus, tant pour les salines qu'autres tant de la province que de la totalité du royaume, il s'en rapporte aux pétitions de toutes les communautés complètes.

Arrêté à Riouville, le vingt mars mil sept cent quatre-vingt-neuf. George Picard.

SAINT-CLÉMENT

CXL^A

« Procès-verbal d'assemblée de la communauté et municipalité de Saint-Clément et la ferme de Betaigne ([1]). »
19 mars 1789,
« Sont comparus en l'auditoire de ce lieu, par-devant nous, Jean-Pierre Thiéry, syndic de la communauté et municipalité dudit Saint-Clément. »
Communauté et municipalité composée de 155 feux, y compris la ferme de Betaigne.
Députés : Philippe Louis, négociant et cultivateur,
Dominique-Clément Parmantel, cultivateur.
Signatures : J. P. Thiéry, *syndic ;* L. Drouot; Philippe Louis; Boulanger; D. C. Parmantel; P. Pertusot; François Paulin; N. F. Vautrin; C. Monnet.

---

1. *Impositions ordinaires* DE SAINT-CLÉMENT ET DE LA CENSE DE BETAIGNE pour les *six* premiers *mois* de l'année *1790* :
Imposition principale. . . . . 545 ^{tt} » s. » d.
Impositions accessoires. . . . . . . 1 085 11 »
Capitation 1 224 3 4
TOTAL . . . . 2 854 ^{tt} 14 s. 4 d.
Deux vingtièmes et quatre sous pour livre du premier pour *1790 :*
Biens-fonds. . { 1er cahier . . . 1 912 ^{tt} 10 s.
{ 2e cahier . . . 1 268 4
TOTAL . . . . 3 180 ^{tt} 14 s.
(Arch. Meurthe-et-Moselle, L. 308.)

CXL"

Cahier des remontrances, doléances et plaintes de la communauté et municipalité de Saint-Clément et la ferme de Betaigne

Cejourd'huy dix-neuf mars dix-sept cent quatre-vingt-neuf, à Saint-Clément.

Les habitants de ladite municipalité et communauté, étant assemblés en la manière ordinaire et accoutumée devant le syndic du lieu, ont unanimement résolu de demander très humblement à Sa Majesté :

Art. 1. — Qu'il lui plaise établir une constitution dans le royaume ;

Art. 2. — Que les ecclésiastiques, les nobles et les privilégiés du Tiers état contribuent à toutes les impositions et charges pécuniaires à raison de leurs biens, facultés et consommation ainsi et de même que les autres sujets de Sa Majesté ;

Art. 3. — Qu'il plaise à Sa Majesté de supprimer les salines de Dieuze, Moyenvic et Château-Salins, de même que la trop grande quantité d'usines comme forges, martinets, verreries et fayenceries, qui sont en si grande quantité et font une si grande consommation de bois que les contrées du voisinage commencent à en manquer ;

Art. 4. — Qu'il plaise à Sa Majesté de nous faire fournir du sel de mer et d'en diminuer le prix pour faciliter aux sujets la nourriture des bestiaux. Le Roi ne perdrait rien à cette diminution du prix, parce que, d'un autre côté, la consommation du sel augmenterait ;

Art. 5. — Qu'il plaise à Sa Majesté de supprimer la foraine et les autres péages dans l'intérieur des provinces des Évêchés et de Lorraine. Ces droits sont extrêmement gênants pour le petit commerce des gens de la campagne ; ils coûtent beaucoup plus aux peuples qu'ils ne rapportent au Roi, parce qu'il faut faire des frais considérables pour la perception ;

Art. 6. — Qu'il plaise aussi à Sa Majesté de supprimer les offices des jurés-priseurs : cela coûte quatre fois plus aux peuples que la rente de la finance de ces offices, et ils exposent bien des gens à être ruinés par les procès et les vexations qu'on leur fait ;

Art. 7. — De réduire aussi les frais d'administration des forêts communales, qui, souvent, ôtent aux communautés la moitié du produit, ce qui les décourage et leur ôte le zèle et les moyens de faire veiller elles-mêmes à leur conservation.

Art. 8. — Nous désirerions aussi qu'il plaise à Sa Majesté de nous remettre la justice comme du passé; nous avions haute-justice dans le ban; actuellement nous sommes réunis à la prévôté de Baccarat, distance de trois lieues, et de la prévôté au bailliage distance de dix lieues, ce qui fait que cela nous devient très gênant et très coûteux, tant rapport aux inventaires, appositions et levées de scellés, établissement de tuteur et curateur, voyages d'huissier ; et que l'on nous rende justice le plus promptement possible;

Art. 9. — Qu'il plaise à Sa Majesté de vouloir bien révoquer l'arrêt rendu au parlement de Metz en faveur du seigneur décimateur qui est un s^r abbé de Senones, principauté de Salm, qui emporte les deux tiers de la grosse dîme et la moitié de la menue, sur un canon annuel de cent louis pour le ban ; avant cet arrêt rendu, il était obligé à la réparation des églises et à l'entretien des linges, ornements et vases sacrés; et, depuis ce même arrêt, il ne nous fait plus rien du tout, jusque même les bêtes mâles qui sont à la charge des communautés dudit ban ;

Art. 10. — Qu'il plaise aussi à Sa Majesté nous diminuer des impôts dont nous sommes surchargés, dont nous en ferons le détail ci-après, vu le sol dudit ban, qui ne produit que du seigle, de l'avoine et des pommes de terre, n'étant qu'un terrain de sable brûlant; et, la prairie, étant le même sol, ne produit que très peu de foin et médiocre qualité ; nous avons la rivière de Meurthe qui nous mange considérablement nos prés comme étant tout terrain de sable, et de tout cela le seigneur s'en empare ; ce n'est pas le tout de perdre le fonds, mais nous sommes encore obligés à en payer les vingtièmes au Roi et les terrages au seigneur ; et nous demandons de reprendre nos terrains où ils se trouveraient.

Art. 11. — Nous payons de subvention la somme de, ci. . . . . 1862^{tt} 17 s. 5 d.
de capitation celle de, ci. 1034 10 9
de vingtième celle de, ci. 1909 17 3
pour travaux des routes celle de, ci 496 6 6

} 5303^{tt} 11 s. 11 d.

Nous payons, en outre, de droits seigneuriaux une somme de cent deux livres six sols pour une taille appelée aide S¹-Remy, et une rente d'un résal d'avoine et une poule par chacun habitant annuellement, et cette rente est appelée sauvegarde, et on ne nous en fournit point. Nous payons en outre une autre rente, appelée terrage, de la consistance de vingt-cinq résaux de seigle et trente-cinq d'avoine. Est-il donc possible, après des charges semblables et un sol aussi médiocre, de pouvoir y soutenir?

Art. 12. — Qu'il plaise à Sa Majesté pourvoir que le service de la maréchaussée soit fait dorénavant avec plus d'exactitude, par rapport à nos cantons qui sont éloignés de Vic, qu'il ne s'est fait jusqu'à présent : nous avons essuyé la nuit du sept au huit février dernier, de la part des voleurs d'église dont les vols font tant de bruit dans cette province depuis quelques années, une visite avec effraction dans la sacristie de notre église, d'où ils n'ont pu rien emporter de valeur, parce que l'argenterie et les meilleurs effets avaient été déposés dans le presbytère : trois jours après, ils ont attaqué le presbytère vers le milieu de la nuit, et M¹ le vicaire a essuyé de leur part deux coups de feu dont heureusement il n'a point été blessé ; nous avons donné avis de ces différentes insultes à la brigade de maréchaussée de Lunéville. Nous avons fait depuis ce temps des patrouilles exactes toutes les nuits pour nous préserver de nouvelles insultes, ce qui est devenu pour notre communauté très pénible et très dispendieux ; et la maréchaussée, soit qu'elle ne fasse pas toutes les démarches nécessaires en ne roulant que sur les routes, soit qu'elle ne soit pas en assez grand nombre, n'a fait aucune découverte pour nous délivrer des inquiétudes que nous donnent ces voleurs. Nous croyons qu'il serait très à propos qu'il y eût à Baccarat un détachement de maréchaussée pour le service des cantons voisins.

Fait et arrêté en pleine assemblée les an et jour ci-dessus.

J. P. Thiéry, *syndic;* L. Drouot; Philippe Louis; D. C. Parmantel; Boulanger; P. Pertusot; François Paulin; N. F. Vautrin; C. Monnet.

SAINTE-ANNE (Verreries)

CXLI[a]

Procès-verbal.
18 mars 1789,
« Sont comparus en la salle ordinaire des assemblées de ce lieu, par-devant nous, Antoine Renaut, propriétaire des verreries de Sainte-Anne et syndic de la municipalité ([1]). »
Communauté composée de 66 feux actuellement.
Députés : Antoine Renaut, avocat, propriétaire des verreries de Sainte-Anne,
Barthélemy Collin.
Signatures : F. D. Hasselot; Renaut, *maître de la verrerie et syndic de la communauté*.

CXLI[b]

Cahier des plaintes, doléances et respectueuses remontrances des communauté et paroisse des verreries de Sainte-Anne

Depuis que les deux premiers Ordres de l'État ont généreusement consenti de supporter les charges du gouvernement concurremment avec le Tiers état, il n'y a plus d'inquiétude à avoir sur le rétablissement des finances; il ne nous reste que des actions de grâces à rendre au Clergé, à la Noblesse et aux privilégiés, et nous nous en rapportons avec une confiance entière à la bonté du Roi et aux lumières de son ministre pour la répartition juste des impôts que nous payerons tous avec plaisir, assurés comme nous le sommes que chaque citoyen en supportera sa part relativement à ses facultés et sans distinction d'aucun rang ni dignité.

Nous oserons, puisque le Roi nous l'ordonne, exprimer nos sentiments sur les maux que nous ressentons et dire naïvement notre avis sur les moyens que nous croyons les plus convenables pour nous rendre heureux.

---

1. *Impositions ordinaires* pour les *six* premiers *mois* de l'année *1790* :
Imposition principale. . . . . 105 ₶ » s. » d.
Impositions accessoires. 209   2   4
Capitation 239   3   »
                            TOTAL. . . . . 553 ₶ 5 s. 4 d.
Les vingtièmes des verreries de Sainte-Anne sont compris au rôle de Baccarat.
Cf. ci-dessus, p. 51, n. 1.
(Arch. Meurthe-et-Moselle, L. 308.)

Art. 1. — L'établissement des bureaux de traite dans l'intérieur des provinces est un fléau pour les peuples. Nous désirons en conséquence que les employés des Fermes soient supprimés et qu'on ne paye plus de droits ni sur les rivières, ni sur les routes, en transportant dans l'intérieur du royaume le produit de nos champs et les ouvrages de nos manufactures, ainsi que les sels qui seront payés également et modérément dans tous les lieux; en sorte que, ni pour cette denrée précieuse, ni pour toutes autres, on n'entende plus parler de contrebande dans l'intérieur du royaume.

Art. 2. — Les domaines du Roi sont gênants pour les peuples et peu profitables pour le Souverain : ces domaines consistent en terres, en usines, en droits seigneuriaux et en forêts. Les terres ne sont laissées aux cultivateurs qu'après que des fermiers généraux, des sous-fermiers et souvent des arrière-sous-fermiers en ont tiré tout le bénéfice. Le cultivateur est ruiné avant d'avoir mis la charrue dans ses champs, et il n'est plus en état de les faire produire. Il en est de même pour les usines, dont l'entretien cependant coûte au Roi le double plus qu'à un particulier; et, ordinairement, le meunier qui paye trop cher son moulin ne vit qu'aux dépens du public. La perception des droits seigneuriaux est souvent accompagnée de vexations. Quant aux forêts, elles sont dégradées : les gardes se font pensionner par les riverains qui les dégradent impunément. Pour obvier à tant d'abus, il faudrait que les domaines du Roi fussent vendus, ou au moins accensés par petites parties; un particulier saurait bien conserver une forêt voisine de sa demeure, il aurait soin de l'entretien de son usine et ferait produire les terres beaucoup plus qu'elles ne font. Il serait à désirer qu'on aliénât aussi les grands domaines de l'Église, qui ont les mêmes inconvénients que ceux du Roi. Les bénéficiers ne demanderaient probablement pas mieux; ils percevraient le produit de leurs domaines sans être exposés aux embarras et aux procès qu'ils leur occasionnent.

Art. 3. — Nous ne trouvons pas à redire sur les dîmes que l'Église est dans l'usage de percevoir sur nos récoltes. Nos ancêtres les ont octroyées en faveur des recteurs, curés et administrateurs de nos paroisses, et non autrement; et cependant, nos curés ne jouissent plus que de la plus faible partie de ces dîmes : pourquoi et comment les en a-t-on dépouillés ?

C'est un abus horrible contre lequel nous réclamons de toutes nos forces. Nous demandons que toutes les portions de dîmes qui ont été enlevées à nos curés nous soient remises; nous nous en servirons pour la bâtisse et l'entretien de nos églises; nous n'aurons plus de procès avec personne à ce sujet. Nous emploierons le superflu de ces dîmes au soulagement des pauvres de chaque communauté; et la mendicité se trouvera supprimée par le moyen le plus aisé et le plus juste.

Art. 4. — Les procédures sont interminables et trop coûteuses; cela ruine et désespère les familles. Nous ne savons, mais il nous semble qu'il ne faudrait pas tant de degrés pour les petits procès, qu'il ne faudrait pas mettre les sièges si loin de nous, qu'il serait bon de simplifier les procédures et ne laisser qu'un petit nombre des meilleures coutumes; une seule même s'il était possible : chacun pourrait l'apprendre aisément, et connaîtrait ses droits dans tous les lieux qu'il viendrait à habiter. L'établissement des jurés-priseurs a achevé de mettre au désespoir les familles; ces gens-là nous écorchent tout vifs. Nous adhérons à cet égard au mémoire donné par l'Assemblée provinciale de Metz.

Art. 5. — Le tirage de la milice et les engagements que les recruteurs font faire aux jeunes gens coûtent beaucoup d'argent et de chagrin à leurs pères et mères, et souvent ne procurent pas de bons soldats au Roi. On pourrait faire autrement pour former de meilleures troupes : ce serait en réglant que chaque communauté fût tenue, suivant la force de sa population, de fournir un ou plusieurs hommes. Ces hommes seraient rendus au régiment aux frais des communautés, et recevraient, en arrivant, le prix de l'engagement que le Roi leur donne. Cet argent, cependant, serait conservé dans la caisse du régiment pour servir à leurs besoins. Le temps de leur engagement expiré, ils seraient renvoyés aux frais du Roi dans leurs communautés respectives qui leur donneraient, pour récompense de leur fidèle service, une somme égale à leur premier engagement. S'ils venaient à être tués à la guerre, leurs parents recevraient de la communauté pareille somme pour indemnité. Les communautés, qui répondraient de leurs hommes, auraient grand soin de n'envoyer que des gens sûrs. Le Roi n'aurait que des soldats de bonne volonté; la récompense qu'ils trouveraient à leur retour et l'honneur d'avoir servi fidèlement l'État les retiendraient sous les drapeaux. Une armée composée de tels soldats serait invincible et jamais affaiblie par la désertion.

Art. 6. — Par rapport au commerce, nous avons à observer qu'on est journellement exposé à des surprises occasionnées par la diversité des mesures, des aunages et des poids. Il faudrait que, dans l'étendue du royaume, tout fût uniforme ; à cet égard, il n'y aurait en cela aucun inconvénient pour personne, mais au contraire le plus grand avantage pour tout le monde.

Art. 7. — *Moyens sûrs de supprimer le monopole sur le commerce des blés d'une manière avantageuse aux cultivateurs et aux consommateurs.*

Il faudrait que les blés ne fussent jamais vendus que sur les marchés ; mais il faut procurer aux vendeurs la sûreté de pouvoir vendre à un prix raisonnable toutes les fois qu'ils se présentent au marché ; et, pour cela, il faudrait dans chaque ville de marché avoir des magasins pour y recevoir la partie des grains qui n'aurait pu se vendre sur la place publique ; les préposés à ces magasins payeraient le prix des grains qu'ils recevraient aux prix que les autres auraient été vendus le même jour. Comme il arrive souvent qu'il se présente moins de grains à vendre qu'il n'y a d'acheteurs, ces jours-là on ouvrirait les magasins et on vendrait au public ce qu'il n'aurait besoin à vingt sous seulement plus cher par sac qu'il n'aurait coûté d'achat aux magasiniers : ces vingt sous, que le public payerait volontiers, seraient au moins suffisants pour les frais d'emmagasinage, de loyer des magasins, et pour l'intérêt des capitaux qu'on trouverait avec la plus grande facilité, attendu que la police, qui aurait la surveillance sur ces magasins, pourrait procurer la plus grande sûreté aux prêteurs. Dans les années de récolte abondante, les magasins pourraient se trouver tellement remplis qu'on ne pourrait plus vendre qu'à perte : cela n'arriverait que vers le mois de juin ; et, dans cette saison, on est à peu près assuré de l'état de la récolte prochaine ; pour lors, ce serait le cas de permettre la sortie des blés surabondants, mais aux magasiniers seulement, et en vertu de passeports donnés par les officiers de police. Par ce moyen on serait préservé du danger d'une trop grande exportation.

F. D. Hasselot ; Renaut ; Barthélémy Collin ; François Pichot ; Joseph Mathis.

SAINT-GEORGES

CXLII[A]

Procès-verbal.

« 18 mars 1789, sont comparus par-devant nous, Joseph Saunier, syndic de la communauté de Saint-Georges ([1])..., communauté composée de 73 feux. »
Députés : François Batelot,
Christophe Mathieu.
Signatures : J. Saunier, *syndic ;* François Batelot, *député ;* Éloy Muttz, *député ;* Ch. Mathieu, *député ;* Christophe Pallé ; N. Voinot, *greffier.*

CXLII[B]

Cahier des doléances, contenant quatre feuillets cotés et paraphés par premier et dernier par nous, Joseph Saunier, syndic de la communauté de Saint-Georges, le 19ᵉ mars 1789 JOSEPH SAUNIER, *syndic.*

ART. 1. — Demander la suppression des droits de foraine et le reculement des barrières ;

ART. 2. — Le sel et le tabac marchands ;

ART. 3. — Que les trois Ordres payent également les impôts, sans exception ni privilège, selon les vœux du Tiers état ; et que, quand il y aura besoin d'impôts extraordinaires, qu'ils soient établis sur les objets de luxe ;

ART. 4. — La suppression de la Ferme générale, comme onéreuse au peuple et ruineuse pour l'État ;

ART. 5. — La suppression des banalités ;

---

1. *Impositions ordinaires et prestation des chemins* pour les *six* premiers *mois* de l'année *1790 :*

Imposition principale.	172 ₶	10 s.	» d.
Accessoires de l'imposition principale . . .	343	11	4
Capitation et ses accessoires	392	18	»
Taxations des collecteurs.	13	»	»
Droit de quittance au receveur des finances.	2	1	4
Prestation des chemins.	131	19	11
TOTAL GÉNÉRAL.	1 056 ₶	» s.	7 d.

(Arch. Meurthe-et-Moselle, L. 677.)
Deux vingtièmes et quatre sous pour livre du premier pour *1790 :* 874 ₶ 11 s. 6 d.
(*Ibid.*, L. 308.)

Art. 6. — Une diminution des droits de contrôle et d'insinuation ;

Art. 7. — La suppression des droits de sceau des seigneurs, qui sont exorbitants dans l'étendue des baronnies ;

Art. 8. — La suppression de beaucoup de bouches à feu qui sont très multipliées, surtout dans cette province, et rendent par conséquent le bois d'une cherté exorbitante ;

Art. 9. — La révocation de l'édit de clôture ; qu'il soit permis aux propriétaires de faire la récolte du premier et second poil sur leurs prés sans clôture, et qu'après, ils soient abandonnés pour pâturer le bétail ;

Art. 10. — L'abolition de tous les privilèges, tant réels et fonciers que personnels, et notamment pour cette province, en ce qui regarde les maîtres de poste aux chevaux qui possèdent et cultivent des biens considérables dans le lieu de leur demeure, et dans les lieux voisins jouissent de plusieurs privilèges et affranchissements pour leurs biens ; du moins, ordonner que lesdits maîtres de poste payeront leur quote-part de toutes les impositions royales et autres, et ainsi que tous les autres cultivateurs, en proportion des biens qu'ils possèdent : demande d'autant plus juste que la plupart de ces maîtres de poste tiennent auberge, logent carrosses, rouliers, etc., leur vendent le foin, l'avoine, la paille, qui, dès lors, ne sont point entretien de la poste ;

Art. 11. — La réunion de toutes dîmes au Domaine de Sa Majesté, à charge de fournir aux pasteurs une pension raisonnable pour leur entretien et le soulagement de leurs pauvres, avec très humbles prières à Sa Majesté d'accorder la dîme de la troisième charrue aux marguilliers et régents d'école, comme partout ailleurs ;

Art. 12. — La diminution des recettes des finances, qui emportent des sommes considérables au préjudice de Sa Majesté. Chaque communauté pourra lever par elle-même la portion à laquelle elle aura été imposée, la verser ensuite dans la caisse d'un officier de la ville capitale de la province, qui serait obligé de la faire passer dans les coffres du Roi, ce qui diminuerait considérablement les frais de quittance, de voyages, et augmenterait d'autant le revenu du Roi ;

Art. 13. — Ordonner que les gens ayant droits de colombier bien prouvés seront obligés et tenus de tenir leurs pigeons clos et enfermés pendant les trois mois des semailles et récoltes;

Art. 14. — Ordonner pareillement que les chaussées royales seront entretenues dorénavant, comme ci-devant, par les communautés, sans qu'il puisse y avoir d'autre exemption que pour les seigneurs, curés et régents d'écoles; vu que, depuis deux ans que ces chaussées sont laissées par enchère à des entrepreneurs, elles n'ont jamais été en plus mauvais état;

Art. 15. — L'abolition de toutes corvées seigneuriales, à moins que ces droits ne soient prouvés par pièces authentiques, et sous l'obligation de fournir aux habitants les bois d'affouage, de bâtiment dans leurs forêts, ainsi que de leur laisser la liberté de grasse et vaine pâture dans lesdites forêts lorsqu'elles seront reconnues défensables par les officiers des Maîtrises royales, qui seront salariés comme Sa Majesté le jugera plus convenable;

Art. 16. — Que les décimateurs soient chargés des réfections des nefs des églises et moitié des ornements.

C'est ce que les maire, syndic, habitants et communauté de Saint-Georges ont l'honneur de présenter aux pieds du trône de Sa Majesté, la regardant comme le meilleur, le plus juste, et le plus tendre de tous les pères, et ont soussigné les jour, mois et an ci-devant dits.

Art. 17. — *Observation pour le dimage.* — Qu'il soit permis aux cultivateurs, lorsqu'ils auront lié leurs javelles, d'enlever les gerbes en laissant la dîme comme il est d'usage, et comme l'on faisait anciennement, sans mettre les cultivateurs dans le cas de les laisser vingt-quatre heures sans oser les enlever qu'elles ne soient dîmées; ce qui fait un grand inconvénient, parce que souvent il arrive que l'on prend la dîme nuitamment, comme l'on a vu cela plusieurs fois; et cela met les cultivateurs dans le cas de subir des contraventions considérables.

Art. 18. — Que tout ce que l'on sèmera dans les somards soit exempt de dîme.

J. Saunier, *syndic;* François Batelot, *député;* Éloy Muttz, *député;* Ch. Mathieu, *député;* Christophe Pallé; N. Voinot, *greffier.*

SAINT-JEAN-DE-BASSEL

CXLIII ᴬ

« Élection des députés à Saint-Jean-de-Bassel. »
21 mars 1789,
« Sont comparus en l'auditoire de Saint-Jean-de-Bassel (1), par-devant nous, Jean-Michel Schæffer, syndic. »
Lieu composé de 44 feux.
Députés : François Fillinger,
Jean-Michel Blettner.
Signatures : J. M. Schæffer, *syndic;* Heinrich Thomas ; Nicolas Louis ; Nicolas Daniel ; Peter Blettner ; Frantz Fillinger.

CXLIII ᴮ

District de Vic — Généralité de Metz — Municipalité de Saint-Jean-de-Bassel

Cahier de plaintes et doléances

L'an mil sept cent quatre-vingt-neuf, le 21 de mars, la communauté de Saint-Jean-de-Bassel, assemblée pour obéir aux lettres du Roi, règlements et ordonnances pour la convocation des États généraux, en date du 24 janvier dernier, et à l'article XXIV du règlement fait pour l'exécution d'icelles, par lesquels il est ordonné à toutes les communautés de s'assembler pour dresser un cahier de leurs plaintes et doléances et nommer des députés pour porter ledit cahier au lieu qui leur sera indiqué, a nommé pour députés François Fillinger et Jean-Michel Blettner, et a arrêté les plaintes suivantes.

---

1. *Impositions or linaires* pour les *six* premiers *mois* de l'année *1790 :*
Imposition principale. . . . . 145 ₶ » s. » d.
Impositions accessoires. . . . . . 288 16 »
Capitation 330 5 1
        Total. . . . . 764 ₶ 1 s. 1 d.
Deux vingtièmes et quatre sous pour livre du premier pour *1790 :*
Biens-fonds. . { 1ᵉʳ cahier . . 242 ₶ 3 s. 0 d.
             { 2ᵉ cahier . . . 308 16 6
        Total. . . . . 551 ₶
(Arch. Meurthe-et-Moselle, L. 308.)

Savoir :

Art. 1. — Vu que Sa Majesté a besoin d'argent pour subvenir aux déficits considérables qui se trouvent dans ses finances; qu'il n'est pas possible de trouver moyen de les faire disparaître par de nouveaux impôts sur le pauvre peuple de la campagne, qui est déjà écrasé sous le fardeau qu'il est obligé de porter depuis plusieurs années, les députés aux États généraux doivent plutôt travailler à le faire soulager, et trouver d'autres moyens pour payer les dettes de l'État;

Art. 2. — Que la communauté manque absolument de bois; que le commandeur de Malte, ordre de Saint-Jean, possède des forêts considérables qui se trouvent sur le ban de ladite communauté, et que les forêts d'alentour ont été affectées à la saline de Dieuze, excepté quelques petits bois des seigneurs, qui commencent à y vendre le bois à un prix au-dessus des facultés du pauvre villageois; le moyen facile de remédier à cet inconvénient serait de réduire les poêles de ladite saline à un nombre proportionné à la consommation intérieure de la province; le Roi trouverait son compte dans la vente du bois, et ses sujets seraient à l'aise de ce côté-là;

Art. 3. — Que le sel, que l'étranger a presque pour rien, est à un prix exorbitant pour les sujets du Roi; il faut que cette communauté prenne le sel à trois lieues de distance, et le paye à 8 s. la livre; il serait à souhaiter de le voir à l'avenir à un prix modique; le pauvre campagnard pourrait s'en procurer facilement pour assaisonner sa nourriture et celle de ses bestiaux; la Lorraine allemande ne verrait pas tant de maisons ruinées par la contrebande; et nouvelles sources de richesses s'ouvriraient à ses yeux par le nourri du beau bétail;

Art. 4. — Que la multitude des bureaux de la foraine accablent les sujets du Roi et mettent quantité d'entraves au commerce intérieur du royaume; pour faciliter le commerce, il faudrait les reculer jusqu'aux barrières;

Art. 5. — Que les huissiers-priseurs sont un véritable fléau pour les sujets du Roi, et que leur suppression est demandée par un cri général de la province;

Art. 6. — Que la voie de la justice est trop longue et trop coûteuse, qu'il faudrait simplifier beaucoup de formalités et laisser les décisions de quantité de petites choses aux gens de justice, lesquels étant sur les lieux, qui connaissent ces choses.

Art. 7. — Que la marque des cuirs chez les tanneurs est un très pesant fardeau qui écrase les sujets du Roi ; que les cuirs se vendent à un prix au-dessus des facultés des pauvres sujets du Roi, la livre de veau à 48 s. et de la vache à 40 s. ;

Art. 8. — Que cette communauté n'a aucune forêt à elle propre, et que ci-devant elle a joui des bois mort et dépérissant dans les forêts de la Commanderie pendant que lesdites forêts étaient encore en haute futaie ; aujourd'hui lesdites forêts se trouvent en taillis, que les habitants n'y trouvent que fort peu de bois mort et dépérissant ; elle avait encore ci-devant la vaine et grasse pâture dans toutes ces forêts, comme aussi les bois morts ci-dessus ; aujourd'hui, lesdits habitants sont privés de ladite grasse pâture, et ledit sieur le commandeur exige encore desdits habitants la même rétribution pour la vaine pâture et le peu de bois mort, annuellement la quantité de vingt-cinq résaux d'avoine ;

Art. 9. — Que la communauté est obligée de faire la corvée annuellement envers la Commanderie, de sorte que chaque laboureur est obligé d'employer huit jours à labourer des terres de sa charrue, et chaque manœuvre, lui et sa femme, chacun trois jours ;

Art. 10. — Que lorsque le chef de famille est décédé dans cette communauté, Monsieur le commandeur a le droit dans la maison mortuaire de prendre une bête, s'il y en a, soit cheval, bœuf ou vache pour le droit appelé Todefall ; ci-devant, suivant le dire de quelques anciens habitants que mondit sieur le commandeur n'avait le droit que de prendre la seconde, et non pas la première, car ci-devant la veuve du défunt avait le choix de prendre une bête par préférence ; mais, aujourd'hui, mondit sieur le commandeur prend la première. C'est à savoir si les réparations à faire aux murs du cimetière ne seraient à la charge du commandeur. Et quand un homme est malade, et quand il a besoin d'argent pour subvenir à ses besoins, et s'il a une vache qu'il la vende, bref, avant la mort, il faut que la veuve délaissée soit forcée de la retirer pour la remettre au commandeur ;

Art. 11. — Qu'en l'année 1740, Monsieur le commandeur a fait un arpentage et remembrement général du ban de ce lieu, et s'est adjugé les biens qui étaient défrichés moins de 30 ans par lesdits habitants.

Art. 12. — Les maisons de cette communauté sont déjà chargées d'un fort cens, de même que les jardins, envers le commandeur; Sa Majesté les a encore chargés d'un fort vingtième, quoique lesdits habitants sont très mal logés.

Art. 13. — Que, dans notre village, il y a une grosse disette en blé, qu'ils sont d'une cherté exorbitante, que les habitants ne sont pas en état d'en acheter. Pour y parvenir, il n'y a point d'autres moyens que de vendre des biens-fonds pour les payer, et encore n'en peut-on point avoir;

Art. 14. — Qu'il y a un coin de haies, appelé Kobrederhecken, séparé des forêts; que cette communauté y a envoyé depuis un temps immémorial leurs bestiaux, tant en été qu'en hiver, tant chevaux, bêtes à cornes que porcs, à la vaine et grasse pâture;

Art. 15. — Qu'il y a beaucoup des enclos sur notre ban; et, depuis qu'ils y sont, la communauté n'a presque rien, et fort peu d'argent pour les regains dans le peu de prés qui sont encore ouverts pour subvenir aux nécessités de ladite communauté; ce n'est pas pour faire les réparations que la communauté est obligée de faire; il serait avantageux pour les habitants que chaque propriétaire profiterait de ses prés à la première et deuxième faux.

Fait et arrêté à l'assemblée de la communauté de Saint-Jean-de-Bassel, au lieu ordinaire et accoutumé, le 21ᵉ de mars 1789.

J. M. Schæffer, *syndic;* Frantz Fillinger; Nicolas Louis; Nicolas Daniel; Peter Blettner; Heinrich Thomas.

SAINT-QUIRIN

CXLIV

« Élection des députés de Saint-Quirin. »
15 mars 1789,
« Sont comparus dans la grande salle du prieuré de ce lieu de Saint-Quirin, choisi par la communauté dudit lieu, par-devant nous, Jean Jordy, avocat en parlement, grand-juge du même lieu. »

Village et communauté de Saint-Quirin (¹), composés de 222 feux.
Députés : Jean Jordy, grand-juge,
Jean-George Germain, maire,
Ignace Jordy, greffier.
Signatures : Nicolas Munier ; Germain; I. Jordy; Nicolas Mathieu ;
Dom Charon, *curé de Saint-Quirin;* Quirin Georgel ; Christiane
Bêche.

CXLIV*

Cahier de doléances, plaintes et remontrances que les habitants et communauté de Saint-Quirin font au Roi, leur très gracieux prince et souverain, en conséquence des lettres de Sa Majesté données à Versailles le sept février dernier pour la convocation et tenue des États généraux, et satisfaire aux dispositions du règlement y annexé, à l'effet d'être porté par leurs députés à l'assemblée qui se tiendra à Vic le 23ᵉ courant, et y procéder de leur part, ainsi que de raison, et en conformité dudit règlement

Art. 1. — Ladite communauté demande la suppression des jurés-priseurs, comme étant une vraie calamité pour les peuples ;

Art. 2. — La suppression du parcours, comme un obstacle au progrès de l'agriculture ;

Art. 3. — La suppression des lettres de cachet, comme contraires aux droits et à la liberté naturelle de l'homme et comme une cause toujours prochaine de surprise à la religion du Roi et de vexation sur les peuples ; en conséquence, que tous délits, comme tous crimes, soient punis par le juge naturel et territorial, et non par les Maîtrises et autres juges d'exception, qui affligent les peuples autant par l'éloignement qu'autrement, et réduire les vacations forestales à l'équité ;

---

1.   Saint-Quirin et les métairies de Saint-Quirin
Impositions ordinaires pour les *six* premiers *mois* de l'année *1790* :
Imposition principale . . . . 273 ₶ 10 s. » d.
Impositions accessoires 544   14   10
Capitation 622   18   9
           Total . . . . 1 441 ₶ 3 s. 7 d.
Deux vingtièmes et quatre sous pour livre du premier pour *1790* :
Biens-fonds . . { 1ᵉʳ cahier . . . 2 209 ₶ 12 s. » d.
          { 2ᵉ cahier . . . 6 086   9   8
           Total . . . . 8 296 ₶ 1 s. 8 d.
(Arch. Meurthe-et-Moselle, L. 308.)

ART. 4. — Que le code criminel soit réformé et rendu moins susceptible d'erreurs ;

ART. 5. — Que le code civil soit pareillement réformé et conçu de façon qu'il tende à plus de simplification et abréviation des procédures ;

ART. 6. — Que tous seigneurs ayant haute-justice soient tenus d'y nommer, outre les autres officiers nécessaires pour l'exercice, un juge gradué, beaucoup n'en ayant point, cause d'une augmentation considérable de frais ;

ART. 7. — Créer en outre en finance, dans chaque haute-justice, un notaire royal pour laisser aux peuples la liberté du choix pour placer leur confiance et pour leur faciliter d'assurer authentiquement toutes espèces d'actes, notamment pour servir les commerçants étrangers dans leurs voyages et cours de leurs affaires ;

ART. 8. — Autoriser les juges de première instance à juger sans appel jusqu'à la somme principale de 100# ; et, en cas d'appel, de le porter directement aux tribunaux souverains ;

ART. 9. — Changer le code des délits champêtres, l'ancien contenant plusieurs articles insuffisants ; faire enfin un code de police générale ;

ART. 10. — Que les bangards, à tour de rôle ou convenu, soient salariés par les cultivateurs ; les rétribuer en outre de la moitié des amendes, étant injuste que les pauvres perdent gratuitement leur temps pour conserver le bien des riches ;

ART. 11. — Une loi qui défende à tous domiciliés la fréquentation des cabarets de leurs domiciles, même ceux éloignés d'une lieue ;

ART. 12. — Reculer les barrières à l'extrême frontière du royaume ; supprimer en conséquence tous péages de droits dans l'intérieur ;

ART. 13. — Supprimer la gabelle sur les sels, ou en réduire le prix à 4 s. la livre ;

ART. 14. — Arrêter la tenue des États généraux tous les trois ans ; y renouveler chaque fois la moitié des membres qui les composeront ; qu'ils soient toujours dans la proportion de deux membres du Tiers état sur un noble et un du Clergé, pour délibérer à la pluralité des voix, et par tête et non par Ordre ;

ART. 15. — Que toutes lois arrêtées par les États généraux et sanctionnées par le Roi, ou proposées par le Roi et sanctionnées par les États généraux, soient exécutées après leur publication dans chaque lieu du royaume ;

Art. 16. — Supprimer tous impôts établis de telle nature ils puissent être ;

Art. 17. — Fixer toute contribution à un impôt unique, pour être également supporté par tous les Ordres, proportionnellement aux propriétés, soit mobilières, soit immobilières de chaque individu ; et, en outre, une accise sur toutes denrées à l'entrée des villes, cet impôt unique à fixer d'après les opérations de l'article 24 ci-bas ; et si les circonstances exigeaient de plus grands subsides, ils ne pourront jamais porter que sur les objets de luxe ;

Art. 18. — Supprimer le droit de franc-fief, comme onéreux autant à la Noblesse qui vend moins qu'au Tiers état qui le paye, et surtout comme une gêne et un obstacle au commerce des biens ;

Art. 19. — Réduire le contrôle des actes à un simple tarif par classes formées sur la nature et l'importance des actes, et y réduire les droits de façon que ce soit moins un impôt qu'un acte de justice, pour assurer les dates ;

Art. 20. — Traiter dans la même proportion et le même esprit les droits des actes qui contiennent les mutations d'immeubles et tous autres, supposé qu'ils ne pourraient être supprimés ; et, dans tous les cas, établir dans chaque haute-justice un bureau de contrôle, étant de notoriété que, dans l'état des choses, les droits de voyage attribués aux différents officiers pour porter leurs actes au contrôle (comme de 20 s. par lieue, et souvent il s'en trouve trois), en doublent presque toujours le montant ; ce qui présente une absurdité révoltante, une vexation caractérisée, qui appauvrit les peuples sans enrichir l'État ; étant enfin contre tous principes d'obliger les peuples à faire autant de dépenses pour porter leur tribut que pour le tribut même ;

Art. 21. — Assurer la dette nationale, après qu'elle aura été liquidée, sur un tableau qui en sera exigé, et fourni, et réduit sur le pied et au taux le plus bas qu'elles ont eu dans le commerce en la dernière année du règne de Louis XV ; et pour la dette faite depuis, au taux le plus bas que les actions qui la constituent se sont trouvées dans le commerce sous le règne glorieux de Louis XVI ;

Art. 22. — Offrir ensuite le remboursement à tous créanciers de l'État qui ne voudraient pas lui laisser ses fonds à 3 %;

Art. 23. — Accorder un impôt extraordinaire, pour une fois seulement, égal à celui d'une année, pour opérer les remboursements qui seraient exigés, au payement duquel tous les Ordres sans distinction seraient assujettis, dans la proportion prévue dans l'article 17. Toutes répartitions à faire le seront dans les assemblées publiques des lieux, sur les déclarations contredites qu'y feront chaque individu de tous les Ordres;

Art. 24. — La reddition publique des comptes de toute nature de recette et de dépense; la réduction de toutes dépenses, sur pièces exigées et vues, au strict nécessaire, dans toutes les parties, ainsi que de celles des grâces et pensions, à une somme déterminée, feront la base du montant de la contribution demandée en l'article 17;

Art. 25. — Nul impôt, nul emprunt, qu'il ne soit consenti par la Nation;

Art. 26. — Suppression de la milice comme trop coûteuse aux peuples; réduire les engagements à quatre ans, moyen sûr de compléter et d'exercer les corps militaires à peu de frais et avec facilité.

Art. 27. — La misère règne dans la communauté de Saint-Quirin, elle y est extrême; les habitants sont presque tous pauvres; de 222 qui la composent, 45 sont veuves, plus de 50 autres sont avec elles sans pain et à l'aumône, à peine y en a-t-il dix, avec quelques familles! Le surplus, avec des travaux incroyables, y mènent une vie languissante, le sol de ce lieu étant gravier, sable, ou couvert de rochers, de la plus mauvaise qualité; enfin, les impôts s'y lèvent, comme on le conçoit sans peine, avec des difficultés incroyables. Dans cet état, les habitants et communauté de Saint-Quirin se permettent de réclamer les bontés du Roi, la justice et l'équité des députés aux États généraux pour le soulagement de leur sort, étant de notoriété que tout ce qu'il y a de bons biens audit lieu appartient aux seigneurs, que le peu que les habitants possèdent est encore grevé de gros cens, et, enfin, qu'il n'y a dans ce lieu aucun commerce.

Art. 28. — Demander que la province des Trois-Évêchés soit érigée en États provinciaux d'Austrasie, qui seront composés de membres pris et choisis par elle dans toutes les parties de la province, dans la proportion de deux du Tiers sur un noble et un du Clergé ; et, au cas qu'il serait jugé plus expédient d'y conserver l'Assemblée provinciale établie, lui donner la même dénomination d'Austrasie et lui attribuer un caractère de juridiction pour les choses de son administration.

Art. 29. — Suppression de tous privilèges exclusifs, ainsi que de toutes maîtrises d'arts et métiers, comme contraires à la liberté naturelle et à l'industrie et comme un obstacle au progrès du commerce et à la perfection des arts même.

Art. 30. — Accorder une liberté indéfinie à tout commerce, et d'ériger des foires et marchés dans tous les lieux du royaume qui en seront jugés susceptibles par leurs municipalités.

Art. 31. — Chasser les Juifs du royaume, ou les assujettir au travail manuel comme tous autres sujets du Roi ; en conséquence, qu'ils ne puissent se livrer au commerce qu'un sur dix dans chaque lieu où ils sont établis, sans liberté néanmoins de former de nouveaux établissements.

Art. 32. — La suppression des salines, comme n'étant pas nécessaires, tout le royaume pouvant se procurer du sel de mer ; ou au moins la réduction de la moitié des salines, comme cause de la disette des bois et de leur prix excessif.

Art. 33. — L'admission du Tiers état en toutes places par concurrence avec les autres Ordres, par égard seulement au mérite.

Art. 34. — L'abolition de toutes servitudes et des droits qui les représentent.

Art. 35. — Créer un conseil d'avocats dans chaque province pour les communautés, sans l'avis desquels aucune ne sera admise à plaider.

Fait et arrêté à Saint-Quirin, cejourd'hui quinzième mars mil sept cent quatre-vingt-neuf.

Germain ; I. Jordy ; Nicolas Munier ; Nicolas Mathieu ; Dom Charon, *curé de Saint-Quirin ;* Quirin Georgel ; Christiane Béche.

Le présent cahier contenant sept pages, non compris la présente, cotées et paraphées par première et dernière par nous, Jean Jordy, avocat en parlement, grand-juge de Saint-Quirin, soussigné, audit Saint-Quirin, ce 15e mars 1789.

JORDY.

SAINT-QUIRIN (Métairies de)

CXLV[A]

Procès verbal.

17 mars 1789,

« A l'assemblée convoquée en la manière accoutumée en la communauté des fermes de Saint-Quirin, à la ferme de Lhor, chez le s^r Vendlin Jacob, syndic de ladite communauté, sont comparus par-devant nous, Jean Jordy, avocat en parlement et grand-juge de Saint-Quirin dont dépendent lesdites fermes. »

Communauté desdites fermes composée de 22 feux.

Député : Quirin Mathieu, laboureur au Rond-Pré.

Signatures : Quirin Mathieu ; Dominique Richy ; J.-B. Dubois ; Joseph Camba ; Jordy.

CXLV[B]

Cahier de doléances, plaintes et remontrances que les habitants composant la communauté des Métairies de Saint-Quirin, dépendant de la terre de ce nom, font au Roi leur très gracieux prince et souverain, en conséquence des lettres de Sa Majesté données à Versailles le sept février dernier pour la convocation et tenue des États généraux, et satisfaire aux dispositions du règlement y annexé, à l'effet d'être porté par leurs députés à l'assemblée qui se tiendra à Vic le 23ᵉ courant, et y procéder de leur part, ainsi que de raison, et en conformité dudit règlement

Art. 1. — [Cf. ci-dessus, *cahier de Saint-Quirin*, n° CXLIV[B], art. 1.]

Art. 2. — [Cf. *id.*, art. 2.]

Art. 3. — [Cf. *id.*, art. 3.]

Art. 4. — [Cf. *id.*, art. 4.]

Art. 5. — [Cf. *id.*, art. 5.]

Art. 6. — [Cf. *id.*, art. 6.]

Art. 7. — [Cf. *id.*, art. 7.]

Art. 8. — [Cf. *id.*, art. 8.]

Art. 9. — [Cf. *id.*, art. 9.]

Art. 10. — [Cf. *id.*, art. 10.]

Art. 11. — [Cf. *id.*, art. 11.]

Art. 12. — [Cf. *id.*, art. 12.]
Art. 13. — [Cf. *id.*, art. 13.]
Art. 14. — [Cf. *id.*, art. 14.]
Art. 15. — [Cf. *id.*, art. 15.]
Art. 16. — [Cf. *id.*, art. 16.]
Art. 17. — [Cf. *id.*, art. 17.]
Art. 18. — [Cf. *id.*, art. 18.]
Art. 19. — [Cf. *id.*, art. 19.]
Art. 20. — [Cf. *id.*, art. 20.]
Art. 21. — [Cf. *id.*, art. 21.]
Art. 22. — [Cf. *id.*, art. 22.]
Art. 23. — [Cf. *id.*, art. 23.]
Art. 24. — [Cf. *id.*, art. 24.]
Art. 25. — [Cf. *id.*, art. 25.]
Art. 26. — [Cf. *id.*, art. 26.]

Art. 27. — Les habitants composant la communauté des Métairies de Saint-Quirin, au nombre de vingt-deux, sont tous fermiers du prieuré dudit lieu, sont plus pauvres qu'aisés, réduits à la simple culture d'un sol mauvais, et surpayant leurs fermes; ils n'ont aucun commerce. Ils implorent en conséquence les bontés du Roi.

Art. 28. — [Cf. ci-dessus, *cahier de Saint-Quirin*, n° CXLIV", art. 28.]

Art. 29. — [Cf. *id.*, art. 29.]
Art. 30. — [Cf. *id.*, art. 30.]
Art. 31. — [Cf. *id.*, art. 31.]

Art. 32. — La suppression des salines comme n'étant pas nécessaires, tout le royaume pouvant se procurer du sel de mer; ou, au moins, la réduction de la moitié des salines, comme cause de la disette des bois et de leur prix excessif. Réduire pareillement à un moindre nombre les manufactures à feu, comme concourant à la même cause.

Fait et arrêté au lieu de Lhor choisi par l'assemblée des Métairies des fermes de Saint-Quirin pour le lieu de leur assemblée ordinaire, ce dix-septième mars 1789.

Quirin Mathieu; Dominique Richy; J.-B. Dubois; Joseph Camba; Jordy.

Le présent cahier de doléances de la communauté des Métairies de Saint-Quirin, contenant sept pages cotées et paraphées par première et dernière par nous, Jean Jordy, avocat en parlement, grand-juge de Saint-Quirin, au lieu de Lhor, ce 17ᵉ mars 1789.

JORDY.

SAINT-QUIRIN (Verreries de)

CXLVIᴬ

« Procès-verbal d'élection et procuration du député des verriers de Saint-Quirin. »
19 mars 1788 (*sic*).
« A l'assemblée convoquée au son de la cloche aux verreries royales de Saint-Quirin, sont comparus dans la salle d'école dudit lieu, pour nous choisir pour y tenir ladite assemblée composée de la corporation des verriers, ouvriers, commis et employés desdites verreries, y résidant, par-devant nous, Jean Jordy, avocat en parlement, grand-juge dudit lieu...., tous demeurant auxdites verreries, payant capitation aux rôles de Saint-Quirin. »
80 feux.
Député : Jean Jordy. « Les voix ayant été par nous recueillies à la manière accoutumée, l'unanimité s'est réunie sur nous. »
Signatures : Jean Duret; C. Barrabino; J.-B. Georgel; Bregi ; Clarinval ; Jordy.

CXLVIᴮ

Cahier de doléances, plaintes et remontrances que les verriers des verreries royales de Saint-Quirin font au Roi, leur très gracieux prince et souverain, en conséquence des lettres de Sa Majesté données à Versailles le sept février dernier pour la convocation et tenue des États généraux, et satisfaire aux dispositions du règlement y annexé, à l'effet d'être porté par leurs députés à l'assemblée qui se tiendra à Vic le 23ᵉ courant, et y procéder de leur part, ainsi que de raison, et en conformité dudit règlement

ART. 1. — [Cf. ci-dessus, *cahier de Saint-Quirin*, n° CXLIVᴮ, art. 1.]
ART. 2. — [Cf. *id.*, art. 2.]
ART. 3. — [Cf. *id.*, art. 3.]
ART. 4. — [Cf. *id.*, art. 4.]

Art. 5. — [Cf. *id.*, art. 5.]
Art. 6. — [Cf. *id.*, art. 6.]
Art. 7. — [Cf. *id.*, art. 7.]
Art. 8. — [Cf. *id.*, art. 8.]
Art. 9. — [Cf. *id.*, art. 9.]
Art. 10. — [Cf. *id.*, art. 10.]
Art. 11. — [Cf. *id.*, art. 11.]
Art. 12. — [Cf. *id.*, art. 12.]
Art. 13. — [Cf. *id.*, art. 13.]
Art. 14. — [Cf. *id.*, art. 14.]
Art. 15. — [Cf. *id.*, art. 15.]
Art. 16. — [Cf. *id.*, art. 16.]
Art. 17. — [Cf. *id.*, art. 17.]
Art. 18. — [Cf. *id.*, art. 18.]
Art. 19. — [Cf. *id.*, art. 19.]
Art. 20. — [Cf. *id.*, art. 20.]
Art. 21. — [Cf. *id.*, art. 21.]
Art. 22. — [Cf. *id.*, art. 22.]
Art. 23. — [Cf. *id.*, art. 23.]
Art. 24. — [Cf. *id.*, art. 24.]
Art. 25. — [Cf. *id.*, art. 25.]
Art. 26. — [Cf. *id.*, art. 26.]
Art. 27. — [Cf. *id.*, art. 28.]
Art. 28. — [Cf. *id.*, art. 29.]
Art. 30. — [Cf. *id.*, art. 31.]
Art. 31. — [Cf. *id.*, art. 32.]
Art. 32. — [Cf. *id.*, art. 33.]
Art. 33. — Abolition de toutes servitudes.
Art. 34. — Créer un conseil d'avocats dans chaque province pour les communautés, sans l'avis desquels aucune ne puisse plaider.

Arrêté auxdites verreries de Saint-Quirin, ce 19ᵉ mars 1789.

Jean Duret; C. Barrabino; J.-B. Georgel; Bregi; Clarinval; Jordy.

Le présent cahier de doléances, contenant quatre pages cotées et paraphées par première et dernière par nous, Jean Jordy, avocat en parlement, grand-juge de Saint-Quirin, soussigné, aux verreries, ce 19ᵉ mars 1789.

JORDY.

SALIVAL

CXLVII[A]

« Procès-verbal d'assemblée pour la nomination des députés de la communauté de Salival([1]). »
16 mars 1789,
« Sont comparus par-devant nous, Louis Lambotte, syndic de ladite assemblée. »
Communauté composée de 10 feux.
Députés : Louis Lambotte,
Joseph Husson.
Signatures : Joseph Husson, *député;* Louis Lambotte, *syndic, député;* Nicolas Gourieu, *maire;* Joseph Damien, *greffier;* Nicolas Petit.

CXLVII[B]

Extrait du cahier des plaintes et remontrances des habitants de Salival pour l'assemblée des États généraux du 27 avril prochain à Versailles

Cahier des doléances, plaintes et remontrances de la communauté, serviteurs à Messieurs les religieux, ordre de Prémontré de la réforme dudit lieu de Salival, pour être présenté par Messieurs les députés aux États généraux à l'assemblée du 27 avril prochain 1789, à la cour de Versailles; coté et paraphé par premier et dernier feuillet par le sieur Louis Lambotte, syndic du lieu

Cejourd'hui seize mars 1789, nous soussignés, habitants de la communauté de Salival, sommes assemblés à la manière accoutumée au domicile de Louis Lambotte, syndic de cette communauté, en exécution de la lettre du Roi du sept février aussi dernier.

Nous nous avons d'abord tous déclarés nés Français, d'âge suffisant, attachés à la Couronne de France, nos corps appar-

---

1. *Impositions ordinaires* pour les *six* premiers *mois* de l'année *1790* :
   TOTAL. . . . . 307 ## 13 s. 10 d.
   Deux vingtièmes et quatre sous pour livre du premier pour *1790* :
   TOTAL. . . . . 693 ## 11 s. 6 d.
   (Arch. Meurthe-et-Moselle, L. 308.)

tenant au Roi, nos cœurs offrant sans cesse des vœux au Ciel pour sa conservation, le soutien de l'État et la tranquillité des peuples du royaume.

Enfin, puisque la justice de notre digne Roi veut bien nous permettre de faire connaître à Sa Majesté nos doléances, plaintes et remontrances, nous désirons tous d'être plus éclairés des différents abus qui règnent dans cette province, dont nous en dresserions nos plaintes; mais nous nous bornons et nous nous contentons de remontrer par les présentes les articles qui suivent :

Art. 1. — Nous sommes donc de l'abbaye dudit Salival, France, composé de dix feux, y compris une femme veuve, voisins à des habitants de la province de Lorraine. En conséquence de nos résidences qui ne sont presque comme des journaliers, n'étant que comme domestiques à mesdits sieurs religieux, nous nous bornons seulement de nous plaindre de la cherté des bois occasionnée par les trois salines qui nous sont voisines, la cherté des sels, les impôts d'acquits, par toutes sortes de besoins propres à nos consommations qui nous accablent, étant entremêlés avec la province de Lorraine, et encore le change de l'argent. Nous croyons qu'il serait bien que le sel et le tabac et tout autre chose soit en commerce libre.

Art. 2. — La misère qui règne dans cette province dans le temps présent vient par bien des raisons ; la première est que, s'il y reste quelques petites forêts non affectées aux salines, nous osons dire qu'il en faut presque remettre les prix de leurs valeurs aux officiers des Maîtrises qui y ont l'inspection, soit pour en obtenir la délivrance des exploitations, soit encore pour le droit de pâturage dans les taillis d'âge suffisant pour leur défense, en se faisant payer plus que la pâture ne vaut, tant par eux que par leurs gardes, de façon que personne n'est maître de son bien, si bientôt il n'y est porté de remède.

Art. 3. — Enfin nous nous croyons dignes de mériter l'attention que la justice impose du soulagement dans les impositions royales, attendu que nous supportons la surcharge des déforains du plus proche village voisin, qui payait sur nos rôles suivant la quantité de vigne qu'ils façonnaient chacun ; dont il ne le payent plus; en sus du surplus de la somme dont nous sommes augmentés par l'ordonnance de Monseigneur l'intendant pour le payement de l'année courante, et par des variétés d'habitants qui sont sortis dudit lieu de Salival qui ne sont pas remplacés ; dont nous n'avons rien à nous prendre que de notre simple travail pour subvenir à notre famille et entretien de la vie, attendu que nous sommes toujours payés au même prix médiocre, et que les vivres, au lieu de diminuer de prix, ils augmentent d'année à autre ; et que il n'y a que les gens de campagne qui payent l'augmentation de beaucoup de marchandises des gens de métiers.

En vertu de tout quoi, nous, susdits habitants de Salival, déclarons accorder, en vertu de la lettre du Roi et de l'ordre de M. le lieutenant-général du bailliage de Vic, tous nos pouvoirs dès à présent aux deux qui seront dénommés dans notre assemblée de ce jour; et aux députés tant de l'assemblée du bailliage de la ville de Vic, que MM. les députés pour l'assemblée des États généraux tenus à Versailles le 27 avril prochain, de faire pour nous et à nos noms présenter, demander, refuser, établir, révoquer, gouverner, remontrer, augmenter et diminuer, en tout ce qu'il appartiendra de ce faire, nous leur accordons tous nos pouvoirs ; en foi de quoi, nous avons signé les présentes, audit Salival, les an et jour avantdits.

Joseph Husson, *député ;* Louis Lambotte, *syndic, député ;* Nicolas Gourieu, *maire ;* Joseph Damien, *greffier ;* Nicolas Petit.

SCHWEIX

CXLVIII[A]

Procès-verbal.
17 mars 1789,
« Sont comparus par-devant nous, Jean-Baptiste Blanc, syndic de la communauté de Schweix. »
Communauté de 38 feux.
Députés : Joseph Baumler,
          Nicolas Gérard.
Signatures : Nicolas Gérard ; Jean-André Hildebrand ; Joseph Baumler ; Jean Debras ; Charles Vittmann ; Jean Blanc.

CXLVIII*

« Le cahier des doléances de la communauté de Schweix est le même que celui de la communauté de Guéblange à laquelle elle s'est réunie. » (Note des commissaires.)
[Cf. ci-dessus, *cahier de Guéblange*, n° LXVI*.]

STEINBACH

CXLIX^A

Procès-verbal.
17 mars 1789,
« Sont comparus par-devant nous, Nicolas Kœnig, syndic de la communauté de Steinbach. »
Communauté de 38 feux.
Députés : Michel Mayer,
    Pierre Matz.
Signatures : Nicolas Kœnig, *syndic ;* Niclaus Mathias ; Pascal Bernard ; Pierre Matz ; Nicolas Gérard ; Nicolas Lambert.

CXLIX*

« Le cahier des doléances de la communauté de Steinbach est le même que celui de la communauté de Guéblange à laquelle elle s'est réunie. » (Note des commissaires.)
[Cf. ci-dessus, *cahier de Guéblange*, n° LXVI*.]

TÉTING (partie France)

CL^A

« Procès-verbal de l'assemblée du village de Téting pour la nomination des députés. »
15 mars 1789,
« Sont comparus en l'auditoire par-devant nous, maire et gens de justice de ladite seigneurie. »
Village composé de 71 feux.

Députés : Jacques Richard,
Jean-Pierre Scheck.

Signatures : Nicolas Bri l, *maire ;* Louis Claussell, *maire ;* Jacob Richard, *député ;* Jacob Scheck, *échevin ;* Hans-Peter Scheck, *député ;* Jean Goutte ; Nicolas Roffé, *greffier.*

CL"

Cahier de doléances de la communauté de Téting partie française

La communauté dudit Téting prie instamment Messieurs les députés de la province qui iront aux États généraux de solliter avec chaleur la suppression de la Ferme générale, et que le sel soit rendu marchand, afin que les habitants de la campagne le payent moins cher, puissent en donner à leurs bestiaux pour les garantir des maladies auxquelles ils sont sujets, ce qu'ils n'ont pu faire jusqu'à présent, attendu le prix excessif auquel cette denrée de première nécessité est taxée ; ce qui est cause que, ce dernier hiver, ladite communauté a perdu plusieurs vaches qu'on aurait sauvées si la faculté des habitants leur avait permis de donner du sel ; on se plaint même que le sel n'est plus d'aussi bonne qualité qu'il était autrefois.

Ladite communauté sollicite également une diminution sur le tabac qui, par l'usage qu'on en a contracté, est devenu en quelque façon de première nécessité.

Elle sollicite également la suppression des bureaux des hauts-conduits et d'acquits-à-caution qui mettent beaucoup de gêne pour le transport des denrées d'un endroit à un autre, les voituriers étant obligés de laisser des gages dans ces bureaux, qui, souvent, sont perdus pour eux quand ils passent huit jours sans les retirer, ce qu'il leur est quelquefois impossible de faire, faute d'occasion ; et préfèrent sacrifier leurs gages à envoyer un exprès qui leur coûterait la valeur de leurs gages qu'ils ont déposés.

La communauté se plaint aussi que les buralistes paraissent avoir une taxe arbitraire, demandent tantôt plus, tantôt moins, ce qui leur donne la facilité de tromper les habitants de campagne, qui n'ont aucune connaissance du tarif.

Elle sollicite également la suppression des huissiers-priseurs dont les honoraires absorbent la valeur d'une vente forcée : on peut même en citer une qui se fait à Téting, dont le produit n'a été que de seize livres douze sols de Lorraine, ce qui n'a pas suffi pour les frais de l'huissier-priseur qui n'avait pas de commettant sur les lieux, et qui demeure à Metz, distance de huit lieues dudit Téting.

Ladite communauté se récrie aussi sur la marque des cuirs et des fers, ce qui fait un surcroît de dépenses pour les gens de la campagne, qui ne peuvent s'en passer.

Ladite communauté se plaint aussi de ce qu'il y a trois colombiers sur le ban dudit Téting qui font grand dommage dans le temps de la semaille et de la récolte, tandis qu'il ne devrait en avoir qu'un qui appartient de droit au seigneur résidant, les deux autres s'étant établis par abus ; mais ladite communauté demande que les colombiers soient enfermés pendant le temps des semailles et de récolte.

Ladite communauté se plaint aussi de ce que les religieux bénédictins de Saint-Avold, qui n'ont aucun droit seigneurial à Téting, ne possèdent qu'une ferme nommée Berfang, limitrophe du ban de Téting, profitent néanmoins deux fois par semaine du parcours de la vaine pâture, sans qu'ils aient jamais exhibé leur titre, ce qui occasionne un grand dommage au ban de Téting qui est déjà fort resserré par lui-même, et suffit à peine pour la nourriture des bêtes blanches. Indépendamment de cette surcharge, tous les laboureurs de Téting sont obligés de labourer par corvée trois jours par an les terres de ladite ferme de Berfang appartenant auxdits religieux bénédictins de Saint-Avold.

Ledit cahier de doléances ayant été lu en présence de la communauté assemblée, tous habitants qui la composent l'ont signé ; prient Messieurs les députés aux États généraux de vouloir bien avoir égard à leurs demandes, et ils en conserveront une éternelle reconnaissance.

A Téting, le 15 mars mil sept cent quatre-vingt-neuf, foi de quoi on a signé.

Plusieurs plaintes ajoutées

Ladite communauté sollicite également la suppression de l'entretien de leur église paroissiale et de la tour du clocher, comme aussi si en cas s'il faudrait les rebâtir en neuf ; et autrefois, c'était à la charge des décimateurs.

Ladite communauté se trouve également chargée de l'entretien de la Nied qui parcourt leur ban : pour donner cours aux eaux, qu'il faudrait les nettoyer trois ou quatre fois par an, c'est-à-dire les faucher et ôter les herbes, et qu'il faudrait réparer en neuf la troisième ou quatrième année. Or la communauté était en droit pour la pêcher; mais, depuis environ vingt ans, les seigneurs profitent ledit droit de pêcher, et non plus la communauté.

Ladite communauté se plaint également du moulin de Pontpierre, distance de notre ban d'un quart d'heure, sur les terres d'Empire, appartenant à Monsieur le comte de Créhange, qui occasionne des dommages considérables à ladite communauté, faute que le meunier ne lève pas les vantaux du glissoir pendant les temps des grandes pluies, ce qui arrête les eaux dans leurs prés et dans ceux de leur voisinage pendant huit et quinze jours; et, tant de fois que ladite communauté font leur plainte à Créhange, on leur fait payer les dépens; c'est à ces causes que la communauté demande un règlement pour ledit moulin qui leur occasionne tant de dommages.

Ladite communauté se plaint également parce qu'ils sont mêlés avec les Impériaux, et que les Impériaux bâtissent journellement sur le terrain indivis, c'est-à-dire les jardins, qui ne sont Impériaux que pour le quart; cependant, toutes ces maisons qu'on bâtit, les Impériaux les tiennent pour Empire, ce qui fait que la plus grande partie et le plus fort se retirent sur ce côté, et attirent de même la plus grande partie des biens immeubles à leur côté, et ne payent sur notre côté France que six sols par chaque jour de terre, et neuf sols par chaque fauchée de prés de subvention; c'est pourquoi les habitants français demandent de les taxer, et mettre dans leur rôle de capitation suivant leurs biens immeubles qu'ils possèdent sur la patrie France.

La communauté demande également toutes les ordonnances du Roi imprimées de leur langue allemande pour se mieux conformer desdites ordonnances, parce que cela leur occasionne beaucoup des frais pour leurs y faire expliquer.

Nicolas Brid, *maire*; Louis Claussell, *maire*; Jacob Richard, *député*; Jacob Scheck, *échevin*; Hans-Peter Scheck, *député*; Jean Goutte; Nicolas Roffé, *greffier*.

CL°

Téting, bailliage de Vic

Cahier de doléances au sujet du droit de franc-fief

Le sieur George-François Dehorne, chevalier de l'ordre royal et militaire de Saint-Louis, ancien capitaine commandant au régiment de Bouillon, pensionnaire du Roi, seigneur de Téting et d'Arriance, prie instamment Messieurs les députés du Tiers état de la province des Trois-Évêchés qui iront aux États généraux de vouloir bien solliciter avec chaleur la suppression du droit de franc-fief, avec d'autant plus de raison que ce droit n'était point établi autrefois dans la province des Trois-Évêchés ; que Louis Quatorze même l'en avait affranchie par un édit de 1693, et qu'il n'y a été établi qu'en 1741 à la sollicitation de la Ferme générale dont ce droit fait partie.

Le sieur Dehorne réclame avec d'autant plus de raison contre ce droit onéreux, qu'en remontant à Philippe le Bel qui est le premier de nos rois qui, en 1291, ait permis aux non-nobles de posséder des fiefs, moyennant un droit pécuniaire, n'a exigé cette redevance que comme une indemnité du service militaire que les roturiers dans ces temps-là ne pouvaient remplir, les gentilshommes possesseurs de fiefs étant seuls dans le cas de convoquer leurs vassaux et de les conduire aux Champs de Mars. C'était donc un dédommagement que l'État était dans le cas d'exiger des roturiers pour la privation de ce service militaire dont il souffrait par leur possession. Mais, le sieur Dehorne ayant servi l'État pendant 35 ans en qualité d'officier, ainsi que ses frères et plusieurs de ses parents, et s'étant retiré avec les honneurs militaires, n'a-t-il pas rempli l'objet voulu par les anciennes ordonnances qui exigeaient un service militaire de la part des possesseurs de fiefs ? et ne serait-il pas naturel qu'il fût affranchi de ce droit onéreux, ainsi que tous ceux qui sont dans le même cas que lui ?

Le sieur Dehorne espère que Messieurs les députés voudront bien s'occuper de cet objet et représenter à ce sujet les anciennes immunités de la province des Trois-Évêchés (1).

---

1. Ce cahier ne porte aucune signature.

THIAVILLE

CLIᴬ

« Procès-verbal de l'assemblée de la communauté de Thiaville (¹). »
17 mars 1789,
« Sont comparus en l'auditoire de ce lieu, par-devant nous, Jean-Claude Paradis, syndic. »
Communauté composée de 70 feux.
Députés : Jean-Claude Paradis, syndic,
Joseph Colin, laboureur.
Signatures : Isidore Ferry ; Joseph Piton ; Jean-Nicolas Philippe ; Jean-Claude Paradis, *syndic, député ;* Joseph Colin, *député.*

CLIᴮ

Communauté de Thiaville

Les habitants de ladite communauté, étant assemblés, ont formé les plaintes et délibérations ci-dessous :

ART. 1. — La distribution des biens de l'Église est bien mal faite : le Clergé, tant séculier que régulier, possède près d'un cinquième du royaume ; ils ne payent autre chose que le don gratuit ; le moyen de soulager le peuple est de pensionner les religieux ; le reliquat de leurs revenus serait employé à acquitter les dettes de l'État, et, après cette extension, ce serait autant de levé sur les peuples ; il faudrait cependant avoir égard aux pauvres curés ou vicaires de campagne, qui n'ont pas assez pour faire la charité, même aux plus indigents de leurs paroissiens.

ART. 2. — La Noblesse possède aussi beaucoup de biens : les privilèges dont elle jouit l'exemptent de toutes impositions, si ce n'est de vingtièmes, ce qui est un abus ; parce que si elle

---

1. *Impositions ordinaires* pour les *six* premiers *mois* de l'année *1790* :
Imposition principale. . . . . 205 ₶ » s. » d.
Impositions accessoires 408   6   3
Capitation 466   18   9
          TOTAL. . . . . 1 080 ₶ 5 s.
Deux vingtièmes et quatre sous pour livre du premier pour *1790* :
Biens-fonds . . { 1ᵉʳ cahier . . . 609 ₶ 7 s. 6 d.
            { 2ᵉ cahier . . . 177   2   »
          TOTAL . . . . 786 ₶ 9 s. 6 d.
(Arch. Meurthe-et-Moselle, L. 308.)

est consacrée par état au service de Sa Majesté, elle est bien dédommagée par les pensions qu'elle obtient par le mérite ou par le temps; le moyen de soulager le Tiers état est de l'imposer.

Art. 3. — La Ferme cause au Tiers état le plus grand préjudice possible : il ne peut se procurer aucune denrée, qu'il [*sic*] ne paye des droits très considérables; de village à autre il faut des acquits : ce n'est pas là être Français, puisque l'on n'est pas libre. Cette province est un pays assez ingrat : pour le faire fructifier, il faudrait beaucoup de bestiaux, et, par l'engrais qu'ils feraient, l'on aurait lieu d'espérer de retirer le fruit de ses peines; mais comment élever des bestiaux avec du mauvais foin ou fourrage, que nous pourrions rendre bon par le moyen du sel? Mais il nous est impossible de nous en procurer la quantité nécessaire au prix exorbitant que la Ferme nous en fait payer, tandis qu'il est chez nous et qu'on le passe aux provinces étrangères à vil prix et à grands frais ; c'est ce qu'on appelle être dans un dur esclavage ; en conséquence, nous prions Sa Majesté de nous donner la préférence.

Art. 4. — Les Maîtrises sont encore des corps bien à charge au public par les sommes qu'elles exigent pour la marque de nos bois. N'est-il pas affreux que, pour une marque de vingt-cinq arpents, elles perçoivent cent soixante livres et quelquefois plus? Il y a un moyen facile de les faire exploiter à moindres frais, ou par les municipalités, ou par quelqu'autre personne publique. Quel inconvénient y aurait-il de les supprimer, puisqu'elles peuvent être entièrement remplacées, soit pour la marque, ou pour les causes contentieuses que la justice ordinaire pourrait fort bien connaître ?

Art. 5. — La justice mérite encore d'être réformée, soit à cause de son éloignement, qui donne souvent de la difficulté aux pauvres gens de se procurer leurs bons droits, soit à cause des sommes qu'il faut employer pour obtenir sentence ou arrêt.

Art. 6. — Les biens des mineurs souvent ne suffisent pas pour payer les frais d'inventaires, création de tuteur, etc. ; et dans le cas que des orphelins seraient assez pauvres pour n'avoir pas de quoi payer ces frais, on les laisse sans tuteur.

Voilà les plaintes et remontrances que les habitants soussignés ont l'honneur de présenter aux États.

Isidore Ferry; Joseph Piton; Jean-Nicolas Philippe; Joseph Colin, *député;* Jean-Claude Paradis, *député.*

TRAGNY

CLII ᴬ

« Procès-verbal d'assemblée des village et communauté de Tragny pour la nomination des députés. »
21 mars 1789,
« Sont comparus en l'auditoire de ce lieu, par-devant nous, François Le Roy, maire, syndic de la communauté et de l'assemblée municipale de Tragny. »
Communauté composée de 60 feux, y compris les Juifs.
Députés : Nicolas Cézard, aubergiste,
George Marc, aubergiste.
Signatures : Claude Nassoy ; Nicolas Girard ; George Marc ; François Le Roy ; Nicolas Cézard.

CLII ᴮ

Cejourd'hui vingt et un mars 1789.
Cahier de plaintes, doléances et remontrances que la communauté de Tragny se propose de faire à Sa Majesté et aux États généraux pour obéir aux ordres de Sa Majesté portés par ses lettres données à Versailles le 24 février 1789 pour la convocation et tenue des États généraux à Versailles le 27 avril 1789, et satisfaire aux dispositions du règlement y annexé, ainsi que de l'ordonnance de Monsieur le lieutenant-général au bailliage et siège royal de Vic. La communauté de Tragny, assemblée au son de la cloche au lieu accoutumé à l'effet par elle de procéder à la rédaction du cahier de plaintes, doléances et remontrances qu'elle entend faire à Sa Majesté, et que sa bonté paternelle veut bien lui permettre, et de présenter les moyens de pourvoir et de subvenir aux besoins de l'État, ainsi qu'à tout ce qui peut intéresser la prospérité du royaume et celle de tous et chacun des sujets de Sa Majesté, a procédé comme il suit.
Plaintes et doléances que la communauté de Tragny supplie très humblement Sa Majesté et les États généraux d'écouter

ART. 1. — Le sel est à un prix exorbitant pour les sujets du royaume, tandis que l'étranger ne le paye qu'au quart, le commerce étant considérable pour Messieurs les Fermiers généraux. Il se fait une consommation immense de bois dans les salines, qui cause la cherté et rareté des bois, et occasionne la volerie et pillage des bois, et occasionne de brûler la paille faute de bois, ce qui occasionne la ruine de la terre faute d'amendement; et, pour récompense, le plus fin et mauvais sel des salines nous reste dans les environs.

Art. 2. — Les frais qu'occasionne aux vendeurs la charge de priseurs sont la ruine de la veuve et de l'orphelin et mettent les particuliers hors d'état de faire faire des ventes pour s'acquitter ou pour acquérir, les frais emportant le quart des ventes, tandis qu'auparavant les frais de vente n'emportaient que le sol par livre, et encore aux frais de l'acheteur.

Art. 3. — Les enclos sont préjudiciables au public, quoique utiles aux particuliers; que de là en partie vient la cherté de la viande, des cuirs, du suif, par la rareté des bestiaux qu'on ne peut nourrir faute de fourrage.

Art. 4. — Le commerce du blé est la ruine du peuple pour raison qu'il est enlevé par l'étranger : surtout lorsque les blés sont aussi rares qu'ils le sont aujourd'hui, le pauvre peuple est menacé d'une grande nécessité. Il y a des commerçants qui font des amas de blé et n'en veuillent point vendre, espérant qu'il viendra plus cher, et laissent le pauvre peuple dans la misère avec leur famille.

Art. 5. — Les droits d'entrée à la ville pour les denrées, et de gabelle, foulent beaucoup le peuple, ainsi que les acquits pour le transport des denrées de Lorraine en France. Or, on est bien persuadé que ce n'est pas l'intention du Roi qu'on multiplie les charges de ses sujets dont il est le père commun.

Art. 6. — Les habitants, pauvres comme riches, doivent chacun une quarte de blé annuellement au seigneur pour droit de four; et cependant il n'y a aucun four banal, ce qui cause un préjudice considérable aux habitants qui n'ont point de blé pour eux-mêmes.

Art. 7. — Le seigneur jouit du tiers des biens communaux, ainsi que du droit de troupeau et marcairerie, lesquels perçoit par lui-même tant en prés qu'en terres, ainsi qu'il tire de la communauté une taille fixe dite taille et aide de St-Remy, sans que ledit seigneur ni les décimateurs gérant grosse et menue dîme de la totalité du ban, cependant il ne payent aucunement dans les constructions ni réfections tant de l'église que de la maison curiale, non plus que d'autres charges de ladite communauté, ce qui met le plus souvent les habitants hors d'état de pouvoir supporter les charges des impositions, comme on l'a pu voir dans les tableaux qui ont été remis à Messieurs du bureau intermédiaire du district, de même qu'ils ont été obligés de faire un emprunt d'une somme de douze cents livres dont ils en payent la rente ; que si cependant le tiers payait comme tous autres biens communaux, ainsi que la dîme, on n'aurait pas été obligé de faire cet emprunt, ce qui mettrait les habitants plus à leur aise de satisfaire aux charges à eux imposées.

Art. 8. — Que les colombiers, trop multipliés en pigeons, soient tenus d'être enfermés dans le temps des semailles tant en blé que marsage, et le temps de la semaille des chanvres, ce qui occasionne une perte considérable. Les pigeons enlèvent un tiers des denrées semées, ce qui empêche le produit des récoltes.

Art. 9. — Daigne Sa Majesté prendre en considération les justes plaintes et doléances ainsi que les remontrances suivantes :

Art. 10. — Que les corvées soient remises à l'ancienneté, et que la suppression des haras soit, attendu qu'au lieu que la multiplication des chevaux, ils sont à moitié plus chers par l'empêchement que la saillie des chevaux ne se fait pas en temps et lieu, faute que les laboureurs ne peuvent plus nourrir d'entiers, ce qui porte un préjudice considérable aux cultures qui ne se font pas en temps et lieux ;

Art. 11. — Que tous les commerces soient libres tant en France qu'en Lorraine; qu'il n'y ait qu'un même poids et une même mesure, et que les employés soient renvoyés; et que les invalides soldés qui sont dans le royaume, qui ne font aucune corvée et ne payent aucune chose en communauté ni à Sa Majesté, soient transférés dans les villes et frontières où besoin sera, ce qui deviendra moins coûteux à Sa Majesté, et fera le bien de l'État qui aura une épargne d'au moins cent mille livres chaque jour ;

Art. 12. — Les biens des ecclésiastiques, du Clergé, de même que ceux des nobles, qui forment la plus forte partie du royaume, qui ne payent à Sa Majesté que les vingtièmes, soient tenus de payer aux impositions comme sur le pied de ceux du Tiers état, ce qui fera qu'à la suite Sa Majesté trouvera les moyens nécessaires pour subvenir aux dépenses de Sa Majesté, de même qu'à celles de son État;

Art. 13. — Que Sa Majesté impose sur tous les biens des cotes séparées, selon la qualité des biens, et personne n'aura lieu de se plaindre : elle trouvera la grande ressource qu'elle cherche. Cela paraît équitable. Voilà les moyens de pourvoir et de subvenir aux besoins de l'État, ainsi qu'à tout ce qui peut intéresser la prospérité du royaume et celle de tout et chacun des sujets de Sa Majesté ; qu'elle daigne y jeter un regard favorable, et ses très humbles, très sévères et obéissants sujets, pénétrés de reconnaissance, ne cesseront d'offrir les vœux les plus fervents à Dieu pour la conservation des jours de Sa Majesté et de la famille royale.

A Tragny, les jour et an avant dits. Signé par les habitants, lecture faite.

Nicolas Cézard ; François Le Roy ; George Marc ; Nicolas Girard ; Claude Nassoy.

TURQUESTEIN

CLIII^a

Procès-verbal.

21 mars 1789,

« Sont comparus en la maison de la ferme de Turquestein, chef-lieu de la communauté, par-devant nous, Nicolas Nicol, syndic municipal des métairies qui composent la communauté dudit Turquestein. »

Communauté composée de 15 feux.

« Lecture qui vient de leur en être faite, n'étant dans le chef-lieu de la paroisse, qui est Bertrambois. »

Député : Jean-Nicolas Le Moine.

Signatures : Nicolas Nicol, *syndic;* Jean-Nicolas Le Moine, *greffier;* Mathias Remy ; Jean-Nicolas Durand.

CLIII^b

Cahier contenant huit feuillets, coté et paraphé par première et dernière page, portant les plaintes, doléances et remon-

trances des métairies qui composent la communauté de Turquestein, suivant les lettres du Roi du 7 février 1789, et règlement y annexé, confirmatif par ordonnance de Monsieur Vignon, président, lieutenant-général du bailliage de Vic, en l'absence de Monsieur le bailli d'épée au même siège, pour la convocation des trois États dudit bailliage, du 27 février 1789

Situation des métairies qui forment la communauté

La première, désignée sous le nom de Storindal, est située dans la vallée de ce nom, environnée de forêts taillis qui n'en sont éloignés d'un côté quère de six toises et de l'autre sur trente ou environ, et coteaux soit devant soit derrière.

Turquestein en est éloigné d'une grande demi-lieue; cette métairie est enclavée dans un vallon environné de montagnes et, par conséquent, de forêts, de présent en taillis.

En outre, à trois quarts de lieue plus avant dans les montagnes, est située la métairie dite la cense du Four : elle n'a pour riverains que des montagnes d'une hauteur prodigieuse.

En continuant, et à deux lieues plus haut, est la cense dite le Bailly, située comme la précédente.

Enfin, au pied de la côte dite le Donon, est la cense du Blanc-Rupt.

De la première à la dernière il y a une distance de quatre lieues : cette première appartient à Monsieur Jordy, grand-juge des terre et seigneurie de Saint-Quirin, et le surplus à Monseigneur le prince de Beauvau.

Les remontrants se croient dispensés de faire un commentaire sur l'état, position et valeur des terrains : Messieurs l'ont déjà prévu sans doute en parlant ci-dessus de la situation. Mais Sa Majesté qui permet aux remontrants de faire leurs plaintes et condoléances, ils vont les détailler d'une manière claire et sans équivoque.

La première ne peut sortir aucun bétail sans être dans les taillis; ses terres, qui sont très peu nombreuses, sont toutes situées sur le finage de Saint-Quirin ; les prés en dépendant sont autour de la maison en très petite étendue. Entre les coteaux de chaque côté, la rivière de la Sarre au milieu, d'où dérive souvent la perte de la récolte par les inondations, et même la perte du sol par les terres, sables et autres matières dérivées desdites montagnes qui y tombent, malgré l'invalidité des fourrages, la récolte en est encore très chétive.

Turquestein est restreint à une très petite partie de terre prise des différentes places au pied des montagnes, qui sont annuellement chargées, vu la modicité.

Les prés de cette ferme sont tous situés sur le territoire de la Frimbolle, exposés aux mêmes événements, et, comme ils sont mêlés, rien de plus probable que le rapport et valeur sont de même nature.

Les trois autres censes n'emportent pas plus de quarante-cinq jours de terre, les prés proportionnellement, et des espèces et rapports et tout à la fois exposé comme les précédents : il serait à souhaiter que chacun puisse disposer de ses fonds et à volonté.

Semailles

Les semailles dans les montagnes, comme nous le sommes, consistent en seigle, avoine, sarrasin et pommes de terre ; le blé froment n'y est pas connu. Quand le jour en seigle rapporte dix à douze quarterons, l'avoine deux résaux, le sarrasin autant, et les pommes de terre huit à dix, ils tiennent avoir fait grande récolte, ce qui n'arrive jamais, parce que les neiges, brouillards et grandes gelées périssent toutes denrées tant à cause de leur durée que forces et hauteur, ainsi qu'il est visible dans les montages ; aussi, quoique les terrains soient en très petite quantité, c'est hasarder infiniment que de les ensemencer.

Et tout ce qui échappe aux injures du temps n'échappe [pas] aux ravages des bêtes sauvages, comme sangliers, etc., desquels les montagnes font leur retraite ; aussi, l'année dernière, les remontrants ont fait faire visite de leurs dommages qu'ils ont envoyée à Messieurs de la Commission intermédiaire, qui n'a encore reparu. Rien de plus vrai que les habitants des montagnes n'ont aucun grain, ni autres secours que ceux qu'ils tirent du plat pays, ce qui est pour eux une dépense fort notable, tant à cause des achats que des dépenses à exposer à les faire venir chez eux ; et, par là, il n'est point de plus grande charge.

Il paraît inutile de réclamer sur les prés ; ils sont de si petite consistance et valeur que la plus saine partie ne vaut les faucher; et encore sont-ils situés dans des petites collines où le soleil ne paraît jamais en temps d'hiver; ceux de Turquestein sont comme on l'a dit ci-devant.

La plus vaste prairie qui se trouve depuis Storindal à la cense du Four et bien au-dessus appartient aux habitants de Saint-Quirin.

Charges

La première charge, c'est que les remontrants sont tous fermiers et supportent des tailles comme s'ils étaient propriétaires; ils n'ont autre moyen que de voiturer dans les montagnes, et bûcherons. Et pour le faire, sont obligés à louer les chaumes desdites montagnes pour vainpâturer leurs bétails, d'où dérivent quantité de rapports dont les condamnations absorbent tout ce qu'ils peuvent gagner, indépendamment des rapports qu'ils souffrent pour être environnés de taillis de toute part; aussi il y a de ces voituriers qui en sont quelquefois pour douze à quinze louis par an, ce qui fait que, chaque bail, il y a nouveau monde; ceux qui y entrent avec quelques ressources en sortent épuisés et chargés de dettes, autre charge; aussi les coupes exploitées restent 20 à 25 ans taillis, motifs de tant de rapports; même les sapinières on les met en taillis, ce qui n'a jamais été; double motif de rapports.

Toutes les métairies formant cette communauté dépendent de la paroisse de Bertrambois, et en qualité de paroissiens attenus à toutes charges, fournitures de l'église, ce qui leur coûte notablement, attendu qu'il n'y a aucun revenu à l'église indépendamment de ce, et pour cause des neiges, etc., comme nous l'avons expliqué en son lieu. Et, [par] la grande distance de l'église et de l'école, sont privés forcément les trois quarts du temps des offices divins, les enfants en tout temps et des écoles, catéchismes et toutes instructions, préjudice d'autant plus grand que les enfants de ces lieux se trouvent privés et de la gloire et des avantages qui résultent de l'éducation et de la vie vraiment chrétienne et civile.

Sans se départir des intempéries si fréquentes en ces lieux, de même que des bêtes sauvages, le bétail est toujours en danger; de cela résultent souvent des grands délits qui opèrent des pertes considérables.

Et partant de ce, l'entretien des chemins leur est une charge des plus atroces ; à chaque fois qu'ils sont dans le cas de voiturer, il faut faire les chemins, ce qui n'a moins opéré les corvées royales, puisqu'avant les enchères, il y avait des pauvres voituriers que leur entretien leur coûtait au delà de 100#, et depuis ne laissent d'y être fort chargés attendu que les routes sont réparties au prorata des tailles, notamment à des fermiers qui, au bureau, sont répartis comme propriétaires, sans considération des biens, de valeur, produits, expositions et situation.

Si les remontrants veulent nourrir un porc, il faut qu'ils louent les forêts, comme on l'a dit tantôt pour l'autre bétail.

Se procurer en outre leur affouage.

Entretenir chaque métairie leurs fontaines.

Enfin faire faire généralement toutes écritures et affaires communes, et recevoir tous ordres, ce qui coûte notablement.

A tout quoi satisfaire il faut venir à la voie de l'imposition.

Pour procurer la prospérité de l'État, le ménagement des peuples, il faudrait qu'il plût à Sa Majesté ordonner que ses deniers seront répartis sur les biens-fonds eu égard à la production, quantité, valeur, position et dangers. Les remontrants, qui sont sans propriété, sans industrie, et tout à la fois exclus de tous arts, profession et commerce quelconque, ne pourraient être imposés dans le bureau que personnellement et modiquement, vu les circonstances et la pauvreté de tous, pour ne pas dire mendiants.

Dans ce vaste royaume, combien d'abbés commendataires, tant ecclésiastiques qu'autrement, qui tiennent de grands revenus au préjudice de l'État et des sujets, qui les consomment dans les grandes villes éloignées de leurs maisons, dans des dépenses immenses et des équipages somptueux : ils doivent se souvenir que, dans leurs vœux, ils ont renoncé au monde, etc. De là il s'ensuit qu'ils en sont bien éloignés ; il faudrait que Sa Majesté oblige ces premiers à rester dans leurs maisons suivant la loi ci-dessus, et ne laisser que leurs pensions et à la communauté, et s'emparer du surplus ; de même que les derniers qui tiennent ces bénéfices qui ne sont de leur compétence, leur laisse pension, et rendre le reste réversible dans ses trésors.

D'un autre côté, combien de pensions dans le royaume à supprimer, qui emportent les trois quarts de l'argent du trésor royal, comme cette multitude de receveurs dans chaque généralité, et de chaque espèce d'impôts. Quand il n'en resterait que la dixième partie ou plutôt un seul dans chaque province, auxquels toutes remises se pourraient faire par la voie de correspondance de maréchaussée, supprimer le surplus; bientôt l'État aurait au delà double des besoins; et, par cette voie, Sa Majesté pourrait diminuer de beaucoup les impôts et tripler sur les recettes.

Continuant, combien de maisons et communautés religieuses qui, comme on l'a dit ci-devant lors des vœux, etc., n'ont-elles pas de revenus immenses qui, pour l'ordinaire, sont consommés ou plutôt entassés dans ces maisons au préjudice de l'État et des sujets? Si ces revenus étaient versés dans les trésors de Sa Majesté, que de moyens n'aurait-elle pas à diminuer les charges de ses peuples?

En partant du même principe, combien encore de directeurs, contrôleurs, capitaines, lieutenants, brigadiers et commis des Fermes dans l'intérieur du royaume, qui sont également inutiles et à l'État auquel ils font des consommations immenses, et aux sujets toutes sortes de peines, soit sur les droits des passages, soit sur les différentes ventes de sel et tabac et autres marchandises dans le royaume; il faudrait qu'il plût à Sa Majesté mettre toutes ces différentes ventes égales en combinant du produit qui rapporterait autant, même plus, au Trésor. Ces ventes différentes excitent les contrebandes, les uns dans l'espérance de n'être repris, d'autres que la pauvreté excite, qui occasionne des reprises journellement et la ruine des sujets; et, souvent, pour n'avoir de quoi à subvenir aux contraventions, les prisons, cachots, leur sont ouverts, ce qui occasionne la mort de bien des hommes et met leur famille à la merci d'un chacun. Cependant, le sel dans les différentes provinces sort des mêmes salines.

Indépendamment de ce, résulte, et souvent, des rébellions entre les repris et commis, desquels les uns restent pour morts sur place, d'autres mutilés dans leurs membres, ce qui enfante des procès et des condamnations rigoureuses, et tout à la fois non seulement la ruine de leurs familles, mais encore l'opprobre. En supprimant lesdites ventes, lesdits commis, etc. le seraient aussi; et, par là, combien d'argent ménagé tant à l'État qu'aux sujets!

D'ailleurs, quand Sa Majesté jouirait de la paix la plus inviolable avec toutes les puissances, ne voit-elle pas dans ses États continuellement des guerres intestines, pour ne pas dire civiles ? Quel contraste pour le père de voir ainsi ses enfants toujours en guerre ! L'humanité jointe aux bontés paternelles donnent lieu aux enfants de voir bientôt dissiper ces guerres qui font tant de ravages dans le royaume au grand préjudice du Roi.

Un dernier moyen, et facile, pour procurer l'avantage de l'État, ce serait qu'il plût au Roi supprimer la milice; car, ordinairement, les militaires de cette nature sont sans zèle, ni attachement à l'intérêt et à la gloire de la Patrie ; en ordonnant que tous garçons nés Français, naturalisés ou de pays conquis, fussent tenus pour un service de six ou huit ans à prendre dès l'âge indiqué pour la milice, les commencements paraîtraient ridicules pour n'en concevoir le mérite et l'intérêt ; mais, bientôt, ils seraient dissipés, parce qu'aussitôt que la volonté du Roi serait manifestée, bientôt le sacrifice deviendrait volontaire.

Par cette loi générale, quel aménagement ne serait-ce pas à l'État en rendant réversibles au Trésor les sommes immenses exposées de jour en jour à l'effet d'avoir des hommes !

Une chose qui nuit notablement aux habitants de campagne, c'est les justices seigneuriales. Combien de frais exposés dans ces justices pour décider les différends des particuliers, et encore n'arrivent souvent que des décisions imparfaites d'où suivent les appels !

On ne prétend intercepter aucun fait qui requiert, et qui sont soumis à la jurisprudence soit des officiers, soit des seigneurs, comme informations de procédure, délits, et généralement tout ce que les coutumes défèrent à leur jurisprudence ; mais, dans tous les cas où il ne dépend que de la liberté des particuliers, interdire ces justices.

En ordonnant que les particuliers porteront leurs contestations devant les municipalités des lieux ou devant des jurés dans les paroisses qui les entendront dans leurs complaintes, en dresseront les états sommaires et contradictoires des dires respectifs des parties, et en ordonneront ce que de droit, sans pouvoir en porter nouvelle demande pour les choses peu conséquentes, ce qui n'empêchera les appels en justice supérieure au cas que l'événement serait plus conséquent ; quel aménagement ne procurerait-on pas aux habitants de la campagne qui souvent s'épuisent et se ruinent pour des objets très peu considérables qu'ils se contestent, et souvent par obstination ou par récrimination !

Un autre abus qui n'est pas moins préjudiciable aux habitants des villes qu'à ceux de la campagne, c'est ce grand nombre d'usuriers qui accumulent tous les grains d'une province, pour ne pas dire du royaume, dans leurs greniers, ce qui est cause qu'il faut reprendre d'eux à quel prix ce fût, ce qui fait que dans la France, pays le plus abondant en grains, il est celui où il est le plus rare et le plus cher ; ce qui échappe à ces sortes de gens ne leur échappe [pas] sous les hallages et marchés publics où ils achètent les voitures entières, même vont sur les routes les attendre, et toujours aux fins susdites.

Pour prévenir cet abus, il serait très important pour tous et chacun des sujets qu'il fût fait défense à ceux-ci de faire de pareils achats, et à ceux qui ont des grains à vendre de s'en démettre entre leurs mains à peine de, et obliger ces derniers à vendre chaque année les grains qu'ils auront à vendre au delà du nécessaire qu'ils seraient obligés de justifier, et les conduire en marché public exposés à la vue du peuple.

Interdire pareillement les achats des meuniers qui, sous l'aspect d'obliger leurs pratiques, leur nuisent notablement par le supplément qu'ils en perçoivent ; on veut bien d'eux le moulage, mais on n'entend pas qu'ils useront de ce ministère qui est très usuraire. Si cette loi était établie, bientôt tout le peuple se verrait élargi ; il y va ici du soin des chefs de police.

Enfin les Juifs (cette nation si redoutée) ont quantité de débiteurs qu'ils épuisent souvent pour des répétés considérables, et que les débiteurs disent n'avoir reçu. Les preuves sont journalières. Combien ne voit-on pas de procès à cause des créances desdits Juifs, et cela pour répéter au delà des sommes !

Pour prévenir l'abus et les falsifications dans les titres, il faudrait qu'ils n'en puissent recevoir aucun qu'ils ne fussent passés devant notaire ; et, par là, les droits d'un chacun seraient assurés.

Messieurs sont suppliés de vouloir faire attention à l'état malheureux des habitants des montagnes ; ils ont ici détaillé bien imparfaitement leur situation, dans la juste persuasion qu'ils voudront bien agréer que nous nous en rapportons à leurs justes décisions ; plus éclairés que nous, ils savent sans doute mieux que nous ce qui peut exceller à l'accomplissement de nos vœux, desquels nous en attendons le couronnement par la voie de leur ministère qu'ils voudront bien nous prêter.

Il ne nous reste plus rien à déduire que sur l'éducation de la jeunesse.

Ces enfants qui ne sont pas moins chers à l'État qu'à l'Église se trouvent privés des instructions, par là n'auront lieu de jouir des avantages glorieux qui reviennent de l'éducation chrétienne et civile, renfermés dans les montagnes, et privés de tous moyens et secours.

Sa Majesté, qui ne cesse de s'occuper du bonheur de ses sujets et fait connaître ses volontés aux habitants les plus reculés du Trône, entendra sans doute nos clameurs et n'y sera pas moins sensible que notre amour a toujours été le guide de notre obéissance ; après avoir établi un ordre fixe et durable, voudra bien employer son autorité et des moyens pour soutenir l'éducation de la jeunesse, surpassant en tout nos rois ses prédécesseurs qui ont signalé leur zèle en ce genre ; elle ne lui cédera en rien ; ce titre si digne de Sa Majesté, exprimé par ces mots *très chrétienne,* sera à jamais la gloire de l'Église et de la France où la religion s'est maintenue dans une si entière pureté.

Jean-Nicolas Le Moine, *greffier ;* Mathias Remy ; Jean-Nicolas Durand ; Nicolas Nicol.

UBERKINGER

CLIV[A]

Procès-verbal.

21 mars 1789,

« Sont comparus en l'auditoire de ce lieu, par-devant nous, Jean-Michel Zeller, syndic. »

Communauté composée de 46 feux.

Députés : Jean-Michel Zeller, syndic.
Nicolas Heÿmes, échevin de justice.

Signatures : Michel Polin ; N. Rostucher, *greffier ;* Michell Heÿmes ; Pierre Lambinet ; Georges Couves ; N. Heÿmes, *échevin, député ;* Michel Zeller, *syndic, député.*

CLIV"

Cahier de la communauté d'Uberkinger, des plaintes, doléances, remontrances et réclamations que ladite communauté entend faire au Roi, leur souverain; et ensemble des moyens qu'elle juge être nécessaires aux biens et prospérités de l'État et du royaume, et de celles de tous et de chacun des sujets de Sa Majesté très chrétienne, conformément aux règlement et lettre du Roi pour la convocation des États généraux de la France en date du 27ᵉ avril 1789; et fait ladite communauté le commencement comme s'ensuit, savoir :

Art. 1. — **De la Ferme générale du Roi.**
Art. 2. — **De l'administration de la justice.**
Art. 3. — **De la maîtrise des Eaux et Forêts.**
Art. 4. — **Des droits seigneuriaux.**
Art. 5. — **De l'usure excessive des Juifs, et prérogatives des anabaptistes.**
Art. 6. — **Et enfin, en général, de toutes les charges onéreuses de la communauté, savoir :**

Sous le nom de la **Ferme générale du Roi** sont entendus :

1° Les *Fermiers généraux avec leurs employés;* 2° les *salines du Roi;* 3° les *traites foraines;* 4° la *marque de cuirs et de fers.*

Art. 1. — 1° Sans avoir égard aux richesses immenses que les Fermiers généraux amassent au préjudice du Roi et de son peuple, les employés des fermes du Roi coûtent à Sa Majesté une somme extrême pour leur entretien, dont cependant le principal but apparemment n'est que pour tourmenter le peuple du royaume, et de le troubler en une de ses prospérités désirables, qui est la tranquillité ; car, souvent, ils entrent dans les maisons, même des personnes qui, tant par leur qualité, dignité et honneurs, sont des plus respectables, sous prétexte d'y conjecturer de la contrebande ; et, feignant d'être portés pour le bien de l'État, ils y fouillent jusqu'aux endroits les plus retirés et les plus secrets de la maison, sans rien épargner, ni même les malades et femmes en couches tenant le lit ; et mille autres et semblables tourments sans nombre dont ils cherchent à affliger les pauvres sujets de Sa Majesté, en se riant, lors de leur sortie, d'avoir causé de l'embarras, de la peur et de l'ouvrage au particulier de la maison pour arranger de nouveau ses meubles et effets par eux déployés et jetés au milieu des appartements.

Ayant donc trouvé par malheur quelque chose en fait de contrebande dans ladite maison, quoiqu'il y ait été porté, on n'ose pas dire par eux-mêmes, mais par quelqu'autre mauvais sujet par voie de fourberie, pour tendre un piège à l'innocent, ils font des poursuites écrasantes auxdits innocents.

Non contents de cela, étant en embuscade, ils se donnent souvent l'autorité de tuer à coups de fusil des personnes même dont ils ne sont pas encore effectivement persuadés être contrebandiers et qui, quelquefois, ne le sont effectivement pas; mais, toutefois, jamais que sous prétexte que ces faits ne se font qu'en leur corps défendant, quand même la balle eût entré par le dos.

Or ne devrait-on pas hardiment déclarer une telle Ferme générale la source ruineuse du royaume, et le trouble de tout le peuple?

2° Les salines, insatiables pour le bois, établies à Dieuze, Moyenvic et Château-Salins, sont d'autant plus ruineuses pour toute la province et cantons circonvoisins en se faisant payer le sel à un prix excessif par les habitants de la province et à vil prix par les étrangers, qu'elles absorbent presque totalement tous les bois de leurs contrées, et causent, par cette effroyable quantité de bois qu'elles consomment annuellement, un prix exorbitant aux bois tant de chauffage que de charpentage; de sorte que les villes et villages de leur district, au nombre de deux ou trois cents au moins, sont pitoyablement réduits dans l'impossibilité de se bâtir des maisons ni de se fournir du chauffage, qu'à moins [qu']ils prennent la résolution de faire de grands emprunts chez les Juifs usuriers; d'où il est évident que, si lesdites salines fournissaient aux habitants desdites villes et villages le sel gratuitement, ils ne le payeraient également que de beaucoup trop cher; or il est à juger à quel prix extrême il leur vient effectivement.

Et, ce qui rend la rareté du bois à un point d'excès, est que, se trouvant dans les coupes des bois de cette province, et même jusque dans les bois de sapin, quelques beaux arbres et propres à être appliqués à des bâtiments ou à d'autres usages, soit moulins, pressoirs, tonneliers, charrons ou menuisiers, etc., ils sont vendus à des commerçants de Hollande, lesquels, les payant excessivement cher, les font conduire en Hollande et achèvent d'écraser les pauvres habitants de ces contrées pour ce qui regarde le bois.

Quant au tabac, on peut dire que la défense de le planter en France ne laisse [pas] que d'être très nuisible à tout le royaume, vu l'extrême et immense quantité qui s'y consomme annuellement, laquelle inexprimable quantité étant totalement sujette à être tirée des États étrangers. Or, quelles sommes énormes sortent donc à cet égard de la France, et jamais n'y retournent plus ! Qu'au contraire, si cette défense était anéantie en France, on y verrait pour ainsi dire que, planter du tabac, c'est planter de l'argent.

3° Les traites foraines ne contribuent pas moins à la ruine du peuple ; la preuve en est qu'une infinité d'innocents sont punis très mal à propos et très rigoureusement; et même, dans les fondements du royaume, les sujets les plus exacts ne sauraient se promettre à cet égard être en sûreté ; car les buralistes et préposés desdits droits sont très partagés en leurs opinions, avec lesquelles ils interprètent différemment chacun son tarif à ses caprices, l'un faisant payer bien plus que l'autre demande pour le même objet ; l'un dispense de prendre des acquits, l'autre le soutient que non ; et, ainsi, les pauvres sujets sont dans l'incertitude, et, par là, ils ne peuvent manquer d'être souvent en contravention, ne sortant même du royaume.

Indépendamment de tout ceci, les buralistes ou receveurs desdits droits de foraine n'ont égard à aucun privilège ; soit supposé celui, accordé aux habitants de l'ancienne terre de l'Évêché de Metz, conformément au traité de 1610, confirmé par l'article 51 de celui du 21ᵉ janvier 1718, l'exécution duquel ordonnée par arrêt du Conseil d'État en date du 20 février 1725, art. 3ᵉ, lesquels traités faits entre les ducs et princes de Lorraine et les évêques de Metz, qui accordent auxdits habitants de ladite ancienne terre de l'Évêché de Metz l'exemption desdits droits, avec injonction auxdits receveurs de délivrer un passavant *gratis ;* mais, ce *gratis* ne rapportant rien, ils se démunissent des registres des passavants, et font, sous prétexte de ne pas avoir de moule de passavants, prendre et payer auxdits habitants Évêchois des acquits. Quelle invention ! Et quel artifice !

4° La marque de cuirs, qui paraît être acquittée seule par les tanneurs, corroyeurs, etc., ne laisse [pas] que d'être très nuisible et très détériorable au royaume ; le Roi même n'est pas exempt ; car quelle horrible somme pour les droits de cette marque en chaque année il lui coûte, tant pour sa maison royale que pour les souliers et bandoulières à toute son infanterie, bottes et harnais à sa cavalerie ! de sorte qu'il faut conclure qu'il est impossible que le Roi perçoit de ladite marque une somme pareille à celle qu'il est obligé de débourser.

Et à peu près le même de la marque de fers.

ART. 2. — Dans l'administration de la justice sont les points les plus remarquables, savoir : 1° les *intendants ;* 2° les *inventaires après les décès ;* 3° les *gens de robe* et *jurés-priseurs.*

1° Quant aux intendants, il est à présumer qu'ils laissent souvent agir leurs secrétaires, quelque peu expérimentés, et signent des décrets de leurs dits secrétaires sans examiner les raisons spécifiées dans les requêtes, à cause de l'extrême et vaste grandeur du département, dont l'intendance est quelquefois accablée d'ouvrage.

Les requêtes à lui adressées ne sont même quelquefois plus renvoyées aux requérants ; et, par conséquent, les plaignants ne peuvent souvent avoir ni décision, ni droit, ni justice.

2° Les inventaires après les décès sont quelquefois plus nuisibles qu'utiles, et aspirent souvent plus à la ruine qu'à la félicité des personnes qui y sont sujettes, lesquelles, ordinairement déjà que trop battues par la mort de l'un ou l'autre des conjoints, ou même des mineurs de la mort de leur père et mère, sont, par conséquent, souvent hors d'état de payer grandes sommes pour la vacation des juge tutélaire et ses officiers qui se font payer fort considérablement.

3° Les gens de robe, voulant avouer la vérité, ne peuvent dire autrement qu'en vue des grands frais causés par les infinités de formalités qu'il faut observer pour obtenir droit et justice ; il vaut infiniment mieux de se laisser faire grand tort que de se livrer entre leurs mains, et ce pour raison que tant l'impétrant que le condamné sont ordinairement ruinés tous les deux ; car, par exemple si quelqu'un en répétant dix ou quinze sols sur quelqu'autre et le faisant assigner à cet égard, où pour cette petite somme, cette assignation bien et dûment formalisée, avec les frais de voyage des huissier ou sergent, se monte d'abord à douze livres, somme très disproportionnée à celle dont il est question.

Et comme la plus grande partie du commun peuple ignore absolument des droits des gens de robe, comme aussi des notaires, tabellions, contrôleurs des actes, etc., lesdites gens, profitant de ladite ignorance, se font plusieurs fois payer excessivement; tout ceci ne peut-il donc pas être compté au nombre des sources les plus ruineuses pour tous les États de la France ?

Il en est à fort peu près de même des jurés-priseurs, lesquels, pour quelque peu de vacation chez des pauvres mineurs ou autres particuliers faisant vente volontiers à l'encan, sont capables de s'approprier des deniers en provenant le double autant qu'un des mineurs, et même quelquefois plus, selon la fortune plus ou moins considérable des héritiers, et ce sous prétexte d'avoir financé cette charge.

N'est-ce donc pas pour abîmer et faire périr des provinces les plus florissantes ?

Art. 3. — La *maîtrise des Eaux et Forêts* serait encore tolérable si, par des directions exactes et bons soins en leur ministère, elle contribuait au soulagement du peuple à l'égard des bois de toutes espèces ; mais, selon les plaintes des communautés ayant des bois communaux, lesdites maîtrises contribuent à la ruine et dénuement de plusieurs notables communautés, et ce par des raisons réservées auxdites communautés.

Art. 4. — Les *droits seigneuriaux* ne sont pas moins à charge aux sujets qui les concernent que nuisibles et ruineux, vu la multiplicité d'objets désavantageux qui y sont compris.

1° Le tiers en nature de tous les biens et émoluments communaux est demandé par les seigneurs avec la plus grande et extrême rigueur, et même jusqu'aux petits pauvres jardins des pâtres, de sorte que les communautés sont embarrassées d'avoir des pâtres, faute, tous les trois ans, de pouvoir leur procurer des jardins, objet très indispensable pour ces sortes de pauvres gens.

2° Les pâtures des bans, comme tous les autres droits seigneuriaux, sont emballés à des admodiateurs étrangers, lesquels, profitant de leurs droits, couvrent ladite pâture d'une grande quantité de moutons en troupeau à part qu'ils tirent de l'étranger, et exportent pour cet égard très beaucoup d'argent hors du royaume ; lesquels moutons terrassent et consomment tellement la pâture nuit et jour, et mettent par là les habitants et propriétaires desdites pâtures, dont eux sont obligés de payer seuls le vingtième, hors d'état de pouvoir se tenir des bêtes convenables à leur ménage, faute d'avoir de la pâture.

En outre, les dommages que leurs bergers font très fréquemment, par ledit troupeau à part, ne peuvent absolument pas être empêchés ; car, ou aux plaids-annaux ils ne sont pas punis, ou, s'ils le sont, ils tiennent les peines, et eux-mêmes, en qualité d'admodiateurs, et ainsi ils ont beau jeu.

3° Le droit de chef-d'hôtel, qui est le droit d'enlever la deuxième meilleure pièce, soit bête ou meuble, des ménages dont le chef vient à décéder, appartenant de même auxdits seigneurs, est aussi très rigoureux aux pauvres habitants desdites seigneuries, le sort ne pouvant jamais tomber que sur des veuves ou mineurs, qui, déjà réduits quelquefois à une extrême misère, seraient plutôt dans le cas de recevoir que de donner.

4° Enfin, ces droits seigneuriaux ont déjà ruiné bien des communautés, ainsi que celle rédactant le présent cahier, savoir celle d'Uberkinger ; car, en vue du procès au sujet dont les frais énormes ont ruiné celle de Kappelkinger pour obtenir une sentence même très contradictoire, les habitants d'Uberkinger, sur la simple et première acquisition des susdits admodiateurs, crainte d'en succomber, ont cédé audit seigneur, leur haut-justicier, tous les droits qu'il a pu prétendre, marque que ces malheureux droits ne sont pas la prospérité, mais la ruine des communautés.

ART. 5. — L'injustice des **Juifs**, par leur usure captieuse, contribue en outre très considérablement à la ruine, et quelquefois à des très notables sujets du Roi ; la vérité de ceci se manifeste parce qu'il suffit aux Juifs d'être avancé d'une vingtaine de louis et prêter à usure, il en est assez riche pour toute sa vie : car vingt louis donnés pour promesse lui peuvent produire plus de vingt autres louis, par sa fourberie et adresse de les savoir subtilement appliquer, faisant entrer les intérêts dans la somme capitale de peur qu'il ne soit à ce sujet poursuivi à la rigueur des ordonnances, car le pauvre nécessiteux étant pressé fait souvent même l'impossible.

Les **anabaptistes**, par leur maudite superstition, aussi bien que les Juifs, sont très nuisibles à la prospérité du peuple catholique ; lesquels, quoique des étrangers, sont totalement préférés à ces derniers, en entreprenant les plus notables et presque généralement toutes les fermes des seigneurs et rentiers, pour raison qu'on ignore ; et que, par leur préférence, les autres habitants de campagne sont exclus desdites fermes et se voient par cette raison joints à ce qui est spécifié ci-dessus, et d'autre part, tomber en décadence.

Art. 6. — Enfin, généralement **toutes les autres charges insupportables** qui achèvent à mettre au comble de la misère les pauvres habitants de la campagne.

1° Que, par ordonnance du Roi, les habitants de cette communauté sont obligés à la construction et entretien de la nef de l'église, quoique l'abbé de Vadegasse, comte [de la Galaizière], évêque de Saint-Dié, en qualité de prieur d'Insming, etc., sont [sic] décimateurs de la plus grande partie des dîmes, prélèvent chacun sa portion de dîme sans soulager en rien les habitants, ni même les pauvres, n'ayant doué ces derniers d'aucun denier d'aumône depuis environ dix-huit ans, laissant toutes ces charges aux habitants et au s^r curé.

2° Les communautés sont donc enfin ruinées totalement par la trop grande et extrême surcharge des impôts du Roi et autres sommes qu'elles sont obligées de payer annuellement, lesquelles excèdent de très beaucoup les revenus des communautés, et notamment celle d'Uberkinger, rédactante du présent cahier, ainsi qu'il est démontré par le détail ci-après, savoir :

La communauté d'Uberkinger paye annuellement pour subvention et autres impositions y accessoires la somme de mille quatre-vingt-six livres sept sols deux deniers, ci. . 1 086^{tt} 7 s. 2 d.

Pour capitation et autres impositions y accessoires, celle de cinq cent quatre-vingt-sept livres quinze sols neuf deniers, ci 587 15 9

Pour vingtième, celle de sept cent seize livres seize sols, ci. 716 16

Impositions pour les travaux des routes, celle de deux cent soixante et quatorze livres douze sols huit deniers, ci 274 12 8

Pour charges seigneuriales celle de soixante-

A reporter. . . . . 2 665^{tt}51 s. 7 d.

Report . . . . 2 665ᵗᵗ 51 s. 7 d.
deux [livres] sept sols sept deniers, ci. . . . 62 7 7
Enfin, pour les logements des cavaliers de
maréchaussée du bailliage, celle de quatre
livres onze sols, ci 4 11

Total général. . . . . 2 734ᵗᵗ 10 s. 2 d.

Le total général de toutes les sommes qui sont dûes être payées très absolument et sans faute annuellement par la communauté d'Uberkinger rédactante, non compris celles qu'il lui coûte pour le sel, le tabac, les acquits, les bois, l'entretien et la construction des ponts, chemins, église, clocher, cloches, presbytère, maisons communaux, etc., se monte [à] la somme de deux mille sept cent trente-quatre livres dix sols deux deniers ; laquelle cependant n'a aucune ressource pour subsistance qu'un ban d'une très petite étendue, composé que de terres légères et froides dont la fertilité est très médiocre, et dont au moins le tiers appartient à des étrangers ; et ne produit que des grains, blés, froment, orge, avoine, etc., avec beaucoup de peine, sans vignes ni bois, pierres d'aucune espèce ni rien autre chose ; et n'ayant ni commerce particulier audit lieu, de sorte qu'il est facile de voir qu'en ce calcul la dépense excède infiniment la recette, et que, pour y pouvoir subsister et payer toutes ces susdites sommes sans périr et faire des dettes, il ne faudrait pas manger pendant toute l'année et vendre toute la production du ban ; mais que le peu de grain que les habitants y ont de reste au bout de l'an ne s'étend pas sur la centième partie desdites sommes, charges et impositions.

3° Il ne reste donc plus que de dire quelques mots des vexations dont les sujets du Roi, en ces cantons, [étaient] ci-devant tourmentés dans les corvées des grandes routes ; les ingénieurs et inspecteurs desdites routes y soulageaient très fort ceux qui leur faisaient des présents, et accablaient d'autant plus d'ouvrage ceux qui n'en leur faisaient point.

Telles sont les plaintes, doléances et remontrances que les habitants de Uberkinger ont l'honneur de faire au Roi, leur monarque bienfaisant, à l'effet d'en obtenir des remèdes sûrs et prompts à ces susdits maux qui désolent la Nation. C'est pourquoi il est à désirer :

1° Qu'il n'y ait plus de Ferme générale ni de Fermiers généraux dans le ressort de la France, ni la quantité immense des employés qui ne subsistent que pour coûter de l'argent au Roi, ainsi qu'à l'Etat, et pour faire de la peine à ses sujets;

Qu'en conséquence, Sa Majesté se fasse parvenir ses impôts par des voies plus brèves et moins coûteuses, en supprimant la grande quantité de receveurs dans les petites villes et en ne laissant qu'un seul receveur-général dans la capitale de chaque province ;

2° Qu'il n'y ait qu'une seule et unique sorte d'impôt pour chaque sujet, et jeté sur les biens et propriétés de chacun, à la décharge de la communauté où ces biens sont situés;

3° Que les traites foraines, marques de cuirs et de fers, ainsi que les salines de Dieuze, Moyenvic et Château-Salins, soient supprimées, avec liberté aux sujets d'avoir partout un commerce libre en sel et en tabac, etc., sans autres impôts, à l'effet que les sujets puissent eux-mêmes planter leur tabac, afin que l'argent, en France, ne coure plus à cet égard à pas de géant hors du royaume; et tirer leur sel par voie de commerce où ils le jugent à propos, soit des côtes de Bretagne, d'Aunis, de Languedoc ou de Provence, et sera grande économie ;

4° Qu'il soit établi en France un autre genre de justice ordinaire, plus prompte et plus exacte, et moins coûteuse, particulièrement concernant les parlements, avec pouvoir aux préposés de chaque communauté de pouvoir décider des objets à la valeur d'une certaine somme, selon la bonne intention du législateur ;

5° Qu'il n'y ait plus de jurés-priseurs, ni nécessité d'avoir quiconque de finance pour les mineurs et autres vendant leurs effets à l'encan; ces charges, ainsi que tous les inventaires et affaires de grueries, pouvant se faire et exécuter librement, et à bien plus peu de frais, en chaque communauté, par les officiers municipaux respectifs;

6° Que les intendances soient administrées par un plus grand nombre d'hommes de talent, vu la trop grande étendue dont les intendances sont quelquefois composées ;

7° Que les communautés, à l'égard des droits seigneuriaux, soient remises dans les mêmes droits qu'elles étaient avant l'ordonnance de 1669, titre 25, art. 4, à ce sujet;

8° Que les usures exorbitantes et injustice des Juifs soient supprimées et arrêtées par des moyens d'autorité se proportionnant, en leur donnant des lois à leurs subtilités et adresses de ruiner en peu de temps les plus notables familles ;

9° Que les anabaptistes soient limités en toutes leurs entreprises ;

10° Qu'il soit donné pleine autorité aux officiers municipaux des villages d'arrêter les vols de maisons, champs, jardins, etc., et autres désordres, et d'imposer peine au délinquant, sans qu'il puisse avoir appel à un plus haut tribunal.

11° Enfin, il est à désirer que le Roi poursuive sa vue salutaire qu'il a tracée sur la félicité de son royaume et daigne à détruire les abus, injustices et autres maux qui y règnent; et les habitants de la communauté dudit Uberkinger ne cesseront de continuer leurs vœux au Ciel pour un règne long à Sa Majesté, leur monarque bienfaisant, pour la conservation de sa santé, de même que celle de la Reine, pour la prospérité de sa personne sacrée, pour celle de la famille royale et pour celle de tout le royaume.

Tels sont les vœux, souhaits et désirs des habitants de la communauté d'Uberkinger soussignés,

de Sa Majesté

les très humbles, et très obéissants et très fidèles sujets.

Fait à Uberkinger, ce vingt mars 1789.

Michel Zeller, *syndic;* N. Rostucher, *greffier;* N. Heÿmes, *échevin;* Michel Polin ; Pierre Lambinet ; George Couves ; Michell Heÿmes.

VACQUEVILLE

CLV*

« Procès-verbal de l'assemblée du village de Vacqueville ([1]), pro-

---

1. *Impositions ordinaires et prestation des chemins* pour les *six* premiers *mois* de l'année *1790 :*

Imposition principale.	230 ₶	» s.	» d.
Accessoires de l'imposition principale.	458	2	1
Capitation et ses accessoires	523	17	»
Taxations des collecteurs.	16	10	7
Droit de quittance au receveur des finances.	2	17	6
Prestation des chemins.	175	18	»
TOTAL GÉNÉRAL	1407 ₶	5 s.	2 d.

(Arch. Meurthe-et-Moselle, L. 678.)

Deux vingtièmes et quatre sous pour livre du premier pour *1790 :* 1591 ₶ 10 s. 6 d.

(*Ibid.*, L. 308.)

vince des Trois-Évêchés, pour la nomination des députés au bailliage de l'Évêché de Metz à Vic. »
« 20 mars 1789, sont comparus en l'auditoire de ce lieu, par-devant nous, Dominique Gridel, syndic. »
Village composé de 111 feux.
Députés : Jean-Baptiste Boudot,
  Dominique Gridel.
Signatures : D. Hollard ; Claude Job ; Claude Alison ; Jean-Baptiste Gégout ; Antoine Antoine ; J.-B. Boudot ; D. Gridel, *syndic ;* A. Thomas, *greffier.*

CLV*

Cahier des plaintes, doléances et remontrances que la communauté de Vacqueville, province des Trois-Évêchés, entend faire au Roi lors de la tenue des États généraux du royaume

On estime que la Nation, représentée d'abord par des États provinciaux ou par des Assemblées provinciales, et de suite par des États généraux, est plus au fait qu'aucun autre sur les moyens d'établir un impôt quelconque.

Il paraît nécessaire de réduire la multiplicité des impôts et droits ci-devant établis en un moindre nombre, tel qu'un supplément à la subvention, à la capitation, aux vingtièmes, que l'on étendrait sur tous les Ordres en indemnité des marques de fers et de cuirs, des droits de foraine qui sont souvent exigés à l'arbitraire des préposés, des prix très excessifs des sels et des tabacs, des contrôles dont la perception est fréquemment incertaine parce que le tarif en est ignoré, et beaucoup d'autres droits que l'on éteindrait, qui sont entre les mains d'une multitude de commis et préposés qui, par ce moyen, seraient supprimés, et dont la suppression mettrait un chacun des sujets de Sa Majesté à l'abri d'une administration dangereuse sur ces objets, et des gênes, démarches, poursuites et condamnations plus onéreuses qu'un impôt, et deviendrait une décharge d'autant plus importante et précieuse à l'État que les États provinciaux ou Assemblées provinciales, pourraient à peu de frais faire la collecte desdits impôts réduits en moindre nombre et soustraits à tout arbitraire.

Depuis une vingtaine d'années, le prix de la corde de bois

de chauffage de quatre pieds de Lorraine de long, quartier hêtre, a augmenté dans les forêts de l'Évêché de trois livres de France à douze ; encore, on ne peut en obtenir des adjudicataires des coupes, qui en refusent aux habitants à raison de la facilité du flottage sur la rivière de Meurthe ; les causes de sa cherté sont : la ruine des forêts par les coupes outrées et mal administrées, la proximité de la rivière, les usines trop multipliées qui sont dans le voisinage, telles que verreries, faïenceries et forges dont les ouvrages ont aussi considérablement augmenté de prix, et qu'il serait très à propos de réduire, la plupart de ces ouvrages étant plus de luxe que de nécessité.

L'administration de la justice est souvent lente et de la [sic] plus dispendieuse. Le bailliage de l'Évêché de Metz à Vic, auquel Vacqueville ressortit, est éloigné de dix lieues, ce qui cause aux habitants trop d'absences, de dépenses.

On désire ardemment la suppression des jurés-priseurs, les plaintes à leur égard étant continuelles et fondées.

Les habitants sont chargés de droits seigneuriaux qui se portent à la valeur de la moitié des subvention, capitation et impositions accessoires, sans en retirer aucun avantage ; quoiqu'anciennement ils avaient des usages dans les forêts du seigneur pour leur chauffage, leurs bâtiments et tous leurs besoins ; lesquels usages sont abrogés de fait depuis qu'il s'est élevé là-dessus une contestation évoquée au Conseil du Roi et qui n'est pas suivie.

Ci-devant, le travail des chaussées se faisait dans au plus deux journées, en saison libre, la communauté ayant sa portion à proximité d'elle, ce qui pouvait être de la valeur d'environ cent livres de France ; tandis que, actuellement, elle paie quatre cent quatre livres.

Le marché de Raon-l'Étape est le seul débouché pour la vente des grains des habitants : il est à ce marché un droit de coupelle ou quarantième au profit du domaine du Roi et du seigneur ecclésiastique. Cette coupelle est onéreuse et très gênante, et devient une occasion de la plus grande cherté qui influe sur le prix des marchés d'autres lieux.

L'article vingt et un de l'édit de seize cent quatre-vingt-quinze, concernant la juridiction ecclésiastique, se contente de dire en termes généraux que les décimateurs fourniront les calices, ornements et livres nécessaires, si les revenus des fabriques ne suffisent pas pour cet effet; et la généralité de ces expressions a donné occasion à des usages qui ne sont pas uniformes dans toutes les paroisses, et à des décisions qui ont varié dans les tribunaux de justice; parce que la communauté de Vacqueville, ainsi que beaucoup d'autres, n'a aucun revenu de fabrique, il lui serait très important que le Roi donnât une déclaration explicative des différents objets qui, dans lesdites fournitures, sont à la charge des décimateurs.

Il en est de même de l'article vingt-deux du même édit, qui dit aussi en termes généraux que les habitants fourniraient aux curés un logement convenable; il serait nécessaire que la même déclaration déterminât ce qui, dans l'entretien et les réparations desdits presbytères, est à la charge des curés.

On obvierait par là à nombre de difficultés qui naissent de la généralité des expressions de la loi et de la différence des usages locaux. De là, on parviendrait à une jurisprudence uniforme et constante sur ces objets.

Si on attribuait aux municipalités l'apposition des scellés et la confection des inventaires, on obvierait aux récélés et à des grands frais onéreux aux familles opulentes et ruineux à celles qui n'ont que des facultés communes.

On préviendrait une infinité de procès si on chargeait les officiers municipaux du lieu, qui n'y auraient pas intérêt, de faire la reconnaissance des troubles et anticipations faites dans les campagnes, auparavant que l'on pût en porter plainte aux tribunaux de justice.

Fait et arrêté en l'assemblée générale de la communauté de Vacqueville, le vingtième mars mil sept cent quatre-vingt-neuf.

D. Hollard; Claude Job; Claude Alison; Jean-Baptiste Gégout; Antoine Antoine; J.-B. Boudot; D. Gridel, *syndic;* A. Thomas, *greffier*.

VAL-DE-BON-MOUTIER

CLVI[a]

« Procès-verbal de l'assemblée de la communauté du Val-de-Bon-Moutier([1]), pour la nomination des députés. »
« 15 mars 1789, sont comparus en la maison du syndic, par-devant nous, Pierre Masson, maire dudit lieu. »
Communauté composée de 106 feux.
Députés : Jean-Baptiste Croisier,
François Cayet.
Signatures : Pierre Depoutot ; J. Romary, *syndic ;* François Cayet ; J.-B. Croisier ; P. Masson.

CLVI[b]

Cahier de doléances, plaintes et remontrances que les habitants du Val-de-Bon-Moutier font au Roi, leur très gracieux prince et souverain, en conséquence des lettres de Sa Majesté données à Versailles, le 7 février dernier, pour la convocation et tenue des États généraux, dans le désir de satisfaire aux dispositions du règlement y annexé, pour être présenté à l'assemblée qui se tiendra à Vic, le 23 du courant, par les députés qu'ils ont choisis, et pour servir ainsi que de raison et en conformité dudit règlement à la rédaction de l'unique cahier général qui sera porté à l'assemblée de Toul

ART. 1. — La communauté du Val-de-Bon-Moutier représente qu'il serait bien avantageux si le sel, qui est un aliment

---

1. *Impositions ordinaires et prestation des chemins* pour les *six* premiers *mois* de l'année *1790 :*

Imposition principale.	95 ₶	» s.	» d.
Accessoires de l'imposition principale.	189	4	4
Capitation et ses accessoires	216	7	6
Taxations des collecteurs.	7	3	3
Droit de quittance au receveur des finances.	2	1	4
Prestation des chemins.	72	16	6
TOTAL GÉNÉRAL.	582 ₶	12 s.	10 d.

(Arch. Meurthe-et-Moselle, L. 679.)
Deux vingtièmes et quatre sous pour livre du premier pour *1790 :*
1ᵉʳ cahier . . . . . 485 ₶ 12 s. 9 d.
(*Ibid.*, L. 308.)

nécessaire à la conservation des bestiaux, était commerçable; d'ailleurs, il n'y a point de moyen d'obtenir justice contre les sauniers qui commettent des exactions; c'est-à-dire, que le prix soit le même par tout le royaume.

Art. 2. — Il faudrait supprimer les acquits et les droits qui mettent des entraves au commerce, comme les marques de cuirs et de fers.

Art. 3. — Il serait à souhaiter que les seigneurs propriétaires des bois ne fissent point de ces coupes extraordinaires qui dévastent les forêts et causeront dans peu la disette de bois, mais que leurs bois fussent en coupes réglées comme les autres.

Art. 4. — La suppression des Maîtrises serait nécessaire, parce qu'elles sont préjudiciables aux bois et aux intérêts des communautés, et l'administration des forêts serait confiée à la municipalité; que si, contre toute attente, les Maîtrises subsistent, il serait à propos que les fortiers fussent obligés de faire les rapports au greffe de la municipalité, et ces messieurs jugeraient les rapports lorsqu'ils viendraient marquer les bois; en sorte que des habitants ne seraient pas obligés de quitter à grands frais leur demeure et de se transporter à onze ou douze lieues pour des rapports injustes, ou souvent de nulle conséquence.

Art. 5. — Il faut aussi abolir les huissiers-priseurs-jurés dont les droits sont inconnus, et qui ne sont que pour vexer le peuple.

Art. 6. — Les usines qui consomment du bois sont trop multipliées; il serait nécessaire d'en supprimer plusieurs.

Art. 7. — Il serait très utile de faire des arrondissements, tant pour la juridiction spirituelle que temporelle; et alors, des habitants qui sont à une lieue d'un bailliage où ils pourraient avoir justice ne seraient point obligés de l'aller chercher à douze ou quinze lieues.

Art. 8. — Il n'est pas juste que les sujets du Roi payent taille aux seigneurs particuliers. Ce droit n'appartient qu'aux souverains.

Art. 9. — Les pâtures nocturnes causent des grands dommages et doivent être défendues.

Art. 10. — Les villages situés dans les montagnes n'ont pas beaucoup de prés, et très peu de terres qui sont des plus ingrates, qui ne peuvent produire qu'à force d'engrais du seigle qui peut à peine fournir à la subsistance des habitants l'espace de quatre mois ; ils n'ont de ressource pour vivre que dans les bestiaux qu'ils nourrissent ; les seigneurs veulent leur enlever le droit d'envoyer leurs bêtes à cornes dans les bois, sapinières, ce qui s'est fait de tout temps ; ce serait alors détruire ces villages, ou au moins les réduire à la dernière extrémité.

Art. 11. — Il serait nécessaire que les municipalités jugeassent les anticipations qui se commettent sur le finage, ainsi que des troubles, à cause qu'ils ont plus de connaissance qu'aucun juge. Cela éviterait bien des frais et ruines, aussi tous les objets de police.

Art. 12. — La sagesse du Gouvernement fait espérer qu'il n'y aura aucun égard aux représentations des communautés situées sur les routes, qui prétendent être vexées, qui désirent que chaque particulier aille travailler sur les chemins publics ; leur plainte est injuste ; elles ne sont pas plus chargées que les autres, et toutes sont au même taux, c'est-à-dire au sixième de la subvention et capitation.

Art. 13. — Il serait à désirer qu'il n'y eût dans le royaume qu'un poids et qu'une mesure.

Art. 14. — Il faudrait qu'aucun cabaretier ou tavernier ne pût vendre du pain et du vin qui n'eût été taxé par la municipalité.

Art. 15. — Il serait à propos de modérer les anciens droits des seigneurs qui chargent les communautés de banalités, de corvées, de conduites de voitures tant pour construction que pour réfection, de même que ce droit qui, après la mort de père et de mère, exige que chaque héritier paye quatre pots de vin, droit très onéreux au peuple, et qui enlève souvent une bonne partie de la succession à raison de la pauvreté du lieu.

Art. 16. — Il serait à désirer que l'on pût réunir tous les impôts à un seul ; l'imposition territoriale paraît très équitable.

Art. 17. — Il faudrait rendre le tabac commerçable ; il est devenu nécessaire à une grande partie du royaume par l'usage que l'on en fait ; d'ailleurs, il sert de remède à bien des indispositions et maladies, surtout à celles des bêtes blanches.

Art. 18. — Il serait à désirer que les municipalités eussent

le pouvoir de faire les inventaires et de créer tuteurs et curateurs aux pauvres gratis.
Pierre Depoutot; J. Romary, *syndic;* François Cayet; J.-B. Croisier.

Le présent cahier de doléances contenant deux feuillets cotés et paraphés par premier et dernier par nous, maire, Pierre Masson, maire audit lieu, le quinzième présents mois et an.

P. MASSON.

VASPERVILLER

CLVII^A

Procès-verbal.

« 16 mars 1789, à l'assemblée convoquée en la manière ordinaire et accoutumée au lieu de Vasperviller (1), en la maison du syndic, sont comparus par-devant nous, Jean Jordy, avocat en parlement, le grand-juge de Saint-Quirin, dont dépend ledit Vasperviller. » Village et communautés composés de 40 feux.
Député : Jean Souter, syndic de Vasperviller.
Signatures : Jean Souter, *syndic;* Joseph Baillet ; Joseph Labolle ; Jordy.

CLVII^B

Cahier des doléances, plaintes et remontrances que les habitants et communauté de Vasperviller, dépendant de Saint-Quirin, font au Roi, leur très gracieux prince et souverain, en conséquence des lettres de Sa Majesté données à Versailles le sept février dernier pour la convocation et tenue des États généraux, et satisfaire aux dispositions du règlement y annexé, à l'effet d'être porté par leurs députés à l'assemblée qui se tiendra à Vic le 23e courant, et y

---

1. *Impositions ordinaires* pour les *six* premiers mois de l'année *1790 :*
Imposition principale. . . . . 25 ₶ » s. » d.
Impositions accessoires. 49   15   10
Capitation 56   18   10
         TOTAL . . . . 131 ₶ 14 s. 8 d.
Deux vingtièmes et quatre sous pour livre du premier pour *1790 :*
Biens-fonds . . { 1er cahier . . . 129 ₶ 4 s. 6 d.
              { 2e cahier . . . 221   13   6
         TOTAL . . . . 350 ₶ 18 s.
(Arch. Meurthe-et-Moselle, L. 308.)

procéder de leur part, ainsi que de raison, et en conformité dudit règlement

Art. 1. — [Cf. ci-dessus, *cahier de Saint-Quirin,* n° CXLIV^e, art. 1.]
Art. 2. — [Cf. *id.,* art. 2.]
Art. 3. — [Cf. *id.,* art. 3.]
Art. 4. — [Cf. *id.,* art. 4.]
Art. 5. — [Cf. *id.,* art. 5.]
Art. 6. — [Cf. *id.,* art. 6.]
Art. 7. — [Cf. *id.,* art. 7.]
Art. 8. — [Cf. *id.,* art. 8.]
Art. 9. — [Cf. *id.,* art. 9.]
Art. 10. — [Cf. *id.,* art. 10.]
Art. 11. — [Cf. *id.,* art. 11.]
Art. 12. — [Cf. *id.,* art. 12.]
Art. 13. — [Cf. *id.,* art. 13.]
Art. 14. — [Cf. *id.,* art. 14.]
Art. 15. — [Cf. *id.,* art. 15.]
Art. 16. — [Cf. *id.,* art. 16.]
Art. 17. — [Cf. *id.,* art. 17.]
Art. 18. — [Cf. *id.,* art. 18.]
Art. 19. — [Cf. *id.,* art. 19.]
Art. 20. — [Cf. *id.,* art. 20.]
Art. 21. — [Cf. *id.,* art. 21.]
Art. 22. — [Cf. *id.,* art. 22.]
Art. 23. — [Cf. *id.,* art. 23.]
Art. 24. — [Cf. *id.,* art. 24.]
Art. 25. — [Cf. *id.,* art. 25.]
Art. 26. — [Cf. *id.,* art. 26.]

Art. 27. — Les habitants de Vasperviller, au nombre de quarante, sont presque tous pauvres; il n'y a entre eux aucun aisé; ils n'ont aucun commerce; leur ban est peu considérable et son sol mauvais. Ils implorent en conséquence les bontés du Roi.

Art. 28. — [Cf. ci-dessus, *cahier de Saint-Quirin,* n° CXLIV^e, art. 28.]
Art. 29. — [Cf. *id.,* art. 29.]
Art. 30. — [Cf. *id.,* art. 30.]
Art. 31. — [Cf. *id.,* art. 31.]

ART. 32. — [Cf. id., art. 32.]
ART. 33. — Supprimer tous tribunaux d'exception, notamment les maîtrises des Eaux et Forêts, comme une des causes aussi du grand prix du bois et de leur disette, et de dépenses énormes qu'elle coûte au peuple.

Fait et arrêté audit lieu de Vasperviller, cejourd'hui 16 mars 1789.

Jean Souter, *syndic;* Joseph Baillet ; Joseph Labolle ; Jordy.

Le présent cahier, contenant sept pages, a été coté et paraphé par première et dernière par nous, Jean Jordy, avocat en parlement, grand-juge à Saint-Quirin, audit Vasperviller, ce 16e mars 1789.

JORDY.

VATHIMÉNIL

CLVIII[A]

Procès-verbal.
18 mars 1789,
« Sont comparus en l'auditoire et à l'assemblée commune de ce lieu ([1]), par-devant nous, Jean-Pierre Durand, syndic de l'assemblée municipale. »
Communauté composée de 84 feux, y compris le s[r] curé et les veuves.
Députés : Jean-Pierre Durand,
Nicolas Lucas.
Signatures : J.-P. Durand, *syndic;* J.-N. Thouvenin, *membre;* François Helle, *membre;* J. Thouvenin, *maire;* Nicolas Maxsant; N. Lucas ; H. Thouvenin, *sergent.*

---

1. *Impositions ordinaires* pour les *six* premiers *mois* de l'année *1790 :*
Imposition principale. . . . . 380 ₶ » s. » d.
Impositions accessoires 756   17   3
Capitation 865   9   10
　　　　　　TOTAL . . . . 2 002 ₶ 7 s. 1 d.
Deux vingtièmes et quatre sous pour livre du premier pour *1790 :*
Biens-fonds. . { 1er cahier. . . 1 082 ₶ 13 s. 6 d.
　　　　　　　 { 2e cahier . . . 1 230   9   6
　　　　　　TOTAL . . . . 2 312 ₶ 14 s.
(Arch. Meurthe-et-Moselle, L. 308.)

CLVIII*

VATHIMÉNIL

*Bureau de Vic, dépendant de Metz — Diocèse de Nancy
Annexe de Glonville — Doyenné de Deneuvre*

Très humble et très respectueuse remontrance et doléance

La communauté de Vathiménil, convaincue que l'état actuel des finances exige que chacun des particuliers fournisse selon ses propres facultés, tant pour leur rétablissement que pour procurer à un chacun des sujets la tranquillité dont ils sont privés depuis si longtemps, s'y prêtera avec d'autant plus de plaisir qu'elle voit qu'un auguste monarque, du haut de son trône, ne dédaigne point d'abaisser ses yeux sur tout son peuple, et particulièrement sur la partie la plus malheureuse de ses sujets qui, depuis longtemps condamnée à un morne silence, peut aujourd'hui réclamer ses droits, et faire retentir ses justes plaintes jusqu'aux pieds d'un trône où préside la justice. Quoi de plus beau que de vouloir et de pouvoir rendre un bonheur si grand à des sujets qui le désirent depuis si longtemps ? Versons donc dans son sein paternel nos plaintes et doléances, en lui renouvelant nos sentiments de la fidélité la plus parfaite ; réduisons nos représentations aux articles suivants, et faisons-les parvenir à un souverain dont la bienveillance égale la sagesse.

Art. 1. — Espérons [que] ce puissant monarque voudra ordonner que le sel dont on fait usage soit diminué ; il se vend huit sous quatre deniers la livre, ce qui met le peuple hors d'état d'en faire usage ; cette communauté se trouve enclavée dans la Lorraine.

Art. 2. — Cette communauté, comme beaucoup d'autres, se trouve, étant enclavée et sur les frontières de Lorraine, se trouve journellement obligée de payer les droits forains ; elle désire l'abolition des acquits, pour rendre le trafic libre.

Art. 3. — Les marques de fers de toute espèce et les marques de cuir ruinent le laboureur et font une augmentation sur leurs harnois, et augmentent les dépenses de souliers.

Art. 4. — Les employés de la Ferme forment un corps considérable et coûtent beaucoup d'entretien : s'ils étaient supprimés, le bon ordre ne laisserait de régner, et à moins de frais.

Art. 5. — Cette même communauté demande que la maîtrise des Eaux et Forêts de Vic soit supprimée ; pour soixante-cinq cordes de bois divisées entre quatre-vingt-quatre habitants, coûte aux usagers cent vingt livres pour les droits de ladite maîtrise ; suivent les rapports que font les gardes contre les délinquants ; ils s'enregistrent à Vic, distance de huit lieues, ce qui augmente considérablement les frais et ruine le public. La Maîtrise retient les amendes et les intérêts prononcés sur chaque rapport, et font croire à la communauté que c'est pour payer les gardes-surveillants, ce qui est faux, puisque les communautés les payent.

Art. 6. — Sur le finage de Vathiménil et sur celui de Moyen limitrophe est située une forêt de dix-huit cents arpents qui appartient à Monseigneur l'évêque de Metz, seigneur temporel de ce lieu, dans laquelle les usagers tant de Vathiménil que ceux de Moyen jouissaient d'un affouage de trois cordes de bois, mesure de six pieds, et trois cents de fagots par chacun laboureur, et moitié pour chaque manouvrier, et des bois de marnage de bâtiments. Mondit seigneur évêque de Metz les en a déboutés par un arrêt du Réformateur du 16 avril 1746 ; Messieurs les abbé, prieur, et religieux bénédictins à Breuil se sont soutenus dans leurs droits et en jouissent encore aujourd'hui, et les communautés en sont privées.

Ces bois étaient distribués pour indemniser les usagers des rentes que perçoit Monseigneur sur chaque particulier de la communauté, qui sont de douze boisseaux de seigle, vingt d'avoine, trois sous d'argent et une poule par année pour un laboureur, un demi-résal de seigle, douze boisseaux d'avoine, trois sous d'argent, une poule pour un manouvrier, dans lesquelles rentes est compris un résal d'avoine pour sauvegarde qui, selon la coutume générale de l'Évêché, titre V, article XV, en est exclu comme n'ayant plus le titre de régalien ; cependant, il exige journellement de faire entrer toutes ces rentes mêmes sur des pauvres manœuvres qui ne font cultiver aucune chose. Ces rentes et les affouages demandent une attention particulière, et la communauté espère qu'on leur fera rendre justice, ainsi que d'une taille de 42# 10 s. qui se tire sur le général.

Art. 7. — Le prix du bois va tous les jours en augmentant. Les usagers de Vathiménil n'ayant pour tout affouage que soixante-cinq cordes de bois à répartir sur 84 habitants, ils se trouvent dans la nécessité de s'en procurer ; mais, ce qui fait monter le prix, il s'est construit deux manufactures de faïence, l'une à Saint-Clément, distance d'une demi-lieue, une à Moyen, distance d'une lieue, et une verrerie à Baccarat, distance de deux lieues. Ces messieurs embrassent toutes les coupes situées dans les Vosges, ce qui rend l'impossibilité de s'en procurer qu'au plus haut prix.

Art. 8. — Cette même communauté n'ayant que trois cent vingt-cinq arpents de bois très médiocres, on les divise en vingt-cinq triages qui se coupent chaque vingt-cinq ans et ne profitent que d'un vingt-cinquième. Cette partie de vingtième se monte à cent trente-huit livres dix-huit sous six deniers.

Art. 9. — Les accrues d'eaux ont donné à Monseigneur l'évêque de Metz au moins cent quarante fauchées de prés dans la prairie de Vathiménil, qui ont été moulinées par le torrent de la rivière de Meurthe dans la partie des propriétaires qui en sont privés, et les vingtièmes leur restent.

Art. 10. — Du passé il y avait haute-justice dans le lieu où l'on établissait tuteur ; on y plaidait à moitié de ce que l'on exige aujourd'hui dans celle de Baccarat où sont réunies toutes les justices subalternes. La communauté désirerait qu'elle soit rétablie.

Art. 11. — La communauté de Vathiménil n'étant qu'une annexe où il y a un vicaire résidant, la pension qu'on lui accorde n'est pas suffisante pour son entretien, n'ayant pour toutes choses que trois cent cinquante livres ; il n'y a aucune fondation. Cette même communauté demande qu'on lui accorde le tiers de la dîme, avec lequel il pourrait faire honneur petitement.

Art. 12. — Les messieurs Bénédictins de Moyenmoutier, malgré un arrêt qui les condamne à fournir toutes choses nécessaires au service divin, refusent de fournir les quatre couleurs pour les ornements, les livres et linges, etc. ; cependant, de compagnie avec M. le curé de Glonville, perçoivent journellement les dîmes sur le finage.

Art. 13. — La situation du village de Vathiménil est des plus humiliantes ; il est affligé d'un courant d'eau passant au milieu du village, dont les maisons en souffrent tous les hivers, ou par les inondations, ou par les glaces qui se forment, ce qui cause des pertes de bêtes dont plusieurs laboureurs ont été délabrés. Outre ce ruisseau, passe dans la prairie une rivière considérable qui empêche le commerce des habitants ; ainsi ils sont comme enclavés dans une île d'où ils ne peuvent sortir que par un très beau temps que les gués sont guéables ; il serait bien à désirer qu'on y puisse construire un pont.

ART. 14. — Outre ces incommodités, la susdite communauté est en arrière; elle doit un capital de 8 000 livres à Madame Labausse, de Lunéville, et mille livres au s^r François Ga, de Moyen, dont elle en paye les rentes tous les ans au marc la livre de subvention. Ces dettes sont contractées pour avoir soutenu un procès intenté par Monseigneur l'évêque de Metz, qui ne s'est fini qu'au bout de dix-huit ans, et, en outre, pour former des rampes au déchargement du ruisseau qui les incommode dans le village.

ART. 15. — Le finage de Vathiménil est le plus médiocre de tous ceux connus. Il ne fournit qu'en seigle, et peu, si l'on n'y met de l'engrais en quantité.

ART. 16. — Les officiers de Monseigneur l'évêque de Metz ont exigé des anciens de Vathiménil une espèce de banalité portant que les usagers seraient obligés de porter leurs moultes à un de ses moulins construit à Moyen, distance d'une lieue et demie, très mauvais chemin, et l'autre partie de l'année se trouvent libres ; il a construit un moulin à son compte à un quart de lieue de Vathiménil ; cette même communauté demande qu'elle soit libre d'aller à l'un ou à l'autre. Elle n'est pas obligée de faire riche un meunier de Son Excellence au préjudice d'un autre.

La communauté de Vathiménil, convaincue par les espérances dont elle est fondée que ses très humbles remontrances seront écoutées, fondées sur la candeur d'âme dont elles sont dictées et les motifs simples dont chaque article sont conçus, c'est dans ces vues et espérances que les habitants composant ladite communauté forment les vœux les plus ardents pour la conservation du règne de son auguste [Roi].

J. Thouvenin, *maire;* J.-P. Durand, *syndic;* J.-N. Thouvenin, *membre;* François Helle, *membre.*

ART. 17. — Monseigneur l'évêque de Metz établit des bergeries dans toutes les communautés de ses dépendances ; il en a construit une à Vathiménil depuis dix ans, de soixante pieds en quarré. Le troupeau grossit journellement, et prive les habitants du vain pâturage, et empêche les usages du nourri qu'ils feraient sans cette bergerie, secours cependant qui aiderait à soutenir les ménages.

Art. 18. — Malgré l'établissement de ces bergeries, il veut toujours jouir du tiers-denier du revenu des émoluments communaux, ce qui fait et forme un double emploi.

Art. 19. — Enfin, le dernier article de doléance présenté est qu'en 1746 les campagnes furent ravagées par le fléau des grêles, qui enleva toutes les récoltes de l'année ; le Roi ayant eu égard aux pertes des communautés en leur remettant le dixième de cette année, en augmentant les dix années suivantes de deux sous pour livre pour éteindre la finance de cette malheureuse année, il y a quarante-deux ans, et les deux sous se lèvent encore, et qui forment un surtout aux vingtièmes.

Toutes ces très humbles remontrances parlent le langage de la vérité devant un Roi qui la chérit souverainement et qui en fait la règle sacrée de toute sa conduite.

J.-P. Durand, *syndic;* J.-N. Thouvenin, *membre;* N. Lucas ; H. Thouvenin, *sergent.*

VAUCOURT

CLIX.

Procès-verbal.

20 mars 1789,

« Sont comparus en la maison de Nicolas Lecler, syndic de la communauté de Vaucourt (¹). »

---

1. *Impositions ordinaires* pour les *six* premiers *mois* de l'année *1790 :*
Imposition principale. . . . . 285 ₶ » s. » d.
Impositions accessoires. 567   12   11
Capitation 649   12   5
    Total . . . . 1 502 ₶ 5 s. 4 d.
Deux vingtièmes et quatre sous pour livre du premier pour *1790 :*
Biens-fonds. . { 1ᵉʳ cahier . . . 759 ₶ 12 s. 3 d.
     { 2ᵉ cahier . . . 161   »   3
    Total . . . . 920 ₶ 12 s. 6 d.
(Arch. Meurthe-et-Moselle, L. 308.)

Communauté composée de 77 feux.
Députés : Nicolas Durant,
Nicolas Janin.
Signatures : Nicolas Lecler ; Jean-Claude Mengin, *maire ;* N. Janin ; Joseph Gallois ; Sébastien Dieudonné ; Étienne Leclerc.

CLIX*

État des doléances faites par la communauté de Vaucourt, suivant le désir du Roi

Ne point répondre aux vues bienfaisantes du Roi serait tout à la fois ingratitude à son égard et cruauté au nôtre ; il se montre en père, montrons-lui qu'il a en chacun de ses sujets un enfant ; répondons à sa tendresse par les témoignages les plus grands d'une amitié sincère et d'un dévouement sans bornes ; ce seront tous les sentiments que supposent ces titres qui amèneront nos réflexions ; et, puisqu'il nous permet de verser nos doléances dans son sein paternel, nous userons avec la candeur la plus respectueuse et la plus ingénue de cette douce liberté qui mettra un jour bien clair sur la misère d'un peuple qui l'oublie toujours quand il songe à son Roi, et à parer à ses besoins.

Pour mettre de l'ordre dans nos réflexions, il conviendrait d'examiner Ordre par Ordre ce qu'il peut faire pour établir et consolider le bien de l'État, et ce que l'État pourrait faire et établir pour le bien d'un chacun en particulier ; mais, persuadés, comme nous le sommes, que chacun aura rempli cette tâche en ce qui le concerne, nous nous bornerons à mettre ici ce qui regarde le Tiers état dont nous sommes membres, et nous examinerons ce que peut le Tiers état pour le rétablir et consolider le bien de l'État ; puis, nous considérerons ce que l'État a à faire pour établir et consolider le bien du Tiers état.

Le Tiers état peut tout, et rien n'est impossible à son dévouement à son Roi et au bien de l'État, quand on lui laisse la faculté de suivre le mouvement de cette loyauté qui caractérise le peuple français ; toujours affectionné à ses rois, jamais il n'a tenté, pas même songé à des voies de fait contraires à cette fidélité, à cet attachement qu'il a voués à ses rois ; et si quelquefois il s'est trouvé entraîné hors de ces sentiments, il n'a dû ses écarts qu'à la surprise, ou à l'oppression de ceux qui le soulevaient contre l'autorité légitime en lui faisant accroire que c'était pour la soutenir qu'ils l'animaient; mais, revenu bientôt de son erreur, il se rangeait avec empressement à son devoir; et sa religion, qu'on avait surprise, le ramenait toujours au pied de celui qu'elle lui avait donné pour roi; et, s'il s'est jamais trouvé des traîtres, ce n'est point de cette classe de son peuple qu'ils sont sortis. Le Roi, qui a toujours été l'idole de la nation française, quels secours de toute espèce n'a-t-il pas tiré de cet Ordre de son peuple? Argent, biens, personnes se sont toujours et sans murmure prêtés à ses volontés et au bien de son royaume; et, si jamais il a été trompé et pillé, ce n'a pas été du Tiers état que sont sortis les monstres qui ont si mal servi leur Roi et la Patrie.

On a donc tout à attendre du Tiers état, dira-t-on, pour rétablir et consolider l'organisation du royaume. Faut-il l'avouer? S'il fut autrefois une source dans laquelle on puisait librement et avantageusement, elle est maintenant tarie pour ainsi dire; on y puise par tant de voies qu'elle ne suffit plus au désir de la foule d'altérés qui y recourent et qui l'ont desséchée; et, avec les meilleures dispositions, sa volonté est stérile. Pour que le Tiers état pût encore offrir les mêmes ressources qu'autrefois, il faudrait que tant de moyens de lui soutirer son argent en détail et de le réduire à une indigence continuelle soient ôtés, et lui permissent de commercer, vendre, changer, et, par ce moyen, manier et amasser des espèces; il faudrait qu'il se vît encore possesseur de ces richesses dont la majeure partie a passé entre les mains des deux autres Ordres qui composent avec lui l'État, auxquels il a été obligé de les céder, pour pouvoir trouver les deniers qu'il fallait fournir à l'État ou satisfaire à leur ambition; il faudrait que le luxe, abîme qui engloutit tout, poison qui se glisse partout, ne mît pas dans ceux qui ont encore quelques possessions à louer cette dureté et cette nécessité de tirer (pour y fournir) le gain honnête qui laisserait l'aisance dans les campagnes.

Que reste-t-il donc au Tiers de cette ancienne faculté avec laquelle il se portait au besoin de l'État et en alimentait l'opulence? Hélas! qu'est devenu ce temps, où nos bons et généreux ancêtres contestaient entre eux à qui payerait plus au Roi et à l'État? Les larmes qu'arrache à nos yeux notre misère nous le font regretter, tandis que les sanglots dont le souvenir gonfle notre cœur nous en rappellent bien durement la différence.

Ce n'est donc pas d'un Ordre affaibli, dénué et accablé de besoins lui-même que l'État [a] à attendre de grands secours pour parer aux siens ; et cet Ordre, qui est le tronc sur lequel les deux autres sont entés, se trouve sans sève pour se l'être vu sucer par les deux branches qui sont sorties de lui, et qui voudraient encore lui enlever la modicité qui lui en reste et l'obliger à les vivifier.

Il est donc incontestable que tant que l'État n'aura pas fait pour le Tiers des sacrifices et mis une autre organisation, le Tiers sera toujours dans l'impossibilité, non seulement de fournir à ses besoins, mais même de se soutenir humainement, vu l'état actuel des choses et l'accroissement de misères qui depuis plusieurs années a pris son cours pour ne cesser, à ce qu'il semble, qu'avec les victimes qu'elle sacrifiera si on n'y met ordre.

Mais que sont ces sacrifices ? quelle est l'organisation que l'État a à établir pour revivifier le Tiers et tous les Ordres du royaume, et en attendre pour la suite des ressources solides et abondantes ? C'est ce que nous allons exposer.

Art. 1. — Il paraît essentiel que l'on ne mît et établît aucun impôt, soit direct ou indirect, sans le consentement de la Nation et que pour des temps limités. La raison qui fait demander cela n'est point du tout la méfiance que la Nation aurait de l'emploi juste que le monarque ferait des deniers qui en viendraient ; mais c'est pour obliger les ministres, gardiens du trésor de l'État, à regarder les finances comme un dépôt sacré, et ne plus voir, par des malversations, la tendresse du Roi gémissante et la Nation obérée et épuisée : l'obligation où seraient les ministres d'accuser à la Nation et au Roi l'emploi raisonnable et nécessaire de ces deniers les tiendrait dans la circonspection, et les mettrait dans le cas de montrer aux sollicitants puissants, importuns et prodigues, l'impossibilité où ils sont de se rendre à leurs poursuites ; de là quelle économie ! Nous demandons avec d'autant plus d'insistance l'obtention de cet article, que, quoique éloignés de la capitale, la rumeur nous a transmis une idée des profusions qui épuisaient le Trésor, et par là les citoyens.

Art. 2. — On demanderait que chaque province ait des États provinciaux, et que les États fussent chargés de la répartition des impôts mis par le Roi et la Nation sur la province, et versassent eux-mêmes, aux frais de la province et sous son cautionnement, les deniers immédiatement dans les coffres du Roi : d'où naîtrait la suppression des receveurs, et de cette foule de personnes gagées très grassement et préposées à la manipulation de ces deniers, et qui, par leurs gages, en absorbent une bonne partie ; ce qui tournerait au profit de l'État, parce qu'il recevrait sans diminution toute la perception de ces deniers dans la suppression des gages des préposés.

Art. 3. — On demande que, chaque neuf ans révolus, il entre dans la constitution de la monarchie que les trois Ordres qui composent l'État portent chacun à part leurs doléances au pied du Trône ; la raison qui fait faire cette demande est que, [au] fur et à mesure que l'on s'éloigne de ces époques heureuses qui ramènent l'ordre et l'harmonie dans un État, les établissements sages et bienfaisants se débilitent, se dénaturent et changent en abus qui croissent et se multiplient ; d'ailleurs, le Tiers état a son intérêt à le demander ; il est le seul auquel les avenues du Trône soient fermées et empêchées par une foule d'intéressés à ne pas laisser apercevoir au monarque qui y est assis la situation affligeante où cette portion la plus nombreuse et la plus intéressante de son État est quelquefois réduite.

Art. 4. — On demande qu'en qualité de citoyens les membres du Clergé, de la Noblesse et du Tiers fussent imposés au prorata de leurs biens et fortunes et bénéfices ; ce ne sont pas les personnes seules qui doivent à l'État, mais les biens ; et on sait qu'une bonne partie est entre les mains des deux premiers Ordres qui, avec les privilèges et les distinctions honorifiques et exemptions dont ils jouissent, sont les corps les plus opulents et qui pèsent le plus sur le Tiers. Cependant, on ne demande pas que tous ces Ordres soient confondus dans les répartitions, mais qu'une fois la cote d'imposition assignée à chaque Ordre, chaque Ordre se la répartisse entre lui-même avec ces précautions que demande toute impartialité, qui étouffe tout intérêt personnel. De là, quel accroissement dans les revenus de l'État !

Art. 5. — On demande que les princes auxquels on donne

des apanages soient apanagés de manière qu'ils aient un apanage répondant à l'éminente origine dont ils sortent et au rang qu'ils occupent et doivent occuper ; mais que ces apanages soient fixés une fois et ne varient plus.

Art. 6. — On demande que la noblesse ne soit accordée dorénavant que du vœu et consentement des États généraux ; les exemptions, privilèges, prérogatives dont elle est gratifiée, et qui pèsent sur la roture, semblent étayer la demande qu'en fait le Tiers. On demanderait aussi qu'elle ne soit plus affectée à certaines charges de justice ou de finance, ce qui ouvre à l'orgueilleuse et oisive opulence roturière, qui rougit du plus ancien et laborieux Ordre du monde, les moyens de se singulariser aux dépens de ses semblables et d'acquérir à prix d'argent ce dont elle se sent quelquefois indigne par son propre mérite.

Art. 7. — On demande que les parlements soient composés des trois Ordres ; ils jugent les trois Ordres, n'est-il pas raisonnable qu'ils soient composés des trois Ordres ? L'esprit et l'intérêt de corps sont toujours dangereux à la justice et doivent être évités.

Art. 8. — On demande que les charges soient diminuées de nombre et ne soient plus à finances, mais à gages, et qu'on n'en exclue plus de certaines le Tiers, et qu'il soit appelé par concours ou scrutin à ces charges, et que les gages soient pris sur un tiers des revenus des prieurés, commendes et chapelles que l'on supprimerait (à l'article vingt-cinquième).

Art. 9. — Avant de demander une réforme dans la manière de rendre justice dans les corps, parlements, bailliages, etc., chose dont on a grand besoin, on aurait désiré pouvoir donner un plan qui puisse remplacer l'usage actuel ; mais c'est à des gens de loi, et non à des cultivateurs, d'y pourvoir. Nous supplions cependant qu'on y travaille ; les frais immenses que la forme actuelle occasionne ruinent même ceux qui remportent avantage dans les tribunaux.

Art. 10. — On demande instamment la suppression d'une charge bien onéreuse pour le peuple, qui est celle des huissiers-priseurs ; il n'y a qu'un cri là-dessus. Nous n'avons à ajouter à tout ce qu'en ont dit tant de zélés citoyens que nos plaintes et nos doléances sur l'existence d'une semblable charge ; et si, après l'étonnement où nous sommes que quelqu'un ait pu imaginer un moyen si ruineux pour la Patrie, la veuve et l'orphelin, quelque chose peut encore nous surprendre, c'est de la voir encore subsister : ce qui nous ferait douter que les plaintes multipliées que cette charge occasionne ne seraient point parvenues jusqu'à la tendresse du Roi pour ses peuples.

Art. 11. — On demande que le nombre et le taux des pensions soient diminués. Combien de solliciteurs adroits savent profiter d'une heureuse occasion, ou poursuivre avec opiniâtreté pour obtenir une pension, et quelquefois en réunir plusieurs à la fois sur une tête, et qui l'ont mérité bien légèrement, ou qui pourraient s'en passer ? Que de sangsues de cette espèce sucent le corps exténué de l'État, pour avoir de quoi fournir plus abondamment à un luxe ? De qui de pareils gens sont-ils l'amis ? Est-ce du Roi qu'ils trompent ? Est-ce de l'État qu'ils chargent et grèvent ? La suppression et réduction de bon nombre de ces pensions grossiraient à coup sûr le Trésor.

Art. 12. — On demande que la pension des ministres qui se retirent ou qu'on renvoie soit diminuée, et qu'au lieu d'en accorder à ceux qui malversent, ils soient punis ; quel mérite y-a-t-il aux yeux de la Nation de ne lui être utile dans un temps que pour dans la suite lui être à charge ou s'enrichir à ses dépens ? Ce sont des économies qu'il lui faut, et non des pensionnés.

Art. 13. — On demande qu'il soit permis aux communautés de chasser et détruire avec des armes à feu, et en corps, les bêtes sauvages dans le temps où les récoltes sont prêtes à se faire : la chasse dont sont si jaloux les seigneurs, et pour le plaisir barbare de laquelle ils conservent et font garder si soigneusement leurs forêts, a nombre de fois fait gémir le pauvre cultivateur qui voyait, sans oser se plaindre, ses moissons foulées, ses champs renversés par les bêtes sauvages, sans espoir d'indemnité (de la part du seigneur auquel la chasse appartient) qui pût le dédommager de la perte qu'il fait et des frais que ses maîtres lui occasionnent pour poursuivre l'acquit d'un canon qu'il se trouve dans l'impossibilité de leur payer par le ravage de ces animaux.

Art. 14. — On demande ou la suppression des intendances et subdélégations, ou qu'il soit établi un moyen de pouvoir rappeler des opérations qui s'y font et en montrer l'injustice : tous ces tribunaux, où le pouvoir arbitraire est absolu, sont sujets à une quantité d'opérations dont on a souvent à se plaindre ;

et la diligence que l'on est dans le cas d'attendre de ces tribunaux n'a souvent lieu qu'après quelques dépenses qui pèsent encore sur les communautés ou les particuliers.

Art. 15. — On demande la suppression des corvées et banalités. Quant aux corvées, nous avons à nous plaindre que, sans avoir jamais vu de mandat de Monseigneur l'intendant, ou nous ait, dans des temps impraticables et chaque année, forcés, sous un simple ordre du subdélégué, de conduire par corvée, à quatre lieues de distance, le bois de l'état-major de Marsal ; jamais nous ne refuserons de marcher à l'ordre du Roi ; et, pour son service, nos vies, comme notre amour, lui sont dévoués. Mais on sent à quoi nous serions exposés si nous ne réclamions contre des voies de fait qui nous grèvent, et exigées sans autorité légitime. Pour les banalités, nous n'en sommes pas gênés à la vérité ; mais ne devons-nous regarder que nous seuls ? Cette dure servitude où sont de nos semblables ne nous afflige-t-elle pas autant qu'elle les gêne ? Comment des hommes qui se piquent d'humanité et de raison osent-ils encore laisser subsister des droits qui nous retracent l'odieuse servitude des siècles passés ? Quelle excuse peut les innocenter ? Un bénéficier dira-t-il qu'il est obligé de conserver et transmettre à ses successeurs des droits qu'il a juré de ne point laisser dans l'oubli ? Mais que pourront lui reprocher ses successeurs, quand le Roi et la Nation les auront abrogés et anéantis ? D'ailleurs, il est aisé de sentir que ce n'est pas tout à fait le dessein de transmettre à un successeur ce droit odieux, qui ne le fait pas supprimer par ceux à qui il est dévolu ; le revenu qu'on en fixe et qu'on stipule dans un acte, et qui diminuerait notamment, est bien la cause de son existence. Hélas ! combien d'êtres essayent de cacher ainsi leurs âmes intéressées sous des voiles aussi transparents.

C'est à cet article que l'on peut joindre un juste sujet de réclamation sur le droit que prétendent avoir les gouverneurs de provinces de retirer à volonté le droit de port d'armes qu'ils ont laissé à prix d'argent, et le rendre moyennant le payement d'un écu qu'ils exigent de nouveau pour leurs secrétaires ; si ce droit n'est pas contestable, il ne dépendra donc que d'un gouverneur de le supprimer autant de fois qu'il le voudra dans un an ou un certain espace de temps, ou qu'il changera de secrétaire, et le rétablir autant de fois moyennant cette imposition, et, par ce moyen, soutirer autant d'écus qu'il voudra au Tiers qui, seul, a besoin de cette permission ; ne voit-on pas que c'est là une singulière manière de le vexer ? Car, ou c'est la nécessité qui oblige les individus du Tiers à le demander, et la justice veut qu'il lui soit accordé gratis pour sa défense et sûreté, ou c'est le seul plaisir de jouir de la liberté de porter une arme, et, dès lors, l'esprit de la loi est éludé, qui a interdit l'usage des armes à tout être qui, pour des raisons de sûreté, n'en a pas besoin : hélas ! que de servitudes semblables lèsent et épuisent le Tiers !

Art. 16. — Les salines feront aussi un objet de réclamation bien pressant pour nous; quand on considère d'un côté leur inutilité pour la province et le royaume, et de l'autre la gêne, la misère et les plaintes qu'elles causent parmi nous, on serait tenté de croire qu'en voulant les laisser subsister telles qu'elles sont, on veut réduire l'espèce humaine, et dans quelque temps, à souffrir au milieu des bois un tourment à peu près semblable à celui que la fable nous rapporte de Tantale au milieu des eaux. D'abord, on ne peut disconvenir que ces salines ne soient inutiles à la province et au royaume. 1º La province et le royaume peuvent s'en passer ; on sait qu'il existe des moyens moins dispendieux et moins onéreux à la province d'avoir du sel ; on les indiquera quand on le désirera, et les Assemblées provinciales l'ont déjà fait. 2º Le produit et sel de ces salines ne se consomme pas tout dans la province et le royaume ; il passe en grande partie à l'étranger qui, sans qu'il lui en coûte d'autre sacrifice, ne le paye qu'à raison de trois liards et un sol la livre, et du gros sel, tandis que nous, auxquels on prend nos bois, le payons à raison de huit sols, et du sel menu. D'après cela, où est donc l'avantage pour la province d'avoir des salines, ou pour le royaume ? Hélas ! il ne faut que voir les étalages et dépenses de ceux qui en sont les fermiers pour voir que ce n'est pas l'État seul qui y gagne. Est-il donc raisonnable de sacrifier le bonheur et la tranquillité de tant de milliers d'âmes que renferme une province pour satisfaire l'avide intérêt de quelques particuliers qui viennent au milieu d'eux les narguer par leur opulence et leur faste ? Mais, si d'un côté on voit l'inutilité de ces salines pour la province et le royaume, chose que nous n'avons pas mis dans tout son jour de peur d'être trop diffus, on conçoit bien aussi la gêne, la misère et les plaintes qu'elles occasionnent parmi nous : 1° gêne du côté des employés destinés à parer à la contrebande tant du sel que du tabac, dont le nombre exorbitant effraye, tant par l'inquiétude et la terreur qu'ils donnent à ceux même qui n'ont rien à se reprocher que par l'argent prodigieux qu'il faut pour payer si grassement les argus vigilants, mais inutiles, persécutés et persécutants, et dont la conduite à l'égard du peuple répond fort bien à l'intérêt de ceux qui les entretiennent ; 2° gêne du côté de la Réformation établie pour la conservation des bois affectés à ces salines, et dont les gardes, qui ont part aux rapports (chose inique) qu'ils peuvent faire, sont intéressés à les multiplier, et à exercer une espèce de petite tyrannie sur les habitants de nos campagnes, auxquels ils mettent des entraves qu'il faut lever souvent un peu chèrement et dont l'intérêt toujours oppresseur soutire de toute manière au pauvre peuple ; 3° gêne du côté du bois, qui, étant tout affecté aux salines, ne nous en laissent point pour parer aux rigueurs d'un hiver et fournir aux besoins quotidiens soit pour le feu, charronnage, charpente, ou autre chose dont le besoin journalier et renaissant ne peut se satisfaire ; 4° gêne du côté du sel dont nous abonderions et servirions à une foule de choses comme engrais des bêtes, etc., et dont nous sommes obligés de nous priver pour nous-mêmes, à raison de sa cherté et de son poids qui fait qu'étant souvent humide, soit à dessein ou accidentellement, diminue notablement la quantité qu'on espérait en avoir.

Il ne faut pas, après cela, être surpris de la misère qui se fait sentir à l'occasion de ces salines, misère qui paraît dans le dépérissement notable des individus et qu'il est aisé de concevoir : il faut au corps une chaleur, ou naturelle ou artificielle, sans laquelle les pores se ferment, les fluides s'épaississent, les organes s'engourdissent, et la nature dépérit ; le naturel manquant, il faut recourir à l'artificiel. Mais quel moyen, quand, d'un côté, les salines qui engloutissent et consument tout le bois ne nous en laissent point, quand, d'un autre, la tyrannique Réformation, ce tribunal voué entièrement à l'intérêt de ceux qui en ont obtenu l'établissement et qui le rétribuent, nous fait payer en frais la triple valeur d'un chétif fagot que la nécessité nous oblige à chercher dans la forêt pour nous réchauffer, et notre famille, dont la douleur et les cris, à un âge tendre qui ne paraît pas encore fait pour souffrir, ajoutent encore à notre misère? Passe encore si elles se contentaient des bois qui leur sont affectés; mais, portant leur ardente et brûlante voracité sur tout, elles s'attribuent tous les bois et adjudications des particuliers, qui sont hors même de leur arrondissement, en vertu d'un privilège qu'elles disent leur être accordé et qui, à coup sûr, a été surpris à la religion du Conseil ; et défendent de façonner aucun bois de chauffage de quatre pieds de longueur, de manière que nous nous trouvons réduits à en manquer absolument, attendu que, dans l'arrondissement qui leur est assigné, elles s'emparent de tous les bois et que, passé cet arrondissement, il ne se façonne de bois que de quatre pieds de longueur, qui devient contrebande pour nous. Ah ! sans doute la tendresse du Roi n'a point encore été informée de cette manière d'opprimer son peuple par un monopole si odieux. Quel spectacle offre dans un hiver rigoureux l'asile des indigents ? Qu'on se peigne, s'il se peut, l'affreuse misère que respirent ces chaumières dans lesquelles gît un pauvre, et qui, par surcroît d'infortune, se trouve malade dans une saison dure telle que cet hiver nous l'a donné! Couché sur la paille, couvert légèrement, dans une chambre où le froid, le vent et l'indigence viennent fondre sur lui et sa famille éplorée, dépourvue de feu qui corrige les miasmes putrides qu'exhalent et la terre humide qui sert de plancher et le malade lui-même, miasmes qu'il est obligé d'aspirer et respirer mille fois, et qui, à coup sûr, deviennent de plus en plus putrides : de quel secours ne serait pas et quel bien ne ferait pas un feu qui, en même temps qu'il réchaufferait l'atmosphère, en corrigerait la malignité et égayerait un malade ? Mais il faut aux salines ce qui rachèterait la vie et rendrait la santé à un individu ; et, dans le calcul des traitants, un muid de sel a une valeur supérieure à celle d'un homme : ô soif inhumaine de gain, et que la bienfaisance d'un roi réprimera sans doute!

Ce n'est pas la portion pauvre du peuple qui souffre seulement, quoique la plus nombreuse, mais celle des riches encore, dont les doléances s'expriment sur le même ton ; d'où on conçoit que, si la réclamation est si unanime et si pressante sur l'oppression et le tort que font ces salines, chacun opinera à les supprimer, ou à les réduire au point qu'il ne leur fallût que le tiers de bois qu'ils consument ; ce qui aura lieu quand, dans chacune, on aura diminué les deux tiers des bassins qui servent à cuire le sel ; pour lors le bois, cette denrée de première nécessité, deviendra suffisamment commune.

On dira peut-être que le Tiers état n'est pas généralement si misérable qu'on voudrait le laisser voir ; mais la misère n'a-t-elle déjà pas assez de victimes de ceux qui souffrent ? Voudrait-on donc qu'ils soient tous soumis à la dure tyrannie et dure obsession où est l'humanité ?

Dira-t-on aussi que les commissaires que le Roi a envoyés pour examiner la forêt n'ont pas vu cette misère et pénurie de bois ? Mais en leur montrant la quantité de forêts qui nous environnent, on ne leur a pas dit que les salines les dévoraient toutes. Ils ont vu l'abondance dans l'asile qu'on leur a donné ; mais on ne les a pas conduits où la misère elle-même gémissait ; on n'en avait garde. D'après cela, il n'est pas surprenant qu'ils aient fait un rapport favorable à l'intérêt de ceux qui les éblouissaient par leur opulence. N'est-ce pas le moyen qu'on emploie encore pour masquer à un souverain, quand il voyage dans la province, l'infortune de ses peuples ? On les oblige à faire des réjouissances, et autre chose, pour lui laisser entrevoir que la misère n'est pas aussi grande qu'elle l'est, et rejeter les plaintes du malheureux ou ne pas les écouter, et l'empêcher de découvrir les agents barbares qui les vexent et les écrasent à son insu et les punir comme ils le mériteraient. Si on demande à quoi serviront pour lors leurs emplacements et bâtiments en cas de suppression, il est aisé d'y établir des manufactures de toutes espèces qui occuperont les mêmes bras et répandront l'abondance.

Art. 17. — Les traites foraines, hauts-conduits, forment encore un objet de plaintes. On sait ce que les traités d'échange ont accordé à la province des Trois-Évêchés ; et maintenant tous ces avantages ne sont plus conservés ; la multiplicité des droits et des endroits où il faut les acquitter exposent les personnes, même de la meilleure foi, à se trouver délinquantes ; il faudrait une étude de plusieurs années pour retenir et savoir à quoi dans chaque bureau on est tenu, et pour quelle espèce de denrées il faut payer ; les services mêmes que l'on est dans le cas de se rendre mutuellement exposent à une foule de désagréments ; que sur une voiture, charrette ou hotte, etc., si nous portions par service et sans rétribution d'un endroit voisin à un autre un meuble qu'on nous a prié de transporter, si on a oublié un acquit que l'on ne soupçonne pas nécessaire, alors la Ferme nous fait payer cher ce service que nous rendons et nous ôte toute envie d'être utile dans la suite.

A quoi donc servent de telles entraves entre sujets du même prince ? N'est-ce pas là un joug insupportable et ruineux et contraire à la tranquillité? Cette foraine, etc., est un labyrinthe dont on ne peut deviner l'objet, sinon de tendre un piège à la bonne foi et à la tranquillité! Rien n'est exempt de cette cruelle et gênante imposition. Elle renchérit tout et se perçoit sur tout, cuirs, fers, etc. Tout cela est tellement renchéri à raison des taxes que le tyrannique et despote intérêt de la Ferme ne cesse d'augmenter, qu'on n'ose plus se servir des choses de première nécessité : on tire sur le pauvre peuple tout ce que l'on peut, et de toute manière ; après cela, doit-on être surpris de son extrême indigence et de ses réclamations?

ART. 18. — On demande la suppression des Maîtrises dont les gages et honoraires exorbitants absorbent la meilleure partie du produit qu'ont à attendre les communautés ; et, de leurs opérations, on peut adjuger aux États ou Assemblées provinciales les fonctions de ces tribunaux ruineux et inutiles.

ART. 19. — On demande l'établissement, canton par canton, de chirurgiens-médecins. La distance de certains villages des villes où il en réside expose souvent les citoyens à périr faute de secours ; on demanderait qu'ils soient stipendiés du produit de la suppression des couvents, abbayes isolées, et non attenant à des villes, bourgs et gros villages.

ART. 20. — On demande qu'en faveur de l'agriculture on laissât aux cultivateurs un nombre de domestiques proportionné à leur train, francs de la milice, et qu'on ne soit plus à la merci d'un subdélégué qui agit arbitrairement dans cette fonction, obligeant les uns, dispensant les autres de tirer, selon son bon plaisir, ou les motifs qui décident de son choix ou de son refus.

ART. 21. — On demanderait qu'il y ait dans chaque province une école où les matrones fissent leur cours d'apprentissage ; il est inconcevable combien de mères et d'enfants souffrent, périssent ou sont estropiés, par l'impéritie de ces personnes, d'ailleurs si intéressantes à l'humanité.

ART. 22. — On demande que, pour éviter la cherté et disette

des blés et autres grains, on n'en permette l'exportation d'une année qu'après la récolte de la suivante faite, de manière que l'on ne se défasse des grains de l'année précédente qu'après qu'on sera sûr de la récolte de l'année courante ; et qu'elle soit libre à chacun.

Art. 23. — On demanderait que le parcours soit libre sur toutes les terres que cultive une communauté ; il y a de ces communautés dont les finages sont tellement retrécis que les terres qu'elles cultivent sont en très grande partie sur les bans voisins. De là, la pâture ôte les moyens d'entretenir du bétail, seule et avantageuse ressource dans les campagnes.

Art. 24. — On demanderait qu'au lieu de vingt-quatre heures qui sont accordées aux décimateurs pour lever leurs dîmes, il ne leur en soit accordé que douze ; quel changement et détérioration douze heures ne peuvent-elles pas amener dans une récolte, qui nuit au grain et cause aux fermiers des dommages, des raisons de la part de ses maîtres qui, en voyant un grain échauffé, s'embarrassent peu si on n'a pu le lever et engranger autrement? On sait d'ailleurs que cela nuit à la qualité des grains et, par conséquent, de la nourriture.

Art. 25. — On demande que les prieurés, commendes, chapelles et bénéfices simples soient supprimés, et qu'on emploie leurs revenus, un tiers à entretenir et reconstruire les églises, le second tiers à solder les gages des personnes en place dans la province, le troisième tiers à rétribuer suffisamment les maîtres d'école, cette classe d'hommes si intéressante à l'humanité et souvent indigente, et à entretenir dans un certain district des chirurgiens-médecins, et à styler des sages-femmes pour chaque endroit, et décharger par là les communautés de ces frais.

Art. 26. — D'après les réflexions et demandes précédentes, il est aisé de voir combien le Tiers état, dans les campagnes surtout, est obéré et entravé, par conséquent dans l'impossibilité de beaucoup concourir au secours et rétablissement des finances, puisque les siennes sont si minces.

Qu'il soit permis ici de donner encore une autre cause de la pauvreté. On sait que, dans les campagnes, les laboureurs sont les pères nourriciers, et que l'abondance et l'opulence ne se fait sentir parmi le peuple qu'autant qu'elle est établie chez eux ; c'est la dure condition où eux-mêmes sont réduits qui augmente encore la misère du village ; leur dure condition tire sa source de la cherté avec laquelle on leur laisse les fermes qu'ils cultivent ; un jour de terre, l'un portant l'autre, rapporte quatre quartes de grains ; il faut trois bichets pour l'ensemencer ; on exige deux quartes de canon par jour, reste par conséquent cinq bichets de blé à un cultivateur, gain sur lequel il est obligé de vivre, faire vivre et entretenir sa famille et ses domestiques, payer charron, maréchal, cordonnier, tailleur, marchand, les impôts, etc. Un cultivateur, serré de si près, craint de recourir à l'aide de personnes avec lesquelles il serait obligé de partager son chétif gain par le salaire qu'il serait obligé de donner à ses ouvriers ; ne faisant aucun profit, s'entretenant très difficilement, il est obligé de laisser dans l'inaction des personnes indigentes, dont le nombre compose la majeure partie des habitants d'un village ; ces personnes, ainsi sans occupation, n'ont cependant d'autre ressource pour soutenir leur vie et payer le Roi que ce qu'elles gagnent ; en ne gagnant rien, à quoi donc les réduit-on ? A mendier, voler, ou mourir de faim et de misère. Tel est, en peu, le tableau affligeant qu'offrent les campagnes dans ces environs ; où cette réflexion veut-elle nous mener ? Le voici. C'est à arrêter le luxe qui ne trouve jamais assez pour se soutenir, remplace l'humanité par la dureté. Que conviendrait-il donc de faire ? Ce serait d'obliger tous propriétaires à ne louer leurs fermes, biens, etc., qu'au tiers du produit de ces terres, fermes, etc. *La Nation* le voulant, personne n'aurait rien à dire ; le luxe se réglerait sur ce qu'il a à dépenser, et non sur l'espoir d'un accroissement continuel et de rentes sur les misérables cultivateurs qui trompent souvent le maître, tandis qu'il ruine le fermier. On dira peut-être : pourquoi ces insensés sont-ils si avides de faire des entreprises qui les ruinent ? Ne serait-ce pas le cas de répondre : pourquoi votre dureté les y oblige-t-elle ? Hélas ! que de saisies, depuis quelque temps, ont montré l'impossibilité où l'on réduit les cultivateurs de faire face à leurs affaires ! Les biens eux-mêmes en valent pis ; ils se détériorent et se décréditent ; ils se sentent du découragement où ils jettent un cultivateur qui entrevoit sa faillite. D'ailleurs, l'impossibilité où les salines mettent, en cas d'incendie, d'avoir des bois pour reconstruire, laisse une foule d'habitants entassés les uns sur les autres ; les loyers augmentent avec la rareté de logement ; et tout cela offre une misère complète que l'usure judaïque vient encore aggraver. On sait que c'est une ressource pire que le mal, que cette nation que nous nourrissons au milieu de nous et qui se prête bien chèrement au secours de ceux qui recourent à elle : ses conventions usuraires écrasent le peuple, tandis que sa finesse et son habileté dans cette manière d'appauvrir ses débiteurs la met à l'abri de toute poursuite par la jonction des rentes qu'ils joignent au principal dans leurs billets, contrats. Qu'il serait avantageux pour l'État que la Nation ne soit point vexée par ce peuple, infortuné à la vérité, mais bien nuisible; nous demanderions donc que les États généraux fissent attention à cela. Dira-t-on encore : pourquoi y recourir ? On répondra : pourquoi l'extrême cherté de toutes choses ne laisse-t-elle pas au cultivateur et commerçant les moyens de faire un gain honnête et suffisant ?

Art. 27. — On demanderait aussi que, pour éviter une foule de contestations et d'entraves, il y ait pour tout le royaume une seule et parfaite uniformité de poids, mesure.

Telles sont les réflexions et doléances qu'a l'honneur de soumettre aux opérations des États généraux la communauté de Vaucourt, les suppliant de vouloir être auprès de Sa Majesté les fidèles interprètes de son respectueux et entier dévouement pour son auguste personne, en même temps que les restaurateurs du bonheur et de la tranquillité tant du monarque que des sujets ; tâche bien flatteuse, et qui leur assurera la reconnaissance, l'estime, non seulement de la génération présente, mais de toutes celles qui, nous succédant, éprouveront les douceurs des établissements et redressements sages qui vont opérer l'heureuse révolution que la France attend d'eux, et qui doit couronner notre attente et les couvrir d'une gloire immortelle.

Nicolas Lecler ; Jean-Claude Mengin, *maire;* Joseph Gallois ; Sébastien Dieudonné ; Étienne Leclerc ; N. Janin.

VAXAINVILLE

CLXᴬ

« Procès-verbal de l'assemblée du village de Vaxainville (1), pour la nomination des députés. »
20 mars 1789,
« Sont comparus en l'auditoire au greffe de ce lieu, par-devant nous, maire. »
Village composé de 29 feux.
Députés : Pierre Michel,
Dominique Voinot.
Signatures : Dominique Voinot, *maire, syndic;* Jean Maxant; Mansuy Cuny ; Dominique Masson ; Pierre Michel.

CLXᴮ

Cahier des doléances, plaintes et remontrances que les habitants du village de Vaxainville fournissent au bailliage de Vic en conséquence de la lettre du Roi pour la convocation des États généraux. Les habitants prennent la liberté de dire qu'il est à désirer

ART. 1. — Les communautés composant la châtellenie de Baccarat ont déjà présenté leur vœu pour avoir des États provinciaux.

ART. 2. — Cette même châtellenie a toujours eu des portions de bois d'affouage et de marnage dans les forêts de Mgr l'évêque de Metz; pendant l'épiscopat de Mgr de Saint-Simon, on leur a refusé ce droit, ce qui a obligé les communautés de se pourvoir contre ce refus.

Ce procès a été évoqué au Conseil où il est pendant depuis

---

1. *Impositions ordinaires et prestation des chemins* pour les *six* premiers *mois* de l'année *1790* :

Imposition principale.	50 ₶	s.	d.
Accessoires de l'imposition principale.	99	11	9
Capitation et ses accessoires	113	17	9
Taxations des collecteurs	3	15	5
Droit de quittance au receveur des finances.	2	1	4
Prestation des chemins.	38	9	3
TOTAL GÉNÉRAL	307 ₶	15 s.	6 d.

(Arch. Meurthe-et-Moselle, L. 678.)
Deux vingtièmes et quatre sous pour livre du premier pour *1790* : 524 ₶ 13 s. 6 d.
(*Ibid.*, L. 308.)

plus de trente ans, et, pendant ce temps, les habitants sont frustrés de leurs droits, tandis que toutes les autres châtellenies qui appartiennent à mondit seigneur évêque jouissent de leurs droits.

Art. 3. — Les grands seigneurs obtiennent trop aisément les évocations au Conseil, les faibles succombent sous leur crédit ; il serait à souhaiter que les évocations ne fussent pas si fréquentes.

Art. 4. — Il est à désirer que l'administration ci-devant confiée aux intendants soit confiée aux États provinciaux qui établiront de distance en distance des bureaux auxquels on serait plus à portée de recourir.

Art. 5. — On se plaint beaucoup de MM. les intendants et subdélégués, de même que de leurs commis qui ont le plus souvent seuls décidé et fait décider les affaires.

Art. 6. — Les frais de justice sont exorbitants ; il serait nécessaire qu'il y eût une taxe imprimée de ces frais, conservée dans chaque communauté, pour y avoir recours.

Les inventaires ruinent les mineurs, ainsi que les opérations des huissiers-priseurs. Il serait possible d'attribuer aux municipalités l'apposition des scellés, la confection des inventaires, et de rétablir le droit des ventes sur le pied où il était avant l'établissement des huissiers-priseurs dont on demande la suppression.

Art. 7. — Le prix du bois est deux fois plus augmenté qu'il ne l'était il y a vingt ans ; cette augmentation de prix provient de la multiplicité des usines à feu construites dans les environs de Lunéville, Saint-Clément, Baccarat, Badonviller, etc. ; et qu'on supprimât une partie des usines à feu qui subsistent dans la France.

Art. 8. — Ces usines ont occasionné une grosse dévastation dans les forêts qui appartiennent à Mgr l'évêque de Metz, dont les gruyers n'ont guère observé les lois concernant les forêts.

Art. 9. — En payant huit sols la livre de sel, on ne peut élever avec aisance du bétail qui languit souvent faute de sel dans sa nourriture.

En conservant au Roi par un abonnement les sommes qu'il tire des fermes à sel et du tabac, en supprimant les salines, et rendant ces deux objets commerçables, on y gagnerait ; et le bois de chauffage diminuerait de prix.

Art. 10. — Dans le territoire de l'Évêché on a droit d'avoir des passavants gratis pour les objets qui sont pour l'usage des particuliers; et, au lieu de donner les passavants dans les bureaux, on oblige les Évêchois de se détourner de leur chemin pour prendre un haut-conduit, un acquit-à-caution, etc.; et, si on n'est pas muni de ces acquits, on force à faire des soumissions coûteuses, etc.

Art. 11. — Parce qu'il faut payer une marque de cuirs, une marque de fers, les habitants, des campagnes surtout, payent bien plus cher aux cordonniers, selliers, bourreliers et maréchaux les ouvrages qu'on leur fait faire.

Art. 12. — Les procès d'injures, de petites anticipations sur un terrain, sont fréquents et occasionnent souvent des descentes, vues de lieux fort coûteuses, ou des condamnations pour le trouble, etc. C'est sur les connaissances que les gens de campagne donnent aux juges dans ces circonstances que ces procès sont décidés. Pourquoi n'attribuerait-on pas la connaissance et la décision première dans l'espace de trois jours aux membres municipaux qui sont censés mieux connaître que personne les propriétés les uns des autres, ce qui n'empêcherait pas que celui qui serait condamné ne pût se pourvoir ensuite aux juges ordinaires en donnant quatre livres à la communauté? Cette somme, et le délai de trois jours pendant lesquels la colère et l'animosité du premier moment se seraient calmés, empêcheraient les trois quarts des procès de cette espèce.

Art. 13. — Il est très à désirer qu'on effectue le projet de réforme dans l'administration de la justice, qu'on supprime une infinité de petites opérations fort coûteuses dont les moindres procédures sont surchargées.

Art. 14. — Le petit village de Vaxainville qui n'est composé que de quatre laboureurs, et deux veuves laboureurs, tous fermiers, vingt manœuvres, et trois veuves, en tout vingt-neuf habitants à Vaxainville, payent au Roi pour toute imposition huit cent dix-sept livres un sol;

Et pour les travaux des routes, 84ᵗ 8 s. 3 d.; on désirerait de les faire en nature comme l'ancien usage, et on demande la suppression en argent.

Payent pour rente au seigneur, 52ᵗ 18 s.

Il conviendrait qu'il n'y eût qu'un seul impôt qui soit réparti sur tous les biens, de quelque nature qu'ils soient, à tant le jour, à proportion de la valeur des terrains, et sur la dixième suivant l'estimation qui en serait faite.

Art. 15. — Que les barrières soient reculées sur les frontières, pour que toute province puisse se secourir sans payer aucune maltôte, attendu que nous sommes tous Français et que nous appartenons au même souverain.

Art. 16. — Qu'il n'y eût dans le royaume qu'un même poids, même mesure et même aune, et que toutes sortes de grains soient roulés sur fer, pour que personne ne soit dupe.

Que, sur les marchés, toutes gabelles, de quelle espèce ce puisse être, soient abolies.

Art. 17. — Que, s'il était possible d'établir une seule coutume pour tout le royaume, cela obvierait à quantité de procès qui occasionnent souvent la ruine des familles, et, par conséquent, abrégerait le travail de la justice.

Art. 18. — Les religieux de Senones, qui ne sont pas du royaume, et qui ont toujours joui des dîmes, et qui, de temps immémorial, n'ont jamais rien donné pour les pauvres, il y a des réparations à faire essentielles dans l'église, les ornements sont en mauvais état, le tout à leur charge, et on ne répare rien.

Dans les villes il y a des hôpitaux, et dans les campagnes il n'y a que M^{rs} les curés pour suppléer aux aumônes.

Art. 19. — La communauté est chargée de payer le maître d'école et marguillier, comme n'ayant point de charrue, et que dans tout le voisinage ils perçoivent la dîme de la troisième charrue pour leur marguillier; et on demande qu'on diminue les décimateurs d'une charrue pour le marguillier.

Les soussignés, habitants de Vaxainville, fidèles sujets, ne cesseront de former des vœux pour le bonheur de Sa Majesté et celui de la Nation. Fait à Vaxainville le 20e mars 1789.

Art. 20. — Il y a un bois situé sur le ban et finage dudit Vaxainville, qui appartient au seigneur d'Herbéviller-Launoy, et que, du temps de nos ancêtres, on avait droit pour y aller vainpâturer; et, actuellement, le seigneur ne permet pas d'y aller; tous les jours on fait des reprises coûteuses, ce qui fait beaucoup de tort; comme on prétend que le bois vient des ancêtres, on désirerait voir les titres : il n'est pas possible de pouvoir les voir. Qu'il soit obligé à les montrer.

Dominique Voinot, *maire, syndic;* Mansuy Cuny; Jean Maxant; Dominique Masson; Pierre Michel.

VÉHO

CLXI ᴬ

« Procès-verbal de la communauté de Vého(¹) et nomination des députés. »
15 mars 1789,
« En l'assemblée convoquée au son de la cloche, en la manière ordinaire et accoutumée au domicile du s' Nicolas Bister, syndic de l'assemblée municipale, par-devant nous, maire, syndic de ladite communauté...., composée de 56 feux. »
Députés : Joseph L'hôte,
          Nicolas Bister, maire et laboureur.
Signatures : Nicolas Bister ; J. L'hôte ; E. Gérardin ; N. Thiébaut ; André Thirion ; Nicolas Marcel.

CLXI ᴮ

Cejourd'hui, 15 mars 1789.

Au domicile de Nicolas Bister, syndic de la communauté de Vého, à sa diligence, ladite communauté y étant assemblée par la voie du sergent et au son de la cloche accoutumé pour y entendre la lecture et publication des lettres du Roi et du règlement y joint, et de l'ordonnance de Monsieur Vignon, lieutenant-général au bailliage royal de l'Évêché de Metz à Vic, et l'assignation donnée par l'huissier Maldidier, de même que le procès-verbal d'assemblée pour par nous faire les remontrances que Sa Majesté demande de ses sujets, plaintes et doléances, ladite communauté, après avoir mûrement examiné, ont l'honneur de vous présenter tout ce qui suit,

---

1. *Impositions ordinaires et prestation des chemins* pour les *six* premiers *mois* de l'année *1790* :

Imposition principale	115 ₶	» s.	» d.
Accessoires de l'imposition principale	229	1	»
Capitation et ses accessoires	261	18	6
Taxations des collecteurs	9	5	11
Droit de quittance au receveur des finances	1	8	9
Prestation des chemins	88	1	10
TOTAL GÉNÉRAL	704 ₶	16 s.	

(Arch. Meurthe-et-Moselle, L. 677.)

Deux vingtièmes et quatre sous pour livre du premier pour *1790* :
1ᵉʳ cahier . . . . . . 1 304 ₶ 5 s. 9 d.
                             (*Ibid.*, L. 308.)

Savoir :

Art. 1. — Que les verreries, faïenceries sont en si grande quantité que les bois de tous leurs environs sont presque ruinés, et [cela] vient d'une cherté de deux tiers de plus au moins depuis douze ans, ce qui est cause que quantité de pauvres gens n'en peuvent plus avoir; ce qui est plus, toutes les coupes sont pour eux; personne n'en peut plus avoir presque pour de l'argent.

Art. 2. — Les forges sont de même en si grande quantité que le charbon, bois de charronnage se trouve augmenté depuis dix ans [au] moins du double, ce qui est cause que les maréchaux et charrons sont obligés à augmenter les prix au moins du double au laboureur. Par ce moyen, les laboureurs ne sont plus en état de [se] soutenir. On n'entend que des acclamations de tous côtés, que des laboureurs ruinés. Si donc les laboureurs ne peuvent plus [se] soutenir, qui est-ce qui sera le soutien pour pourvoir aux besoins nécessaires de la vie ?

Art. 3. — Nous voulons que les forges soient utiles pour fournir du fer pour satisfaire au besoin du laboureur; mais, si les verreries et faïenceries n'étaient pas si communes, il s'y trouverait que les charbons et bois de charronnage seraient d'autant plus communs que les forges et maréchaux, charrons en pourraient avoir plus commodément, et les laboureurs retrouveraient par ce moyen beaucoup de soulagement.

Art. 4. — Les trois salines appartenant à Sa Majesté, qui sont Dieuze, Moyenvic, Château-Salins, sont en trop grande consommation de bois. N'en pourrait-on pas supprimer l'une ou l'autre, ou diminuer sur chacune d'elles au moins la moitié de leurs poêles qui sont en augmentation depuis plusieurs années? L'on prévoit qu'il y en aurait encore suffisamment : cela donnerait beaucoup de soulagement à tous les peuples des environs.

Art. 5. — Les employés des Fermes du Roi sont en si grand nombre qu'il nous semble que cela coûte beaucoup à Sa Majesté, qu'il nous semble qu'ils sont peu utiles dans nos environs, où on en pourrait diminuer le nombre en mettant les sujets des Trois-Évêchés et du Clermontois dans la même convocation que la Lorraine, tant du côté de sels, tabac et acquits; que les sujets d'Évêchés se trouveraient bien soulagés par rapport au sel, que lesdits sujets d'Évêchés sont obligés de payer d'un prix que quantité de pauvres sujets de Sa Majesté n'en peuvent plus acheter; on retrouverait par [là] le moyen de diminuer les employés, vu que les employés coûtent considérablement tous les jours, ce que nous voyons sous nos yeux.

Art. 6. — En vertu des moulins à blé banaux, il s'y trouve quantité de communautés qui sont assujetties d'aller moudre dans un moulin ou l'autre; cependant, il y a d'autres communautés qui ne sont point assujetties; ces dernières arrivant un jour, deux, trois, etc., après ceux qui sont assujettis, seront encore diligentées avant ceux qui sont banaux; quelquefois, on renverrait de huit en huit jours ceux qui sont assujettis; encore ne peuvent-ils pas avoir le jour sûr pour aller moudre ledit grain; ne sommes-nous pas tous sujets de Sa Majesté? L'on pourrait supprimer cet abus, vu qu'il faut que chacun moule son grain dans un endroit ou dans l'autre.

Art. 7. — L'établissement des huissiers-priseurs. Nous demandons qu'ils soient supprimés pour cause que personne n'est plus maître de ses biens, vu qu'ils en exportent, tant frais de contrôle et autre chose, au moins un tiers de l'argent que l'on pourrait avoir de reste pour s'aider dans les besoins.

Art. 8. — Nous demandons que les parlements soient réunis au Tiers état sans qu'ils puissent décider d'aucune affaire sans que les députés du Tiers état n'y soient compris.

Art. 9. — Ladite communauté demande à Sa Majesté que les travaux des routes se fassent toujours à prix d'argent. Il est vrai que vous trouverez quelques communautés qui demanderont qu'ils se fassent toujours comme ci-devant à l'ancienneté. Ces communautés le peuvent bien demander. Pourquoi? Étant sur les lieux de leur entretien, dans une journée ils peuvent avoir fini leurs ouvrages, attendu que le plus grand nombre des citoyens de Sa Majesté sont une, deux et trois semaines, etc., sans pouvoir savoir si leurs ouvrages seront parachevés. Si donc en les continuant à prix d'argent, les travaux seront compatibles l'un comme l'autre.

Art. 10. — Ladite communauté demande que les maîtrises des bois soient supprimées, voyant qu'ils emportent au moins un tiers des bénéfices des bois qui se marquent dans une communauté.

Art. 11. — Que ladite communauté étant exposée à une seconde dîme appelée gerbeau, qui se prend après la grande dîme de douze gerbes, et ledit gerbeau se prend au vingt-quatre, ce qui diminue beaucoup l'avantage des propriétaires laboureurs. Nous demandons que ledit gerbeau soit supprimé à une seule dîme de douze gerbes, et qu'il soit libre à chaque particulier d'enlever ses gerbes quand elles seront liées et prêtes, sans cependant qu'aucun ne puisse être dans le cas de faire tort aux fermiers ou propriétaires de la grosse et menue dîme.

Art. 12. — Ladite communauté demanderait qu'elle puisse semer et ensemencer dans leurs potagers ce qu'ils jugeront à propos, sans qu'aucun ne puisse être attenu de payer aucune dîme.

Art. 13. — Ladite communauté demanderait que le Clergé paye rétribution à Sa Majesté, soit chanoines séculiers et réguliers, et des deux sexes et autres, etc., qu'ils soient réunis à une pension, qu'ils puissent vivre honnêtement sans tant de superflu; que, par ce moyen, Sa Majesté trouverait des moyens pour soulager son peuple; de même que les abbés commendataires, cardinaux, archevêques et évêques.

Art. 14. — Ladite communauté demanderait que Sa Majesté ait à supprimer les marques de cuirs et de fers, voyant que les cordonniers augmentent les souliers et les maréchaux leurs fers à cause des droits desdites marques qu'il faut payer une fois autant que du passé, et les pauvres sujets sont obligés de payer lesdits droits.

Ladite communauté demanderait que les coupelles et droits de caphouse [existant] dans plusieurs villes, qu'ils soient supprimés à cause que les sujets de Sa Majesté vont vendre leurs marchandises et sont obligés d'en payer lesdits droits ; c'est toujours les pauvres laboureurs qui subissent lesdits droits.

Tous ces articles au nombre de quinze, que ladite communauté a l'honneur de vous faire observer; et demandons à Sa Majesté et à Messieurs tenant l'assemblée des États généraux de nous vouloir faire grâce et justice.

Fait et clos ledit jour 15 mars 1789, ladite communauté y étant en plus grand nombre, qui ont soussigné avec nous ledit jour que ci-dessus, après lecture à eux faite.

J. L'hôte; Nicolas Bister; N. Thiébaut; E. Gérardin; Nicolas Marcel; André Thirion.

VELAINE

CLXII ᴬ

« Procès-verbal de l'assemblée de la communauté de Velaine (¹) pour la nomination des députés. »
15 mars 1789,
« Sont comparus en l'auditoire de ce lieu, par-devant nous, George Martin, syndic de l'Assemblée. »
Communauté composée de 66 feux.
Députés : George Martin, syndic de l'Assemblée,
    Nicolas Marchand, membre.
Signatures : George Martin, *député ;* N. Marchand, *député ;* J. Méhul, *greffier ;* Sigisbert Poirel ; N. Midon ; J.-C. Voinier.

CLXII ᴮ

Cahier de doléances et représentations de la communauté de Velaine, en vertu des lettres du Roi pour la convocation des États généraux, et du règlement y annexé du 7ᵉ février 1789

Art. 1. — La communauté désire qu'à l'avenir on ne puisse établir ni proroger aucun impôt que du consentement de la Nation, et que chaque province soit chargée de son administration.

Art. 2. — Elle demande justement la diminution du prix du sel d'aussi grande nécessité que le pain pour la plupart des habitants de la campagne, dont la cherté désole et ruine les familles tant par la rareté, le prix et la dégradation des forêts qu'occasionne le sel que par les contraventions auxquelles s'exposent les Français qui payent le sel plus cher que les Lorrains, leurs voisins immédiats : [ce] qui a fait que nos troupeaux sont languissants et souvent ruinés par des maladies.

---

1. *Impositions ordinaires* pour les *six* premiers *mois* de l'année *1790 :*
Imposition principale. . . . . 185 ₶ » s. » d.
Impositions accessoires. 368   9   6
Capitation 421   7   3
        Total. . . . . 974 ₶ 16 s. 9 d.
Deux vingtièmes et quatre sous pour livre du premier pour 1790 :
Biens-fonds . . { 1ᵉʳ cahier . . . 850 ₶ 9 s. 9 d.
             { 2ᵉ cahier . . . 501   4   9
        Total. . . . . 1351 ₶ 14 s. 6 d.
(Arch. Meurthe-et-Moselle, L. 308.)

Art. 3. — L'administration des frais de Maîtrise pour l'exploitation de quelques portions de bois qu'elle a conservées et pour les pâturages dans ces mêmes bois.

Art. 4. — L'exemption de milice pour les laboureurs comme en Lorraine, qui, par ce défaut, n'ont que le rebut des domestiques, encore avec peine, ce qui fait tort à la culture.

Art. 5. — Elle se plaint amèrement qu'outre les subvention et capitation de dix-neuf cent et dix livres, outre les vingtièmes de huit cent cinquante livres, la dîme, la charge de cinq maisons mendiantes dont chacune vient plusieurs fois solliciter toutes sortes de denrées à plus pauvres qu'elle-même, outre les corvées de trois cent dix-huit livres et une dette de sept cents livres dont est chargé le village de Velaine, de soixante-six feux, dont plus de la moitié est très pauvre et le devient de plus en plus, et est logée dans les habitations qui font rougir l'humanité, elle est écrasée de cens, redevances et impositions très fortes que son seigneur tire sur les laboureurs, sur les chevaux, sur les brebis et vaches et sur les maisons, sans parler d'un repas abusif et dispendieux qu'exige un prieur bénédictin. Bien plus, son seigneur lève tous les ans cinquante-trois livres sur ses habitants, s'attribue le tiers de ses terres communales dont la communauté en paye le vingtième, sans vouloir produire d'autre titre que sa volonté. Elle préfère d'être esclave plutôt que de recourir à la justice si dispendieuse et si difficile d'obtenir, surtout à un tribunal où préside son seigneur.

Art. 6. — Elle se plaint des frais d'inventaires, qui absorbent souvent l'espérance des héritiers et des orphelins;

Art. 7. — Des barrières qui ne renferment qu'un petit nombre d'habitants qui ne peuvent faire un pas sans être obligés de sortir de leurs limites pour avoir des acquits que l'on multiplie à volonté, qui nuisent nécessairement au commerce, exposent des innocents à de fortes peines pécuniaires, et sont un nouvel impôt pour des villages qui ne sont français que pour être plus chargés.

Fasse le ciel que nos cris parviennent jusqu'au trône de notre Souverain, et que nos vœux soient exaucés; nous bénirons, avec la postérité, Louis XVI qui nous rend la liberté.

N. Marchand, *député;* George Martin, *syndic;* N. Midon; J. Méhul, *greffier;* Sigisbert Poirel; J.-C. Voinier.

VENEY

CLXIII ᴀ

« Procès-verbal d'assemblée du village de Veney (¹), province des Trois-Évêchés, pour la nomination des députés au bailliage de l'Évêché de Metz à Vic. »

20 mars 1789,

« Sont comparus en l'auditoire de ce lieu, par-devant nous, Nicolas Michel, syndic. »

Village composé de 28 feux.

Député : Nicolas Michel.

Signatures : Alexis Marchal ; François Michel ; J.-B. Colin ; Laurent Mathieu ; Dominique Deveaux.

CLXIII ᴮ

Cahier des plaintes, doléances et remontrances que la communauté de Veney, province des Trois-Évêchés, entend faire au Roi lors de la tenue des États généraux du royaume

[Ce cahier est identique au cahier de Vacqueville, sauf pour les alinéas quatrième et septième dont nous donnons ci-dessous les textes différents. Cf. ci-dessus, *cahier de Vacqueville*, n° CLV ᴮ.]

L'administration de la justice est souvent lente et de la plus dispendieuse. Le bailliage de l'Évêché de Metz à Vic, auquel Veney ressortit, est éloigné de dix lieues et demie...

Ci-devant le travail des chaussées se faisait dans au plus deux journées, en saison libre, la communauté ayant sa portion

---

1. *Impositions ordinaires et prestation des chemins* pour les *six* premiers *mois* de l'année *1790* :

Imposition principale.	52 ₶	10 s.	» d.
Accessoires de l'imposition principale	104	11	4
Capitation et ses accessoires	119	11	6
Taxations des collecteurs	5	7	6
Droit de quittance au receveur des finances	»	13	3
Prestation des chemins	40	7	6
TOTAL GÉNÉRAL	323 ₶	1 s.	1 d.

(Arch. Meurthe-et-Moselle, L. 677.)

Deux vingtièmes et quatre sous pour livre du premier pour *1790* :
1ᵉʳ cahier . . . . . . 163 ₶ 3 s. 3 d.

(*Ibid.*, L. 308.)

à proximité d'elle, ce qui pouvait être de la valeur d'environ cinquante livres de France, tandis que actuellement elle paye quatre-vingt-seize livres.

Fait et arrêté en l'assemblée générale de la communauté de Veney, le 20ᶜ mars 1789

Alexis Marchal; Laurent Mathieu; François Michel; J.-B. Colin; Dominique Deveaux.

VENTZWILLER

CLXIV^A

Procès-verbal.
17 mars 1789,
« Sont comparus par-devant nous, Michel Zeller, syndic de la communauté de Ventzwiller. »
Communauté de 40 feux.
Députés : Michel Zeller, syndic,
Jean Walter.
Signatures : Jacques Lambinet; Joseph Sifange; Jean Deprez; Jean Walter; Michel Zeller, *syndic;* Nicolas Mass.

CLXIV^B

Cahier des doléances, plaintes et remontrances des habitants de la communauté de Ventzwiller, au Val de Guéblange, pour être remis à leurs deux députés nommés et choisis par pluralité de voix en l'assemblée de la communauté, lequels se rendront à l'assemblée du bailliage de l'Évêché de Metz à Vic, le 23 mars présent mois, en exécution des lettres de Sa Majesté du 7 février dernier, et de l'ordonnance de M. le président, lieutenant-général audit bailliage, du 27 dudit mois, et de l'assignation donnée en conséquence à ladite communauté le 12 du courant

Art. 1. — Nous désirons qu'à l'avenir on ne puisse établir ni proroger aucun impôt que du consentement de la Nation.

Art. 2. — Nous demandons que notre province soit elle-même chargée de l'administration ci-devant confiée aux intendants; il en résultera une épargne et une meilleure administration à notre province ; la plainte est réelle, parce que les intendants sont ordinairement la plus grande partie de l'année dans la capitale du royaume; et, dans ce temps, leurs autorités sont confiées à leurs commis et subdélégués, en décrétant au nom des intendants les plaintes qui sont portées à son tribunal ; et ses secrétaires et subdélégués agissent par faveur différentes fois, de manière que la plainte ne voit différentes fois plus le jour; d'ailleurs, si nous n'avons qu'une seule administration provinciale, il n'y aura qu'une seule messagerie, ce qui ménagera des frais énormes à toutes les communautés.

Art. 3. — Nous nous plaignons de la cherté excessive et de la rareté du bois de chauffage, cette espèce de la première nécessité. Dans les salines établies en Lorraine, celle de Dieuze tournait sur sept poêles il y a environ 30 ans; à présent, elle travaille sur trente-six poêles ; ce qui achève de soustraire le bois à l'usage des citoyens et même de mettre la disette dans tout le canton à cet égard, c'est que les salines sont parvenues à se faire affecter les bois des gens de mainmorte, qui auparavant étaient dans le commerce. Nous en éprouvons ici les plus grands maux : il y a sur nos finages une forêt de la consistance de deux mille quatre cents arpents, laquelle appartenant au domaine de l'Évêché de Metz et qui, depuis quelques années, a été cédée au Roi et affectée à la saline de Dieuze ; cette forêt pourvoyait à l'approvisionnement des sept villages de la châtellenie et au delà ; aujourd'hui qu'elle est retirée du commerce des hommes, tout le canton n'a plus que des ressources éloignées excessivement chères et qui se perdent annuellement, car notre meilleure ressource était dans le Nassau, pays étranger qui nous avoisine, et cette porte vient de nous être fermée par la défense faite par les Princes de laisser exporter des bois de leur pays; ainsi nous allons être dans le cas d'aller à sept lieues chercher notre chauffage et nos autres bois; et nous nous rapprochons d'autres usines à feu comme les verreries établies en la Lorraine, et les usines de fer, qui nous repoussent toujours par leurs crédit et faveur. Nous méritons d'autant plus d'attention dans cette contrée par les frontières que nous avons avec l'étranger en temps de guerre, ou passage des régiments des divisions d'une armée et de tout le train qui l'accompagne. Chose inouïe dans l'affectation de la forêt du Val de Guéblange à la saline de Dieuze, c'est que cette forêt en est à la distance de sept lieues ; aussi la saline ne fait pas conduire chez elle le bois en nature ; les frais de convoi lui seraient trop à charge. Que fait-on? On le brûle dans la forêt, et on le convertit en charbon, et on mène le charbon à la saline. Il faudrait dix voitures pour mener dix cordes de bois en nature à la saline ; il n'en faut qu'une pour y mener dix cordes converties en charbon. Nous demandons la désaffectation des bois à la saline.

Art. 4. — Le bois est dévasté dans notre canton et particulièrement sur nos bans ; la cause en est que les officiers des forêts ne laissent pas une réserve suffisante, notamment pour la vieille écorce. Le bois de nos finages est tombé dans la juridiction des officiers de la Réformation ; ce tribunal est formidable au peuple, il est absolu et ne relève d'aucun tribunal supérieur dans la province. Il est presque toujours au premier et dernier ressort des causes importantes, n'est sujet à l'appel qu'au Conseil. Nous éprouvons des vexations exorbitantes en tous genres de la part des gardes des forêts installés par ce tribunal, parce qu'ils ne croient pouvoir être déplacés que par une décision du Conseil. On nous vexe encore dans un autre genre : nous n'avons plus de bois chez nous, pour les besoins de nos ménages, à nous procurer que du bois de quatre pieds, parce qu'on n'y en fait pas d'autre ; cependant, on nous met en contravention, et on nous ruine dans ce tribunal quand les forestiers nous en trouvent quelques bûches. Il serait donc à désirer que l'administration des bois ne fût confiée qu'à des tribunaux sujets à la correction, et nous avons un grand nombre d'autres plaintes que nous passons sous silence pour ne pas être diffus. — Nous avons conservé nos droits d'usage dans la forêt située sur nos finages ; ils ont été réduits par un arrêt de la Réformation de 1746, par un arrêt du Conseil de 1756 à deux cordes de bois et trois cents fagots par laboureur cultivant vingt jours de terre à la raie, et à une corde de bois et à un cent de fagots par manœuvre, à une portion de grasse et vaine pâture qui nous présente un très faible avantage à cause que le meilleur de cette forêt se convertit en jeunes taillis par la multiplicité des coupes que la saline y fait faire. Nous avons conservé aussi nos droits de marnage, qui ont été réduits aux seuls gros bois, et pour le seul cas de réparations à nos maisons, bien constatées et prouvées nécessaires par des visites judiciaires dont les frais en ont presque toujours absorbé la valeur. Nous observons que dans peu d'années nous nous trouverons entièrement privés de nos droits d'affouage, marnage et pâturage dans ledit bois : le règlement fixait à soixante et quinze arpents la coupe annuelle en usance, ce qui nous ramenait des coupes du même âge à la révolution : mais, aujourd'hui, cet ordre est interverti au préjudice de nos droits, et la Réformation faisant exploiter annuellement au delà de deux cents arpents, notre bois sera converti bientôt en jeune taillis, et nous serons alors entièrement privés de pâture, d'affouage et de marnage, sans que néanmoins dans les grandes coupes actuelles on nous délivre plus d'affouage que le comporte le règlement; au contraire, en ce qui concerne les fagots, on nous traite arbitrairement, et on nous délivre les fagots selon que toujours on le juge, et les cimes et houpilles de 75 arpents ont pu produire, et certainement la bonne estimation n'est pas pour nous, car il arrive ordinairement que le manœuvre n'en reçoit qu'environ quarante, et le laboureur le double.

Art. 5. — Les traites foraines sont une grave oppression du public pour le commerce, car il faut à chaque pas des acquits par les enclaves multipliées en notre province avec la Lorraine. Il nous en faut pour les plus simples bagatelles que nous tirons des villages voisins pour entretenir et faire sustenter nos maisons. La perception de cet impôt [se fait] d'une manière si injuste qu'elle n'est pas la même dans tous les bureaux; car, dans l'un, des droits se perçoivent plus forts que dans l'autre pour les mêmes objets, et on ne trouve pas quatre buralistes qui soient uniformes dans la perception. Enfin, cet impôt est d'un très faible rapport à l'État, car la plus grande partie du fonds en est absorbée par les frais considérables de la régie.

Art. 6. — Nous sommes grevés par l'impôt sur les cuirs. C'est un impôt qui n'était pas connu ci-devant dans la province. Il n'y a qu'environ vingt ans qu'il est introduit. Cet impôt tient dans l'assujettissement des tanneurs qui ne peuvent vendre leurs cuirs qu'il ne soit timbré, ce qui est préjudiciable à l'activité du commerce et au service du public : d'ailleurs, cet impôt produit une cherté dans le cuir, qui est une chose de première nécessité; en effet, le cuir est augmenté au moins d'un tiers à cause dudit impôt; et, ce qui étonne le plus qu'il ait pu subsister si longtemps, c'est que le Roi lui-même le paye pour toutes ses troupes; en effet, les cuirs pour les souliers de l'infanterie et les bottes pour la cavalerie et les troupes légères, en un mot pour les bandoulières, selles, brides et harnachements sont sujets à cet impôt : conséquemment, il est non seulement préjudiciable au public, mais encore à l'État. Enfin, le fonds de cet impôt rapporte très peu à l'État à cause des grands frais de régie.

ART. 7. — Tels sont aussi les impôts de marque de fers. Les mêmes raisons peuvent s'appliquer [qu'] à l'article précédent. Il y a de plus ; nous payons deux fois la marque de fers pour le même objet : en Lorraine, et chez nous, parce que nous ne pouvons avoir du fer qu'en passant par la Lorraine qui nous entoure.

ART. 8. — Le prix du sel est exorbitant : nous le payons à huit sols de France la livre, encore faut-il payer le voyage d'un messager pour l'aller chercher à trois lieues de distance au magasin. Conséquemment, c'est un grand objet de dépense, surtout dans la maison d'un laboureur. Ce prix excessif est cause que nous ne pouvons [faire] que très peu de nourri de bestiaux : il est cause encore de la plupart des maladies épidémiques qui règnent, et si souvent, parmi le bétail. Si on parvenait à rendre le sel marchand, il en résulterait le plus grand avantage dans la campagne. D'ailleurs, le prix extraordinaire du sel cause des horreurs parmi la basse classe du peuple que l'indigence pousse à se hasarder d'en aller prendre à l'étranger qui nous avoisine, et où le prix n'est qu'à un sol et demi la livre : la plupart de ces pauvres gens sont pris ou attaqués par les employés. De là des batailles, des meurtres, ou au moins la ruine de plusieurs familles. On remarque aussi que c'est le meilleur sel que nos salines font conduire à l'étranger; que les routes dont nous payons les réparations et les entretiens sont annuellement dégradées par l'énorme roulage du sel de nos salines à l'étranger; on a également à se plaindre des employés des Fermes, qui culbutent journellement les maisons des citoyens par des visites domiciliaires et qui causent mille maux à la campagne.

ART. 9. — Nous désirons aussi que le tabac soit rendu marchand; car, si le tabac [et le sel] ne sont plus des marchandises prohibées, si la foraine, la marque des cuirs et celle des fers sont supprimées, on pourra congédier une armée de gardes qui rongent les finances de l'État et qui font la guerre au pauvre peuple.

Art. 10. — Les Juifs établis en grand nombre dans notre contrée y occasionnent la ruine de bien des familles ; cette nation ne vit que d'usures ; les individus qui la composent n'ont ni profession ni métier ; ils s'appliquent dès la jeunesse à connaître toutes les subtilités, les ruses et les tours qui peuvent les conduire à des commerces illicites. Il importe donc au bien public qu'il soit pris des mesures efficaces pour empêcher l'usure et les mauvais commerces des Juifs et pour les obliger à embrasser des métiers et professions utiles qui les retiennent au travail, à peine d'être chassés des États.

Art. 11. — Il est à désirer que les prévarications des ministres et de tous les gens en place soient à l'avenir punies comme celles des gens du commun.

Art. 12. — Un des plus grands biens publics serait aussi d'avoir une justice prompte et moins ruineuse, l'expérience journalière ne faisant voir que trop que les procès ordinairement trop traînés par des appels d'un tribunal à l'autre ruinent à la fin tant l'impétrant que le perdant ; il serait à désirer, et même un cas très important que, jusqu'à la concurrence d'une certaine somme, la justice pourrait se rendre dans chaque communauté, ou que les juges, notaires, avocats, procureurs et sergents soient taxés de leurs vacations, vu [que] les sommes exorbitantes dont ils se font payer par des pauvres gens ruinent bien des familles. Car en quoi est nécessaire cette sorte de justice, comme celle de la châtellenie d'Albestroff, que pour la ruine publique ? Enfin, la même justice se pourrait faire dans chaque communauté sans qu'on ait besoin [de] ces sortes de chicanes ruineuses qui sucent jusqu'au sang la fortune des pauvres gens. Or, si ces sortes de justice étaient taxées, le particulier se pourrait borner, sans être dans le cas de leur donner toute sa fortune, même pour des affaires de peu de conséquence.

Art. 13. — D'autres importunités semblables sont à la charge des pauvres habitants de la généralité, tels que les inventaires ; car les substituts, non contents de voir l'un ou l'autre des conjoints décédé, et quelquefois tous les deux, se font payer trop gracieusement des mineurs, de sorte que les pauvres mineurs se voient différentes fois en succomber. En un mot, les pauvres habitants forment des plaintes amères de n'avoir pas des règlements à cet égard et des taxes pour ces sortes de vacations de M^{rs} les officiers de la généralité.

Tels sont aussi les jurés-priseurs, lesquels exigent des sommes excessives des pauvres mineurs pour peu de vacation, de sorte que, si un particulier désirait de faire une vente publique, [il] préfère une vente non publique à un petit prix, de manière qu'il serait obligé de payer l'excédent de ce qui lui en reviendrait auxdits jurés-priseurs. Enfin, les ventes des mineurs se pourraient faire, de même que les inventaires, par les gens de justice de chaque lieu; par cette manière, les orphelins épargneraient des sommes immenses en cet égard.

ART. 14. — La police des mésus champêtres est très mal ordonnée, vu qu'on n'y voit que des vols dans les champs, prés et jardins. Si les délits étaient punis par des châtiments non vigoureux, soit par emprisonnement, ou quelque peine pécuniaire dans chaque communauté de leurs délits, ces mêmes vols ne seraient plus si communs, et [ils] s'en donneraient de garde, tant pour conserver leur honneur que devoir.

ART. 15. — La communauté de Ventzwiller commence à s'appauvrir très notamment; et, en délibérant sur la source de cette décadence, on trouve que c'est purement la pluralité des charges et surcharges de choses ci-dessus et, d'autre part, comme aussi celle des augmentations et des impositions d'années à autres : savoir, en la présente,

Subvention, ci	432[#]	7 s.	8 d.
Capitation	233	5	3
Dixième denier	422	1	3
Corvées royales et perfectionnement des routes, ci	106	7	9
Rente seigneuriale à Mgr l'évêque, ci	102	»	»
Total	1296[#]	1 s.	11 d.

somme énorme pour un petit village comme celui de Ventzwiller dont la totalité des habitants [ne] consiste qu'en pauvres gens et fermiers, de sorte que toutes ces sommes réunies ensemble peuvent faire le tiers de la production du ban de Ventzwiller, sans compter quatre-vingt onze paires de trézaux qu'un grand-fermier et quelqu'autre perçoivent du même notre ban, sans compter un nombre d'étrangers qui tient des terres et prés en propre sur un ban non assujetti aux cotes personnelles de ce lieu.

Art. 16. — La vexation des employés des Fermes du Roi est extrême, dont la cherté du sel et tabac avec d'autres traites foraines dépendant de la Ferme générale en sont la seule cause, lesquels [sont] très onéreux à l'État ainsi que les charges et surcharges, de manière qu'une grande partie de cet endroit et de l'arrondissement sont pauvres gens ; enfin, par loi illicite, sont différentes fois forcés de faire de la contrebande en hasardant leurs vies et fortunes et, par là, ils sont d'abord dans le cas d'être tués à coup de fusil par les employés de la Ferme qui, en des certaines rencontres, ne donnent aucune rémission, ayant eu depuis peu d'années vu que trop grand nombre de tués de leur part ; et, par là, un nombre de familles sont ruinées et forcées même d'abandonner leur patrie pour s'établir dans des pays étrangers. Enfin, nous demandons et supplions pour l'abolissement desdits employés, ou des bornes à leurs fureur et supercherie.

Art. 17. — Nous désirons une répartition égale dans tous les Ordres ; enfin, le désir extrême des habitants de cette communauté est de pouvoir obéir à leur Souverain en les retirant de l'esclavage de leur seigneur et de ses officiers.

Art. 18. — Nous avons trois collecteurs pour les dîmes, savoir : dans toute la paroisse Mgr l'évêque de Metz pour un tiers, l'abbaye de Vadegasse pour un tiers et le sieur curé pour l'autre tiers, dont Monseigneur l'évêque avec le s^r curé tient la dîme des cochons de lait et des jeunes brebis ; enfin, Mgr l'évêque tient le profit entier des prés communaux, comme seigneur. Outre de tout cela, les communautés du Val de Guéblange sont chargées de toutes les réparations de leur église et la perfection en général d'icelle ; il serait juste et raisonnable que les collateurs en eussent les charges, attendu qu'ils perçoivent les dîmes. Les églises du voisinage sont bâties aux dépens du Roi où il perçoit les dîmes. Pourquoi donc celle de cette paroisse n'est-elle pas à la charge de ceux qui perçoivent tant les rentes des prés et de toute autre chose en tiers que les dîmes ? Même les communautés sont aussi chargées de tenir les bêtes mâles.

Art. 19. — Le trèfle planté en la troisième saison, qui est en repos, est très endommagé par la quantité nombreuse des moutons d'admodiateurs étrangers, lesquels viennent manger jusqu'à la racine le trèfle planté en cedit canton. Il serait à désirer que la grasse et vaine pâture serait laissée à chaque communauté, ou du moins eussent la préférence avant tous ces admodiateurs étrangers ; par ce moyen, ils seraient libres de tenir et de faire et planter dans leur canton et saison selon qu'ils le jugeraient à propos, sans être assujettis aux dîmes ; même on supplie très humblement que les jardins soient exempts de dîme, tant grosse que menue.

Art. 20. — De vers 1770, il a été rendu un arrêt du Conseil d'État qui ordonnait la clôture des prairies par des fossés autour d'icelles ; ce qu'on croit être cause de son infertilité, vu que lesdits fossés empêchent de recevoir l'amendement des terres aboutissant. Or les fossés peuvent être fermés ; donc chaque propriétaire pourrait en jouir selon qu'il le jugerait à propos.

Art. 21. — Le Val de Guéblange a l'honneur, ainsi que Kirwiller et Hazembourg, de remontrer très humblement que les barrières de la province de Lorraine et les princes de Nassau les aboutissent, savoir les terres du prince de Nassau au levant, les terres de la Lorraine au septentrion et au midi, de manière qu'ils sont assujettis, en sortant même de leurs maisons, à des vexations exorbitantes des acquits, sont vexés par les employés d'une manière si cruelle à cet égard que la vie humaine leur est insupportable.

Au contraire, ils doivent avoir recours aux lois de leur patrie qui est la France ; et, nonobstant, les officiers de la justice établie par Mgr l'évêque en la châtellenie d'Albestroff cherchent à les ruiner totalement. En un mot, tout le Val de Guéblange avec Kirwiller et Hazembourg sont enclos en esclavage comme dans un jardin. Enfin, nous avons au milieu de nos dites communautés une forêt de deux mille quatre cents arpents, laquelle appartenant au domaine de l'Évêché de Metz, et, depuis quelques années, a été cédée au Roi et affectée à la Réformation et saline de Dieuze. Cette forêt pourvoyait à l'approvisionnement des sept villages de la châtellenie : aujourd'hui, on nous vexe d'une manière si cruelle par des rapports qu'on nous fait, que même pour une charge à dos de bois mort on nous condamne à treize livres de fraude pour amende; même si une bête vient à s'échapper dans ledit bois et qu'un forestier en fait son rapport, cette bête est condamnée à quarante livres d'amende et autant de dommages et intérêts. Enfin, il est arrivé qu'un nombre de pauvres habitants ont été un [sic] couple de fois dans ladite forêt ramasser de la faîne pour pouvoir faire quelque roquille d'huile à leur propre usage, ont eu des rapports, ce qui n'est jamais arrivé dans cette forêt, ont été condamnés à des amendes pécuniaires très énormes qui achèvent à la ruine totale des pauvres gens.

Art. 22. — Une autre importunité est à la charge du public, qui sont les châtreurs, lesquels ont financé pour une certaine époque la moitié d'une province, lesquels exigent des sommes exorbitantes, même si les particuliers en font en leur absence ce devoir, attendu qu'ils ne se présentent que deux fois par année; enfin, les communautés demandent que cette charge soit abolie et qu'un chacun puisse faire avec ses propres bêtes tout ce qu'il juge à propos.

Art. 23. — La communauté de Ventzwiller est composée de quarante et un feux, lesquels demandent que les ordonnances soient traduites en allemand, attendu qu'il n'y a nul habitant en cette communauté qui en sait lecture française, de manière qu'on est obligé d'aller différentes fois des deux à trois lieues de loin pour en avoir l'interprétation.

Telles sont les plaintes, doléances formées par la communauté de Ventzwiller. Fait, clos et arrêté en pleine assemblée de communauté, qui ont signé lesdites plaintes après lecture et interprétation faites, à Ventzwiller, ce 16 mars 1789.

Jacques Lambinet; Joseph Sifange; Jean Deprez; Jean Walter; Nicolas Mass; Michel Zeller, *syndic*.

VIC (Ville de)

CLXV

Procès-verbal.
15 mars 1789,
« Sont comparus en l'auditoire du bailliage de la ville de

Vic(¹), par emprunt de territoire, par-devant nous, Claude-François Vignon, président, lieutenant-général au dit bailliage, maire et chef de police de ladite ville, et autres officiers municipaux. ladite assemblée présidée par nous, lieutenant-général et maire... habitants de ladite ville, composée de 675 feux, dont 160 tenus par femmes veuves. »

Députés : M⁰ Jacques-Nicolas Gérard, doyen des avocats, procureur-syndic de la ville de Vic,
    Mᶜ Nicolas Michel l'aîné, avocat en parlement,
    Mᶜ Nicolas-Sigisbert Ballant, maître particulier de la Maîtrise, avocat en parlement,
    Mᶜ Nicolas Doyen, ancien procureur du Roi de l'hôtel de ville, avocat en parlement.

Signatures : Balland ; Doyen ; Michel l'aîné ; Gérard ; Vignon, *procureur-général-fiscal;* Chapouillet ; Thiriet le Jeune ; Thomas Vautrin ; François Poirot ; Virion ; Fridric Parisot ; Vignon.

CLXV⁎

Cahier des remontrances, plaintes et doléances, moyens, avis et réclamations de la ville de Vic, chef-lieu du domaine temporel de l'Évêché de Metz, rédigé en l'assemblée générale du tiers Ordre de ladite ville, le 15 mars 1789

Au Roi :

SIRE,

Une ville anciennement libre sous des Évêques souverains, heureusement réunie à la couronne de France depuis près de trois siècles, mais qui, toujours trop éloignée de votre trône pour y dénoncer facilement les abus qui se sont appesantis

---

1. *Impositions ordinaires* pour les *six premiers mois* de l'année *1790* :
Imposition principale . . . . 837 ₶ 10 s. 3 d.
Impositions accessoires 2 293 18 7
Capitation 1 910   6 11
            TOTAL . . . . 5 041 ₶ 15 s. 9 d.
Deux vingtièmes et quatre sous pour livre du premier pour *1790* :
Biens-fonds . . { 1ᵉʳ cahier . . . 7 239 ₶ 11 s. 6 d.
          { 2ᵉ cahier . . . 3 061 7 9
            TOTAL . . . . 10 300 ₶ 19 s. 3 d.
Industrie . . . . 1 168 ₶ 2 s.
Offices et droits 984 4
            TOTAL . . . . 2 152 ₶ 6 s.
(Arch. Meurthe-et-Moselle, L. 308.)

sur elle, est enfin arrivée au moment prospère de porter ses doléances aux pieds de Votre Majesté, puisque votre bonté paternelle y appelle tous ses peuples.

Grâces vous soient rendues, Sire, pour un aussi grand bienfait; mais, pour nous assurer l'effet qu'il nous est permis d'en attendre, nous osons vous supplier :

1° De couvrir de toute votre autorité royale la personne, le courage rare et les salutaires intentions d'un ministre que la Providence a accordé à vos sollicitudes pour opérer avec vous le bonheur de vos peuples dans l'administration des finances; il mérite toute votre protection; il a besoin plus que jamais, Sire, de toute votre sauvegarde, car, sans elle, la cabale et l'intrigue, toujours opposées au bien, le déroberont à nos besoins pressants; et alors le grand œuvre de votre bienveillance pour l'heureuse régénération de l'État, pour la prospérité de la nation française, pour la gloire de son auguste Père, ne pourra plus s'accomplir;

2° D'accorder des États provinciaux dans celles des provinces du royaume qui, jusqu'à présent, n'ont pas eu le bonheur d'en obtenir; de permettre à chaque province de mettre sous les yeux de Votre Majesté le plan d'organisation qui lui sera le plus convenable à raison de sa situation et de ses besoins, et de le faire combiner par ses propres et véritables représentants;

3° D'ordonner qu'à l'assemblée prochaine des États généraux, et par une suite de l'égalité accordée au Tiers état, les suffrages soient comptés par tête et non par Ordre, principalement pour les objets qui peuvent intéresser la Nation entière;

4° Que, pour prévenir le retour des maux présents que les États généraux vont abolir, leur tenue soit périodique et déterminée à chaque cinq ans;

5° Que les besoins de l'État vérifiés, connus et déterminés lors de la tenue prochaine des États généraux, il plaise à Votre Majesté accorder à chacune de ses provinces la liberté de choisir le mode qui lui sera le plus favorable pour la répartition de la portion qu'elle devra supporter dans la masse générale des subsides, dont aucune espèce cependant ne pourra être établie ni prorogée à l'avenir qu'au sein des États généraux, et par le concours mutuel de l'autorité de Votre Majesté et du consentement de la Nation;

6° D'ordonner que le tableau exact et détaillé de la situation actuelle des finances sera remis à l'assemblée des États généraux pour se procurer la connaissance approfondie du montant du déficit et de ses véritables causes; que, pour en garantir à l'avenir la Nation, il sera publié annuellement et envoyé aux États provinciaux des états de recettes et de dépenses auxquels sera jointe la liste des pensions accordées, et les motifs de cette grâce énoncés en marge; et qu'à chaque tenue des États généraux il en sera usé de même, avec l'exhibition d'un compte soutenu de pièces justificatives, et qu'il sera procédé à l'examen des pensions accordées jusqu'à présent;

7° Fixer autant qu'il sera possible les dépenses des divers départements civils et militaires; en conséquence, diminuer le nombre et le traitement des officiers généraux, gouverneurs, commandants en chef des provinces, en second et en troisième;

8° Ordonner que les revenus des abbayes et prieurés en commende tournent absolument au profit de l'État et à la décharge des provinces, au moins jusqu'à l'extinction absolue des dettes actuelles de l'État; et, après cette extinction, attribuer les revenus de ces abbayes et prieurés à des établissements d'ateliers de charité dans les provinces pour anéantir absolument tout prétexte de mendicité;

9° Assurer la liberté individuelle par l'abolition de toutes lettres closes, lettres d'exil et autres espèces d'ordres arbitraires; qu'en conséquence aucun citoyen ne puisse être arrêté qu'en vertu d'un décret de ses juges, conformément aux lois du royaume, auxquelles il ne peut être dérogé;

10° Que toutes exemptions pécuniaires généralement quelconques en faveur d'aucuns Ordres seront entièrement supprimées, de manière que les trois Ordres contribuent indistinctement aux impositions dans un seul et même rôle;

11° Qu'il ne soit plus établi de distinction de naissance pour toutes places, grades et dignités, soit dans la magistrature, soit dans l'Église, soit dans le militaire; en conséquence, que tous sujets du Tiers état puissent concourir à mérite égal, sans aucune préférence pour la Noblesse; pourquoi Votre Majesté est suppliée de déroger à cet égard aux ordonnances récemment rendues;

12° Que toutes banalités, corvées seigneuriales et toutes

autres espèces de servitudes et tailles soient supprimées ou au moins converties en argent, sous une estimation fixe et modérée, après qu'elles auront été constatées par un titre non suspect, n'étant dû d'impôts qu'au Souverain pour les besoins de l'État;

13° Qu'aucuns seigneurs hauts-justiciers ni possesseurs de fiefs ne puissent à l'avenir prétendre aucuns tiers-deniers des ventes des biens communaux si le droit ne leur est acquis par titres valables et non suspects, auquel cas encore le droit du tiers-denier ne pourra être exigé par eux qu'après le prélèvement des charges de la communauté;

14° Que la dîme, et surtout celle des fruits de vignes, qui est trop forte au douzième et qui se paye en nature, soit diminuée de moitié à raison des frais considérables des cultures et à cause des impositions dont les fonds ont été graduellement grevés; et, cependant, que les gros décimateurs soient chargés pour l'avenir de toutes les fournitures nécessaires à la célébration de l'office divin, des constructions, réparations et entretien des églises et presbytères, qui, jusqu'à présent, ont été injustement à la charge des habitants;

15° Abolir et éteindre les droits de franchises parce que ce droit gêne le commerce des fonds, les partages et les échanges; qu'il est contraire à la constitution de la province, et que dans tout le royaume il nuit à la Noblesse même en l'empêchant de tirer parti de ses propriétés;

16° Révoquer les *committimus* et tous privilèges qui ne peuvent servir qu'à vexer les habitants de campagne en les éloignant de leurs foyers ou en leur ôtant la faculté de s'opposer aux entreprises de leurs seigneurs;

17° Qu'il soit, par tel nombre de jurisconsultes que Votre Majesté jugera nécessaire de déterminer, avisé aux moyens de rendre la distribution de la justice civile plus prompte et moins dispendieuse, de manière que tout procès soit ou absolument jugé ou terminé définitivement à l'amiable par un arbitrage dans le cours de l'année; et que la justice criminelle dans ses moyens de formes devienne plus certaine, pour ne pas confondre l'innocent avec le coupable;

18° Qu'il soit avisé par un comité de négociants éclairés aux moyens de n'avoir plus dans toute l'étendue du royaume, ou au moins dans chaque province, qu'un seul poids et une seule mesure pour établir plus d'uniformité, d'aisance, et moins de pièges dans le commerce ;

19° Que, pour arrêter un droit abusif qui paraît compromettre votre autorité suprême sur les biens ecclésiastiques de votre royaume et en abstraire une partie considérable du numéraire en faveur d'un prince étranger, déterminer qu'après avoir satisfait à la soumission due au chef de l'Église en le suppliant d'accorder son consentement à la nomination aux bénéfices, il ne sera accordé aucun droit d'annates pour bulles, dispenses, ou autres brefs, sauf uniquement les frais simples d'expédition des secrétaires de la Daterie ; sauf encore en tous autres cas la sanction d'un comité ou conseil ecclésiastique tel qu'il plaira à Votre Majesté de le déterminer ;

Pétitions dont l'objet est commun à la province

20° Qu'attendu que cette province [est] voisine de la Lorraine, de l'Alsace, et souveraineté d'Empire, qui toutes ont le droit de prêter l'argent à terme fixe et à intérêt par contrat obligatoire et même sur simple billet, il plaise à Votre Majesté accorder aux habitants des Trois-Évêchés, par une loi particulière, cette faculté précieuse de leurs voisins, pour établir un juste équilibre dans leur commerce avec eux et mettre les cultivateurs en situation de trouver les secours et les avances pour l'amélioration de la culture ;

21° De rendre commun à la province des Trois-Évêchés l'avantage des règlements faits sur le commerce des Juifs dans la province d'Alsace, pour arrêter par là les abus, les pièges et les usures dont les habitants de la campagne sont journellement les victimes ;

22° Débarrasser cette province des entraves multipliées dont les traites foraines environnent chacune de ses villes et chacun de ses villages, et faire en sorte que les Évêchois puissent communiquer librement avec leurs voisins sans être assujettis à payer aucuns acquits, d'autant mieux que les droits de traites foraines et hauts-conduits n'ont été établis que dans les temps reculés où la Lorraine avait ses souverains particuliers, et qu'au moyen de la réunion de cette province à la France, ce droit étranger devait naturellement s'éteindre, et que son produit est absorbé par les seuls frais de régie ;

23° Supprimer une foule de charges qui ne produisent que

des exactions sur votre pauvre peuple; il vient d'être établi dans la province des huissiers-priseurs vendeurs de meubles, vrais fléaux de la société; on y voit à chaque pas des employés des Fermes, plus grands fléaux encore par les vexations qu'ils exercent sur les peuples, et les meurtres impunis qu'ils ne commettent que trop souvent;

24° Supprimer, en conséquence, ou diminuer le nombre des salines trop multipliées dans cette province, et dont la consommation illimitée absorbe le fonds des forêts et porte à présent la valeur du bois à un prix si excessif qu'il ne sera bientôt plus possible à la classe la plus nombreuse des habitants des villes et des campagnes qui les avoisinent de s'en procurer; ordonner au moins qu'elles seront restreintes à la formation des sels uniquement nécessaires à la consommation des provinces voisines et au seul usage des bois de Votre Majesté dans la proportion originairement déterminée, sans aucune affectation particulière des bois des communautés ecclésiastiques et laïques, qui resteront dans le commerce.

25° Par une suite des abus qui se sont introduits dans l'administration des bois destinés à l'usage des salines, les Fermiers, entrepreneurs de ces usines, ont fait établir une commission de réformation dans la ville de Moyenvic pour l'administration de leur affouagement, tribunal qu'il est intéressant de supprimer, comme trop dispendieux à Votre Majesté, ruineux pour les sujets qui ne peuvent appeler de ses jugements, et d'autant plus inutile que les Maîtrises avaient été créées pour les mêmes opérations qui sont actuellement confiées à cette commission, et qu'elles peuvent être faites par les officiers desdites Maîtrises à moitié moins de frais que par ceux de cette commission; en conséquence, plaise à Votre Majesté ordonner la suppression de ce tribunal;

26° Accorder aux habitants des villes et des campagnes, pour la conservation et l'alimentation des bestiaux comme pour la meilleure préparation des semences, la liberté d'user des eaux salées que produisent les sources particulières et éparses dans la campagne, ainsi que la plupart des puits des maisons des villes, qui ne peuvent être d'aucun usage pour les salines, et garantir par là les habitants des recherches et vexations des employés des Fermes;

27° Que Votre Majesté, après avoir accordé à la province

les États particuliers qu'elle a daigné lui promettre, veuille mettre en considération que si la province, indépendamment des impositions, avait la préférence sur les Fermiers ou Régisseurs des Domaines pour prendre à son compte les salines, autres fermes et régies royales, elle ferait tourner au profit de l'État les frais énormes de perception et les bénéfices immenses des financiers et traitants; et, par cette surveillance, le prix du sel et du tabac serait considérablement diminué en faveur des habitants; et que si lesdits États provinciaux étaient chargés d'aviser aux moyens de prévenir la pénurie des bois dans la province, soit en prescrivant aux usines à feu la mesure de consommation de bois qui peut être tolérée, soit en indiquant les moyens de remédier aux abus qui peuvent s'être introduits dans l'administration actuelle des forêts, il en résulterait nécessairement l'avantage que l'on doit attendre d'une administration économique;

Pétitions particulières à la ville de Vic et au pays vicois

28° Qu'il plaise à Votre Majesté considérer dans sa justice que, depuis l'année 1748, la ville de Vic est chargée de quatre sols pour livre sur les gabelles des vins, cidres et bières, lesquels quatre sols pour livre avaient été accordés à Votre Majesté pour l'acquit de la finance des offices municipaux créés en 1733; que cette perception de 4 sols pour livre ne devait s'opérer que pendant l'espace de dix années, même d'après les dispositions de l'arrêt du Conseil; que, cependant, non seulement ces 4 sols pour livre se perçoivent encore aujourd'hui, mais il est arrivé que, lors de l'établissement graduel des sols pour livre imposés par accessoire aux octrois, les Fermiers ou Régisseurs ont cru pouvoir former un principal desdits 4 sols pour livre, et y ajouter le supplément desdits sols pour livre, comme d'assujettir à l'accessoire de ces sols pour livre le fonds de la gabelle de la ville, qui devait en être exempt comme bien patrimonial; qu'au par delà encore, et malgré que la ville eût déjà suffisamment acquis par là le droit d'élection de ses officiers municipaux, cependant, par l'édit de 1771, elle s'est vue forcée par les circonstances de rembourser une seconde fois le prix de cette nouvelle finance : en conséquence, ce étant quoi, Votre Majesté est très humblement suppliée d'ordonner que la perception desdits quatre sols par livre et accessoires, de même que des dix sols par livre imposés et levés jusqu'à présent sur le droit de gabelle, quoique bien patrimonial, reste dès ce moment supprimée;

29° Supprimer également les octrois établis en cette ville, en vertu de l'arrêt du Conseil du [mois d'août] 1758, sur les viandes de boucherie, porcs gras, bois de chauffage et autres, attendu que ces octrois n'ont été demandés par la Ville et accordés par Votre Majesté que pour subvenir à l'impossibilité dans laquelle la ville était alors de payer la somme de 24 000" à laquelle elle était imposée lors du don gratuit demandé aux villes en ladite année 1758, et que cette somme se trouve avoir été déjà doublement payée par la perception desdits octrois au profit de Votre Majesté;

30° Qu'il plaise de même à Votre Majesté venir au secours d'une ville dénuée de tout commerce capable d'opérer le reflux du numéraire que le payement annuel des impositions lui enlève; en conséquence, ordonner la construction de casernes nécessaires pour une garnison ordinaire de cavalerie, et la consommation des fourrages d'une qualité supérieure que le sol produit abondamment;

31° Créer et établir en cette ville un bailliage royal et siège présidial à l'instar de ceux créés en 1685 ès villes de Metz, Toul et Verdun, en révoquant l'arrêt surpris de son Conseil le 31 décembre 1642, établissement qui sera d'autant plus avantageux que les juridiciables du bailliage actuel de l'Évêché, qui est d'une étendue très considérable, ne seront plus obligés de recourir à Metz soit pour la conservation des hypothèques, soit pour les insinuations laïques, et pour d'autres cas dont la connaissance est attribuée aux bailliages royaux;

32° Réintégrer irrévocablement cette ville dans le privilège d'élire librement ses officiers municipaux; en conséquence, ordonner le rapport de l'arrêt de votre Conseil du 20 février 1779, qui attribue au seigneur évêque la nomination du maire, du procureur-syndic et du greffier, ainsi que le droit de faire des observations sur l'élection de tous autres officiers, lequel arrêt demeurera sans effet, et sans que ledit seigneur évêque puisse prétendre récupérer sur la ville les sommes qu'il a payées pour lesdites places;

33° Ordonner, d'après le vœu formé depuis longtemps non seulement par la province entière, mais déjà par M. le maréchal duc de Belle-Isle, lorsqu'il gouvernait les Trois-Évêchés,

· que la rivière de Seille soit curée, que les sinuosités trop multipliées de son lit soient coupées, le lit même élargi; que toutes les usines qui gênent l'écoulement de ses eaux soient supprimées à l'effet, d'un côté, de saigner une immense quantité de prairies dont le produit actuel est nul et dont les marais infects sont la cause des épidémies trop ordinaires dans le pays; d'un autre, pour faciliter la conduite et la traite des denrées dont le transport par voiture est trop coûteux et trop difficile, et singulièrement pour tirer parti des riches carrières de gypse dont le territoire abonde et dont l'exploitation est négligée faute de consommation;

34° Encourager la seule branche de commerce qui existe en cette ville, celui de la bonneterie, dont la qualité a acquis une certaine renommée, mais dont l'importation dans l'intérieur du royaume est absolument interdite, parce que cette province, traitée comme étrangère effective, ne peut, même en payant les droits du tarif, profiter de la liberté accordée à tous autres sujets de Votre Majesté; en conséquence, ordonner que ces objets de bonneterie pourront dorénavant être importés dans l'intérieur de la France en payant les droits ordinaires, si toutefois le reculement des barrières n'était pas jugé nécessaire;

35° Qu'il plaise enfin à Votre Majesté, en jetant un coup d'œil favorable sur les moyens les plus propres pour parvenir à l'amélioration de l'agriculture dans cette province et rendre aux propriétaires la jouissance libre et absolue de leurs héritages, soustraire par un règlement toutes les prairies à la vaine pâture, en sorte qu'il soit permis aux propriétaires ou fermiers d'y faire des regains sans être attenus à aucune espèce de clôtures dont l'inutilité, malgré la dépense qu'elles occasionnent, a été reconnue par l'expérience; et faire renouveler la défense à tous et cultivateurs et propriétaires de bestiaux de les faire pâturer de nuit, même dans leurs propres héritages.

Telles sont les remontrances, plaintes et doléances, moyens, avis et réclamations que proposent, en exécution de vos ordres, avec la plus grande confiance et la plus profonde vénération,

Sire, de Votre Majesté les très humbles, très soumis et très obéissants serviteurs et sujets.

François Poirot; Gérard; Thomas Vautrin; Virion; Vignon, *procureur-général-fiscal;* Fridric Parisot; Chapouillet; Balland; Deyen; Michel l'aîné; Vignon.

VITTONCOURT

CLXVI^A

Procès-verbal.

17 mars 1789,

« Sont comparus en la maison du s^r Jean Collin, syndic de la municipalité de ce lieu, par-devant nous, Nicolas Parisot, maire de justice à Vittoncourt. »

Village composé de 111 feux.

Députés : Étienne Girard,
          Étienne Ferry.

Signatures : François Genson ; Nicolas Parisot ; Clément Seichepine ; E. Girard ; Étienne Ferry ; Jean Collin ; François Gaillot.

CLXVI^B

Cahier de plaintes, doléances et remontrances des habitants composant la communauté de Vittoncourt, en exécution des lettres du Roi du vingt-quatre janvier dernier, du règlement y annexé, de l'ordonnance de M. le président, lieutenant-général au bailliage de Vic, du vingt-sept février dernier, de la signification, notification et sommation faite au syndic de la municipalité, à la requête de M. le procureur-général-fiscal dudit bailliage, par exploit du quatorze du présent mois de mars

Lesdits habitants et communauté demandent pour la ville de Metz et les Trois Évêchés les États provinciaux ;

Se plaignent que les impositions sont trop fortes eu égard au peu de rapport des terres de leur ban, malgré les peines et les soins que l'on prend pour les cultiver et les faire valoir ;

Que le Clergé et la Noblesse qui possèdent la plus forte partie des biens ne payent rien ; s'ils étaient imposés, cela soulagerait les cultivateurs et les pauvres habitants qui supportent toutes les charges ;

Que les propriétaires résidant dans les villes payent comme ceux de la campagne ;

Demandent la liberté du sel ;

De supprimer les acquits, pour la liberté du commerce ;

De supprimer pareillement l'établissement des haras, plus nuisible aux cultivateurs que profitable ;

De rétablir les corvées comme du passé, donnant des tâches aux communautés; et alors les chemins seront tenus en bon état, et il en coûtera beaucoup moins qu'actuellement;

Obliger les communautés de faire et entretenir des routes de village à autre pour la facilité du commerce et des cultivateurs qui sont obligés de conduire toutes leurs denrées dans les villes où réside la plus grande quantité des propriétaires et aux marchés des mêmes villes ;

De décharger les communautés des entretien et reconstruction des nefs des églises, et remettre comme du passé ces charges aux comptes des décimateurs ;

De laisser aux officiers municipaux ou aux gruyers des seigneurs l'administration des bois communaux, pour éviter aux frais ;

De supprimer les clôtures en laissant aux propriétaires la liberté de faire une seconde récolte, attendu que les frais de clôture absorbent en partie le produit de ces secondes récoltes ;

Demander la suppression des priseurs en laissant la liberté comme du passé aux propriétaires de disposer de leurs meubles ;

La suppression du péage du Pont-à-Domangeville ;

Celle de la milice et la fourniture des habillements tant et si longtemps que les soldats provinciaux ne seront point utiles ;

L'entrée et la sortie des villes sans être assujettis aux maltôtes et autres impôts qui nuisent au commerce et à la liberté.

Demander la suppression des défrichements.

Fait et arrêté le présent cahier de doléances en l'assemblée de communauté avant l'élection des députés, audit Vittoncourt, le dix-sept mars mil sept cent quatre-vingt-neuf.

François Genson; Nicolas Parisot; Clément Seichepine; Étienne Girard; Étienne Ferry; François Gaillot; Jean Collin.

XANREY

CLXVII[A]

Procès-verbal.

18 mars 1789,

« Sont comparus au greffe de ce lieu, et par-devant nous, Antoine Thirion l'aîné, avocat en parlement, exerçant au bailliage de

l'Évêché de Metz à Vic, conseiller substitut au même siège, juge gradué de la terre et seigneurie de Xanrey. »
Communauté (¹) composée de 66 feux.
Députés : Antoine Thirion l'aîné, juge gradué de ce lieu, avocat, résidant à Vic.
Jean Gomien, rentier en ce lieu.
Signatures : Thirion l'aîné ; Joseph Petit, *échevin ;* N. Hazard, *syndic ;* B. Renaudin, *maire ;* Jean-Jacques Gomien ; Joseph Richard.

CLXVII*

Cahier des remontrances, plaintes et doléances, moyens et avis du village de Xanrey, rédigé en l'assemblée générale tenue le dix-huit mars 1789, pour servir de pouvoirs et instructions aux députés à l'assemblée générale pour proposer, remontrer, aviser et consentir, ainsi qu'il est annoncé aux lettres de convocation

Sire,

Les habitants du village de Xanrey, qui ressortit au bailliage de l'Évêché de Metz à Vic, autorisés par Votre Majesté à vous exposer leurs vœux et leurs réclamations pour la prochaine assemblée des États généraux, osent vous supplier, Sire, qu'il vous plaise écouter leurs très humbles et très respectueuses remontrances, plaintes et doléances sur les maux et abus qui les affligent en particulier, et en général la province des Trois-Évêchés ; en conséquence :

Art. 1. — Ordonner que, dans les délibérations des États généraux, on opinera par tête et non par Ordre ;

Art. 2. — Déterminer que tout sujet de Votre Majesté, de quelque Ordre qu'il soit, contribuera aux impôts nécessaires et librement consentis par la Nation ; que toute distinction per-

---

1. *Impositions ordinaires* pour les *six* premiers *mois* de l'année *1790 :*
Imposition principale. . . . . 181 ₶ 15 s. 9 d.
Impositions accessoires. 357   19   3
Capitation 546   16   7
       Total. . . . . 1 086 ₶ 11 s. 7 d.
Deux vingtièmes et quatre sous pour livre du premier pour *1790 :*
Biens-fonds . . { 1ᵉʳ cahier . . . 1 276 ₶ 4 s.
                 2ᵉ cahier . . . 513   8
       Total. . . . . 789 ₶ 12 s.
(Arch. Meurthe-et-Moselle, L. 308.)

sonnelle cessera entre les trois Ordres de la monarchie pour une répartition et contribution générale et proportionnelle aux facultés de chacun dans les impôts, sans qu'en aucun cas on puisse s'en soustraire, ni la faire rejaillir sur le peuple;

Art. 3. — Faire procéder à la vérification du déficit, à la recherche de ses causes et à celle des moyens d'y pourvoir, singulièrement en établissant l'économie la plus sévère dans tous les départements par une revision préalable des comptes par les États généraux;

Art. 4. — Supprimer et retrancher autant que possible le nombre des gouvernements, de places, d'offices, de trésors, de recettes, de dons, de gages, de pensions et gratifications qui absorbent une forte partie des contributions du peuple ; prévenir tous abus qui pourraient à la suite se renouveler à cet égard;

Art. 5. — Avant qu'il soit consenti à de nouveaux impôts, faire examiner ceux qui existent, directs ou indirects, qui se sont accumulés sans avoir reçu l'aveu de la Nation ;

Art. 6. — Diminuer les droits sur la marque des fers, ceux sur les cuirs, qui sont onéreux au commerce et à chaque citoyen;

Art. 7. — Réformer l'administration des Eaux et Forêts, vu que celle des officiers actuels est trop dispendieuse, qu'elle absorbe une partie du produit des bois; établir à cet égard une régie économique en renvoyant le contentieux, le jugement des rapports, l'instruction des procédures criminelles aux officiers de vos bailliages ; substituer aux officiers des Maîtrises pour les opérations forestières un ou deux officiers dans chaque arrondissement pour l'inspection, visite et marque des forêts tant de votre domaine que des gens de mainmorte;

Art. 8. — Supprimer les offices d'huissiers-priseurs vendeurs de meubles, dont les frais engloutissent le plus souvent, si ce n'est en totalité, au moins moitié des successions mobilières des mineurs sur les deux tiers des habitants des villes, bourgs et villages;

Art. 9. — Supprimer le tribunal de la Réformation établi en la ville de Moyenvic pour l'inspection des bois affectés aux salines de Dieuze, Moyenvic et Château-Salins, parce qu'il est ruineux pour les habitants par la rigueur et l'exorbitance des peines prononcées sur les délits commis dans les forêts; parce qu'il est onéreux à l'État à raison des gages considérables attribués aux personnes qui en font partie, et qui absorbent, et au delà, les amendes qui y sont prononcées, parce qu'il peut être facilement suppléé pour les fonctions de campagne par les officiers que Sa Majesté est suppliée d'établir pour l'inspection de ses autres forêts pour remplacer les Maîtrises et par les officiers des bailliages pour le contentieux ;

Art. 10. — Proscrire toute franchise d'imposition, tant en faveur des personnes que des offices et charges ;

Art. 11. — Abolir les traites foraines entre la Lorraine et les Évêchois, en sorte que tous nos sujets puissent également transporter les uns chez les autres les productions de chaque canton, sans avoir à craindre la recherche des gardes, sans payer des acquits, des hauts-conduits, sans craindre les amendes, confiscations et procès ; renvoyer aux bailliages toutes contestations pour fait de contrebande, ainsi qu'il est établi dans la province de Lorraine ;

Art. 12. — Retrancher le nombre et modérer les traitements des Fermiers généraux, régisseurs, directeurs, receveurs et contrôleurs ;

Art. 13. — Supprimer deux des trois salines, celles de Château-Salins et Moyenvic, qui engloutissent les forêts de vos domaines, celles des communautés laïques et ecclésiastiques, ainsi que celles du plus grand nombre des seigneurs ; fixer le nombre des poêles, qui sera invariable pour la saline de Dieuze, ainsi que la consommation du bois ; empêcher que les préposés à ladite saline puissent acheter le bois des particuliers, des communautés, des seigneurs, lesquels resteront dans le commerce pour l'usage de vos sujets de la province ; pourvoir également à ce que l'excédent des bois affectés à l'alimentation de la saline de Dieuze soit vendu aux habitants des villages voisins ;

Art. 14. — Imposer des droits sur le luxe particulier, comme sur les cartes, sur les denrées dites de luxe, sur les équipages et chevaux de parade ;

Art. 15. — Affecter un impôt particulier sur la quantité de laquais et domestiques de l'un et l'autre sexe qui désertent les campagnes, en abandonnant les travaux pour habiter les villes, ce qui prive les cultivateurs de bras nécessaires pour les aider dans leurs travaux, fait hausser le salaire des ouvriers, laisse les cultures imparfaites, diminue l'abondance des grains ;

Art. 16. — Établir un impôt sur les chiens, à l'exception de ceux de nécessité, d'utilité aux gardes des troupeaux, aux laboureurs, aux bouchers, dont le nombre serait limité et ne pourrait être excédé sans une contribution à l'impôt, ce qui procurerait aux indigents une partie de la subsistance pour laquelle on leur préfère des animaux d'agrément;

Art. 17. — Établir une capitation générale sur les célibataires mâles seulement, qui ne pourraient être imposés avant l'âge de vingt-cinq ans pour ceux qui ne seraient point mariés, et qui serait progressive jusqu'à l'âge de trente ans, époque invariable alors, à moins que les facultés de la personne n'augmentent ou ne diminuent;

Art. 18. — Proscrire la milice dans l'étendue de la province, hors les cas de guerre, devant être considéré comme un impôt par la dépense du voyage occasionné à chaque individu de paroisse;

Art. 19. — Pour donner à l'émulation de chacun pour le bien de la Patrie plus d'essor, établir que tout citoyen, quelle que soit sa naissance, pourra parvenir, soit par sa probité, ses talents, ses connaissances, à toutes les places et dignités ecclésiastiques, judiciaires et militaires;

Art. 20. — Accorder à la province des Trois-Évêchés des États dont les membres seront librement élus et chargés de la répartition des tailles et impositions consenties par les États généraux, de l'administration des travaux publics;

Art. 21. — Proscrire la banalité des fours, moulins et pressoirs. Établir une méthode sûre pour la perception des droits de mouture, afin de prévenir toutes les infidélités et fraudes dont vos sujets ont à souffrir;

Art. 22. — Confier aux États généraux le soin d'encourager et récompenser les travaux de l'agriculture, les plantations en bois, les entreprises et fabriques intéressantes, non pas par des exemptions qui tourneraient au préjudice des autres sujets, mais par toutes les distinctions qui peuvent exciter l'émulation, comme des primes, des médailles, des honneurs personnels et publics; accorder même, ainsi que l'a fait Louis Quatorze en faveur des négociants, des lettres de noblesse à un nombre déterminé de cultivateurs qui, par un travail constant et raisonné, ont coopéré au bien public en faisant fleurir l'agriculture, en l'améliorant; les admettre aussi à l'ordre de Saint-Michel;

Art. 23. — Accorder aux habitants Évêchois la faculté précieuse qu'ont les Lorrains d'emprunter par des obligations ou billets stipulatoires d'intérêts au taux du Souverain ; faculté qui procure à cette province un avantage sensible sur la nôtre, en se procurant facilement pour un temps une somme qui est exigible à un terme fixé ;

Art. 24. — Corroborer les lois qui permettent la libre circulation des grains, comme un moyen de faire prospérer l'agriculture ;

Art. 25. — Solliciter une réduction sur le prix du sel ;

Art. 26. — Ordonner le curement de la rivière de Seille depuis son embouchure... jusqu'à la ville de Metz [*sic*], le desséchement des marais, la suppression des moulins de Marsal et Vic établis sur ladite rivière, afin de ne point gêner la circulation des eaux, et prévenir les engorgements ; le tout pour la salubrité de l'air dans les villages voisins qui sont fréquemment infectés de maladies épidémiques ;

Art. 27. — Supprimer les clôtures permises par l'édit de 1769 ;

Art. 28. — Faire de sévères défenses pour qu'il soit défendu de chasser en aucun temps de l'année dans les vignes, d'ouvrir les colombiers dans les temps des semailles, et autoriser tout propriétaire fermier de faire son rapport, au greffe, de la contravention au présent article ;

Art. 29. — Ordonner que tous seigneurs et autres ayant droit de troupeau à part seront tenus de réunir leurs troupeaux de chaque espèce à ceux de la communauté, pour diminuer la consommation de la pâture ;

Art. 30. — Exempter de la corvée imposée sur les habitants des villages dans l'arrondissement de Marsal pour la conduite des bois d'usage nécessaires à la consommation des officiers de la place et état-major de Marsal ;

Art. 31. — Établir l'uniformité des poids et mesures dans tout le royaume ;

Art. 32. — Défendre à tous particuliers qui auront pris à bail aucuns biens de les sous-fermer au profit d'autres habitants ;

Art. 33. — Permettre de couper les arbres champêtres dépérissant, d'après une délibération des officiers de la municipalité, et sans que les officiers des Maîtrises puissent en faire la marque, pour éviter les frais à cet égard ;

Art. 34. — Supprimer le tiers-lot accordé aux seigneurs, auquel ils ne pourront prétendre qu'en contribuant au tiers des charges de la paroisse ;

Art. 35. — Anéantir le droit de revêture, dont jouissent les seigneurs, et auquel tous les habitants contribuent lors de la mort des propriétaires et en cas de vente des immeubles ;

Art. 36. — Faire un règlement général pour les justices seigneuriales, afin qu'à chaque mutation de greffier local, il soit fait un inventaire des papiers déposés auxdits greffes en présence du procureur-fiscal, et aux frais des seigneurs, pour éviter la soustraction d'aucune pièce intéressante aux seigneurs et aux communautés.

Telles sont les plaintes, remontrances, doléances, avis et moyens que proposent en exécution de vos ordres avec la plus grande vénération,

Sire,
        de Votre Majesté,
les très humbles, très soumis et très fidèles serviteurs et sujets.

Thirion l'aîné, *juge gradué ;* B. Renaudin, *maire ;* Joseph Petit, *échevin ;* N. Hazard, *syndic ;* Jean-Jacques Gomien ; Joseph Richard.

XIRXANGE

CLXVIII^a

Procès-verbal.
22 mars 1789,

« Sont comparus en l'auditoire du hameau de Xirxange, par-devant nous, Pierre Breneur, maire en la justice dudit lieu, tous les habitants dudit hameau, convoqués en la manière ordinaire. »

Hameau composé de 5 feux.
Députés : J.-B. Serva,
            Nicolas Rigard.
Signatures : P. Breneur, *maire et greffier ;* Rigard, *notable ;* J.-B. Serva, *syndic.*

CLXVIII^a

Cahier dressé par les habitants du hameau de Xirxange pour être présenté à l'assemblée des trois Ordres du bailliage

de Vic, en se conformant aux intentions du Roi, exprimées en sa lettre pour la convocation des États généraux, datée de Versailles, le 7 février 1789, et au règlement y annexé

Xirxange est une terre et seigneurie ayant droit de haute-justice appartenant à Messieurs les abbé commendataire [*sic*], prieur et religieux de Haute-Seille, ordre de Cîteaux, qui jouit de tous les privilèges accordés à cet ordre. Quant à nous, habitants au nombre [de] cinq : trois laboureurs, un meunier et un ex-meunier, nous cultivons et faisons valoir cette terre assez ingrate; nous n'y possédons pas un pouce de terrain en propriété, et nous sommes chargés cependant d'impôts excessifs, subvention, capitation, travaux des routes, d'une gratification accordée à un maître de poste du voisinage, d'une portion du loyer de la maison occupée d'une brigade de la maréchaussée à Azoudange; et, ce qui nous pèse le plus, c'est l'impôt énorme mis sur le sel, qui le rend d'une cherté insupportable; le prix des bois, prodigieusement accru à cause de la consommation surprenante qu'en font les salines, l'impôt sur les cuirs et sur les fers, et les droits de foraine nous gravent aussi beaucoup : c'est pourquoi nous demandons avec confiance la suppression des salines en partie et la diminution du prix du sel, la suppression de la foraine, de la marque des cuirs, de la marque des fers, sauf à rejeter sur d'autres impôts moins onéreux le déchet que la suppression ou la diminution des objets ci-dessus relatés pourraient apporter aux revenus de l'État.

Nous croyons que le bien public exige :

1° La réforme de notre ordonnance criminelle qui est entachée de plusieurs vices essentiels.

2° Nous n'avons jamais vu de lettre de cachet; mais, par des comptes fidèles qu'on nous a rendus, nous trouvons qu'elles ont beaucoup de rapport au fatal cordon que le grand sultan envoie dans ses États; c'est pourquoi il nous semble qu'on doit abolir les lettres de cachet dans cette monarchie.

3° Nous demandons des États provinciaux dont l'organisation soit combinée par les trois Ordres de la province aidés des conseils du ministre chargé de la direction des finances de ce royaume.

4° Nous pensons que, pour maintenir les chaussées royales en bon état, il faut charger les communautés de leur entretien en leur répartissant équitablement les sommes qui seront levées pour le prix et valeur dudit entretien;

5° Que l'on pourrait supprimer le tirage de la milice, obligeant les communautés à fournir au besoin un certain nombre de miliciens proportionné à celui des garçons en état de servir qui se trouverait dans chaque communauté; elles pourraient se procurer des miliciens à des prix raisonnables par des adjudications au rabais de leurs services.

6° Il serait très avantageux à cette province d'y introduire les règlements qui sont en vigueur en Alsace à l'égard des Juifs, pour éviter leurs tromperies et leurs usures énormes;

7° Que, par le même motif et pour augmenter le commerce de cette province où l'argent est très rare, il serait à propos d'y introduire la permission qui existe en Lorraine de prêter à intérêt au taux ordinaire sur simple obligation authentique ou sous seing privé, et sans aliéner le fonds; où il y a parité de raison, la loi doit être la même.

8° Il conviendrait de supprimer l'argent de Lorraine, qui n'est d'aucune utilité et gêne le commerce.

9° Il serait d'une tres grande utilité pour cette province d'y supprimer les charges d'huissiers-priseurs en la chargeant de remboursement de leur finance.

10° Il serait utile aux laboureurs de cette contrée que la tenue et police du marché de Lorquin, le seul qui est à leur portée, fût modelée sur la tenue et la police du marché de Strasbourg, ou d'un autre marché bien réglé.

Fait et arrêté double en l'assemblée de la communauté de Xirxange, convoquée et tenue par-devant nous, Pierre Breneur, maire en la justice dudit lieu, cejourd'hui vingt-deux mars mil sept cent quatre-vingt-neuf, et ont tous les habitants signé avec nous et notre greffier ordinaire.

P. Breneur, *maire;* Rigard, *notable;* J.-B. Serva, *syndic.*

XOUAXANGE

CLXIX^A

« Procès-verbal de l'assemblée tenue en la communauté de Xouaxange (¹), bailliage de Vic, par nous, Nicolas Willaume, syndic de la municipalité dudit lieu, pour la nomination des députés. »
« 15 mars 1789, sont comparus en la chambre ordinaire de nos assemblées, par-devant nous, Nicolas Willaume, syndic de la municipalité. »
Communauté composée de 70 feux.
Députés : Claude Marchal, maréchal ferrant, ancien maire de ce lieu,
Nicolas Willaume, échevin de cette paroisse.
Signatures : N. Willaume, *syndic ;* Louis Germain ; C. Marchal ; J. Collin ; J. Henry ; Seingry, *greffier.*

CLXIX^B

Cahier des doléances, plaintes et remontrances de la communauté de Xouaxange, bailliage de Vic, du 25 mars 1789

Les habitants de la communauté de Xouaxange voudraient pouvoir exprimer les sentiments de reconnaissance que leur inspirent les bontés paternelles du Roi et rendre public par l'organe de leurs députés l'hommage de leur amour pour un monarque bienfaisant qui n'est occupé que du bonheur de ses peuples. Le premier mouvement de leur cœur sera toujours d'offrir à leur auguste maître leurs biens et leurs personnes. Il n'est point de sacrifice qu'ils ne soient disposés à faire pour

---

1. *Impositions ordinaires* pour les *six* premiers *mois* de l'année *1790* :
Imposition principale. . . . . . . 120 ^{lt} » s. » d.
Impositions accessoires. . . . . . 239 » 2
Capitation . . . . 273 · 6 3
            TOTAL . . . . 632 ^{lt} 6 s. 5 d.
Deux vingtièmes et quatre sous pour livre du premier pour *1790 :*
Biens-fonds. . { 1er cahier . . . 708 ^{lt} 10 s. » d.
             { 2e cahier . . . 272   3   9
            TOTAL . . . . 980 ^{lt} 13 s. 9 d.
(Arch. Meurthe-et-Moselle, L. 308.)

concourir de tous leurs moyens aux vues sublimes et touchantes que Sa Majesté développe avec tant d'énergie dans les lettres qu'elle adresse à ses fidèles sujets. S'ils se permettent quelques remontrances, le plus tendre respect les a dictées. Le sentiment de leur misère, celui des entraves en tout genre qui déconcertent leurs projets de fortune et leurs spéculations, l'espoir d'un avenir plus heureux que leur promet un Roi juste et bon, encouragent les habitants de Xouaxange à faire parvenir jusqu'aux pieds du Trône leurs vœux et leurs doléances.

1° Ils déclarent, par acclamation, se confier aux bontés du Roi et aux lumières de leurs représentants aux États généraux pour la manière d'asseoir désormais les impôts; mais il leur paraît nécessaire de cadastrer les terres, pour y asseoir une taille réelle : c'est-à-dire distinguer, dans chaque paroisse, trois classes de terres, afin de déterminer, par le secours d'une commission nommée à cet effet, ce que l'arpent de chaque classe pourra supporter, ainsi que les prés, chènevières, jardins, bois, etc. A ce moyen, le ministère lent des intendants et des subdélégués ne sera plus d'aucune utilité.

2° Il n'est pas moins important pour la classe la plus nombreuse, la plus indigente, quoique la plus laborieuse, des sujets du Roi, de supprimer toutes les tailles seigneuriales qui paraissent n'avoir d'autre fondement, quant à l'imposition, que l'ancien droit de *guet,* droit maintenant et depuis longtemps réuni à la Couronne et qui n'a plus lieu dans aucune province.

La taille onéreuse, dite *de Saint-Remy,* qui se paye à Xouaxange, semble n'avoir d'autre origine que l'ancien droit de guet, que les habitants étaient tenus de faire au château de *la Guinguette.* Mais nul seigneur autre que le Roi n'ayant droit de taille, celle de Saint-Remy de Xouaxange doit être supprimée, à moins que le seigneur ne justifie, par titres, des objets d'échange, soit prés, ou bois, soit d'autres concessions qui font l'hypothèque de cette taille.

On doit ranger dans la même classe les droits seigneuriaux connus à Xouaxange sous le nom de *tiers-denier* dans les fruits champêtres et biens communaux. Le tiers de ces produits, au profit du seigneur, est une soustraction dont il n'existe, pour les habitants, aucune compensation, et qui augmente d'autant les charges, déjà trop considérables, des contribuables.

On en peut dire autant d'une rente odieuse que la communauté de Xouaxange paye à la ville de Sarrebourg. On donne à cette rente l'origine la plus honteuse, sans que cette ville puisse en aucune manière produire les titres à la faveur desquels elle la perçoit.

3° S'il plaît à Sa Majesté de classer les terres, prés, etc., il est de sa justice de soumettre à l'impôt celles que possèdent les maîtres de poste; ou, du moins, leurs privilèges et leurs exemptions ne doivent pas s'étendre au delà des limites mêmes du finage où ils font leur résidence. Il est contre toute équité que les propriétés considérables du maître de poste de Héming sur le ban de Xouaxange ne soient imposées qu'à la charge de cette dernière communauté. Dans le cadastre désiré, on ne manquera pas de comprendre toutes les terres qui en composent le finage. Toutes ces terres seront imposées, sans avoir égard aux exemptions dont jouissent celles du maître de poste. Il résultera de cette évaluation et de ce procédé que les habitants de Xouaxange supporteront à leur compte les tailles affectées à des propriétés étrangères. Cette taille reflue donc nécessairement sur la masse des habitants, et provient de terres dont ils ne sont pas propriétaires et dont ils ne recueillent d'ailleurs aucun avantage.

4° Les maisons du village de Xouaxange sont imposées au dixième d'une manière arbitraire, irrégulière, inconnue même, par le soin trop marqué que l'on a pris de confondre ce genre de propriété avec les revenus de toute autre espèce. Cet impôt est onéreux par lui-même et par le peu de valeur des maisons mêmes qui, loin de procurer un revenu, sont une charge de plus, en raison de leur vétusté et des réparations qu'elles exigent. On attend de la bienfaisance de Sa Majesté que cet impôt, de nouvelle date, sera supprimé.

5° La communauté de Xouaxange, en désirant que l'édit des clôtures soit révoqué, exprime du moins le vœu qu'elle a formé que les propriétaires forains qui possèdent des prés sur son finage ne puissent désormais les soustraire, à la faveur d'une clôture insuffisante, au parcours de ses bestiaux après la première levée. Au surplus, elle s'en rapporte, à cet égard, au vœu général de la province.

6° Les députés de Xouaxange s'efforceront de faire changer ou diminuer les impôts qui provoquent les prohibitions, et nommément celui du sel si nécessaire à l'éducation des troupeaux. Cette partie de l'économie rustique languit, à raison du prix excessif où s'est portée cette denrée de première nécessité. On ne pourra, tant que le prix et les prohibitions en seront les mêmes, se promettre aucun succès ni se livrer, en ce genre, à aucune sorte de spéculation. Ces prohibitions sont une école de vol, une source de contraventions. Elles dérobent à l'agriculture ou à des métiers utiles les individus qui s'abandonnent à la contrebande. Les jugements de la Chambre ardente, où les Fermiers généraux sont tout à la fois juges et parties, ont privé Sa Majesté d'un grand nombre de ses sujets. La crainte d'être cités à ce tribunal détermine les contrebandiers à porter la mort dans le sein des employés des Fermes quand les premiers ne peuvent sauver leur vie, leur fortune ou leur liberté que par le meurtre. Un père indigent, chargé d'une famille nombreuse, malgré son respect pour les ordres du Roi, résiste difficilement à l'attrait et à la facilité d'acquérir à vil prix une denrée dont il ne peut se passer, et dont la consommation le ruine, quand il est forcé de recourir aux magasins. De là les fraudes, les recherches des employés, leurs visites domiciliaires, les désordres et les dommages qui en résultent, les arrangements ruineux qu'ils obtiennent par ruse, par menaces, ou par la crainte d'un traitement plus rigoureux encore que les sacrifices pécuniaires.

7° A la cherté du sel joignons celle d'un autre objet de consommation non moins nécessaire, celle des bois de chauffage et de construction. Ces articles s'élèvent annuellement, et avec une inconcevable rapidité, à un prix énorme. La multitude étonnante des salines, des verreries, des forges et des faïenceries dans une surface de 7 à 8 lieues offrent, pour l'avenir, la perspective la plus alarmante. Il n'est personne qui ne désire et ne sollicite la réduction de ces usines et qui ne s'empresse, par amour du bien public, de demander un règlement sur une administration plus économique des forêts.

8° Un objet digne de l'attention du Gouvernement et des tendres sollicitudes du Roi est sans contredit le monopole effrayant qui s'exerce sur les grains. Toute la province gémit sous l'oppression des commerçants et de leurs agioteurs. Des achats clandestins, des levées prématurées, des entassements monstrueux les rendent maîtres des marchés et d'y fixer le prix des blés. La police est sans force contre leurs manœuvres secrètes, la vigilance est en défaut, les lois sans vigueur, quand on se fait une étude habituelle à les éluder. Supplier Sa Majesté de jeter un regard de bonté sur son peuple et de voler à son secours par des ordonnances et des lois sévères, qu'aura dictées l'intérêt que le Roi daigne mettre au bonheur de ses sujets.

9° Que pour jamais la foraine et tout droit de transit d'une province à l'autre soient abolis. Cet impôt tarit toutes les sources de richesses, dessèche les canaux du commerce, gêne la circulation des denrées, porte un coup funeste à la liberté des citoyens et cause la ruine d'une foule de malheureux qui, de la meilleure foi possible, sans aucun projet formel de frauder les droits et par ignorance, se voient arrêtés dans leur marche, éprouvent des saisies, sont traînés avec ignominie chez un buraliste, parce que ces voituriers ne pouvaient présumer que, dans un territoire de 3 ou 4 lieues d'étendue, il [y] avait des droits à payer, des acquits à lever dans 5 ou 6 bureaux. Il en résulte que, pour avoir main-levée de sa personne et de sa voiture et de ses marchandises, le voyageur fait de tristes sacrifices et gémit en secret de l'énorme multiplicité des employés et des bureaux ; et, souvent, ces pénibles sacrifices, extorqués par les menaces et la crainte d'un sort plus affreux, sont la compensation d'un droit de 2 ou 3 sous.

10° Demander que tous les actes de justice soient tarifés : que ce tarif comprenne tout ce qui peut concerner les contrats d'acquêts et d'échange, les baux, les expéditions, les procédures, vacations, etc. Cette demande est fondée sur les taxations arbitraires des procureurs, notaires, huissiers, etc. Que ce tarif soit publié dans toutes les paroisses et enregistré au greffe des lieux, pour y avoir recours le cas échéant.

11° Que les contraintes envoyées dans les paroisses pour le payement des tailles soient supprimées et remplacées par un règlement vigoureux, qui donne aux municipalités les moyens et le pouvoir de parvenir, sans frais et sans le ministère d'aucun huissier, à l'acquittement des cotes. S'il arrive que ces contraintes ne puissent être supprimées, demander qu'elles soient réglées et tarifées.

12° Il n'est pas moins important d'accorder aux municipalités assez d'autorité pour obtenir promptement l'exécution des ordres du Roi en tout genre. Il arrive aussi très fréquemment dans les communautés, et notamment dans celle de Xouaxange, des événements tels que des inondations, des débâcles, des remblais, des réparations pressantes de chemins communaux, etc., qui demandent sur-le-champ un grand nombre de bras; et ce sont précisément les cas où les syndics rencontrent le plus de lenteur et de résistance; c'est presque toujours vainement qu'ils convoquent alors la communauté : un grand nombre d'habitants se refusent à ces sortes de corvées. Les syndics ne sont ni mieux écoutés ni mieux étayés quand ils s'opposent à des anticipations sur des terrains ou chemins communaux. Ce dernier objet sera d'une grande considération quand on saura que presque tous les chemins de cette communauté sont tellement obstrués qu'ils forcent, par leur engorgement, les troupeaux à s'épancher dans les campagnes qui les bordent. Il en résulte toujours un très grand détriment pour les particuliers dont les terres ensemencées avoisinent les chemins.

13° Demander avec insistance la suppression des huissiers-priseurs qui opèrent la ruine des habitants des campagnes et réduisent à rien une vente ou une succession déjà bien faible par elle-même;

14° Que les Juifs de la province des Trois-Évêchés soient soumis au même règlement rendu pour ceux d'Alsace le 10 juillet 1784.

15° Solliciter de la bonté du Roi des établissements, des hôpitaux ou des ateliers de charité où les pauvres, les incurables, les malades soient recueillis. Cette province, et particulièrement notre enveloppe, est absolument privée de toute ressource pour cette malheureuse portion de l'humanité.

Telles sont les respectueuses remontrances des habitants de Xouaxange, rédigées en assemblée de communauté, conformément aux ordres de Sa Majesté, pour être remises aux députés de ladite communauté et portées par iceux à l'assemblée générale du 23 du présent mois à Vic, et lesdits habitants ont signé avec le syndic, le 15 mars 1789.

N. Willaume, *syndic;* C. Marchal; Louis Germain; J. Collin; J. Henry; Seingry.

XOUSSE (partie France)

CLXX ᴬ

Procès-verbal.

« 21 mars 1789, sont comparus par-devant nous, Nicolas Cottré, maire en la haute justice de Xousse. »
Communauté (¹) composée de 21 feux.
Députés : Nicolas Cottré,
Jean-Louis Fiel.
Signatures : N. Cottré, *syndic* ; Ét. Gérard ; Étienne Nové ; Jean-Louis Fiel.

CLXX ᴮ

Cahier des doléances, plaintes, remontrances et demandes de la communauté de Xousse partie d'Évêché, présenté par ses députés en l'assemblée des trois États tenue à Vic le vingt-trois mars 1789 par-devant Monsieur le lieutenant-général

[Art. 1.] — Sa Majesté est très humblement suppliée de rendre au Pays messin, connu sous le nom de Trois-Évêchés, leurs États provinciaux, afin que cette province soit dorénavant chargée de son administration ; qu'à cet effet, les intendances et subdélégations soient supprimées.

[Art. 2.] — Sa Majesté est suppliée d'ordonner la convocation périodique chaque trois ans des États généraux, et qu'à l'avenir aucun impôt ne puisse être établi ni prorogé que par la Nation.

---

1. *Impositions ordinaires et prestation des chemins* pour les *six* premiers *mois* de l'année *1790* :

Imposition principale.	25 ₶	» s.	» d.
Accessoires de l'imposition principale	49	15	10
Capitation et ses accessoires	56	19	»
Taxations des collecteurs.	1	17	8
Droit de quittance au receveur des finances.	2	1	4
Prestation des chemins.	19	7	6
Total général	155 ₶	1 s.	4 d.

(Arch. Meurthe-et-Moselle, L. 677.)
Deux vingtièmes et quatre sous pour livre du premier pour *1790* : 182 ₶ 17 s. 6 d.
(*Ibid.*, L. 308.)

[Art. 3.] — Sa Majesté est suppliée de reculer les barrières aux extrémités du royaume, de lever les droits de marque sur les fers et les cuirs, rendre le sel marchand, sauf aux États généraux ou provinciaux à prendre des mesures dans leur sagesse pour remplir le déficit que ces différents objets pourront causer au trésor du Roi.

[Art. 4.] — Sa Majesté est très humblement suppliée d'abolir les salines comme étant le seul objet de la cherté exorbitante des bois dans toute la province.

[Art. 5.] — Qu'il plaise à Sa Majesté ordonner que les villages mixtes, composés de Lorrains et Évêchois, rentrent tous dans une seule partie; car il résulte de ce mélange une infinité d'abus qui sont très préjudiciables à son peuple.

[Art. 6.] — Sa Majesté est très humblement suppliée d'ordonner qu'il soit pris des mesures pour abréger la justice à ses peuples et la rendre à moindres frais, et supprimer les jurés-priseurs qui ne sont qu'une vexation pour le peuple et l'orphelin.

[Art. 7.] — Sa Majesté est suppliée d'ordonner que les amendes encourues par les seigneurs, leurs admodiateurs, sous-admodiateurs, leurs fermiers, marcaires, etc., appartiendront de droit aux pauvres du lieu ou à la fabrique, et ce pour éviter aux délits champêtres que font ces gens par l'impunité; et que l'administration de la police soit confiée à la municipalité.

Art. 8. — Qu'il plaise à Sa Majesté retirer l'édit qui ordonne des clôtures pour faire le regain; permettre à un chacun de faire des regains dans les prés qui en sont susceptibles, sans clôture.

Art. 9. — Que les seigneurs ne puissent prétendre au droit de troupeau à part et de parcours dans une communauté qu'au moins le tiers des fonds ne leur appartienne.

Art. 10. — Qu'il plaise à Sa Majesté rendre à son peuple la corvée en nature, et que les communautés soient libres de les faire faire à prix d'argent, selon qu'il leur sera le plus convenable.

Art. 11. — Sa Majesté est suppliée de jeter un regard sur la misère de son peuple, et d'observer qu'il est obéré par les impositions qu'il a toujours supportées seul; c'est pourquoi, afin de lui donner un peu de soulagement et remplir le déficit des finances, ils supplient Sa Majesté d'ordonner que, dorénavant et pour toujours, le Clergé, la Noblesse, enfin tous privilégiés seront imposés dans toutes les impositions quelconques.

Art. 12. — Sa Majesté est suppliée d'observer que le village de Xousse est composé de deux parties, que les plaignants en forment la moindre portion, qu'ils ne sont qu'au nombre de vingt feux, tous manœuvres, et très pauvres, qui ne possèdent presque pas de biens-fonds, qu'ils n'ont aucune ressource communale; c'est pourquoi ils supplient Sa Majesté d'avoir égard à leur situation malheureuse.

Fait et arrêté à Xousse, en l'assemblée communale, le 21 mars 1789.

N. Cottré, *syndic;* Étienne Nové; Ét. Gérard; Jean-Louis Fiel.

XURES

CLXXI[A]

« Procès-verbal d'assemblée des habitants. »
19 mars 1789,
« Sont comparus par-devant nous, Dominique Thouvenin, syndic du village et municipalité de Xures([1]). »
Communauté composée de 56 feux.
Députés : Hubert Mercy,
Jean-Joseph Dagatte.
Signatures : D. Thouvenin; J. Barchat, *membre de l'assemblée;* Dagatte; Joseph Midon, *maire;* H. Mercy; J. Chrétien, *greffier;* N. Duchaine.

---

1. *Impositions ordinaires* pour les *six* premiers *mois* de l'année *1790 :*
Imposition principale. . . . . 335 ₶ 7 s. 2 d.
Impositions accessoires. 394   16   6
Capitation 432   15   »
Total. . . . . 1 162 ₶ 18 s. 8 d.
Deux vingtièmes et quatre sous pour livre du premier pour *1790 :*
Biens-fonds . . { 1ᵉʳ cahier . . . 959 ₶ 8 s. 6 d.
{ 2ᵉ cahier . . . 505   2   3
Total. . . . . 1 464 ₶ 10 s. 9 d.
(Arch. Meurthe-et-Moselle, L. 308.)

CLXXI[e]

Communauté de Xures

Remontrances, plaintes et doléances faites par ladite communauté conformément aux ordres de Sa Majesté pour la convocation des États généraux, du 20 mars 1789

La Providence fait donc luire sur nous ces jours heureux, et trop rares dans la révolution des siècles, où le Monarque se souvient qu'il est le père de ses sujets et se montre tel, où il veut mériter leur affectueuse obéissance par un sincère intérêt à leur bonheur. Sa voix paternelle daigne se faire entendre jusque dans les contrées et les conditions les plus éloignées du Trône ; son cœur sensible veut que nos voix s'élèvent jusque de nos humbles hameaux pour l'instruire nous-mêmes des rigueurs et des maux qui entourent notre existence ; non, il n'est pas possible que, demandant avec tant de bonté nos plaintes et nos doléances, etc., et nous promettant une oreille compatissante, il n'ait pas sérieusement le dessein de nous la rendre plus douce ou, du moins, moins pénible.

Que ne pouvons-nous faire parvenir jusqu'à lui nos voix et payer tant de motifs de confiance et d'un heureux espoir par les cris redoublés de notre reconnaissance et de notre attachement pour sa personne sacrée ! Nous y suppléerons de loin par les vœux les plus ardents pour la conservation et le bonheur d'un Roi qui se montre si bon et si cher à tous les Français.

Art. 1. — Notre première doléance est que la multiplicité et la quotité des impôts devant former un produit immense et excédant les charges de l'État, au lieu de se trouver des fonds, il se trouve, comme on nous le dit, réduit à la dernière détresse, et cela par les déprédations et les malversations des ministres, et dont le choix est l'effet d'un crédit ou mal intentionné ou mal éclairé.

Art. 2. — Nous demandons, pour obvier dans la suite à de si grands maux et à tous autres qui pourraient nuire au bonheur de l'État, que la tenue des États généraux soit continuée et fixée à des époques plus ou moins éloignées, selon qu'il sera jugé à propos dans la tenue prochaine.

Art. 3. — Nous demandons que la Nation soit chaque année

instruite par voie publique du produit, de l'usage et de l'état des finances.

Art. 4. — Nous demandons qu'aucun impôt ne soit établi ou prorogé sans le consentement de la Nation, [qu'elle] soit dûment instruite des besoins de l'État.

Art. 5. — Nous demandons que [dans] le nombre des considérations qui dirigent l'imposition plus ou moins forte sur les communautés soi[en]t renfermé[es] celles d'autres charges dont elles peuvent être déjà grevées d'ailleurs, comme seraient des droits seigneuriaux qui souvent sont exorbitants, tels qu'ils sont dans notre communauté en particulier, ainsi qu'on pourrait le voir par le détail, s'il était à propos de le faire ; dans cette circonstance, nous demandons en conséquence qu'on soit reçu à donner déclaration de ces charges qui serviraient à régler l'imposition.

Art. 6. — Nous remontrons qu'il y a trop de disproportion de communauté à autre dans l'imposition des tailles; et que la nôtre est dans le cas plus que tout autre de s'en plaindre, puisqu'elle paye plus que d'autres voisines qui se croient déjà surchargées; la communauté est de 56 habitants dont 25 mendiants et douze femmes veuves, et elle est imposée, tant subvention que capitation, à la somme de 2 422 #, ce qui doit paraître excessif.

Art. 7. — Nous demandons qu'on établisse un canal plus droit et moins absorbant pour faire parvenir les finances au trésor royal.

Art. 8. — Nous remontrons que, pour fournir plus sûrement et plus abondamment au besoin si pressant de l'État, il serait à propos d'introduire la forme la plus économique dans toutes les branches d'administration, ce qui ne pourrait qu'opérer une avantageuse diminution des dépenses, de faire bien des retranchements possibles dans le nombre immense des places d'offices, d'emplois dont plusieurs sont aussi inutiles que lucratifs et où vont vraiment se perdre le fruit des peines du peuple souffrant.

Art. 9. — Nous demandons qu'on accorde l'honneur de contribuer aux besoins de l'État, comme le peuple, au zèle patriotique qu'on peut supposer dans la Noblesse et le Clergé : s'ils sont tentés de se croire en quelque façon dégradés par cette contribution, nous leur promettons de compenser leurs injustes privilèges par un plus haut degré de considération auquel ils acquerront le droit, à moins qu'ils n'y renoncent, par une résistance peu sage à nos désirs.

Art. 10. — Nous désirons de voir abolir plusieurs impôts qui écrasent le peuple et dont on peut compenser le produit par des moyens plus sages et moins onéreux : telle serait la gabelle. Ces moyens de compensation seraient, par exemple, d'imposer des droits très forts sur tout objet de luxe, comme équipages, vaisselle, etc., et sur un nombreux domestique qui occupe vainement des individus ôtés aux arts, aux métiers, à l'agriculture et aux armes.

Art. 11. — Nous croyons très à propos et très utile à l'État même d'abolir les droits de marque des fers et des cuirs, onéreux au commerce et à l'agriculture.

Art. 12. — Nous demandons qu'on supprime bien des charges qui à la facilité et à l'impunité des exactions arbitraires réunissent souvent une cupidité insatiable dans ceux qui en sont pourvus, et notamment des huissiers-priseurs, etc., vers rongeurs des campagnes ; et qu'on en supprime les inconvénients.

Art. 13. — Nous demandons qu'on brise tant d'entraves dont nos villes et villages sont entourés par les traites foraines, et qu'ainsi il n'y ait plus ni gardes, ni acquits, ni confiscation, etc.

Art. 14. — Nous demandons qu'on abandonne le tirage de la milice, coûteux aux communautés par les frais qu'il entraîne, coûteux aux particuliers par les exactions pour se libérer du tirage, coûteux à l'agriculture par le nombre des hommes qu'il arrache au travail.

Art. 15. — Nous demandons une réduction considérable des salines et la suppression de l'odieux et foudroyant tribunal de la Réformation des bois affectés aux salines, et qu'on établisse d'une manière fixe un état des choses qui mette fin à l'extrême pénurie de bois de chauffage, de bâtisse et de charronnage, qui le fait payer à un prix excessif, et à la difficulté de s'en procurer, même à ce prix. Nous demandons que le prix du sel soit réduit à un prix assez modique pour pouvoir réunir à l'usage ordinaire l'avantage que d'ailleurs on en pourrait tirer pour d'autres objets intéressants, comme serait le nourri des bêtes de graisse.

Art. 16. — Nous demandons que dans la province même cours de monnaie, même poids, même mesure, et suppression du droit de chasse.

Art. 17. — Nous demandons des États provinciaux pour être chargés de l'administration de la province, desquels États les membres soient élus librement, graduellement, par tous les individus de la province, lesquels États soient les seuls ministres correspondant avec le Conseil du Roi.

Art. 18. — Nous demandons, comme choses d'utile institution, qu'on établisse chaque année dans les communautés de la campagne des arbitres-jurés pour examiner et prononcer sur les contestations ordinaires qui arrivent entre particuliers, et que leurs jugements aient force d'arrêts; que si on rappelle de ce jugement, qu'il soit confirmé, la partie appelante soit condamnée à une certaine amende.

Art. 19. — Nous remontrons qu'il existe dans notre communauté des droits de seigneurs voués, qui chargent les personnes et les bêtes servant à la culture de contributions considérables, droits qui chargent et gênent beaucoup l'agriculture et dont, d'ailleurs, les titres nous paraissent incertains; la crainte d'embarrasser la communauté dans des discussions trop coûteuses l'a toujours soumise à l'acquit de ces droits; nous demandons qu'il soit fait quelque règlement qui tende à découvrir et à détruire l'injustice ainsi que les inconvénients qui pourraient se rencontrer dans ces sortes de droits.

Art. 20. — Nous remontrons que des seigneurs, après avoir par des clôtures soustrait les trois quarts de leurs prés à la pâture commune, ils absorbent une grande partie de celle-ci par leurs nombreux troupeaux et ôtent ainsi aux habitants l'avantage précieux du nourri et aux cultivateurs la pâture nécessaire à leurs bêtes de trait; nous demandons qu'il soit fait un règlement qui répare ce préjudice; nous demandons qu'il n'y ait plus de droit de clôture, et que tous prés soient ouverts à la pâture commune dont alors tout le monde pourra profiter.

Lesdits seigneurs tirent un droit appelé le droit de revêture à la mort de chaque propriétaire censable audit [prieuré], par chaque héritier la quantité de huit pots de vin. S'ils sont 10 ou 12 héritiers, c'est chacun une revêture de plus; s'il survient à mourir un de ces douze enfants, les onze autres recommenceraient à payer de nouveau, et s'il en survient un second et un troisième, on peut en juger!

Il est à remarquer qu'à l'article 19 lesdits seigneurs voués tirent par chaque cheval tirant une paire de quartes et cinq deniers d'argent, le bœuf et vache tirant deux boisseaux; ils tirent par chaque habitant deux poules et un poulet, et l'homme veuf une poule, et la femme veuve une poule et deux poulets; en outre, ils tirent dix deniers [de] chaque vache laitière; et même, il y a au nombre de 20 habitants qui n'ont point de vaches, on les fait payer la même chose. Quant aux dix deniers, n'en ayant jamais vu aucun titre et les ayant cependant réclamés plusieurs fois, ne sachant les sujets de ces droits.

Dagatte; D. Thouvenin, *syndic;* H. Mercy; J. Chrétien, *greffier;* Joseph Midon, *maire;* J. Barchat, *troisième élu;* N. Duchaine.

INDEX DES TERMES SPÉCIAUX

Au par delà de cela. — Équivaut à *en outre, outre cela*. (*Michel*, p. 13.)
Bangard. — Mot consacré en Lorraine pour désigner un paysan commis pour garder les fruits de la terre quand ils commencent à mûrir. Le mot français correspondant est *messier*. (*Michel*, p. 18.)
Bêtes noires et bêtes rousses. — C'est le grand gibier : cerfs, chevreuils, sangliers. (*Guyot*, p. 391.)
Bêtes rouges. — Ce sont les bœufs et vaches. (*Guyot*, p. 108.)
Bois de Hollande. — Chêne tendre, exporté en Hollande comme bois de travail. (*Guyot*, p. 396.)
Bois mort. — Bois sec, privé de vie. (*Guyot*, p. 101.)
Bouverot. — Domaine et revenu d'un curé.
Cafouse ou **caphouse.** — Synonyme de *douane*. (*Michel*, p. 34.)
Canon. — Synonyme de *fermage*. (*Michel*, p. 37.)
Châblis. — Les *châblis* ou ventoirs sont les arbres arrachés par le vent. (*Guyot*, p. 103.)
Conroy. — Terre glaise appliquée au fond des étangs ou contre les digues pour les rendre imperméables. (*Guyot*, p. 393.)
Crû et concrû. — Par *crû* on entendait les fruits d'héritages situés sous la domination dont relevait un propriétaire ; par *concrû*, les fruits d'héritages possédés sous une domination étrangère. (Boyé, *La Lorraine commerçante...*, p. 4, col. 2, n. 1.)
Crute des arbres. — Synonyme de crue des arbres. (*Michel*, p. 58.)

Déforain. — Synonyme de *forain*. (*Michel*, p. 64.)
Échaquer. — Taxer une amende. (*Guyot*, p. 393.)
Embanie. — Réserve de terres sujettes à la vaine pâture, sur lesquelles on la défend pour un certain temps.
Étouble. — Ce qui reste sur la terre du tuyau des grains quand on a fait la moisson. (*Michel*, p. 86.)
Fortier. — Garde de la forêt. (*Guyot*, p. 395.)
Fouillée. — Synonyme de *défrichement*. (*Guyot*, p. 395.)
Gager. — *Gager* quelqu'un se disait pour arrêter, prendre quelqu'un dans les vignes, dans les champs où il était défendu d'aller. (*Michel*, p. 98.)
Gagnage. — Synonyme de bien de campagne, ferme, métairie. (*Michel*, p. 98.)
Laboureurs. — Dans le ressort du bailliage de Vic, les *laboureurs*, « conformément aux anciens règlements », n'étaient « réputés tels » que lorsqu'ils labouraient « vingt journaux par chaque saison [c'est-à-dire soixante jours de terre] et au-dessus ». (Cf. Bibl. nat., Fm 6327. *Au Roi et à Nosseigneurs de son Conseil, pour les habitants composant les châtellenies de Fribourg et de Baccarat, contre un jugement du 14 avril 1746 qui les dépouille de leurs droits d'usage dans les bois de l'Évêché de Metz*. Paris, imp. de Vincent, 1763, in-fol., 28 pages. — P. 9.)
Landres ou **lendres.** — Synonyme de *lattes* et de *pieux*.
Marcaire ou **marcare.** — On

appelle *marcaire* celui qui tient à bail ou qui a en propriété des vaches, et qui vend du lait et du beurre. On appelle encore *marcaire* celui qui a soin d'une vacherie. (*Michel*, p. 128.)

Marnage. — Synonyme de *charpente*. (*Michel*, p. 129.)

Marsage. — Grains et en particulier blés semés au mois de mars ; par extension : terres emblavées en mars.

Mort-bois. — Bois vif, limité aux essences inférieures de la forêt qui étaient abandonnées à l'usager. (*Guyot*, p. 397.)

Pâquis ou pâtis. — Terre cultivable ou pâturable, souvent garnie d'arbres épars, que les communautés laissaient dans l'indivision pour l'usage de tous. (*Guyot*, p. 398.)

Pâture (vaine pâture, grasse pâture). — La *vaine pâture* est le pâturage sur les terres dépouillées de leurs fruits : terres arables après la moisson, prés après la fauchaison, bois taillis après la coupe. Elle est de droit commun.

— La *grasse pâture* permet de consommer une partie de la récolte elle-même ; elle est toujours exceptionnelle et doit se fonder sur un titre exprès. Dans une prairie, elle permet d'envoyer le bétail après la fenaison ; dans les forêts, elle consiste dans le droit de faire consommer par les porcs le gland et la faîne à l'époque de leur dissémination. (*Guyot*, p. 105.)

Paulier. — Homme préposé pour la levée des dîmes.

Poêle. — Par *poêle*, en industrie saline, on désignait tout à la fois le bâtiment renfermant une chaudière et ses accessoires, la *halle*, et cette chaudière elle-même. (Boyé, *Les Salines et le sel en Lorraine*..., p. 9, col. 2.)

Rapaille. — Portion de forêt, en montagne, où les exploitations ne sont soumises à aucun ordre régulier et où, généralement, les gros bois font défaut. (*Guyot*, p. 399.)

Rifleur. — Celui qui châtre, tue et écorche les bestiaux.

Souille. — Synonyme de *taillis*, de *bois de chauffage*. (*Guyot*, p. 400.)

Somards. — Terres labourables en jachère, non labourées, et qui se reposent. (*Michel*, p. 129.)

Tâche lendrière. — Clôture faite de lattes, barres et pieux appelés *lendres*.

Vascée. — Synonyme de *vesce*; espèce de grain dont on nourrit les pigeons. (*Michel*, p. 186.)

Versaine. — Terre labourable qu'on laisse reposer ; synonyme de jachère. (*Michel*, p. 187.)

TABLE DES MATIÈRES

	Pages
Avertissement.	v-vii
Abréviations	viii
Introduction : I. Le bailliage de Vic	ix-xxi
II. Les cahiers des communautés du bailliage de Vic.	xxi-xxv
III. Sources accessoires	xxvi-xxxvi
Cahiers de doléances du bailliage de Vic (classés par ordre alphabétique de communautés).	1-772
Index	773-774

Nancy, imprimerie Berger-Levrault et Cie

COLLECTION DE DOCUMENTS INÉDITS

SUR L'HISTOIRE ÉCONOMIQUE DE LA RÉVOLUTION FRANÇAISE

Volumes parus :

Département du Rhône. — *Documents relatifs à la vente des biens nationaux*, publiés par Sébastien CHARLÉTY. — Un volume in-8 de XVIII-722 pages. . . . . 7 fr. 50

Département du Loiret. — *Cahiers de doléances du bailliage d'Orléans pour les États généraux de 1789*, publiés par Camille BLOCH. — Tome I. Un volume in-8 de LXXV-800 pages. . . . . 7 fr. 50

Département de la Marne. — I. *Cahiers de doléances du bailliage de Châlons-sur-Marne pour les États généraux de 1789*, publiés par G. LAURENT. — Un volume in-8 de XXXII-872 pages . . . . 7 fr. 50

Département de Meurthe-et-Moselle. — *Cahiers de doléances des bailliages des généralités de Metz et de Nancy pour les États généraux de 1789.* — Tome I : *Cahiers du bailliage de Vic*, publiés par Charles ÉTIENNE. Un volume in-8 de XXXVI-775 pages . . . . 7 fr. 50

Procès-verbaux des Comités d'agriculture et de commerce des Assemblées de la Révolution, publiés par F. GERBAUX et Ch. SCHMIDT. — Tome I : *Assemblée constituante* (première partie). Un volume in-8 de XXIV-774 pages . . . . 7 fr. 50

Volumes sous presse :

Département du Loiret. — *Cahiers de doléances du bailliage d'Orléans pour les États généraux de 1789*, publiés par Camille BLOCH. — Tome II.

Département de la Charente. — *Cahiers de doléances de la sénéchaussée d'Angoulême et du siège royal de Coynac pour les États généraux de 1789*, publiés par P. BOISSONNADE.

Département de la Manche. — *Cahiers de doléances des bailliages du Cotentin (Coutances et secondaires) pour les États généraux de 1789*, publiés par E. BRIDREY. — Tome I.

Département des Bouches-du-Rhône. — *Cahiers de doléances de la sénéchaussée de Marseille pour les États généraux de 1789*, publiés par J. FOURNIER.

Département de la Marne. — II. *Cahiers de doléances des bailliages de Sézanne et de Châtillon-sur-Marne*, publiés par G. LAURENT.

Procès-verbaux des Comités d'agriculture et de commerce des Assemblées de la Révolution, publiés par F. GERBAUX et Ch. SCHMIDT. — Tome II.

Les Comités des droits féodaux et de législation et l'abolition du régime seigneurial (1789-1793). Documents publiés par Ph. SAGNAC et P. CARON.

www.ingramcontent.com/pod-product-compliance
Lightning Source LLC
Chambersburg PA
CBHW061725300426
44115CB00009B/1105